왕세자빈 이혼밝히다

현대철학의 광장

© 조광제, 2017

초판 1쇄 펴낸날 2017년 7월 5일
초판 3쇄 펴낸날 2020년 9월 15일

지은이 조광제
펴낸이 이건복
펴낸곳 도서출판 동녘

전무 정낙윤
주간 곽종구
편집 구형민 정경윤 박소연
마케팅 권지원
관리 서숙희 이주원

등록 제311-1980-01호 1980년 3월 25일
주소 (10881) 경기도 파주시 회동길 77-26
전화 영업 031-955-3000 편집 031-955-3005 **전송** 031-955-3009
블로그 www.dongnyok.com **전자우편** editor@dongnyok.com

인쇄·제본 영신사 **라미네이팅** 북웨어 **종이** 한서지업사

ISBN 978-89-7297-884-8 (03160)

• 이 도서의 국립중앙도서관 출판시도서목록(CIP)은 서지정보유통지원시스템 홈페이지(http://seoji.nl.go.kr)와
  국가자료공동목록시스템(http://www.nl.go.kr/kolisnet)에서 이용하실 수 있습니다.(CIP제어번호: CIP2017014787)

현대철학의 광장

사유의 광장에서 24인의 철학자를 만나다

조광제 **지음**

동녘

머리말

"철학을 시작하는 자인 나는 예상되는 진정한 학문의 목적을 향해 일관되게 노력하고자 한다. 그렇게 노력함에 있어서 내 자신이 명증성을 바탕으로 일구어내지 않은 그 어떠한 판단도 해서는 안 되며, 타당한 것으로 간주해서도 안 된다." 현상학의 비조인 에드문트 후설의 말입니다. 그는 철학이라는 학문을 아예 처음부터 시작하고자 하면서 이 말을 합니다.

이 책의 필자인 나는 이 같은 학문적인 각오를 제대로 한 적이 없습니다. 철학적 사유를 일구기 위해 고투하는 듯하지만, 여전히 서양의 철학 사상사를 빛낸 여러 철학자의 그늘을 벗어나지 못한 채 동분서주 그들의 그림자를 추적할 뿐입니다. 그런 습성 때문일까요? 허약하기 짝이 없는 깜냥이나마 앞세워 내 나름의 철학 세계를 구축하고자 가끔씩 애써보기도 하지만, 늘 우울하기 짝이 없는 무력함을 실감하면서 사유를 치밀하게 밀고 나가는 작업을 중단하고 말기가 일쑤입니다. 이 대목에서 첨언하건대 위대한 철학자들의 그늘 아래에서나마 죽기 전에 진정 한 권의 철학책을 써서 남겼으면 합니다.

그동안 철학책이랍시고 몇 권의 책을 집필하여 출간했습니다. 집필했다고는 하나 모두 다 '철학아카데미'에서 강의하려고 마련한 강의록을 모은 것들이었습니다. 모리스 메를로퐁티의 《지각의 현상학》에 대한 이해를 담은 《몸의 세계, 세계의 몸》, 그리고 그의 후기 사상을 일별한 《주름진 작은 몸들로 된 몸》, 역시 그의 《눈과 정신》에 대한 이해를 담은 《회화의 눈, 존재의 눈》, 장 폴 사르트르의 《존재와 무》에 대한 이해를 담은 《존재의 충만, 간극의 현존》, 에드문트 후설의 현상학을 두루 살펴 그 핵심 개념에 대한 이해를 담은 《의식의 85가지 얼굴》 등이 그러한 책들입니다. 그런데 왠지 책이 출간되어 세상에 얼굴을 내밀 때마다 심정의 저 밑바닥에서부터 자책감이 일곤 했습니다.

그런데도 아직 출간하지는 않았지만 또다시 앞서 출간한 책들과 마찬가지로 미미한 수준의 책들을 출간해야 하지 않을까 하고서 만지작거리고 있습니다. 이미 내 나름의 이해를 끝낸 미셸 푸코의 《말과 사물》에 대한, 원고지 분량으로 약 3600매가 되는 강의록을 다시 손질하고 있고, 메를로퐁티의 《행동의 구조》 전체에 대한 이해를 담은 강의록이 마련되어 있으나 일찍이 출간 약속을 해놓고서 십수 년의 세월이 흘렀습니다. 마르틴 하이데거의 《존재와 시간》에 대해서도 처음부터 끝까지 섭렵하듯이 강의를 하고 다량의 강의록을 마련해 두었으나 왠지 출간을 꺼리고 있습니다.

필자가 이 같은 이야기를 주섬주섬 늘어놓는 까닭을 이미 눈치 챘을 것입니다. 명색이 후설의 현상학을 공부하느라 많은 세월을 보낸 필자가 앞에서 소개한 후설의 저 철저하기 이를 데 없는 학문의 정신을 전혀 체화하지 못한 채, 그나마 몇몇에 불과한 소문난 저서들을 이해하는 데에 그저 숨 가빠 할 뿐인 것입니다. 그런데 그야말로 조금 수준 높은 아마추어 철학자나 할 법한 작업을 담은 또 한 권의 책을 세상에 내보내게 되니 지인들에게는 말할 것도 없고 익명의 독자들에게도 면구스럽기 짝이 없습니다. 더욱이 서양 현대 철학자 24명의 그 깊은 철학 사상을 '수박 겉 핥듯이' 필자 마음대로 건너뛰면서 요설을 늘어놓았으니 오죽하겠습니까.

함부로 재단한다고 혹심한 비난을 하리라 짐작되기에 조심스럽지만, 한국 철학계에서는 흔히 유명한 철학자의 이름을 들먹이면서 누구누구를 전공한다는 '볼썽사나운' 관행이 자리 잡고 있습니다. 이를 굳이 들먹이는 것은 그러한 관행을 비판하고자 하는 것이 아닙니다. 필자 역시 후설이니 메를로퐁티니 하면서 그들의 철학을 전공한답시고 떠들면서 수십 년의 세월을 보냈으니 무슨 할 말이 있겠습니까. 그러한 관행을 거론하는 까닭은, 고백하자면 사실 변명을 늘어놓기 위함입니다. 철학자 24명의 저 심오한 철학 사상을 필자의 마음이 가는 내로 집직이다시피 했으니, 그들의 철학 사상을 전문적으로 연구한 학자들이 보기에 얼마나 가소롭겠습니까. 바라건대 용서는 못할지언정 양해해주셨으면 합니다. 기회가 닿는 대로 질정을 해주신다면 고마울 따름입니다. 다만 철학 외의 작업을 하면서 혹시라도 철학적 기본 소양을 적당한 수준에서나마 갖출 필요가 있다고 여기는 분들이 있다면, 그래서 우연찮게 비교적 무겁다고 할 수 있는 이 책을 손에 들고, 또 읽기까지 하는 독자가 있어 조금이라도 도움이 된다고 여겨준다면, 필자는 그로써 만족할 참입니다.

　마지막으로 이 책을 출판하면서 고마운 사람들을 거명하지 않을 수 없습니다. 우선 기꺼이 출간에 나서주신 도서출판 동녘의 대표님과 편집을 맡아 수고를 아끼지 않은 분들께 감사의 말씀을 전합니다. 그리고 비록 그 빛나는 이름들을 일일이 열거할 수는 없지만, 이 책이 이렇게 세상의 빛을 보기 전에 난삽하기 이를 데 없는데도 그 내용을 듣느라 거의 빠지지 않고 수강했던 롯데문화센터의 수강생 여러분, 그리고 철학아카데미의 수강생 여러분에게도 정말 고맙다는 말씀을 드리지 않을 수 없습니다. 여러분의 열정적인 수강이 없었더라면 이 책의 집필이 불가능했을 것이기 때문입니다. 아울러 이 기회에 평소 필자와 함께 수년 동안 세미나를 하면서 필자의 철학적 사유를 가다듬는 데 큰 힘이 되어준 '육인사상공방'의 멤버들에게 고마움을 전합니다. 끝으로 늘 힘겨운 살림에도 필자에게 애정 넘치는 보살핌을 제공해온 아내 이미숙 화백에게 이 기회에 사랑을 전합니다.

2017년 5월 어느 날
고양시 하늘마을에서

차례

3장 프로이트: 초논리적인 세계의 구축

4장 후설: 현상학

5장 베르크손: 생명 사상

6장 소쉬르: 언어의 미로, 차이의 생산 기계

7장 비트겐슈타인: 언어와 세계의 뫼비우스

10장 사르트르: 현존철학

11장 메를로퐁티: 몸과 살, 그리고 세계

12장 블랑쇼: 문학 사상

13장 레비나스: 일리야와 타자

14장 아도르노: 유물론적 부정 변증법

15장 베냐민: 메시아적 역사적 유물론

부록

16장 하버마스: 이상적 의사소통 공동체

17장 **라캉:** 영원한 결핍, 욕망

18장 **푸코:** 권력의 통로인 몸

19장 **들뢰즈:** 영원회귀, 그리고 기관들 없는 몸

20장 데리다: 해체와 차연

21장 바르트: 텍스트의 유물론적 희열

1장

마르크스: 자본주의의 한계와 원리

1. 들어가는 말

카를 마르크스(Karl Marx, 1818~1883)라는 이름만 들어도 왠지 불안하고 심지어 불길하다는 느낌마저 드는 사람이 있을지 모르겠습니다. 하지만 '마르크스', 이 이름보다 더 강렬하고 날카로운 철학자의 이름은 없을 것입니다. 소련이 해체되면서 이름도 잘 알 수 없는 여러 나라가 분리 독립을 하고, 전 세계적인 차원에서 냉전 체제가 붕괴되었다고들 했습니다. 그 결과, 이제 심지어 '마르크스'라는 이름은 그저 구시대의 이념적인 상징에 불과하다고들 합니다. 하지만 분단 체제하에 한반도를 둘러싸고 이데올로기적으로 여러 급진적 정황을 겪는 우리에게는 그 상징성뿐만 아니라 그 현실성이 여전히 살아 있는 것 같습니다.

분단 70년, 전쟁 후 휴전 상태 60여 년이라고 하는 침울하기 그지없는 역사의 무게를 견디고 있고, 핵무장으로부터 전혀 자유롭지 못하고, 국지적인 충돌의 위험이 상존해 있습니다. 한때 '열심히' 열렸다가 현재는 오리무중인 '6자 회담'이라는 회의명에서 알 수 있듯이, 외세의 간섭과 개입을 피할 수 없는 상황에 처해 있습니다. 이런 상황에서 북은 북대로 폐쇄적인 일당독재를 버리지 못하고 3대에 걸친 후계 구도가 정착된 가운데 자주적인 개혁·개방의 흐름을 이루지 못해 인민들의 삶이 피폐했다는 소식이 줄을 잇고, 남은 남대로 일제 강점과 분단 및 전쟁을 거치면서 형성된 기득권 세력이 여전히 위세를 떨치는 가운데 국가보안법의 서슬 아래에서 북의 군국사회주의 이념에 대립된 자유민주주의를 내세워 헌법에 명기된 공화민주주의를 무색하게 하는 일들이 예사로 벌어지고 있습니다. 게다가 최첨단의 자본주의적 체제 속에서 양극화의 불안을 헤어나지 못하고 있습니다.

이러한 한반도의 비극적 상황은 어떻게든 '마르크스'라는 이름이 그저 상징에 불과한 것이 아니라 여전히 현실적인 힘을 지니고 있음을 웅변해준다고 하겠습니다. 특히 '종북' 운운하면서 진보통합당의 파행적인 활동을 문제 삼아, 집권 세력의 손아귀에 있는 헌법재판소를 내세워 아예 당을 '합법적으로' 해산함으로써 헌법에 명기된 집회·결사의 자유를 유린하고 국가기관의 하나인 선출된 국회의원들의 자격을 박탈하는 '폭거'가 있었습니다. 이렇게 정치사회적으로 비극적인 갈등과 충돌이 빚어지는 그 사상사적 바탕에 마르크스라는 사회사상가의 그림자가 짙게 드리워져 있습니다. 그런가 하면 2008년 미국에서 발생한 금융 위기로 표출되어 오늘날 유럽뿐만 아니라 중국을 거쳐 최근 한국 경제에까지 먹구름을 드리우고 있는 세계 자본주의의 불황의 위기는 지난 20년 가까이 세계화를 내세워 위세를 떨치던 신자유주의 경제사상을 거의 사라지게 만듦과 동시에 마르크스의 정치경제학에 의거한 자본주의 체제의 분석을 다시 도입하여 분석해야 한다는 각성을 일으켰습니다. 하지만 이후 진행된 6~7년의 세계경제는 달러화의 양적 팽창으로 미국의 경기가 가시적으로 살아남으로써 그 폐해의 진실이 드러나지 못하고 잠시 주춤한 상황에서 전 세계적으로 디플레이션 가능성이 점쳐지면서 더블딥의 위험이 상존하는 것으로 진단되기도 합니다. 이와 관련해서는,《21세기 대공황과 마르크스주의》[1]와 크리스 하먼(Chris Harman, 1942~2009)의《좀비 자본주의》[2]를 참고하시기 바랍니다.

잘 알다시피, 마르크스는 19세기 대혼란의 시기에 공산주의 이론을 가장 근본적으로, 그리고 체계적으로 정립한 사상가이자 혁명가입니다. 마르크스가 어떤 인물인가에 대해서는 프랑스의 저명한 사상가인 자크 아탈리(Jacques Attali, 1943년 알제리 출생)가 2005년에 쓴《마르크스 평전》[3]을 읽어보시기 바랍니다. 아탈리는 이 책 제7장의 발문에서 이렇게 말하고 있습니다.

우리는 인간을 모든 것의 중심에 놓아야 한다. 이에 도달하기 위해서는 미래의 세대들이야말로 추방된 카를 마르크스를 기억해야 할 것이다. 그를 통해 우리는 세계의 정신으로 되돌아가고, '인간은 기대할 만한 가치가 있는 존재'라는 메시지를 얻을 것이다.

인간의 존재 가치를 주관적·관념적으로가 아니라 객관적·실질적으로 구현해낼 수 있는 길을 마련하고자 한 위대한 사상가가 곧 마르크스라는 이야기입니다. 그렇기에 결코 잊어서는 안 된다는 것입니다.

2. 마르크스의 생애와 《자본》

마르크스는 1818년 5월 5일 백포도주 생산으로 유명한, 라인 강의 지류인 모젤 강변의 오래된 도시 트리어에서 태어났습니다. 본래 독실한 유대교 집안이었지만, 1817년에 고등법원 관리였던 아버지가 공직을 유지하기 위해 루터파의 개신교로 개종한 상태였습니다. 1835년에 아버지의 희망에 따라 본 대학에 진학했다가 이듬해 10월 베를린 대학으로 옮깁니다. 여기에서 마르크스는 법학보다는 헤겔 철학에 빠져듭니다. 결국에는 1841년 〈데모크리토스와 에피쿠로스 자연철학의 차이〉라는 논문[4]으로 박사 학위를 받습니다. 그 뒤 1843년 《헤겔의 국가법 비판》, 1844년 《유대인 문제》, 《헤겔 법철학 비판》,[5] 《경제학 – 철학 수고》,[6] 1846년 《독일 이데올로기》[7] 등을 통해 철학 연구의 성과를 담아냅니다.

마르크스는 철학 교수를 희망했으나 베를린 대학 시절 반정부 활동전력 때문에 그 희망이 좌절됩니다. 그런 뒤 1842년에, 당시 대단히 진보적이었던 쾰른의 《라인 신문》 편집장 일을 맡게 됩니다. 반정부적인 논조로 일관하는, 사회변혁에 대한 열정은 이듬해인 1843년에 파리로 망명하지 않으면 안 되도록 그의 삶을 몰아붙입니다. 이때 마르크스는 7년간 이어온 예니(Jenny von Westphalen)와의 연애를 결혼으로 매듭짓는 위로를 얻습니다. 파리에서 마르크스는 프루동(Pierre Joseph Proudhon, 1809~1865)과 카베(Étienne Cabet, 1788~1856) 같은 사회주의 운동 세력과 본격적으로 접하고, 평생의 동지인 엥겔스(Friedrich Engels, 1820~1895)를 만납니다. 이에 자극과 영향을 받은 마르크스는 경제학 연구를 통하지 않고서는 구체적인 사회변혁의 길을 열 수 없다는 것을 절감합니다. 1845년 마르크스는 프로이센 정부의 제재를 피해 파리에서 브뤼셀로 옮깁니다. 그리고 집중적으로 경제학 공부에 열중하여 첫 성과물로 1847년 《철학의 빈곤》[8]을 출간합니다.

1848년 2월부터 유럽 전역은 프랑스를 중심으로 혁명의 불길에 휩싸였습니다. 이는 프랑스에서 왕정복고에 의한 샤를 10세(루이 16세의 동생, 재위 기간은 1824~1830)의 비민주적이고 가혹한 왕정이 1830년 7월 혁명으로 무너진 뒤 등극한 루이 필리프(Louis Philippe)의 잔인한 폭정을 뒤집어엎고자 하는 데서 시작되었습니다. 이때 마르크스가 엥겔스와 함께 쓴 《공산당 선언》[9]의 글이 런던에서 가제본 상태로 독일의 부르크하르트 인쇄소에서 인쇄를 기다리고 있었습니다. 이 소책자는 이름 없이 출판되었으며, 공산주의자동맹이 발간하는 것으로 되어 있었습니다. 프랑스에서 소요 진압의 명령을 받은 국민군이 오히려 반란자들 틈에 끼여 시청과 튀일리 궁을 점령하자 루이 필리프는 권력을 이양하고, 프랑스는 제2공화국을 선포합니다. 이로써 하루 10시간 노동시간의 제한, 보통선거 실시, 언론의 완전한 자유, 결사의 권리 등을 인정하게 됩니다.

이즈음 공산주의동맹은 폭동이 벨기에로 확산되리라 여기고 운동의 중앙을 벨기에의 브뤼셀로 옮기는데, 마르크스가 지도위원회의 의장으로 선출됩니다. 그러나 마르크스의 고국인 프로이센에서 벨기에에 압력을 넣어 이들을 추방하라고 했고, 벨기에가 이를 받아들여 이들을 쫓아냅니다. 그러자 1849년에 프랑스 제2공화국 임시정부의 일원인 페르디낭 플로콩이라는 인물이, 그 이전 1845년에 내려진 마르크스 파리 체류 금지를 취하합니다. 그리하여 마르크스는 다시 파리로 가게 됩니다. 이때 파리에는 200개의 신문이 매일 발행될 정도였고, 많은 사회주의자가 노동자혁명의 기회가 온 것으로 여겨 각종 제안을 내놓았습니다. 한편 오스트리아 빈에서도 폭동이 일어나고, 프로이센에서도 시위가 벌어졌습니다. 프랑크푸르트에서도 인민들의 투쟁이 일어났습니다. 이즈음 마르크스는 쾰른에서 일간지《신(新)라인 신문》을 창간합니다. 신문은 군주제를 공격하는 데 집중했습니다. 그는 이렇게 썼습니다.

우리는 하나의 깃발만 내걸 수밖에 없다. 그것은 민주주의의 깃발이다. 아직은 내세울 수 없는 프롤레타리아적인 성격을 언젠가는 분명히 하게 될 그런 민주주의의 깃발이다.

그러나 결국 프랑스에서 나폴레옹의 조카로 나폴레옹 3세인 보나파르트(Bonaparte)가 대통령으로 당선되면서 유럽 공동의 민주주의에 대한 열망은 유럽 전역에서 식어가기 시작했습니다. 이러한 혁명의 절망에 대한 기막힌 정치 평론의 글이 1851~1853년에 걸쳐 마르크스가 쓴《루이 보나파르트의 브뤼메르 18일》[10]입니다.

프루동, 바쿠닌(Mikhail Aleksandrovich Bakunin, 1814·1876), 리하르트 바그너(Richard Wagner, 1813~1883), 빅토르 위고(Victor Hugo, 1802~1885) 등

당시 위대한 지성들은 하나같이 도주와 망명을 하지 않을 수 없었습니다. 이때 마르크스는 프랑스를 떠나 영국행을 결심하고서 1849년 8월 27일 영국에 첫발을 딛습니다. 혁명의 실패를 눈앞에서 바라본 마르크스는 변혁의 수단에 대한 절박한 갈망을 안고 경제학 연구에 본격적으로 돌입합니다. 런던 대영박물관 도서실에서 "아침 9시부터 저녁 7시까지" 마르크스는 오로지 책 속에 파묻혀 경제학 연구에 골몰합니다. 그리하여 1851년 경제학 연구에 대한 최초의 구상이 마무리되었고, 1867년 드디어 《자본》 제1권이 발간됩니다. 그의 나이 49세 때였습니다. 제2권과 제3권의 원고는 이미 1865년에 집필되어 있었지만, 1864년에 건설된 제1인터내셔널의 과중한 업무로 이 두 권의 출판이 자꾸 미루어졌습니다. 1881년 마르크스는 아내 예니를 잃습니다. 그리고 1883년 3월 14일, 마르크스의 집에 문병하러 들른 엥겔스는 2층 서재에서 의자에 앉은 채로 숨을 거둔 마르크스를 목도하게 됩니다. 거의 40년에 걸쳐 혁명적인 최고의 학자로서 파란만장한 망명 생활로 점철된 생을 마무리한 것이었습니다. 엥겔스는 《자본》의 완간을 서둘렀으나 마무리 작업이 쉽지 않았습니다. 1885년에 제2권을 출판하고, 1894년 제3권 출판을 마쳤을 때, 엥겔스 역시 생명의 기운이 바닥나고 말았고, 이듬해인 1895년에 엥겔스마저 세상을 떠납니다.

3. 마르크스 사상의 근본

마르크스가 그의 최고 저작인 《자본(Das Kapital)》을 쓸 당시 영국의 산업 현장에서는 일곱 살 먹은 남자아이가 하루 16시간씩 일을 했다고 합니다. 19세기 후반의 자본주의 체제, 결국은 세계 전체를 식민지로 만들어 이윤을 극대화하고자 하는 과정에서 양차 세계대전을 유발하고야 마는 자본주의 체제가 그만큼 처음부터 잔인하고 강고했다는 것입니다. 이러한 비인간적인 사회경제 체제를 뒤집어엎고 인간이 인간답게 각자의 의미와 가치를 실현하면서 사는 세상을 만들고자 하는, 진정한 실천적 철학자로서의 험난하기 짝이 없는 길을 걸어간 인물이 마르크스입니다.

독일의 프로이센 공국민이었던 그가 망명지인 영국의 런던에서 사망한 뒤, 그의 시신은 북(北)런던의 하이게이트 묘지에 묻혔습니다. 그의 묘비명에는 그가 남긴 명언 두 가지가 새겨져 있다고 합니다. 《공산당 선언》(1847)과 〈국제노동자협회 창립 선언〉(1864)에 들어 있는 "만국의 노동자들은 단결하라"라는 정언명법과 '포이어바흐에 관한 11번째 논제'(1845)인 "철학자들은 그저 세계를 여러모로 해석했다. 그러나 핵심은 세계를 바꾸는 것이다"라는 철학 선언입니다. 마르크스는 스물일곱 살 젊은 시절부터 철학자의 임무는 세계를 바꾸는 것이라고 하는 혁명 철학의 태도를 확립했던 것입니다. 이러한 그의 모습 앞에서 한국 사회에 전혀 생산적인 영향력을 미치지 못하는 언필칭 철학 교수 및 철학자의 모습은 한껏 대비되는 탓에, 저 역시 자탄지심에 빠지지 않을 수 없습니다. 마르크스 사상의 위력 중 하나는, 플라톤(Platon)의 《국가》나 공자(孔子)의 《춘추》 등에서 알 수 있듯이 동서양의 대철학자들이 그랬던 것처럼, 사상을 정치적인 힘으로 바꾸어내고자 한 데 있습니다. 다만 워낙 시대적인 상황이 다르기 때문에 그렇긴 합니다만, 그들과는 달리 마르크스는 세계 전체의 역사적인 맥락을 철저히 염두에 둠으로써 대대적이고 보편적인 방식으로 사상의 정치화를 이룬 것입니다.

1) 사적 소유의 폐지

그럴 수 있었던 근본 동력은 무엇이었을까요? 1845년 그의 나이 스물일곱 살에 일생의 동료였던 엥겔스와 함께 대단한 책을 하나 출간합니다. 《독일 이데올로기(Die Deutsche Ideologie)》[11]가 그것입니다. 거기에는 이런 구절이 있습니다.

> 공산주의는 단 한 번에 윤곽이 결정되는 이상적인 사회가 아니라, 끊임없이 정복하고 창출해내야 할 개인적 자유를 향한 운동이다.
>
> 또한 공산주의는 우리가 창조해내야 할 형상도 아니고 현실이 추종해야 할 이상도 아니다. 우리는 현 상태를 폐지하는 현실적인 운동을 공산주의라 부른다. 각자가 독점적인 활동 영역을 갖지 않은 채 자기가 마음에 드는 분야에서 스스로를 발전시킬 수 있는 사회가 공산주의 사회이다. (……) 공산주의 혁명과 공산주의 혁명이나 다름없는 사유재산 폐지에 의해 각 개인은 모든 영역에서 전 세계의 생산물을 향유할 능력을 획득하는 상태에 놓일 것이다.[12]

'완결된 사회 상태로서의 공산주의'가 아니라 '운동으로서의 공산주의'를 제시하고 있습니다. 현실의 근본 구도가 반인간적인 방향으로 치닫고 있어 이를 뒤집지 않으면 안 된다고 하는 태도를 견지하면서 그 목표를 달성하기 위해 노력하는 제반 운동을 공산주의라고 부른 것입니다. 그리고 공산주의 혁명은 곧 사유재산제도의 폐지임을 분명히 말하고 있습니다. 사유재산을 폐지한다고 해서, 각 개인의 의식주에 필요한 각종 전유물을 인정하지 않는다는 것이 아닙니다. 그 핵심은 생산수단에 대한 사유(私有)를 폐지한다는 것입니다.

이에 관해서는 1847년 11월 런던에서 열린 국제적 노동자 단체인 공산주의자동맹 대회에서 공포된, 이론적·실천적 당 강령의 일환으로 마르크스와 엥겔스가 작성한 《공산당 선언》의 일부를 참고할 필요가 있습니다.

> 공산주의의 특징은 소유 일반의 폐기가 아니라 부르주아적 소유의 폐지에 있다.
>
> 그런데 현대의 부르주아적인 사적 소유는 계급적 적대, 즉 소수에 의한 다수의 착취에 기초하고 있는 생산물의 생산 및 점유 형태 중에서 최종적이고도 가장 완전한 표현이다.
>
> 이런 의미에서 공산주의자들은 자신들의 이론을 사적 소유의 폐지라는 한마디 말로 요약할 수 있다.[13]

마르크스가 생각하는 사유재산의 폐지는 바로 부르주아적 소유, 즉 계급적 착취에 의해 마련된 부르주아적 생산수단인 자본의 존립 자체를 폐기하자는 것이고, 그에 따른 배타적인 생산물 소유와 점유의 법적 장치들을 폐기하자는 것입니다. 여기에서 관건이 되는 것은 '소수에 의한 다수의 착취'일 것입니다. 이를 입증해내기 위한 노력이 바로 장기간에 걸쳐 저술한 《자본》이라 해도 과언이 아닐 것이고, 그 핵심은 상품에 대한 가치론과 이를 바탕으로 한 잉여가치론에 있다고 할 것입니다.

다시 앞의 인용문으로 되돌아가서 볼 때, 이렇게 사적 소유의 체제를 폐지함으로써 형성될 공산주의 사회에서 중요한 것은, 각 개인이 자기만의 전문 활동 영역을 굳이 독점하려 하지 않고 모든 영역에서 전 세계의 생산물을 향유할 능력을 획득하도록 한다는 것입니다. 예컨대 굳이 시인이라거나 화가라고 불리는 사람이 없어지고 누구나 시를 쓰고 그림을 그릴 수 있는 사회가 공산주의 사회라는 것입니다. 마르크스가 바라본, 진정한 의미와 가치를 지닌 인간의 유형과 이를 실현할 수 있는 사회적 구도가 나름대로 그려져 있습니다.

2) 감각적으로 향유하는 인간

마르크스가 생각하는 진정한 인간의 유형은 바로 최대한 향유하는 인간입니다. 그리고 이를 가능하게 하려면 무엇보다도 사유재산제도를 폐지하지 않으면 안 된다는 것입니다. 이에 관해서는 마르크스가 1844년에 쓴 《경제학 – 철학 수고》의 중요한 구절을 참조해야만 합니다.

> 생성 중인 사회가 사유재산, 사유재산의 부와 빈곤 — 물질적·정신적 부와 빈곤 — 의 운동을 통해서 이러한 형성을 위한 모든 재료를 발견하듯이, 생성을 마무리한 사회는 인간 본질의 이러한 부 전체 속에서 인간을, 전면적이고 심오한 감각을 지닌 풍부한 인간을 그 사회의 지속적 현실로서 생산한다.[14]

'생성을 마무리한 사회'는 공산주의 사회임에 틀림없습니다. 마르크스가 중세 봉건제로부터 자본주의 체제가 발달되어 나온 것을 비난한 것은 아닙니다. 오히려 자본주의 체제가 충분히 발달된 다음에라야 사회주의 내지 공산주의 사회를 만들 수 있는 기반이 마련된다고 생각했습니다. 그러니까 자본주의의 출현을 한편으로 반겼다고 할 수 있습니다. 그러니까 여기에서 '생성 중인 사회'는 자본주의 사회를 지칭합니다.

그런데 '최대한 향유하는 인간'에 비추어 볼 때, 자본주의를 떠받치는 사유재산제도는 향유하고자 하는 감각을 전반적으로 소외시키는 역할을 한다는 것이 마르크스의 생각입니다. 이에 마르크스가 제시하는 개념이 '소유 감각'입니다.

> 사적 소유는 우리를 너무나 우둔하고 너무나 일면적으로 만들어버렸다. 그리하여 우리는 한 대상을 가지고 있을 때에야 비로소 그 대상이 우리의 것으로 된다고 생각하게 되었다. (……) 따라서 모든 육체적·정신적 감각 대신에 모든 이러한 감각이 소외되어버린 간단한 형식, 곧 소유 감각이 등장하였다. 인간적 존재는 절대적 빈곤으로 환원되어 자신의 내면의 부를 자기 바깥으로 내보내지 않을 수 없었다. 그런 까닭에 사유재산의 지양은 모든 인간적 감각과 속성의 완전한 해방이다.[15]

사적 소유에 의해 소유 감각, 즉 소유하지 않으면 향유하지 못한다는, 오늘날 발달된 자본주의 체제에서 상식처럼 정착되어 있는 왜곡된 감각의 형태가 생겨났다는 것입니다. 예컨대 멋지게 만든 카페가 있어서 드나든다고 합시다. 그 카페에서 책을 보고 담소를 나누고 분위기를 즐기는 것이 핵심인데도, 그 카페를 소유한 자는 얼마나 행복할까 하는 마음이 앞서고, 그 카페의 소유자가 아닌 한 아무리 그 카페를 드나들면서 즐긴다고 해도 그러한 감각은 별것 아니라고 하는 무의식적인 절망이 생깁니다. 그것이 바로 사적 소유에 의한 소유 감각이 집어넣은 것이라는 이야기입니다.

이에 마르크스는 사적 소유에 의해 소유 감각이 지배력을 발휘하는 한, 물질적인 부에 있어서는 풍부함을 누릴지 모르지만, 감각에 있어서는 빈곤하기 짝이 없는 삶을 살게 된다고 말합니다. 법정 스님의 '무소유'가 떠오르는 장면입니다. 그래서 마르크스는 '전면적이고 심오한 감각을 지닌 풍부한 인간'을 그 대안으로 내세우면서, 이를 위해서는 사적 소유의 체제를 폐기함으로써 우리의 감각과 속성을 해방시키지 않으면 안 된다고 하는 것입니다.

> 그대의 존재가 작을수록, 그대의 생명이 덜 표현될수록, 그대는 더욱더
> 많이 소유하게 될 것이고, 그대의 외화된 삶은 더욱더 커질 것이며, 그
> 대의 소외된 본질은 더욱더 저장될 것이다.[16]

마르크스는 전면적이고 심오한 감각 생활을 하면 할수록 존재의
발양이 강화되고 생명이 더 많이 표현된다고 봅니다. 그러면서 존재
와 소유, 생명과 소유, 즉 감각과 소유 간의 반비례 관계를 분명하게
밝히고 있습니다.

4. 헤겔의 극복, 마르크스의 자연주의 철학

철학사를 공부하고자 하는 우리는 마르크스의 사상을 방법론에 있
어서 '변증법적 유물론'이라는 이름으로 받아들이고 있는데, 이것이
헤겔(Georg Wilhelm Friedrich Hegel, 1770~1831)의 '관념론적 변증법'과 과
연 어떻게 다른지를 생각해보아야 합니다. 마르크스는 헤겔 사후 이
른바 '청년 헤겔학파'라고 불린 실천 사상가들의 영향을 크게 받았다
고 할 수 있습니다. 이들은 종교에 대해, 나아가 베를린을 수도로 하
는 당시 프로이센 공국의 정치체제에 대해 급진적으로 비판한 인물
들이었습니다. 자유를 제약하는 비이성적인 모든 것을 전적으로 부
정함으로써 이념을 실현하고자 했습니다.

그 대표적인 인물이 포이어바흐(Ludwig Feuerbach, 1804~1872)였습니
다. 포이어바흐는 《기독교의 본질》에서 기독교에서 말하는 신이란 인
간에 의해 만들어진 관념에 불과한데도 오히려 인간을 지배하는 모

순을 낳았다고 역설했습니다. 마르크스는 포이어바흐에 관해 이렇게 말합니다.

> 포이어바흐의 위대한 업적은 다음과 같다. ① 철학은 사유로 옮겨지고 사유에 의해 상술된 종교와 다름없으며, 철학은 인간 본질의 소외의 또 다른 형식이고 현존 방식이며, 따라서 마찬가지로 유죄판결을 받아야 한다는 것을 증명했다. ② '인간에 대한 인간의' 사회적 관계를 이론의 근본원리로 삼음으로써 진정한 유물론과 실재적인 학문을 정초했다. ③ 절대적으로 긍정적인 것이라 주장되는 부정의 부정에 대해, 자기 자신에 근거하고 적극적으로 자기 자신에 바탕을 두는 긍정적인 것을 대치시킴으로써 (……) 부정의 부정이 철학의 자기 자신과의 모순일 뿐이라고 파악했다.[17]

여기에서 우리는 마르크스가 헤겔 철학의 변증법에서 근간을 이루는 '부정의 부정'을 비판하는 입장에 서 있음을 알게 됩니다. 그 대신 "자기 자신에 근거하여 적극적으로 자기 자신에 바탕을 두는 긍정적인 것"을 제시한 포이어바흐의 업적을 언급합니다. 흔히 '변증법적 유물론'이라는 용어 속에 들어 있는 '변증법'에서 마치 마르크스가 사유에서의 모순이나 현실에서의 모순을 그 나름으로 긍정적인 힘을 가졌다고 주장한 것처럼 생각하기 쉬운데, 결코 그게 아님을 말해줍니다. 그래서 마르크스는 헤겔의 '부정의 부정'에 대해 이렇게 비판합니다.

> 헤겔은 부정의 부정을 파악함으로써, 역사의 운동에서 추상적이고 논리적이며 사변적인 표현을 찾아냈을 뿐이며, 따라서 이러한 역사는 아직, 하나의 전제된 주체로서 인간의 현실적 역사가 아니라, 인간의 산

출 행위, 인간의 발생사일 뿐이다.[18]

부정의 부정에 의거한 긍정은 관념론적인 사유에 의한 역사를 표현하는 데 비해, 긍정에 의한 긍정은 유물론적인 실제에 의해 현실적인 역사를 구축한다는 것입니다. 헤겔 철학에 대한 마르크스의 비판은 여러모로 이루어집니다만, 그중에서 가장 중요한 다음의 이야기를 생각해보기로 합시다.

헤겔은 근대 국민경제학자들의 입장에 서 있다. 그는 노동을 인간의 본질, 자기를 확증하는 인간의 본질로 파악한다. 그는 노동의 긍정적인 측면만을 볼 뿐 부정적인 측면은 보지 못한다. 노동은 인간이 외화 속에서 또는 외화된 인간으로서 대자적으로 되는 것이다. 그러나 헤겔이 유일하게 알고 인정하는 노동은 추상적·정신적 노동이다. 그러므로 일반으로 철학의 본질을 형성하는 것, 자기를 아는 인간의 외화 또는 자기 자신을 사유하는 외화된 학문, 바로 이것을 헤겔은 노동의 본질로 파악하며, 그런 까닭에 그는 선행하는 철학에 대항하면서 선행 철학들의 개별적 계기들을 총괄하고 선행 철학들에 대해 자신의 철학을 유일한 철학이라고 표현할 수 있었던 것이다.[19]

헤겔의 관념론이 노동 개념마저 어떻게 완전히 왜곡하는지를 지적하고 있습니다. 진정한 노동은 물적 대상을 감각적 향유를 충분하게 누릴 수 있도록 변형함으로써, 그 감각적 향유를 통해 인간이 전 우주적 존재들과 더불어 소통할 수 있도록 하는 데 있습니다. 그런데 자기의식을 인간의 본질로 여기는 헤겔은 노동마저 자기의식이 자기를 알기 위해 인간을 외화시켜 표현하는 것으로 취급한다는 것입니다. 그래서 이렇게 이야기됩니다.

자기의식이 자신의 외화를 통해서 사물성, 다시 말해서 자체로는 오직 추상적인 사물만을 정립할 수 있을 뿐 결코 현실적인 사물을 정립할 수 없다는 것 또한 분명하다. (······) 견고하게 잘 다져진 대지에 서서 모든 자연적인 힘을 호흡하는, 현실적이고 육체적인 인간이 자신의 현실적이고 대상적인 본질적 힘들을 자신의 외화를 통해서 낯선 대상들로 정립한다면, 정립이 주체인 것은 아니다. 정립은 대상적인 본질적 힘들의 주체성이요, 그런 까닭에 이 본질적 힘들의 행위 역시 대상적인 행위여야만 한다. (······) 대상적 본질은 대상에 의해서 정립되고 본래는 자연이기 때문에 대상을 창조하고 정립한다. 그러므로 이 정립 행위에서는 대상적인 본질이 자신의 '순수 활동'에 의해 대상을 창조하는 것이 아니라 자신의 대상적인 산물이 그의 대상적 활동을 확증할 뿐이고 그의 활동을 대상적이고 자연적인 본질의 활동으로 확증한다.

여기에서 우리는 철저하게 관철된 자연주의 또는 인간주의가 어떻게 해서 관념론 및 유물론과 구별되며 동시에 이 양자를 통합하는 진리인지를 알게 된다. 동시에 우리는 어떻게 해서 자연주의만이 세계사의 행위를 개념적으로 파악할 수 있는지를 알게 된다.[20]

상당히 길게 인용했습니다만, 여기에 워낙 중요한 사안이 들어 있기 때문에 길게 인용한 것이 그다지 귀찮기만 한 것은 아닌 것 같습니다. 다만 원전을 일일이 대조하지 못한 것이 아쉬울 따름입니다. 헤겔을 비판하면서 마르크스가 이 대목에서 제시하는 기본은, 정립 작용을 바탕으로 하는 인간의 사유 활동이라는 것이 그 자체로 주체적인 것이 결코 아니라는 것입니다. 오히려 그 반대로 '대상성'을 주체성의 기반으로 보는 것입니다. 예컨대 내가 하늘을 쳐다보면서 하늘이 저기에 있다고 정립하는 것은 하늘이라고 하는 대상적 힘에 의해 이루어지는 활동이고, 그런 나의 활동 역시 근본적으로는 하늘과 연계되어 있는 나의 대상성에 의한 것이라는 이야기입니다. 워낙 미세한 부분이라 이해하기 쉽지 않을지 모르지만, 간단하게 말하면, 대상적인 본질의 힘들을 지니고 있는 몸을 갖추고 있기 때문에 그러한 사유 활동이 가능하다는 것입니다. 그래서 "견고하게 잘 다져진 대지에 서서 모든 자연적인 힘을 호흡하는, 현실적이고 육체적인 인간"을 강조하는 것입니다.

그런데 정확하게 눈여겨보아야 할 대목은 이러한 자신의 입장을 유물론이라 지칭하지 않고, "철저하게 관철된 자연주의 또는 인간주의"라고 지칭한다는 사실입니다. 그러면서 자신의 이러한 입장은 관념론도 유물론도 아니며 양자를 통합한 것이라고 말합니다. 그리고 이러한 자연주의만이 세계사의 행위를 개념적으로 파악할 수 있게 한다고 말하고 있습니다.

이제 우리는 마르크스에 대해 유물론 혹은 변증법적 유물론이라는 말 대신에 자연주의라는 말을 하지 않으면 안 될 것입니다. 이에 관련해서 아탈리의 이야기를 들어보는 것이 중요할 것 같습니다.

다음해에 엥겔스는 《루트비히 포이어바흐에 관한 11개 논제》를 출간하고, 그 책의 서문에서 마르크스가 '유물론적 변증법'에 관해 얘기하고 있던 자리에 '변증법적 유물론'이라는 표현을 집어넣었다. 그 차이는 작지 않다. 변증법은 방법론이며, 유물론은 철학이다. 그런데 철학 자체가 변증법이 되어서, 즉 모든 내적 모순을 받아들이도록 되어버린 것이다.[21]

아탈리의 이야기는 우리가 제시하는 것과 다소 다른 맥락입니다만, 흔히 마르크스주의 철학의 핵심으로 여겨지는 '변증법적 유물론'이라는 개념은 본래 마르크스의 것이 아니라 엥겔스가 뒤집어놓은 것인데, 정식화되어 전해 내려오고 있는 것이라는 이야기입니다. 유물론적 변증법을 활용해서 유물론을 넘어선 자연주의를 제시하는 것은 얼마든지 가능한 이야기입니다. 그런데 '변증법적 유물론'을 넘어서서 자연주의를 제시한다는 것은 상당히 복잡하고 쉽지 않을 것이라는 느낌을 지울 수 없습니다. 이런 문헌의 왜곡 과정을 염두에 두면서 마르크스가 자신의 자연주의에 관련해서 제시하는 인간론을 보도록 합시다.

> 인간이 육체적이고 자연적인 힘들을 지니며 살아 있고 현실적이고 감각적인 대상적 존재라는 것은 인간이 현실적이고 감각적인 대상들을 자신의 본질의 대상으로, 자신의 생활 표현의 대상으로 가진다는 것 또는 그가 오직 현실적인 감각적 대상들에서만 자신의 생활을 표현할 수 있다는 것을 말한다. 대상적·자연적·감각적이라는 것, 그리고 대상과 자연과 감각을 자기 바깥에 가진다는 것, 또는 자신이 제삼자에 대해 대상과 자연과 감각이라는 것은 다 같은 것이다.[22]

마르크스가 말하는 자연주의가 인간주의와 적절히 동일시되는 맥락을 파악할 수 있을 것 같습니다. 중요한 것은 "인간은 오직 현실적인 감각적 대상들에서만 자신의 생활을 표현할 수 있다"라는 데서 잘 나타나듯이, 그가 말하는 인간주의적인 자연주의가 인간 삶의 본질에 있어서 감각을 기본적인 것으로 여긴다는 사실입니다. 그래서 우리는 마르크스가 말하는 자연주의는 인간이 자신 스스로 감각적인 존재로서 자신의 대상적·감각적 활동을 통해 자연 전체를 새롭게 변형해나가는 존재임을 근본으로 한다고 정돈하게 됩니다.

5. 잉여가치와 착취

새로운 이야기로 넘어가기 전에 마르크스의 저작들에 관한 이야기를 잠시 해야 할 것 같습니다. 마르크스의 저작들은 '마르크스·엥겔스 전집'을 사려면 집부터 사야 한다고 할 정도로 그 분량이 엄청납니다. 가장 유명한 책이 《자본》(제1권은 1867년에 출간, 제2권과 제3권은 마르크스 사후 엥겔스에 의해 1885년, 1894년에 각각 출간)이지만, 그 외에도 《헤겔 법철학 비판》(1843), 《경제학 – 철학 수고》(1844), 《독일 이데올로기》(1845), 《포이어바흐에 관한 논제들》(1845), 《철학의 빈곤》(1845), 《임금노동과 자본》(1847), 《요강》(1857), 《잉여가치론》(1862), 《가치, 가격, 이윤》(1865) 등이 있습니다. 물론 그 외 저작과 편지 및 기고도 엄청납니다.

사실 마르크스의 위대한 업적은 자본주의의 근본원리와 구조를 철저하게 파헤치고 이를 바탕으로 그 속에 들어 있는 비밀스러운 의미를 밝혀내어 혁명을 위한 이론적인 기반을 제공했다는 사실입니다. 그 비밀스러운 의미란 모든 잉여가치의 원천은 노동자들의 노동에 있다는 것입니다.[23]

잉여가치(Mehrwert)란 있어도 없어도 그만인데 있으면 더 좋은 그런 것이 아닙니다. 잉여가치는 기본적으로 자본주의적인 생산양식 속에서뿐만 아니라 삶을 살아가는 우리 모두가 동물 상태를 넘어선 인간으로서의 삶을 영위할 수 있도록 하는 가치의 근본입니다. 하루 종일 먹을 것을 구하기 위해 돌아다녀야 하고 일생 동안 추위를 벗어나기 위해 노력해야 하는 일이 대를 이어서 계속된다고 한다면, 요컨대 기본적인 의식주의 수단을 마련하는 데 일생의 노력을 경주해야 한다면, 동물을 넘어선 인간은 존립할 수 없습니다.

이를 알기 쉽게 계산적으로 표현할 필요가 있습니다. 만약 내가 1시간 동안 농사일을 해서 오로지 1시간 동안 일할 수 있는 노동력을 보전하는 데 불과한 곡식만을 생산한다면, 나의 노동은 나의 노동력 유지를 위한 것밖에 되지 않습니다. 이를 간단히 말하면, 잉여가치가 제로라는 것입니다. 엄밀하게 말해, 나의 노동력을 제대로 유지하려 면 먹기만 해서는 안 됩니다. 옷도 입어야 하고 잠도 제대로 자야 합니다. 그뿐만 아니라 노동력이 없는 자식들도 먹여 살려야 합니다. 나의 노동이 이 모든 것을 해결하고도 남은 것이 있을 때, 그것을 잉여 가치를 산출했다고 하는 것입니다.

그 잉여가치를 통해 우리는 노동을 하지 않고 삶을 즐길 수 있는 시간적 여유, 즉 여가를 가지는 것이지요. 그리고 그 여가를 통해 동물 이상의 인간다운 인간으로서의 존재를 확보할 가능성을 갖는 것입니다.

따라서 만약 내가 노동을 해서 산출한 잉여가치를 내가 소유하지 못하고 그것이 다른 사람 혹은 다른 존재, 예컨대 기업이나 국가 혹은 군주나 교회나 절 등에 어떤 방식으로건 양도되고 만다면, 그렇게 양도되는 만큼 나의 인간적인 삶은 약화되고 마는 것입니다. 인간적인 삶이 약화된다고 하는 것은 계속해서 의식주와 재생산 중심의 삶, 극단적으로 말하면 연명 내지 생존 수준의 삶에 나의 존재가 붙박여 버린다는 것을 의미합니다.

자본주의 체제에 대해 마르크스가 우리에게 가르쳐준 것은, 노동자 전체의 노동을 통해 산출되는 총잉여가치가 노동자들의 소유를 벗어나 자본가들이 소유한 자본으로 전화된다는 것입니다. 그리고 그 자본을 통해 노동자 전체의 노동력을 생산 현장에 끌어들여 계속해서 잉여가치를 생산하도록 하고, 그 잉여가치를 또다시 자본가들이 가져감으로써 더욱더 큰 자본을 형성한다는 것입니다. 그런데 마르크스는 잉여가치에 대해 대단히 경제학적인 차원에서 이렇게 정의합니다.

노동과정은 노동력 가치의 등가가 재생산되어 노동대상에 부가되는 시점을 넘어서 계속 진행된다. 이 시점까지는 6시간으로 충분하지만 이 과정은 여기에서 그치지 않고 예를 들어 12시간까지 계속된다. 그 결과 노동력의 활동을 통해서 노동력 자신의 가치가 재생산될 뿐만 아니라, 더 나아가 일정한 초과 가치가 생산된다. 이 잉여가치는 생산물 가치 가운데 소비된 생산물 형성 요소들(즉, 생산수단과 노동력)의 가치를 넘는 초과분을 이룬다.[24]

흔히들 기업주가 노동력에 대한 임금을 지불하고, 생산수단에 해당되는 설비의 감가상각비와 재료비나 도구비 및 여러 경상비 등을 담당하기 때문에, 생산을 해서 남는 이윤은 당연히 기업주의 몫이 된다고 생각합니다. 마르크스는 임금을 가변자본에 해당된다고 하고, 임금을 제외한 생산수단을 불변자본이라고 말합니다. 여기에서 불변자본을 이렇게 정의합니다.

생산수단(즉, 원료나 보조 재료 또는 노동수단)으로 전화하는 자본 부분은 생산과정에서 그 가치 크기가 변하지 않는다. 그러므로 나는 이것을 불변자본 부분 또는 더 간단하게 줄여서 불변자본(konstantes Kapital)이라고 부른다.[25]

여기에서 중요한 것은, 노동력에 대한 임금으로 바뀌는 자본 부분 외에 이른바 불변자본은 생산과정에서 가치 크기가 변하지 않는 다는 사실입니다. 이는 불변자본에서 잉여가치가 생산되는 것이 아니라는 것입니다. 그렇다면 잉여가치가 생산되는 부분은 가변자본, 즉 노동력의 임금으로 지불된 자본입니다. 이를 달리 말하면, 잉여가치는 오로지 노동력에서만 생겨난다는 것을 의미합니다. 흔히 말하는 '노동가치설'이란 바로 이렇게 사회 전체의 잉여가치가 오로지 노동에서만 성립한다는 것을 말합니다. 이는 기계를 비롯한 설비 및 원료, 그리고 동력 등도 결국에는 노동력에 의해 생산된 것임을 염두에 두면 쉽게 생각할 수 있습니다.

　잉여가치를 둘러싼 원리적인 측면뿐만 아니라 구체적이고 실질적인 생산 현장에서의 제반 문제를 일일이 세세하게 분석하느라 마르크스는 엄청난 지면을 할애합니다. 우리는 그 내용을 일일이 따라잡을 수 있는 형편이 못 됩니다. 중요한 것은, 당연히 자본가의 몫이라고 여겨지는 이윤은 잉여가치를 가로채는 데서 성립한다는 것이고, 이를 착취라고 부를 수밖에 없다고 말하는 것입니다. 이를 법적으로 가능하게 하는 것이 바로 자본주의 정치·경제 체제라는 것입니다. 이럴 경우 노동자들의 삶과 존재는 어떻게 되는 것일까요? 마르크스는 이렇게 말합니다.

　　노동력의 활용, 즉 노동은 노동자 자신의 생명 활동이며 자기 삶의 발현이다. 그리고 그는 필요한 생활 수단을 확보하기 위하여 이 생명 활동을 제삼자에게 파는 것이다. 따라서 그의 생명 활동이 그에게는 생존을 위한 수단에 지나지 않는다. 그는 살기 위해서 일하는 것이다. 그는 노동이 자기 삶의 일부분이라고는 생각조차 하지 않으며 오히려 그것은 그의 삶의 희생이다. 그것은 그가 제삼자에게 내맡긴 하나의 상품이다. 따라서 그의 활동의 산물도 그의 활동의 목적이 아니다. 그가 자기 자신을 위해서 생산하는 것은 그가 짜는 비단도 아니고, 그가 광산에서 캐내는 금도 아니며, 그가 짓는 궁전도 아니다. 그가 자기 자신을 위해서 생산하는 것은 노임이며, 비단·금·궁전 등이 그에게 오면 일정한 양의 생활 수단으로, 아마포 재킷이나 동전이나 지하실 주택으로 변할 것이다. (……) 그의 삶은 이러한 활동이 멈출 때, 즉 식탁에서, 선술

집 의자에서, 잠자리에서 시작된다.[26]

곰곰이 새겨보아야 할 대목입니다. 사회 전체의 생산과정과 나의 삶이 분리되어 돌아가고, 그 과정에서 나의 삶이 물질적으로나 정신적으로 어딘가에 처박혀 있다는 느낌이 들 때, 거기에는 마르크스가 말하는 노동자의 삶이 관철되고 있다고 생각해야 할 것입니다. 이에 대한 바탕을 마르크스는 이렇게 달리 말합니다.

임금노동, 즉 프롤레타리아의 노동이 그들(부르주아지)에게 (단순히) 재산을 만들어주는가? 결코 그렇지 않다. 프롤레타리아의 노동이 만들어내는 것은 자본, 즉 임금노동을 착취하는 재산이며, 이것은 임금노동을 새롭게 착취하기 위해서 새로운 임금노동을 재생산하는 조건하에서만 증식될 수 있는 재산인 것이다. 오늘날과 같은 모습의 소유는 자본과 임금노동 간의 대립에 기초하고 있다.[27]

물론 우리는 높은 임금을 받고 나름대로 삶을 즐기는 오늘날의 자본주의적인 생활을 목도하고 있습니다. 예컨대 2014년 통계로 한국에서 연소득 1억 원 이상인 사람이 47만 명에 이른다고 합니다. 그렇기 때문에, 자칫 마르크스가 애써 밝힌 정치경제학적인 자본주의 분석이 그다지 유효하지 않다고 생각하는 경향이 있습니다. 하지만 우리가 살고 있는 이 자본주의 세상이 근본적으로 인간을 어떻게 다루고, 그럼으로써 어떻게 서로가 서로에 대해 비인간적인 수단으로서만 작동하는가를 정확하게 밝힌 인물이 바로 마르크스입니다.

이것이 적어도 자본주의 체제 속에서 사회적·역사적 삶을 영위할 수밖에 없는 현대인들의 삶을 근본에서부터 분석하고 검토하고 평가하고 대안을 제시하고자 하는 현대의 철학자들치고 마르크스의 영향에서 벗어날 수 있는 사람은 한 사람도 없다고 말할 수 있는 까닭입니다. 적어도 진정한 철학적인 작업을 하고자 하는 자들에게는 "철학자들은 그저 세계를 여러모로 해석했다. 그러나 핵심은 세계를 바꾸는 것이다"라는 그의 말이 여전히 유효한 울림으로 다가오지 않을 수 없는 것입니다.

6. 이윤율 저하의 경향

마르크스는 자본주의의 발전에서 최대의 적은 자본 자체라고 말합니다. 이는 자본이 이윤을 바탕으로 해서 축적되는데, 이윤율을 낮춤으로써 자본의 축적 정도를 약화시키는 주범이 바로 자본이라는 것을 뜻합니다.

자본가는 총자본을 늘리는 데 관심이 있습니다. 따라서 중요한 것은 총투자, 즉 임금뿐 아니라 생산도구와 원료에 드는 비용도 포함한 총투자 대비 잉여가치의 비율입니다. 바로 이것이 '이윤율'인데, 마르크스는 이윤율을 $s/(c+v)$ (s는 잉여가치, c는 불변자본(공장, 설비, 원료), v는 가변자본(임금))로 나타냅니다. 이 이윤율의 공식을 보면 임금 대비 잉여가치의 비율(이를 달리 착취율이라고 합니다)뿐만 아니라, 임금(가변자본)에 대한 생산도구·원료 구입 비용(불변자본)의 비율도 알 수 있습니다. 이 비율은 c/v로 나타나는데, 이를 마르크스는 '자본의 유기적 구성'이라고 부릅니다. 자본의 유기적 구성은 산업마다 시대마다 다릅니다. 예컨대 노동자 1000명이 천을 바느질해서 옷을 만드는 공장의 설비를 갖추는 데 드는 비용은 노동자 1000명이 철광석을 제련해서 철강을 만드는 공장의 설비 비용보다 적습니다. 만약 양쪽 모두 노동자 1000명으로부터 획득하는 잉여가치가 동일하다면, 당연히 전자의 경우 이윤율이 높을 수밖에 없지요.

그런데 개별 자본가는 최대한 많은 잉여가치(이윤의 원천이자 결과적으로는 이윤)를 새로운 생산수단에 지출해야만 업계에서 살아남을 수 있습니다. 생산수단이 저렴해지면, 경쟁에서 승리하기 위해 구입해야 하는 생산수단이 더 많아질 뿐입니다. 1년 전에 구입한 기계보다 생산성이 두 배나 높은 기계를 똑같은 가격으로 오늘 구입할 수 있다고 칩시다. 그러나 경쟁자가 그동안 더 많이 축적한 잉여가치를 이용해서 생산성이 네 배나 높은 기계를 구입하면 말짱 헛일이 됩니다. 자본가들 간의 피나는 경쟁이야말로 바로 자본주의적인 경쟁의 핵심이라고 할 수 있습니다. 이러한 경쟁 과정에 의해 생산수단의 값이 저렴해진다고 할지라도 저렴해지는 것이 결코 아니고, 전체적인 생산수단에 투입되는 비용은 점점 더 커지는 것입니다. 이에 이윤율, 즉 $s/(c+v)$가 점점 저하되는 것입니다. 이러한 일이 계속되면, 어느 순간 이윤율이 너무 낮아서 노동자의 실질임금과 자본가계급 자체의 소비까지 삭감하지 않으면 생산이 지속될 수 없는 지점에 이르게 됩니다. 말하자면 자본이 불변자본 쪽으로 한없이 쏠리면서 '과잉 축적' 내지 '자본 포화' 상태에 이른다는 것이지요. 이렇게 되면 자본이 더 이상 투자될 곳을 찾지 못하게 될 것인데, 이런 사태가 사회 혹은 세계 전체에 확산되면 불황에 이어 공황이 오게 되는 것이지요. 그사이 투자할 곳을 형성하기도 하는데, 그 대표적인 영역이 금융 상품의 영역입니다. 이는 2008년 금융 위기에서 잘 드러납니다.

과잉 축적은 이윤율 저하뿐만 아니라, 과잉 생산을 낳습니다. 과잉 축적에 다다라 이윤율이 저하되면 구조조정 등을 통해서 노동자들을 압박합니다. 그렇게 되면 대다수의 소비자인 노동자들의 구매력이 약화되고, 과잉 생산의 상대적인 폭이 더 커집니다. 기업들은 상품이 팔리지 않아 더 이상 생산을 할 수 없는 지경에 이르고, 투자 과정에서 대출을 받을 수밖에 없는데, 이에 도산을 면치 못하는 것입니다. 기업체들의 도산, 특히 거대한 대기업이 도산하면 하청업체들의 도산이 도미노 현상을 일으키게 되고, 은행은 은행대로 대출 회수를 하지 못해 위기에 처하거나 도산하게 됩니다. 2008년 미국의 리먼 브러더스 투자은행이 도산한 것이 대표적인 예입니다. 그 과정에서 특히 하층민들로부터 중산층에 이르기까지 엄청나게 많은 사람이 도탄에 빠집니다.

요컨대 자본주의 체제는 마르크스가 말하는 이윤율 저하의 경향으로부터 벗어날 수 없게 되어 있습니다. 그래서 "모든 사람을 주기적으로 큰 혼란에 빠뜨리는 체제이고, 프랑켄슈타인의 괴물과 드라큘라가 뒤섞인 끔찍한 잡종"이며, "인간의 창조물이지만 자신을 창조한 사람들의 통제를 벗어나서 그 창조자의 피를 빨아먹고 살아가는"[28] 체제라는 말을 하게 되는 것입니다. 그렇다면 그동안 자본주의는 어떻게 이러한 '호황‒불황‒공황‒회복‒호황' 등의 주기를 거치면서 계속 되살아나 더욱더 힘을 발휘하게 되었느냐 하는 문제가 남습니다. 이에 관해서는 마르크스가 제시한 이윤율 저하의 경향을 상쇄하는 여러 요인에 대한 분석을 참고할 필요가 있습니다만, 그 핵심은 한편으로는 지구 전체를 대상으로 하여 거대 규모로 끝없이 이어지는 제국주의적 수탈, 다른 한편으로는 과학기술의 발달에 의한 대대적인 욕망 구조의 재편과 그에 따른 생산방식의 재편에 의거한 것이라고 추정할 수 있습니다.

7. 마무리

우리 인간의 생명은 다른 동물들의 생명과 완연히 다릅니다. 자연적인 생명과 그에 따른 욕망을 넘어서서 사회적인 생명과 그에 따른 욕망, 그리고 이 두 생명과 욕망의 방식을 넘어선 문화적인 생명과 그에 따른 욕망을 동시에 추구합니다. 자연적인 생명과 사회적인 생명은 철저하게 배타적인 성격을 갖습니다. 사회적·역사적으로 보아, 자연적인 생명과 욕망은 주로 부로 치닫고, 사회적인 생명과 욕망은 주로 권력으로 치닫습니다. 그런데 상위의 사회적인 생명과 욕망은 하위의 자연적인 생명과 욕망을 지배합니다. 그래서 크게 보면 권력이 부를 지배하는 방향으로 사회 전체가 작동합니다. 이러한 과정을 최고도로 높인 사회경제 체제가 바로 자본주의 체제입니다. 철저하게 배타적인 소유를 중심으로 모든 인간을 위계의 네트워크 속으로 집어넣는 것이 바로 자본주의 체제입니다.

이를 넘어서서 문화적인 생명과 그에 따른 욕망이 사회 전체의 방향을 주도할 수 있는 새로운 사회를 모색했던 인물이 마르크스라고 여겨집니다. 우리는 '공향유(共享有)의 공화(共和)'를 사회 이념으로 제시하고자 합니다. 역사적으로 출현했다가 소멸해버린 이른바 공산주의 진영의 전체주의 사회는,《좀비 자본주의》를 쓴 크리스 하먼에 따르면, 국가자본주의 사회이지 진정한 의미의 사회주의 내지 공산주의 사회가 결코 아닙니다. 현재의 북한 역시 그러합니다. 아직 역사는 제대로 무르익지 않았습니다. 그렇다고 역사가 완전히 압착되어 소멸된 것도 아닙니다. "전면적이고 심오한 감각을 갖춘 인간들을 지속적으로 생산하는 사회"가 멀지 않은 미래에 올 것임을 늘 기억해야 합니다.

2장

니체: 인간을 넘어선 예술 세계

1. 들어가는 말

프리드리히 니체(Friedrich Nietzsche, 1844~1900)라는 이름은 왠지 부담스럽지만 부담스러운 만큼 매력적인, 매력적이기 때문에 감히 다가갈 수 없을 것 같은 느낌을 줍니다. 그 이후의 모든 예술가뿐만 아니라 예술을 사랑한 모든 철학자에게 커다란 영감을 불러일으킨 인물이 바로 니체이지요. 한번 주어진 인생을 무엇으로 채울 것인가를 진지하게 고민하게 될 때, 맨 먼저 다가오는 영역은 아마도 더없이 뜨거운 감각적인 세계일 것입니다. 빔 벤더스(Wim Wenders)의 영화 〈베를린 천사의 시〉에서, 천사 다미엘이 천사로서는 도무지 느낄 수 없는 감각을 인간이 되어 처음으로 느끼면서 신기해하고 황홀해하는 장면을 보면 이를 잘 알 수 있습니다. 그 감각적인 세계를 가장 진하게 온몸으로 역설한 인물이 바로 니체입니다.

비록 더없이 뜨거운 감각 세계야말로 인생의 진리임을 깨달았다고 할지라도 그 감각 세계를 쉽게 껴안을 수 있는 것은 아니지요. 그것은 아마도 사회가 감각 세계와는 대립적인 힘으로써 우리를 강압하기 때문일 것입니다. 강압의 시간에 빠져들어 내가 무엇인지 누구인지 왜 살아가고 있는지를 도무지 가늠할 수 없을 때, 다시 한 번 인생을 추스르면서 크게 용기를 내도록 하는 인물이 바로 니체입니다. 이를 염두에 두면서, 니체의 예술 사상을 점검해보기로 합시다. '니체: 인간을 넘어선 예술 세계'라는 제목을 붙였다고 해서, 그저 말 그대로 그의 예술 사상만을 집중적으로 말할 수는 없습니다. 가능한 한 그의 철학 사상 전모를 그 뼈대만이라도 간추려 살펴보지 않을 수 없습니다.

2. 신은 죽었다. 어떻게 할 것인가?

이제 인간의 미래라는 산이 진통을 겪고 있다. 신은 죽었다. 이제 우리
는 원한다. 초인이 살게 되기를.[1]

니체 하면 흔히 떠올리는 "신은 죽었다"라는 말이 들어 있는 대
목입니다. 신의 죽음을 선포하고, 초인의 탄생을 예고하고 있습니다.
이는 여느 철학자의 목소리가 아닙니다. 신이 죽다니! 신은 모든 의
미의 출발점이자 귀결점이 아니겠습니까. 신이 죽었다는 것을 선포함
으로써 니체는 19세기, 위대한 세기가 전혀 새로운 방식으로 우리에
게 다가와 스스로를 마감한다는 것을 예고합니다. 신이 죽었다는 사
실은 과연 우리에게 어떤 변화를 일으킬까요? 도스토옙스키(Fyodor
Mikhailovich Dostoyevsky, 1821~1881)가 신이 없다면 못할 짓이 없다고 한
말을 생각합시다.

만약 신이 내 속에서 나를 움켜쥐고서 나의 일거수일투족을 관
찰하는 감시자이자 내 속에서 내 스스로를 처벌하는 자라면, 그가
죽었다는 소식을 접했을 때 그 소식을 접한 자는 어떤 행동을 할까
요? 춤을 추면서 더없이 쾌활하고 명랑한 웃음을 터뜨릴 것입니다.
그리고 그 웃음은 도무지 가눌 길 없어 배꼽을 움켜쥐고서 온몸으
로 내질러대는 박장대소가 아닐 수 없을 것입니다. 1979년 10월 26
일 아침, FM 93.1Mhz의 KBS 라디오 방송에서 때아닌 장송곡 조의
음악이 나오다가 "고 박정희 대통령 각하……" 운운하면서 울먹이는
아나운서의 목소리가 들렸습니다. '아니, 이게 무슨 일이야' 하고 자
세히 들어보니 독재자 박정희가 사망했다는 것이었습니다. 이 소식
을 듣고서 마루에서 혼자 미친 듯이 춤을 춘 것이 기억에 선연합니
다. 하물며 신이 죽었다는 소식이 전해진다면 어떨까요?

인간의 모든 위대함이나 강함이 초인간적인 것으로서, 밖에서 온 것으로 포착되고 있는 한, 인간은 스스로를 왜소하게 만들었다. 인간은 극히 가련하고 약한 면과 극히 강하고 놀라운 두 가지 면을, 두 가지 영역 가운데로 분열시키고, 전자를 '인간', 후자를 '신'이라고 부른 것이다.[2]

신은 인간이라는 종(種)이 지닌 또 하나의 존재 방식이라는 니체의 이야기입니다. 신은 인간과 더불어 인간 속에서 태어나 인간으로부터 분리되어 인간을 지배하는 인간의 또 다른 모습이라는 이야기입니다. 달리 말하면, 신은 인간이 지닌 최고도의 가능성과 다름없다는 이야기입니다. 포이어바흐의 말을 빌려 말하자면, 신은 인간에게서 태어났다는 이야기입니다. 그렇다면 인간에게서 태어난 신을 다시 인간의 품으로 끌어안게 된다면, 그 인간은 어떤 존재가 될까요? 자신의 최대의 가능성을 실현한 인간이 될 것입니다. 이를 니체는 '초인(Übermensch)', 즉 인간을 넘어선 인간이라고 부릅니다.

니체의 규정에 의하면, 신에게 얽매인 자는 인간이고, 신적인 역량을 자신에게 끌어들여 신으로부터 근본적으로 자유로운 자는 초인입니다. 만약 초인이 '인간을 넘어선 인간'이라면 그는 기실 '신을 넘어선 인간'입니다. 이 같은 니체의 인간과 초인에 대한 개념을 받아들이면, 신이 죽고 나면 인간 역시 몰락한다고 말하지 않을 수 없습니다. 또한 인간이 몰락한 자리에는 인간을 거름으로 삼은 초인이 탄생한다고 하지 않을 수 없습니다.

니체의 초인철학은 신이 죽고 사라진 뒤에 어떻게 삶을 영위할 수 있을 것인가 하는 일견 수동적인 물음을 바탕으로 설립되는 것 같지만, 수동적인 것 같은 그 물음은 단박에 지독한 능동의 물음으로 바뀝니다. 신의 죽음을 애통해하는 자의 물음이 아니라, 오래전에 이미 신이 죽어 있었음을 뒤늦게나마 확연하게 깨달은 자의 물음이기 때문입니다. 니체는 신의 죽음에 관한 이야기를 복음(福音)이라고 말합니다. 과연 어떤 복음일까요?

3. 세 가지 변신 내지 변용

이를 이해하려면 니체가 《자라투스트라는 이렇게 말했다》에서 자라투스트라의 설교를 통해 전하고 있는 그 유명한 '정신의 변용'에 관한 말을 들어야 합니다. 이는 완전히 예술적으로 감각의 해방을 성취한 자, 즉 초인을 향한 길을 일러줍니다. 이 길이야말로 진정한 삶의 길을 일러주는 복음이 아닐 수 없습니다. 자라투스트라의 설교에서 핵심 부분은 이렇습니다.

> 내가 너희에게 정신의 세 가지 변용을 들겠다. 곧 정신이 낙타가 되고, 낙타가 사자가 되고, 사자가 마침내 아이가 되는 변용을. (……) 가장 무거운 짐이란, 자신의 자부심에 상처를 주기 위해 스스로를 낮추는 것, 자신의 지혜를 조소하기 위해 자신의 어리석음을 훤히 드러내는 것이 아닌가? (……) 스스로 자유를 창조하는 것, 그리고 의무 앞에서까지의 신성한 부정, 그것을 위해, 나의 형제여, 사자가 필요한 것이다. (……) 어린아이는 순진무구함이며, 망각이며, 새로운 시작이며, 하나의 놀이이며, 스스로 굴러가는 바퀴이며, 최초의 움직임이며, 하나의 신성한 긍정이다. 그렇다. 창조의 놀이를 위해서는, 나의 형제여, 신성한 긍정이 필요한 것이다. 이제 정신은 〔자신의〕 의지를 원하고, 세계를 잃어버리는 자는 스스로 〔자신의〕 세계를 획득하는 것이다.[3]

낙타는 그 어떤 삶의 지저분함이나 무시무시함조차 자신의 삶의 운명으로 받아들이면서 견디는 정신을 말합니다. 낙타는 무거운 짐을 지고서 자신의 사막을 서둘러 나섭니다. 때로는 죽음이라는 주인이, 때로는 불행이라는 주인이, 급기야 이를 주재(主宰)하는 신이라는 주인이 시키는 대로 무거운 짐을 지고서 아무 생각 없이 터벅터벅 꾸준히 걸음을 옮기는 삶의 태도를 지칭합니다.

그러나 이윽고 사막을 열심히 건너가던 낙타는 운명의 주인인 신을 만나 적이 되고자 하고 그 거대한 용과 싸우려 한다고 니체는 말합니다. 그럴 때 낙타는 사자로 변신합니다. 그래서 운명을 벗어던지고 스스로의 자유를 창조하려 합니다. 그래서 일체의 뜨거운 부정이 일어납니다. "너는 해야 한다"라는 낙타가 짊어진 당위의 윤리가 파열되면서 환상이었다는 것이 드러나고, 그 결과 기존의 신성에 따른 일체의 규범이 부정됩니다.

하지만 이렇듯 기존의 삶의 설계를 부수고 약탈을 일삼는 사자의 부정은 오로지 스스로의 자유를 획득하는 것일 뿐 그 자체로는 창조가 될 수 없습니다. 부정과 저항을 일삼는 태도로는 어디선가 밀려오는 허전함을 이겨낼 수가 없습니다. 스스로의 삶을 창조해나가면서 그 창조적인 삶을 적극적으로 긍정할 수 있어야만 합니다. 그래서 사자는 어린아이로 변신합니다. 니체가 말하는 어린아이는 어리석고 순진하기만 한 자가 결코 아닙니다. 니체는 어린아이를 일컬어 창조의 놀이를 위해 전혀 새로운 신성한 긍정을 하면서 스스로 굴러가는 바퀴라고 말합니다. 어린아이로 변신하게 될 때, 이전의 낙타의 정신과 사자의 정신은 쓸모없는 것이 아니라 스스로 굴러가는 바퀴인 어린아이에게 반면교사(反面敎師)로서의 동력이 될 것입니다. 무한 긍정으로 늘 새롭게 굴러가는 바퀴의 정신을 니체는 '영원회귀'의 정신이라고 달리 부르기도 합니다. 이 어린아이로서의 정신은 삶을 드높이고자 하는 강력한 위력에의 의지를 최대한 발휘하는 정신입니다. 정신의 발달에서 최종적인 상태인 셈입니다.

4. 몸, 모든 것의 원천은 몸이다

그런데 니체는 이 어린아이의 무한 긍정의 정신을 '그 자체로 고스란히 몸인 정신'이라고 말합니다. 여기에서 니체의 몸 철학이 여지없이 모습을 드러냅니다.

> 흔히 "나는 몸이며 영혼이다"라고 말한다. 그런데 어째서 인간은 어린아이처럼 말하면 안 되는가?
> 그러나 깬 자, 아는 자들은 말한다. "나는 고스란히 몸이며, 그리고 그 외에는 아무것도 아니고, 그리고 영혼이란 몸에 딸린 무엇인가를 위한 말일 뿐이다"라고.[4]

'몸을 경멸하는 자들에 관하여'라는 제목이 붙은 대목에서 니체는 이렇게 자라투스트라의 입을 빌려 '고스란히 몸'인 인간이 근원적이며 궁극적으로 깬 자임을 역설합니다. '고스란히 몸'이라는 것은 도대체 어떤 몸일까요? 미리 결론을 끌어들여 말하면, 그 몸은 바로 최대한 관능적이면서 예술적인 몸입니다. 여기에서 우리는 니체가 정신철학의 대가가 아니라, 온전히 몸 철학의 대가임을 알게 됩니다. 몸을 중시한다는 것은 '지금 여기'에서의 현존적인 삶을 더없이 소중하게 여기는 것이 아닐 수 없습니다. 그래서 니체는 내세라고 불리는 '배후 세계(Hinterwelt)'를 비난합니다.

> 내 말을 믿으라, 나의 형제들이여! 몸에 절망한 것은 바로 몸이었다. —

현대철학의 광장

현혹된 정신의 손가락으로 최후의 벽을 더듬었던 것은 몸이었다.

　내 말을 믿으라, 나의 형제들이여! 대지에 절망했던 것은 몸이었다. 존재의 배〔腹〕가 자신에게 얘기하는 것을 들었던 것은 몸이었다.

　그리고 그때 몸은 머리로써 최후의 벽을 뚫고—그것도 머리로써만 은 아니지만—'저세상'으로 넘어가고자 했던 것이다.[5]

　몸에 절망한 것도 몸 자신이고, 대지에 절망한 것도 몸 자신이고, 또한 절망의 최종적인 벽을 더듬다가 그 벽을 꿰뚫어 내세를 만들어 낸 것도 몸 자신이었다고 말합니다. 언뜻 보면 이는 몸이 스스로를 부정하는 황당한 짓을 하는 것이라고 몸을 비난하는 것으로 잘못 해석될 수도 있습니다. 하지만 그게 아닙니다. 몸과 대지를 넘어서서 영혼을 갈구하고 내세를 갈구하는 데 있어서 그 힘의 원천이 바로 몸임을 알림으로써, 기실 니체는 영혼보다 몸이 근원적이라는 것, 따라서 영혼이 근본적으로 몸에 예속되어 있는 것임을 역설적으로 강조하는 것입니다. 그래서 니체는 이렇게 말합니다.

　몸과 대지를 경멸하고 천상적인 것들과 구원의 핏방울을 만들어낸 것은 병들어 죽어가는 자들이었다. 그러나 이 달콤하고 음침한 독(毒)까지도 그들은 몸과 대지로부터 취해왔던 것이다. (……) 몸은 그들에겐 병적인 것이고, 그리하여 그들은 그 살가죽으로부터 벗어나고 싶어 한다. 그 때문에 그들은 죽음의 설교자들에게 귀 기울이고, 그들 스스로가 배후 세계를 설교하는 것이다.[6]

　'구원의 핏방울' 운운하는 대목을 보아—그렇지 않아도 잘 알 수 있지만—여기에서 니체는 기독교를 겨냥하고 있습니다. 기독교가 탈대지적이고 탈신체적인 방식으로 현실의 삶을 부정하고 환상을 긍정한다는 것이고, 이를 도무지 견딜 수 없다는 것입니다. 하지만 기독교만 참지 못하는 것이 아닙니다. '죽음의 설교자들'에는 불교적인 태도와 니힐리즘적인 태도도 해당됩니다. 니체가 죽음과 그에 따른 근원적인 무의미를 바탕으로 삶을 해석하려는 모든 교설을 적으로 삼고 있음을 알 수 있습니다.

과연 니체는 몸 철학의 선구자가 아닐 수 없습니다. 몸의 근원성과 본래성을 내세움으로써 인간을 초인의 상태로 구원하고자 하는 니체의 심경을 이해할 필요가 있습니다. 니체가 말하는 몸은 과연 어떤 몸일까요? 니체는 이렇게 말합니다.

> 몸은 하나의 큰 이성이며 '하나의' 의미를 가진 복합이고, 전쟁이며 평화이고, 양 떼이며 목자인 것이다.
>
> 네가 정신이라 부르는 너의 작은 이성 역시, 나의 형제여, 네 몸의 도구이다. 네가 정신이라 부르는 것은 너의 몸인 큰 이성의 작은 도구이며 노리개인 것이다.
>
> 너는 '자아'라고 말하며 그 말을 자랑스러워한다. 그러나 한결 위대한 것은—너는 그것을 믿으려 하지 않지만—네 자신의 몸이며, 네 몸의 큰 이성이다. 그 큰 이성은 자아를 말하지 않고, 자아를 행하는 것이다. (……) 너의 사고와 감정 뒤엔 나의 형제여, 힘센 명령자, 알려지지 않은 한 현자가 있으니, 그것이 곧 자신이라 불리는 것이다. 네 몸 속에 그것이 살고 있고, 그것이 곧 네 몸이다.[7]

작은 이성과 대비되는 큰 이성으로서의 몸을 역설하는 니체를 우리는 어떻게 해석해야 할까요? 큰 이성이란 도대체 무엇인가요? 우리는 이성을 오로지 정신에 속한 것으로 보려는 경향을 알고 있습니다. 플라톤과 아리스토텔레스(Aristoteles, BC 384~BC 322)가 그러하고, 데카르트(René Descartes, 1596~1650)와 스피노자(Baruch Spinoza, 1632~1677)가 그러합니다. 칸트가 그러하고, 헤겔이 그러합니다. 그런데 이제 니체는 그런 철학자들이 내세운 이성이란 '보잘것없는' 작은 이성에 불과하다고 말하면서, 큰 이성으로서 몸을 제시합니다. 그러면서 생각하는 자아 대신에 '행하는 자아'를 제시합니다. 여기에서 우리는 니체가 "철학자들은 그저 세계를 여러모로 해석했다. 그러나 핵심은 세계를 바꾸는 것이다"라고 말한 마르크스의 실천철학을 받아들이고 있다고 해석하게 됩니다. 니체와 마르크스 간의 친화성을 감지할 수 있는 것은 이 대목만이 아닙니다. 니체의 다음의 이야기를 들어봅시다.

> 객관적인 것, 이상적인 것, 혹은 순수하게 영적인 것이라는 미명하에 무의식적으로 숨겨진 생리적인 요구는 절박할 정도로 많다. 그래서 나는 가끔, 넓은 안목으로 봐서, 철학은 고작 몸의 해설과 몸에 대한 오해가 아닌가 하는 질문을 해본다. 지금까지 철학의 흐름을 장악해온 최고의 가치판단 뒤에는, 개인의, 계급의, 혹은 전체 인종의 몸 구성에 대한 오해가 숨겨져 있다. 형이상학의 모든 과감한 미친 짓, 특히 존재의 가치에 대한 답변들은 무엇보다도 제일 먼저 특정한 몸의 징후로 간주될 수 있다. 이러한 확인이나 부정이 과학적으로 측정했을 때 눈곱만큼의 의미조차 없다 하더라도 그것들은 역사학자나 심리학자들한테는 몸의 징후의 힌트로서뿐만 아니라 몸의 성공과 패배, 몸의 풍만함과 힘과 역사 속에서의 독재, 혹은 그것의 실망과 피로와 빈곤과 종말에 대한 경고, 종말에 대한 의지를 가늠하는 힌트로 더욱더 중요한 것이다.[8]

특정한 몸을 가진 자가 특정한 형이상학적 교설을 만들어내고, 특정한 몸을 가진 계급이 특정한 철학을 만들어낸다는 식입니다. 시대정신 운운하면서, 예컨대 오늘날의 시대정신을 포스트모더니즘이라고 말할 경우, 그것은 그 시대의 몸이 어떤가를 나타내는 징후라는 것입니다. 또한 불교가 성행하는 어떤 시대의 사회가 있을 경우, 그것은 그 사회의 몸을 나타내는 징후라는 것입니다. 이는 토대(경제 관계)가 상부구조(철학, 법, 문화, 이데올로기 등)를 결정한다는 것과 일맥상통합니다. 마르크스가 《헤겔 법철학 비판》의 서문에서 "종교적인 비참은 한편으로는 현실적인 비참의 표현이며, 다른 한편으로는 현실적인 비참에 대한 항의다. 종교는 억압받는 피조물의 탄식이며, 정신 없는 상태의 정신이며, 이와 마찬가지로 무정한 세계의 심정이다. 종교는 인민의 아편(Opium)이다"라고 말한 것을 염두에 둡시다. 다만 마르크스가 토대를 경제 관계로 본 것과 달리 니체는 몸으로 본다는 점에서 다릅니다. 하지만 이 또한 경제 관계와 몸 간의 관계가 대단히 밀접하다는 것을 염두에 두면, 두 인물 간의 차이의 폭은 줄어들 것입니다.

그러면서 우리는 우선 니체가 그의 저작 곳곳에서 왜 그렇게 '진리'라는 개념을 공박하고 질타하는지를 알 수 있습니다. 흔히 진리라고 이야기되는 것들은 알고 보면 대대적인 몸 상태에 대한 하나의 징후이기에 그런 것입니다. 그런가 하면 정신 역시 몸에 대한 비유에 불과한 것으로 됩니다. 그리고 정신에서 우러나오는 선과 악도 몸의 비유가 되고 맙니다.

우리의 정신은 위를 향해 날아간다. 우리의 정신은 그렇게, 우리의 몸의 한 비유이며 높아짐의 한 비유인 것이다. 그리고 여러 가지 덕의 이름들은 이러한 여러 높아짐의 비유들인 것이다.

이렇게 몸은 역사를 헤치며 간다, 생성하며, 싸우며. 그리고 정신, 그것은 몸에겐 무엇인가? 몸의 전투와 승리의 전령이며, 동반자이며,

메아리인 것이다.

악과 선의 모든 이름은 비유들이다.[9]

니체의 철학에서는 초인이라는 이름으로 신을 넘어선 인간이 찬란하게 빛나고, 신과 관련이 깊은 정신과 의식을 넘어선 몸이 더없이 거룩하게 칭송됩니다. 흔히들 인간 특유의 삶의 가치라고 여기는 철학, 종교, 도덕뿐만 아니라 예술마저도 결국은 몸의 징후로 자리매김됩니다. 그런데 이때 몸은 그저 개인의 몸에 그치는 것이 아니라 계급의, 사회의, 인류 전체의 몸으로 확대됩니다. 그 밑바탕에는 대지라는 거대한 우주적 몸이 작동합니다. 니체에게서 몸은 곧 일체의 것을 생산해내는 대지의 무한정한 생산적 에너지를 받아 대지와 혼연히 일체가 되는 역동적인 존재입니다. 이에 근거해서 니체는 다음과 같은 삶의 지혜를 역설합니다.

삶에 대한 너희의 사랑이 너희의 최고의 희망에 대한 사랑이 되게 하라. 그리고 너희의 최고의 희망이 삶의 최고의 사상이 되게 하라![10]

5. 생성의 대지에서 온몸으로 춤추는 초인

니체에게서 몸은 대지와 더불어 이야기됩니다. 몸의 소리를 통해 대지의 의미를 깨달아가는 과정은 곧 초인이 되는 길이고, 위력에의 의지를 불태우면서, 급기야 영원회귀에 몸을 드리울 수 있을 정도로 감각적으로 완전히 해방되는 과정입니다. 매력적이지 않은 구절이 거의 없지만, 특히 매력적인 말 중의 하나는 이것입니다.

자라투스트라는 말했다. 대지는 하나의 살갗을 갖고 있다. 그리고 그 살갗은 여러 병에 걸려 있다. 그런 병들 중의 하나는 예를 들자면, '인간'이라 불린다.[11]

인간에 대한 애정으로 청춘을 보냈던 자라 할지라도, 나이가 들어 '인간'이야말로 인간을 자신만의 유폐된 지하실에 감금시키고 못 대지가 선사하는 환희와 쾌락을 차단시켜 신선한 공기를 마시지 못하게 함으로써 모두를 병들게 하는 근본 원인임을 깨닫게 되면, 인간과의 투쟁을 벌이지 않을 수 없는 것입니다. 누덕누덕 돋아 있는 누렇게 썩은 고름이 고인 역병인 양, 혹은 바닷가 바위 위에 더덕더덕 붙어 있는 따개비인 양, 대지의 살갗에 붙어 대지를 병들게 하는, 따라서 대지로부터 벗어날 수 없기에 함께 병들어 있는 것이 인간이라고 니체는 말합니다. 니체의 지독히 냉소적인 태도가 엿보이기도 합니다만, 니체의 냉소는 기실 '병든 우리'를 치유하기 위한 처방입니다. 니체는 이렇게 말합니다.

몸은 앎을 통해 스스로를 정화한다. 앎을 시도하면서 몸은 스스로를 높이 끌어올린다. 인식하는 자에겐 모든 충동이 신성한 것이 되고, 높이 끌어올려진 자에겐 영혼이 즐거운 것이 된다. (……) 아직 밟아보지 않은 천 개의 길이 있다. 천 개의 건강과 천 개의 숨겨진 삶의 섬들이. 인간과 인간의 대지는 아직도 변함없이 무진장하며 발견되지 않은 채로 있다. (……) 진실로, 이제라도 대지는 치유의 장소가 되어야만 한다.[12]

숨겨진 채 발견되지 않은 채로 있는 대지의 무진장한 힘과 충동의 영역은 도대체 어떤 곳일까요? 니체는 이렇게 묘사합니다.

어떤 꿈도 보지 못한, 바깥 먼 미래 속으로, 화가들이 꿈꾸었던 것보다 더 따뜻한 남쪽으로, 신(神)들이 춤을 추면서 모든 옷을 부끄러워하는 그곳으로. (……) 그곳에선 모든 생성이 내게 신들의 춤, 신들의 분방함으로 여겨졌고, 세계가 구속에서 풀려나 제멋대로 굴며 자기 자신에게로 다시 달아나는 것처럼 여겨졌다.[13]

니체는 유일하게 인정할 수 있는 신이 있다면 그것은 발가벗고 춤을 추는 신이라고 했습니다. 그리고 그 신이란 바로 인간이라고 했습니다. 생성의 춤을 추는 신이란 바로 발가벗지 않고 있음을 부끄러워한 나머지(선악과를 따 먹고서 발가벗었음을 부끄러워했던 이브와 아담과 대비) 드디어 발가벗고 춤을 추는 인간이라는 이야기입니다. 그리고 그런 춤추는 신, 즉 진정한 인간 앞에서는 다음의 것들이 폐기된다고 말합니다.

잘못된 신앙 조목, 그것은 지금까지도 끊임없이 계승되었으며, 대부분 종의 기본적 상태라고 할 수 있는 바로서, 예를 들면 다음과 같은 것들이다. 즉, 영속하는 사물이 존재한다는 것, 동일한 사물이 존재한다는 것, 사물·물질·물체가 존재한다는 것, 사물은 그 보이는 바가 전부라는 것, 우리의 의욕은 자유롭다는 것, 나에게 선한 것은 그것 자체로서 또한 선하다는 것이다.[14]

개념적인 인식과 명제적인 인식을 가능하게 하는 것들은 동일성을 전제로 하고, 따라서 생성을 벗어나 있는 것이기에, 생성의 춤을 출 수가 없을 뿐만 아니라, 오만하게도 생성의 춤을 경멸하고 방해하는 것입니다. 대지가 해방되어 풀려나오는 장면에서 벌어지는 광경은 이렇듯 생성의 춤으로 자기 스스로에게로 돌아가는 고귀한 몸들이 함께하고 있습니다. 이를 니체는 거울 관계로 비유하면서 이렇게 말합니다.

> 고귀한 몸이 속해 있는 힘찬 영혼으로부터, 그리고 그 아름답고 승리에 찬, 싱싱한 몸의 둘레에서 모든 사물은 하나의 거울이 되는 것이다.
> 춤추는 자인, 부드럽고 설득력 있는 몸, 그것의 비유이며 축약도인 것이 곧 자기 향락적인 영혼이다. 그러한 몸과 영혼의 자기 향락이 스스로를 '덕'이라 부르는 것이다.[15]

거울 앞에서, 더욱이 무한개(無限個)의 거울 앞에서 춤을 추면, 춤을 추는 몸과 함께 그 거울도 함께 춤을 출 수밖에 없는 것이 아닌가요. 기실 그 모든 사물의 거울이란 대지에 뿌리를 내리고 있는 또 다른 몸들입니다. 관능과 예술의 전 우주적인 황홀! 모두가 함께 자기 향락적인 생성의 춤을 추는 광경이 니체가 바라본 궁극적인 것이 아닌가 싶습니다. 그의 말이 삶의 궁륭을 넘어 퍼집니다.

> 그리고 무엇보다도 나는 서고 걷고 달리고 뛰어오르고 올라가고, 그리고 춤추는 법을 배웠다.[16]

6. 세계는 힘으로 되어 있다

철학을 하는 우리는, 니체가 과연 존재하는 이 모든 것에 대해 어떤 관점을 가지고 있는지가 궁금합니다. 말하자면 니체의 존재론이 궁금한 것입니다. 그의 존재론이 그다지 중요하지 않다고 말할 수도 있지만, 니체의 몸 철학 및 예술 중심 철학을 이해하는 데 도움이 될 것입니다.

우선 니체는 원자론자들에 대해 큰 관심을 가집니다. 이들이 신이 없는 세계를 제창하고 있는 것 같은 느낌이 들었기 때문에 관심을 가졌을 것으로 추정됩니다. 그런데 니체는 원자론자들을 비판합니다. 원자론자들은 "세계를 산정할 수 있는 고정불변의 원인"[17]을 찾고 있기 때문입니다. 그들은 "저울에 달아보아 차이를 확인할 수 없게 되자, 다이아몬드와 흑연과 석탄이 동일하다고 주장하기 위해"[18] 불변의 어떤 것을 공상해야 했다고 말합니다.

니체가 보기에 이러한 원자론자들의 입장은 헤라클레이토스(Heracleitos)와 대척점에 선 파르메니데스(Parmenides)의 존재론과 그 정신에서 일치합니다. 니체는 그 대신 '헤라클레이토스주의'를 철저히 옹호합니다. 그러면서 니체는 '헤라클레이토스주의'를 "생성 속의 법칙과 필연성 속의 유희"라고 정의합니다.[19]

니체가 보기에 원자론에서 가장 크게 문제가 되는 것은 원자의 자기동일성입니다. 원자가 자기 동일적이라는 것은 원자가 자신의 운동을 변형시킬 차이를 본질적으로 포함하고 있지 않다는 것을 말합니다. 니체는 원자 대신에 힘(Kraft)을 제시합니다. 원자를 도외시하고서 힘을 생각한다는 것은 쉬운 것이 아닙니다. 왜냐하면 일상적으로 힘이란 항상 어떤 물체(원자)가 운동할 때 표현되는 것이기 때문입니다. 그래서 우리는 힘을 하나의 물체(원자)가 다른 물체에 대해 발휘하는 물체와 물체 간의 특정한 형태의 관계라고 생각하기 때문입니다.

그런데 니체는 사물 자체(예컨대 자기 나름으로 고유한 원자)는 없다고 주장합니다. "사물의 고유성이란 다른 '사물'에 행동을 유발하는 작용이다. 즉, 이 다른 '사물'을 없는 것으로 생각하면, 사물은 어떠한 고유성도 갖지 못하게 된다. 바꿔 말하면, 다른 사물 없는 사물은 없다. 바꿔 말하면, '물자체'는 없다"[20]라고 말합니다. 관계가 없는 사물 자체는 없다는 이야기입니다. 온갖 이야기를 다 해가면서 니체는 결국 세계, 즉 존재하는 일체의 것은 '힘들의 바다'라고 하면서 이렇게 정돈합니다.

> 이 세계란 시작도 끝도 없는 거대한 힘, 증대하는 일도 없으며 감소하는 일도 없고 소모하는 것이 아니라 변전하기만 하는, 전체로서는 그 크기를 바꾸는 일이 없는 청동과 같이 확고한 힘의 양, 지출도 손실도 없으며 또한 증가도 없고 수입도 없으며 자기 스스로의 한계를 갖는 이 외에 그것을 에워싸는 것은 '무'인 가계(家計), 전혀 엷어지지 않고 소비되지 않는 것, 결코 무한한 확장을 갖는 것이 아니라 일정한 힘으로서 일정한 공간 속에 가두어지고 있으나 어딘가 '공허'할지도 모르는 공간 속에서가 아니라 오히려 힘으로서 편재하고, 여러 힘과 힘의 파랑의 유희로서 하나인 동시에 허다하고, 여기에 집적되는가 싶으면 저기서는 감소하는 것, 자기 스스로의 속으로 광포하게 밀려들고 넘쳐나는 여러 힘의 바다.[21]

하지만 '힘의 바다'라는 말에서 알 수 있듯이, 니체가 말하는 힘은 물리적 양으로서 측정될 수 있는 힘이 아닙니다. 철저하게 질적으로 승부가 나는 그런 종류의 힘입니다.

> 힘(Kraft)이라는 개념은 현대 물리학자가 신과 세계를 창조하는 데 이용한 것이지만, 여전히 보완될 필요가 있다. 즉, 위력에의 의지(Wille zur Macht)로서, 바꿔 말하면 위력을 표명하는 혹은 위력을 행사하고 실행하려는 물리지 않는 요망으로서, 창조적 충동 따위로 〔잘못〕 특징되지 않는 하나의 내적 의지가 그것에 돌려지지 않으면 안 된다.[22]

니체는 우주의 힘을 의지로 풀이하려고 합니다. 더 나아가 그것을 위력에의 의지로 보고 있습니다. 그래서 위력이 무엇인지를 이해하지 않으면 안 됩니다. 니체는 위력이 의지와 분리된 것이 아니라, 의지를 통해 드러난다고 말합니다. 그리고 내적 의지는 힘이라고 말합니다. 힘과 위력은 분리된 것이 아니라는 것이고, 위력이 힘을 통해 드러난다는 것을 말합니다.

니체에게서 진정한 힘은 능동(Aktion)입니다. 능동의 힘은 아리스토텔레스가 말한 부동의 원동자와 같은 형태를 띱니다. 능동의 힘은 맨 처음 운동을 시작한다는 점에서 일종의 신적인 힘입니다. 맨 처음 시작한다고 해서 홀로 시작하는 것이 결코 아닙니다. 철저히 다른 것들을 속에서부터 지배하면서 시작하는 것이 능동의 힘입니다.

능동의 반대는 반동(Reaktion)입니다. 반동의 힘은 능동의 힘이 주어지지 않는 한, 생겨나지 않는 힘입니다. 반동은 근본적으로 시작하는 힘이 아니라 시작하는 힘을 흡수하여 상쇄시키고자 하는 힘입니다. 아방가르드의 힘은 능동이지만, 아방가르드를 질시하고 비난하는 힘은 반동입니다. 반동은 지키려고 하고, 능동은 넘어서고자 합니다. 초인의 힘은 당연히 능동이고, 인간의 힘은 당연히 반동입니다.

니체는 능동이 힘들에서 차이를 발생시킴으로써 이루어진다는 것을 지적합니다. 들뢰즈와 데리다 같은 철학자들이 애지중지하는 차이 개념이 이미 니체에게서 그 존재론적인 내력(來歷)을 이어받고 있음을 생각해야 하겠습니다. 아무튼 이러한 능동의 힘을 발휘하는 것이 위력에의 의지입니다. "살아 있는 모든 것은 자신의 힘을 발휘하고 싶어 한다. 생명 자체는 위력에의 의지다"[23]라고 말합니다. 스피노자의 코나투스(conatus)와 많이 닮았습니다. 스피노자에게서 일체의 것이 자신의 동일성과 정체성을 유지하고자 하는 힘이 바로 코나투스이기 때문입니다.

7. 오로지 예술만이 긍정적이다

니체가 말하는, 스스로의 능동적인 힘을 발휘하고자 하는 위력에의 의지가 궁극적으로 추구하는 것은 무엇이냐가 문제입니다. 이에 관한 해답은《위력에의 의지》제4장에서 본격적으로 전개됩니다. 이는 다음의 말에 압축되어 있습니다.

> 우리의 종교, 도덕, 철학은 인간의 데카당스 형식이다.—이 반대 운동이, 즉 예술. (……) 자기 자신을 손수 출산하는 예술 작품으로서의 세계.[24]

그렇다면 예술은 과연 어떻게 해서 위력에의 의지에 의한 능동인가요? 중요한 문장들을 인용해 되뇌어봅시다.

> 추잡함이란 유형(類型)적인 데카당스를, 내적 욕망의 모순이나 공존의 결여를 의미한다.—심리학적으로 말하면 조직화하는 힘의, 즉 '의지'의 쇠퇴를 의미한다.
> 도취라고 이름이 붙여진 쾌감 상태는 정밀하게 높은 위력의 감정과 다름없다. (……) 양이나 넓이에서 극에 달하는 시야의 확대, 숱한 극히 미소하고 옮기기 쉬운 것도 지각할 수 있는 기관의 섬세화. 참으로 조그만 실마리로, 모든 암시로 꿰뚫어보는 이해력, 즉 '지적 감정', 근육의 내적인 지배 감정으로서의, 운동의 유연함이나 쾌감으로서의, 춤으로서의 경쾌함이나 쾌조로서의 강함, 강함의 증명으로 느끼는 쾌감으로의 감행·모험·대담무쌍, 삶과 죽음에의 무관심으로서의 강함……이들 모두의 삶의 고양된 계기는 서로 자극한다. (……) 예술가는, 만일 다소나마 유능할 경우, 육체적으로도 강한 소질을 가지고 있으며 힘에 넘치

고 힘이 센 짐승이며 육감적이다.[25]

예술은 우리에게 동물적 활력의 상태를 상기시킨다. 예술은 한편으로
는 왕성한 육체적인 형상이나 원망(願望)의 세계 속으로의 넘침이자 유
출이다.[26]

'아름다움'이란, 그러므로 예술가에 대해서는 무언가 온갖 위계 밖에
있는 것이다. 왜냐하면 아름다움 속에는 대립이 구속되어 있으며, 거기
에서는 위력의 최고의 징후, 즉 반대의 것을 압도하는 그것이 있는데,
게다가 아무런 긴장도 없는 까닭이다.―더 이상 폭력을 필요로 하지
않는다는 것, 모든 것이 극히 쉽게 따라가고 복종하며, 나아가 그지없
이 흔쾌히 복종한다는 것―이것이 예술가의 위력에의 의지를 희열에
넘치게 한다.[27]

마르크스는 '전면적이고 심오한 감각'이라는 대단히 매력적인 말
을 해놓고서 그 구체적인 상태가 어떤 것인지를 제대로 해명하지 않
았습니다. 그 내용이 니체에게서 아주 구체적이고 세밀하게 규정되
고 있다고 할 수 있습니다. 위력에의 의지가 제대로 발휘되는 것은
바로 지극히 육감적인 짐승, 지극히 육감적이기에 그 속에 일체의 지
적인 지대들을 완전히 길들여 갖추고 있는 짐승으로서의 예술가, 그
러한 예술가로의 인간, 즉 초인이 되기 위한 것이 바로 위력에의 의지
인 것입니다.

영혼의 가련함을 애도하는 니체, 그러면서 몸의 위대함을 최대한
역설하는 니체를 봅니다. 그가 추잡함의 데카당한 유형이라고 말하
는 종교·도덕·철학은 다름 아닌 영혼에 매달리고 있는 것이고, 예술
은 몸의 완전한 통감각(通感覺, intersensation)에 의거해 힘의 바다인 자

연 속으로 뛰어드는 도취에서 비롯되는 것입니다. "도취, 즉 고양된 위력의 감정"[28]이라는 말이 이를 잘 나타냅니다. 일찍이 그가 《비극의 탄생》에서 말했던, 예술의 원동력인 "디오니소스적 도취"가 바로 이런 것입니다. 몸의 완전한 통감각에 의거한 짐승으로서의 도취는 실로 관능을 제외하고서는 도대체 이해될 수가 없습니다. 니체에게서 예술은 관능이고, 관능은 예술입니다.

> 예술과 아름다움에의 동경은 성욕의 황홀에의 간접적 동경이며, 이 황홀을 성욕은 두뇌로 전달하는 것이다. '사랑'에 의하여, 완전하게 된 세계.[29]

도취에 의한 관능은 위력에의 의지에 따른 감정을 극적으로 고양시킵니다. 그럼으로써 '힘의 바다'를 몸의 세포 세포에 미세하게 끌어당겨 흘러넘치게 할 것입니다. 거기에서 솟구치는 황홀이야말로 전 우주적이고 진정한 형이상학의 황홀이 아닐 수 없습니다. 예술은 관능의 형이상학인 셈입니다. 결국 힘의 바다는 예술로 집결됩니다.

> 예술, 게다가 예술 이외의 아무것도 없다! 예술은 삶을 가능하게 하는 위대한 형성자요, 삶에의 위대한 유혹자요, 삶의 위대한 자극제이다.[30]

마르크스에게서 감각의 해방은 보편적인 소유 감각으로부터의 해방인 반면, 니체에게서 감각의 해방은 추잡한 종교·도덕·철학 등을 생산해내는 가련한 영혼의 올가미로부터의 해방입니다. 이런 해방을 제 스스로 일구어내는 자가 초인입니다. 천지를 쪼개는 번개와 같은 광기를 통해 완전히 감각의 해방을 성취한 자, 그가 바로 초인입니다. 초인은 새로운 인간입니다.

죄짓는 일에 있어서의 너희의 인색함이 하늘을 향해 외쳤던 것이다!

자신의 혀로 너희를 핥아줄 번개는 어디에 있는가? 너희에게 접목되어야만 할 광기는 어디 있는가?

보라, 나는 너희에게 초인을 가르친다. 그가 바로 그 번개이며, 그가 바로 그 광기이다![31]

나는 인간들에게 그들 존재의 의미를 가르쳐주고 싶으니, 그것은 곧 초인, 검은 먹구름인 인간으로부터 뚫고 나오는 번개다.[32]

예술가인 초인의 능동적인 힘을 바탕으로 반동적인 힘의 대표적 표현인 금욕주의를 질타합니다.

예전엔 영혼이 몸을 경멸적으로 보았고, 그 당시엔 그러한 경멸이 최고의 것이었다. 영혼은 몸이 야위고 끔찍해지고 굶주리기를 바랐다. 그렇게 하여 영혼은 몸과 대지로부터 벗어날 셈이었던 것이다.

그러나 오, 그 영혼 자신이 야위고 끔찍해지고 굶주리게 되었고, 그리고 잔혹함이 그 영혼의 환락이었다!

그러나 나에게 말해다오, 나의 형제들이여, 너희의 몸은 너희의 영혼에 대해 뭐라고 말하는지를. 너희의 영혼은 가난이며 더러움이며 가련한 안락이 아니던가?[33]

8. 세계는 영원회귀 한다

니체의 철학 사상을 말할 때, 결코 빠뜨릴 수 없는 것이 영원회귀(die ewige Wiederkehr) 사상입니다. 그는 이렇게 말합니다.

어느 날 혹은 어느 밤, 한 악마가 가장 적절한 고독 속에 잠겨 있는 네 뒤로 살그머니 다가와 다음과 같이 네게 말한다면 너는 어떻게 할 것인 가! "네가 현재 살고 있고 지금까지 살아온 생을 다시 한 번, 나아가 수 없이 몇 번이고 되살아야만 한다. 거기에는 무엇 하나 새로운 것은 없 을 것이다. 일체의 고통과 기쁨, 일체의 사념과 탄식, 너의 생애의 일일 이 열거하기 어려운 크고 작은 일들이 다시금 되풀이되어야 한다. 모조 리 그대로의 순서로 되돌아오는 것이다.— 이 거미도, 나무 사이의 월광 도, 지금의 이 순간까지도, 그리고 나 자신도. 존재의 영원한 모래시계 는 언제까지나 다시 회전하며 그것과 함께 미세한 모래알에 불과한 너 자신 역시 같이 회전될 것이다." (……) 이러한 사상이 너를 지배한다면, 그는 현재 있는 그대로의 너를 변화시킬 것이며 아마도 분쇄해버릴 것 이다. 그리고 모든 일 하나하나에 관해서 행해지는 "너는 이것이 다시 한 번, 또는 수없이 계속 반복되기를 원하느냐?"라는 질문은 가장 무거 운 무게로 너의 행위 위에 가로놓일 것이다! 아니면 이 최종적이요 영 원한 확인과 봉인 그 이상의 어떤 것도 원하지 않기 위해 너는 얼마만 큼 너 자신과 인생을 사랑해야 할 것인가![34]

니체의 지독한 윤리학입니다. 위력에의 의지를 최대한 발휘함으 로써 결국 일체의 존재를 예술적인 관능, 관능적인 예술로 제대로 향유할 줄 아는 자는 그의 삶이 한 치 빈틈도 없이 반복된다고 해서 거부할 이유가 전혀 없을 것입니다. 그럴 수 있도록, 최대한 일체의 쇠사슬로부터 해방된 '전면적이고 심오한 감각'을 통한 삶을 살아야 한다는 것이 니체의 윤리학이라고 할 수 있습니다. 자신의 삶에서 '최종적이고 영원한 확인과 봉인'을 확인한 나머지 '그 이상의 어떤 것도 원하지 않을 수 있도록' 자신의 삶을 사랑해야 한다는 것이 니 체의 윤리학입니다. 요컨대 영원회귀의 핵심은 자신의 삶에 대한 지독한 긍정을 뒷받침하기 위한 것입니다. 그런데 고병권 선생은 "영원 회귀는 긍정의 위력에의 의지가 이해하는 세계의 존재 방식―더 정확하게 말하자면 세계의 생성 방식―이다"라고 말합니다.[35] 그는 윤리학을 넘어서서 아예 세계의 존재 방식으로 나아가고 있습니다. 영원회귀를 세계 전체의 존재 방식으로 확산시킴으로써 니체에게서 존재론이 어떻게 성립할 수 있는지를 보고자 하는 태세를 취합니다.

이에 관련해서는 들뢰즈가 니체의 영원회귀를 어떻게 해석하는지를 잠시 들여다봄으로써 논의의 실마리를 얻을 수 있습니다. 들뢰즈는 니체가 말하는 영원회귀의 반복은 결코 동일자의 반복이 아니라고 말합니다.

> 영원회귀는 동일자의 회귀를 의미할 수 없다. 오히려 모든 선행하는 동일성이 폐기되고 와해되는 어떤 세계(위력 의지의 세계, le monde de la volonté de puissance)를 가정하기 때문이다. 회귀는 존재이긴 하되, 그저 생성(devenir)의 존재이다. 영원회귀는 '동일자(le même)'를 되돌아오게 하지 않는다. 그게 아니라 영원회귀는 생성하는 것으로부터 그 유일한 동일자(le seule Même)를 구성한다. 회귀(revenir), 그것은 생성 자체의 동일하게-되기(le devenir-identique)이다. 따라서 회귀는 유일한 동일성(la seule identité)이되, 이차적 위력(puissance seconde)로서의 동일성이고, 차이의 동일성이고, 차이 나는 것을 통해 언명되고 차이 나는 것의 둘레를 도는 동일한 것(l'identique)이다. 차이에 의해 산출되는 이러한 동일성은 '반복(répétition)'으로서 규정된다. 또한 실로 영원회귀에서의 반복은 동일자(le même)를 차이 나는 것으로부터 출발하여 생각하는 데서 성립한다.[36]

적어도 《차이와 반복》에 나타나는 들뢰즈의 존재론은 기본적으로 니체의 영원회귀 사상을 자기 나름으로 재해석한 데서 성립한다고 해도 과언이 아닙니다. 이를 염두에 두면서 이 인용문을 감안해 보면, 고병권 선생은 암암리에 들뢰즈와 같은 입장을 취한 것이겠습니다. 그런데 영원회귀에서 회귀를 통해 반복되는 것은 동일자임이 분명합니다. 하지만 그 동일자는 차이가 차이를 만들어내는 생성을 바탕으로 하지 않고서는 존립할 수 없는 것임을 앞서 지적한 것처럼, 니체가 파르메니데스를 공격하는 장면에서 찾아낼 수 있습니다. 그래서 결국 영원회귀에서 회귀는 차이의 생성과 이 차이의 생성으로부터 동일한 것이 반복해서 생겨나는 것으로 되는 것입니다. 그런데 더 심층에서 보면 진정 동일한 것은 영원회귀 자체가 됩니다. 그래서 들뢰즈는 이렇게 말합니다.

> 영원회귀 그 자체는 동일한 것, 유사한 것, 동등한 것이다. 하지만 영원회귀는 정확히 그것이 언명되는 것 안에서는 전혀 그런 자기 자신의 모습을 전제하지 않는다.[37]

헤라클레이토스가 변하지 않는 것이 있다면 모든 것이 변한다고 하는 사실 바로 그것이라고 한 것과 거의 동일한 논리입니다.

그런데 니체의 '영원회귀'를 존재론적인 차원에 묶어둘 수는 없습니다. 거기에서 찾아야 할 것은 삶에 대한 적극적인 긍정이라고 하는 윤리입니다. 긍정은 니체 철학의 핵심입니다. 니체는 근본에서부터 부정을 제시하는 것을 거부합니다. 긍정은 봄의 신인 디오니소스의 정신이며, 인간으로서의 운명을 인식하되 그 인식의 힘에 억눌리지 말고 오히려 그 인식을 역이용하여 우리 모두의 삶을 서로에게로 뒤섞어 지독할 정도로 향유하자는 그리스 비극의 정신입니다.

나는 실제로 이렇게 말하는 도덕을 혐오한다. "이것은 하지 마라! 단념해라! 너 자신을 극복해라!" 반대로 내가 사랑하는 도덕은 어떤 일이든 행하도록 촉진시키고, 반복해서 행하도록 자극하고, 아침부터 저녁까지 행하도록, 밤은 밤대로 꿈꿀 수 있도록 재촉하며, 이것을 잘하는 것 외에 아무것도 생각하지 않는 그런 것이다.[38]

반동적인 힘은 부정적인 위력에의 의지를 통해 발산되는데, 그 모습은 금욕주의를 바탕으로 한 양심의 도덕을 통해 가장 잘 드러납니다. 반동적인 힘은 금기에 얽매이는 데서 쾌감을 찾는 데카당한 것인데 반해, 능동적인 힘은 위반을 통해 금기를 무력화하는 데서 쾌감을 찾는 생산적인 것입니다.

외부의 적이 사라지자 억압의 관습이 지닌 협소함과 꼼꼼함에 처박힌 인간은 참을 수 없어 자신을 찢고, 책망하고, 괴롭히고, 학대했다. (……) 황야에의 향수에 지쳐 스스로 고문대와 위험한 황야에 자신을 내던지지 않을 수 없었던 이 가련한 동물, 이 바보, 그리움에 지치고 절망해버린 이 죄수야말로 '양심의 가책'의 발명자가 된 것이다.[39]

부정에 의거한 금욕주의야말로 니체가 삶의 지평에서 아예 추방해버리고자 노력했던 대표적인 것이라고 하겠습니다. 이는 '정신의 변용'에서 사자에 해당됩니다. 다만 유념해야 할 것은, 존재론적으로 본 일체의 동일성을 생성시키는 근본적인 차이란 부정에서부터 성립하는 것이 아니라는 사실입니다. 부정은 동일한 자신을 유지하고자 하는 열망에서 시작된 것임을 염두에 두어야 합니다.

9. 마무리

사회경제적으로 모든 일이 파편적인 방식으로 크게 우리를 강압합
니다. 연속성에 따른 축적이 불가능한 까닭에 강렬한 밀도와 강도를
지닌 존재를 확보하기가 쉽지 않습니다. 이럴 때 가장 먼저 다가오는
느낌은 세계뿐만 아니라 내 자신의 삶에 대한 긍정이 불가능하다는
것입니다. 불안정에 따른 불안, 불안에 따른 우울, 우울에 따른 일체
의 것에 대한 부정, 부정에 의한 자기 파괴 등이 줄을 잇습니다.

이럴 때 니체의 철학은 그 어떤 철학보다 매혹적인 치료제로 다
가옵니다. 그것은 니체의 철학이 근본적으로 긍정을 향해 있기 때문
입니다. "아직 가보지 않은 천 개의 길이 있고, 천 개의 건강이 있다"
라는 니체의 말을 좌우명으로 삼는다면, 내 삶이 내면에서부터 창
조의 혁명을 일으켜 불을 밝힐 것입니다. 그럼으로써 외부로부터 함
부로 주어져 내 존재를 찢어버리려는 일체의 외압적인 이데올로기와
상념으로부터 벗어날 수 있을 것입니다.

철학사는 삶을 최고의 가치로 끌어올리기 위해 최고도로 노력한
인물들의 열전(列傳)이라고 해도 과언이 아닐진대, 그 열전에서 어쩌
면 니체는 각자의 인간으로서의 존재를 최고도의 위력으로 절실히
느낀 나머지 부르짖다시피 인간의 삶을 찬양하지 않을 수 없었던 위
대한 철학자로서 우뚝 솟아 있다고 할 것입니다. "철학은 삶을 조망
하는 것이 아니라, 삶을 사는 것이다"라는 언명이 가능하다면, 이에
대한 실천을 강도 높게 추천하는 인물이 곧 니체인 것입니다.

3장

프로이트: 초논리적인 세계의 구축

1. 들어가는 말: 의심과 핑계

만약 삶이 오로지 개념적이고 논리적인 얼개 속에서만 전개된다면, 그래서 이 삶으로 살아가는 세계 역시 오로지 그러한 구조 속에서만 전개된다면, 모르긴 해도 삶은 별달리 재미가 없을 것이고, 니체의 말처럼 삶을 적극적으로 긍정하는 일은 요원할지 모를 일입니다.

데카르트는 의심의 철학자로서 의심이야말로 철학의 출발점임을 적시했지요. 그때, 그 의심은 분명 논리적이고 합리적인 과정일 것입니다. 그 결과로 나타난 무지막지한 명제가 있지요. "나는 생각한다. 그러므로 나는 존재한다"라는 언명이지요. 여기에서 '생각하는 나', 즉 '코기토적인 자아'는 당연히 합리적인 주체라고 여기기 쉽습니다. 과연 그럴까요? 데카르트는 그 '생각하는 나'가 과연 어떤 존재인지에 대해서는 제대로 규명하지 않았습니다. 그런데 데카르트가 말한 '생각하는 자아'에는 반성에 의거한 무한 퇴행의 과정이 함축되어 있습니다. "생각하는 나를 생각하는 나를……생각하는 나를……"이라는 식으로 내면을 향한 방향으로 무한히 뒤로 물러나면서 비록 형식적이긴 하지만 자아 분열이 일어나게 되어 있지요. 반성에 의해 그렇게 무한한 자아 분열이 일어나는 것을 보고서, 우리는 그 극점의 바탕을 이루는 것을 생각할 수밖에 없습니다. 그 극점의 바탕을 일컬어 '생각하는 자아'라고 했다고 여기게 되면서, 따라서 그것이 아무런 내용이 없는 일종의 시니피앙에 불과한 존재가 아닌가 하는 추정을 하게 됩니다.

푸코는 데카르트가 광기를 충분히 알았을 텐데도 그 광기를 완전히 배제해버린 것에 대해 질타를 가합니다만, 시니피앙에 불과한 '존재 아닌 존재'로 귀착하고 마는 무한 퇴행의 반성 과정 자체가 일종의 광기의 형식을 띠고 있다고 할 수 있지 않나 싶습니다. 그 속에서 이루어지는 형식적인 반복, 종착점을 향하면서도 도무지 도달할 수 없는 끝없이 미끄러지는 연기(延期), 붙들고자 하는 행위 자체가 붙드는 것을 방해하는 모순, 그런데도 반복되어 새롭게 나타나는 것들 간의 미세한 간극에 의한 차이 등이 이미 데카르트의 '생각하는 나'에 포함되어 있었던 것입니다.

라캉이 프로이트에게서 의심이 확실성의 근거라고 하면서 그 까닭은 의심 자체가 무언가 지켜야(숨겨야) 할 것이 있음을 뜻하는 기호이고, 또 저항의 기호이기 때문이라고 했을 때,[1] 그리고 프로이트가 자신이 의심하는 바로 그곳에 무의식적이라고 할 어떤 생각이 존재하고 있음을 확신했다고 하면서 "무의식적이라고 함은 그 생각이 부재자로서 자신을 드러낸다는 것을 뜻한다"라고 했을 때,[2] 정신분석학에서 무의식적인 것이 확실하게 존재한다고 말하는 것처럼 들리지만, 그 존재 방식은, 마치 데카르트의 시니피앙적인 정체불명의 주체와 마찬가지로, 흔히 전통적인 존재론에서 '실체'라고 말하는 데서 상기되는 '충실함', '불가의성', '필연성' 혹은 '절대성'이니 '완전성'이니 하는 것과는 완전히 의미가 다르다고 해야 할 것입니다.

지그문트 프로이트(Sigmund Freud, 1856~1939)의 풍부하고 다양하고 깊이 있는 정신분석학적인 탐구가 철학적인 차원에서 남긴 가장 강력한 업적은 '존재'의 개념을 고려할 때 기존의 철학적 사유와는 완전히 다른 새로운 판면을 염두에 두지 않을 수 없도록 했다는 데 있습니다. 달리 말하면, 프로이트의 무의식에 관한 이론이 나옴으로써 앞서 잠시 언급한 것처럼 데카르트의 반성적 주체에 대해서, 예컨대 반복·미끄러짐·연기·간극·차이·모순 등을 이야기할 수 있게 되었다는 것입니다.[3] 그러니까 근대 철학의 밑바탕에 이와 같은 초(超)논리적이고 초(超)합리적인 사태들이 우글거리고 있다는 사실을 맨 처음 제대로 밝혀낸 인물이 바로 프로이트라고 할 수 있습니다.

'초논리적' 혹은 '초합리적'이라는 말을 할 수밖에 없는 것은, 그렇다고 해서 새롭게 발견된 사태들에 대해 우리의 개념적인 언명이 완전히 불가능하다거나, 드러내어 나름대로 그 정체를 밝히는 것이 아예 불가능하다거나 한 것이 아니기 때문입니다. 논리를 넘어선 논리, 합리를 넘어선 합리 등이 가능하다고 보는 데서 프로이트의 정신분석학이 성립한다고 할 수 있다는 것입니다.

그런데 프로이트에 관한 철학적인 나의 이러한 평가가 결정적인 것은 아닙니다. 오히려 그 반대입니다. 대략 짐작을 할 뿐이라는 것이지요. 내가 읽은 프로이트의 책이라고는《히스테리 연구》,《꿈의 해석》,《새로운 정신분석 강의》,《예술, 문학, 정신분석》 등인데, 그나마 천착하듯이 읽은 것이 아니라 훑고 지나가듯이, 그나마 다 읽은 것이 아니라 중요하다 싶은 대목들만 읽었을 뿐입니다. 그러니 함부로 말한다고 누군가 나를 비난할지라도 대꾸를 할 자신은 없습니다.

그렇다고 해서 명색이 이렇게 강의를 하기로 하고서 무작정 모르겠다고 할 수는 없는 노릇이니, 읽은 텍스트들을 중심으로 대략 중요한 몇 가지 이야기를 해보겠습니다.

2. 기본 아이디어 : 히스테리 분석

프로이트는 처음 의학자로서 생리학과 해부학에 관한 연구를 했습니다. 1877년에 이에 관한 논문을 쓰기도 했습니다. 1882년에서 1885년 사이에는 집중적으로 뇌 해부학을 연구해서 많은 논문을 출판했습니다. 그러다가 1885년에 파리의 신경 질환 전문 병원에서 샤르코(Jean Martin Charcot, 1825~1893)의 지도로 히스테리와 최면술에 처음으로 관심을 갖게 되었습니다. 1888년 동료 브로이어(Josef Breuer,

1842~1925)의 최면술에 의거한 카타르시스 요법을 활용하다가 그것의 약점을 알고서 자기 나름의 자유연상법을 창안해 히스테리 치료에 성공하기 시작함으로써 정신분석학을 정초하게 된 것입니다. 그는 신경생리적인 관점으로는 히스테리 같은 신경증을 치료할 수 없다는 것을 안 것이고, 전혀 새로운 방법, 즉 정신 자체에 입각해서 정신신경증을 치료하는 정신분석학적 방법을 창안한 것입니다.

그의 《히스테리 연구》에서 대표적인 사례로 이야기되는 '안나 O 양'의 경우를 봅시다.[4] 그녀는 아주 총명하고 지성적인 소녀인데, 1880년 횡격막 농양에 걸린 아버지를 간호하다가 갑자기 기묘한 몸의 증상에 빠져듭니다. 온갖 증상이 겹치면서 발전하게 됩니다. 신경성 기침(이 기침 때문에 아버지를 간호하지 못함), 시각 장애(교차성 사시), 후두부 두통, 손가락만을 겨우 움직일 수 있을 정도의 전신적인 마비, 의식 분열(우울한 정상 상태와 환각 중의 히스테리 상태), 의식의 부재(환각 상태를 기억하지 못함), 착어증(언어의 문법이 깨지면서 급기야 모국어를 잊어버리고 영어로만 말하게 됨), 검은 뱀에 대한 끔찍한 환각, 귀먹음, 오후의 비몽사몽 상태와 해 진 뒤의 깊은 수면 상태의 교환, 낮에는 환각에 쫓기면서 전혀 무책임한 환자이다가 밤에는 아주 명료한 정신을 가진 처녀로 변환함, 갈색 옷을 청색으로 오인하는 등의 증상들이 심각하게 나타난 것입니다. 중요한 것은 갑자기 1년 동안 이렇게 증세가 악화되면서 진행된 것이지요.

이에 관한 초기 정신분석학적인 치료 과정은 상당히 복잡하고 어려운 것으로 나타나 있습니다. 그 핵심적인 내용을 간추리면 이렇습니다.

① 무서운 환각 상태(부재 혹은 제2 상태)에서 보게 되는 끔찍한 영상을 다시 불러일으키고 말로 묘사하게 하고 나면 상당히 안정됨(이를 그

녀 자신이 '대화 치료(talking cure)' 내지 '굴뚝 청소(chimney-sweeping)'라
고 이름 붙이고, 프로이트가 이를 학문적으로 정착시킨 것이 정신분석 대화술
이라고 할 수 있음).

② 그런 뒤 시간이 지나면 점점 더 악화됨.

③ 최면술을 걸어 제2 상태에 대해 말로 표현하게 함으로써 제2 상태
의 심상의 복합체를 제거함(히스테리 현상을 일으켰던 사건들이 최면 중
에 재생되자마자 히스테리 현상들이 사라지는 것을 발견함. 그 논리적 일관성
이나 체계적 적용에 있어서 더 바랄 것 없이 완벽한 치료 기법을 끌어냈다고 판
단함).

④ 이 방법으로 증세 하나하나에 대해 이야기를 함으로써 해소시킴.

이 치료 과정에서 증세의 원인들을 나름대로 밝혀냈는데, 그것들
은 이러합니다.

- 검은 뱀 환각과 전신 마비: 아버지를 치료하러 오는 의사를 기다리
  던 중 각성몽(평소 그녀는 백일몽을 즐겼음) 상태에서 검은 뱀 한 마리
  가 아버지를 물려고 하는 것을 보았고, 그 뱀을 쫓으려고 했으나 몸
  이 마비된 듯 꼼짝할 수 없으면서 자신의 손가락들이 작은 뱀들로
  변하는 환각을 경험한 뒤 뱀의 환각과 오른팔 마비가 오기 시작함.

- 시각 장애, 즉 거시증(巨視症)과 교차성 사시: 한번은 아버지의 병
  상 옆에 앉아 눈물을 흘리고 있을 때 갑자기 아버지가 몇 시냐고
  물은 적이 있었는데, 시계가 제대로 보이지 않아 굉장히 애를 먹었
  음. 그녀는 시계를 눈 가까이 가져다 대기까지 했는데, 그때 시계의
  정면이 갑자기 굉장히 크게 보였음. 그녀는 병자가 눈물을 보지 못
  하도록 눈물을 억지로 참으려고 했던 것임.

- 신경성 기침: 아버지의 병상 곁에 앉아 있던 어느 날 이웃집에서 댄

스 음악이 들려왔을 때 그녀는 갑자기 그곳에 가보았으면 하는 생각이 들었고, 겨우 억제할 수 있었으나 죄책감이 들었음. 바로 그때 기침이 처음으로 시작되었음. 그 뒤로는 그녀가 병에 걸려 있던 내내 리듬 있는 음악이 들릴 때마다 신경성 기침으로 반응하게 되었음.

이런 일련의 전체적인 상황에 대해 프로이트는 일단 다음과 같은 일반적인 해석을 내립니다.

환자의 정신 상태는 전적으로, 이 제2의 상태가 정상 상태로 침입하는 것에 달렸다. 이 사실은 히스테리 정신병 증세의 적어도 어떤 부분에 관해서는 중요한 시사점을 던진다. 저녁의 최면 때마다 보면 제2차 산물이 '무의식(das Unbewußte)적' 자극으로 활동하지 않는 한에는, 그녀의 정신 상태가 전적으로 맑고 정연하며 그녀의 느낌이나 의지도 정상이라는 것이 분명히 보인다. 마음의 짐을 더는 이러한 최면 과정 사이사이에 틈이라도 보이면 심각한 정신병 증세가 나타나곤 하는데, 이것은 공상의 산물이 그녀가 '정상 상태'에 있을 때의 심리적 사건에 주는 영향이 어느 정도인지를 보여준다.[5]

안나 O 양의 히스테리 분석에서 크게 두 부류의 쌍을 발견할 수 있습니다. 비정상적인 몸 상태와 정상적인 몸 상태, 제2의 의식 상태와 정상적인 의식 상태가 있습니다. 프로이트가 보기에 몸의 상태는 의식 상태의 표현입니다. 그러니까 마비를 비롯한 비정상적인 몸의 상태는 제2의 의식 상태가 정상적인 의식 상태에 침범함으로써 이루어지는 것이고, 정상적인 몸의 상태는 그런 침범이 없을 때 이루어집니다.

여기에서 가장 문제가 되는 것은 '제2의 의식 상태'입니다. 이를 프로이트는 '무의식적인 것'으로 보고 있는 것이지요. 말하자면 무의식적인 것이 의식을 치고 올라올 때, 히스테리적인 몸의 상태가 된다는 것입니다.

문제는 이를 어떻게 치료하는가 하는 것인데, 이에 관해 안나 O 양 스스로 '대화 치료' 혹은 '굴뚝 청소'라고 불렀던 것입니다. 그것은 환자가 히스테리의 원인이 되는 이른바 제2의 의식 상태에 대한 영상을 최대한 회상하여 말로 잘 표현하면 상당 정도 성취되는 것이었습니다.

이 사례뿐만 아니라 여러 다른 사례를 검토한 끝에 프로이트는 히스테리에 관한 사항을 일반적으로 다음과 같이 정돈합니다. 이 내용은 《히스테리 연구》의 맨 앞에 실려 있는 〈히스테리 현상의 심리 기전에 대하여: 예비적 보고서〉라는 논문에 있는 것인데, 이 논문은 동료 브로이어와 함께 작성한 것입니다.[6]

① 외상성 신경증에서 작용한 원인은 사소한 신체적 손상이 아니라 두려움이라는 감정, 즉 심리적 외상이다. 공포감, 불안, 창피함 혹은 신체적 고통 따위의 부정적 정서를 불러일으키는 경험이라면 어떤 것이든지 이런 심리적 외상으로 작용할 수 있다.

② 정신적 외상이나 그에 대한 기억은 이질적인 형태로 존재하는데, 이 이물질은 한번 침투하면 멈추지 않고 오랫동안 원동력으로 작용한다.

③ 환자가 히스테리의 원인이 되는 사건을 완전히 기억해내고, 동시에 그 기억에 얽혀 있는 감정을 불러일으키는 데 성공하면, 그리고 환자가 그 사건에 대해 가능한 한 상세하게 진술하고 감정들을 말로 표현하게 되면, 개개의 히스테리 증상은 곧 소멸되고 두 번 다시 일

어나지 않는다.—이 치료법에서 회상에 감정이 개입되지 않으면 대체로 전혀 효과가 없다. 히스테리 환자의 대부분은 무의식적인 기억으로 인해 괴로워하고 있는 것이다.

④ 무의식적인 기억이 생기는 것은 감정을 불러일으킨 원래의 사건에 대해 당시 강하게 반응하지 못했기 때문이다.—아무런 말도 못한 채 당해야만 했던 모욕은 말 그대로 하면 "병나게 하는 것"이라고 표현된다.

⑤ 정상인은 자신의 얽힌 감정들을 고백, 한탄, 울음 등의 감정 소산 (消散) 작용이나 원래의 감정과 모순될 수도 있는 다른 생각을 연상해서(예컨대 수치에 대해 스스로를 가치 있는 인간이라 여겨 수치스러운 기억을 정정함) 제거할 수 있다.

⑥ 히스테리 현상을 일으키는 결정 인자가 된 기억은 강렬한 감정의 색조를 띠면서 다른 기억과는 달리 환자가 어찌할 수 없는 것이다.

⑦ 이러한 의식 분열 혹은 의식 분열을 동반한 비정상적인 의식 상태 〔유최면(類催眠) 상태, Hypnoide〕가 나타나는 성향이 바로 히스테리라는 신경증의 기본 현상이다.

⑧ 유최면 상태가 병세가 보이기 전에 이미 존재한다면, 이 상태는 감정이 병을 일으킬 기억에 신체 증상을 심는 토양이 된다. 이것이 소질성 히스테리에 해당된다.

⑨ 히스테리에는 유최면 상태에서 생기는 관념군이 존재하는데, 이 관념군들은 다른 관념과의 연상적 연결이 끊겼고, 단지 자기들끼리의 연상만이 가능할 뿐이다. 그리하여 이 관념군은 다소간 잘 조직화된 제2차 의식의 원형을 형성한다. 이에 따르면, 이 제2차 상태가, 보통은 정상 의식의 통제권에 있는 신경의 신체 지배로 침입한 것에 해당한다. 이것이 환자 전체에 대한 지배권을 얻게 되면 급성 히스테리 발작을 일으킨다.

⑩ 치료법은 억제된 감정이 말을 통해 빠져나가도록 함으로써 처음에
는 소산되지 못했던 관념의 작용력을 제거한다. 또한 관념을 정상
의식으로 끌어들이거나 치료자의 암시를 통해 제거함으로써 연상
에 의한 정정을 가능하게 한다.

흔히 정신분석에 관련해서 우리가 대략 알고 있는 것들입니다.
이 중에서 특별히 관심을 끄는 대목은 ⑨의 비정상적인 의식 상태인
'유최면 상태'에서 생겨나는 관념군들에 관한 이야기입니다. "이 관
념군들은 다른 관념과의 연상적 연결이 끊겼고, 단지 자기들끼리의
연상만이 가능할 뿐이다"라는 대목이 우리의 눈길을 끕니다. 이것이
"제2차 의식의 원형을 형성"하는 것이고, 이것이야말로 무의식의 영
역을 형성하고 있는 것이지요. 이 "제2차 의식 상태"가 신경 지배 체
제를 침입해 들어와 히스테리 발작을 일으킨다는 것입니다.
무의식의 영역이 자기들끼리만 영향을 주고받는 것은 그 영역 자
체가 나름의 논리적 구조를 띠고 있고, 그 논리는 흔히 말하는 잘
구성된 일상의 문법적 구조에 따른 것이 아닐 것입니다.
그런데 중요한 것은, 환자가 히스테리를 일으킬 때, 그렇게 히스테
리를 일으키는 이른바 '무의식적인 목적'이 무엇인가 하는 것입니다.
프로이트는 다른 책에서, "정신분석학은 '해석'의 기술이며, 그것은
브로이어의 최초의 위대한 발견을, 즉 신경증적 증후는 생략되었던
다른 정신 활동에 대한 의미 있는 대체물이라는 발견을 더 심화시키
는 과제를 설정한다"라고 말하고, 이어서 "히스테리적인 몸의 현상은
무의식의 증후적 표현이다"라고 말합니다.[7]
히스테리적인 몸의 현상을 "다른 정신 활동에 대한 의미 있는 대
체물" 내지 "표현"이라고 했을 때, '다른 정신 활동'은 "제2의 의식 상
태"임에 분명합니다. 문제는 하필이면 왜 그렇게 표현하는가, 말하자

면 그렇게 표현해서 좋을 게 뭐가 있느냐 하는 것이지요. 몸에 에너지의 신진대사가 제대로 안 되는 상태에서, 즉 영양이 제대로 몸 전체에 보급되지 않는 상태에서 계속 몸을 혹사하면 결국 죽게 됩니다. 그래서 몸은 몸이 피곤하다든가 잠이 온다든가 배가 고프다든가 해서 조치를 취하도록 합니다. 히스테리 증상도 그런 것일까요?

그런데 히스테리 증상은 반대입니다. 배가 고프다거나 잠이 온다거나 하는 것은 몸의 상태에 대한 심리적인 느낌인 데 반해, 프로이트의 설명에 따르면 히스테리 증상은 무의식적인 심리에 대한 몸 상태의 현상입니다. 그래서 쉽사리 몸 자체가 생존을 위해 자신을 히스테리 상태로 몰고 간다고 말할 수는 없습니다. 히스테리 상태가 심해지면 죽을 수도 있기 때문에 더욱 그러합니다. 몸이 스스로 자살을 꾀한다고 말할 수 없는 셈이니까요(물론 이에 대해서는 프로이트가 '죽음에의 충동'을 이야기한 대목에 가서는 논의가 복잡해지겠습니다). 아무튼 그냥 견딜 수 없는 무의식 상태를 유지하면 되지, 왜 신경 체계적인 신체적 토양을 파고들어 히스테리를 일으키느냐가 문제입니다. 이를 해결하려면 프로이트가 애써 연구해서 발표한 《꿈의 해석》을 참조해야 할 것입니다.

3. 꿈의 해석: 꿈은 소원 성취다

프로이트가 꿈을 해석함에 있어서, 기존의 혹은 당시의 다른 많은 사람과 확실하게 다르게 제시한 것이 있습니다. 그것은 '꿈-내용 (Trauminhalt)'과 '꿈-사고(Traumgedanken)'를 구분한 것입니다.

이것으로 나는 꿈-해석(Traumdeutung)을 끝마쳤다. 이 작업을 하는 동안 나는 꿈-내용과 그 배후에 숨어 있는 꿈-사고를 비교할 때마다 떠오르는 생각들을 전부 억누르기 위해 노력했다. 그러는 동안 꿈의 '의미(Sinn)'를 깨닫게 되었다.[8]

이 대목은 프로이트가 자신의 꿈을 장황하게 소개하고 분석적으로 설명한 뒤에 붙인 것입니다. 아마도 '꿈-내용'과 '꿈-사고'라는 개념이 처음으로 나오는 대목이 아닌가 싶습니다. 이를 어떤 맥락에서는 '외현적 꿈-내용'과 '잠재적 꿈-내용'으로 달리 부르기도 합니다.

외현적 꿈-내용(manifesten Trauminhalt)과 잠재적 꿈-내용(latenten Trauminhalt)을 대조해보자.[9]

"우리는 꿈-내용과 우리의 관찰 결과 사이에 새로운 심리적 재료를 추가한다. 그것은 우리의 방법을 통해 얻어낸 '잠재'적 꿈-내용 또는 꿈-사고이다"[10]라는 말로 보아, '잠재적 꿈-내용'이 '꿈-사고'와 동일한 뜻을 가진 것임은 확실합니다.

중요한 것은, 프로이트가 진짜 꿈은 의식의 부면 위에 떠오른 외현적 꿈-내용이 아니라 잠재적으로 숨겨져 있는(혹은 외현적 꿈-내용으로 왜곡되어 있는) 꿈-사고라고 한 것입니다. 이 외현적 꿈-내용을 기본 해석의 재료로 삼고 그 외에 전날 있었던 실제 사건이나 우연한 기억 및 낱말 내지 그러한 기억이나 낱말을 통해 스며드는 어린 시절의 사건 등을 종합적으로 연결해서 결국에는 '꿈-사고'에 접근해 들어가 그 의미를 밝히는 것이 그가 제시하는 꿈-해석 이론입니다. 그런데 외현적 꿈-내용과 삼재적 꿈-내용을 대조해보지고 한 뒤 곧바로 이렇게 말합니다.

외현적 내용이 불쾌하게 느껴지는 꿈이 있다는 말은 사실이다. 그러나 꿈을 해석하여 잠재적 사고 내용을 밝히려고 시도해본 사람이 있었던 가? (……) 불쾌한 꿈과 불안-꿈 역시 해석을 하고 나면 얼마든지 소원 성취(Wunscherfüllungen)로 드러날 수 있다.[11]

이 대목은 "꿈은 소원 성취이다"라고 하는 핵심 원칙을 논의하면서 나온 것입니다. 외현적 꿈-내용이 잠재적 꿈-내용을 왜곡(Entstellung)한다는 것이고, 그렇게 왜곡하는 이유는 의식의 검열(Zensur) 때문이라는 것입니다.

우리는 꿈-형성(Traumgestaltung)의 장본인으로서 개개인의 두 가지 심리적 힘(경향, 체계)을 가정할 수 있다. 그중 하나는 꿈을 통해 표현되는 소원을 형성하고, 다른 하나는 꿈-소원(Traumwunsch)을 검열하고 검열을 통해 표현을 왜곡하도록 강요한다. 문제는 검열을 행사하는 두 번째 장치의 권한이 어디에 있는가이다. (……) 두 번째 장치의 특권은 의식되도록 허용하는 데 있다고 쉽게 가정할 수 있다. 두 번째 장치가 사전에 통과시키지 않으면, 첫 번째 장치의 어떤 것도 의식에 이를 수 없다.[12]

검열은 당연히 억압(Verdrängung)과 연결될 것입니다. 그렇다면 도대체 꿈을 통해 무슨 소원을 성취하고자 하기에 의식은 이를 검열해서 억압하며(꿈을 깬 뒤 꿈을 기억하는 것은 꿈이 의식으로 들어온 것), 또 무의식은 왜 이러한 검열을 통과하기 위해 스스로를 왜곡해서라도 자신의 소원을 성취하려 하느냐가 문제로 등장합니다.

프로이트가 예를 들고 있는 많은 꿈의 해석 사례를 보면, 우선 해석된 내용은 주로 자신에게 잘못이 없음을 확신하고자 하거나 자신의 우월감을 확신하고자 하는 등의 의미를 갖는 것으로 되어 있습니다. 하지만 꿈 이론을 전개하면서 꿈의 소원 성취가 점점 더 어린 시절과 성적인 문제로 귀결되는 것으로 이어집니다.

사소한 것이 중요한 재료를 대신하는 (생각뿐만 아니라 꿈에서도) 전위 (Verschiebung)가 이미 어린 시절에 일어났으며, 그 이후 그대로 기억에 남아 있는 것이다.[13]

꿈을 꾸다 보면 아무것도 아니어서 전혀 관심을 기울이지 않았던 일들이 실마리가 되는 경우가 종종 있지요. 그런데 사실은 그게 대단히 중요한 꿈의 재료가 된다는 것입니다. 그것을 '전위(轉位)'라고 하는데, 이에 관해 이렇게 말합니다.

처음에는 강렬하지 않은 표상들이 이전에 강렬하게 충전되었던 표상들로부터 의식에 이를 수 있는 정도의 에너지를 받아들일 때까지, 연결 고리를 통해 '전위'— 우리는 심리적 강세의 전위라고 말한다 —가 이루어지는 것처럼 보인다. (……) 우리는 꿈 – 내용이 지엽적인 체험의 잔재를 받아들이는 사실을 (전위를 통한) '꿈 – 왜곡'의 표현으로 해석하고, 두 개의 심리 장치 사이에 존재하는 통과 검열의 결과가 꿈 – 왜곡이라고 인식했던 것을 상기한다.[14]

전체적으로 보면, 꿈 – 왜곡은 어린 시절부터 있어온 것이고, 그 상태로 그대로 기억에 남아 꿈을 형성할 때 작동한다는 것입니다. 그렇다면 어린 시절에 과연 어떤 소원 성취를 원했던 것일까요? 여기에서 프로이트는 그 유명한 오이디푸스 콤플렉스에 관련된 이야기를 합니다.

부모의 죽음을 바라는 소원이 유년기에서 유래한다는 사실에 대해 어느 정도 준비가 되어 있다.

정신신경증 환자들을 분석해보면 이러한 추측은 의심의 여지 없이 확인된다. 여기에서 어린이의 성적인 소원—싹트는 단계에서 이렇게 부를 수 있다면—이 아주 어린 나이에 깨어나며, 여자아이가 느끼는 최초의 애정은 아버지에게, 남자아이의 최초의 유아기 욕망은 어머니에게 향하는 것을 알 수 있다. 따라서 사내아이에게는 아버지가, 여자아이에게는 어머니가 방해되는 경쟁자이다. 우리는 이러한 감정에서 죽음을 바라는 소원이 얼마나 쉽게 깨어나는지 이미 형제자매 관계에서 자세히 살펴보았다.[15]

이 정도 되면, 저 앞에서 우리가 제기했던 안나 O 양의 무의식은 도대체 무엇을 노리고 히스테리를 일으키는가 하는 문제에 어느 정도 답할 수 있게 됩니다. 그러나 좀 더 정확하게 프로이트의 이야기를 들어보아야 할 것입니다.

4. 꿈 혹은 신경증과 성욕

프로이트가 성욕을 정신분석의 근간으로 삼는다는 것은 잘 알려져 있습니다. 흔히들 '리비도주의'라고 말하기도 하지요. 이에 관해 앞서 잠시 인용했던 《정신분석 운동》을 살펴보아야 할 것 같습니다.

모든 증후 형성의 뿌리에는 초기의 성생활로부터의 외상적인 경험이 발견될 수 있다는 사실을 인정하지 않을 수 없다. (……) 따라서 신경증 일반이 성생활 장애에 대한 표현이라는 사실이 중요한데, 지금까지 과

학은 이것을 거의 무시했다.[16]

여기에서 우리는 히스테리 증상은 바로 성적인 관련에서 입은 외상에 의해 억압된 무의식적인 성 충동이 발현되어 나온 것이라고 말하게 됩니다. 즉, 프로이트에 따르면 (어찌 되었건 간에) 히스테리는 성 충동을 충족하기 위한 것임을 알게 됩니다.

이에 발전되어 나온 프로이트의 이론이 바로 리비도 이론입니다. 그런데 프로이트는 리비도의 원천을 몸의 기관으로 봅니다.

> 정신생활에서 역동적인 표현으로서 우리가 '리비도'라고 부르게 될 성 충동은 한 번 더 쪼개질 수 있고 단지 점차적으로 뚜렷한 조직으로 통일되는 구성 충동들로 이루어진다. 이러한 구성 충동들의 원천은 신체 기관이며, 특히 확실히 두드러진 '성감대'다.[17]

여기에서 운위되는 신체 기관에 따라 흔히 유아 성욕의 발달 과정을 말하는, '구강기'(전(前) 성기기[18]) → '가학적 항문기'(역시 전 성기기) → '성기 우위기'의 이행이 성립됩니다. 이렇게 단계를 나누는 것은 각 단계에서 리비도의 구성 충동들이 해당 신체 기관을 중심으로 수렴되고 집중되기 때문입니다. 그런데 단계가 진행되는데도 이전 단계의 수렴과 집중이 변환되지 않으면 이것이 제2 상태와 같은 무의식적인 성적 외상이 되는 것입니다.

> 그러나 충동의 어떤 개별 부분들은 그 과정의 전 단계에 머물러 있어서 리비도의 '고착화'를 야기한다. 이 고착화는 후속하는 억압된 충동의 난입에 대한 경향을 구성하는 것으로서 중요하며 나중에 신경증과 도착의 발전과 명확한 관련을 갖는다.[19]

유아기의 고착이 존재하는, 리비도의 발전에 있어서의 약한 지점들을 통해 의식 속으로 침입하여 배출을 획득하기 때문이다. 그렇게 생겨나는 것이 '증후'이며, 따라서 근본적으로 성적인 대리 만족이다.[20]

이 정도면 이제 프로이트의 몸에 관한 입장이 제법 두드러져 나오는 셈입니다. 신경증 증후에 대한 프로이트의 설명을 종합하면, 근원은 리비도에 있고, 문제는 리비도의 고착화였고, 고착된 리비도가 호시탐탐 무의식적인 자아의 억압을 뚫고 나올 기회를 노리다가, 이윽고 더 이상 견딜 수 없고 적당한 기회가 오면 자아의 억압을 뚫고 나오면서 신체적 증후를 통해 대리 만족을 한다는 것입니다. 근본적으로 꿈을 통해 혹은 신경증을 통해 충족시키고자 하는 소원 성취는 바로 성적 충동의 충족인 것입니다.

그런데 리비도의 원천은 몸이었습니다. 그래서 프로이트는 "정신분석학은 대체로 다른 과학의 이론들과는 가능한 한 독립적으로 자신의 이론을 발전시키려 노력함에도 불구하고, 생물학에서 본능에 관한 이론을 위한 기초를 찾지 않을 수 없다"[21]라고 말합니다.

아무튼 몸을 원천으로 한 이러한 리비도의 원리에 입각한 프로이트의 정신분석학에 따라, 몸 철학을 애호하는 우리로서는 우리 나름으로 이렇게 말할 수 있을 것 같습니다.

몸은 다른 몸(혹은 자기의 몸)과의 성애적인 관련 속에서 자신을 리비도적으로 충족시키려고 한다. 따라서 무의식적으로 억압된 제2 상태가 히스테리적인 몸의 현상으로 자신을 표현하는 것 같지만, 무의식적으로 억압된 제2 상태란 결국 몸이 리비도적으로 자신을 충족시키지 못한 상태가 응축된 것이기에 억압된 리비도적인 몸이 히스테리적인 몸의 현상으로 자신의 충동을 대리 충족을 하려는 것이다. 말하자면 히스테리는 일종의 성적 충동을 충족하려는 것이다. 신경증적인 역학과 정상인들의 꿈이나 실수 및 우연 행위의 역학이 동일하다고 할 때, 이러한 몸 이해는 인간 존재 전반에 대해 확대 적용될 수 있을 것이다.

프로이트의 정신분석에서 드러낸 무의식의 영역, 그리고 그 무의식 영역의 다층적인 구조들과 그 구조들 간의 관계는 다른 한편으로 우리의 몸이 지닌 다층적인 측면을 드러낸 것으로 볼 수도 있을 것입니다.

프로이트가 꿈 이론을 전개하면서 제시한 '검열(Zenssur)', '억압(Verdrängung)', '저항(Widerstand)', '압축(Verdichtung)', '전위(Verschiebung)', '전이(Übertragung)', '동일시(Identifizierung)' 등의 개념들은 '꿈-작업(Traumarbeitung)'을 해명하는 데 있어서 대단히 중요한 것들임을 생각해야 할 것 같습니다. 물론 이를 여기에서 일일이 설명하지는 못하지만, 다음의 이야기를 통해 어느 정도라도 만족할 수 있지 않을까 싶습니다.

5. 새로운 정신분석: 이드와 초자아

《새로운 정신분석 강의》[22]라는 책이 있습니다. 여기에 들어 있는 정신분석 서른한 번째 강의, 〈심리적 인격의 해부〉라는 글이 중요합니다.

이 글은 후기 프로이트의 사상에서 핵심이 되는 것으로 여겨집니다. 번역본으로 약 30쪽 분량인데, 이 글에는 '의식', '전의식', '무의식'이라고 하는 의식의 세 가지 질적 수준이 등장하고, '자아', '초자아', '이드'라고 하는 정신적 심급의 세 영역이 등장합니다. 이와 관련하여, '오이디푸스 콤플렉스', '대상 동일시', '대상 선택', '자아의 에너지 공급 전략', '충동', '본능', '억압', '저항', '전이', '응축', '양심', '신', '시간', '불안', '이데올로기', '인격의 경제적인 측면' 등 정신분석학의 기본 개념들뿐만 아니라 인간적 삶의 다양한 측면을 지칭하는 개념들이 등장합니다. 언뜻 보아도 알겠지만, 프로이트 정신분석학의 기본 개념들입니다. 반드시 여러분 스스로 일독해보시기 바랍니다. 이 글의 마지막 대목에 이르러 프로이트는 이렇게 말합니다.

> 이드에 의해 충동질을 받고 초자아에 의해 옥죄임을 받으며 현실로부터는 거부당하는 자아는 자신 안에서, 또 자신에게 가해지는 이러한 힘들과 영향들 간에 조화를 이루어내기 위한 경제적인 과제를 완수하려고 합니다.[23]

여기에 '자아', '이드', '초자아', '현실'이라는 중요한 개념들이 등장합니다. 이에 관해 간략하게마나 살펴봄으로써 프로이트가 밝히고 있는 우리의 정신생활의 정체를 알아보고자 합니다. 다만 먼저 이 글의 마지막 대목인 다음 부분을 분명하게 새겨두는 것이 좋을 것입니다.

> 정신분석의 치료적 노력들이 의도하는 것은 자아를 강화시키고 그 자아를 초자아로부터 독립적으로 만들어주고 그의 지각 범위를 확장하고 그 조직을 확대하여 이드의 새로운 부분을 자기 것으로 할 수 있도록 하는 것입니다. 이드가 있었던 곳에서 자아가 생성되어야 합니다. 그것은 조이더 만 근처의 바다를 간척하는 것과 같은 문화적 작업입니다.[24]

프로이트의 정신분석학에서 이드는 자아에게 몸에서부터 연원하는 감각적인 쾌락을 최대한 누려야 한다고 자아를 충동합니다. 그리고 초자아는 그러한 이드의 충동을 자아가 무조건 거부하도록 요구하면서 감시와 처벌을 내세워 자아를 '협박'합니다. 이를 감안해서 보면, 근본에 있어서 프로이트가 정신분석적인 치료를 통해 추구하고자 한 것은 자아가 가능한 한 감각적 쾌락을 충분히 누릴 수 있도록 하는 것임을 알 수 있습니다. 좀 더 자세하게 살펴봅시다.

정신분석학이 이룩한 발전에서나 그것이 어떻게 수용되고 있는가 하는 측면에서도 정신분석학이 처음 자신의 문제를, 영혼 속에 있는 자아와는 낯선 어떤 것, 즉 증후로부터 시작했다는 것은 전혀 상관없는 일이 아닙니다. 증후는 억압된 것으로부터 생겨나고 자아와의 관계에서 억압된 것을 대신합니다. (……) 억압된 것은 자아의 외계, 다시 말해 내적 외계입니다. 증후로부터 출발한 그 길은 무의식으로, 본능 생활로, 성생활로 이어져 갑니다.[25]

프로이트에게서 가장 유명한 개념인 '무의식'이 '본능 생활'과 '성생활'로 이어진다는 사실이 지적되고 있습니다. 억압된 것이 억압 장치를 뚫고 올라오면 증후가 됩니다. 증후는 물론 심할 경우 사회생활이 불가능할 정도로 강할 수도 있습니다.

성 충동에 의거한 감각 충동은 사회적·역사적 여러 틀, 예컨대 도덕·종교·부모 등에 의해 최대한 억압되는데, 그러한 억압의 기제를 자아가 훈습(薰習)하여 자아 스스로가 적극적으로 그러한 억압의 태도를 취한다는 것이 중요합니다. 프로이트는 후기에 이르러 '자아', '초자아', '이드'라고 하는 정신적 심급의 세 영역을 개념화하여 우리 인간의 내면적인 삶의 구조와 기능들을 정식화합니다. 어떻게 보면 일종의 가설적인 체계라고 할 수 있으나, 이를 통해 나 자신의 개인적인 정신생활과 사회적·역사적 삶의 관계를 상당 정도 선명하게 이해할 수 있기에, 설사 가설적이라고 할지라도 그 의미는 엄청나다고 할 것입니다.

1) 자아 일반에 관하여

자아는 자기 스스로를 대상으로 만들 수 있고, 자신을 다른 대상들처럼 다룰 수 있고, 자신을 관찰하고, 비판하고, 그 외에 자신을 상대로 무슨 일이든 감행할 수 있습니다. 그때에 자아의 일부는 다른 나머지 부분과 상대하게 됩니다. 그러므로 자아는 나뉠 수 있는 것으로서, 자신의 여러 가지 기능에 따라 분열됩니다.[26]

여기에서 프로이트가 말하는 자아는 우선 데카르트 이후 근대의 전통에 의거한 자아입니다. 문제는 자아 분열입니다. 자아 분열은 결코 인식적일 수만은 없습니다. 자아 분열은 자신을 대상으로 삼아 온갖 상상과 특이한 기능을 수행할 수 있습니다. 그런데 프로이트는 그러한 특이한 자아 분열에 나름의 구조적인 법칙이 있을 것이라고 여기는 것 같습니다.

균열이나 틈새가 보이는 곳에는 대체로 분절이 존재합니다. 수정을 바닥에 던지면 깨져버립니다. 그러나 아무렇게나 멋대로 깨지는 것이 아니고 자체의 균열 방향을 따릅니다. 그 자세한 구획은 눈에 보이지 않지만 원래 수정에 정해져 있는 구조에 따라 조각조각 깨지는 것입니다. 그처럼 균열되고 돌출된 구조는 정신이상에서도 발견됩니다.[27]

이는 프로이트가 자아(정신)에서 벌어지는 일들이 일정한 구조에 의거한 것임을 예상하고 이를 바탕으로 자아의 구조, 즉 정신적 심급의 세 영역을 찾아내고자 한다는 것을 나타냅니다.

2) 초자아의 정체

우리 안에도 우리 모두를 감시하고 위협하는 심급이 있는데, 그들(관찰 망상자들)에게는 단지 그것이 자아로부터 매우 예리하게 분리되어 있고 잘못된 방식으로 외부 현실로 전이된 것이라고 한다면 어떻겠습니까? (……) 이러한 심급의 다른 기능은 우리가 양심이라고 부르는 것일 수밖에 없음을 추측해낼 수 있습니다. (……) 나는 내 안에서 나에게 기쁨을 가져다줄 것에 틀림없는 무언가를 하려는 충동을 느낍니다. 그러나 나는 내 양심이 허락하지 않는다는 이유를 들어 그것을 하지 못하고 맙니다. (……) 양심의 심판자적인 활동을 위해 필수 불가결한 전제인 자기관찰은 또 다른 것(즉, 또 다른 기능)이라 할 수 있습니다. 그러나 어떤 것에다가 그 자신만의 이름을 붙여준다는 것은 그 존재를 인정한다는 것을 의미하므로, 나는 자아 속에 있는 이러한 심급을 이제부터 초자아라고 부르려고 합니다.[28]

초자아의 가장 기초적인 기능은 양심의 심판자적인 활동임을 분명히 하고 있습니다. 그리고 그 양심을 기쁨을 가져다줄 어떤 행동에 대한 충동과 대립적인 것으로 놓고 있습니다. 이 초자아가 과도하게 작동하면 병이 생깁니다.

우울증 발작이 일어나면 초자아는 극히 엄격해지며, 불쌍한 자아를 모욕하고 굴욕을 주며 학대하기까지 합니다. (……) 초자아는 모든 것을 자신에게 위임한 무력한 자아에게 가장 엄격한 도덕적 잣대를 들이대고 도덕성의 가장 높은 가치를 대변합니다.[29]

여기에서 우리는 프로이트가 도덕성의 기원을 언급하고 있음을 눈치채게 됩니다. 특히 우울증에 관한 프로이트의 이야기가 심중하게 다가옵니다. 초자아가 자아에게 도덕성의 가장 높은 가치를 잣대로 들이댐으로써 우울증으로 표현된다는 것입니다. 왠지 삶이 우울하다는 느낌이 들고, 예컨대 니체가 말하는 "실레노스적 지혜", 즉 "태어나지 않는 것이 최선이고, 온 곳으로 빨리 돌아가는 것이 차선이다"라는 비관적인 지혜에 빠져든 것 같은 느낌이 드는 것은, 그 자체로 진리를 획득한 것이 아니라 그 바탕에 초자아가 강력하게 작동하고 있기 때문이라는 것입니다. 초자아가 사회·역사로부터 부모를 거쳐 유전되다시피 하면서 집단적인 방식으로 형성된다는 점을 감안할 때, 우울한 삶 자체가 개인의 책임이 아니라 사회의 책임임을 생각하지 않을 수 없습니다.

이렇게 보면, 죄 혹은 죄의식이라는 것도 그저 개인의 산출물이 아니라 사회적·역사적 기원을 지니고 있는 것이 됩니다. 이러한 초자아로부터 완전히 해방되면 어떻게 될까요?

마치 초자아가 모든 힘을 잃어버리고 자아에 녹아들기라도 한 것처럼 자아가 승리합니다. 그리고 이처럼 자유로워지고 광기를 띠게 된 자아는 아무 주저 없이 자신에게 모든 쾌락의 만족을 허용합니다. 실로 풀리지 않은 수수께끼로 가득 찬 과정이라 할 수 있습니다.[30]

오히려 두렵습니다. 과연 우리는 초자아가 완전히 힘을 잃어버린 상태를 흔쾌히 맞이할 수 있을까요? 그만큼 우리(의 자아)는 초자아의 힘에 의해 상당히 강하게 장악된 셈입니다. 여기에서 프로이트가 말하는 "실로 풀리지 않은 수수께끼로 가득 찬 과정"을 단 한 번도 제대로 느껴본 적이 없지 않은가 싶습니다. "자유로워지고 광기를 띠게 된 자아"는 도대체 어떤 상태의 자아일까요?

이 대목에서 우리는 니체의 디오니소스적 도취를 떠올리지 않을 수 없고, 들뢰즈가 말하는, 차이들이 무한 밀도로 압축된 최대한의 감각적인 상태인 "기관들 없는 몸"을 떠올리지 않을 수 없습니다. 프로이트의 시선으로 보면, 이러한 상태를 불가능하게 만드는 근본 세력은 바로 '초자아의 군단'인 것입니다.

3) 동일시와 자아 이상

'동일시' 문제는 오이디푸스 콤플렉스의 단계에서 엄마를 사랑하는 남자아이가 아버지로부터 거세 공포에 시달리면서 엄마의 사랑을 독차지하는 아버지를 닮으려고 하는 데서 자신을 아버지와 동일시하는 현상을 설명하기 위한 것이었습니다. 여기에서 '자아 이상'의 문제가 함께 등장합니다. 그런데 이제 초자아와 관련해서 자아 이상은 이렇게 됩니다.

초자아의 기능 중 하나는 자아에게 자아 이상을 운반해주는 것입니다. 자아는 자아 이상에 자신을 견주어보고, 자아 이상을 향해 나아가고, 계속해서 자아 이상을 완전히 성취하고자 노력합니다. 이러한 자아 이상이 옛날의 부모의 침전물이며, 아이가 그 당시에 자기 부모의 모습이라고 생각했던 완전성에 대한 경탄의 표현이라는 데에는 의심의 여지가 없습니다.[31]

'자아 이상'은 자아에게 열등감을 수반하기 일쑤입니다. 프로이트는 정신분석학에서 열등감이라는 용어를 거의 사용하지 않는다고 하면서도, 열등감에서 큰 비중을 차지하는 것은 자아의 초자아에 대한 관계에서 비롯된다고 말합니다. 초자아의 기능은 자기관찰, 양심, 자아 이상 등입니다. 하지만 프로이트는 초자아에 대해 이렇게 정돈합니다.

초자아는 우리에게 있어서 모든 도덕적 제약의 대표자라고 볼 수 있으며 완전화를 추구해가는 노력의 변호인이라고 할 수 있습니다.[32]

4) 초자아의 사회적·역사적 전승

그런데 초자아가 과연 개인적이거나 가족적인 것에 불과한가, 아니면 사회적·역사적으로 형성되어 전승되는 것인가 하는 문제가 있습니다. 우선 아이와 부모의 관계에서 초자아의 형성을 이렇게 말합니다.

아이의 초자아는 부모라는 전범에 따라 형성되는 것이 아니고 부모의 초자아에 따라 형성됩니다.[33]

자아 이상이라는 것도 그렇고 초자아도 그런데, '아이의 초자아'는 부모의 현실적인 삶에서 전범을 발견해 형성되는 것이 아니라, '부모의 초자아'에 따라 형성된다는 이야기입니다. 이렇게 되면 그 부모의 초자아는 또 그 부모 각자의 부모의 초자아에 따라 형성되는 것이기에, 초자아란 대를 이어 형성되는 일종의 사회적·역사적 원형처럼 작동하는 것이라고 할 것입니다.

이와 관련해서 프로이트는 마르크스주의에 의거한 이데올로기 이론을 비판하는데, 한 번쯤 귀 기울일 필요가 있겠습니다. 이렇게 말합니다.

> 유물론적인 역사관은 인간의 '이데올로기'를 그들의 현실적인 경제적 관계의 결과이고 상부구조일 뿐이라고 간단히 언명함으로써 그 문제를 처리하고 말았습니다. (……) 초자아의 이데올로기 속에는 과거와, 각 종족과 민족의 전통들이 계속해서 살아 있으며, 그것들은 현재나 새로운 변화의 영향력에 의해서 서서히 자리를 비켜줄 뿐이며, 이러한 것들이 초자아에 의해 영향을 받는 한 인간의 삶 속에서 아주 강력하고, 경제적 상황으로부터 완전히 독립된 역할을 수행할 수 있습니다.[34]

마르크스가 말한 것과는 달리, 이데올로기를 상부구조로 여겨 경제적 관계에 의해 결정되는 것으로 간단하게 처리할 수 없으며, 이데올로기의 근본적인 자리는 초자아라는 것입니다. 그리고 초자아로서의 이데올로기는 종족적이거나 민족적인 전통으로 작동하고, 그 자체로 강력하고 근본적인 힘을 지니고서 경제로부터 완전히 독립된 형태로 작동한다는 것입니다.

이럴 경우, 일종의 공통된 심리적인 집단을 생각할 수 있습니다. 오늘날 한국 사회에서 민족주의란 근본적으로 이성적이거나 지성적인 것이 아니라 감정적인 것에 불과하다는 이야기를 자주 듣습니다. 프로이트의 이 말은 이러한 민족주의의 문제에 관련해서도 대단히 중요한 시사점을 주는데, 민족 구성의 밑바탕에 공동의 초자아가 작동하고 있다는 것이고, 그럴 때 민족은 일종의 심리적인 집단으로 규정될 수 있을 것이고, "초자아에 의거한 심리적인 집단"에서 초자아는 근본적으로 무의식적인 것이기에 예사로 반성적인 성찰의 힘을 넘어서서 충동적으로 작동할 수 있기 때문입니다. 그러니 민족주의가 감정을 바탕으로 한 것은 어쩌면 당연하다고 하겠습니다. 이와 관련해서 프로이트의 다음의 지적은 의의가 적지 않습니다.

심리적인 집단은 자신들의 초자아 속에 똑같은 인격을 받아들인 개인들이 각 개인의 자아 속에 있는 이러한 공통분모를 근거로 서로를 동일시하게 된 개개 존재의 통일체라는 것입니다. 그것은 말할 것도 없이 지도자가 있는 집단에 한합니다.[35]

분명 파시즘적인 심리적 집단의 형성을 겨냥한 것이라고 할 수 있습니다. 히틀러(Adolf Hitler, 1889~1945)의 파시즘이 민족주의에 이어 인종주의에 근거한 것임은 누구나 아는 사실입니다. 그런데 이 인용문을 통해 프로이트는 마치 국민들이 자발적으로 독재자를 숭배하는 것처럼 대대적인 착각을 불러일으킬 수 있는 정신분석학적 근거를 제시하는 셈입니다.

5) 이드의 정체

그런데 프로이트는 이제 '무의식'이라는 단어를 체계적인 의미를 가진 것으로 사용할 수 없다고 하면서 이렇게 말합니다.

니체의 언어 사용을 빌려와서, 또 게오르크 그로데크(Georg Groddeck)의 자극에 힘입어 우리는 이제부터 그것을 이드(Es)라 부르기로 하겠습니다. 이러한 비인칭적인 용어는 정신 영역의 주요 특징인 자아와의 이질성이라는 특성을 표현하기에 특별히 적합한 것처럼 보입니다. 초자아, 자아, 그리고 이드는 인간의 정신 체계가 각각 나뉘는 세 개의 영

역, 지역, 지방이며 그것들 상호 간의 관계를 이제부터 논의해보려고 합니다.[36]

'무의식'이라는 용어 대신에 '이드'를 채택한 것으로 보이긴 합니다만, 사실상 초자아도 무의식의 영역에 속하는 것이기 때문에, 무의식을 곧바로 이드로 대체한 것으로 볼 수 없습니다. 그런데 이드는 자아를 비롯한 정신 활동이 이루어지는 데 필요한 '생적인 에너지의 원천'이라고 프로이트는 말합니다.

이드는 충동들로부터 나온 에너지로 채워져 있습니다. 그런데 거기에는 어떤 조직 체계도 없고 단일한 의지도 없습니다. 오로지 쾌락 원리에 따른 본능적 욕구 충족을 위한 충동만이 있을 뿐입니다. 이드 안에서 이루어지는 과정에는 논리적 사고 법칙은 통용되지 않으며 무엇보다 모순율 같은 것도 지켜지지 않습니다. 서로를 거부하거나 갈라서는 일이 없이 서로 상반되는 흥분이 나란히 존재하고 있는데, 부득이할 때는 그 상황을 지배하고 있는 경제적 필요에 의거해 에너지를 방출하기 위해 타협점에 이르기도 합니다. 이드에는 부정과 비교될 만한 것은 아무것도 없습니다.[37]

무조건적인 긍정에 의한 에너지의 방출이 이드의 특징인 것으로 지적되고 있습니다. 그리고 그러한 에너지의 방출을 통해 무조건 쾌락에 대한 욕구를 충족하고자 하는 충동을 일으키는 것이 바로 이드라는 것이지요. 이러한 이드를 제대로 제어하지 못한다면, 그야말로 순식간에 지독한 쾌락과 더불어 에너지의 과도한 방출로 인해 삶이 마감되고 말 것입니다.

6) 이드와 자아, 그리고 현실

이드를 대신하여 자아는 충동적 힘의 발동으로 연결되는 통로를 통제하면서, 욕구와 행위 사이에서 사고 작업을 지연시키는 동안 기억 속에 남아 있는 경험의 잔류물들을 처리하는 것입니다. 이러한 방법으로 자아는 무제한적으로 이드 안에 있는 모든 과정을 통제하는 쾌락 원리를 제어하고, 그 대신에 보다 확실한 안전과 더욱 큰 성공을 보장하는 현실 원리로 대체합니다.[38]

'이드'가 요구하는 대로 '쾌락 원리'만을 추종하게 되면 현실에서의 삶은 불가능하거나, 가능하다고 할지라도 곧 종결되고 말 것입니다. 이에 자아가 이드로부터 에너지를 넘겨받아 활동하면서 이드의 욕구를 현실 속에서 적절히 충족될 수 있도록 조정하고 통제하는 역할을 하게 됩니다. 반대로 보면, 정신에서 일어나는 이러한 '현실 원리'에 대한 적응을 일컬어 자아라고 한다고 할 수 있습니다.

7) 자아의 예속성

자아가 섬기는 세 주인은 외부 세계, 초자아, 그리고 이드입니다.[39]

세계의 서로 다른 방향에서 조여 들어오는 힘을 느끼면서 세 가지 위험에 노출되어 그것들의 지나친 압박을 받게 되면 불안 공포로 반응하게 됩니다.[40]

자아가 자신의 약함을 인정하지 않을 수 없게 될 때 그것은 불안으로 촉발됩니다. 외부 세계에 대한 실재적 불안, 초자아에 대한 양심의 불

안, 이드 안에 있는 억누를 수 없는 열정에 대한 신경증적인 불안 등이 그것입니다.[41]

'자아'는 이렇듯 사면초가의 상태, 즉 서로 다른 방향에서 작동하는 현실 세계, 초자아, 이드의 억압적인 요청 모두를 따라야 할 것 같은 상태에 놓여 있다고 할 수 있습니다. 이에 자아는 이미 늘 괴로운 갈등상태에 빠져 있는 셈이고, 그런 만큼 여러모로 고달픈 것이지요. 그럼에도 우리는 자아를 중심으로 한 삶을 포기할 수는 없고 자아를 내세워 안팎에서 주어지는 여러 압박을 견디면서 삶을 치고 나가는 것입니다. 그런데 결국 프로이트는 다음과 같은 말을 합니다.

정신분석의 치료적 노력들, (……) 그것의 의도는 자아를 강화시키고 그 자아를 초자아로부터 독립적으로 만들어주고 그의 지각 범위를 확장하고 그 조직을 확대하여 이드의 새로운 부분을 자기 것으로 할 수 있도록 하는 것입니다. 이드가 있었던 곳에 자아가 생성되어야 합니다.[42]

정신분석의 목표가 '자아를 초자아로부터 해방시켜 가능한 한 이드에서 자아로 올라오는 부분들을 새롭게 향유할 수 있도록 하는 것'이라는 프로이트의 이야기는 초자아가 아니라 이드로부터 새로운 삶의 가능성이 열린다는 것을 암시하고 있습니다. 이는 우리가 궁극적으로 어떤 삶을 추구해야 하는지를 암시하는 것이기도 합니다. 특히 니체의 "최고도로 긍정적인 삶"을 염두에 두면서 여러모로 생각해보아야 할 대목이 아닐 수 없습니다.

4장

후설: 현상학

1. 들어가는 말

20세기 현대 철학의 전반기를 장악한, 특히 독일과 프랑스를 중심으로 이탈리아, 미국, 일본 등지로 파급되어 나갔던 중요한 철학을 들자면 단연 현상학입니다. 현상학은 에드문트 후설(Edmund Husserl, 1859~1938)이 창시한 철학입니다. 후설은, 지금은 체코 공화국의 영토이지만 당시에는 오스트리아 제국의 영토였던 모라비아에서 태어났습니다. 처음에는 라이프치히 대학과 베를린 대학에서 수학을 공부했지만, 1884년 빈 대학에서 철학자 브렌타노(Franz Brentano, 1838~1917)를 만나 심리학과 철학을 배우고, 이어서 슈툼프(Carl Stumpf, 1848~1936)의 지도로 교수 자격을 획득합니다. 슈툼프는 브렌타노의 옛 제자이기도 했습니다. 이렇게 해서 후설의 첫 저서《수리철학》(1891)이 발간됩니다.

후설을 세계적으로 주목할 만한 인물로 끌어올린 것은《논리 연구(Logische Untersuchungen)》(1901)입니다. 당시에는 '논리'에 대한 심리학적 접근이 학문적 주제로 상당히 힘을 발휘했습니다. 후설은 이 책을 통해 이러한 경향을 철저히 공격해서 차단했는데, 이것이 세계적인 업적으로 평가받은 것이지요. 후설은 "엄밀한 학으로서의 철학(Philosophie als strenge Wissenchaft)"을 주창했고, 이를 떠받칠 수 있는 인식론 – 존재론적인 터를 마련하고자 했습니다. 이를 위해 *그*가 최대한 노력해서 저술한 책이 그의 주저로 꼽히는《순수 현상학과 현상학적 철학에 대한 이념들(Ideen zu einer reinen Phänomenologie und phänomenologischen Philosophie)》(1913)[1]입니다. 이 강의는 이 책에 담긴 내용을 중심으로, 그리고 그 외 후설의 여러 저작을 참고하여 이루어질 것입니다.

후설은 너무나도 많은 철학의 대가에게 영향을 미쳤습니다. 실존

철학의 거장 마르틴 하이데거는 그의 조교였으며, 사랑의 현상학을 펼치는 막스 셸러(Max Scheler, 1874~1928), 현상학적 미학으로 유명한 로만 인가르덴(Roman Ingarden, 1893~1970), 프랑스 실존철학의 거장인 장 폴 사르트르와 모리스 메를로퐁티, 심지어 교황 요한 바오로 2세와 불완전성 원리로 유명한 수학자 쿠르트 괴델(Kurt Gödel, 1906~1978) 등에게까지 영향을 미쳤습니다. 그뿐만 아니라 특히 이탈리아의 마르크스주의자들에게 영향을 미쳤는데, 이를 계기로 《현상학과 마르크스주의(Phänomenologie und Marxismus)》[2]라는 4권의 책이 출판되었습니다. 요컨대 후설 현상학의 영향을 받아 20세기 위대한 인물로 거론되는 사람들의 이름은 너무나 많습니다. 레비나스는 후설 현상학에서의 직관에 관한 연구로 학위를 받으면서 그의 독특한 철학을 전개했으며, 데리다는 첫 주저 《목소리와 현상》에서 후설의 현상학에 입각해 후설의 기호론을 비판함으로써 대단한 철학자로 나아가는 길을 열었습니다. 가다머(Hans - Georg Gadamer, 1900~2002)와 리쾨르(Paul Ricoeur, 1913~2005)의 해석학 역시 후설의 현상학이 없이는 생각할 수 없는 것으로 알려져 있습니다.

후설은 제1차세계대전의 전장에서 장남을 잃기도 했지요. 제1차 세계대전 당시 후설이 대학에서 강의를 하는데 폭탄이 떨어지면서 학생들이 피해야 한다고 야단법석을 피우자, "무슨 말을 하는 거야. 지금은 강의 중이야"라고 했다는, 일견 섬뜩한 일화가 전해집니다. 후설에게서 철학 자체가 곧 그의 삶이었음을 여실히 드러내주는 사건이라고 하겠습니다. 그런가 하면 제자 하이데거가 1927년 《존재와 시간》을 출판하면서 "나의 스승 에드문트 후설에게 이 책을 바칩니다"라고 해서 존경하는 스승에게 헌정을 했는데도, 그 책을 검토한 뒤 하이데거와 결별을 선언한 것 또한 유명합니다. 하지만 1928년 후설이 프라이부르크 대학 철학과 주임교수직에서 물러나자 하이데거가 그 후임으로 선출됩니다. 1933년에 하이데거는 나치당에 가입하고, 같은 해 총장직에 오릅니다. 그 반면 1938년 사망하기 전까지 후설은 히틀러의 나치 정권으로부터 유대인이라는 이유로 핍박을 받습니다. 대학 출입을 못하게 되고, 심지어 그의 엄청난 양의 유고가 압수되어 불태워질 위기에 처하기도 했습니다. 다행히 벨기에에서 온 브레다(Herman Leo Van Breda, 1911~1974) 신부가 비밀리에 후설의 유고를 벨기에로 피신시킴으로써 현재까지 남아 있습니다. 그의 유고는 신문지 반절만 한 크기의 종이로 약 4만 매에 이르는 방대한 규모라고 합니다. 현재는 벨기에의 루뱅 대학에 있는 '후설 아카이브'에 소장되어 있습니다.

그런데 하이데거는 1941년 《존재와 시간》을 재출판하면서 후설에게 바쳤던 헌정사를 빼버립니다. 이는 히틀러의 나치에 부역한 하이데거의 정치적인 과오를 지적할 때 운위되어야 합니다만, 스승과 제자 간의 사적인 관계도 연루되어 있으리라 짐작됩니다. 특별한 에피소드가 없는 것으로 알려진 순수한 천재 철학자인 후설이 제자 하이데거와 맺은 인연만큼은 대단히 비극적이었던 셈입니다.

이제 후설 현상학의 정신이 어떻게 전개되며 그 의미가 어떤 것인지를 서서히 추적해보기로 하겠습니다.

2. 현상학은 의미존재론적인 탐문의 철학이다

우리의 삶을 둘러싼 뭇 사건은 단 한 순간도 우리를 놓아주지 않고, 때로는 기쁨을 주고 때로는 고통을 주고 때로는 권태를 주고 때로는 환희에 들뜨게 합니다. 꼭 구체적인 시공간에서 일어나는 사건들만이 그런 것은 아닙니다. 즐거웠던 일을 기억해 떠올리기만 해도 넉넉히 즐거워질 수도 있습니다. 한동안 헤어져야 했던 사랑하는 사람을 곧 만나게 되리라는 상상만 해도 얼마든지 흥분할 수 있습니다. 그와 유사하게 추억을 담은 활동사진을 보기만 해도 그러하고, 텔레비전 모니터의 광경을 보기만 해도 그러하고, 그저 글의 연속인 시나 소설을 보기만 하는데도 미칠 것 같은 느낌이 찾아오기도 합니다.

이러한 일들 모두를 한마디로 일컬어 표현한다면 어떤 낱말이 적당할까요? 그러니까 우리를 둘러싸고 일어나는 모든 일이 갖는 공통된 특징을 잡아 이름을 붙인다면 어떤 낱말이 적당할까요? 가장 적합한 것으로 떠오르는 것은 '의미(意味, der Sinn)'가 아니겠는가 싶습니다. '의미'라고 하면 흔히 언어적인 개념을 지칭합니다. 그러나 언어적인 개념으로서의 의미는 광의(廣義)의 의미 중 특수한 경우라고 하겠습니다. 미리 말하자면, 현상학의 창시자인 후설은 언어적 개념으로서의 의미에 대해서는 'Bedeutung', 즉 '어의(語義)'라고 칭하고, 사건적 의미 혹은 사태적(事態的) 의미에 대해서는 'Sinn', 즉 '의미'라고 하면서 달리 구분합니다.

카프카의 소설 《심문》에 보면, 어느 날 느닷없이 사복 경찰 같은 심문관들이 주인공의 집을 급습해 들어옵니다. 주인공은 영문도 모르는 채 억압된 시간 속으로 빠져듭니다. 주인공의 인생 자체를 뒤집어버리는 대대적인 사건이 일어난 것입니다. 대대적인 사건이 일어났다는 것은 대대적인 의미를 지닌 사태가 발생했다는 것입니다. 어머니의 죽음, 혁명의 발발, 전쟁, 분단과 생이별 등 대대적인 의미를 지닌 사태들은 수도 없이 많습니다. 그런가 하면 지하철을 타고 갈까 아니면 버스를 타고 갈까 하다가 '에잇 그냥 버스 타고 가지 뭐' 하면서 버스를 타고 가는 사소한 의미를 지닌 선택과 그에 따른 행위도 있을 수 있습니다. 우연히 고개를 들고 하늘을 바라본다거나 날이 흐렸다가 조금씩 빗방울이 듣는 경우도 있습니다. 매일같이 새벽 미명이 밝아오는 일도 있습니다. 나도 모르게 습관적으로 눈을 깜박거리 수도 있습니다. 또한 뜬금없이 친숙한 풍경이 낯설게 다가올 수도 있습니다. 중요한 것은, 이 모든 일이 하나같이 뭔가 의미를 담고 있다는 것입니다. 다대하건 사소하건 간에 삶은 의미의 연속이고 축적이고 망실이고 전달이기 때문입니다.

부정적인 방향의 의미가 있을 수도 있고, 긍정적인 방향의 의미가 있을 수도 있습니다. 명시적으로 드러나는 의미가 있을 수도 있고, 암시적으로 숨어드는 의미도 있을 수 있습니다. 드물긴 하지만 순전히 개인적인 의미가 있을 수도 있고, 타인들과 공유하는 의미도 있을 수 있습니다. 현실적으로 힘을 갖는 의미도 있을 수 있고, 가능적으로만 힘을 갖는 의미도 있을 수 있습니다. "말이 씨가 된다"라는 속담은 가능적이면서 암시적이고 부정적인 방향으로 작용하던 의미가 현실화되며 명시적으로 드러나는 의미가 되어 힘을 발휘하는 것을 지칭한다고 하겠습니다.

뭇 의미는 언어 이전의 힘을 갖고서 이미 우리를 둘러싸고 있는 셈입니다. 그러면서 뭇 의미는 우리를 치고 들어와 우리의 삶 내지 존재를 어떤 방식으로건 규정합니다. 그래서 '어쩌면' 우리의 삶 내지 존재는 바로 의미의 이합집산이요, 의미의 충돌과 조정이요, 의미의 들고 남이요, 의미의 모자람이고 넘침이요, 의미의 빛과 그림자요, 의미의 주인이자 노예이고, 의미의 삶과 죽음이라고 할 수 있습니다. 그래서 "아! 이게 다 무엇이란 말인가?"라는 존재론적인 탐문은 알고 보면 "아! 이 모든 의미란 도대체 무엇이란 말인가?"라는 의미존재론적인 탐문임을 깨닫게 됩니다.

의미존재론적인 탐문이 바로 현상학적인 탐문입니다. 그리고 이 탐문을 평생의 업으로 삼고서 철학적 사유를 펼친 인물이 후설입니다. 우리는 양적으로 보면 거대하기 짝이 없고 질적으로 보면 복잡하기 그지없는, 곳에 따라 촘촘하여 밀집되고 곳에 따라 성겨 희박해지는 의미의 그물망을 느낍니다. 때로는 빠르게 흘러 지극히 유동적이고 때로는 서서히 흐르다 못해 지극히 고정된 의미의 그물망을 느낍니다. 또 그 속에서 나 자신의 존재마저 그 그물망을 형성하는 그물코에 불과할 수도 있다는 생각이 일어납니다. 이때 비로소 의미의 현상을 근원적으로 탐문하려는 현상학의 세계에 들어갈 자세를 갖추게 되는 것입니다. 특히 후설이 최종적인 존재의 포괄적인 내용을 담은 "절대적 체험류(der absolute Erlebnisstrom)"는 일체의 의미와 그 의미들이 성립하는 데 필요한 일체의 작용과 질료를 한꺼번에 다 거머쥐고 있는 것이기에, 이를 염두에 두면서 현상학적 세계에 들어가고자 해야 할 것입니다.

　하지만 현상학적인 세계에 들어가는 것은 결코 용이하지 않습니다. 아닌 게 아니라 메를로퐁티는 《지각의 현상학》(1945)[3] 서문에서 '현상학이란 무엇인가?'라는 물음이 후설의 최초의 저작이 나온 지 반세기가 지나고도 여전히 뭐라 말할 수 없으니 참으로 이상한 노릇이라고 말합니다. 그만큼 현상학이란 후설이 완성하고자 노린 '철학'이라는 학문의 형태라기보다는 오히려 유명한 현상학사 연구가인 스피겔버그(Herbert Spiegelberg, 1904~1990)의 책 제목, 《현상학적 운동 I, II》[4]처럼 일종의 거대한 철학적인 운동입니다. '현상학이란 무엇인가?'라는 책 종류가 많은 것도 그 반증이라고 할 수 있습니다.

3. 의미의 근원을 찾기 위한 현상학적 환원

1) 현상학의 이념

현상학의 창시자인 후설은 현상학을 '엄밀학(嚴密學, die strenge Wissenschaft)' 또는 '제1철학(die erste Philosophie)'이라고 부릅니다. 말이 상당히 어렵습니다. 하지만 우리는 이를 제시하는 후설의 정신을 얻으면 그뿐입니다. 그 정신이란 '네가 선 위치 그대로에서 너 스스로의 탐문을 통해 철학을 하라'는 것입니다. 그는 이렇게 말합니다.

미리 주어진 어떠한 것도 받아들이지 않고 전해져 내려오는 어떠한 것도 그 출발점으로 삼지 않으며 아무리 위대한 대가라도 그 명성에 의해 현혹되지 않고……[5]

후설의 철학적인 정신이 얼마나 강고하고 무서운가를 한눈에 알수 있습니다. 마치 선불교에서 전해져 오는 이야기 같습니다. 선불교에서는 "싯다르타가 태어나자마자 일곱 걸음을 뗀 뒤 '천상천하 유아독존(天上天下唯我獨尊)'이라 말했다고 하는데, 만약 내가 그 자리에 있었으면 그를 찢어발겨 개에게 먹이로 주었으리라." 혹은 "부처는 똥닦는 막대기다"라고 하면서, 불교의 선 수행에서 일체의 권위를 없이하려고 했습니다.

그렇다고 지금 우리가 현상학이 무엇인지를 이해하려 하는데, 이러한 후설의 권고를 곧이곧대로 받아들여 후설의 권위를 무시해버릴 수는 없습니다. 현상학이라는 것이 후설의 권위와는 전혀 상관없이 존재할 수 있는 것이었으면 싶지만 그럴 수는 없기 때문입니다. 해탈한 싯다르타를 빼고서 불교를 생각할 수 없고, 본래의 예수가 없이 기독교를 생각할 수 없듯이, 후설이 없이는 현상학을 생각할 수 없습니다.

다만 앞서 인용한 후설의 말이 지시하고 있는 철학 정신을 현상학의 근본적인 출발로 제대로 받아들인다면 이야기기는 달라집니다. 후설을 통해, 그러다 보니 후설을 넘어서서 후설이 지향하고자 한 철학의 세계로 들어갈 수도 있는 것이지요. 그러나 넘어서려면 반드시 거쳐야 하는 법이기에 여전히 우리는 후설의 현상학적인 세계에 의존할 수밖에 없습니다. "진리가 말을 벗어나 있지만, 말에 의존해 진리에 다가간다"라고 원효(元曉, 617~686) 선사가 말한 것처럼.

각설하고 위 후설의 말로 돌아가 봅시다. "미리 주어진 어떠한 것도 받아들이지 않고"가 무슨 뜻일까요? 여기서 '미리 주어진 것'이란 도대체 무엇인가요? 그리고 '주어지다'니 도대체 어디에 주어졌다는 것일까요? 이 물음에 비하면, 그 뒤의 "전해져 내려오는 것"이나 "아무리 위대한 대가"가 무엇을 의미하는지는 이해하기 쉬운 편입니다. 아주 간단하게 미리 주어진 것 하나를 지목해봅시다. '여기에 있는 칠판', '여기에 있는 인간 조광제', '창밖의 도시 건물들에 연관해서 떠오르는 사회', '여기 있는 허공의 공간', '지금도 무지막지하게 흘러가는 이 시간', '우리의 마음속에서 들끓어 오르는 막연한 불안' 등 얼마든지 많습니다. 이것들을 받아들이지 말라고 후설은 말합니다. '받아들인다'는 것은 무엇인가요? 일단 '그렇다'라고 긍정하는 것이겠지요. 그렇다면 '긍정한다'는 것은 무엇인가요? '존재한다'라고 인정하는 것이겠지요. 그렇다면 '존재한다'는 것은 무엇인가요? 여기에서 우리는 생각의 문이 일단 막힙니다. 물론 존재한다는 것을 여기에 있는 분필처럼 '지금 여기에 우리의 눈앞에 분명히 주어져 있다'라는 것으로 말할 수도 있습니다. 데카르트는 진리의 기준 혹은 존재함의 기준으로 명증성, 즉 명석판명(明晰判明)을 내세우면서, 그것을 "현전하는 의식에 분명하게 다른 것과 확실하게 구분되면서 주어져 있음"
이라고 했습니다. 그러고 보니 다시 돌아온 셈입니다. 즉, '미리 주어
진'이라는 말로 다시 돌아온 셈입니다. 이 말은 '미리 존재하는'이라
는 말로 바꿀 수 있습니다. 이야기가 이상하게 꼬이는 것 같습니다.
이제까지의 이야기를 정리해보면 이렇게 됩니다. '미리 존재하는 어
떠한 것도 존재하는 것으로 인정하지 않고'라고 됩니다. 아무래도 말
이 이상하니 알기 쉽게 바꾸면 이렇게 됩니다. '미리 존재한다고 여
겨지는 어떠한 것도 진실로 존재하는 것이라고 인정하지 마라!'

2) 현상학의 원리

후설은 이런 철학적인 태도를 "무전제의 원리(Prinzip der
Voraussetzungslosigkeit)" 혹은 "철저한 무편견성(radikale Vorurteilslosigkeit)"
으로 규정합니다.[6] 그러나 여기에서 우리는 길을 잃게 됩니다. 그렇다
면 어디에서 무엇을 붙들고 철학을 출발하라는 것이냐? 무(無)를 붙
들고 출발하라는 것이냐? 무는 도대체 무엇이냐? 그런데 그게 아니
겠지요. '미리 존재한다고 여겨지는 어떤 것'과 '진실로 존재하는 어
떤 것'은 다른 것이겠지요. 그러니 '진실로 존재하는 어떤 것'을 향해
들어갈 수 있는 문을 후설이 준비하고 있는 것이겠지요. 그렇습니다.
후설은 '진실로 존재하는 어떤 것'을 향해 열려 있는 문이 어디에 있
는지를 우리에게 지적해주고 있습니다. 그가 말하는 "원리 중의 원
리"가 그것입니다. 그는 이렇게 말합니다.

> 모든 원리 중의 원리: 본래대로(originäre) 부여하는 모든 직관
> (Anschauung)이 인식의 권리 원친이다. 우리의 '직각(Intuition)'에 본래대
> 로(말하자면 그 생생한 현실성에서) 제시되어 있는 모든 것을 주어져 있는

바로 그대로―더구나 오로지 그것이 거기에 주어져 있는 한계 내에서만―받아들여야 한다.[7]

이게 어찌 된 것인가요? 미리 존재한다고 여겨지는 어떠한 것도 인정하지 말라고 하더니, 이제 와서 "생생한 현실성에서 제시되어 있는, 주어져 있는 바로 그대로의 모든 것"을 받아들여야 한다고 말하고 있지 않은가요. 그렇다면 받아들여야 한다고 할 때 그 대상이 되는 것이 바로 '진실로 존재하는 어떤 것'임에 분명합니다.

그렇다면 긍정해서 받아들여야 하는 "생생한 현실성에서 제시되어 있는, 주어져 있는 바로 그대로의 모든 것"과 함부로 긍정해서 받아들여서는 안 되는 "미리 주어진 어떤 것"의 차이는 무엇일까요? 혹시 후설의 입장이 바뀐 것은 아닐까요? 그렇지는 않은 것 같습니다. 게다가 미리 주어진 어떤 것을 받아들이지 말라고 하는《현상학의 이념: 엄밀한 학으로서의 철학》에서는 이렇게 말한 적이 있습니다.

말의 공허한 분석을 그만두고 사태 자체를 우리는 심문해야 한다. 경험으로, 직관으로 돌아가라. 이것만이 우리의 말에 의미와 합당한 권리를 부여할 수 있는 것이다.[8]

여기에서 우리는 후설이 말하는 철학 정신에 들어갈 문을 하나 얻을 수 있을 것 같습니다. "말의 공허한 분석을 그만두라"라는 언명이 그것입니다. 선불교의 구호인 "불립문자(不立文字)"를 떠올리게 되는데, 부처가 꽃잎 하나를 들어 대중에게 보이자 오로지 가섭만이 빙그레 미소를 지었다는 "염화시중의 미소" 이야기를 바탕으로 생겨난 법문입니다. 아무튼 후설의 이 말에 이은 "사태 자체를 심문해야 한다"라는 말을 적극적으로 해석할 필요가 있습니다. "사태 자체"란 '언어를 벗어나 있는 상태', 즉 현실적으로 주어진 주위의 모든 것으로부터 그 각각의 이름을 빼버릴 때 성립합니다. 이름을 빼버린다고 하는 것은 그 이름에 의해 규정되는 모든 내용을 빼버린다는 것입니다. 여기 '분필'이 있는데, '이것'에서 '분필'이라는 이름을 빼버립니다. 이름을 뺀다고 해놓고서는 마음속으로 '분필!' 하고 있으면 안 됩니다. '분필'이라는 이름이 함유하고 있는 모든 내용을 함께 빼버리는 것입니다. 그렇게 되면 '석고'가 남는다고요? 그 이름도 빼버립시다. 일체의 이름과 그 이름이 함유하고 있는 내용을 빼버립니다. 이렇게 되니 어떤가요? 우리는 또 길을 잃어버린 것 같습니다. 문을 여는 것 같았는데, 어느새 문이 확 닫히면서 거대한 벽이 되는 것 같습니다.

하지만 제아무리 이름들과 그것에 포함된 인식 내용을 다 빼버린다고 해도 뭔가 있긴 한 것은 사실입니다. 있긴 있다니! 후설의 언명에 따라 '있음'이라는 이름마저 빼버립시다. 잘 빠지지 않는다고요? 물론입니다. '있음' 내지 '존재'라는 말조차 빼버리고 그 말이 함유하고 있는 내용마저 빼버리다니 당찮은 일이지요. 그러나 현상학의 근본 영역으로 들어가려면, 혹은 후설이 권유하는 철학 정신, 즉 현상학적인 정신을 갖추려면 '있음'이라는 이름과 그 이름에 들어 있는 내용을 빼버려야 합니다.

여기에서 우리는 후설의 조교까지 했던 하이데거가 어떻게 해서 후설의 현상학으로부터 자신의 실존론적 존재론을 착안하고 전개할 수 있었는가에 대한 단초를 얻게 됩니다. '존재함'이라는 말에 대해서조차 그것에 대한 일상적이건 철학적이건 혹은 신학적이건 일체의 통념을 버리라는 것입니다.

여기에 어려움이 있고, 이를 쫓아가야 한다고 할 때 심지어 공포가 엄습해옵니다. 왜냐하면 '존재'라는 이름에 이르기까지 일체의 이름과 그 이름에 걸려 있는 규정적인 내용을 뺀다고 하는 것은, 쓰레기통에 가득 차 있는 쓰레기를 버리듯 나의 모든 의식을 텅 비워버리는 일일뿐더러, 심지어 그 쓰레기통마저 버리는 것 같은 느낌이 다가오기 때문입니다. 내 의식 역시 존재하는 것이니까요.

3) 자연적 태도에 대한 현상학적 환원

그러고 보면 여태 우리는 언어를 통한 길을 '나도 모르게' 집요하게 택하고 있었습니다. 이것이 바로 후설이 말하는 "자연적 태도(natürliche Einstellung)"입니다. 이에 대해 후설은 이렇게 말합니다.

> 나는 결코 깨어지지 않고 함께 붙어 있는 경험 속에 깨어 있는 자아다. 이 나는 '현실성'이 현존하는 것임을 미리 발견하고 그 스스로 나에게 주어져 있을뿐더러 현존하는 것으로 받아들인다. 자연적인 세계의 대상들을 의심하고 비난하는 모든 일은 자연적 태도의 일반 정립(Generalthesis der natürlichen Einstellung)에 대해 아무것도 변경시키지 않는다. '그' 세계는 현실로서 항상 거기에 있다. 기껏해야 여기 혹은 저기에 내가 떠올리는 것과 '다르게' 있을 뿐이다. 그것 혹은 저것은 '가상', '환상' 등의 이름으로 소위 그 세계에서 제거될 뿐이다. 그러나 그 세계는—일반 정립이라는 의미에서—항상 현존하는(immer daseinde) 세계다.[9]

당연히 '이 세계'가 있습니다. 내가 그 속에서 살고 있으면서 표상하고, 판단하고, 의욕을 갖고, 느끼는 세계가 당연히 있습니다. 이를 후설은 세계가 "항상 현존한다"라고 말합니다. 그리고 이 세계가 이렇게 항상 현존한다고 일반적으로 판단하는 것을 후설은 "자연적 태도의 일반 정립"이라고 말합니다.

그래서 뭐가 어쨌다는 것이냐고요? 후설을 아예 내버리면 모를
까, 그렇지 않고 후설을 따라가고 볼라치면 이거야말로 큰일 난 것입
니다. 왜냐하면 이러한 자연적 태도의 일반 정립을 일단 '확 버리지'
않으면, 즉 일단 '중지시키고(enthalten)', '무력하게 하고(außer Aktion)',
'괄호로 묶어버리고(einklammern)', '배제하고(ausschalten)' 하지 않으면
현상학에 한 발짝도 들어설 수 없다고 후설은 말하기 때문입니다.

> 모든 정립에 관련해서 우리는 완전히 자유로운 상태에서 이 본래의 에
> 포케(εποχη)를 수행할 수 있다. 이는 명증적이기에 흔들림 없는, 진리에
> 대한 증거와 일치하는 모종의 판단중지(Urteilsenthaltung)이다.[10]

> 그렇게 해서 나는 현상학적인 에포케를 수행하는데, 이 현상학적인 에
> 포케는 이제부터 마땅히 '실재적인 것'의 시공간적인 현존에 대한 존재
> 와 그러함과 모든 존재 양태에 대해 내리는 모든 판단, 즉 모든 술어적
> 인 입장 표명의 수행을 폐쇄한다.[11]

지독합니다. 시공간적으로 존재하는 모든 것에 대해 그것이 있다
느니 없다느니 혹은 어떠하다느니 어떠하지 않다느니 하는 일체의
'짓거리'를 폐쇄한다고 합니다. 이렇게 해서 뭐하자는 것이냐가 성말
궁금해집니다. 아무튼 후설은 이러한 자연적 태도의 일반 정립을 묶
어버리는 것을 "현상학적 에포케(phänomenologische Epoche)"라고도 하
고, "초월론적 환원(超越論的 還元, transzendentale Reduktion)"이라고도 합
니다.

4) 의미 성립의 근원지

우리는 애초 현상학을 의미의 문제를 싸고도는 철학으로 규정했습니다. 후설이 말하는 자연적 태도를 지닌 자는 삶에 관련해서 각종 의미들이 이미 성립되어 있거나 혹은 성립되고 있다고 여깁니다. 그 의미들이 나의 삶에 부정적인 방향으로 작용할 때에는 괴로워하고, 긍정적인 방향으로 작용할 때에는 즐거워합니다. 그런데 "자연적 태도의 일반 정립"이란 그런 자연적인 삶의 태도에 일종의 인식적인 행위가 깔려 있음을 일컫습니다. 삶에 관련된 뭇 의미들이 존재한다고 여기고, 그 의미들이 생겨나는 대상 세계의 뭇 사물들이 존재한다고 여깁니다. 후설이 세계의 현존을 말했을 때, 그 세계는 바로 시공간적인 뭇 사물들이 존재한다는 것과 그것에 의거한 의미들이 존재한다는 것을 지칭합니다.

따라서 "자연적 태도의 일반 정립"을 현상학적으로 "에포케" 한다는 것은 바로 우리의 삶을 둘러싸고 있는 뭇 긍정적이거나 부정적인 의미들의 존재와 의미들이 발생하는 기초, 즉 뭇 사물들의 존재에 대한 판단을 일단 접는다는 것입니다. 그런데 실상 사물이라고 말해지는 것조차 넓은 뜻으로 보면 하나의 의미에 속합니다.

아무튼 후설이 "에포케" 내지 "초월론적 환원"을 하는 이유는 무엇일까요? 그 까닭은 그래야만 의미가 생기기 이전의 상태로 돌아갈 수 있고, 또 그 상태로 돌아가 의미가 어떻게 생겨나며 어떻게 생겨날 수 있는가에 대한 근본적인 여건들을 살펴볼 수 있기 때문입니다. 이렇듯 이미 우리를 에워싸고 힘을 발휘하고 있는 '이미 존재하는 모든 것'에 대해 그 근거를 캐물어 들어가는 작업의 성격을 두고서 철학에서는 '초월론적(transzendental)'이라고 합니다.

후설은 "현상학적 에포케"를 한편으로 "초월론적 환원"이라 부른다고 했습니다. 그것은 "자연적 태도"에서 이미 열려 있는 영역에서 뭔가 전혀 성격이 다른 영역으로 진입해 들어가기 때문입니다. '환원'이라는 것은 무엇을 다른 무엇으로 바꾸는 것이지요. "현상학적인 초월론적 환원"은 "자연적 태도"를 통해 받아들이고 있는, 이미 무조건적으로 존재한다고 여겨지는 영역으로부터, 그런 영역이 그저 무조건적으로 존재하는 것이 아니라 어떤 조건을 전제로 한 것임을 앎으로써 그 선결 조건이 되는 영역으로 들어가는 것을 말합니다. 이 영역은 바로 현상학적인 철학의 영역입니다. 후설은 이를 "초월론적 경험의 영역(Sphäre der transzendentale Erfahrung)"이라고 부릅니다.

그런데 자연적 태도에 머물러 있으면서 자연적 태도를 묶어버린다는 것은 모순이고 불가능합니다. 그래서 이제 자연적 태도를 단번에 묶어버리는 새로운 태도, 즉 현상학적인 태도가 요구되는 것입니다. 정확하게 말하면 현상학적인 초월론적 태도가 요구됩니다. 후설은 이를 "태도 변경(Modifikation der Einstellung)"이라고 말합니다. 앞서 생각해보았지만, 이 태도 변경은 어쩌면 '길이 벽이 되어 일어설 정도로'[12] 막막한 것이어서 정말 힘든 작업입니다. 그래서 그런지 후설은 이를 종교적 회심에 비유하기도 합니다.[13] 자, 그러면 현상학적 에포케를 통해 어디로 들어갈 것이냐가 문제입니다. 후설은 스스로 이런 질문을 던집니다.

> 우리 인간들을 포함한 전체 세계가 배제되고 나면, 과연 도대체 무엇이 남을 것인가? 세계 전체(Weltall)란 바로 일반적으로 존재하는 것들 모두가 아닌가? 무엇이 '남아돌게' 되는가에 대해 물음을 던지는 것이 의미가 있기라도 하단 말인가?[14]

후설은 마치 자기 스스로의 요구에 스스로가 걸려 넘어지기라도 하는 것처럼 말하고 있습니다. 자신은 뻔히 알고 있을 터이니, 일종의 엄살에 불과한 것인가요? 그렇지는 않은 것 같습니다. 인간으로서의 자신마저 배제해버린다는 것은 누가 보아도 결코 만만한 문제가 아니기 때문입니다. 하지만 어쨌든 후설은 뭔가 남는 것이 있으리라 생각했습니다. 그래서 아예 그것에다 "현상학적인 잔여(das phänomenologische Residuum)"라는 명칭까지 붙입니다.

이 대목에서 우리는 후설이 그 자신 인간으로서, 인간을 넘어선 영역으로 들어가려 한다는 것을 눈치채게 됩니다. 그런데 인간을 넘어선 영역으로 들어간다고 했을 때, 그 영역으로 들어간 인간, 예컨대 후설은 어떤 존재인가요? 현상학적인 잔여의 영역이 세계 전체를 배제한 결과물이라고 했을 때, 하이데거의 용어를 빌려서 말하면 그곳은 존재적인 차원에서의 배제가 아니라 존재론적인 차원에서의 배제이기 때문에, 그곳을 아예 존재적으로 세계 전체가 다 빠져버린 곳이라고 보면 안 됩니다. 거기에는 오히려 일체의 것이 그 근원적인 처소로 돌아가 있다고 보아야 할 것입니다. 그것이 과연 무엇인지를, 복잡하지만 후설의 말을 들어보기로 합시다.

우리의 탐구를 끝고 가기 위해서는 수행하지 않으면 안 되는 통찰이 필요하다. 즉, 일관된 내적인 경험에서 의식은 본질적으로 자신 속에서 연관을 맺고 있고 끝없이 열려 있으면서 스스로에 대해 폐쇄되어 있는 존재 영역(Seinsregion)으로 파악될 수 있다는 것, 그때 '내재적인' 시간성(immanent Zeitlichkeit)이라는 자기 고유의 형식들을 띤다는 것에 대한 통찰이 필요하다. 그런데 앞으로 지적되겠지만, 바로 이 존재 영역은 위에서 기술한 현상학적인 배제를 당하지 않는다. (……) '현상학적인 잔여'인 순수의식(reines Bewußtsein)의 영역과 이와 떨어질 수 없는 것(말하자면 순수자아, reines Ich)은 원리상 고유한 종류의 존재 영역으로 잔류한다. 원리상 고유한 종류의 이 존재 영역은 그에 상응하는 새로운 — 원리상 새로운 — 의미를 지닌 의식학(意識學, Bewußtseinswissenschaft), 즉 현상학의 장으로 될 수 있다. (……) 이 에포케를 통해 최초로 절대적인 존재 영역이 열린다.[15]

후설은 "순수의식"이라느니 "순수자아"라느니 "내재적인 시간성의 형식들을 띤, 무한히 열려 있는 자기 폐쇄적인 의식"이라느니 하는 기묘한 동네로 우리를 인도하려 합니다. 이를 어떻게 해석해야 하나요? 물론 이 동네는 현상학적·존재론적인 근본 영역임에 틀림없습니다. 그러면서 후설은 '독백'같이 여겨지는 자신만만한 득도(得道)의 경지를 이렇게 내뿜습니다.

따라서 이 내재적인 존재는 존재함에 있어서 그 어떤 '것'도 원리상 지시하지 않는다는 의미에서 틀림없이 절대적인 존재다.
　　한편 초월론적인 '것들'의 세계는 전적으로 의식을 향하되, 논리적으로 고안된 의식을 향한 것이 아니라 현행적인(aktuelles) 의식을 향한다.[16]

그가 말하는 현상학이 열려 나오는 순수 내재적인 의식은 지어낸 것이 아니라는 것입니다. 제대로 눈을 뜨고 보면 파악할 수 있는 현행적인 의식이라는 것입니다. 이렇게 되면, 마치 하이데거가 말하는 존재적 영역으로 되돌아온 느낌입니다. 그리고 보면 하이데거는 후설을 상당 부분 그대로 이어받고 있습니다. 여기에서 후설이 말하는 현행적인 의식은 결코 논리적·철학적으로 고안된 것이 아니기에 칸트(Immanuel Kant, 1724~1804)가 말하는 초월론적 통각과 같은 것이 전혀 아니고, 오히려 하이데거가 말하는 "현존재(Dasein)"의 "염려

(Sorge)"와 같은 현행적인 것이기 때문입니다. 하지만 '인간으로서의 나 자신도 없는 순수 내재의 현행적인 의식'이라니, 칠흑의 밤처럼 눈앞이 캄캄합니다.

5) 내재적인 순수의식은 도대체 어디인가?

이 동네가 어디인가, 그 막연한 번지수만이라도 찾으려면 이제 우리는 의식을 문제 삼지 않을 수 없습니다. 자연적 태도 속에서 살고 있는 우리는 늘 의식을 발휘합니다. 저 앞에 칠판이 있구나 하는 의식, 물이 먹고 싶다는 의식, 강의가 지겹다는 의식, 돈이 아깝다는 의식, 괴롭다는 의식, 나는 왜 이렇게 무능한가 하는 등의 의식을 발휘합니다. 이런 의식을 후설은 "실재적인 의식(reales Bewußtsein)" 또는 "경험적인 의식(empirische Bewußtsein)"이라고 합니다. 이런 의식들은 항상 바깥 대상들을 향해 있습니다. 바깥 대상이라고는 하지만, 감정의 경우처럼 그 바깥은 실은 안일 수도 있습니다. 바깥에 있는 사물들을 지각하고 갖고 싶다고 할 때에는 정말 바깥에 있는 대상이지만, 괴롭다는 의식을 가질 때에는 괴로워하는 자신은 의식 속에 있는 것이면서 바깥에 있는(이때에는 의식 자신이 아닌) 대상입니다. 즉, 실재적이고 경험적인 의식은 내적인 것이건 외적인 것이건 간에 의식 자신이 아닌 것들을 대상으로 갖습니다. 그러면서 의식은 자기 자신과 자기가 대상으로 삼고 있는 것이 구분되거나 분리된다고 생각합니다. 즉, 경계를 가집니다.

"순수의식"은 말 그대로 정말 자기 자신이기만 한 의식입니다. 즉, 경계가 없이 '사방으로 뻥 뚫려버린' 의식입니다. 굳이 말하면 나를 벗어나 버린 의식입니다. 주체를 넘어선 의식이라고도 할 수 있습니다. 이와 관련해서 후설은 상당히 머뭇거리는 태도를 취합니다. 그러면서 "순수의식"의 "시선 발산(Blickstrahl)"으로서 "순수자아"를 제시합니다.

> 순수자아는 도대체 어떻게 존립하는가? 현상학적 환원을 통해 역시 발견되는 현상학적인 자아는 하나의 초월론적인 無(einem transzendentalen Nichts)가 되는가? (……) '나는 생각한다'는 모든 나의 표상 작용들에 수반될 수 있다.[17]

후설이 말하는 "순수의식"과 "순수자아"의 상태에 돌입한다는 것은 이렇게 처음부터 어렵습니다. 그러나 어쨌든 후설은 우리가 살고 있는 이 세계의 존재를 에포케 함으로써 아예 송두리째 없애버린 것일까요? 그건 아닙니다. 그렇게 되면 환원이라는 말을 쓸 수 없습니다. 이 세계를 없애버린 것이 아니라(실제로 이 세계를 없애버릴 수 있는 존재자는 아무도 없습니다), 이 세계의 존재를 순수의식으로 환원한 것입니다. 달리 말하면 이 세계를 순수의식 속으로 집어넣은 것입니다. 그래서 후설은 이렇게 말합니다.

> 절대적인 혹은 초월론적인 주관성의 영역은 특수하고 아주 고유한 방식으로 실재적인 세계 전체 내지 모든 가능한 실재적인 세계들과 넓은 의미의 모든 세계를 '자신 속에 운반한다.'[18]

이제 그럼으로써 이 세계의 존재 방식이 완전히 달라진 것입니다. 어떻게 달라졌을까요? 아직 대상으로 자리 잡지 않은 모습으로, 아직 의미를 띠지 않은 모습으로, 아직 뭐가 뭔지 모르는 모습으로 달라진 것입니다. 그러니까 이 세계를 배제한다고는 했으나 실상 다 감싸 안고 있었던 것입니다. 다만 그 존재 방식이 완전히 달라진 것이지요. 후설이 말하는 순수의식은 일체의 것이 아직 존재한다고 말할 수 없는 상태로 녹아 있는, 무한히 열려 있으면서 자신 속에 폐쇄되어 있는 거대한 흐름입니다. 그래서 그는 순수의식을 "절대적 체험류" 내지 "절대적 의식류"라고 달리 부르는 것입니다.

4. 의미 발생의 원리: 지향성과 지평성

1) 의식의 지향성

후설은 "내재적 지각(immanente Wahrnehmung)"과 "초월적 지각(transzendente Wahrnehmung)"을 구분합니다. 이는 후설의 스승 브렌타노가 "내적 지각(innere Wahrnehmung)"과 "외적 지각(äußere Wahrnehmung)"이라고 구분하던 것을 다르게 표현한 것으로 알려져 있습니다.

> 내재적으로 향해진 작용, 더 일반적으로는 내재적으로 관련된 지향적 체험이란 다음과 같은 본질을 갖는 것으로 이해된다. 즉, 그 지향적 대상이 일반적으로 현존한다고 할 때, 이 체험 자체와 동일한 체험류(體驗流)에 속한다.[19]

> 내재적 지각에서는 지각과 지각된 것은 본질상 하나의 무매개적 통일, 즉 오직 하나의 구체적인 코기타치오(cogitatio)라는 통일을 형성하고 있다.[20]

후설의 이 말은 궁극적으로 "의식의 지향성(Intentionalität des

Bewußtseins)"을 말합니다. 의식 작용과 의식 대상은 결코 떼려야 뗄 수 없이 하나로 통일되어 있다는 것입니다.

이건 도대체 무슨 말인가요? 후설은 모든 경험적인 의식 작용 중에서 지각 작용을 가장 근원적으로 봅니다. 그리고 이 지각을 모델로 해서 의식의 모든 구조를 알아내고자 합니다. 우리가 사물을 볼 때, 그 사물은 결코 전모를 보이지 않습니다. 이쪽을 보려면 저쪽이 보이지 않고, 멀리 있는 모습을 볼라치면 가까이 있는 모습이 보이지 않습니다. 말하자면 지각되는 사물은 항상 우리와 숨바꼭질을 합니다. 우리 눈에 직접 보이는 사물의 모습, 즉 보는 각도에 따라 또는 날씨나 조명이나 보고자 하는 사물과의 거리에 따라 계속 변하는 사물의 모습 그 자체는 결코 객관적으로 나의 의식 밖에 존재하는 것이라고 할 수 없습니다.

후설은 직접 보이면서 계속 변하는 사물의 모습을 의식에 가장 깊숙이 이미 늘 의식되는 것이라고 합니다. 그리고 그것을 "질료(Hyle)"라고 합니다. 질료는 의식 작용인 "노에시스(Noesis)"와 더불어 "의식의 내실적 영역(內實的 領域, reelle Sphäre des Bewußtseins)"에 속한다고 말합니다. 늘 변하는 사물의 모습만을 보고서는 우리는 '그 사물'을 제대로 지각한다고 말할 수 없습니다. 멀리 있건 가까이 있건, 위에서 내려다보건 아래에서 치어다보건 항상 그 사물이 그 사물인 것, 즉 '그 사물의 전모'를 일컬어 우리는 시각 대상이라고 합니다.

그런데 이 '그 사물의 전모'는 직접 일차적으로 의식에 주어지지 않습니다. 일차적으로 의식에 주어져 있으면서 의식에 찰싹 달라붙어 심지어 의식과 좀처럼 구분할 수조차 없을 것 같은 질료야말로 일차적으로 주어진 것입니다(이렇게 마치 의식이 의식 스스로에게 자신을 주고 있는 것과 같은 시태를 후설은 "자기소여성(Selbstgegebenheit)"이라고 합니다). 의식은 이 질료를 재료로 삼아 전반적인 지각 대상으로서의 사물을 이차적으로 발견해냅니다. 이를 후설은 "구성(Konstitution)"이라고 합니다.

그렇게 해서 구성된 의식의 대상을 "노에마(Noema)"라고 합니다. 질료가 다양성과 부분성, 그리고 늘 변함을 특성으로 하는 반면, 노에마는 통일성과 전체성, 그리고 지속성을 특성으로 합니다. 우리가 일상적으로 수행하는 모든 인식과 판단은 바로 이 노에마적인 내용을 대상으로 해서 이루어집니다. 후설이 말하는 의식의 지향성은 바로 이 노에마와 의식 작용인 노에시스가 비록 대상과 주체라고 하는 상관 항으로 마주 대하고 있긴 하지만 서로 결코 떼려야 뗄 수 없는 방식으로 결합되어 있다는 것을 지칭합니다. 예컨대 하나의 물건을 보고서 경제적인 태도를 취하면 얼마짜리 물건이라고 하는 노에마가 성립하고, 그것에 대해 미적인 태도를 취하면 멋있는 물건이라고 하는 노에마가 성립합니다. 거꾸로 그러그러한 노에마를 인식한다는 것은 반드시 그러그러한 노에마와 짝지어지는 특정한 태도의 의식이 발동되고 있다는 것입니다. 후설이 의미라고 말하는 것은 바로 이 노에마입니다. 그래서 노에마를 우리말로 '의미 형성태'라고 달리 번역하기도 합니다.

'노에시스(의식 작용) – 휠레(질료) – 노에마(통일된 의미 형성태)'라고 하는 삼각 구도는 후설의 현상학에서 말하는 기본적인 인식의 구도이자, 의미 성립의 근본 구도입니다. 이 삼각 구도는 후설의 현상학에서 가장 근본적인 인식론적 구도이자 그 자체로 존재론적 구도입니다. 후설의 현상학에서 보면, 우리가 실제로 존재한다고 여기는 일체의 것 중 이 삼각 구도의 틀을 벗어나서 성립하는 것은 결코 없습니다. 다만 이 세 가지 구도의 갈래를 자신 속에 구비하고 있는 '초월론적 – 절대적 – 현상학적 – 순수한 의식'만큼은 이 구도 자체에 의거해 구성되는 것은 아닙니다. 그것은 일체의 존재자가 성립할 수 있는 바탕이기 때문입니다.

'일체의 존재자'라는 말을 하이데거적인 의미로 받아들인다면, 방금 말한 일체의 존재자가 구성되는 바탕이 되는 후설의 '초월론적–절대적–현상학적–순수한 의식'은 하이데거가 "존재자(das Seiedes)"와 전혀 다르다고 말하는 "존재(das Sein)"와 엇비슷한 게 될 것입니다. 이에 관해서는 하이데거 이야기를 할 때 더 상세하게 살펴보기로 합시다.

다만 하이데거가 '존재=차이'라고 한다는 점, 그리고 일체의 동일성이 차이를 통해 성립한다는 것을 언어기호론적으로 보인 소쉬르의 작업을 감안할 때, 후설이 말하는 '초월론적–절대적–현상학적–순수한 의식' 역시 그 자체로 차이의 짜임새라고 할 수 있다는 것, 그리고 차이의 짜임새란 근본적으로 시간적인 지연에서 성립하는데 후설이 이 의식을 내재적인 시간 자체와 거의 같은 차원의 것으로 여긴다는 것만 말하고 넘어가고자 합니다.

2) 의식의 지평성

후설이 개발한 현상학적인 개념 중 "지향성(Intentionalität)"과 쌍벽을 이루는 것이 "지평(Horizont)"입니다. 모든 인식 대상은 항상 다른 것들과 함축적으로 의미를 주고받는 가운데서 성립한다는 것이 이 '지평의 원리'의 핵심입니다. 그러니까 지향성을 감안해서 말하면, 지금 당장 발휘되는 그 어떤 의식도 잠정적으로 함께 발휘되는 다른 의식들과 함축적으로 힘을 주고받으면서 힘을 발휘한다는 것입니다. 지평 개념은 어떤 특정한 인식 대상이 어떤 지평을 바탕으로 해서 주어지는가에 따라 그 의미가 달라진다는 데서 성립합니다.

후설은 인식 대상에 관해 지평을 "내적 지평(innerer Horizont)"과

"외적 지평(äußerer Horizont)"으로 나눕니다. 외적 지평은 특정한 인식 대상이 주제로 부각될 때, 그 주변을 둘러싸고 있는 다른 대상들의 체계입니다. 가장 보편적인 외적 지평은 세계라고 합니다. 나중에 후설이 말하는 "생활세계(Lebenswelt)"는 바로 모든 의식 작용이 일어나는 보편적인 지평으로서 그 힘을 갖습니다. 최종적이자 전 포괄적인 지평으로서의 생활세계는 특히 과학적인 이론 의식과 그 대상들에 대해 그 기반으로서 규정적인 힘을 발휘합니다.

내적 지평은 하나의 인식 대상이 바라보는 각도에 따라 계속 달리 나타날 수 있는 인식 대상 자체의 변화 가능성 전체의 체계를 일컫습니다. 지금 나에게 당장 주어지는 인식 대상의 모습은 항상 그러한 내적 지평의 테두리 내에서 주어진다는 것이지요. 이 내적 지평은 의식 작용에 관련해서 보면 시간적 지평을 형성합니다. 그리고 외적 지평은 공간적 지평을 형성한다고 할 수 있습니다. 그러나 내적 지평과 외적 지평은 따로 작동하는 것이 아니라 항상 결합해서 작동하기 때문에, 시간적 지평과 공간적 지평 역시 결합해서 작동합니다.

후설의 지평 개념은 해석학에 크게 영향을 미칩니다. 이해 또는 해석이란 텍스트를 대상으로 하건 사건을 대상으로 하건 간에, 항상 어떤 지평 속에서 이루어질 수밖에 없습니다. 텍스트의 지평과 독자의 의식 내적인 지평은 융합될 수밖에 없습니다. 그 과정에서 조화와 충돌이 엇갈리는 것은 물론입니다. 예컨대 마르셀 뒤샹(Marcel Duchamp, 1887~1968)은 남자 소변기의 지평을 화장실에서 혹은 변기 가게에서 미술 전시실로 옮김으로써 전대미문의 묘한 작품인 〈샘〉(1917)을 간단히 창출해냈습니다. 그럴 수 있는 근본적인 가능성은 관객인 우리의 의식이 발휘될 때 그 의식 자체가 항상 지향적이면서 동시에 지평적이기 때문입니다. 지평의 원리에 입각해서 보면, 우리 주변을 둘러싸고서 우리 자신의 존재에 강력한 힘을 미치는 가지각색의 의미들은 항상 유동적이고 임시적이고 역동적인 흐름 속에서 존재할 뿐입니다. 아울러 우리 자신의 존재 역시 그러한 것입니다.

의식의 지향성을 통해 후설은 존재하는 모든 것이 필연적으로 인간 관련적인 의미 체계 속에서만 존재하는 것임을 드러냈고, 의식이 그 작동에 있어서 도무지 벗어날 수 없는 '지평성(Horizontalität)'을 통해 우리를 포함해 존재하는 모든 것이 전체적인 의미 소통의 연결망 속에서 존재한다는 것을 드러냈습니다.

후설이 말하는 의식의 지평성 및 대상의 지평성에 의거해서 생각해보면, 일체의 존재자가 각기 현행적으로(aktuell) 갖는 통일성이란 부분적이고 임시적이고 잠정적이고 표면적인 것에 불과합니다. 그 바탕에서 일체의 것의 관계망들이 첩첩이 작동하고 있기 때문입니다. 만약 우리가 이 관계망들의 조직을 차이의 체계라고 보게 되면, 후설의 의식 및 대상의 근원적인 지평성은 특히 그 시간적인 내적 지평 관계에서 차이를 만들어내는 일종의 '공장' 내지 '기계'로 여길 수 있을 것입니다. 따라서 "생활세계" 역시 그러한 것이지요.

5. 마무리

후설은 학문의 엄밀성을 추구하면서 동시에 그러한 엄밀한 학문의 바탕에 도저히 거머쥘 수 없는, 지평적으로 무한히 확장되는 삶의 체험이 이루어지는 생활세계가 있다고 말합니다. 그리고 어쩌면 당연한 이야기지만, 생활세계는 인간의 의식 주체에 관련되지 않고서는 성립할 수 없을뿐더러 인간의 의식 주체에 의해 구성된다고 말합니다. 그런데 한편으로 후설은 의식과 몸의 관계를 끝없이 힘겨워하면서 그의 중요한 지향성과 지평성이 결국에는 몸을 벗어나서는 성립할 수 없다는 생각을 암암리에 끌어들입니다. 제대로 봉합되지는 못했지만, 의식과 몸에 관련한 이러한 후설의 고민은 그가 엄밀성과 구체성을 동시에 끌어들여 삶과 세계를 해명하지 않고서는 제대로 된 철학적 사유일 수 없다는 그의 철학적인 태도를 잘 드러낸다고 할 수 있습니다.

다시 한 번 말하거니와, 제1차세계대전이 한창일 때, 강의를 하고 있는 프라이부르크 대학에 폭탄이 투하되었습니다. 학생들이 동요하며 피하자고 하자 "무슨 소리 하는가? 지금 우리는 학문을 하는 중일세"라고 하면서 학생들을 나무랐다고 하는 후설입니다. 학문, 특히 모든 학문에 암암리에 깔려 있는 철학이 어떠하냐에 따라 삶의 세계가 제대로 건립될 수도 있고 처참하게 몰락할 수도 있다는 신념을 가졌던 인물, 철학이 제대로 서지 않고서는 참다운 인간성이 성립할 수 없다고 여겼던 인물이 바로 후설입니다. 자본주의가 기승을 부리면서 대학에서조차 '인문학의 위기'를 부추기는 이른바 약육강식의 '실용주의'가 어설픈 패권주의를 신봉하고 실현하고자 하는 이때, 그래서 삶의 갈피를 잡기가 결코 쉽지 않은 이때, 더욱더 후설의 학문 정신이 절실한 것 같습니다.

5장

베르크손: 생명 사상

1. 지성주의에 대한 비판

1) 지성주의의 바탕

앙리 베르크손(Henri Bergson, 1859~1941)은 현대 프랑스 철학의 아버지로 불립니다. 그의 사상의 핵심은 합리주의와 이에 근거한 과학적 사유, 그리고 기왕의 과학적 성과를 그대로 받아들이면서 이를 지성적으로 정당화하려는 철학을 비판적으로 극복하고자 하는데 있다고 할 수 있습니다. 말하자면 근대 철학을 관통해온 지성주의(intellectualism)를 근본적으로 비판하고 극복할 수 있는 형이상학을 개진한 데서 그의 사상적 업적을 찾을 수 있다는 것입니다.

지성주의는 서양철학의 근간이라고 할 수 있을 정도로 그 뿌리가 깊습니다. 플라톤이 진정한 존재는 이데아들이고 이를 감각을 뿌리친 이성(nous)을 통해서만 제대로 인식할 수 있다고 했을 때부터, 그리고 아리스토텔레스가 순수 형상을 최고도의 현실태인 완전태(entelecheia)로 보는 데서부터 이미 강력한 존재론 내지 형이상학을 바탕으로 해서 정착된 것이 지성주의라고 할 수 있습니다. 이 사상의 노선에서 불세출의 철학자로 빛나는 인물이 데카르트입니다.

데카르트가 내세운 기계론적 우주론이야말로 그 이전까지 크게 지배력을 발휘했던 아리스토텔레스의 목적론적 우주론을 일거에 뒤엎은 대대적인 사건이었습니다. "하느님은 우주를 기계적으로 만드신 뒤 주무신다"라고 했던 데카르트는 인간 정신을 제외한 일체의 존재에서 의지적인 정신뿐만 아니라 기계와는 원리가 다르다고 할 수 있는 일체의 생명마저 물질적인 차원으로 몰아내 버렸기 때문입니다. 그에 따르면, 제반 식물은 말할 것도 없고, 제법 지능이 높은 것으로 알려져 있는 개나 침팬지는 물론이고, 심지어 인간의 몸도 자동 기계 장치(automaton)에 불과합니다.

　이러한 데카르트의 기계론은 근대 과학혁명을 여는 존재론적인 기반을 제공했습니다. 그 이전에 이미 코페르니쿠스(Nicolaus Copernicus, 1473~1543)의 태양중심설(지동설)과 그를 이은 브루노(Giordano Bruno, 1548~1600)의 탈중심적인 무한 우주론이 있었지요. 그런데 데카르트가 우주 기계론을 펼침으로써 신의 개입에 의한 목적론적 우주론을 폐기시킨 뒤, 여러 학자가 우주의 기계적인 원리를 추구함으로써 그 이후 뛰어난 연구가 축적되었습니다. 급기야 1687년에 뉴턴(Isaac Newton, 1643~1727)의 《자연철학의 수학적 원리》가 출간됨으로써 근대 과학혁명이 완성되는 것이지요. 데카르트의 우주 기계론은 생리학에도 영향을 미쳤는데, 1628년 영국의 윌리엄 하비(William Harvey, 1578~1657)는 심장을 중심으로 한 혈액의 기계적인 순환 체계 이론을 확립합니다.

　오늘날에는 이러한 데카르트의 기계론적인 철학 사상이 인간의 정신에까지 미치고 있습니다. 예컨대 미국 최고의 로봇공학자인 로드니 브룩스(Rodney Brooks)는 인간 정신을 포함한 인간 존재 자체가 기계라고 주장합니다. 그는 "내 아들을 위해 목숨을 바칠 수도 있지만, 내 아들은 기계다"라고 말함으로써 몸이 기계라고 할지라도 적어도 정신 내지 영혼만큼은 기계가 아니라고 하는 전통적인 생각을 완전히 뒤집는 강력한 말을 합니다.[1] 이는 '인공 생명(A. L.: artificial life)'과 '인공 지능(A. I.: artificial intelligence)' 등의 개념에 의해 뒷받침되고 있습니다. 오늘날 두뇌 연구가 크게 유행하는 것도 일체의 정신 활동이 물질적인 두뇌 활동의 결과임을 전제로 한 것이지요. 다만 데카르트가 생각했던 기계적인 인과성 외에, 되먹임(feedback)의 논리, 망체계(network system)적 논리, 퍼지 이론(fussy theory: 애매하고 불분명한 상황에서 여러 문제를 두뇌가 판단하고 결정하는 과정에 대하여 수학적으로 접근하려는 이론), 심지어 혼돈 이론(chaos theory: 제아무리 불규칙하게 보이는 현상이라 할지라도 결국 복합적일 뿐 인과적인 원리에 의거한 것이라고 여기는 이론) 등이 등장해 과학적인 실효성을 보임으로써 인과성의 원리가 크게 발달·확산되어 있는 상태입니다.

2) 베르크손이 보는 지성과 물질

그런데 20세기 초 베르크손이라는 인물이 나타나 철학에서의 이러한 지성주의를 근본에서부터 비판한 것입니다. 그는 지성(intellect)이 얼마나 강력하게 현실(realité)을 구성하는지를 적극적으로 인정합니다. 그는《창조적 진화》(1907)에서 지성과 물질에 관해 다음과 같은 말을 합니다.

우리 지성의 주요 윤곽이 물질에 대한 우리의 행동의 일반적인 형식을 그리며, 물질의 세부가 우리 행동의 요구들의 지배를 받는다.[2]

지성이 분할에 몰두할수록, 그것은 물질을 공간 속에서 연장된 것들의 병렬된 형태로 펼쳐놓을 것이다. 물질은 아마도 공간성을 향하고 있겠지만 그 부분들은 여전히 상호 함축하고 상호 침투하는 상태로 있다. 그와 같이 정신을 지성으로, 즉 구분된 개념들로 규정하려는 동일한 운동이 물질로 하여금 서로 간에 명백히 외재적인 대상들로 나뉘게 하는 것이다. 의식이 지성화될수록 물질은 더욱더 공간화된다.[3]

일단 공간의 형식을 소유한 후 정신은 그것을 마음대로 맺거나 풀 수 있는 그물로 사용한다. 이 그물은 물질 위에 던져져서 그것을 우리 행동이 요구하는 대로 나눈다.[4]

우리의 생활은 행동의 연속이라고 할 수 있습니다. 행동하지 않는 것도 하나의 행동이라는 사실을 염두에 두면 더욱 그러합니다. 그런데 우리의 행동은 아무렇게나 이루어지는 것이 아니라, 일정한 필요, 즉 구체적인 욕구와 욕망에 의거해서 이루어집니다. 문제는 행동을 하게 하는 필요를 주어진 객관적인 현재 및 미래의 조건들에 맞추어 설정하고 추구해나가야 한다는 사실입니다. 그 객관적인 조건들은 우리 주변에 널려 있는 뭇 '명백히 외재적인 대상들'인 사물들의 배열과 배치에 따라 주어질 것입니다.

그런데 베르크손은 이러한 사물들의 배열과 배치가 지성 및 지성에 의거한 행동과 근본적으로 짝을 이루면서 일반적으로 윤곽을 그리고 있다고 말합니다. 여기에는 베르크손이 진화론을 받아들여 활용한다는 것이 전제되어 있습니다. 물고기에게 주어지는 사물들의 배열과 배치의 일반적인 윤곽, 두 눈이 머리 양쪽에 달려 있는 말에게 주어지는 사물들의 배열과 배치의 일반적인 윤곽 등은 인간의 행동에 주어지는 사물들의 배열과 배치의 일반적인 윤곽과 다를 것입니다. 요컨대 베르크손은 우리 주변에 사물들이 우리가 보기에 '특히 이렇게 주로 공간적으로' 분절되어 있다는 것은 바로 인간 지성과 그에 따른 행동에 의거한 것이라고 말하는 셈입니다.

물질이 공간적인 방식으로 구성되어 그 부분들이 사물이라는 이름으로 나뉘고, 그 사물들끼리 서로 외재적인 방식으로 분리되어 존재하는 것처럼 우리에게 주어지는 것은 바탕에서부터 우리의 지성이 '의인법적으로' 작동한 결과라는 것입니다. 그래서 아예 이렇게 이야기하기도 합니다.

물질은 지성을 따르고 물질과 지성들 사이에는 명백한 일치가 있기 때문에 하나를 무시하고 다른 것의 발생만을 추적할 수는 없다. 동일한

과정이 물질과 지성 둘 다를 포함하고 있는 하나의 피류에서 물질과
지성을 재단해냈음에 틀림없다.[5]

일견 무서울 정도로 과감한 주장이 아닐 수 없습니다. 베르크손
은 칸트가 뉴턴의 과학을 철학적으로 정당화하기 위한 작업을 한 것
에 대해 대단히 비판적인 입장을 취합니다. 그러니까 칸트가 이론이
성인 순수이성을 비판한 작업은 (베르크손적인 넓은 의미의) 지성이 어떻
게 세계를 구성하는지를 보였을 뿐만 아니라, 그렇게 함으로써 지성
을 최고도로 높은 위치에 갖다 놓았다고 보는 것 같습니다. 그런데
베르크손은 칸트를 이렇게 호되게 비판합니다.

칸트가 우리에게 제시하는 것과 같은 지성은 공간성의 대기에 젖어 있
어서 그 둘의 관계는, 생명체가 자신이 숨 쉬는 공기에 대해 가지는 관
계처럼, 불가분적으로 결합되어 있다.[6]

칸트 철학은 공간을 우리의 지각 능력으로부터 완결된 형식으로서 전
제한다. 이것은 진정 기계로부터 나온 신으로서 그것이 어떻게 나타났
는지도, 왜 다른 것이 아니고 바로 그것인지도 우리는 알 수 없다.[7]

그런데 "물질이 지성을 따른다"라는 베르크손의 언명은 칸트가
이미 잘 정돈해놓은 것이지요. 다만 칸트가 공간을 지각하는 인간
감성의 타고난 형식으로 본 것과는 달리, 베르크손은 공간 혹은 공
간화가 지성에 의해 이루어지는 것으로 봅니다. 그뿐만 아니라 베르
크손은 지성에 의한 물질의 공간화는 전적으로 갑자기 이루어지는
것이 아니라고 봅니다. 이는 그가 물질과 지성의 관계와 서로 간의
작용을 진화론적인 관점에서 보기 때문입니다. 그러니까 물질이 지

성을 따른다고 하는 언명에 대해 조심해서 생각해야 합니다.

> 물질이 지성의 형식을 결정하는 것도 아니고, 지성이 물질에 자신의 형식을 부과하는 것도 아니며, 물질과 지성이 내가 모르는 어떤 예정조화에 의해 상호 조정되는 것도 아니고, 지성과 물질은 점진적으로 상호 적응하면서 결국 하나의 공통된 형식에 이르게 되었다.[8]

지성과 물질, 물질과 지성의 관계가 이렇게 장구한 세월에 걸쳐 서로 발달하면서 결국에는 공통된 형식에 이르게 되었다고 하는 것은 자신이 비판하고자 하는 "연장(延長, l'étendue)의 관점"을 일정하게 추인한 상태에서 하는 이야기입니다. 지성이 물질과 더불어 장구한 세월에 걸쳐 공통된 형식에 이르렀다고 해서, 그가 보기에 지성이 진정한 실재를 왜곡하지 않는 것은 아닙니다.

2. 순수지속

1) 인간 생명의 순수지속

앞에서 다룬 인용문에 나타나 있는 "제아무리 지성에 의해 물질이 공간화된다 할지라도 그 부분들 간에는 '여전히 상호 함축하고 상호 침투하는 상태'를 유지한다"라고 말하는 대목을 주의 깊게 보아야 합니다. 이는 베르크손이 본래 부분들에 앞서서 전체(le tout)가 작동한다고 하는 전제에서 출발한다는 것을 보여줍니다(전체가 부분에 앞선다는 것은 헤겔 변증법의 기본이지요). 예컨대 생명(삶, la vie)이란 부분으로 나뉠 수 있는 것이 아니지요. 생명은 항상 전체로 작동합니다. 그러니까 베르크손의 입장에서 보면, 분절을 기본으로 하는 지성의 활동은 근원적으로 생명을 왜곡할 수밖에 없는 것이지요. 요컨대 지성으로써 생명에 접근해서 설명을 하려는 것은 애당초 불가능한 것입니다. 일단 이렇게 이야기됩니다.

> 과학이 생명의 심층으로 침투할수록 그것이 제공하는 인식은 더욱더 상징적으로 될 것이고, 행동의 우연성에 의존하는 것이 될 것이다.[9]

베르크손은 과학이란 철저히 지성에 의거한 것이라고 봅니다. 맞는 말이지요. 앞서 잠시 언급한 로봇공학자 브룩스의 이야기도 철저히 지성에 의거한 결과입니다. 그런데 과학으로써는 생명을 결코 이해할 수 없다는 것입니다. 하지만 오늘날 유전공학의 여러 성과나 인공 생명 공학을 보아 잘 알 수 있지만, 생명을 지성적으로 설명하고 심지어 생명체를 지성적인 원리에 의거해서 '제작'해내는 일이 빈번합니다. 예컨대 브룩스는 '징기스'라는 이름의 로봇 벌레를 만들었는데, 그것을 본 사람들은 그것이 살아 움직이는 일종의 생명체임을 아무도 부인하지 않았다는 것입니다.

하지만 이에 대해 베르크손은, 그것은 진정한 생명에 대한 상징에 불과한 것이고 행동의 우연성에 의거한 것에 불과하다고 말합니다. 오늘날의 과학적인 성과를 전혀 알 리가 없는 100년 전에 이러한 예상을 했다는 것이 놀랍습니다. 물론 "상징성"과 "행동의 우연성"이라고 하는 개념 자체를 엄밀하게 따져보아야 하겠습니다만, 아직 모든 로봇이 그러한 수준에 머물러 있는 것만은 사실인 것 같습니다.

이 대목에서 갑자기 우리가 사는 현실 사회가 실재를 벗어난 상징계라고 하는 라캉의 말이 떠오르는군요. 지성에 의해 행동의 장(場)이 형성되지만, 그 장은 근원적인 실재인 생명의 순수지속에 비하면 상징에 불과하다고 하는 베르크손의 말과 왠지 대단히 유사한 것 같습니다. 라캉은 우리 인간이 상징계에 살면서도 돌아갈 수 없는 실재를 잊지 못하고 늘 희구하기 때문에 그 틈에서 욕망이 발생한다고 설명하지요. 그러면서 욕망을 결핍이라고 하지요.

그런데 베르크손은 진정한 실재는 바로 생명의 "순수지속(durée pure)"이라고 천명합니다. 그러나 우리는 그 영역으로 제대로 들어가지 못하고 지성이 차려놓은 공간화된 의식 상태와 공간화된 물질 상태 속에서 '진리를 벗어나 허우적대고 있다'고 보는 셈이지요.

베르크손에 따르면, 생명의 "순수지속"은 우리 내부에서부터 체험할 수 있는 것입니다. 물론 그것이 쉽다고는 말하지 않습니다. 마르크스가 소유 감각에 의한 왜곡으로부터 벗어난 전면적이고 심오한 감각을 말하듯이, 니체가 인간을 넘어선 초인을 말하듯이, 그리고 프로이트가 강력한 초자아로부터 해방된 이드적인 자아를 말하듯이, 이제 베르크손은 지성의 올가미를 벗어난 "순수지속"의 직관의 영역을 제시합니다.

우리 안에서 외부로부터 가장 멀리 떨어져 있고 지성성의 침투가 가장 적은 부분에 집중해보자. 우리 자신의 가장 깊은 곳으로 들어가 우리의 고유한 삶(생명)의 가장 내부에 있다고 느껴지는 지점을 찾아보자. 그때 우리가 다시 잠기게 되는 곳은 순수지속(純粹持續, durée pure) 안이다. 거기서는 과거가 언제나 진전하면서 완전히 새로운 현재로 끊임없이 살찌워진다. 그러나 우리는 동시에 우리 의지의 용수철이 그 극한까지 당겨지는 것을 느낀다. 우리의 인격을 자신에 대해 격렬히 수축시킴으로써 우리는 빠져나가는 과거를 모아 담고, 그것을 밀집되고 불가분인 채로, 그것이 들어옴으로써 창조될 현재 속으로 밀어 넣어야만 한다. 우리가 이 지점에 이르기까지 스스로 균형을 잡는 순간들은 매우

드물다. 그 순간들은 진정으로 자유로운 행위와 일체를 이룬다.[10]

어떻습니까? 철학자의 이야기가 아니라, 어떤 도인(道人)이 명상술을 제시하는 것 같은 느낌이 듭니다. "우리의 고유한 삶(생명)의 가장 깊은 곳에 집중하기", "우리의 인격을 제 스스로에게 격렬히 수축시키기", 이 두 가지가 비술(秘術)로 제시되어 있습니다. 그럴 때, 창조적인 현재를 만끽할 수 있고, 진정으로 자유로운 행위 자체가 될 수 있다고 말하고 있습니다. 지성과는 도무지 공통될 수 없는 "불가분적인 순수지속"의 세계야말로 우리가 인격을 다하여 추구해나가야 하는 영역임을 베르크손은 말하고 있습니다.

여기에서 우리는 베르크손의 '존재론적인 윤리학'을 어느 정도 간취해낼 수 있을 것 같습니다. 인용한 생명의 순수지속에 관한 베르크손의 말은, 스피노자가 《윤리학》에서 말한 직관지(直觀知)의 단계, '실체=신=자연'인 전체를 두루 관통하는 지식과 연결되는 것 같으면서도, 왠지 스피노자가 말한 것보다 훨씬 더 구체적이고 역동적이라는 느낌을 갖게 됩니다.

앞에서 잠시 지적했습니다만, 베르크손은 지성에 의거한 관점을 "연장(l'étendue)의 관점"이라고 말하면서, 이를 "지속(durée)의 관점"과 대립시킵니다. 그러면서 "순수지속"에 관해 다시 이렇게 말합니다.

우리가 순수지속 속에서 진행되는 과정을 의식하게 될수록 우리는 더욱더 우리 존재의 다양한 부분들이 서로의 안으로 들어가고 우리의 전 인격이, 끝없이 미래를 잠식하면서 그 속에 삽입되는 한 점에, 또는 차라리 한 뾰족한 날 위에 집중되어 있음을 느낀다. 자유로운 생명과 행동은 바로 거기에 존재한다.[11]

니체가 말하는, 일체의 영원회귀적인 에너지가 집중되는 "정오의 시각"을 떠오르게 합니다. 우리 존재의 다양한 부분이 서로의 안으로 접혀 들어감으로써 과거와 미래의 무한 겹겹의, 그러나 불가분적인 주름들이 "뾰족한 날"에 집중되어 접혀지면서 펼쳐지는 형국입니다(존재의 주름에 관한 이야기는 들뢰즈가 쓴 《주름, 라이프니츠와 바로크》[12]에서 실감 나게 전개됩니다. 참고하시기 바랍니다).

2) 두 가지 지속

이러한 기막힌 "순수지속의 세계"가 심층에 가로놓여 있다는 것, 바로 이것이 베르크손의 존재론 내지 형이상학에 출발점이 됩니다. 베르크손의 철학을 흔히 '지속과 생명의 형이상학' 혹은 '생성의 형이상학'이라고 합니다.

베르크손은 순수지속을 때로는 "의식일반"이라고 하기도 하고, "생명"이라고 줄여 말하기도 합니다. 그런데 그는 우주 전체를 포괄적으로 다 싸잡아서 근원적으로 "순수지속"이라고 합니다. 과연 그 근거가 무엇인가 하는 문제를 일일이 천착하기는 쉽지 않습니다. 결국은 "순수지속"이 무엇이냐가 가장 큰 문제이겠습니다. 앞에서 우리는 우리 내부에서의 "순수지속"에 관해서 어느 정도 살폈다고 생각합니다. 이제는 우주 전체의 "순수지속"을 다루어야 할 단계인 것 같습니다.

"순수지속"을 그 자체로 다루기 위해서는 먼저 베르크손이 지속을 두 가지로 구분한다는 점을 살펴보는 것이 좋을 것 같습니다. 이에 관해서는 《의식에 직접 주어진 것들에 관한 시론》(1889)[13]에 들어 있는 이야기를 살펴볼 필요가 있습니다.

지속에는 가능한 두 견해, 즉 모든 혼합으로부터 〔벗어난〕 순수한 지속과 공간의 관념이 몰래 개입한 지속이 있다. 완전히 순수한 지속은 우리의 자아를 그냥 살아가도록 내버려 두었을 때, 현재 상태와 이전 상태 사이를 구별하는 것을 삼갈 때, 우리 의식 상태들의 계기가 취하는 형태이다. 그를 위해서는 지나가는 감각이나 관념에 자아 전체가 흡수될 필요는 없다. (······) 말하자면 전체가 녹아들어 간 한 선율의 음들을 상기할 때처럼 그것들을 자아와 유기적으로 결합하는 것으로 충분하다. (······) 그 요소들 각각은 전체를 나타내며, 추상할 수 있는 사유에게가 아니라면 전체로부터 구별되고 고립되지 않는다. 어떠한 공간의 관념도 가지지 않을 것이며, 동일하면서도 또한 동시에 변화하는 존재자(un être à la fois identique et changeante)가 스스로의 지속에 대해 가질 표상은 의심할 여지 없이 바로 그런 것이다.[14]

"순수지속"과 "혼합된 지속"을 구분하고 있습니다. 혼합된 지속은 공간의 개입이 이루어진 일종의 계기(契機)적인 지속이겠습니다. 앞에서 말한 의식 사실들의 다수성을 말할 때의 의식의 지속이겠습니다. 이것을 가지고는 시간을 정의할 수 없다는 것이 베르크손의 생각입니다.

한마디로, 나는 이미 공간의 관념을 가지고 있다. 따라서 지속 속에서의 가역적 연쇄라는 관념, 또는 단순히 시간 속에서의 어떤 계기적 순서라는 관념조차도 그 자체 공간의 표상을 내포하며, 그것은 시간을 정의하는 데에 사용될 수 없을 것이다.[15]

여기에서 베르크손이 "지속 속에서의 가역적 연쇄"의 관념이라고 말하는 것은, 예컨대 우리가 책상의 모서리를 빙 둘러 만졌을 때 일정한 지속의 관념을 가질 수 있는데, 만약 반대 방향으로 다시 빙 둘러 만지면 지속이 거꾸로 되돌아가 나타날 수 있을 것 아니냐는 식의 관념을 가지는 것을 말합니다. 그런 것은 모두 다 공간의 표상을 집어넣은 것이라는 이야기입니다.

공간이란 그 개념에 있어서 잘라질 수 있는 것이고, 잘라짐으로써 부분들로 나누어질 수 있다고 하겠습니다. 만약 공간을 동일한 크기로 잘라낸다면, 그것이 몇 개의 부분으로 나누어진 것이라고 셀 수 있게 될 것입니다. 디지털 사진에서 말하는 픽셀이 이를 잘 나타낸다고 하겠습니다. 셀 수 있다는 것은 공간적인 것이라는 이야기지요. 그런데 순수지속은 그 자체로 볼 때 잘라질 수 없는 것이라고 말합니다.

3) 꿈으로 본 순수지속

그러면서 베르크손은 이러한 순수지속을 진정한 시간의 형태라고 말합니다. 우리는 시간을 잽니다. 몇 시간, 몇 분, 몇 초라고 해서 시간을 단위로 나눕니다. 그리고 그 시간을 측정합니다. 이렇게 시간을 단위로 나누어 측정되는 것으로 보는 것은 시간을 공간적인 것으로 만드는 것이라고 베르크손은 말합니다. 이러한 일이 벌어지는 것을 뒤집어 볼 수 있는 것으로서 베르크손은 꿈을 제시합니다.

지속에 대한 우리의 일반적 관념이 순수의식의 영역으로 공간이 점진적으로 침투하는 것에 기인한다는 것을 잘 보여주는 것은, 자아로부터 동질적 시간을 지각하는 능력을 제거하기 위해서는 자아가 표준시계를 이용하는 심리적 사실들의 보다 더 표면적인 층을 떼내는 것으로 충분하다는 사실이다. 꿈이 우리를 바로 그런 조건하에 놓는다. 왜냐하면 잠은 유기적 기능들의 작동을 늦춤으로써 자아와 외부 사물들 사이의 교통의 표면을 완전히 변형시키기 때문이다.[16]

꿈이 자아의 의식을 공간적인 사물로부터 분리시킨 상태에서 성립한다는 것은 쉽게 이해할 수 있을 것 같습니다. 공간적인 사물로부터 분리된 의식의 상태인 꿈에서는 시간 자체가 동질적인 시간만으로 작동하지 않는다는 것입니다. 달리 말하면, 꿈에서는 어떤 단위로 잘라낼 수 있는 시간이 적용되지 않는다는 이야기입니다. 꿈의 상태를 거론하는 것이 다소 묘하긴 하지만, 베르크손이 프로이트 못지않게 최면술과 무의식에 관한 연구에 몰두한 적이 있다는 사실을 감안할 필요가 있습니다.

이렇게 꿈을 끌어들이는 것은, 각성 상태에서의 의식에서 지속을 생각할 때에는 의식이 몇 분간 혹은 몇 초간 지속되었다는 식으로 의식의 흐름을 측정할 수 있다고 여기기 때문에 제대로 된 지속을 파악할 수 없기 때문입니다. 꿈속에서는 이질적인 것들이 어쩌면 포개짐과 융합에 의해 뒤죽박죽 전체를 이루고 있기 때문에 측정 가능한 시간이 흐르는 것이 아니지요. 현실 속에서 의식의 지속을 표준시계를 통해 측정하는 것은 의식의 지속을 동질적인 것으로 보는 한에서만 가능합니다.

4) 참다운 실재, 순수지속

베르크손은 참다운 실재는 결코 공간적인 것이 아니라고 여깁니다. 참다운 실재는 근본적으로 시간적이고, 이때 시간이란 전혀 동질적이지 않은 이질성들의 전체가 순수하게 흐름으로서 지속하고 있는 것으로 여깁니다. 이는 어쩌면 접근하기 대단히 어렵다고 할 것인데, 일단 여기에서는 꿈을 그 비근한 예로 들고 있는 것입니다.

그런데 현실 속에서 의식의 지속을 측정 가능한 것으로 보지 않으면 안 되는 이유가 있을 것입니다. 그것은 현실에서 살아가는 생명체는 항상 뭔가 구별하지 않으면 안 되는데, 구별한다는 것은 구별되는 양쪽을 일정하게 동질적인 것으로 나누는 것이기 때문입니다. 이에 관해 베르크손은 이렇게 말합니다.

채워지지 않을 구별의 욕망에 뒤틀려 의식은 실재를 상징으로 대체시키거나 또는 상징을 통해서만 실재를 본다. 이렇게 굴절되고, 또 바로 그 사실 자체에 의해 다시 분열된 자아가 일반적으로는 사회적 삶의 요구에, 그리고 특수하게는 언어의 요구에 무한히 더 잘 부응하기 때문에, 의식은 그러한 자아를 선호하고, 근본적 자아는 점점 시야로부터 잃어버린다.[17]

왜 순수지속이 파괴 내지 은폐될 수밖에 없는지를 말하고 있습니다. 저 앞에서 이미 이야기했습니다만, 여기에서는 더욱 구체적으로 제시되고 있습니다. 상징과 언어를 구별의 욕망에 뒤틀려 이루어지는 것으로, 그럼으로써 실재를 왜곡하는 것으로 보고 있습니다.

베르크손은 일체의 구별을 넘어서는 곳이야말로 진정한 실재라고 밀합니다. 이는 플라톤이 말하는 원초적인 우주의 재료인 "생성 (genesis)"과 닮아 있습니다. 플라톤은 그의 유명한 우주론을 담은 책, 《티마이오스》[18]에서 무정형적이고 원초적인 생성을 정형적인 이데아들에 맞추어 재구성하는 데서 우주(코스모스)가 생겨난다고 주장합니다. 일체의 구별은 이데아적인 것이지요. 그 이데아적인 것에서 언어적인 개념들이 생겨난다고 보지요. 언어의 상징적인 구별이 더 이상 힘을 발휘하지 않는 곳이 바로 베르크손이 말하는 진정한 실재, 즉

순수지속의 흐름인 것입니다.[19]

　자아가 이 순수지속의 흐름으로부터 튕겨 나와 사회의 상징적인 질서 속에 갇힐 때 진정한 자아를 상실하게 된다고 베르크손은 말합니다. 진정한 자아는, 어떤 중심을 중심으로 삼아 일체의 것을 질서 정연하게, 이른바 공간적으로 배치해내는 것에서 성립하는 것이 아니라는 이야기입니다. 대단히 혁신적인 발상이라고 할 수 있습니다. 프랑스의 여러 현대 철학자의 존재론적인 핵심 개념들, 예컨대 라캉이 말하는 "실재", 사르트르가 말하는 "즉자 존재", 메를로퐁티가 말하는 "살", 들뢰즈가 말하는 "기관들 없는 몸" 등은 그들의 정신적 스승인 베르크손의 이러한 '순수지속으로서의 실재'를 이어받은 개념들이라고 말해도 크게 틀리지 않을 것입니다.

　　자아와 외부 사물들 사이의 접촉면 아래를 파고 유기적이며 살아 있는 지성의 심층으로 뚫고 들어가면, 일단 분해된 뒤에는 논리적으로 모순되는 항들의 형태로 서로를 배제할 것으로 보이는 수많은 관념의 포개짐(superposition) 또는 내적인 융합(fusion intime)을 보게 될 것이다. (……) 꿈꾸는 자의 상상력은 지적인 삶의 가장 깊은 영역에서 관념들에 대해 끊임없이 이어지는 작업을, 단순한 상들을 이용하여 재생산하고, 나름의 방식으로 풍자한다.[20]

　지성은 논리적 모순을 허용하지 못하는 데 반해, 꿈꾸는 자의 상상력은 논리적으로 허용될 수 없는 온갖 모순적 관념마저 내적으로 융합시키고 포개어 전체로서 연속되도록 합니다. 이질적인 연속성으로서의 전체, 혹은 이질적인 전체로서의 연속성이야말로 베르크손이 주장해 마지않는 순수지속인 것입니다. 이런 상태를 베르크손은 이렇게 달리 말합니다.

그 자체로 생각했을 때, 깊은 의식의 상태들은 양과는 아무런 관계가 없다. 그것들은 순수한 질이다. 그것들이 하나인지 여럿인지도 말할 수도 없고, 심지어 그것들을 곧바로 변질시키지 않고서는 그런 관점에서 고찰할 수조차 없는 방식으로 서로 섞여 있다.[21]

여기에서 베르크손은 "순수한 질"을 말합니다. 순수한 질이라는 개념에서 동질성을 떠올려서는 안 됩니다.

3. 참다운 실재, 우주적 생명

순수한 질은 곧바로 이질성을 뜻한다고 보아야 합니다. 이 순수한 질은 그 자체로 고찰할 수 있는 방법이 없을 정도로 일체의 지성적 사유의 접근을 거부함은 물론입니다. 이 순수한 질로서의 순수지속으로 꿰뚫고 들어가려면 고찰하는 의식 자체 역시 순수지속이 아니고서는 안 됩니다. 그것이 베르크손이 말하는 "직관(intuition)"입니다.

베르크손이 말하는 직관이 어떤 것인지를 알려면 그가 말하는 "본능(instinct)"을 먼저 살펴보아야 합니다. 이 대목에서 우리는 이제 순수지속에 관한 이야기에서 생명의 이야기로 넘어가게 됩니다. 생명에 관한 이야기를 다루려면 다시《창조적 진화》로 넘어가야 합니다.

1) 생명적 도약(엘랑 비탈)

베르크손은《창조적 진화》에서 생명 및 우주 전체를 순수지속의 생성으로서 살아 움직이는 것으로 보아야 한다고 여기면서, 생명 자체를 그럴 수밖에 없는 존재론적인 원리로 보고 있습니다. 그런 까닭에 우주를 구성하는 근본적인 물질 역시 생명의 흐름이라고 말할 수 있게 됩니다. 베르크손에게서 '직관의 대상=순수지속=생명=물질'로 보는가, 아니면 '지성의 대상=물질'로 보는가 하는 것은 제법 논란거리인 모양입니다. 이를 설명하려면 간단하게나마 생명과 생명체 및 생명체의 진화에 관한 베르크손의 입장을 살펴보아야 합니다.

베르크손은 우주적 생명이 물질에 삽입됨으로써 생명체가 탄생한다고 봅니다. 그리고 생명이 생명체로 나타날 때, 그 생명체들은 생명이 지닌 근원적인 폭발력에 의해 점진적으로 복잡하고 다양하게 진화하는 과정을 거친다고 말합니다. 이에 관해 베르크손은 유명한 "엘랑 비탈(l'élan vital)", 즉 "생명적 도약"이라는 생명의 근원적인 힘에 의해 진화가 일어난다고 말합니다. 이는 모든 생물 종이 우주적 생명이라는 동일한 근원을 지닌다는 것을 말할 뿐만 아니라, 이 근원을 하나의 폭발적인 힘 또는 에너지로 상정하는 것입니다.[22] 생물 종들을 보면, 전혀 엉뚱한 종들에게서 엇비슷한 기관들이 출현하는 것을 알 수 있는데, 그것은 생물 종들의 진화를 이끄는 근원이 우주적 생명이라는 동일한 것이기 때문이라는 것이 베르크손의 설명입니다. 베르크손이 말하는 생명적 도약의 이론은 변이의 원인을 우연적인 것이 아니라 생명의 원초적인 힘에서 비롯되는 것으로 보는 것인데, 이는 대단히 특이한 관점입니다. 생명적 흐름이 물질 속에 삽입되면서 매번 새로운 유기 조직을 만들어내고, 이렇게 형성된 것이 다양한 형태의 생물 종이라는 이야기입니다.

2) 생명과 물질

베르크손은 생명적 힘의 역할을 물질에 불확실성을 삽입하는 것이라고 말합니다. 오늘날의 양자역학에 의하면 물질의 본성조차 불확정적이라는 견해가 지배적이지만, 생명은 거기에 훨씬 더 커다란 불확정성을 삽입하는 것입니다. 그 때문에 각각의 종과 개체들은 비록 안정된 형태를 띠고 있다 하더라도 생명적 힘의 예측 불가능한 표현들에 불과하며, 언제든지 변화할 수 있는 가능성을 내포하는 것이 됩니다. 베르크손은 진화론을 철학적 사유에서 필수적인 것으로 봅니다.

> 우리는 진화론의 이론적 주장이 과학에 필요 불가결한 것처럼, 이제 모든 철학에는 진화론의 언어가 필수적이라고 평가한다.[23]

과학적 성과에 입각해서 철학 사상을 펼치지 않으면 안 된다고 하는 베르크손의 철학적 방법을 한눈에 알 수 있습니다. 생명체들에 불확실성이 내재화되는 과정은 매우 긴 시간적 과정입니다. 진화에 의거한 것이기 때문입니다. 진화라는 것이 본래 변화 가능성을 염두에 둔 것이긴 하지만, 이때 변화 가능성을 목적론적인 필연성에 의거한 것으로 볼 수도 있고, 기계론적인 인과성에 의거한 것으로 볼 수도 있습니다. 하지만 베르크손이 말하는 변화 가능성은 그 어떤 내적·외적 목적이나 조립적이고 기계적인 메커니즘을 허용하지 않는 변화 가능성입니다. 요컨대 베르크손의 철학직 진화론은 기계론과 목적론 모두를 비판함으로써 성립합니다. 둘 다 생명의 부산물인 인간의 지성적인 행동을 의인법적으로 투사함으로써 성립한다는 것, 따라서 틀렸다는 것이 베르크손의 주장입니다.

> 우리의 감정은 순수지속 속에 있는 모든 사물의 진화로부터 생겨난 것인데, 이러한 우리가 갖는 감정이 거기에 있어서, 이른바 지적 표상의

주위에, 밤 속으로 사라져 가는 불분명한 가장자리를 그린다. 기계론과 목적론은 중심에서 빛나는 핵만을 고려한다는 점에서 일치한다. 두 이론은 이 핵이 그 나머지[가장자리]가 응축에 의해 희생됨으로써 형성되었다는 것, 그리고 생명의 내적 운동을 파악하기 위해서는 응축된 것만큼 또는 그 이상으로 전체, 즉 유동체(du fluide)에 의지해야 한다는 사실을 잊고 있다.[24]

"심층의 가장자리"라고 해야 할 순수지속인 생명이 장구한 진화 과정을 거쳐 인간이 생겨났고, 그 인간의 지성이 역시 오랜 세월 동안 계속 물질과 작용을 주고받아 고착된 "핵"을 이루었다는 이야기인 것 같습니다. 그런데 지성에 의해 고착된 이 "핵"이란 결국 지성에 의해 분절된 사물들이 아닐 수 없습니다. 그 주변이야말로 오히려 '심층의 근원적인 참다운 실재'로서 "전체로서의 유동체", 즉 "생성(devenir)"이라는 이야기입니다. 그런데 베르크손은 아예 이 사물들 자체는 외관에 불과하고 존재하지 않는다는 것을 힘주어 말합니다.

사물들과 상태들은 우리의 정신이 생성(devenir)에 관해 취하는 외관에 불과하다. 사물들은 있지 않으며 작용들만 있다.[25]

여기에서 말하는 사물들이란, 예컨대 하이데거의 실존철학이나 사르트르의 현존철학에 의하면, 도구적인 사물들입니다. 인간 행동의 필요와 맞물려 있는 것들이기 때문입니다. 그렇다면 참된 실재를 구하고자 하는 우리로서는 도구적인 사물 아래의 심층의 존재로 내려갈 수밖에 없는 노릇입니다.

이에 베르크손에게서 크게 문제가 되는 것이 생명과 물질의 관계입니다. 이 대목은 상당히 어렵습니다. 일단은 다음의 인용문을 사유의 실마리로 삼아야 하겠습니다.

> 직관의 철학에게는 생명 전체를 세계 속에 던져놓은 최초의 충동으로부터 그 생명 전체가 상승하는 파동(flot qui monte)으로 보일 것이고, 이 파동은 물질의 하강하는 운동(mouvement descendant)과 대립되는 것으로 보일 것이다. (······) 상승하는 파동은 의식이다. 그리고 모든 의식처럼, 상승하는 파동은 상호 침투하고(compénètrent), 따라서 단일성의 범주도 다수성의 범주도 적용될 수 없는 무한의 잠재성들을 포함한다. 단일성과 다수성의 범주는 무기물질을 위해 만든 것이다. 이 파동이 자신과 함께 실어 나르는 물질만이, 이 파동이 삽입되는 물질의 틈들에서 이 파동을 구별되는 개체성들(개별성, individualité distincts)로 나눌 수 있다.[26]

생명의 원리는 "상승하는 파동"이고, 물질의 원리는 "하강하는 운동"이라고 말하고 있습니다. 베르크손은 물질이 없이는 생명이 존재할 수 없다는 것을 분명히 밝힙니다. 그러나 양자는 서로 다른 원리로 존립한다는 것입니다. 하강 운동을 하는 물질에 의해서 생명이 개체성들로 나뉜다는 것은, 진화 과정에서 여러 생명체가 물질에 의해 개별화된다는 것입니다. 이는 아리스토텔레스가 질료를 "개별화의 원리"라고 한 것과 일맥상통합니다. 아리스토텔레스는 질료가 없이는 형상이 따로 존재할 수 없다고 하지요. 그리고 영혼은 몸(육체)의 형상이라고 하지요. 베르크손은 영혼들이 끊임없이 창조되는 것은 물질에 의해 생명이 개별화되기 때문이라고 말합니다. 동일한 구조입니다.

베르크손은 이러한 원리를 의식과 두뇌의 관계에 적용하여 다음과 같은 말을 합니다.

두뇌는 매 순간 의식 상태의 운동적 분절들을 드러내어 두드러지게 한다. 그러나 의식과 두뇌의 상호 의존은 거기에서 그친다. 그렇기 때문에 의식의 운명은 뇌 물질들의 운명과 연결되어 있지 않다. 결국 의식은 본질적으로 자유롭다. 그것은 자유 그 자체이다.[27]

이 대목은 사르트르의 자유 철학에 직접 영향을 미친 것으로 보입니다. 사르트르는 우리 인간을 "인간 실재(realité humaine: 이 말은 하이데거가 인간을 지칭하기 위해 새 뜻을 부여해 조성한 용어인 현존재(Dasein)를 프랑스어로 번역한 것임)"라 부르고, 인간 실재를 대자적인 의식에 근거를 두고 있는 것으로 보면서, "우리는 자유롭지 않을 자유가 없다"라거나 "우리는 자유에로 선고되었다"라는 말을 합니다. 이는 인간 존재 자체를 자유로 보는 것입니다. 그런데 이 대목에서 베르크손은 의식의 운명 자체를 자유로 보고, 심지어 의식을 자유 그 자체라고 분명하게 말하고 있습니다. 중요한 것은, 의식이 여러모로 분절되어 나타나는 것은 오로지 두뇌의 물질적인 작용에 의거한 것이라는 점입니다. 분절되지 않는 의식은 실제 생활에서 쓸모가 거의 없지요. 그래서 곧이어 베르크손은 이렇게 말합니다.

그러나 의식은 물질 위에 놓여 그 물질에 적응하지 않고서는 물질을 통과할 수 없다. 이 적응이 바로 흔히 지성성(intellectualité)이라 부르는 것이다. 지성은 행동하는 의식, 즉 자유로운 의식을 향해 돌아서서 물질이 자주 삽입되는 것으로 보이는 틀들 안에 의식을 끼워 맞춘다. 따라서 지성은 언제나 자유를 필연의 형식 아래서 파악할 것이다.[28]

대략의 구도가 잡히는 것 같습니다만, 가장 큰 문제는 베르크손이 물질이 없이도 그 자체로 생명(의식)이 존재할 수 있다고 보는

가 하는 것입니다. 만약 그렇다고 한다면, 베르크손에 대해 유심론 (spiritualism)의 계열에 속한다고 해야 할 것이고, 만약 그렇지 않다면, 즉 물질이 없이는 생명(의식)이 존재할 수 없다고 한다면, 베르크손은 유물론(materialism)의 계열에 속한다고 해야 할 것입니다. 이에 관해서는 연구자에 따라 입장이 많이 다른 것 같습니다. 필자로서는 아직 베르크손의 저작들을 천착하지 못했기 때문에 이에 대한 입장을 제시할 수 없습니다.

3) 직관

그런데 베르크손은 일단 인간이 지성을 갖추어서 우주를 바라보게 되면 물질은 공간적인 것으로 변질되고, 그 변질된 물질은 이제 궁극적으로 수학적으로 처리될 수 있는 순수 기하학적인 공간에 의해 규정된다고 말합니다. 물리학을 비롯한 수학을 바탕으로 한 자연과학이 지성으로부터 나오게 되는 것은 바로 이러한 지성의 역할 때문이라는 것이지요. 베르크손이 지성적인 과학적 사고에서 벗어나서 철학적인 내지 예술적인 직관으로 돌아가 지성적인 공간적 물질 관계를 넘어선 순수지속의 흐름으로 파고들어야 한다고 주장하는 것은 이 때문입니다. 또 그럴 수 있으려면 참된 실재 속으로 "공감 (sympathie)"해 들어가야 한다고 주장하는 것도 이 때문입니다.

베르크손은 생명을 그 내부로부터 인식하는 것은 지성이 아니라 "본능"이라고 말합니다. 본능은 유기화 작업을 연장한 것이므로 생명을 유기적으로 다룰 수 있다고 봅니다. 본능은 "생명의 형식 자체 위에서 주조된" 것이기에 생명의 비밀을 간직하고 있다고 할 수 있다는 것이지요. 베르크손은 만약 우리가 본능에게 물어볼 방법이 있고 본능이 우리에게 대답할 수 있다면, 본능은 우리에게 생명의 가장 내밀한 비밀을 알려줄 수 있을 것이라고 말합니다. 그러나 우리 인간에게서 본능은 행동 속에서 고갈되기 때문에 반성적 의식으로 내재화되지 않습니다. 베르크손에게 있어서 "본능"은 생명과의 "공감"입니다. 그는 본능의 공감이 대상의 범위를 확장할 수 있고, 또한 자기 자신으로 되돌아올 수 있다면, 본능은 생명적 작용의 열쇠를 우리에게 제시할지 모른다고 말합니다.

이러한 일이 특별히 인간에게서 가능하다고 보는 것이 베르크손의 "직관" 개념입니다. 진화의 단계가 인간에게 이르러서 이제 의식은 다른 동물에게서는 볼 수 없는 고도의 각성된 상태에 도달합니다. 저 앞에서 우리는 우리의 내부에서부터 순수지속의 영역으로 들어가는 도(道) 닦는 것과 같은 기막힌 상태를 살폈습니다. 그것은 현실적 이해와 관심에서 벗어난 상태입니다. 달리 말하면 그 상태는 내부에서부터 잠재하는 본능이 체험되는 상태입니다. 순수지속을 체험하고자 하는 것이 베르크손이 말하는 "직관(l'intuition)"이라고 할 때, 그 상태야말로 바로 직관의 상태인 것이지요.

직관은 사심에서 벗어나 있고, 자기의식적이고, 대상을 무한히 확장시킬 수 있게 된 본능인 셈입니다. 이는 칸트가《판단력 비판》[29]에서 아름다움에 대한 판단인 "미감적 판단"에 대해 그 핵심적인 성격으로서 "무관심성(Interesselosigkeit)"을 지적한 것과 유사합니다. 아무튼 지성이 생명의 외부에서 단지 그것을 분석할 뿐이라면, 직관은 생명의 내부로 들어갈 수 있습니다. 베르크손은 이러한 직관의 예로서 인간의 미적 감각과 예술가의 창조적 직관을 듭니다. 직관은 지성의 고정된 틀을 깨고 사유가 도약할 수 있는 발판을 마련해주기도 합니다. 무엇보다도 그것은 다른 생명체들과의 공감과 소통을 가능하게 하여 상호 침투하는 무한한 창조로 나타나는 생명의 고유한 영역으로 우리를 인도합니다.

베르크손이 말하는 직관은 마치 니체가 말하는 "디오니소스적 도취"와 유사하다고 할 수 있습니다. 아무튼 베르크손은 우리에게 "직관"을 강력하게 권유합니다. 그럼으로써 이 땅에 있는 모든 생명체와의 "공감"뿐만 아니라 우주 전체와의 "공감"을 통해 전혀 새로운 삶을 살 수 있다고 설득합니다. 이러한 베르크손의 사상은, 자본주의적인 개발에 의해 치명적인 몸살을 앓고 있는 오늘날, 특히 이명박 대통령 시절, 4대강 개발은 절대 안 된다는 문수 스님의 자살을 통해 강력하게 울려 퍼지는 것 같습니다.

4. 마무리

마지막으로 덧붙여 생각할 것이 있습니다. 각자가 자신의 개별적인 생명을 유지·강화하고자 하는 것은 지성적인 것이 아니라 본능적인 것일진대, 지성을 활용하여 그러한 개별적인 자신의 생명을 유지·강화하고자 하는 인간 활동이 베르크손이 말하는 순수지속에의 직관, 특히 예술적 직관과 크게 대립되는 것 같다는 사실을 어떻게 보아야 하는가 하는 것입니다.

베르크손이 어떻게 보았는지는 알 수 없지만, 자본주의 체제는 실질적인 이윤을 자본으로 선화하고 그 자본을 바탕으로 더 큰 자본으로 확대해나가면서, 자신의 혹은 자기 가족의 개별적이고 배타적인 생명을 유지·강화하고자 하는 본능을 최대한 부추겨 끝없이 사회 분업적인 노동을 하지 않으면 안 되도록 합니다. 그럼으로써 반(反)인간적인, 심지어 반(反)생명적인 상황을 계속 강화해나갑니다. 생명의 존재론적인 근원성을 주장하는 베르크손의 생명철학 사상을 어떻게 활용해야만 이러한 자본주의 체제의 반인간적인 또는 반생명적인 행보를 멈추거나 적어도 완화시키는 데 도움이 될 수 있을 것이냐가 문제입니다.

이 대목에서 우리는 생명에 대한 베르크손의 강조가 한편으로, 또는 뜻하지 않게, 또는 암암리에 자칫 개별적이고 배타적인 자본주의 체제의 인질로서의 생명 개념을 더욱 부채질하는 결과를 낳지 않을까 하는 우려를 하게 됩니다. 그런데 베르크손은 전 우주적인 생명 개념을 제시한 것이고, 게다가 일체의 구별과 분절을 낳으면서 자본주의 체제를 떠받치는 지성을 최대한 공격합니다. 베르크손의 생명철학 사상은 개별적이고 배타적인 왜곡된 생명을 중심으로 한 것이 아니라, 우리 인간 모두가 온 우주와 공감하면서 한 치의 배타성도 인정하지 않는, 전 우주적인 상호 관통에 의한 순수지속으로서의 생명을 중심으로 한 것임에 틀림없습니다. 이를 분명하게 인식해서 활용함으로써 실제 자본주의 체제의 강요와 억압에 맞서서 우리의 진정한 사회문화적인 삶을 추구하는 데 도움을 얻도록 해야 할 것입니다.

6장

소쉬르: 언어의 미로, 차이의 생산 기계

1. 들어가는 말

흔히 '세기말 증세'라고 하는 데서 알 수 있듯이, 19세기 말은 모든 사유의 판이 뒤집어져 다시 짜이는 시기라고 할 수 있습니다. 그렇게 새로운 사유의 판을 형성하는 데 작동한 핵심 사안 하나가 있습니다. 언어입니다.

1889년에 태어난 비트겐슈타인이 1921년에 《논리-철학 논고(Tractatus Logico-Philosophicus)》[1]를 출간했는데, 거기에서 그는 "나의 언어의 한계는 나의 세계의 한계다"라는 유명한 명제를 제시합니다. 그 이후, 삶뿐만 아니라 철학적 사유를 하는 데 있어서 언어로부터 주어지는 근본 한계를 성찰하지 않으면 안 된다는 인식이 널리 퍼졌습니다. 비트겐슈타인은 근대 철학의 인식 주체 대신에 언어 주체를 강력하게 근본 바탕으로 내세운 셈인데, '주체'라고 하는 개념이 철학에서 얼마나 중요한지는 널리 알려져 있지요.

그런데 앞에서 살펴보지는 않았지만, 그 이전인 1901년에 후설이 《논리 연구》를 통해 '표현(Ausdruck)'과 '기호(Zeichen)' 및 '표시(Anzeichen)'를 세심하게 구분하여 심도 깊은 연구 결과를 내놓은 적이 있습니다. 후설이 이러한 작업을 한 뒤, 이를 감안했는지 어쩐지는 알 수 없지만, 스위스 제네바에서 페르디낭 드 소쉬르(Ferdinand de Saussure, 1857~1913)가 언어에 관한 기호학적인 연구를 해서 강의를 하고 있었습니다. 소쉬르는 죽기 얼마 전 1906~1907년, 1908~1909년 및 1910~1911년에 일반언어학을 강의했습니다. 그가 죽은 뒤, 그의 제자들인 샤를 바이(Charles Bally)와 알베르 세쉬에(Albert Sechehaye)가 이 강의 내용을 편집하여, 1916년에 유고본으로 《일반언어학 강의(Cours de linguistique générale)》[2]를 출간합니다.

이번 소쉬르에 관한 강의는 이 국역본에 들어 있는 내용, 그중에서도 주로 '공시언어학' 부분에 들어 있는 것들을 살펴보고자 합니다. 태어난 해로 따지면, 소쉬르는 후설이나 베르크손보다 2년 앞서는 인물이지요. 그런데 현대 철학사에서 베르크손의 생명철학이나 후설의 현상학에 비해 소쉬르의 구조주의적인 언어기호학이 좀 더 현대적인 방식으로 영향을 미치고 있습니다. 예컨대 1950년대 들어 프랑스에서 소쉬르의 언어기호학을 모델로 한 구조주의가 득세하는데, 이 구조주의가 당시 영향력이 컸던 사르트르의 현존주의적인 현상학에 대한 대안으로 제출되었다는 것만 보아도 이를 어느 정도 감지할 수 있습니다. 오늘날 특히 들뢰즈를 통해 가장 중요한 철학 개념처럼 유행하고 있는 '차이' 개념은 하이데거 같은 다른 철학자들에게서도 그 단초를 찾을 수 있지만, 무엇보다 소쉬르의 언어기호학에서 비롯되었다고 할 수 있습니다.

하지만 솔직히 고백하자면, 소쉬르가 현대 언어학에 미친 영향에 관해서는 잘 모릅니다. 그가 영향을 미쳐 생겨난, 니콜라이 트루베츠코이(Nicolai Trubetzcoy)와 로만 야콥슨(Roman Jakobson) 등이 이끄는 프라하학파와 루이 옐름슬레우(Louis Hjelmslev)가 이끄는 코펜하겐학파 등의 이름만 알 뿐, 그 자세한 내용은 전혀 모른다고 해도 과언이 아닙니다. 이런 언어학에서의 연구 성과와 무관하지는 않겠지만, 오히려 '기표'와 '기의', 특히 '기표'를 언급하는 일이 허다하다는 사실에 소쉬르에 관해 관심을 갖게 되었다는 것이 맞을 것입니다. 정신분석학자인 라캉만 하더라도 "기표 그물망의 충만하고 완전한 장소, 다시 말해 주체"[3]라는 식의 말을 예사로 합니다. 그리고 이를 이용한 복잡한 수식을 만들기도 하지요.

정신분석도 그렇지만 기호학도 그 자체로는 철학이 아니지요. 하지만 그것들에 스며들어 있는 철학적인 함축이 대단한 것만은 분명합니다. 이제 이를 염두에 두면서 소쉬르가 말하는 언어기호학의 얼개를 간단하게나마 살펴보려고 합니다.

2. 체계언어와 활동언어의 구분

소쉬르가 언어학의 대상으로 삼는 것은 '활동언어(랑가주, langage)'가 아니라, '체계언어(랑그, langue)'입니다. 체계언어는 활동언어의 특정한 일부분이라고 합니다. 이때 '특정하다'라는 것이 어떤 의미인지가 중요합니다. 이에 관해서는 다음의 이야기를 들어볼 만합니다.

> 체계언어는 활동언어의 본질적인 부분임에는 틀림없지만, 그것은 활동언어 능력에 따른 사회적 산물인 동시에, 개개인이 이 능력을 발휘할 수 있도록 사회집단이 채택한, 필요한 약정의 총체이다.[4]

체계언어가 활동언어의 본질적인 부분이라는 대목을 생각해봅시다. 활동언어는 우리가 소통을 위해 언어활동을 할 때 실제로 말을 하거나 글을 쓰거나 혹은 손짓이나 몸짓을 하는, 구체적인 아주 넓은 의미의 언어를 지칭합니다. 물론 이러한 활동언어에서 가장 중요한 것은 말이지요. 나중에 생각하게 될 것입니다만, 이 '말'은 프랑스어로 '파롤(parole)', 즉 입말을 지칭합니다. 입말과 글말(écrit) 및 몸말(geste)을 다 포함한 것이 활동언어라고 하겠습니다만, 주로 지칭하는 것은 입말과 글말입니다. 달리 말하면, 몸말에서는 체계언어가 없고 성립할 수도 없습니다. 체계언어를 바탕으로 해서 몸말이 이루어진다면, 그때 몸말은 없어지고 맙니다.

체계언어란 예컨대 한국어, 영어, 중국어 등 말 그대로 하나의 체계화된 언어를 지칭합니다. 그런데 활동언어가 구체적인 데 반해, 체계언어는 추상적입니다. 외국인이 한국어를 배운다고 할 때, 우선 한국어의 문법, 즉 통사론을 배워야 할 것입니다. 아울러 한국어의 발음 규칙을 비롯한 각종 음운론을 배워야 합니다. 그뿐만 아니라 한국어의 체계에서 의미가 기본적으로 어떻게 구성되는가 하는 의미론을 배워야 합니다. 이와 같이 외국인이 한국어를 배운다고 할 때, 구체적인 활동언어들을 예를 들어 배울 수밖에 없지만, 그 본질의 바탕에서 보자면 체계언어로서의 한국어를 배우는 것입니다.

그런데 한국어는 여러 변화의 과정을 겪고서 오늘날의 체계로 자리를 잡게 되었을 것입니다. 그 과정에서 한국어를 쓰는 집단에서 실제의 소통을 통한 암암리의 약정이 있었다고 보아도 무방할 것입니다. 그런 점에서, 분명히 한국어라고 하는 체계언어는 좀처럼 변하지 않는 것이긴 하지만, 전혀 변하지 않는 것은 아닙니다. 이에 소쉬르는 체계언어를 일컬어 "사회적 산물인 동시에 사회집단의 약정"이라고 하는 것입니다. 또한 그렇기 때문에, 체계언어는 전혀 개인적인 것이 아닌 셈입니다. 언어활동을 하는 데 각 개인이 보이는 편차는 모두 활동언어에 해당됩니다.

그런데 체계언어가 "활동언어의 본질적인 부분"이라고 할 때, '본질적'이라 함은 이성적으로 체계화하여 그 구조를 분석할 수 있다는 것을 뜻합니다. 그러나 본질적이라고 해서 전혀 변하지 않는 것이 아님을 단서로 달아두고 있습니다. 체계언어가 활동언어의 본질적인 부분이라고 하는 점을 가장 알기 쉽게 설명하는 대목이 있습니다.

언어는 자기 고유의 질서만을 아는 하나의 체계이다. 체스 놀이와 비교해보면 이와 같은 사실을 더 잘 감지할 수 있다. 이 경우 외적인 것과 내적인 것을 구분하기가 비교적 쉽다. 체스 놀이가 페르시아에서 유럽으로 왔다는 사실은 외적이다. 반대로 체스 놀이의 체계와 규칙에 관계

되는 모든 것은 내적이다.[5]

활동언어의 사용을 일종의 게임으로 보고 있습니다. 이는 다음 시간에 살펴볼 것입니다만, 비트겐슈타인의 "언어 게임(language game)" 개념을 어느 정도 선취하고 있다고 하겠습니다. 스포츠, 바둑, 컴퓨터 게임 등에는 반드시 규칙이 있기 마련입니다. 그에 따라 체계가 형성되는 것은 물론입니다. 이 규칙들과 그에 따른 체계를 무시하면, 당연히 게임이 성립되지 않습니다. 활동언어를 사용할 때, 체계언어를 무시하면 해당 활동언어, 특히 해당 언어의 입말과 글말을 사용한다고 할 수가 없다는 것이지요.

활동언어가 사용하는 사람에 따라 잡다하고, 활동언어에 다소 의외의 요소들이 많이 개입될지라도, 근본적으로는 활동언어가 체계언어를 따르고 있다는 점이 중요합니다. 이 체계언어야말로 언어학의 연구 대상이 된다고 하는 것이 소쉬르의 기본 관점입니다.

3. 체계언어와 입말의 구분

소쉬르는 글말보다 입말을 훨씬 더 중요하게 여깁니다. 이는 데리다가 '음성중심주의'라고 해서 플라톤을 비판한 것과는 사뭇 대조됩니다. 그의 말을 들어봅시다.

> 활동언어가 이질적인 데 반해, 이렇게 한정된 체계언어는 동질적 성격을 띤다. 체계언어는 기호의 체계인데, 거기서는 의미와 청각영상의 결합만이 본질적이다. 기호의 이 두 부분은 똑같이 정신적이다. (……) 체계언어는 청각영상의 축적이고, 문자 체계는 이들 영상의 감지할 수 있

는 형태이다.[6]

체계언어에서 의미와 청각영상의 결합만이 본질적이라고 하는 대목은, 특히 "청각영상"을 중시하는 대목은 바로 소쉬르가 글말보다 입말을 중시한다는 증거입니다. 곧 살펴보겠지만 미리 말하자면, 여기에서 '의미'는 그 유명한 시니피에(signifié), 즉 기의(記意)를 말하고, '청각영상'은 시니피앙(signifiant), 즉 기표(記標)를 말합니다. 체계언어가 기호 체계라는 말을 염두에 둡시다. 그러니까 하나의 언어기호는 반드시 기의와 기표의 결합으로 되어 있다고 말하는 셈입니다.

그런데 체계언어(랑그, langue)와 입말(파롤, parole)은 전혀 별개의 것이라고 하면서,[7] 다소 묘한 다음의 말을 합니다.

체계언어는 활동언어에서 입말을 뺀 것이다. 체계언어는 언어 행위의 주체가 외부 세계를 이해하고 또한 자신을 이해할 수 있도록 해주는 언어 습관의 총체이다.[8]

'체계언어+입말=활동언어'라는 공식이라도 만들어낼 수 있을 것 같습니다. 하지만 잘 이해해야 할 것 같습니다. 실제로 입말은 구체적인 활동언어에 속합니다. 그러니까 이 공식에 대해, 활동언어의 심층은 체계언어이고, 그 표층은 입말이리고 이해해야 할 것 같습니다.

중요한 것은, 입말을 하는 언중(言衆)이 없이는 현실적으로 체계언어가 존립할 수 없다는 점입니다. 이를 소쉬르는 "체계언어는 기호학적 현상이다"라는 말로 요약합니다.[9] 또한 중요한 것은, 그렇다고 해서 체계언어가 원리상 입말에 의존하는 것은 아니라는 사실입니다.

체계언어를 교향악과 비교할 수 있는바 교향악의 실재는 연주 방법과

는 무관하다. 교향악을 연주하는 사람들이 실수를 범한다고 해도 이 실재를 전혀 손상시키지 않는다.[10]

아닌 게 아니라 "교향악의 실재"는 오리무중, 과연 어디에 어떻게 존재하는지 알 수 없다고 할 수 있습니다. 교향악 악보 자체를 그 교향악의 실재라고 할 수는 없습니다. 그렇다고 해서 지휘자마다 다르게 그때그때 연주되는 각각의 교향악을 그 교향악의 실재라고 할 수도 없습니다. 이에 빗대어 보면, 문법책에 기재된 내용이 곧 체계언어인 것도 아니고, 사람마다 각기 달리 활용한 입말의 결과가 곧 체계언어인 것도 아닙니다. 그런 점에서 체계언어는 추상적인 것이지요.

저 앞의 인용문에서 의미와 청각영상 둘 다 정신적인 것이라고 한 것을 설명하지 않고 넘어갔는데, "정신적인 것"이라는 것은 바로 지금 우리가 말하고 있는 추상적인 것과 직결된다고 하겠습니다. 기호의 "의미"를 정신적인 것이라고 하는 데에는 쉽게 동의할 수 있을 것 같습니다만, 기호의 "청각영상"을 정신적인 것이라고 하는 데에는 쉽게 동의할 수가 없는 것 같습니다. 하지만 이 "청각영상"을 우리 나름으로 '정신적인 울림'이라고 달리 표현하게 되면, 어느 정도 동의가 가능하다고 여겨집니다.

4. 기표와 기의의 구분

이를 살펴보려면 자연스럽게 기의(시니피에, signifié)와 기표(시니피앙, signifiant)의 문제로 넘어가지 않을 수 없습니다. 우선 방금 문제가 된 대목부터 생각해보도록 합시다. "청각영상"을 "정신적"이라고 하는 것은, 소쉬르가 말하는 기표를 이해하는 데 무척 어려운 대목입니다. 곧 상술하겠습니다만, 우선 다음의 두 인용문을 보도록 합시다.

체계언어는, 입말에서 생겨 체계언어 자체의 운명에 깊은 영향을 끼치
는 음의 변화, 즉 음성학적 변형의 현상과 무관하게 존재한다고 주장할
수 있을까? 그렇다. 왜냐하면 음의 변화는 낱말의 물질적 실체에만 영
향을 미치기 때문이다.[11]

활동언어의 연구에는 두 부분이 있다. 하나는 본질적인 것으로 체계언
어를 그 대상으로 하는데, 체계언어는 본질상 사회적이며 개인과는 무
관하다. 이 연구는 전적으로 정신적인 것이다. 또 다른 하나는 부차적
인 것으로 활동언어의 개인적인 면, 즉 발성을 포함한 입말을 그 대상
으로 한다. 이것은 정신적이면서 물리적이다.[12]

"낱말의 물질적 실체"라든가 "발성을 포함한 입말은 정신적이면
서 물리적이다"라는 대목을 유념해야 할 것 같습니다. '물질적' 혹
은 '물리적'이라는 말이 '정신적'이라는 말과 대조되고 있습니다. 청
각영상이 정신적이라고 할 때, 그것은 물질적이거나 물리적인 것이
아니라는 이야기죠. 그렇다면 흔히 우리가 기표라고 알고 있는 물리
적·물질적 음파나 진동 혹은 글자의 생긴 모습 등은 소쉬르가 말하
는 기표가 아닌 것입니다. 그러니까 앞서 우리가 '정신적 울림'이라고
한 것을 염두에 두면서, 그 기이한 정체를 생각해야 할 것 같습니다.
　정신적인 것인 '청각영상'은 모르긴 해도 뇌에서 생겨나 정신을
울리는 모종의 울림이라고 해야 하는 것입니다. 이에 관해 소쉬르는
이렇게 말합니다.

체계언어의 기호가 결합시키는 것은 하나의 사물과 한 명칭이 아니다.

하나의 개념과 하나의 청각영상이다. 이 청각영상이란 순전히 물리적 사물인 실체적 소리가 아니라, 그 소리의 정신적 흔적, 즉 감각이 우리에게 증언해주는 소리의 재현이다.[13]

오늘날에는 소쉬르를 이어받고 있는 기호학자들마저도 기표에 대해, 여기에서 소쉬르가 거부하고 있는 '물리적·물질적 형태를 띠고서' 감각할 수 있는 소리나 글자 등을 지칭하는 것으로 여기게 되었습니다. 그러나 본래 소쉬르가 말한 기표는 그런 것이 아니었던 것입니다.

예컨대 분필이라는 낱말, 즉 기호가 지금 제가 쥐고 있는 이 분필이라는 사물과 '분필'이라는 명칭을 결합시키는 것이 아니라는 지적입니다. 이를 이해하는 데에는 상당한 어려움이 있습니다.

우선 낱말과 명칭을 구분해야 합니다. 낱말은 하나의 기호이고, 명칭은 물리적인 실체로서 그냥 울리는 소리라고 해야 할 것입니다. 문맥상 "순전히 물리적 사물인 실체적 소리"라고 하는 것이 "명칭"인 것입니다. 그런데 여기에서 말하는 실체적 소리로서의 "물리적 사물"은 "하나의 사물과 한 명칭"이라고 할 때의 그 "하나의 사물"과는 전혀 다른 것입니다. "하나의 사물"은 '지금 제가 쥐고 있는 이 분필'입니다.

언어기호가 어떻게 의미를 갖는가에 대한 탐구를 의미론이라고 합니다. 의미론 중에 지시론(reference theory of meaning)이라는 것이 있습니다. 예컨대 '분필'이라는 기호가 '지금 제가 쥐고 있는 이 분필'을 지칭하기 때문에 분필이라는 의미를 갖는다는 것이지요. '분필'이라는 언어기호가 플라톤이 말하는 이데아로서의 분필을 지시함으로써 의미를 갖는다고 말하는 것도 일종의 지시론입니다. 플라톤의 대화편《크라튈로스》[14]에는 사물이든 사태든 그것을 지칭하는 이름의 발생이 과연 자연의 본질에 입각한 것인지, 아니면 사회적 규약에 의거한 것인지를 따지는 대목이 나옵니다. 플라톤이 소크라테스의 입을 빌려 자연주의와 규약주의 모두를 비판하면서 제3의 입장을 제시하려는 것 같지만, 결국에는 사물의 본질적인 형상에 맞게 자모와 음절을 구성해서 이름을 만들어야 한다는 자연주의에 기웁니다. 이는 바로 지시론의 전형적인 생각이라고 할 수 있습니다.

소쉬르는 이 대목에서 이러한 지시론을 거부하고 있습니다. "물리적 사물인 실체적 소리"가 "하나의 사물"을 적합하게 지시할 수 있도록 해서 소리와 사물을 결합하는 것이 언어라고 하는 것이 지시론의 핵심입니다. 소쉬르는 이를 거부하고 있는 것입니다. 이는 나중에 살펴볼 '기호의 자의성'을 통해 더욱 강화됩니다.

그러면서 소쉬르 자신은 언어가 기호(signe)임을 분명히 하고, 그런 뒤 기호란 기본적으로 "개념과 청각영상을 정신적으로 결합하는 것"이라고 말하고 있습니다. 그렇다고 해서 이 둘, 즉 개념과 청각영상을 기호에서 실제로 명확하게 구분해낼 수 있으리라고 여겨서는 안 된다는 뉘앙스를 풍기면서 이렇게 말합니다.

언어기호는 양면을 지닌 일종의 정신적 실체로서 개념에서 청각적 영상으로, 청각적 영상에서 개념으로의 동시적인 이동이 이루어지는 것이다.[15]

"동시적인 이동"이라는 말이 심상치 않습니다. 비유컨대, 마치 '+'와 '-' 전극을 아주 빠르게 바꿈으로써 전동기가 돌아가는 것과 같다고 하겠습니다. 전동기가 돌아가는 것은 언어기호라고 하는 정신적 실체이고, 그 속에서 급격하게 바뀌는 두 전극은 개념과 청각영상이라고 할 수 있습니다. 이 정도 되니, "기의는 기표들 간의 차이의 총합이다"라고 하는, 기호학에서 흔히 이야기되는 명제를 제대로 이해한다는 것은 참으로 어렵다고 하지 않을 수 없습니다. 아무튼 개념과 청각영상 간의, 즉 기의와 기표 간의 '동시적 이동에 의한 이중적 단일성'에 대해 소쉬르는 다음과 같이 실감 나게 말합니다.

> 언어에서 개념은 음적 실체가 갖는 특질이고, 특정한 음색은 개념이 갖는 특질이다. 언어의 이러한 양면적 단일성은, 물이 수소와 산소의 결합이지만 양자 중 어느 것도 물의 특성을 지니지 못하는 것과 같다.[16]

기호란 개념과 청각영상, 즉 기의와 기표가 완전히 화학적 결합을 이룬 것이라는 이야기입니다. 이는 현실적으로 개념, 즉 기의만을 따로 생각할 수도 없고, 청각영상, 즉 기표만을 따로 생각할 수도 없다는 이야기와 다름없습니다. 소쉬르는 이러한 생각을 바탕에 깔고 있으면서 다음과 같이 정돈합니다.

> 우리는 개념과 청각영상의 결합을 기호(signe)라고 부른다. 그러나 일상 용법에서는 이 용어가 일반적으로 청각영상만을 지칭한다.[17]

> 그 전체를 지칭하는 데 기호라는 낱말을 그대로 사용하고, 개념은 기의(signifié), 청각영상은 기표(signifiant)로 대체 사용할 것을 제안한다.[18]

이 인용문을 통해 우리는 '기의'와 '기표'라는, 특히 라캉의 정신분석학에서 수도 없이 쓰이는 그 개념들을 소쉬르가 처음으로 창안하여 쓰기 시작한 것임을 확인할 수 있습니다. 그런데 소쉬르는 원리적으로 볼 때 기표는 다음과 같다고 말합니다.

기표는 그 청각적인 본질 때문에 단지 시간 속에서 전개되며, 또한 시간의 속성에서 비롯되는 특징들을 지닌다. 따라서 기표는 a) 시간의 길이를 반영하고, b) 이 길이는 단일 차원에서 측정 가능한바, 이는 선을 말한다. (……) 따라서 이들 청각 기표 요소는 하나하나 차례로 나타나며 하나의 사슬을 형성한다.[19]

개념은 그 개념상 시간적인 길이를 가지는 것이 아니지요. 그러나 실제로 활동언어, 즉 입말을 사용할 때 우리는 시간적인 지속을 주파할 수밖에 없습니다. 기호가 이렇게 시간적인 지속을 거치는 것은 오로지 기호가 지닌 기표적인 특성 때문이라는 것입니다. 그런데 중요한 것은, 이렇게 기표를 통해 시간적인 지속을 만들어내는 언어 기호가 개념을 표현하기 위한 것이거나 그것을 위해 배열된 메커니즘이 아니라는 사실입니다.

언어는 개념을 표현하기 위해 만들어졌거나 배열된 메커니즘이 아니다.[20]

개념과 청각영상, 즉 기의와 기표가 '화학적 결합'에 의해 이중적 단일성을 형성한다는 소쉬르의 생각에 따르면, 이제 개념 자체가 따로 있을 수 없습니다. 이는 플라톤의 이데아론을 기호학적으로 분쇄하는 것이라고 할 수 있습니다. 플라톤이 말하는 이데아는 개념의 원천이자 원본으로서 그 자체로 따로 존립하는 것이기 때문입니다. 차라리 질료와 결합되지 않은 형상(이데아)은 있을 수 없다고 하는 아리스토텔레스의 입장에 가깝다고 할 수 있습니다. 그렇기 때문에 언어가 개념을 표현하기 위한 것이 아니라는 중대한 발언을 서슴없이 할 수 있는 것입니다. 아리스토텔레스는 질료를 형상에 대한 개별화의 원리라고 했습니다. 말하자면 분필이라는 본질적인 형상이 석고라고 하는 이 재료를 통해 이렇게 개별적인 이 분필로 나타난다는 것입니다. 이는 분명히 형상 위주, 지금의 맥락에서 말하자면, 개념 위주의 발언입니다. 그렇다면 소쉬르의 입장은 아리스토텔레스와도 다르다고 해야 합니다.

5. 기호의 자의적 특성

문제는 기표와 기의가 어떻게 해서 결합되는가 하는 것입니다. 이에 소쉬르가 제시하는 것이 '기호의 자의성'입니다. 이렇게 이야기됩니다.

> 기표를 기의에 결합시키는 관계는 자의적이다. 또는 좀 더 간략히 언어 기호는 자의적이라고 말할 수 있는데, 그 이유는 우리가 기호를 기표와 기의의 연합에서 비롯되는 전체라는 뜻으로 사용하기 때문이다.[21]

소쉬르에 따르면, 현재 우리가 사용하고 있는 언어들은 모두 다 근본적으로 기표와 기의가 결합된 기호입니다. 그런데 어떻게 해서 어떤 하나의 정신적인 청각영상이 어떤 하나의 정신적인 개념과 그렇게 결합하게 되었는가 하는 데에는 아무런 규칙도 원칙도 없다는 것입니다. 그러면서 '자의성'에 대해 이렇게 토를 달고 있습니다.

> 자의적(arbitraire)이라는 낱말 또한 언급을 요한다. 이 말은 기표가 화자의 자유로운 선택에 의존한다는 의미로 이해되어서는 안 된다(개인에게는 한 언어 집단 속에서 일단 정립된 기호를 바꿀 수 있는 힘이 없다). 우리가 지

적하고자 하는 것은, 기표가 무연적(無緣的, immotivé)이라고 하는 점, 즉 기의에 대해 자의적이며, 기의와는 현실 속에서 아무런 자연적 관계도 없다는 점이다.[22]

기호의 자의성이 언어를 변경시키고자 하는 모든 시도로부터 언어를 보호해준다. (……) 어떤 것이 문제시되기 위해서는 합당한 규범에 근거를 두어야 하는데, 자의적인 기호들의 체계인 언어에 있어서는 그러한 기반이 없어, 언어를 문제로 삼으려 하는 한 필요한 그 어떠한 확고한 지반도 없기 때문이다.[23]

탁월한 철학적 사상가가 되려면 그 나름의 독자적인 발견의 역량을 갖추고서 그 역량을 활용해 그동안 숨겨져 온 본질적인 측면을 적발해낼 수 있어야 한다는 것을 잘 드러내고 있습니다. 소쉬르가 발견한 '기호의 자의성', 즉 특정한 기표와 특정한 기의의 결합이 "무연적"이고 "자의적"이라는 점은 그 바탕에 존재 자체의 근본적이고 절대적인 우연성을 깔고 있다는 느낌을 줍니다.

이와 더불어, 그동안 언어기호를 분석하면서 소쉬르 본인은 지금 "기표"라고 부르지만, 자기 이전에는 그 대신에 '상징'이라는 말을 주로 썼다는 사실을 지적합니다. 그러면서 상징은 결코 자의적이지 않기 때문에 '상징'으로써 기표를 이해하고자 하는 것은 곤란하다고 말합니다.

언어기호, 좀 더 정확히 말하자면 우리가 기표라고 부르는 것을 지칭하는 데 상징(symbole)이라는 낱말이 쓰여왔다. 이것은 인정하기 곤란한데, 그 이유는 언어기호는 자의적이라고 하는 제1원칙 때문이다. 상징은 결코 완전히 자의적이지 않다는 점을 그 특성으로 한다. 즉, 상징은 비어 있지 않은바, 기표와 기의 간에 얼마간의 자연적 결합이 있다. 정의의 상징인 저울은 아무것으로나, 가령 마차 따위로 대체할 수 없을 것이다.[24]

인용문의 마지막 대목에서 예로 들고 있는 "정의의 상징인 저울" 대신에 "마차"를 끌어와 이를 정의의 상징이라고 할 수 없다는 것은 무엇을 뜻합니까? 그것은 '그러나 기표와 기의의 관계에서는 그와 같이 본래는 지금의 언어적 관습과는 다른 전혀 엉뚱한 결합이 가능했다'는 것을 뜻합니다.

6. 공시태와 통시태의 구분

소쉬르는 언어학의 연구를 크게 "공시적 언어학"과 "통시적 언어학"으로 구분합니다. 그러면서 우선 이렇게 말합니다.

두 관점―공시적, 통시적―의 대립은 절대적이며 타협을 허용하지 않는다.[25]

언어를 공시적(共時的, synchronique)으로 보는 관점과 통시적(通時的, diachronique)으로 보는 관점은 전혀 다른 것이라는 이야기를 하고 있습니다. 이 둘이 어떻게 다른지는 다음 대목을 보아 어느 정도 감지할 수 있습니다.

통시적 현상〔예컨대 독일어에서 '손님'을 의미하는 gast의 복수 gasti가 gesti가 되었다가 다시 geste로 되었다가 다시 Gäste로 되는 현상〕은 체계〔언어〕를 변화시키는 경향조차도 없다. 사람들이 하나의 관계 체계로부터 다른 관계 체계로 이전하려고 했던 것은 아니다. 변경된 것은 배열이 아니고 배열 요소이다.[26]

언어의 공시성은 언어 요소들의 체계라고 하는 현상으로 나타나고 언어의 통시성은 언어 요소들의 현상으로 나타난다는 것, 통시적으로 나타나는 언어 요소들에 변화가 일어났다고 해서 체계언어의 배열적인 구조 자체에 변화를 일으킨 것은 아니라는 것을 말하고 있습니다. 소쉬르는, "공시태에 있어서 법칙이라고 말할 때에는, 배열 또는 규칙성의 원칙이라는 의미에서이다"[27]라고 말하는데, 이를 좀 더 자세히 알려면 다음의 글을 잘 이해해야 할 것 같습니다.

통시적 계열에 속하는 현상들은 공시적 계열의 현상들과 동일한 차원의 것은 아닐까? 전혀 그렇지 않다. 왜냐하면 우리가 이미 정립했듯이, 변화란 어떠한 의도와도 상관없이 일어나기 때문이다. 반대로 공시태 현상은 항상 의미적이다. 그것은 언제나 동시적인 두 사항에 의존한다. 즉, 복수를 표현하는 것은 Gäste〔자체〕가 아니라 Gast:Gäste의 대립이다. 통시적 사실은 이와 정반대이다. 그것은 단지 한 사항에만 관계되며 새로운 한 형태(예컨대 Gäste)가 나타나기 위해서는 그 이전의 것(gasti)이 자리를 양보하여야만 한다.[28]

예컨대 독일어에서 '손님'을 의미하는 'Gast'의 복수가 이전에는 'Gasti'였는데, 이제 'Gäste'로 변한 것은 통시적인 현상이라는 것입니다. 이에 반해 공시적인 현상은 그런 외부적인 형태의 변화가 아니라, 의미를 중심으로 해서 일어나는 현상이라고 말하고 있습니다. 말하자면 'Gasti'든 'Gäste'든 그것들이 각기 복수로서의 의미를 갖는 것은 어디까지나 단수 명사인 'Gast'와의 "관계"를 통해서 성립하는 바로 그러한 현상이 공시적 현상이라는 것입니다.

중요한 것은, 'Gast'는 '집주인'을 뜻하는 'Gastgeber'와의 관계에서 의미를 가질 것이고, 이러한 관계망은 한없이 연결된다는 사실입니다. 그러니까 체계언어, 즉 랑그를 연구한다고 할 때, 제대로 된 연구는 바로 공시적 언어학이 되는 것입니다. 그래서 이렇게 됩니다.

체계언어는 하나의 체계로서 이 체계의 모든 부분은 공시적인 유대 속에서 고찰될 수 있고, 또 그렇게 고찰되어야 한다.[29]

그리고 이는 이렇게 다소 쉽게 이야기됩니다.

체스 놀이에서 말 하나의 이동은 그 전의 균형과 그 후의 균형과는 전적으로 구별되는 현상이다. 일어난 변화는 이 두 상태의 어느 것에도 속하지 않는다. 중요한 것은 상태뿐이다. 체스 놀이에 있어서 그 어떤 특정 형세건, 그것은 선행된 형세로부터 해방되어 있다는 기묘한 특성을 지닌다. 즉, 어떤 경로를 통해서 그러한 형세에 다다랐는가는 전혀 중요하지 않다. 체스 놀이를 처음부터 지켜본 사람이라 해서, 결정적인 순간에 와서 놀이의 상태를 살피는 훈수꾼보다 더 유리할 것은 추호도 없다. 즉, 그 순간의 형세를 묘사하기 위해서는 10초 전에 일어난 일을 상기할 필요가 전혀 없다. 이 모든 것은 똑같이 언어에 적용되며, 통시적인 것과 공시적인 것의 근본적인 구별을 시인해주는 것이 된다. 입말은 하나의 언어 상태에만 작용하며, 상태와 상태 사이에서 일어나는 변화는 그 상태 속에 어떠한 자리도 차지하지 못한다.[30]

체스든 장기든 바둑이든, 지금 당장의 게임 상태가 통시적으로 그 이전에 어떤 경로를 밟아 이렇게 되었는지는 게임에 지고 난 뒤 반성을 하는 데에는 당연히 중요하지만, 지금 당장 게임을 유리하게 풀어나가는 데에는 전혀 중요하지 않습니다. 지금 당장 내가 어떤 말을 한다고 할 때, 그 말이 이루어지는 바탕이 되는 체계언어는 방금 전에 내가 무슨 다른 말을 했는가 하는 것과는 아무런 상관이 없다는 이야기입니다. 바둑을 두고 있는데 지금 당장 어떤 수를 두어야 하는지는 지금 당장의 바둑판의 전체 상황에서 바둑의 근본적인 원리에 의거해서 가장 유리한 수를 찾아 두는 것이 중요한 것이지요. 이전에 내가 무슨 수를 두었는지는 부수적으로 참고는 될지언정 근본적으로 중요하지 않습니다. 언어의 공시태야말로 체계언어의 연구 분야라는 것이 그런 의미에서입니다. 소쉬르는 심지어 이렇게 말합니다.

공시적인 면이 통시적인 면보다 우월한데, 그 까닭은 말하는 대중에게 있어 공시적인 면이야말로 진정하고 유일한 현실이기 때문이다. 언어학자에게도 마찬가지다. 만약 언어학자가 통시적인 관점에 서게 되면, 그가 보는 것은 이미 언어가 아니라 언어를 변경시키는 일련의 사건이다.[31]

7. 언어 의미와 언어 가치의 구분

소쉬르는 "체계언어는 순전한 가치의 체계일 수밖에 없다"[32]라고 말합니다. 이를 이해하는 것은 대단히 중요합니다. 먼저 한 물건의 가치란 다른 물건들과의 총체적인 관계를 바탕으로 해서 성립한다는 것을 지적하고자 합니다. 예컨대 마르크스는 상품의 가치를 "그 상품을 생산하는 데 사회적으로 필요한 노동시간"이라고 정의합니다. 여기에서 "사회적으로 필요한"이라는 조건은 다름 아니라 사회 전체적인 생산력을 염두에 둔 것입니다.

이제 소쉬르의 가치 체계로서의 체계언어에 대한 이야기, 그 대략을 살펴봅시다. 소쉬르는 우선 개개 언어기호의 가치를 경제학과 비교해서 이렇게 말합니다.

> 언어학에서도 경제학과 마찬가지로 가치 개념에 직면한다. 이들 두 과학에 있어서 문제 되는 것은 상이한 질서에 속한 두 사항 사이의 등가 체계이다. 즉, 후자에 있어서는 노동과 임금〔간의 등가 체계이고〕, 전자에 있어서는 기의와 기표〔간의 등가 체계〕이다.[33]

경제학에서 말하는 가치를 노동과 임금의 등가 체계로 보는 것이 영 틀린 것은 아니지만, 그보다 더 구체적으로는 교환가치, 즉 하나의 상품이 가격으로 표현되는 교환가치야말로 언어기호의 가치를 이해하는 데 크게 도움이 됩니다. 한 상품의 교환가치는 다른 상품들과 어떤 비율로 교환될 수 있는지를 나타내는 것이지요. 그러니까 각각의 상품의 교환가치는 모든 다른 상품과의 관계를 전제로 해서 성립합니다. 말하자면 '한 상품의 교환가치는 모든 다른 상품이 갖는 교환가치들의 거울이다'라고 할 수 있는 것이지요. 환원을 해보면, 그 바탕에는 물론 노동과 임금의 관계가 깔려 있습니다. 이를 소쉬르는 이렇게 달리 구체적으로 표현하기도 합니다.

> 가령 5프랑짜리 동전의 값어치를 정하기 위해서는 다음과 같은 것을 알아야 한다. ① 이 동전을 일정량의 다른 물건, 가령 빵과 교환할 수 있다. ② 이 동전을 동일 체계의 유사한 가치, 가령 1프랑짜리 동전이나

다른 체계의 화폐, 가령 1달러 등과 비교할 수 있다.

마찬가지로 하나의 낱말도 ① 상이한 사물, 즉 하나의 개념과 교환될 수 있다. ② 그뿐만 아니라 동질의 다른 사물, 즉 다른 낱말과 비교될 수 있다. 따라서 낱말이 어떠어떠한 개념, 즉 어떠어떠한 의미와 '교환'될 수 있다는 것을 확인하는 데 그치는 한, 낱말의 가치는 미정인 것이다. 이 낱말을 또한 유사한 가치, 즉 이에 대립 가능한 다른 낱말들과 비교해보아야 하는 것이다. 낱말의 내용은 자기 외부에 있는 것의 도움을 받아야만 진정 결정된다. 낱말은 체계에 속하므로 의미뿐만 아니라 무엇보다도 가치를 지니는데, 의미와 가치는 전혀 별개의 것이다.[34]

만약 언어기호도 이런 방식으로 나름의 가치를 갖는다고 할 때, 그 언어기호의 가치는 분명 그 언어기호의 의미를 구성하는 요소가 아닐 수 없을 것입니다. 그러나 소쉬르는 언어기호의 가치와 의미를 구별해야 한다고 말합니다. 의미는 말하자면 기의 내지 개념으로서 기표, 즉 청각영상과 대칭되는 것이라고 말합니다. 그러나 한 언어기호의 가치는 다른 언어기호들의 도움을 받아 교환하듯이 비교함으로써만 성립한다고 말합니다.[35] 그러면서 이렇게 말합니다.

불어의 'mouton'이 영어의 'sheep'과 의미는 같으나 가치는 같지 않을 수 있다. 이는 여러 가지 이유 때문인데, 특히 요리되어 식탁에 놓인 한 점의 고기에 대해 영어에서는 'mutton'이라고 하지 'sheep'이라 하지 않기 때문이다. 'sheep'과 'mouton'의 가치 차이는 전자가 제2의 용어와 병존하는 데에 비해 불어 낱말의 경우는 그렇지 않다는 사실에 기인한다.[36]

만약에 낱말이 미리 주어진 개념을 표시하는 역할을 한다면, 각 체계언어마다 의미에 해당하는 정확한 대응어가 있을 것이다. 그런데 사실은 그렇지가 않다. (……) 그러므로 이 모든 경우에서 우리가 포착하는 것은 미리 주어진 개념이 아니라, 체계에서 우러나는 가치다.[37]

개념은 다른 어떤 개념도 아닌 바로 그 개념이라는 데서 성립한다는 점을 강조하면서, 개념과 가치가 다르다고 말합니다. 그런데 이 개념의 동일성은 그 자체로 본래부터 주어져 있는 것이 아니라, 상대적 가치에 의거해서 성립한다는 것이고, 따라서 그 동일성은 특이한 종류의 것임을 이렇게 말합니다. 소쉬르의 이 이야기는 정말 중요합니다. 결국 언어기호의 가치뿐만 아니라 언어기호의 개념조차 그 언어기호들 간의, 더 엄밀하게 말하면 기표들 간의 차이에 의거한 관계에 의해 생겨난다는 것인데, 이는 개념과 개념의 동일성에 대한 전통적인 철학적 사유를 일거에 뒤집는 것이기 때문입니다.

언어의 동일성은 [물질적 재료의 동일성에 근거한] 옷의 동일성과 같은 것이 아니고 [여러 다른 상황적인 조건들이 실현될 때마다 성립하는] 급행열차라든가 길거리의 동일성과 같다.[38]

급행열차는 상황에 따라 규정되지요. 서울발 부산행 KTX 열차가 동일한 역에 정차한 뒤 동일한 시간에 출발해서 동일한 시간 동안 움직인다면, 실제로 그 열차가 다르다고 할지라도 그 모든 열차를 동일한 열차라고 할 수 있다는 것이 소쉬르의 이야기입니다. 그리고 명동 거리를 제아무리 새롭게 장식하더라도 여전히 명동 거리라는 것이 소쉬르의 이야기입니다. 급행열차나 도심의 거리가 물질적인 외현과는 상관없이 전반적인 상황에 의거해서 동일성을 갖는 것과 마찬가지로 언어기호의 동일성도 상대적 가치에 의거해서 성립한다는 것입니다. 그래서 이렇게 말합니다.

> 체계언어와 같은 기호 체계에서는 특정 규칙에 따라 요소들이 상호 연관되어 균형을 이루므로, 동일성의 개념은 가치의 개념이고 가치의 개념은 곧 동일성의 개념임을 볼 수 있다.[39]

그런데 정작 중요한 것은 가치에 있어서 기표의 역할입니다. 기표와 기의는 떼려야 뗄 수 없이 화학적으로 결합되어 있다고 했습니다. 이제 이 관계를 "사념(思念, pensée)"과 "음적 수단"이라는 것으로 바꾸어 이렇게 말합니다.

> 사념에 대한 언어의 독특한 역할은, 개념 표현을 위한 재료로서의 음적 수단을 만들어주는 것이 아니라 사념과 소리 사이의 중개 역할을 하는 것인데, 이로 인해 사념과 소리의 결합은 필연적으로 단위의 상호 구분으로 귀결된다. 원래 혼동 상태에 있는 사념은 분해됨에 따라 명확해질 수밖에 없다. 따라서 사념의 물질화도 없고 소리의 정신화도 없다. '사념-소리'가 구분을 내포하며, 언어가 형태 없는 두 덩어리 사이에서 구성되면서 그 단위를 만들어낸다는 신비한 사실만이 있다. (……) 언어는 한 장의 종이에 비교될 수 있다. 사념은 소리의 앞면이고 소리는 그 뒷면이다. 앞면을 자르면 동시에 뒷면도 잘라신다. 마찬가지로 언어에서도, 사념에서 소리를 고립시킬 수가 없고, 소리에서 사념을 고립시킬 수 없다.[40]

언어기호로 발설되기 전에 일정하게 미리 분절되어 마련되어 있는 사념이란 없다는 이야기입니다. 다시 말하자면, 사념이 먼저 정확하게 분절되어 있고, 그 분절된 사상(思想)을 물질적으로 표현하기 위해 "음적 수단", 즉 '기표로서의 기호'가 뒤이어 덧붙여지는 것이 아니라는 이야기입니다. 사념과 음적 수단은 본래 모호한 덩어리의 형태로 되어 있다가 언어를 통해 발설됨으로써 비로소 분절되어 의미를 갖게 된다는 것입니다. 이는 '기표와 기의 간의 화학적 결합'을 언급할 때 이미 제시된 것이었습니다. 그리고 그렇게 분절되는 데에는 근본적으로 다른 언어기호들과의 가치 관계의 교환이 전제된다는 것입니다. 이를 바탕으로 소쉬르는 이렇게 말합니다. 다소 길지만 그대로 인용해봅니다.

> 물질적인 요소인 소리가 그 자체로서 언어에 속한다는 것은 불가능한 일이다. (……) 주화의 가치를 결정하는 것은 금속이 아니다. 1에퀴는 명목상 5프랑의 가치가 있지만, 은의 함량으로 보면 이 액수의 반밖에 안된다. 이 주화에 무엇이 새겨져 있느냐에 따라, 정치적 경계의 이편과 저편에 따라, 그 가치가 증감할 것이다. 이러한 사실은 언어 기표에 있어 더욱 현저하게 나타난다. 그 본질에 있어 언어 기표는 음적인 것이 전혀 아니며, 감각으로 감지되는 것이 아니다. 그것은 물질적 실체에 의해 구성되는 것이 아니라, 단지 〔지금 당장의〕 자신의 청각영상과 그 외의 모든 청각영상을 구별하는 차이에 의해 구성된 것이다.[41]

이 인용문은 바로 앞의 인용문과 더불어 대단히 중요합니다. 차이에 의거해서 기표가 구성되고, 그 기표와 기의 내지 사념이 처음부터 따로 있을 수 없기 때문에 기의 내지 사념 역시 차이에 의거해서 구성된다는 주장을 담고 있기 때문입니다.

8. 언어기호에서의 차이의 근원성

이에 다음의 결정적인 언명이 나옵니다.

> 앞서 언급한 모든 것이 말해주는 것은 결국, 언어에는 차이만이 존재한
> 다는 사실이다. 차이란 일반적으로 적극적 사항들을 전제하며, 이 적극
> 적 사항들 사이에서 성립한다. 그러나 언어에는 적극적 사항 없이 차이
> 만이 존재한다. 언어가 내포하는 것은 언어 체계에 선행하여 존재하는
> 개념이나 소리가 아니라, 단지 언어 체계에서 나온 개념적 차이와 음적
> 차이일 뿐이다.[42]

> 체계언어에서 하나의 기호를 구별해주는 요소가 이 기호를 구성해주
> 는 것이다. 가치와 단위를 만드는 것이 차이인 것처럼, 특성을 만드는
> 것도 바로 차이이다.[43]

차이와 동일성의 문제는 오늘날 들뢰즈와 데리다 등의 후기 구조
주의적인 철학에서뿐만 아니라, 더 일찍이 하이데거의 실존철학에서
도 강력한 힘을 발휘하는 문제입니다. 전통적으로 동일성은 영구불
변한 본질에서부터 연원하는 것이라고 여겼습니다. 그 사상적 비조
(鼻祖)는 소크라테스 이전의 내표직 자연철학자인 파르메니데스입니
다만, 이를 이어받은 플라톤의 이데아 사상에서 결정적인 힘을 얻습
니다. 그것이 기독교의 유일신과 결합함으로써 현실적으로 한없는
힘을 발휘하고, 데카르트를 위시한 근대 철학으로 넘어오면서 자기
동일적인 인간 주체의 근원성을 내세우는 근거가 됩니다. 결국 칸트
의 경우에 동일성은 "초월론적인 통각(transzendentale Apperzeption)"이
라고 하는 근원적 주체에서 발원하는 것이 됩니다.

그런데 앞서 살핀 베르크손의 "순수지속" 개념 또는 후설의 "지평" 개념이 등장해 '동일성'을 근본에서부터 부차적이고 파생적인 것으로 만드는 작업이 일어나고, 이렇게 소쉬르의 언어기호학에 이르러 언어적인 차원에서까지 '동일성'은 완전히 부차적이고 파생적인 것으로 그 지위가 추락하게 되는 것입니다. 그런데 이렇게 명시적으로 '차이의 근원성'을 주장한 인물은 아무래도 소쉬르가 처음이라고 할 수 있을 것입니다. 그래서 우리는 소쉬르를 동일성의 철학을 파괴하는 차이의 철학을 제시한 첫 인물이라고 여기는 것입니다.

9. 연사체와 연합체의 구분

언어, 특히 입말(parole)은 지금 여기에서 시간의 경과에 따라 여러 언어 구성 요소가 줄지어 이어집니다. 예컨대 "나는 지금 철학아카데미에서 소쉬르 언어기호학 강의를 듣고 있다"라고 말할 때, '나'와 '는'은 대명사와 조사라는 품사의 자격으로 서로 결합하여 이어집니다. 그 외에 이어지는 낱말들도 마찬가지입니다. 이를 세밀하게 구분하여 그 형성의 단위를 볼라치면, '음소→형태소→낱말→구→문장→단락' 등으로 이어집니다. 이렇게 지금 여기에서 선형적으로 이어지는 말의 구성 요소들로 구성되는 것을 "연사체(흔히 '통합체'로 번역하기도 함, syntagme)"라고 합니다. 이에 관한 소쉬르의 이야기는 이렇습니다.

> 담화 속에서 낱말들은 연쇄에 의해 서로 관계를 맺는데, 이 관계는 언어의 선적(線的) 특성으로 말미암아 동시에 두 개의 요소를 발음할 수 없는 것이다. 이들 요소는 입말(parole)의 연쇄에서 하나씩 차례로 배열된다. 이러한 결합이 어느 정도의 공간적 길이를 그 바탕으로 할 때, 이

를 연사체(syntagmes)라 할 수 있다.[44]

그다지 어려운 이야기가 아니지요. 그런데 이러한 언어 관계 말고 다른 관계가 있습니다. 위 인용문에 이어서 소쉬르는 이렇게 말합니다.

다른 한편으로, 담화 밖에서는 어떤 공통점이 있는 낱말들이 기억 속에서 연합하여 매우 다양한 관계들이 지배하는 그룹들이 형성된다. 가령 'enseignement(가르침)'이라는 낱말은 무의식적으로 정신 속에 많은 다른 낱말을 떠오르게 할 것이다(enseigner(가르치다), renseigner(알려주다) 등, 또는 armement(군비, 무장), changement(변화) 등, 또는 éducation(교육), apprentissage(수습, 견습)). 이들 모두가 어떤 면으로든 공통점을 서로 지니고 있다.

보다시피 이러한 등위 배열은 첫 번째 배열과는 전혀 다른 종류의 것이다. 이 배열은 공간적 길이를 바탕으로 하지 않는다. 이것은 두뇌 속에 자리 잡고 있다. 이는 각 개인의 언어를 구성하는 내적 보고(寶庫)의 일부이다. 우리는 이를 연합 관계라 칭하겠다.[45]

담화에서 연사체(통합체)가 수평 축을 형성한다면, 여기 이 "연합체(흔히 '계열체'로 번역하기도 함, paradigme)"는 수직 축을 형성합니다. 예컨대 〈표 6-1〉과 같이 도식화할 수 있습니다. 수평 축은 연사체적인 축(또는 통합체적인 축, l'axe syntagmatique)이고, 수직 축은 연합체적인 축(또는 계열체적인 축, l'axe paradigmatique)에 해당됩니다.

그런데 연사체(통합체)보다 연합체(계열체)가 훨씬 더 중요합니다. 그것은 저 앞에서 소쉬르가 "언어에서는 차이만이 존재한다"라고 했을 때, 그 근거로서 대단히 중요한 것이 바로 이 연합체(계열체)이기 때문

나	는	학교	에	간다
너	는	연필	을	산다
우리	는	산	에	올라간다
철수	는	놀이터	에서	논다
사랑	은	자유	를	원한다

입니다.

〈표 6-1〉을 보아도 쉽게 알 수 있다시피, 연합체(계열체)의 축을 형성하는 낱말들은 무한하다고 할 정도로 말을 하는 사람의 의식/무의식 전체를 망라해서 형성될 수 있습니다. 그뿐만 아니라 연합체(계열체)에 속한 낱말들이 무슨 특별한 순서가 있어서 지금 여기에서 당장 발화되는 입말의 각 항목들에 가장 가까이 또는 가장 멀리 있어야 하는 것도 전혀 아닙니다.

중요한 것은, 하필이면 무한한 가능성을 띤 연합체(계열체)로부터 지금 여기에서 채택된 연사체(통합체)에 속한 각 낱말들이 우선은 연사체에서 연이어지는 낱말들과의 결합에 따라 그 의미가 결정되기도 합니다. 예컨대 "나는 학교에 간다"라고도 할 수 있지만, "나를 학교에 가게 해달라"라고 할 경우, '나'가 생겨먹은 모양은 똑같지만 주어와 목적어로 그 의미가 달라집니다. 그러나 그보다 중요한 것은, 지금 여기에서 채택된 낱말이 채택되지 않고 남아 있는 연합체(계열체)에 속한 다른 무한히 많은 낱말과의 차이에 의해 그 의미가 결정된다는 사실입니다. 이에 관해 소쉬르는 이렇게 말합니다.

적극적 관점에 입각하여 〔선택되어 지금 여기에서 연사체(통합체)를 이루는〕 'marchons'이 표현하고자 하는 바를 의미하기 때문에, 그것을 선택한다고 말하는 것으로는 충분하지 않다. 실은 개념이 환기시키는 것은 하나의 형태가 아니라 잠재적 체계 전체인바, 이 체계 덕분에 기호의 구성에 필요한 대립들을 얻는다. 기호 그 자체만으로는 그 어떤 고유한 의미도 없다. 'marche!'나 'marchez!'가 더 이상 'marchons!'에 대립하지 않게 되는 경우, 몇몇 대립들은 사라져 버릴 것이고, 'marchons!'의 가치는 사실상 변화될 것이다.[46]

여기에서 말하는 "대립들"은 바로 차이들을 의미합니다. 앞에서 언어의 의미와 가치를 구분했습니다만, 그 핵심은 언어의 의미가 언어의 가치를 통해 성립한다는 것이고, 언어의 가치는 낱말들 간의 무한히 확장되는 대립과 차이에 의거해서 성립한다는 것이었습니다. 여기에서는 연합체(계열체)의 "잠재적 체계 전체" 덕분에 그러한 대립과 차이가 성립한다고 말하고 있습니다.

소쉬르의 혁명적인 기호학적 사고방식을 알게 된 것만으로도 우리는 행운이라고 할 수 있습니다. 그 때문에 현대 철학에서 엄청난 변화, 특히 동일성보다 차이를 중시하고, 단독성보다 관계망을 중시하는 사유의 변화가 일어났기 때문입니다. 그만큼 새롭고 풍부하게 사유를 할 수 있게 되었고, 그에 따라 우리가 형성하는 세계 역시 새롭고 풍부하게 되었기 때문입니다.

7장

비트겐슈타인: 언어와 세계의 뫼비우스[1]

1. 들어가는 말

혹시라도 철학자란 생각과 말과 행동이 범상치 않은 괴짜이리라고 여긴다면, 그런 철학자의 상에 딱 들어맞는 인물이 바로 루트비히 비트겐슈타인(Ludwig Wittgenstein, 1889~1951)이 아닐까 합니다. 청년 시절부터 비상한 주목을 받은 철학자답지 않게 그의 생애는 수수께끼투성이요, 워낙 범인(凡人)들이 흉내 내기 어려운 탓에, 그의 삶을 추적한다 해도 그의 철학을 암시할 만한 대목을 찾기는 쉽지 않으며, 그에 대한 평가는 그의 철학에 대한 평가만큼이나 십인십색으로 어지럽다고 하겠습니다.

비트겐슈타인은 1889년 오스트리아 빈에서 부유하고 교양 있는 철강 재벌의 5남 3녀 중 막내로 태어났습니다. 엔지니어 출신인 아버지는 다뉴브 공국의 철강업계 리더였으며, 어머니는 비트겐슈타인 집안의 뛰어난 예술적 감수성의 모태였습니다. 사교적인 비트겐슈타인 집안은 음악가들과도 깊은 교분을 맺어서 슈만, 말러, 브람스 등이 그의 집안에 드나든 당대 음악가 가운데 포함되어 있었습니다. 온 가족이 음악에 특출한 재능이 있었으며, 특히 라벨의 유명한 〈왼손을 위한 피아노 협주곡〉은 제1차세계대전에서 오른팔을 잃은 천재 피아니스트인 넷째 형 파울 비트겐슈타인을 위해 만들어진 곡이었습니다. 주인공인 루트비히 비트겐슈타인은 클라리넷 연주와 지휘에 조예가 깊었고, 그의 휘파람 솜씨는 교향곡을 소화할 수 있는 실력이었다고 합니다. 그러나 비트겐슈타인 가문의 운명은 그리 평탄하지 않았습니다. 루트비히가 13세 때 큰형이 자살했고, 2년 뒤 둘째 형도 세상을 떠났으며, 셋째 형마저 제1차세계대전 때 스스로 목숨을 끊었고, 넷째 형은 앞서 말했듯이 불구가 되었습니다.

루트비히는 당시 부잣집 자녀들이 흔히 그러했듯이 1903년 14세까지는 집에서 교육을 받았습니다. 그다음엔 북부 오스트리아의 린츠에서 물리학을 배웠고(이 학교에 비트겐슈타인보다 겨우 6일 먼저 태어난 히틀러가 같이 다닌 것으로 되어 있습니다), 이어서 베를린의 기술 고등학교를 마쳤습니다. 1908년 영국으로 건너간 그는 당초 맨체스터 대학 연구생으로서 항공공학을 공부했으나 점차 그의 관심은 순수수학과 수학의 기초를 거쳐 마침내 철학에까지 미치게 되어, 1912년 케임브리지 대학 트리니티 칼리지에 입학했습니다. 여기서 그의 철학에 가장 큰 영향을 끼친 사람의 하나인 버트런드 러셀(Bertrand Russell, 1872~1970)의 강의를 들으며 그와 사제 관계를 넘어 동료로서 교분을 나눕니다. 일찍부터 비트겐슈타인은 자기를 가르친 철학자들에게 오히려 더 깊은 영향을 주는 천재성을 발휘했습니다. 예컨대 그의 스승인 조지무어(George Moore, 1873~1958)는 1930년대에 비트겐슈타인의 수업을 청강하기도 했습니다. 1914년 제1차세계대전이 터지자 비트겐슈타인은 탈장 때문에 병역면제 대상이었지만 자원입대하여 조국 오스트리아 군대의 장교로 참전했습니다. 1918년 남부 전선에서 이탈리아군의 포로가 된 비트겐슈타인의 배낭 속에는 《논리 - 철학 논고》[2]의 원고가 들어 있었습니다. 자신도 그러하지만 주변의 수없이 많은 사람이 사선(死線)을 넘나드는 끔찍한 상황에서, 틈틈이 철학적인 글을 써서, 그것도 전 세계를 뒤집어놓을 글을 써서, 그렇게 소중하게 간직하고 있었다는 것을 감히 상상이나 할 수 있을까요.

《논리 - 철학 논고》는 1922년 러셀의 권유로 영국에서 영·독 대조판으로 출판하기는 했지만, 그 직전 해인 1921년에 독일의 《자연철학 연보》에 독일어로 먼저 발표를 했습니다. 1921년 이 글을 발표한 이후, 이제 철학을 다했다는 심정으로 철학계를 떠나 오스트리아의 시골 초등학교 교사 생활을 택합니다. 전쟁이 끝난 직후, 그는 전쟁 전 상속받은 막대한 재산을 거의 대부분 가족과 친지에게 나눠

주고서 어린이들을 가르치는 일에 몰두했습니다. 그러나 어린이 교육에 대한 열정에도 불구하고, 그는 환영받는 교사가 되지는 못했던 것 같습니다. 1921년 교사를 그만둔 비트겐슈타인은 빈으로 돌아와 몇 달간 수도원에서 정원사 조수 생활을 한 뒤에 그의 또 다른 장기인 건축과 조각 등으로 소일했습니다. 이 시기에 그가 누이를 위해 설계하고 시공했다는 건물은 당시로서는 첨단인 바우하우스 양식이었던 것으로 유명합니다.

그러나 이렇듯 스스로 선택한 철학에서 멀리 떨어져 생활한 그를 철학계는 내버려 두지 않았습니다. 마침내 1929년 케임브리지로 돌아온 비트겐슈타인은《논리-철학 논고》로 박사 학위를 받고 이듬해 트리니티 칼리지의 연구원이 되어 이른바 후기 철학을 구상하게 됩니다.

1929년 초, 그는 다시 케임브리지로 돌아옵니다. 풍문에 의하면 그가 다시 철학을 시작하도록 자극을 받게 된 것은 1928년 3월에 네덜란드의 직관주의 수학자인 브라우어르(Luitzen Egbertus Jan Brouwer, 1881~1966)의 강연을 듣고 난 후라고 합니다.[3] 이후 그는 자기의《논리-철학 논고》가 지닌 문제점을 지적하면서 후기 철학을 펼치기 시작합니다. 그는 출판을 극히 꺼려 그 사색의 결과는 다만 그가 써놓은 노트로만 남아 있습니다. 이 노트는 나중에 그가 죽고 난 뒤 정리되어 책으로 출판되었는데,《철학석 탐구》,《칠힉적 문법》,《청새책》,《갈색책》,《수학의 기초에 관한 고찰》등의 책이 그것들입니다.[4] 이 중에서 가장 유명한 것이《철학적 탐구》[5]입니다. 오늘 우리가 살펴보고자 하는 책도 바로 이 책입니다.

1936년 그는 노르웨이의 오막살이로 가서 1년간 그의 후기 철학의 내표작인《철학적 탐구(Philosophische Untersuchungen)》의 집필에 몰두했습니다. 1939년 그는 마침내 무어의 후임으로 케임브리지 대학의 철학과 교수가 됩니다. 그의 강의는 독특했습니다. 강의는 그의 방이나 친구의 방에서 했고, 청중은 엄격히 제한되어 몇 년 동안 계속 듣는 사람에 한했고, 시간을 엄수해야 했습니다. 강의는 노트도 원고도 없이 온 정신을 집중하여 논의를 전개하고 질문하고 대답하고 다시 새로운 질문을 이끌어내는 방식으로 진행되었습니다. 그렇지만 대학 사회 역시 그에겐 맞지 않았습니다. 넥타이를 매고 높은 테이블에 앉아 식사를 하는 식당 분위기를 못 참아 자기 방에서만 식사를 했습니다. 마침내 1947년 사직서를 내고 아일랜드의 시골 농촌과 해안가에서 은거하며 철학적 사유의 투쟁을 계속했습니다.

1949년 봄 《철학적 탐구》 제2부를 탈고했으나 이미 그는 불치의 전립샘암 환자가 되어 있었습니다. 이 책은 그가 심각하게 출판을 고려했던 것으로, 《논리 - 철학 논고》 말고는 유일한 책인데, 결국 이 책도 1953년 그의 사후에 출판되었습니다. 1951년, 그는 2년여에 걸친 암과의 투쟁 끝에 삶을 마감했습니다. 그가 의식을 잃기 전 의사가 2~3일밖에 더 못 살겠다고 하자 그는 마지막으로 이런 말을 남겼다고 합니다. "좋습니다. 나는 멋진 한세상을 살고 간다고 내 친구들에게 전해주십시오." 비트겐슈타인은 결혼을 하지 않았고, 동성애자로 알려져 있습니다. 《논리 - 철학 논고》에서 비트겐슈타인은 죽음과 삶에 대해 이렇게 말한 적이 있습니다.

죽음은 삶의 사건이 아니다. 죽음은 경험되지 않는다. 만약 우리가 영원이라는 것을 무한한 시간의 지속이 아니라 무시간성을 뜻하는 것으로 받아들인다면, 현재 삶을 사는 사람들은 영원히 사는 것이다.

우리의 삶은 우리의 시야가 한계를 지니지 않는 것과 마찬가지로 끝이 없다(6.4311).[6]

2. 《논리-철학 논고》의 이해

비트겐슈타인의 《논리 - 철학 논고》에 들어 있는 내용을 압축해서 말하면, 대략 다음 몇 가지의 주장으로 정돈할 수 있습니다.

첫째, 세계와 언어는 일대일대응의 그림과 같은 구조적인 관계를 맺는다.
둘째, 언어의 한계는 세계의 한계이다. 그리고 나는 나의 세계이다.
셋째, 세계를 인식하는 언어적인 활동은 과학이고, 철학은 과학에서 언명되는 언어들을 논리적으로 분석해서 명확하게 할 뿐이다.
넷째, 말할 수 없는 것에 대해서는 침묵해야 한다. 말할 수 없는 것을 말하게 되면 난센스인 말이 된다.

1) "세계는 사물들의 총체가 아니라 사실들의 총체이다"(1.1)라는 비트겐슈타인의 언명이 중요합니다. 세계는 사물(Ding)들로 이루어져 있는 것이 아니라 사실(Tatsache)들로 이루어져 있다는 주장입니다. 이렇게 되면 사물이란 말할 수 없는 것에 해당되고, 사물 자체에 대해 함부로 말하는 것은 말할 수 없는 것을 말하는바, "이빨 없는 장미" 처럼 난센스인 말이 된다는 것입니다.[7]

비트겐슈타인은 "사실은 원자사실들의 현존이다"(2.)라고 말하고, "가장 단순한 문장인 요소문상은 한 사태의 현존을 주장한다"(4.21) 라고 말합니다. 원자사실과 요소문장이 일대일대응의 그림 관계를 맺는다는 것입니다. 그리고 "문장은 요소문장들의 진리함수이다"(5.) 라고 말합니다. "진리함수"란 요소문장들의 참/거짓이 이루는 논리적 결합의 진리 관계에 의해 문장 전체의 참/거짓이 결정된다는 것입니다. 이에 언어의 의미에 관한 비트겐슈타인 특유의 '의미그림이론(picture theory of meaning)'이 성립합니다.

2) "나의 언어의 한계는 나의 세계의 한계를 뜻한다."(5.6) "나는 나의 세계이다(소우주)."(5.63) "생각하고 표상하는 주체라는 것은 없다."(5.631) "주체는 세계 속에 속하는 것이 아니라, 세계의 한 한계이다."(5.632)

세계와 언어가 그림처럼 일대일대응의 관계에 놓여 있다면, '5.6'의 언명은 쉽게 정당화됩니다. 나는 나의 세계라는 비트겐슈타인의 주장은 흔히 '순수자아'라는 말을 통해 마치 '나'를 저 내면의 점적(點的)인 어떤 것으로 여기는 것을 비판하는 것입니다. 그 뒤의 주체에 관한 이야기가 혁명적입니다. "생각하고 표상하는 주체라는 것은 없다." 이 말은 과연 무슨 뜻일까요? "주체는 (……) 세계의 한 한계이다"라는 말에 견주어 이를 생각해보아야 할 것 같습니다. 나는 나의 세계라고 했으니, 너는 너의 세계일 것입니다. 그렇다면 "세계의 한 한계"라고 할 때, 그 하나의 한계는 곧 나의 세계를 에워싸는 한계일 것입니다. 달리 말하면, "나의 세계인 나"의 한계가 곧 나의 주체라는 것으로 해석됩니다. 생각하고 표상하는 주체가 없다는 것은 나의 세계가 생각하고 표상하는 것이지, 나의 세계의 한계가 생각하고 표상하는 것이 아니라는 상당히 복잡한 내용을 담은 것이 됩니다. 이렇게 되면, 주체는 정신분석학에서 말하는 무의식과 같은 것도 포함하는 것이 됩니다. 하나의 세계인 나 전체가 주체이기 때문이고, 그 나의 세계 전체에는 심지어 무의식적인 충동도 포함된다고 말할 수 있기 때문입니다.

3) "참된 문장들의 총체가 전 자연과학(또는 자연과학들의 총체)이다."(4.11) "철학은 자연과학들 중의 하나가 아니다('철학'이라는 낱말은 자연과학보다 위나 아래에 있는 어떤 것을 지시하는 것이지 옆에 있는 것을 지시하는 것

이 아니다)."(4.111) "철학의 목표는 생각의 논리적 명료화이다. 철학은 교설이 아니라 활동이다. 철학적 저작은 본질적으로 해명들로 이루어진다. 철학의 결과는 '철학적 문장들'이 아니라, 문장들이 명료하게 되는 것이다. 철학은 이를테면 혼탁하고 흐릿한 생각을 명료하게 분명하게 경계 짓는 것이다."(4.112) "철학은 논쟁의 여지가 있는 자연과학의 영역을 한계 짓는다."(4.113)

비트겐슈타인의 이 말은 자연과학만이 세계에 대한 인식적 접근과 성과를 내는 것이고, 철학은 그렇지 않다는 것입니다. 이를 통해, 비트겐슈타인은 진리에 접근하여 진리를 표명할 수 있는 권리를 지녔다고 여겨온 전통적인 생각을 적극적으로 부정합니다. 말하자면 철학은 진리를 탐구하는 것이 아니라는 것이고, 이에 철학이 지녔다고 여겨온 진리에 대한 권리를 박탈한 셈입니다.

그 대신 "철학의 목표는 생각의 논리적 명료화이다"라는 명제를 분명하게 제시함으로써 우선 진리를 탐구하는 자연과학자들이 쓰는 개념을 비롯하여 그들이 제시한 문장과 그 논리적 관계를 명료하게 밝히는 일이야말로 철학이 할 일임을 명시합니다. 이에 오늘날까지 크게 위세를 떨치고 있는 이른바 '과학철학'이 태동하게 되었습니다. 예컨대 '전자'가 입자이면서 파동이라고 할 때, '입자'라는 개념을 어떻게 파악하며 '파동'이라는 개념을 어떻게 파악할 것인가, 그리고 전자가 있다고 할 때, 그 '있음'이라는 개념을 어떻게 파악할 것인가 등을 논리적으로 따지는 일이야말로 철학이 본래 해야 할 일이라는 것입니다. 갑자기 철학이 자연과학의 뒤치다꺼리를 해주는 부수적인 지위를 지닌 것으로 떨어져 버린 것 같습니다.

4) "철학의 올바른 방법은 본래 다음과 같은 것이리라: 말할 수 있는 것, 즉 자연과학의 문장들―즉, 철학과는 무관한 것―을 제외

하고는 아무것도 말하지 않기. 그런 뒤 어떤 다른 사람이 형이상학적인 것을 말하려고 할 때에는 언제나 그가 그의 문장들 속의 어떤 기호들에 아무런 지시체도 부여하지 않았다는 것을 지적해주기. 이 방법이 그 사람에게는 만족스럽지 못하겠지만—그는 우리가 철학을 가르치고 있다는 느낌을 갖지 않을 것이다—이것이야말로 엄밀하게 올바른 유일한 방법일 것이다."(6.53) "사다리를 딛고 올라간 후에는 그 사다리는 던져버려야 한다. 나를 이해한 사람은 이 문장들을 극복해야 한다. 그때 그는 세계를 올바로 보게 된다."(6.54)

"사다리를 딛고 올라간 후에는 그 사다리를 던져버려야 한다"라는 말은 그야말로 일반인들에게 많이 알려져 있는 비트겐슈타인의 상표 같은 문장이지요. 하지만 그렇게 많이 인용되지만 그 본뜻에 관해서는 제대로 잘 알고 있지 않은 것 같습니다. 사실 이 말은 철학과 자연과학의 관계를 은유적으로 나타낸 것이지, 일상의 일들에 대해 함부로 적용해서는 안 되는 것이지요. 요컨대, 철학으로써 자연과학의 언명들을 논리적으로 명료하게 한 뒤에는 그 철학을 버려야 한다는 것입니다. "나를 이해한 사람은 이 문장들을 극복해야 한다"라는 것은 철학책인 《논리-철학 논고》의 모든 문장을 이해한 사람은 《논리-철학 논고》를 사다리처럼 버려야 한다는 것입니다.

비트겐슈타인이 상당히 자기 냉소적이기까지 한 인물임을 느끼게 됩니다. 자신이 철학적인 작업을 하고 있긴 하지만, 철학이란 그 자체로 진리를 담고 있는 것이 아니라 진리에 관한 측면적인 작업을 하는 것에 불과하기 때문에, 자신이 그토록 애써 발굴해낸 그 측면적인 언명들마저 다 이해하고 나면 굳이 그 문장들을 금과옥조처럼 받들 필요가 없다는 것입니다. 이는 한편으로 철학이란 인식 작업이 아니라 이해의 작업임을 명시한 것이라고 할 것입니다. 인식과 이해, 이 둘을 간단하게 구분하자면, 인식은 인식하는 자신이 아닌 저쪽 바깥의 대상을 향해 있고, 이해는 그렇게 인식하는 자기 자신을 대상으로 삼아 그러한 인식이 어떻게 가능한지, 인식의 결과를 언어로써 표현했을 때 그런 언어적 표현이 어떻게 가능한지, 그리고 그런 언어적 표현이 어느 정도로 힘을 지닌 것인지 등을 파악하는 것입니다. 그런데 비트겐슈타인은 철학은 인식이 아니라 이해임을 강조하고 있고, 이에 그로부터 '언어철학'이 생겨났다고 이야기하는 것입니다.

3.《논리-철학 논고》의 의의

이러한 이야기를 바탕으로 우리는 비트겐슈타인의 생각을 다음과 같이 요약할 수 있습니다.

> 말할 수 없는 것에 대해 침묵을 지킬 수 있도록, 말할 수 있는 것과 말할 수 없는 것을 분명히 나누어주자. 우리가 지금 일상적으로 쓰는 말은 너무도 애매한 구석이 많아서 악용될 소지가 너무도 많고, 또 실제로 그렇게 되고 있다. 그러니 우리의 언어를 개혁하자. 사악하거나 허황된 이들이 오용할 여지가 없도록 오해나 애매한 구석이 없는 분명한 언어를 만들어내자. 이걸 만들어낼 수 있다면 철학사로서 내가 할 일은 다 끝났다. 더 이상 철학은 필요 없다.

이러한 야심에서 만들어진 《논리-철학 논고》는 전통 철학의 허구성을 폭로하고 새로운 철학의 방향을 열어주는 '언어적 전회(linguistic turn)'의 시발점이 됩니다.

당시의 철학을 지배하던 사조는 헤겔 유의 관념론이었습니다. 이들의 형이상학적 주장은 세계 전체의 일반적 특성을 기술하는 도도하고 과장된 언어로 가득 차 있었지만, 그 화려함의 이면에는 의미의 막연함과 애매함이 자리 잡고 있었습니다. 그들의 주장은 참과 거짓이 분명하지 않았으며 그것을 확인할 방법도 주어지지 않았습니다. 우선 급한 것은 그것의 의미를 분명하게 밝히는 일이었습니다. 비트겐슈타인은 《논리-철학 논고》에서 이들의 이러한 주장들이 우리 언어의 논리에 대한 오해에서 비롯된 것으로, 그것들은 철학적 분석을 거치면 결국 거품처럼 사라져 버릴 것이라고 주장합니다. 후일 비트겐슈타인은 이를 "철학을 뒤덮고 있는 구름의 전체는 한 방울의 언어 이론으로 응축된다"라고 멋진, 한편으로 오만하고 잔인하기까지 한 말로 표현합니다(xi.).[8]

《논리-철학 논고》는 이러한 비판적 작업을 수행함으로써 새로운 철학 사조의 출발점을 형성합니다. 전통 철학의 또 하나의 문제점은 근대 이후 과학의 눈부신 발전에 제대로 대응하지 못한다는 점이었습니다. 《논리-철학 논고》는 철학이 자연과학의 옆이 아니라 자연과학의 위 또는 아래에 있는 학문이며, 자연과학의 성과를 바탕으로 그것의 논리적 구조를 분석하는 언어 비판의 메타적 작업이라고 함으로써 새로이 철학의 위상을 정립합니다. 이러한 정신을 '빈 학단(Wiener Kreis)'이 물려받으면서, 《논리-철학 논고》를 쓴 비트겐슈타인은 이 단체에서 비롯된, 20세기 초 영미 철학계를 풍미한 '논리실증주의(logical positivism)'의 시조로 추앙받게 되었던 것입니다.

한편 비트겐슈타인은 인간 이성의 한계를 밝히기 위해 언어의 한계가 무엇인지를 밝히는 것을 《논리-철학 논고》의 목적으로 삼았습니다. 즉, 언어로 말할 수 있는 것과 말할 수 없는 것이 무엇인지를 보여주고자 했습니다. 그러기 위해서 그는 언어의 참모습을 보여줌으로써 전통적 철학의 많은 문제는 해결된다기보다는 문젯거리도 되지 않는 것으로 해체되어 버린다고 확신했습니다.

　이런 견해는 논리실증주의자들을 비롯한 많은 철학자의 열광적인 환영을 받았습니다. 그러나 그 자신은 이 같은 환영을 달가워하지 않았을뿐더러 오히려 그들이 자기 철학을 오해하고 있다고까지 생각했다고 합니다. 무엇보다도 그 스스로《논리 - 철학 논고》에서 언어에 대해 말한 바를 비판적으로 재고하기에 이르렀습니다.

　《논리 - 철학 논고》에서는 언어와 세계 사이에 명백한 대응 관계가 성립하며, 세계에 대한 그림의 역할만이 의미 있는 언어의 정당한 기능이라고 믿었습니다. 또 일상 언어는 언어의 참된 논리적 구조를 은폐하고 있으므로, 진리함수적 논리 구조를 갖춘 자연과학적인 이상 언어만이 세계를 참되게 기술할 수 있다고 생각했습니다. 이러한 초기 비트겐슈타인의 생각은 얼핏 보아도 언어 현상을 전체적으로 조망할 수 없는 것임을 쉽게 알 수 있습니다. 거기에는 암암리에, 우리가 쓰는 일상 언어를 진리함수로 표현되는 요소문장으로 완전하게 바꿀 수 있다고 하는 생각이 바탕에 깔려 있기 때문입니다. 이 생각은 러셀에게서부터 받아온 것으로 되어 있습니다. 그러나 우리의 일상 언어는 전혀 그렇지 못한 것이 한두 종류가 아닙니다. 명령문, 기도문 등만 보아도 쉽게 알 수 있습니다.

4.《철학적 탐구》의 이해

1)《철학적 탐구》에서 언어의 문제

　비트겐슈타인의 철학은 전기와 후기로 나누어지는데, 전기는《논리 - 철학 논고》로 대표되고, 후기는《철학적 탐구》로 대표됩니다. 그

196

의 철학적 사유의 전면은 언제나 언어에 집중되어 있습니다. 그러나 그것은 언어 자체에 대한 관심이라기보다는 언어를 통해 철학적 문제를 해결해보고자 하는 그의 열망에 의거한 것입니다. 그는 철학적 문제가 생기는 이유는 언어 논리가 오해되었기 때문이라고 여겼습니다. 따라서 철학의 과제는 언어의 논리를 명료하게 보여줌으로써 철학적 문제를 해소하는 데 있다고 보았습니다.

후기에 들어오면서 비트겐슈타인은 《논리 – 철학 논고》의 '의미 그림이론'에 포함되어 있는 중대한 잘못을 비판하고, 언어의 다양성, 언어와 행위의 관계 등에 주목하고서 '언어 놀이(language game)'라는 개념을 도입합니다. 이 '언어 놀이' 개념에서부터 '의미용도이론(use theory of meaning)'이 성립합니다.

(1) 언어 놀이

《논리 – 철학 논고》에서 제시한 '의미그림이론'은 일종의 지시론입니다. 그림으로서의 기호가 지닌 의미가 사실로서의 대상이라고 한 것이 바로 그것입니다. 그러나 이는 문제가 있다고 보게 됩니다. 대상이라는 것 자체가 문제가 됩니다. 예를 들어봅시다. "세종대왕은 죽었다"라고 했을 때, 우리는 '세종대왕'이라는 이름을 가진 사람이 죽었다고 말하는 건가요, 아니면 '세종대왕'이 지시하는 의미가 죽었다고 말하는 것인가요? 분명히 우리는 "'세종대왕'의 의미가 죽었다"라고 말하지 않습니다. 이것은 우리가 언어의 의미를 그것이 지시하는 대상과 직접 연결된 것으로 여기지 않는다는 것을 말해줍니다(79.).[9]

비트겐슈타인은, '의미'란 단순히 그것이 지시하는 대상이 아니라고 했을 때, 우리가 언어의 의미를 이해할 수 있으려면, '그 밖의 어떤 것(everything else)'을 알아야 한다고 말합니다. 예컨대 건축 현장에서 누가 "망치!"라고 말했다고 해봅시다. 여기서 '망치'라는 말은 그 말에 대한 표상, 즉 그냥 놓여 있는 망치를 떠오르게 하려고 사용된 것은 아닙니다. 그것은 어떤 실제적인 목적, 즉 그것을 건네달라는 목적으로 사용된 것입니다. 그러므로 만일 이 상황에서 어떤 사람이 '망치'라는 이름이 망치라는 대상을 지시한다는 것만 알았다고 한다면, 그 건축 현장의 상황 속에서 진행되고 있는 "언어 놀이"를 할 수 없다는 것입니다(19.).[10]

따라서 '언어 놀이'를 제대로 할 수 있으려면 각각의 언어가 어떤 실용적인 목적을 위해 어떻게 사용되고 있는지를 알아야 합니다. 비트겐슈타인은 '언어 놀이'를 "언어와 그것에 얽혀 있는 행위들로 구성된 총체"라고 규정합니다. 우리는 '언어 놀이'에 대한 이러한 정의 속에서, 언어는 그것이 사용되는 맥락 속에서만 생명력을 가질 수 있다는 비트겐슈타인의 언어관을 볼 수 있습니다.

(2) 언어 놀이의 다양성

비트겐슈타인은 '기호', '단어', '문장' 등의 다양성을 조명하기 위해 언어를 '놀이'와 '도구'에 비유합니다. 놀이에는 장기 놀이, 공놀이, 카드놀이 등 열거할 수 없을 정도로 수많은 놀이가 있습니다. 그리고 공놀이라 하더라도 놀이 방식에 따라 축구, 배구, 야구 등 여러 가지가 있습니다. 마찬가지로 연장 상자 안에는 망치, 드라이버, 톱, 나사, 못, 자 등 여러 가지 도구가 있습니다.

그런데 '기호', '단어', '문장' 등은 연장 상자 안에 들어 있는 도구들처럼 다양할 뿐만 아니라, 망치의 역할과 톱의 역할만큼 차이가 납니다. 실제적인 사용에서 살펴보면, 언어는 망치가 못의 위치를 수정하거나 톱이 판자의 모양을 변형하는 것처럼 그 기능이 다양한 것입니다. 비트겐슈타인은 다양한 언어 놀이의 예로서, 명령을 하고 명령에 복종하는 언어, 대상의 모양을 기술하거나 크기를 재는 언어, 번역의 언어, 물음의 언어, 감사의 언어, 저주의 언어, 인사의 언어, 기도의 언어 등을 언급합니다.

이 예들은 언어가 하나의 본질적인 기능을 가지고 하나의 목적을 수행하는 도구가 아니라 다양한 목적을 위해서 사용되는 것임을 보여줍니다. 다양한 종류의 언어 놀이가 존재하고, 그 언어 놀이들은 명령하고 묻는 등 다양한 방식으로 사용되고 있습니다. 그리고 도구가 그 기능과 용도에 의해 이해되듯이, 언어 역시 인간의 삶 속에서 수행하고 있는 기능과 용도에 의해 이해될 수 있습니다. 그런데 "이러한 다양성은 한번 주어진 그대로 확정되거나 고정되어 있는 것이 아니다. 오히려 새로운 유형의 언어들이나 새로운 언어 놀이들이 생겨나고 어떤 것은 없어지며 망각된다"(23.)[11]라고 합니다.

언어 놀이는 영원히 고정되어 있는 것이 아닙니다. 언어 놀이는 항상 새로 생겨나기도 하며 쓰이지 않는 언어 놀이는 사라지기도 합니다. 그러므로 "우리의 언어는 하나의 고대 도시로 볼 수 있을 것이다. 좁은 거리들과 광장들, 옛날 집들과 새 집들, 여러 시대를 거치면서 증축된 집들, 또한 똑바르고 규칙적인 거리와 통일된 형태의 집들로 둘러싸인 도시와 같다"(18.)라고 합니다. 그리고 언어 놀이에는 공통된 본질은 없고, 중복되고 겹치는 "가족 유사성(family resemblance)"만 있을 뿐이라고 합니다. 따라서 언어 놀이의 종류가 다양한 만큼 그들 간의 한계도 분명하게 구분되는 것이 아니고 서로 중복되기도 합니다. 그리고 이처럼 언어 놀이가 다양한 것은, 우리가 살아가는 방식이 다양하기 때문이라고 할 수 있습니다.

(3) 가족 유사성

앞에서 우리는 언어 놀이의 다양성을 살펴보았습니다. 그런데 비트겐슈타인은 이렇게 다양한 언어 놀이의 공통된 본질에 대해서는 어디에도 언급하고 있지 않습니다. 우리는 일반적으로 모든 놀이에 공통된 어떤 것이 있어야만 그것을 '놀이'라고 부를 수 있다고 생각하는 경향이 있습니다. 그러나 그는 "공통된 것이 있어야만 하고 만일 그렇지 않으면 그것들을 놀이라고 할 수 없다'라고 말하지 말고, 모든 것에 공통된 것이 있는지 우선 살펴보라"(66.)라고 말합니다. 우리가 그것들을 실제로 살펴보면 어떤 공통적인 것을 볼 수는 없고, 그것들 속에서 복잡하게 서로 다른 방식으로 관련되어 있는 유사성만을 볼 수 있기 때문입니다.

이것을 구체적으로 살펴보기 위해 비트겐슈타인은 역시 놀이 비유를 듭니다. 장기 놀이, 바둑 놀이, 구기 놀이가 있다고 가정해봅시다. 이들 모두에 공통되는 어떤 공통점이 있다고 할 수 있는가요? 장기 놀이의 여러 가지 관계를 관찰하고 바둑 놀이로 넘어가 보면 장기 놀이와 공통된 점도 찾아볼 수 있지만, 장기 놀이가 가지고 있지 않은 특징도 많이 발견할 수 있습니다. 다시 구기 놀이로 넘어가 보면 몇 개의 공통점은 남아 있지만 바둑 놀이가 가지고 있는 더 많은 특징은 사라지고 말 것입니다. 그러므로 수많은 놀이를 계속적으로 비교해본다면 이것들의 공통점은 사라지고, "유사성이 부분적으로 겹치고 교차되는 그물의 조직, 즉 어떤 때는 전면적으로 유사하고 어떤 때는 상세한 점까지도 유사한 조직을 보게 된다"(66.)라고 합니다.

이것은 한 가족의 구성원들 간의 닮음과 같다고 합니다. 한 자녀는 아버지의 코 모양, 눈빛, 머리 색깔을 그대로 닮았습니다. 그러나 다른 자녀는 코의 모양은 닮았으나 눈빛, 머리 색깔은 완전히 다릅니다. 또 다른 자녀는 이 모든 특성은 닮지 않고 걸음걸이와 기질만 물려받았을 수도 있습니다. 따라서 가족 구성원들 속에는 어떤 공통된 특성은 발견할 수 없고 '겹치고' '교차되는' 유사성만 볼 수 있습니다. 이러한 생각을 바탕으로 해서 "가족 유사성"이라는 전대미문의 개념을 안출해낸 것입니다(67.).

이를 언어에 적용해서 비트겐슈타인은 이렇게 말합니다. "우리가 언어라고 부르는 모든 것에 공통된 어떤 것을 가지고 있는 것이 아니라, 수없이 상이한 방식으로 서로 관련되어 있다. 우리가 그것들을 모두 '언어'라고 부르는 것은 이 관계 혹은 관계들 때문이다."(65.) 언어에는 단 하나의 공통된 본질은 없으며, 단지 다양한 방식으로 서로 얽혀 있는 관계들만이 있을 뿐이라는 것입니다.

그런데 놀이라고 불리는 것에 어떤 공통된 것은 없다 할지라도 다양한 종류의 놀이의 예를 통해서 우리는 '놀이'라는 단어의 의미를 설명할 수 있다고 봅니다. 또 그러한 예들을 통한 설명에 의해서 자기가 소속되어 있는 사회에서 그 단어가 어떻게 사용되는지를 알게 된다고 합니다. 이처럼 예를 통한 의미 설명이 가능할 수 있는 것은 우리가 동일한 "삶의 형식(form of life)"을 공유하고 있기 때문이라고 비트겐슈타인은 말합니다. 그래서 그는 삶의 형식이 일치하지 않으면 의미의 설명이 성공할 수 없다고 말합니다.

(4) 언어의 규칙성

언어를 놀이와 비교할 때 가장 두드러진 것은 언어와 놀이가 모두 규칙에 의해 지배되는 활동이라는 점입니다. 비록 놀이가 다양하지만, 그렇다고 규칙 없이 아무렇게나 진행되는 것이 아닙니다. 예를 들어 장기는 장기 나름의 규칙에 따라 진행되는 놀이입니다. 언어도 장기와 다르지 않습니다. 그러나 여기서 비트겐슈타인은 규칙에 대한 규정적인 정의를 내리는 것이 아니라, "규칙을 따르는 것(following a rule)"이 무엇인지를 분석함으로써 언어의 특징을 밝히고자 합니다.

비트겐슈타인에 의하면, 규칙은 그 무엇보다도 공적(public)인 것입니다. 우리가 규칙을 따른다고 할 때, 그것을 단지 한 사람만이 행할 수 있고 그의 생애에서 꼭 한 번만 행해진다고 하는 것은 불가능합니다. 왜냐하면 우리는 이미 어떤 기호에 특정한 방식으로 숙달해 있기 때문입니다. 그러므로 어떤 사람이 단 한 번만 규칙을 따른다고 해도 그 바탕에 이미 규칙을 따르는 관습이 있었기 때문에 가능합니다.

그런데 언어 놀이를 할 때 어떤 규칙적인 행위도 하지 않는다면, 우리는 그것을 언어라고 할 수 있을까요? 비트겐슈타인은 그것을 언어라고 할 수 없다고 합니다. 비트겐슈타인은 이와 같이 규칙성이 없는 언어를 "사적 언어(private language)"로 규정짓습니다. 사적 언어는 규칙성이 없어 다른 사람이 이해할 수 없습니다. 비트겐슈타인은 "우리는 '사적 언어'란 다른 사람은 아무도 이해하지 못하지만 나는 '이해한 듯 보이는' 소리들이라고 부를 수 있을 것이다"(269.)라고 말합니다. 그뿐만이 아닙니다. '사적 언어'라고 하니까 마치 내 자신은 이해할 수 있는 언어가 아니겠는가 싶지만, 나 자신에게서도 규칙성이 없는 언어로써는 언어 놀이가 불가능합니다. 그러므로 사적 언어는 언어라고 할 수 없는 것입니다. 그래서 비트겐슈타인은 사적 언어는 근본적으로 불가능하다고 말합니다. 언어 놀이가 가능하려면 규칙뿐만 아니라 규칙에 따르는 행위가 전제된다는 것은, 언어와 삶의 형식이 밀접한 관계를 맺고 있다는 것을 암시합니다. 비트겐슈타인은 이에 관해 "다른 것들이 함께 움직이지 않는데도 돌릴 수 있는 바퀴는 기계에 속하지 않는다"(271.)라고 멋있게 표현합니다.

2)《철학적 탐구》에서 삶의 형식의 문제

비트겐슈타인에게서 언어는 "삶의 형식"과 밀접히 관련되어 있다고 했습니다. 언어는 그것이 쓰이는 사회의 삶의 형식을 반영하며,

이에 따라 여러 방식으로 나타난다는 것입니다. 언어는 구체적인 사회적 행위로서 단순히 세계를 그리는 것이라기보다는 세계 속에서 인간들 사이의 의사소통의 수단으로 사용됩니다. 그러므로 언어는 인간적·사회적 맥락과 분리될 수 없습니다. 그러면 삶의 형식이 언어가 작동하기 위한 전제 조건임을 먼저 살펴보고, 삶의 형식의 두 가지 국면을 밝히면서 언어와 삶의 형식의 관계에 대해서 알아봅시다.

(1) 정의와 판단에서의 일치

비트겐슈타인은 "언어가 의사소통의 수단일 수 있으려면, 정의 (definition)의 일치뿐 아니라, (아마 이상하게 들릴지 모르지만) 판단에서의 일치(agreement in judgement)가 요구된다"라고 말합니다.

가령 '붉다'라는 단어가 의미하는 바를 알려면 그 말의 정의가 무엇인지를 알아야 하며, 또 그 정의가 서로 일치해야만 의사소통의 수단으로서 사용될 수 있습니다. '붉다'에 대한 정의가 다르다고 한다면 소통하고자 하는 사람들은 그 단어로써 의미하는 바가 다르기 때문에 소통이 될 수 없을 것입니다. 그러니 언어 사용에서 "정의의 일치"가 요구된다는 것은 분명합니다. 그런데 정의의 일치뿐 아니라 그 말에 대한 "판단에서도 일치"가 요구된다고 비트겐슈타인은 주장하고 있습니다.

여기서 "판단에서의 일치"는 무엇을 의미할까요? 여기 이 장소에서 '붉다'라는 단어가 사용되려면 우리가 그 단어에 대해 나타내는 '반응에서 일치'해야 한다는 것입니다. 말하자면 '붉다'라는 단어를 실제로 쓰면서 나타내는 반응에서도 일치가 있어야 한다는 것입니다. 즉, 어떤 특정한 사물의 색에 대해서 그것을 '붉다'라고 하면서도 그 반응에서 서로 일치하지 않는다고 한다면, '붉다'라는 단어는 의사소통의 수단으로서 사용될 수 없을 것입니다. 혹은 그렇게 되면,

우리는 고통이나 슬픔에 대한 단어로써도 서로 의사소통을 할 수 없을 것입니다(72.~74.).

따라서 "판단에서의 일치"는 '단어 적용 방식의 일치', 궁극적으로는 '어떤 것에 반응하고 그것을 바라보는 방식에서의 일치'를 말한다고 볼 수 있습니다. 이와 같은 판단의 일치가 있어야만 언어는 의사소통의 수단으로서 사용될 수 있다는 것입니다.

더 깊이 들어가면, 이는 '인간 행동의 일반적인 구조에서의 일치'라고 할 수 있을 것입니다. 이를 비트겐슈타인은 "삶의 형식에서의 일치"라고 합니다. 즉, 동일한 언어를 사용한다는 것은 동일한 삶의 형식을 공유함을 의미하며, 또 이 언어로써 의사소통할 수 있으려면 정의와 판단에서의 일치가 요구된다고 할 때, 만약 삶의 형식에서 일치한다면 그것은 곧 정의와 판단에서도 일치한다는 것을 의미하는 것이지요.

(2) '삶의 형식'의 두 가지 국면

그러니까 비트겐슈타인에게서 "삶의 형식"은 언어가 작동하기 위한 전제 조건입니다. "삶의 형식"에 관해 비트겐슈타인이 직접 언급한 대목은 얼마 되지 않습니다. 그런 까닭에 이에 관한 이견이 분분한 모양입니다.

인간은 하나의 생물학적 종에 속하므로 동일한 생물학적 공통 특성을 공유하고 있습니다. 이 공통 특성은 인간을 하나의 생물학적 종으로 분류하는 근거이기도 합니다. 개체 보존과 종족 보존에 필요한 여러 가지 행위, 먹고 마시고, 걷고 자고, 사랑하고, 그리고 웃고 울며, 희망하는 일들은 인간의 생물학적인 특징이라고 할 수 있습니다. 이러한 행위들을 우리는 본능에 의한 행위라고 합니다. 이것은 학습을 통해서 배운 행위들이라기보다는 비트겐슈타인의 표현에 의

하면 인간의 "자연사(natural history)"에 속하는 행위들입니다(25.).

우리는 "삶의 형식" 속에 이러한 인간의 "자연사"에 속하는 원시적 행위들이 포함되어 있다고 해야 할 것입니다. 따라서 "삶의 형식"은 판단 양식이나 반응 양식, 그리고 인간의 생물학적 특성에 뿌리를 둔 원시적 행동 양식 등을 지시한다고 볼 수 있습니다.

그러나 판단 양식과 반응 양식은 사람들의 삶의 시간과 공간의 차이에 따라 동일하지 않다는 것이 하나의 사회적 사실로서 드러나 있습니다. 이러한 사회적 사실에 근거하여 이제까지 비트겐슈타인의 연구가들 대부분은 비트겐슈타인의 "삶의 형식"은 그런 문화적 특성을 지닌 것으로 파악했습니다. 따라서 그것은 문화 공동체에 따라 특수하고 상이한 것으로 파악되었습니다.

비트겐슈타인의 "삶의 형식"을 전적으로 문화적인 것으로만 해석하기도 했는데, 이러한 종래의 해석이 옳지 않다는 것은 분명합니다. 왜냐하면 "삶의 형식"은 인간의 원시적 행동 양식과 같은 자연사를 포함하고 있으며, 이런 자연사에 속하는 행동은 문화적 소산이라고 볼 수 없기 때문입니다. 또한 이것은 인간이 생물학적 종에 속하기 때문에 모든 인간에게 공통적인 것, 따라서 문화의 차이와 무관한 것이라고 볼 수 있기 때문입니다.

"삶의 형식"의 문화적인 국면을 보여주는 가장 두드러진 사례를 우리는 비트겐슈타인의 '오리-토끼의 형상'에 관한 논의에서 발견할 수 있습니다. 비트겐슈타인은 오리-토끼의 형상을 "형태 교체(gestalt shift)"의 한 예로 논의하고 있는데(xi.),[12] 그는 그 예로서 어떤 현상을 지각하며 그것을 조직하여 보는 방식이 어떤 성질의 것인지를 보여주려고 합니다. 동일한 형상이 우리가 어떻게 보느냐에 따라 토끼의 머리로도, 오리의 머리로도 보입니다. 오리-토끼의 형상을 보는 것은 그 형상이 망막에 나타난 사진을 보는 것이 아닙니다. 즉, 눈이 보

<그림 7-1> 오리-토끼의 형상

는 것이 아니라 눈을 통해서 사람이 보는 것입니다. 보는 것은 조직화를 포함합니다. 그것은 시야에 놓인 하나의 사물이 아니라 시야에 놓여 있는 사물들이 보이는 방식입니다. 실제가 어떤 것인지는 보는 방식을 통해 드러납니다. '삶의 문화적 형식'은 일정한 문화적 틀 안에서 창안된 사물을 보고 판단하는 방식입니다. 이런 삶의 문화적 형식은 여러 가지 사회적 훈련에 의해서 이렇게 혹은 저렇게 달리 형성될 수 있습니다. 오리-토끼의 형상은 보는 방식의 변화 가능성을 시사해주기 때문에, 그것은 삶의 형식의 문화적인 국면을 지시하는 것으로 볼 수 있습니다.

이상에서 "삶의 형식"이라는 개념이 문화적인 국면을 가지고 있음과 동시에 원초적인 국면을 가지고 있음을 보았습니다. 그러면 이두 국면 사이의 관계는 어떠할까요? 앞에서 '삶의 형식의 일치'가 의사 전달 수단으로서 언어가 작동하기 위한 전제 조건이라고 했습니다.

그렇다면 서로 다른 삶의 형식, 즉 삶의 문화적 형식이 다른 사람들 사이의 의사소통의 가능성을 어떻게 설명할 것인가 하는 것이 문제로 등장합니다. 이 물음에 대해서는 다음과 같이 대답할 수 있습니다. 비트겐슈타인에게서 "삶의 형식의 일치가 언어 사용 가능성의 전제 조건이다"라고 했을 때, 그 "삶의 형식"이라는 것은, 일차적으로 원초적 삶의 형식을 나타낸다고 볼 수 있습니다. 따라서 '삶의 형식의 일치'라는 말을 '동일한 삶의 형식을 가지고 있음'으로 번역하여 이것을 삶의 원초적 형식에 적용하면 이렇게 될 것입니다.

인간은 태어날 때부터 생물학적으로 동일하게 구성되었기 때문에, 사물을 보고 판단하며, 사태에 반응하는 장치가 모든 사람에게 동일하게 부여되어 있다. 따라서 우리는 보고 판단하며, 사태에 반응하는 동일한 장치를 가지고 있다고 말할 수 있다. 이와 같은 인간의 생물학적 조건이 인간들 사이의 의사 전달 수단으로서의 언어가 작동할 수 있게 만든다.

여기서 논의를 더 전개해보면, '언어가 작동할 수 있는'이라는 말은 언어 사용자의 측면에서 보면, '언어를 습득할 수 있는'이라는 말로 해석될 수 있습니다. 우리는 외국어를 배울 수 있고, 또한 의사소통의 수단으로서 그 언어를 사용함으로써 문화적 형식이 상이한 나라들의 문화를 알 수 있는 것입니다. 그 바탕에는 암암리에 자연사에 속한 삶의 형식이 작동하고 있는 것입니다.

(3) 주어진 것인 '삶의 형식'

비트겐슈타인에 의하면, 규칙은 그 무엇보다도 공적인 것이며, 따라서 한 사람 이상이 규칙을 따르는 것을 배우는 것이 가능해야 합니다. 그리고 두 사람이 놀이를 하려고 한다면, 규칙을 따르는 방법에서 동일해야 합니다. 규칙을 따를 때 우리는 그 규칙을 어떤 논리적인 이유에 의해서 따르는 것이 아닙니다. 그래서 비트겐슈타인은 "어떤 하나의 규칙을 따르는 것은 어떤 하나의 명령을 따르는 것과 유사하다. 우리는 그렇게 하도록 훈련받으며, 또 그것에 대해 일정하게 반응한다"(206.)라고 말합니다.

놀이에서 규칙을 따르는 것과 마찬가지로 언어에서도 인간은 사회적 훈련을 통해서 언어의 규칙을 습득하며 그 언어를 사용하는 것입니다. 언어교육은 흔히 '예시적 교육'을 통해서 이루어집니다. 이것은 여러 예를 선생이 지시하면서 학생들의 주의를 그 대상에 집중시키는 동시에 하나의 단어를 말하도록 훈련시키는 것입니다. 결국 우리가 언어를 배운다는 것은 훈련에 의해서 그 언어공동체의 실행, 즉 여러 언어 놀이의 규칙을 습득하는 것이라고 할 수 있습니다.

5. 마무리: 비트겐슈타인의 언어철학

비트겐슈타인은 언어에 관한 그의 전기 사상과 후기 사상을 통해, 그리고 그 전환을 통해 언어에 대한 과학주의적인 입장이 어떻게 성립할 수 있는지를 보여줌과 동시에 언어가 과학적이고 지성적인 차원을 넘어서서 실제로 어떻게 사용되고 있는지를 잘 보여줍니다.

《논리 - 철학 논고》에 따르면, 철학에서 언명되는 언어들은 세계를 구성하는 원자사실들과 어떻게 일치 혹은 불일치하는지를 도무지 검증할 가능성조차 없는 것들이고, 따라서 틀린 내용이 아니라 무의미한 것들입니다. 말할 수 없는 것에 대해 침묵해야 한다는 《논리 - 철학 논고》의 마지막 말은 아주 유명하지요. 심지어 그는 자신이 쓴 《논리 - 철학 논고》의 모든 언명조차 사다리를 써서 올라가고 나면 사다리를 버리듯이 버려야 한다고 말했습니다. 자신의 《논리 - 철학 논고》가 말할 수 없는 것을 말한 것처럼 여기는 일종의 논리적 결벽증을 보이는 이러한 그의 말은 철학적인 사유에 대해 경종을 울리기에 충분합니다.

그러나 후기의 《철학적 탐구》에 이르러, 그는 이러한 생각이 대단히 폭이 좁을 뿐만 아니라 언어를 통한 인간의 중요한 활동을 대다수 놓치고 있다고 생각하게 됩니다. 그래서 우리는 그의 《논리-철학 논고》를 읽을 때보다 《철학적 탐구》를 읽을 때 훨씬 많은 성찰을 하게 됩니다. 규칙을 중시하면서 제시한 그의 "언어 놀이"라는 말은, 삶이 무작위로 이루어지는 것이 아니라 일정하게 규칙을 준수하는 방식으로 이루어진다는 것을 말해줍니다. 그런데 그 "언어 놀이"가 다종다양하다는 것을 말함으로써 삶의 규칙 역시 다종다양함을 일러줍니다.

이는 서로 다른 규칙을 가진 언어들이 뒤섞일 때 갈등과 충돌이 일어날 수 있음을 말해주면서, 이를 극복할 수 있는 일종의 윤리적인 측면을 우리에게 일러줍니다. 다만 그러한 갈등과 충돌을 극복하고자 할 때, 일정한 본질이 있어서 핵심 기준의 역할을 하는 것이 아니라 "가족 유사성"에 의거한 일종의 공화적(共和的)인 방식의 타협과 조화가 중요하다는 것을 말해줍니다. 거기에는 당연히 결합되면서 미끄러지기도 하는 일종의 차이와 같은 것이 핵심 원리로 작동하고 있다고 하겠습니다.

마지막으로, 그가 동종의 "삶의 형식"에 의거하지 않고서는 언어 소통이 불가능하다는 것을 제시하는 대목에서는, 여러 언어 놀이를 함께 수행해갈 수 있는 언어공동체의 바탕에 "삶의 형식"이라는 구체적인 감각운동적 행위들의 공통된 복합이 깔려 있음을 말함으로써, 언어에 의한 일상적인 삶과 지성적인 삶 모두를 이해하는 데에 삶에 대한 기초적인 철학이 요구된다는 것을 암시합니다.

그렇다고 해서 비트겐슈타인이 언어를 통해 세계의 의미를 확보한다는 기본적인 관점을 포기하는 것은 아닌 것으로 보입니다. 그에 따르면, 언어야말로 생각의 구체적인 내용일 뿐만 아니라 세계가 우리에게 의미 있게 존재하는 중심축인 것입니다. "나의 언어의 한계는 나의 세계의 한계이다"라고 하는 초기 비트겐슈타인의 말과 "네가 정신 능력이 있기 때문에 그렇게 말을 하는 것이 아니라, 인간인지라 그냥 본래부터 그렇게 말을 하는 것이다"라는 후기 비트겐슈타인의 말을 결합해서 보면, 인간이 접하면서 살고 있는 세계는 인간 고유의 본능적인 언어적 세계라고 할 수밖에 없을 것입니다. 이에 따르면, 우리 인간에게 있어서 언어와 세계가 뫼비우스의 띠와 같은 방식으로 서로 얽혀 있는 셈입니다.

하지만 만약 언어라는 것이 우리에게 주어지는 엄청난 이 물질적인 사물들의 공격에 저항하기 위해 마련된 본능적 장치라면, 그리고 만약 우리가 이 물질적인 사물들의 근본적인 바탕으로 치고 내려가 함께 공명하고 함께 흐르기를 원한다면, 차라리 언어를 물질적인 것으로 보아야 할 것이고, 그렇다면 그 물질적인 언어조차 넘어서서 아예 사물들의 심장 속으로 뛰어들어야 할 것입니다. 이런 점에서, 우리는 감히 비트겐슈타인을 사다리로 이용해서 올라선 다음 사다리인 비트겐슈타인을 버려야 하는 것입니다.

8장

하이데거: 불안과 죽음의 역이용

1. 존재의 불투명성과 이해

마르틴 하이데거(Martin Heidegger, 1889~1976)는 데카르트로부터 면면히 이어져 내려오는 인식 내지 인식론 중심의 근대 철학을 넘어서고자 합니다. 현대 철학자들 대부분이 근대 철학의 아버지라고 불리는 데카르트를 지양하고자 한다는 것은 참으로 묘한 느낌을 줍니다. 그만큼 데카르트가 대단한 철학자라는 것을 일러주는 것이니까요.

간단하게 말하면, 하이데거는 존재론자입니다. 근대 철학은 그 이전의 존재론 중심에서 인식론 중심의 철학으로 크게 바뀐 것인데, 다시 이렇게 하이데거를 통해 존재론이 부각되는 것입니다. 이 점을 유념할 필요가 있겠습니다. 하이데거는 서양의 철학사가 시대를 거치면서 철학의 출발에서부터 형이상학이라는 이름으로 굳세게 힘을 발휘하던 존재 물음을 깊은 망각 속에 빠뜨렸다고 진단합니다. 이러한 진단에서 출발하는 책이 바로 하이데거의 유명한 《존재와 시간(Sein und Zeit)》입니다. 이 책이 발표된 것은 1927년이지만, 실제로는 1926년에 완료된 것으로 알려져 있습니다. 그의 나이 서른일곱 살이었습니다. 참으로 대단합니다.

이 책의 서설은 '존재의 의미에 대한 물음의 해명'이라는 제목을 달고 있습니다. 이 서설에서 가장 돋보인다고 할 수 있는 문장이 하나 있습니다. 그것은 "'존재' 개념은 오히려 가장 불투명하다"라는 것입니다. 이를 바탕으로 해서 우리는 그가 철학사에서 맨 처음으로 제시한 것으로 알려져 있는 "존재론적인 차이", 즉 "존재(Sein)"와 "존재자(Seiendes)"의 차이를 생각하게 됩니다. 이에 관해서는 다음의 이야기를 들어볼 만합니다.

존재와 존재 구조(Seinsstruktur)는 모든 존재자를 넘어서 있으며, 한 존재자가 가지는바 존재하는 모든 가능한 규정성을 넘어서 있다. 존재는 단적으로 초월이다(Sein ist das transcendens schlechthin).[2]

다중적인 의미로 '지시들'이 발견될 수 있는 그러한 도구의 하나를 존재론적으로 분석해보기로 한다. 그러한 '도구'를 우리는 기호에서 발견한다. (……) '……에 대한 기호임(Zeichensein für……)'은 그 자체로 하나의 보편적인 연관의 양식으로 형식화될 수 있어서, 기호 구조(Zeichenstruktur) 자체가 모든 존재자 일반의 '성격 규정'을 위한 존재론적인 실마리를 내주고 있다.[3]

존재는 모든 존재자를 넘어서 있다고 말합니다. 그리고 임의의 존재자에 대한 모든 가능한 규정성을 넘어서 있다고 말합니다. 규정성은 일반적으로 인식에 관련된 것입니다. 어떤 것을 인식한다는 것은 그것을 규정한다는 것과 같은 뜻입니다. 그러니까 존재는 일체의 인식을 넘어서 있다는 이야기입니다. 일체의 인식을 넘어서 있는데, 하이데거 본인은 무슨 권리로 "존재" 운운하는 걸까요? 인식적으로 규정한다는 것은 인식하고자 하는 대상을 보편적인 술어 개념에 귀속시킨다는 것입니다. 그러니까 존재가 일체의 보편적인 술어 개념을 무용(無用)하게 만드는 알 수 없는 곳, 굳이 장소라고 일컬을 수조차 없는 초월적인 그 어딘가에 있다는 이야기가 됩니다. 그렇다고 해서 존재가 초월적인 장소 자체에 있다고 말한다면 중세적인 형이상학의 구도로 되돌아가는 것일 테니, 현대 철학자로서의 면모를 지닐 수는 없겠지요. 차라리 존재를 일체의 술어 개념을 가능하게 하는, 이른바 존재론적인(ontologische) 기반으로 보아야 할 것 같습니다. 그 기반은 비트겐슈타인식으로 말하면 말할 수 없는 것이고, 따라서 말하지 말고 침묵해야 할 것입니다. 문제는 그 침묵입니다. 침묵이라고 해서 말 그대로 아무것도 아닌 것은 아닐 것입니다. 침묵 속에 도사리고 있는 그 전(全) 포괄적인 무엇인가를 '느꼈'다는 것이겠지요. 그렇게 전 포괄적인 느낌을 통해 다가오는 것이 하이데거가 말하는 "존재"가 아닐까 하는 짐작을 하게 됩니다. 그래놓고서 일단 넘어가 보도록 합시다.

또한 하이데거는 모든 존재자 일반의 성격을 규정하기 위해 가져 올 수 있는 존재론적인 실마리로서 기호를 말합니다. 신이건 인간이 건 사물이건 간에 존재한다고 말할 수 있는 일체의 것을 싸잡아 '존재자 일반'이라고 합니다. 존재자들이란 근본적으로 기호로써 지시 될 수 있다고 합니다.

존재자는 우리가 인식해서 기호로써 표기할 수 있는 데 반해, 존재는 인식을 할 수도 없고 기호로써 표기할 수도 없다는 이야기입니다. 조금이라도 논리적으로 생각할 줄 아는 사람이라면 여기에서 의문을 가지지 않을 수 없습니다. 그렇다면 도대체 하이데거 당신은 어떻게 해서 "존재"라고 운운할 수 있느냐? '존재'라는 낱말 자체는 기호가 아니냐? 당신은 지금 '존재'라고 하는 기호로써 존재를 말하고 있지 않은가? 당신이 존재를 가장 불투명하다고 말하는 것 역시 존재에 대한 일종의 규정이 아니냐? 등등.

어쨌든 이에 하이데거는, 존재는 지성적이고 과학적인 인식의 대상이 아니라 이해될 뿐이라고 말합니다. 비트겐슈타인이 인식과 이해를 구분하면서 철학의 작업이 인식이 아니라 이해라고 한 것을 떠올리게 합니다.

이해는 항상 울려 퍼진다(gestimmtes). 이해를 근본적인 실존 범주 (Existenzial)로 해석할 때, 이 현상은 현존재의 존재의 근본 양식으로서 파악된다.[4]

이해는 현존재 자신의 고유한 존재 가능(Seinkönnen)의 실존론적인 존재이다. 더욱이 이 존재는 그 자신에 있어서, 그 자신과 함께하는 존재의 소이(所以, Woran)를 연다.[5]

하이데거가 여기에서 말하는 "이해"는 설명이나 논증 등과 같은 언술 행위와 나란히 옆에 놓을 수 있는 것이 아닙니다. 이해는 인간의 삶에 이미 파고들어 있는 근본적이고 전체적인 조건입니다. 이해를 "울려 퍼지는" 것이라고 말하는 데서 이를 잘 알 수 있습니다. 하이데거에게서 이해는 인간의 존재, 즉 "현존재(現存在, Dasein)"[6]의 존재를 전반적으로 떨어 울리는 어떤 힘과 같은 것입니다. 그 울림으로서의 힘은 현존재인 인간이 '거기 어딘가(Da)'에 '드러나 있다(現)'는 기분(情調, Stimmung)을 불러일으킵니다. 그런데 그 기분은 그저 묘한 느낌에 불과한 것이 아닙니다. 그와 더불어 현존재가 스스로의 고유한 존재를 예감하게 되고 자신의 존재가 어디에 걸려 있는지를 예감하게 되는 그런 느낌입니다. 이해에 관련해서 인간 현존재는 수동적인 상태에 처합니다. 그런데 이해는 이러한 수동적인 예감에 불과한 것이 아니라, 인간 현존재가 항상 어딘가로 자신의 존재 가능성을 향해 기획을 해나가도록 하는 인간 현존재의 근원적인 위력으로 작동합니다.

요컨대 하이데거에게서 이해는 인간이 바로 자신의 존재를 기획해서 형성해갈 수 있는 근본적인 바탕이고 위력인 셈입니다. 여기에서 '자신의 존재'라는 말이 참으로 어렵습니다. 예컨대 이런 질문을 던져봅시다. "당신은 자신의 존재에 대해 관심을 갖고 있습니까?" 마치 길거리에서 "당신은 도에 관해 관심이 있습니까?"라고 질문하는 것과 비슷하군요. "죽으면 내 영혼은 천국에 갈 것이다"라는 대답에는 자신의 존재에 대한 이해가 들어 있습니다. "나는 근본적으로 한계를 지니고 있다"라는 대답 역시 마찬가지입니다. 혹은 "나는 유행에 따라 살지 않으려고 한다"라거나 "나는 사회정의를 위해 목숨을 바치고자 한다"라거나 이와는 정반대로 "나는 닥치는 대로 살고자 한다"라는 언명에도 '자신의 존재에 대한 이해'가 들어 있습니다. 각자는 매 순간 알게 모르게 일정한 태도를 취합니다. 거기에는 이미 자신의 존재에 대한 이해가 들어 있습니다. 다만 자신의 존재에 대한 이해를 특별히 성찰의 대상으로 삼을 때, 그래서 예컨대 "나는 어디에서 와서 어디로 간단 말인가?"라거나 "왠지 나는 불안하다. 이 불안은 도대체 어디에서 온단 말인가?"라는 식으로 고뇌를 하게 되면, 자신의 존재에 대해 이른바 존재론적인 성찰을 하는 셈입니다.

존재가 가장 불투명하기 때문에, 인간의 존재 역시 불투명할 수밖에 없습니다. 그래서 '나의 존재'는 '존재'와 마찬가지로 보편적인 술어 개념들을 총망라할지라도 근본적으로 규정될 수 없는 것입니다. 물론 그렇다고 그 보편적인 술어 개념들과 아예 무관한 것은 결코 아니지요. 그 보편적인 술어 개념들을 일정하게 허용하면서 동시에 넘어서는 것이 바로 나의 존재입니다. 그러나 넘어섰다고 해서 아예 저 너머로 가는 것은 결코 아니지요. 그래서 우리는 차라리 나의 존재는 술어적인 개념과 술어적인 개념 너머를 나누는 그 경계에서 성립한다고 해야 할 것 같습니다. 그 경계를 심연으로 볼 수도 있을 것이고, 모든 차이의 원천[7]으로 볼 수도 있을 것입니다.

그렇기 때문에 인간 역시 수시로 끊임없이 자신의 존재에 대해 물음을 던지는 것입니다. 그런 존재론적인 불투명함으로부터 벗어날 수 없다는 것이 하이데거 철학의 시발점입니다.

2. 현존재의 존재, 세계-내-존재

하이데거는 인간은 누구나 자신이 이 세계를 벗어나서는 존재할 수 없다는 것, 즉 자신이 "세계-내-존재(In-der-Welt-sein)"임을 이미 잘 이해하고 있다고 말합니다. 그러니까 이해는 자신을 구성한다는 것입니다. 이 "세계-내-존재"라는 개념은 하이데거 철학에서 기초가 되는 개념입니다. 일단 다음의 이야기를 들어봅시다.

> 현존재는 그의 존재함에서 이 존재와 관계를 맺는 그런 존재자이다. 이로써 실존(Existenz)의 형식적 개념이 제시되었다. 현존재는 실존한다. 그 외에도 현존재는 각기 내 자신이 바로 그것인 그런 존재자이다. 실존하는 현존재에게는 각자성(各自性, Jemeinigkeit)이 본래성(Eigentlichkeit)과 비본래성(Uneigentlichkeit)의 가능 조건으로서 속하고 있다. 현존재는 그때마다 각기 이 두 양태 가운데 한 양태 안에서, 또는 그 둘의 양태적인 무차별 속에서 실존한다.
>
> 현존재의 이러한 존재 규정들이 이제는 선험적으로(a priori), 우리가 세계-내-존재(In-der-Welt-sein)라고 이름하고 있는 존재 구성 틀에 근거하여 고찰되고 이해되어야 한다. 현존재 분석론의 올바른 단초는 이 구성 틀의 해석에 달려 있다.[8]

어이쿠, 복잡합니다. 여러분 어떻습니까? 매 순간 언제든지 나는 나지요. "나는 나다"라는 언명을 앞세우다 보면 나는 다른 사물들과는 물론이고 다른 사람들과도 완연히 구별되는 것 같습니다. 이를 하이데거는 "각자성"이라는 용어를 만들어 지칭합니다. 그런데 하이데거는 우리 인간을 "현존재(Dasein)"라 한다고 했습니다. 여기에서 독일어 'da'는 '거기에'를 뜻합니다. 철학사에서 'Dasein(다자인, 定在)'

은 'Sosein(조자인, 相在)'과 대비됩니다. '다자인'은 어떤 모습으로건 단적으로 거기에 존재한다는 것이고, '조자인'은 그런 모습으로 존재한다는 것입니다. 전통적으로 다자인은 현존(existentia, existence, Existenz)이라고 하고, 조자인은 본질(essentia, essence, Wesen)이라고 일컬어왔습니다. 여기에서 하이데거가 말하는 "실존(Existenz)"은 바로 이렇게 '단적으로 거기에 있는 현존'을 지칭합니다.

그런데 하이데거는 "현존재의 '본질'은 그의 실존에 있다"[9]라고 말합니다. 그러면서 현존재는 본질보다 실존이 앞선다고 말합니다.[10] 이 말은 《존재와 시간》에서 이렇게 잠깐 나옵니다만, 사르트르에게 전수되어 그 유명한 "현존은 본질에 앞선다(L'exsistence précede à l'essence)"라는 표현으로 정식화됩니다. 이 말은 간단하게 말하면, 인간 존재가 본래부터 정해져 있는 것이 없고, 자기 스스로 자신의 존재를 기획해서 선택한다는 것을 의미합니다. 다만 하이데거에 따르면, 자신의 존재에 대한 기획과 선택이 각자 자기 스스로에게서 성립하면 "본래성"(원뜻은 "자기 자신임")을 확보하는 것이고, 그렇지 않고 자기 외의 다른 존재자들에 의거해서 성립하면 "비본래성"(원뜻은 "자기 자신이 아님")으로 추락한다는 것입니다.

'본래성'이라고 번역되는 'Eigentlichkeit'에서 'eigen'은 독일어에서 '자신의' 혹은 '자기의'라는 뜻을 가집니다. 그러니까 'Eigentlichkeit'는 '자기 자신임'이라고 달리 번역할 수도 있습니다. 하이데거의 이른바 실존철학은 자기 자신인 자기 존재를 기획해서 선택해야 한다는 것을 강조하는 철학이라고 할 수 있습니다. 하지만 위 인용문에서 말하는 "실존"은 그와 같이 '자기 자신임'을 특징으로 하는 자신의 존재를 올곧게 확보했을 때 성립하는 실존이 아닙니다. '형식적 실존'이라고 해서 그 자체로 본질에 앞서서 가능성을 향해 열려 있으면서 거기에 있다는 것을 의미할 뿐입니다.

그런데 여기에서 '거기'를 넓혀서 본 것이 바로 세계입니다. 그래서 이제 형식적 실존으로서의 현존재는 '세계-내-존재'가 되는 것입니다. 말하자면 세계-내-존재로서의 현존재는 자기 자신에 입각해서 자신의 존재를 기획하고 선택하여 확보함으로써 본래적인 현존재가 될 수도 있고, 그 반대로 세계-내-존재이긴 하나 현존재가 자기가 아닌 다른 존재자들에 입각해서 자신의 존재를 방기하면 비본래적인 현존재가 될 수도 있는 것입니다.

여기에서 하이데거는 "내-존재(In-sein)"를 분석합니다. 이 개념은 '세계-내-존재'에 포함되어 있으면서 이를 떠받치는 근본 개념입니다. "내-존재"는 스스로가 드러날 수 있는 근본적인 지평, 즉 세계에 자신이 이미 놓여 있을 뿐만 아니라, 그 지평, 즉 세계를 통해 스스로 내면으로 응축되어 들어오고, 동시에 그 지평을 향해 스스로 외면으로 확산되어 나간다는 것을 의미합니다. 그저 상자 속에 구슬이 들어 있는 것과 같이 들어 있는 것이 아닙니다. 한편으로는 친숙함을, 다른 한편으로는 낯섦을 동시에 구비하고 있는 것이 "내-존재"입니다.

우리는 이미 '바로 지금 여기 이렇게' 우리 속으로부터 우리 앞에 나 자신의 존재를 전개하면서 다시 나 자신의 존재를 우리 자신에게로 감아 넣는 방식으로 '살고' 있습니다. 이러한 우리의 삶 속에 이미 바탕을 이루고 있는 근본 조건이 바로 이해라는 것입니다. 그러니까 예컨대 존재가 이해된다고 할 때, 그 이해의 방식은 존재가 무엇인지를 '명백하게 알겠다'라고 하는 것이 전혀 아닙니다. 그보다는 오히려 "존재가 가장 불투명하다는 것을 삶을 통해서 느낄 수 있다"라는 식의 이야기입니다.

3. 현존재의 존재, 염려

하이데거는 현존재, 즉 인간의 존재가 일단 이렇게 "세계-내-존재"로 이해된다는 것을 보인 뒤, 이제 현존재의 존재를 "염려(Sorge)"로 정의합니다.[11] 이게 무슨 말일까요? 하이데거에 따르면, 인간 현존재는 자신의 존재에 있어서 이 자신의 존재 자체가 문제인 존재자입니다. '어떤 것이 문제가 된다'는 것을 독일어로 하면 'es geht um……'입니다. 이를 직역하면 '어떤 무엇을 둘러싸고 일이 벌어진다'라는 것입니다.

인간 현존재의 존재를 '염려'로 정의한 것은 항상 자신의 존재를 둘러싸고서 신경을 쓰는 존재자가 인간이라는 이야기입니다. 우선 여기에서 우리는 '자신의 존재가 문제가 된다'라는 말을 '아무런 궁극적인 근거도 없이 과연 내가 이렇게 멀쩡하게 살아 있어도 되는 것인가?' 하는 물음으로 바꾸어볼 수 있습니다. 다소 잔인한 것 같습니다만, 또 달리 말하면 니체가 《비극의 탄생》에서 이른 "실레노스적 지혜", 즉 "태어나지 않는 것이 최선이고, 온 곳으로 빨리 돌아가는 것이 차선이다"라는 언명에 담긴 섬뜩한 문제를 자신의 화두로 삼아야 한다는 것입니다.

이에 하이데거는 자기 존재를 문제 삼는 인간 현존재의 근본적인 기분을 "불안(Angst)"이라고 하면서 이를 '염려'와 결합된 것으로 봅니다. '자신의 존재 자체가 문제가 됨'에 들어 있는 본질적인 구조는 "자기를-앞서-있음(Sich-vorweg-sein)"이라고 말합니다. 이를 더욱 자세하게 풀어서 하이데거는 "자기를-앞서-하나의-세계-내에-이미-있음(Sich-vorweg-im-schon-sein-in-einer-Welt)"이라고 합니다. 이때 "자기를 앞서 있음"은 "불안"에서 구체적으로 적시(摘示)되고, 이를 포함한 "자기를 앞서 하나의 세계 내에 이미 있음"은 "염려"의 의미를

충족시킨다고 말합니다. 그러면서 염려를 현존재의 존재라고 말하고 있는 것입니다.[12]

이게 도대체 무슨 말일까요? 과연 우리는 불안한가요? 하이데거가 말하는 불안은 구체적인 사건이나 구체적인 대상을 맞닥뜨릴 것 때문에 불안한 것이 아닙니다. 말하자면 늘, 그리고 이미 불안한 것입니다. 《존재와 시간》을 출간하고 나서 1929년에 하이데거는 프라이부르크 대학에서 취임 강연을 합니다. 그것이 《형이상학이란 무엇인가》라는 책으로 나와 있는데, 거기서 불안에 대해 이렇게 말합니다.

> 불안이라고 하는 근본 기분(根本氣分, Grundstimmung).[13]

> 불안은 현존해 있다. 오직 그것이 잠자고 있을 따름이다. 불안의 숨소리는 모든 현존재를 통하여 울리고 있다.[14]

하이데거의 사상을 이해하는 데 있어서 정말 중요한 것은 '늘, 그리고 이미' 우리가 존재론적으로 어떤 처지에 있는지를 계속 염두에 두어야 한다는 점입니다. 앞에서 우리는 이해라는 것이 근본적으로 '울리는 것'이라고 했습니다. 그런데 여기에서 보면 불안도 모든 현존재를 통해 울리고 있는 것으로 묘사되고 있습니다. 자기를 문제 삼으면서 자기를 앞서 있는 것은 말 그대로 불안하다고 하지 않을 수 없습니다. 기지(既知)의 자신 속에 머물지 못하는 것, 기지의 자신 속에 짐짓 머물러 있지 않으려고 해서가 아니라 어쩔 수 없이 자신 속에 머물러 있지 못하고 자기 자신을 앞서 나가 있을 수밖에 없는 것, 일종의 운명처럼 자신을 넘어서서 어딘가로 향해 나갈 수밖에 없는 것이야말로 불안한 일입니다. 단적으로 말하면, 인간은 존재한다는 것 자체가 불안한 것입니다. 그리고 인간 현존재의 근본 조건이 이러하다면, 불안은 — 불안함으로써만 인간일 수 있기에 — 이른바 인간 현존재가 자기 자신일 수 있는 가능 근거인 셈입니다. 그래서 하이데거는 불안을 "근본 기분(Grundstimmung)"이라고 말합니다.

문제는 이 불안이라는 근본 기분이 존재론적으로 볼 때, 과연 근원적으로 어디에서 움터 나오는가 하는 것입니다. 미리 결론지어 말하면, 그 까닭은 필연적으로 죽음이 도사리고 있기 때문이라고 말할 수도 있지만, 더 넓게 보면 존재 자체가 불투명하기 때문입니다. 이에 관해서는 왜 그런지를 따로 나중에 살펴볼 것입니다.

그러면 결국 '현존재의 존재인 염려'에 대해 그 의미를 풀어서 말하고 있는 '자기를-앞서-(세계-)내에-이미-있음'은 도대체 무엇인가요? 독일어 'sorgen'은 '근심하다', '배려하다', '염려하다', '신경을 쓰다' 등의 뜻을 가지고 있는 동사입니다. 도대체 무엇에 그렇게 신경을 쓰면서 배려하기도 하고 염려하기도 하고 근심하기도 하는 것인가요? 존재하는 이 모든 것에 대해 그러합니다. 여기에는 인간 현존재가 존재하는 모든 것, 즉 존재자 일반을 돌보는 자라는 인식이 깔려 있습니다. 거기에 역시 존재자인 자신을 돌보는 일이 포함된다는 것은 말할 것도 없습니다. 돌본다는 것은 결국 자기가 돌보고 있는 것의 존재에 신경을 쓴다는 것입니다. 이른바 존재자의 존재에 대해 신경을 쓰는 것입니다. 이론적으로 신경을 쓸 수도 있지만, 실천적으로 신경을 쓸 수도 있습니다. 그래서 하이데거는 "'이론'과 '실천'은 자신의 존재가 염려로 규정되어야만 하는 한, 존재자의 존재 가능성들이다"라고 말하기도 합니다.[15]

존재자의 존재에 신경을 쓰는 존재자인 인간 현존재는 바로 형이상학적인 존재자입니다. 그렇다고 현존재가 존재자의 존재를 마음대로 좌지우지할 수 있는 것은 결코 아닙니다. 자신 역시 존재라고 하는 근원적인 지평 속에서 바로 그렇게 존재자의 존재에 신경을 쓰고 있기 때문입니다. 그래서 존재자의 존재, 즉 존재가 열리기를 바랄 뿐입니다. 존재의 열림은 곧 진리에 육박해 들어가는 것입니다. 이렇게 "존재의 열림(Erschlossenheit des Seins)"이라고 하는데, 그렇다면 도대체 그 열리는 장소가 어디일까요? 아무리 생각해도 현존재 자신일 수밖에 없습니다. 존재가 열리는 장소로서의 현존재를 하이데거는 "실존(Existenz)"이라고 합니다. 그리고 실존으로서 존재의 열림을 받아들이는 경험의 통로를 "염려"라고 말합니다. 따라서 존재 일반에 관한 존재론을 펼칠 수 있으려면 현존재의 존재에 대한 실존론을 펼쳐 기초로 삼을 수밖에 없습니다. 이에 하이데거는 현존재의 존재에 대한 실존론을 일반 존재론에 대한 "기초 존재론(fundamentale Ontologie)"이라고 합니다. 이렇게 말합니다.

> 《존재와 시간》에서 실존은 존재의 열림을 향하여 개방되어 있는 존재자, 다시 말하면 인간의 존재를 의미한다. 이 존재자는 존재의 열림을 받아들임으로써 그 열림 속에 서 있다. 이러한 받아들임은 염려라는 이름으로 경험된다.[16]

문제는 하이데거가 현존재의 존재를 염려라고 말하고, 그 염려에서 존재의 열림을 받아들이게 된다고 할 때, 왜 하필이면 그렇게 염려라는 사태를 인간 존재의 근본적인 상태로 보는가 하는 것입니다. 이를 해명하려면 하이데거가 염려의 세 범주적 구조로서 제시하고 있는, "상황에 처해 있음(Befindlichkeit)", "이해(Verständnis)", "빠져 있음(퇴락, Verfallen)" 등 세 가지 근본 범주를 검토해보아야 합니다. 이 중 가장 중요한 것은 "상황에 처해 있음"입니다.

'처해 있음'은 주어진 상황에서 인간이 원초적으로 가질 수밖에 없는 상태를 말합니다. 이는 현존재가 자기의 의도와는 상관없이 '거기(즉, 여기)'에 던져져 있다는, 이른바 "내던져져 있음(被投性, Geworfenheit)"이라는 "현사실성(現事實性, Faktizität)"을 지칭합니다. "현사실성"은 인간 현존재에게만 특별히 적용되는 존재론적인 사실을 말합니다. 이와 관련해서, 하이데거는 다음의 묘한 말을 합니다.

> 현존재는 자신에게 본질적으로 속해 있는 자신의 처해 있음을 바탕으로 하나의 존재 방식(Seinsart)을 갖는데, 그 속에서 현존재는 자기 자신 앞에 가져와지고 자신의 내던져져 있음 속에서 자신에게 열린다.[17]

인간이 여기 이렇게 무작정하게 뜬금없이 내던져져 있다는 것은 그 자체로 엄청난 불투명성을 이미 포함하고 있다고 하겠습니다. 내가 내던져져 있는 것은 분명한데, 어디에서부터 내던져졌는지, 누가 혹은 무엇이 내던졌는지는 전혀 불투명합니다. 그렇지요. 우리는 지금 여기 이렇게 내던져져 있습니다. 나 자신뿐만이 아닙니다. 그러고 보면 주위의 모든 것이 뜬금없이 내던져져 있는 것이지요. '뜬금없이 내던져져 있음'에는 물론 우연성, 특이성, 임의성 등이 함께 포함되어 있습니다.

그러나 내던져져 있음이 그저 막연하기만 할 뿐인 것은 아닙니다. 거기에서부터 이제 인간은 스스로의 존재를 돌보지 않으면 안 되는 운명의 길에 이미 들어서 있는 것입니다. 이를 중시해서 보면 염려, 즉 존재자의 존재를 돌보는 일은 근본적으로 내던져져 있다는 근본 사태로부터 움터 나온 것임을 알 수 있습니다. 요컨대 시초(Anfang)가 애당초 이미 불투명하기 때문에, 그에 따라 "불안"이라고 하는 근본 기분이 "이해"와 더불어 인간 현존재를 에워싸고 있기 때문에, 자신을 포함한 일체의 다른 존재자의 존재를 돌볼 수밖에 없는 현존재의 존재론적인 근본 구도가 생겨난 셈입니다.

그리고 보면 존재자의 존재를 돌보는 염려는 불투명한 데서 시작해서, 불투명한 지평 속에서 이루어지고, 불투명한 방향으로 나아가는 것이라고 하겠습니다. 하이데거가 불투명함을 강조하는 것은 아닙니다. 이는 하이데거 철학을 우리 나름대로 이해하기 위한 개념적인 장치입니다.

4. 불안과 무를 통한 존재의 불투명성

존재론적인 염려가 결국 불투명한 방향으로 나아갈 수밖에 없는 것은 염려로서의 인간 현존재가 벗어날 수 없는 근원적인 불안이 그 바탕으로 작동하고 있기 때문입니다.

> 불안은 현존재의 존재 가능성으로서, 그 속에서 열리는 현존재 자신과 더불어 일관되게 현존재의 근원적인 존재 전체성(Seinsganzheit)을 확실하게 붙들 수 있는 현상적인 토대를 제공한다. 현존재의 존재는 염려로서 드러난다.[18]

여기에서 논리적으로 한 걸음을 내딛어봅니다. 존재자의 존재를 돌보고자 하는 염려가 불안에서 제공되는 현존재의 존재 전체성과 연결되어 있다고 할 때, 불안은 존재자의 존재를 돌보고자 하는 염려에 도대체 어떤 방식으로 작동할까요? 이에 대해 하이데거는 심각한 말을 합니다.

> 불안 속에서는 '전체로서의 존재자'가 온통 흔들린다.[19]

그렇습니다. 전체로서의 존재자가 온통 흔들린다는 것은 존재자 일반의 존재가 오리무중에 빠져들면서 깊고 어두운 심연(Abgrund), 'ab‐Grund', 즉 '근거를 벗어나 있음'(달리 직접적으로 말하면, '바닥이 없음')을 드러낸다는 것을 말합니다. 심연은 불투명성과 더불어 철학적 사유의 깊이를 더하는 데 대단히 근본적인 개념입니다. 불안을 통해 존재하는 것 일체가 아무런 근거도 마련하고 있지 못하다는 것이 존재자의 배후에서부터 전면으로 일관되게 드러난다는 것입니다. 이는 그냥 보면 알 수 있습니다. 이 모든 것은 무작정하게 그냥 있을 뿐, 그 어떤 존재론적인 근거도 드러내지 않고 있지 않습니까. 하이데거는 이 같은 존재자의 존재가 드러내는 깊고 어두운 무근거의 심연을 "무(無, Nichts)"라고 말합니다. 불안은 바로 존재자의 존재에서 "무"가 그 '얼굴 없는 얼굴'을 내미는 정확한 통로였던 것입니다.

불안은 무를 드러낸다.[20]

우리는 미끄러져 달아나는 전체로서의 존재자와 더불어 무가 나타난다고 말하였다.[21]

그리고 보니, 현존재가 늘, 그리고 이미 불안이라고 하는 근본 기분에 휩싸일 수밖에 없는 까닭은 "무" 때문입니다. "무" 때문에 불안하고, 불안을 통해 "무"가 드러나는 것입니다. 이를 중시하면, 그리고 불안과 염려를 통해 존재자의 존재를 돌볼 수밖에 없다는 사실을 함께 중시하면, "무"를 수반하지 않고서는 존재자의 존재가 열릴 수 없다고 말하게 됩니다. 특히 현존재의 입장에서 보면 더욱 그러합니다.

만일 현존재가 미리 앞서서 무(無) 속에 진입해 있지 않다고 하면, 현존재는 결코 존재자에 관계할 수 없을 것이요, 따라서 자기 자신에게도 관계할 수 없을 것이다. 무의 근원적인 개시성(開示性, Offenbarkeit)이 없이는 자기 존재(자아)도 자유도 없다.[22]

인간은 이미 깊고 어두운 심연 속에 빠져들어 있고, 그 심연의 한 가운데 서서 존재하는 것들 전체에 신경을 쓰고 있습니다. 그렇게 빠져들었기 때문에 존재에 신경을 쓰면서 이른바 형이상학적인 존재로 살아가는 것이 인간입니다. 달리 말하면, 이는 꽉 차 있는 존재자들의 끈질긴 접착성 속에, 마치 벌레가 거미줄에 걸린 것처럼, 함께 범벅이 되어 걸려 있다면, 도대체 인간은 인간일 수도 없고, 따라서 뒤이어 나타나는 자아도 자유도 없다는 이야기가 됩니다. 인간은 존재하는 것들, 즉 존재자들이 각기 벌어져 있는 깊고 어두운 심연 속에 서 있음으로써만, 즉 무와 맞닥뜨리면서 그 무가 보여주는 존재자의 존재의 배면을 통해서만 인간으로서 살아갈 수 있다는 이야기입니다. 저 앞에서 일체의 술어적인 개념과 그 너머의 경계선상에서 인간 존재가 설립된다고 말한 것을 되새기기 바랍니다.

그런데 어떤가요? '존재의 불투명성'에 이미, 그리고 늘 이러한 사태가 함축되어 있지 않습니까? 그러고 보면 '무'는 '존재의 불투명성'에 대한 다른 존재론적인 이름이라고 하지 않을 수 없습니다. 그러고 보면 존재와 무는 서로의 이면을 형성한다고 할 수 있습니다. 아울러 '무'는 '모든 불투명성의 근원'이라고 말하게 됩니다. '무'는 존재하는 것들, 즉 존재자처럼 '있는 것'도 아니고, "나는 돈이 없다"라고 할 때처럼 '없는 것'도 아닙니다. '무(Nichts)'는 '존재(Sein)'와 마찬가지로 필증적 명증성에서 요구되는 있음과 없음의 판별을 벗어나 있습니다. 불투명하다는 것은 우선 이같이 필증적 명증성에서 요구하는 유무의 정확한 판별을 벗어나는 데서 성립합니다.

그렇기 때문에 무도 존재와 마찬가지로 불투명하다고 말해야 하지 않을까 하는 생각이 들기도 합니다. 그러나 무가 불투명한 것이 아니라, 존재가 가장 불투명한 것이고, 따라서 우리는 존재와 무의 결합 방식이 바로 불투명성이라고 말할 수 있을지언정, 무가 불투명하다고 말할 수는 없습니다. 존재와 무의 결합 방식을 운위하게 되는 것은, 하이데거가 무가 존재자의 존재에 속한다고 말하고 있기 때문입니다. 그뿐만 아니라 그렇기 때문에 존재가 유한하다고 말하기조차 하기 때문입니다.

> 무는 존재자에 대한 막연한 대립자에 그치는 것이 아니라, 존재자의 존재에 속하여 있는 것으로서 자신을 드러낸다.[23]

> 존재 자신이 본질적으로 유한하며, 또 무 안으로 진입되어 있는 현존재의 초월 속에서만 자신을 드러내는 까닭이다.[24]

존재가 유한하다는 것은 존재자가 유한하다는 것과는 차원이 다릅니다. 존재자가 유한하다는 것은 존재자 간의 외적인 관계에서 그러한 것이지만, 존재가 유한하다는 것은 무와 결합되어 있다는 점에서 그러한 것입니다. 만약 존재와 무의 결합 방식을 불투명하다고 말하게 되면, 그러면서 어떻게 그렇게 결합될 수 있는가 하는 원천을 따지게 되면, 어쩌면 불투명성이야말로 존재와 무를 넘어선 어떤 차원에서부터 근원적으로 움터 나오는 것이라고 말하게 될 것입니다. 아무튼 하이데거는 무가 그저 깊고 어두운 존재자의 심연으로 다가오기만 할 뿐 아니라, 그러면서 존재자에 대해 강력한 작용을 행사하는 것으로 말하고 있습니다. 이는 "무화(無化, Nichtigen) 작용"이라는 개념으로 이렇게 제시됩니다.

존재자의 존재 속에서 무의 무화(Nichtigen) 작용이 일어난다.[25]

오로지 무가 현존재의 근거 속에서 드러나 있는 까닭에, 존재자의 아주 괴이한 성격이 우리를 엄습하여 온다. 오직 존재자의 괴이한 성격이 우리를 압박하여 올 때에만, 존재자는 경이를 불러일으키며 또 경이의 대상이 된다.[26]

존재자가 무의 무화 작용 때문에 자신의 존재에 있어서 괴이한 성격을 지니고서 우리를 엄습하여 압박하고, 또 그렇기 때문에 역시 존재자의 하나인 현존재로 하여금 그 근거에서부터 무를 드러내지 않을 수 없도록 한다는 이야기입니다. 그럼으로써 존재자가 경이의 대상이 된다는 것은, 그럼으로써 존재자가 철학의 출발점이 되고 형이상학의 출발점이 된다는 이야기입니다. 그 바탕에는 일체의 존재자가 아무런 근거도 없이 '뻔뻔스럽게 주어져 있다'는 사태가 작동하고 있다고 하겠습니다.

5. 현존재의 존재, 죽음을 향한 존재

여기에서 우리는 현존재에서 드러나는 무와 현존재의 죽음을 견주게 됩니다. 하이데거는 《존재와 시간》에서 죽음을 통해 현존재가 실존할 가능성이 열린다고 하면서 현존재를 "죽음을 향한 존재(Sein zum Tode)"로 규정합니다.

현존재의 종말인 죽음은 현존재의 가장 고유한, 무연(無緣)한, 어떤, 그리고 그러한 무규정적인, 〔도저히〕 능가할 수 없는 가능성이다. 죽음

은 현존재의 종말로서, 자신의 종말을 향한 현존재의 존재에서 존립한다.[27]

본래적인 죽음으로의 존재는 현존재의 실존적인 가능성을 의미한다.[28]

여기에서 죽음은 무규정적이고, 그래서 그 어떤 것과도 견줄 수 없고, 그렇기에 도무지 능가할 수 없는 현존재의 가능성인 것으로 묘사되고 있습니다. 그 내용으로 보아 죽음은 말 그대로 불투명합니다. 그냥 생각해보아도 죽음만큼 불투명한 것은 없습니다. 그래서 '죽음'을 어떤 철학자는 '최고의 타자'라고 말하기도 합니다.

인간 현존재의 불투명성이 성립한다고 할 때, 그것은 일차적으로는 이러한 불투명하기 이를 데 없는 죽음으로의 가능성 때문이고, 더 깊이 들어가 보면 존재의 불투명성 때문입니다. 죽음과 무가 연결되는 것은 당연하고, 그 연결의 확실한 매개는 불투명성이라고 할 수 있습니다. 인간 쪽에서만 보면, 죽음만큼 불투명한 것은 있을 수 없습니다. 그러나 인간의 관점을 넘어서면, 존재 자체가 불투명한 것이고, 죽음이란 존재의 불투명성이 근원적으로 드러나는 근원적 사건인 셈입니다.

현존재의 죽음에 대한 존재론적인 시선이 존재자 전체의 존재로 확산되면, 죽음은 존재자의 존재 속에서 존재자를 무화하는 무로 확장됩니다. 따라서 존재에 무가 결합되어 속해 있듯이, 현존재에게는 이미, 그리고 늘 죽음이 결합되어 속해 있는 것입니다. 그리고 보면 죽음은 나중에 다가올 순간적인 사건이 아니라, 현존재의 바탕에서부터 근거가 되는 영속적인 사건인 셈입니다.

6. 근원적 불투명성을 견뎌내는
방책, 시작(詩作)

존재와 결합한 상태로 존재자의 중심을 뚫고 올라오는 '무의 무화 작용'은 현존재를 거치면서 죽음과 불안으로 나타나, 현존재는 물론이고 존재자들에게서 말을 빼앗아가 버리는 것이 됩니다.

> 불안 속에서 모든 사물과 우리 자신은 아무래도 좋은 것이 되고 만다.
> 　　존재자들은 더 이상 우리에게 말을 걸지 못한다.
> 　　불안이 우리에게서 말을 박탈해간다.
> 　　불안에서는 모든 '존재 - 진술(Ist - sagen)'이 침묵 속으로 빠져버리며 단적으로 무가 된다.[29]

그렇다고 전혀 말이 없는 것은 아닙니다. 오히려 존재자의 말이 사라졌기 때문에 그 장엄한 침묵 속에서 존재가 말을 하기 시작하는 것입니다. "언어는 존재의 집이다"[30]라고 할 때, 언어는 존재자는 물론이고 우리 인간 현존재의 언어조차 아닙니다. 그것은 '존재의 언어'입니다. 그런데 하이데거는 이 존재의 언어가 없이는 인간이 근원적으로 살 곳이 없는 것으로 봅니다. 인간의 지성 내지 이성으로써는 존재의 언어에 결코 접근할 수 없다는 것은 물론입니다. 그래서 하이데거가 말하는 것이 바로 "시작(詩作, Dichtung)"입니다.

> 시작이 존재자의 탐색보다도 더욱 참되다.[31]

시를 쓴다는 것은 존재의 언어를 듣는 것이고, 존재의 언어로 사유하는 것이고, 그럼으로써 인간과 존재자를 넘어선 지점에서 이쪽 인간과 존재자 쪽으로 넘어오는 작업인 셈입니다.

언어 자체는 본질적인 의미에 있어서 시작(詩作, Dichtung)이다. 그러나
이제 언어는 인간 일반에 대해 처음으로 존재자로서의 존재자가 열리
는 사건이기 때문에, 창작(Poesie), 즉 좁은 의미의 시작(詩作)은 본질적
인 의미에 있어서 가장 근원적인 시작(詩作)이다. 따라서 언어는 근원
창작(Urpoesie)이기 때문에 시작(詩作)이 아니다. 언어가 시작(詩作)의
근원적인 본질을 보전(保全)하기 때문에, 창작은 언어 속에서 생기(生
起)한다.[32]

언어는 인간에게 "존재자로서의 존재자"(이는 대체로 "존재"로 이해됨)
가 처음으로 열리는 시작(始作)이면서 더 근원적으로 말하면 근원적
인 창작(Poesie), 즉 존재에서의 창작이라는 이야기입니다. 그리스 말
로 'poesie'는 본래 제작을 의미합니다. 그러니까 존재의 근원적인 제
작이 바로 언어라는 이야기입니다. 이제까지 살펴온 존재의 불투명
성에 견주어 보면, 언어는 근원적으로 불투명함을 바탕으로 해서 발
설되는 것이 아닐 수 없습니다. 따라서 이성 내지 지성으로써 고정시
킬 수 있는 낱말이나 문장의 의미를 가지고서는 결코 시를 쓸 수도,
읽을 수도 없습니다.

하이데거의 이러한 시작(詩作)으로서의 언어관에서 우리는 존재
의 불투명함이란 기실 그 자체로 그저 무의미함을 의미하거나 도무
지 넘어설 수 없는 단단한 벽을 의미하는 것이 아님을 알게 됩니다.
오히려 존재의 불투명함은 삶과 세계를 더욱 심오하고 경건하게 이
끌어가는 원동력임을 알게 됩니다.

《존재와 시간》에서 현존재의 자기 존재 가능으로서의 '실존'이 그
자체로 자신의 존재를 적극적으로 긍정하는 실존론적 형식의 차원

에서 성립하는 것이라면, 이제 존재의 언어를 통한 시 창작의 근원적인 경지로 나아가는 것은 현존재가 자신의 존재, 즉 실존을 그 현사실적인 내용의 차원에서 적극적으로 긍정하는 것이라고 할 수 있습니다.

존재의 불투명성을 근원적인 벽으로 여기지 않고 오히려 그 불투명성의 심연 속으로 뛰어듦으로써 존재의 언어를 듣는 인간 현존재의 모습을 목도하면서, 우리는 우리 인간 현존재가 어떻게 자신의 자기 존재 가능인 실존을 확보하고, 그럼으로써 자기의 존재 자체를 적극적으로 긍정하게 되는지를 아울러 보는 것입니다.

요컨대 근원적으로 불투명한 삶을 견뎌내는 것은 인고(忍苦)가 아니라, 알고 보면 존재자 전체를 포섭하면서 그 전체의 밑바탕에서 움터 나오는 '시적인 의미'를 끌어들여 보호함으로써 나의 존재를 존재에게로 넘겨주고 아울러 존재를 나의 존재로 넘겨받는 상호 교환적인 거대한 '존재론적·시적 원환'인 것입니다. 그래서 존재의 불투명함은 현존재 쪽에서의 "내버려 둠(Gelassenheit)"으로 나타나는 것이라고 말할 수 있습니다. 그것이 하이데거가 말하는 불투명성의 존재론의 귀결이라고 할 것입니다.

> 언어라고 하는 거처에 인간은 산다. 사유하는 자와 시작하는 자는 이 거처의 파수꾼이다.[33]

언어가 존재의 집이라면, 그리고 언어라는 거처를 지키는 파수꾼이 인간이라면, 또한 언어를 통해 존재에로 빨려 들어가는 자신을 내버려 두는 것이 또 다른 의미의 현존재의 실존적인 존재 방식이라면, 압축해서 말하자면 인간이란 '존재=무=심연'이라고 하는 불투명성의 근원적인 지대로 인간 자신을 몰고 가는 것을 기꺼이 받아들임으로써 오히려 자신의 존재를 적극적으로 긍정하는 것입니다. 여기에는 하이데거가《존재와 시간》에서 현존재의 존재를 궁극적으로 부정성(Nichtigkeit)으로 본 것이 그 바탕의 논리로 작동하고 있습니다. 현존재의 부정성과 존재의 불투명성이 하나로 결합되는 데서 삶을 적극적으로 긍정하게 된다는 이야기입니다.

7. 마무리

하이데거의 철학에서 시발점이 되는 것은 불안이라고 하는 근본 기분입니다. 이는 우리 인간의 존재가 근본적으로 근거가 없다는 것을 말합니다. 근거가 없음은 심연입니다. 우리 존재 자체가 심연인 셈입니다. 그런데 하이데거의 사유는 인간의 존재에 한정되지 않습니다. 존재 자체에 대한 사유로 넘어갑니다. 존재가 바로 심연, 즉 무라고 말합니다. 하이데거에게서 존재와 무는 거의 동일합니다.

나의 존재 자체가 근원적으로 아무런 근거가 없다는 것, 거기에서 발원하는 불안을 도무지 견디지 못해 이미 그 불안으로부터 도피해버리는 일은 허다합니다. 이를 하이데거는 "평균성(Durchschnittlichkeit)"을 띤 인간 현존재로 봅니다. 그러면서 이렇게 말합니다.

사람들 자신(Man selbst)이 타인들에게 속하고 그들의 권력(Macht)을 공고히 한다. 사람들이 타인들에 속한 고유한 본질적인 귀속성을 은폐하기 위해서 그렇게 명명하고 있는 '남들'이 곧 일상적인 서로 함께 있음에 우선 대개 '거기에 있는' 그들이다. 그 '누구(Wer)'는 이 사람도 아니고 저 사람도 아니고, 사람들 자신도 아니며, 몇몇 사람도 아니고, 모든

사람의 총계도 아니다. 그 '누구'는 중성자(Neutrum)로서 그들(世人, das Man)이다.[34]

"그들(das Man)"이 나옵니다. "그들"은 말 그대로 그들이라기보다 '내 자신 속의 그들'입니다. 내가 불안으로부터, 무근거로부터, 무로부터, 죽음으로부터, 그 섬뜩한 불투명함과 낯섦으로부터 도피한다고 할 때, 내가 그 도피를 실현할 곳은 일상적인 평균성을 띤 타인들과의 무차별한 관계 속입니다. 그럴 때, '그들인 나'가 성립한다는 것입니다. 하이데거는 이와 같은 현존재의 존재 방식을 "비본래적(uneigentlich)"이라고 합니다. 자기 자신의 것이 아니라는 이야기지요. 그러면서 그 징표로서 잡담, 호기심, 공공적인 애매함을 제시하고, 이런 징표들이 나의 존재를 장악할 때 그런 만큼 나는 존재자에 "둘러빠져 있다(둘러빠져 있음, Vergefallenheit)"라고 말합니다.

하이데거 철학의 원동력은 나의 존재가 본래 근거가 없는 절대적인 우연성에 입각한 것임을 정확하게 받아들임으로써 비로소 무인 존재가 열리는 터가 될 수 있다는 것입니다. 그렇게 살 수 있을까요? 누가? 시인과 예술가가 특히 그러합니다.

9장

바타유: 관능과 죽음의 철학

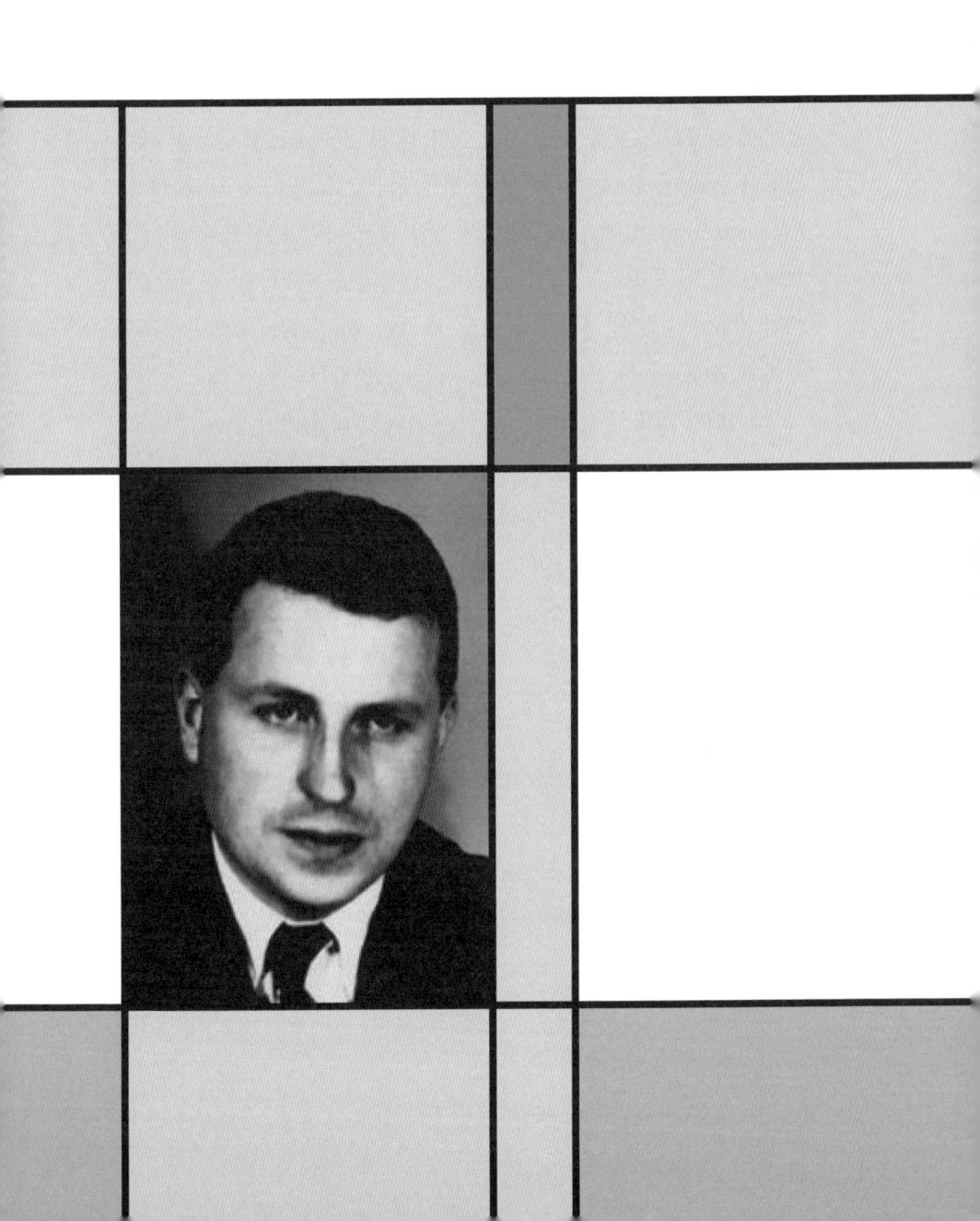

1. 탈궤도의 사상가

조르주 바타유(Georges Bataille, 1897~1962)만큼 이단적인 사상을 펼친 인물은 드물 것입니다. 매독 환자이자 맹인이었던 아버지, 우울증을 동반한 정신착란에 시달린 어머니, 그런 가족 상황에서 그는 성직자가 되고자 마음먹고 가톨릭 신학교에 입학했으나 25세에 신앙을 버리고 무신론(atheisme)으로 돌아섭니다. 그와 동시에 그는 '속된 유물론(base materialism)'이라는 개념을 통해 관념론은 물론이고 관념론적인 냄새를 풍기는 기존의 모든 유물론을 비판하고자 했습니다. 특히 초월론적인 독일 철학이 프랑스로 유입되어, 심지어 초현실주의 같은 아방가르드에서조차 지배력을 발휘하는 관념론을 공격하지 않고서는 구체적인 삶의 비밀을 드러낼 수 없다고 생각했습니다. 그래서 그는 사치, 애도, 전쟁, 제의, 게임, 스펙터클, 예술, 도착된 성행위 등이 갖는 과잉의 힘들에 대해 적극적으로 관심을 기울였습니다. 바타유는 평생을 통해 종교, 예술사, 문학비평, 정치경제학, 철학 등과 같은 거대한 영역들을 섭렵하면서도 결코 체계적인 이론을 건립하고자 하지 않았다고 합니다. 군이 말하자면 어떻게 비체계적인 방식으로 전반적으로 체계적인 탐색을 할 수 있는가에 몰두했다는 것이지요.

그는 모리스 블랑쇼, 미셸 레리스(Michel Leiris, 1901~1990), 피에르 클로소프스키(Pierre Klossowski, 1905~2001), 자크 라캉 등 당시 프랑스에서 주변적인 지성인이었던 인물들과 교류하면서 그의 사상 작업을 발전시켜 나갔습니다. 그만큼 예외적인 사상가였던 것이지요.

특히 그는 잡지 《아세팔(Acéphale)》(1936~1939)을 창간하여 주도하면서 일종의 비의적인 그룹을 지도한 것으로 알려져 있습니다. 이 그룹의 입문 의식(儀式)이 아주 특이했다고 합니다. 심지어 누군가 원한다면 자신의 목을 내놓아 잘라도 좋다는 선언을 하도록 했다고 합니

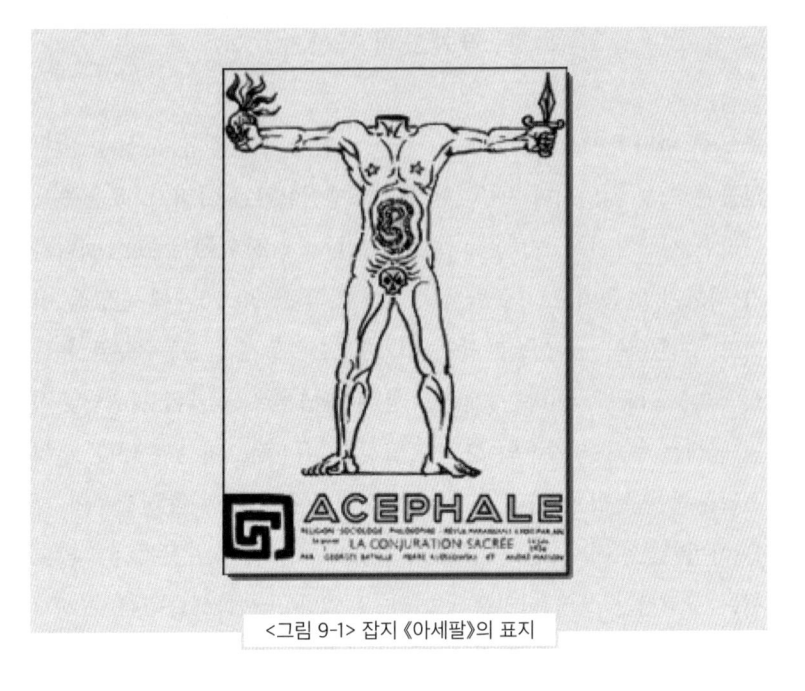

<그림 9-1> 잡지 《아세팔》의 표지

다. 물론 아무도 그런 요구를 한 사람은 없었다고는 합니다만, 그 자체만으로도 섬뜩한 느낌을 주기에 충분합니다. 'acéphale'은 '목이 없는 생물체', '지도자가 없는' 등을 뜻합니다.[1] 이 잡지에 바타유는 〈신성한 주술〉이라는 글을 실었는데, 그 글에서 바타유는 "인간 생명은 우주의 머리와 이성의 자격으로서만 기여하는 것이 아니다. 그 이상이다. 인간 생명이 이러한 머리와 이성이 되는 한, 그리고 그런 한에서 우주에 필요한 존재라고 한다면, 인산 생명은 노예 상태를 받아들이게 된다"라고 말했다고 합니다.

이는 바타유가 니체의 사상을 염두에 두고서 참조한 것이라고 할 수 있는데, 그 목적은 니체의 진면목을 제대로 되살려야 한다는 것이었습니다. 당시 유럽 대부분은 파시즘에 경도되어 있었고, 특히 독일의 나지는 니체를 최상의 사상가 중 한 사람으로 치켜세워 그네들의 반인륜적인 정치적 입장을 사상적으로 정당화하고자 했습니다. 그런데 니체는 나치와 어울릴 수 없는 사상가였습니다. 실제로 니체는, 나치가 내세우는 반유대주의, 국가주의 및 인종주의를 적극적으로 공격한 인물이었습니다. 예컨대 1885년 니체는 여동생과 결별하게 되는데, 그 이유는 여동생이 반유대주의자와 결혼을 했기 때문입니다. 그때 니체는 "인종에 관련하여 뻔뻔스러운 사기 행각을 벌이는 그 어떤 누구하고도 결코 사귀어서는 안 된다"라는 말을 했다고 합니다.

그런데 당시 니체의 사상은 프랑스에 그다지 많이 알려져 있지 않았고, 엄밀히 말하자면 니체의 진면목을 바타유가 처음으로 여러 글을 통해 프랑스에 알리기 시작했다고 해야 할 것입니다. 독일의 히틀러를 중심으로 한 파시즘을 극구 반대했던 프랑스의 지성인들로서는 바타유가 아니었다면 그야말로 니체를 반동적인 사상가로 오인했을 것입니다. 바타유는 니체의 사상에서 무엇을 보았던 것일까요? 그는 니체에게서 그 어떤 궁극적인 목적도 없이 완전히 열려 있어 최대한의 유희를 즐길 수 있는 세계를 보았고, 이를 바탕으로 이성을 넘어선, 최대한의 희열을 만끽할 수 있는 삶의 방식을 확보하고 실천할 수 있다고 여겼던 것입니다.

바타유의 관능적인 소설들은 말할 것도 없고, 오늘 주로 살펴보고자 하는 그의 주저 《에로티즘(L'Érotisme)》[2]만 보더라도 그가 얼마나 반항적이면서도 비의적인 거대한 세계를 제시하고자 하는지를 알 수 있습니다. 특히 그가 사드(Marquis de Sade, 1740~1814)에게서 니체 못지 않은 매력을 느끼고 그 사상의 진폭을 제대로 평가하고자 한 것은 대단하다 하지 않을 수 없습니다. 참고로 말하자면, 20세기 들어 프랑스에서 사드를 처음으로 되살린 인물은 시인 기욤 아폴리네르였습니다. 아무튼 바타유가 죽은 뒤, 그의 작업 스타일과 그가 제기한 물음들은 새로운 세대의 사상가들, 이를테면 자크 데리다, 미셸 푸코, 롤랑 바르트, 쥘리아 크리스테바 등 프랑스 현대 철학의 거장들에게 크게 영향을 미친 것으로 평가됩니다.

2. 에로티즘

1) 불연속성과 연속성

바타유의 에로티즘 이론을 가로지르는 중요한 범주 중의 하나는 "불연속성과 연속성"입니다. 또 다른 중요한 범주는 이와 직결되는 "금기와 위반"입니다. 그리고 이를 통해 "죽음과 에로티즘 및 신성"이 핵심적인 큰 주제로서 다루어집니다. 먼저 바타유의 말을 인용하면서 불연속성과 연속성에 관한 이야기를 하고자 합니다. 그는 이렇게 말합니다.

> 나는 지금 불연속적인 존재들(êtres discontinus)인 우리에게 죽음이 존재의 연속성(continuité de l'être)이라는 의미를 갖는다는 것을 드러내 보이고자 한다. 생식(번식, reproduction)은 존재들의 불연속으로 이어진다. 그러나 생식은 연속성을 활용한다. 즉, 생식은 죽음과 긴밀하게 연결되어 있다. 존재들의 생식과 죽음에 대해 말함으로써 내가 입증해 보이고자 애쓰는 것은 존재들의 연속성과 죽음이 동일하다는 것, 그러니까 둘 다 매혹적이며 그 매혹이 에로티즘을 지배한다는 것이다.[3]

여기에 《에로티즘》에서 말하고자 하는 내용의 절반이 압축되어 있다고 해도 과언이 아닌 정도로, 이 단락은 중요합니다. 이것이 왜 그렇게 중요한지를 알려면 다음의 구절을 함께 읽어야 합니다.

우리는 불연속적이고, 개별적이고 알 수 없는 시점에 홀로 죽을 존재들이다. 그러나 우리는 잃어버린 연속성에 대한 향수를 지니고 있다. 그래서 우리는 우리를 우연한 개별성, 덧없이 소멸하는 개별성에 묶인 상황을 좀처럼 잘 견디지 못한다. 우리는 소멸할 수밖에 없는 우리의 존재가 지속되기를 몹시 불안한 상태에서 욕망하면서 그와 동시에 우리를 일반적으로 존재(être)에 다시 연결하는 일차적인 연속성에 대한 강박을 지니고 있다.[4]

죽고 싶어 하는 자는 아무도 없습니다. 그러나 그저 죽지 않고 꾸역꾸역 삶을 유지하고 싶어 하는 사람도 없습니다. 바타유는 우리 인간들에게 "존재의 연속성"에 대한 끝없는 열망이 있음을 역설하고 있습니다. "존재의 연속성"에 참여하려면 나의 개별성, 즉 타자들과의 관계에서 빚어지는 불연속성을 넘어서야 합니다. 완전히 넘어서게 되면 그건 죽음입니다(물론 실제의 죽음은 연속이니 불연속이니 할 수 있는 개체를 완전히 파괴시키기 때문에 굳이 연속성 운운할 수 없게 만들지요). 그래서 바타유는 죽음이 존재의 연속성이라는 의미를 우리에게 보여준다고 말합니다. 그리고 아울러 존재의 연속성과 죽음이라는 것은 기실 동일한데, 그 까닭은 둘 다 대단히 매혹적이고, 그 매혹으로써 에로티즘을 지배하기 때문이라고 말합니다.

인간 존재에 대한 바타유의 이러한 분석과 진단은 자본주의 체제가 그 위에 설립되는 개인주의적인 삶의 양식을 근본에서부터 파기합니다. 인간은 자신의 불연속적인 개별성을 한껏 드높이는 것을 삶의 지향점으로 삼는 것이 아니라, 어떻게 하면 나를 완전히 넘어선, 이른바 '엑스터시(ek-stasis, 내 바깥에 머물러 있음)'의 완전한 존재의 연속성으로 나아갈 깃인가를 삶의 지향점으로 삼는다고 말하고 있기 때문입니다. 언뜻 보아도 니체의 "디오니소스적 도취"를 바타유 나름으로 새롭게 원용해서 에로티즘과 연결하고 있다는 것을 알 수 있습니다.

2) 연속성과 에로티즘

바타유는 이 같은 "존재의 연속성"을 바탕으로 해서 그가 주제로 삼고 있는 "에로티즘"을 정의하고자 합니다.

> 존재의 고립감, 불연속성 대신에 심오한 연속성을 느끼게 하는 것들은 바로 [몸의 에로티즘, 심정의 에로티즘, 신성한 에로티즘이라는] 세 가지 형태의 에로티즘들이다. (……) 존재의 불연속성과 대립되는 연속성의 개념이 없이는 에로티즘의 전체적인 의미와 그 형태들의 통일성을 간파할 수 없다.[5]

에로티즘의 세 가지 형태, "몸의 에로티즘", "심정의 에로티즘", "신성의 에로티즘"을 말하고 있는데, 언뜻 보아도 만만찮은 내용인 것 같습니다. 그런 가운데 "존재의 심오한 연속성"을 강조하면서, 에로티즘의 세 형태를 통해 이를 느낄 수 있다고 말하고 있으니, 더욱 만만찮은 것 같습니다. 특히 에로티즘을 몸소 제대로 실행해보지 않은 자라면 더 그렇겠습니다.

그런데 불연속적인 개별적인 존재에게서 연속성을 일구어내기 위해서는 그 불연속적이고 개별적인 존재에게 일정하게 폭력을 가하지 않을 수 없습니다. 개별적으로 살아 있는 자를 죽음으로 내모는 것은 당연히 폭력입니다. 그와 마찬가지로, 일반적으로 보아, 존재의 연속성을 실현하고자 하는 것 역시 개별적이어서 불연속적인 자에게 폭력적일 수밖에 없다는 것입니다. 그래서 바타유는 이렇게 말합니다.

> 몸의 에로티즘은 성 파트너의 존재에 대한 침범(violation), 죽음에 근접
> 한 침범, 살해에 근접한 침범이 아니라면 도대체 무엇을 의미하겠는가?[6]

에로티즘은 상대방의 존재를 위기로 몰아넣는 데서 성립한다는
이야기입니다. 바타유는 "모든 관능적인 작업은 정상적인 상태의 상
대방에게서 그 폐쇄된 존재의 구조를 파괴하는 것을 원칙으로 삼는
다"[7]라고 하면서, 예컨대 '발가벗기' 및 '발가벗기기'야말로 불연속적
인 상태와 대립되는 연속성으로의 소통이라고 말합니다. 그리고 에
로티즘이 고대에서의 제의(祭儀)와 그 방식과 구조가 유사하다는 사
실을 지적하면서 이렇게 말하기도 합니다.

> 에로티즘에서 여성 파트너는 희생자로, 남성은 희생을 바치는 자로 보
> 인다. 둘은 일을 완수해나가는 과정에서 최초의 파괴 행위에 의해 확립
> 된 연속성에 몸을 맡긴 채 사라져 버린다.[8]

에로티즘이 어떻게 개별적이고 불연속적이었던 성행위자들을 연
속성 속으로 몰아넣어 각자의 개별성과 불연속성을 잃어버리게 하
는 것인지를 제의(祭儀)에 빗대어 말하고 있습니다. 이는 에로티즘의
행위란 죽음과 거의 유사한 상태로 나아가는 것이고, 에로티즘적인
행위는 이렇게 죽음을 불사하는 지경에 이르도록 강렬한 충동에 의
거한 것임을 말하는 것이지요. 여기에서 바타유는 "과잉(excès)"이라
는 중요한 개념을 제시합니다.

> 우리를 자극하는 운동의 끔찍한 과잉이 있다. 이 과잉은 운동의 의미

를 밝혀준다. 그러나 그 과잉은 다름 아니라 우리에게 무시무시한 기호이다. 끊임없이 우리에게 죽음이야말로, 즉 불안하게 우리를 묶고 있는 그 개별적인 불연속성의 파열(rupture)이야말로 생명보다 더욱 탁월한 진리로서 제출된다는 사실을 상기시키는 기호이다.[9]

대단히 위험한 동네로 들어서고 있음에 틀림없습니다. 생명보다 죽음이 더욱 탁월한 진리라고 하는 위험하기 짝이 없는 무시무시한 언명이 조금이라도 더 길게 생명을 유지하려고 발버둥치는 우리의 뇌리를 강력한 망치가 되어 내려치고 있기 때문입니다. 에로티즘적인 과잉이야말로 도무지 우리가 달아날 수 없는 강렬한 충동인데, 그 충동은 바로 죽음에 대한 충동이라는 것입니다. 우선 프로이트가 말한 성 충동과 죽음 충동 간의 측면적인 일치를 떠오르게 합니다. 물론 죽음을 끌어들이는 에로티즘적인 과잉에 따라 수반되는 것이 없을 수는 없겠지요. 그것은 지독한 희열일 것입니다. 존재의 연속성을 향한 열망이 충족될 때, 충족되는 만큼 감각적인 희열이 따라올 것이기 때문입니다.

이에 관한 이야기를 본격적으로 하기 전에 바타유가 시인 랭보(Arthur Rimbaud, 1854~1891)의 시를 인용하면서 시에 관한 자기 나름의 입장을 밝히는 대목이 있는데, 이를 짚고 넘어가야 하겠습니다.

그것은 되찾아졌다.
무엇이? — 영원이.
그것은 태양과 함께
간 바다.[10]

시는 각자가 에로티즘으로부터 형성하는 동일한 지점, 서로 분간되는 사물들이 더 이상 분별되지 않고 뒤섞이는 그 지점에로 우리를 인도한다. 시는 우리를 영원성에 이르게 하고, 죽음에 이르게 하고, 죽음에 의해 연속성에 이르게 한다. 시는 영원성이다. 시는 태양과 함께 떠가는 바다다.[11]

바타유가 초현실주의자들과 진하게 교류했다는 사실은 잘 알려져 있습니다. 그랬을 뿐만 아니라 심지어 그들을 이끄는 주동적 역할을 하기도 했습니다. 한때 같이 초현실주의를 지도하기도 했던 브르통(André Breton, 1896~1966)은 시인이었지요. 이 인용문에서 우리는 시에 관한 바타유의 기본적인 관점을 일별하게 됩니다. 이렇게 되면, 아마도 개개 낱말들이 갖는 개념적인 개별성과 불연속성을 깨뜨리지 않고서는 시가 탄생할 수 없다고 할 수 있을 것입니다. '우리를 죽음에 이르게 하는 시'를 만나고 싶군요.

3) 금기와 위반

감각적인 희열이 어디에서 발원하는지를 알기 위해서는 금기와 위반을 살펴야 합니다. 《에로티즘》은 서문, 제1부 '금기와 위반', 제2부 '에로티즘에 관한 몇 가지 연구 사례'로 구성되어 있습니다. 지금까지 우리는 서문을 살폈고, 이제 제1부를 살펴봅시다. 제2부는 생략하도록 하겠습니다.

우선 바타유는 에로티즘이 오로지 인간에게서만 성립하고 일반 동물들에게서는 성립할 수 없다고 말합니다. 미리 간단히 말하면, 동물들에게는 금기가 없기 때문에 위반도 없는데, 금기와 위반이 없는 곳에서는 에로티즘이 성립할 수 없다고 보기 때문입니다. 우선 그는 이렇게 말합니다.

에로티즘은 인간의 의식 속에 있는, 자신에게서 존재를 문제 삼는 그 무엇이다.[12]

이는 자신의 존재를 문제 삼는 존재자를 인간 현존재라고 규정한 하이데거 이야기, 그리고 이를 이어받은 사르트르의 엇비슷한 이야기와 닮아 있습니다. 바타유는 에로티즘이 근본적으로 존재론적인 문제 설정의 상황에서 설립된다는 것을 말하고 있습니다. "존재의 연속성"이라는 말과 연결되겠지요. 그러면서 더 구체적으로 이렇게 말합니다.

에로티즘은 존재가 스스로를 의식적으로 문제 삼는 불균형이다. 어떤 의미에서 보면, 존재는 객관적으로 스스로를 상실한다. 그러나 그럴 때 주체는 자신을 상실하는 대상과 동일하게 된다. 그럴 수밖에 없다면, 에로티즘에서 내가(Je) 나를 상실한다고 말할 수 있을 것이다. 물론 그것이 특권적인 상황은 아니다. 그러나 에로티즘에 함축된 의도적인 상실만큼은 명백하다.[13]

에로티즘에서 존재를 문제 삼는다고 했던 것은 자신의 존재가 상실될 수밖에 없다는 것 때문이 아닌가 하는 것으로 읽히기도 하고, 자신의 존재를 문제 삼음으로써 오히려 그렇게 문제가 되는 자신의 존재를 짐짓 의도적으로 내버리는 쪽으로 나아간다는 것으로 읽을 수도 있는 것 같습니다. 양쪽 방향 모두에 대해 나름의 의미를 부여할 수 있을 것 같습니다. 바타유는 에로티즘뿐만 아니라 진정한 종교는 바로 이러한 의도적인 자신의 상실을 바탕으로 해서 성립한다는 것을 강조합니다.

그런데 자신의 존재를 의도적으로 내버린다는 것은 어쩌면 생명에 대한 위반일 것 같습니다. 그래서 바타유는 이렇게 말합니다.

> 에로티즘(혹은 일반적으로 종교)에 대한 명료한 내적 체험은, 금기와 위반
> 을 가능케 하는바 금기와 위반 간의 시소게임이 명명백백하게 드러나
> 기 전의 시절에는 불가능했다. 하지만 그러한 시소게임이 현존한다는
> 것을 아는 것만으로 부족하다. 에로티즘 혹은 종교에 대한 인식은 금기
> 와 위반에 대한 동등하면서도 모순적인 개인적 체험을 요구한다.[14]

《구약성서》〈창세기〉의 유명한 선악과 이야기는 그야말로 금기와
위반에 관한 오래된 전범(典範)이지요. 이 이야기가 기록되던 시기보
다 약 100년 뒤쯤에 쓴 소포클레스(Sophocles)의 《오이디푸스 왕》과
《콜로누스의 오이디푸스》도 금기와 위반에 관한 중요한 이야기를
들려주고 있지요. 참고합시다. 자, 아무튼, 금기와 위반이 없이는 에
로티즘이나 종교에 대한 내적 체험이 불가능하다는 것은 금기와 위
반이 없이는 에로티즘이나 종교 자체가 불가능하다는 것을 의미합
니다.

금기와 위반 사이에 동등하면서도 모순적인 관계가 형성된다는 것
은 대단히 중요합니다. 그것은 금기와 위반은 원리상 대립된다는 것,
하지만 금기가 없이는 위반이 없는 것과 마찬가지로, 위반이 없이는
금기가 존립할 수 없다는 것입니다. 아무도 어기지 않는 금기는 결국
금기로서의 자격을 상실할 것이기 때문입니다. 가끔씩 위반이 이루
어져야만 금기는 금기로서의 자격을 유지하는 것이지요. 중요한 것
은, 가끔씩 위반이 이루어지는 것이 아니라 에로티즘과 종교적 체험
이 이루어질 때마다 반드시 위반이 이루어진다는 것입니다. 이와 관
련해서 제시되는 다음의 이야기는 대단히 흥미롭습니다.

금기를 준수하고 금기에 복종하면, 우리는 더 이상 금기를 의식할 수 없다. 그러나 위반의 순간에 우리가 불안(이 불안이 없다면 금기도 없을 것이다)을 느끼는데, 그것이 바로 죄의 체험이다. 체험을 통해 위반이 완성되고 성공하게 된다. 그때에도 금기는 유지되는데, 그때 금기는 누리기 위해(pour en jouir) 유지된다. 에로티즘의 내적 체험은 그 체험을 하는 자에게 위반의 욕망에 대한 감수성에 비해 결코 적지 않은, 금기를 뒷받침하는 불안에 대한 예민한 감수성을 요구한다.[15]

위반을 할 때조차 금기에 대한 의식이 없으면 안 된다는 것입니다. 위반함으로써 주어지는 불안은 금기가 번연히 살아 있다는 것에 대한 의식에서 오는 것이지요. 그런 불안에 대해 예민한 감수성을 지니고 있어야만 제대로 된 에로티즘이 성립한다는 것입니다. 금기와 위반 간의 일종의 변증법적인 교환 관계를 통해서만 에로티즘이 성립하는 것이지요. 이 점은 바타유가 계속 강조하는 중요한 사항입니다.

4) 금기의 이중성

왜 그럴까요? 위반을 일삼는다는 것은 일종의 폭력을 행사하는 것입니다. 그리고 폭력의 근원은 죽음입니다. 죽음이야말로 극단적인 폭력이지요. 이에 대해 바타유는 이런 말을 합니다.

더 이상 미루지 말고 말해야 할 것이 있다. 그것은 폭력, 그리고 폭력을 의미하는 죽음이 이중적인 의미를 갖는다는 것이다. 한편으로는 생명에의 집착과 연결되어 있는 공포가 우리를 죽음으로부터 멀리 떨쳐놓는다. 다른 한편으로는 무섭긴 하지만 지고한 홍분(trouble souverain)을

일으키는 어떤 장엄한 요소가 있어 우리를 매혹시킨다.[16]

폭력을 자행하면 안 된다고 하는 금기에도 불구하고 왜 그 금기를 깨고 폭력을 행사하게 되는가에 대한 근거를 말해주고 있습니다. 폭력 자체에, 혹은 달리 말해 죽음 자체에 지고한 흥분을 일으키는 장엄한 요소가 있어 우리를 한껏 매혹시키기 때문에 그런 폭력적인 위반을 하게 된다는 것이지요. '불안과 매혹의 대위법적인 이중주', 가히 결정적이라고 하지 않을 수 없습니다.

만약 에로티즘이 폭력적인 작업임을 인정하게 된다면, 그 에로티즘적인 폭력이 지고한 흥분을 일으키는 장엄한 요소를 지니고 있다는 것을 어느 정도 감지할 수 있을 것입니다. 그런데 과연 에로티즘과 죽음을 동일한 궤도 위에 놓을 수 있는가 하는 것이 문제가 될 것입니다. 이 대목에서 바타유에게서 핵심적인 것으로 작동하는 명제 하나를 제시해야 하겠습니다. 사실 이것은 맨 먼저 제시되었어야 했던 것입니다.

에로티즘은 죽음에 이르기까지 삶을 찬양하는 것이다.[17]

에로티즘은 근본적으로 죽음을 사양하지 않을 정도로 삶을 적극적으로 긍정하는 행동이라는 것인데, 여기에서 에로티즘과 죽음이 왜 동일한 궤도 위를 선회할 수밖에 없는지를 감지하게 됩니다.

그래서 그런지 바타유는 모든 금기의 원천을 성(sexualité)에서 찾습니다. 언제 어디서 어떤 관계에서 하든지 간에, 성행위를 하는 인간들이 부끄러워하고 어색해하고 심지어 수치스러워하기도 한다는 것은 성행위 자체가 이미 위반의 성격을 띠고 있는 것이고, 항상 금기가 작동하고 있다는 것을 의미한다고 봅니다. 그러면서 이렇게 말합니다.

우리에게서 성적인 자유와 대립되는 금기는 일반적이고 보편적이다. 특수한 금기들은 성적 금기의 변형들일 뿐이다.[18]

선악과 설화, 즉 강력한 감각적 대상으로서 금기 그 자체라고 되어 있는 선악과를 따 먹고 난 뒤 벗은 것을 알게 되었다는 것은, 위반을 통해 비로소 인간에게 관능이 들어오게 되었다는 것을 의미하고, 관능을 온몸으로 느낄 수 있음으로써 비로소 진정한 인간이 되었다는 것입니다. 요컨대 금기와 위반의 발생이 곧 인간의 탄생과 직결된다는 것을 염두에 둘 때, 성에서부터 모든 금기가 출발하고, 따라서 모든 금기 속에 암암리에 성적 금기가 스며들어 있다는 것은 성이 얼마나 인간 존재에게 있어서 근본적인 것인지를 실감하게 합니다. 이는 프로이트가 말한 "오이디푸스 콤플렉스"를 통해 이미 상당 부분 밝혀진 것이지요.

그런데 앞서 잠시 살펴본 것처럼 금기와 위반을 가로지르는 제3의 요소가 있으니, 죽음의 폭력성(violence)입니다. 이 죽음의 폭력은 금기를 구성하는 중핵입니다. 함부로 죽음을 건드려서는 안 된다는 것, 죽음의 영역으로 넘어가려고 해서는 안 된다는 것, 그런데 에로티즘을 통해 죽음의 영역으로 넘어가고자 하기 때문에 에로티즘에서 금기가 기본적으로 작동한다는 것 등이 중요합니다. 그런데 바타유는 다시금 그 죽음의 폭력에 대해 이렇게 말합니다.

폭력은 무서운 동시에 황홀한 것이다.[19]

금기 자체가 지니고 있는 이중성을 말해줍니다. 금기를 위반하는 것은 너무나 무서운 것인데, 한편으로 그 자체로 황홀한 매력을 뿜어내기 때문이라는 것입니다. 선악과는 따 먹으면 죽는다고 하는 신의 경고가 작동하고 있기에, 선악과는 그 자체로 지독한 공포를 자아내는 존재입니다. 그래서 아담은 아예 그 근처에도 가지 않았지요. 하지만 선악과는 "보암직도 하고 먹음직도 하더라"라는 말에서 알 수 있듯이, 그 자체로 엄청난 감각적인 매력을 지닌 것이었습니다. 이브가 선악과 주위를 선회하면서 떠나지 못한 것은 바로 그 감각적인 매력 때문이었지요.

그러고 보면, 금기는 그 자체로 폭력적입니다. 그런데 그 금기를 위반하는 것 역시 폭력적이라는 사실이 흥미롭습니다. 에로티즘적인 성행위[20]에서 서로가 서로를 향한 폭력을 행사한다는 것이지요. 그 폭력의 행사는 서로의 개별적이고 불연속적인 주체를 빼앗아버리는 데서 성립하는 것이지요. 이때 금기로 작동하는 것은 각자의 생명이 지닌 개별적이고 불연속적인 주체성이고, 그 주체적인 생명은 함부로 빼앗을 수 없는 신성한 것이지요. 함부로 타인의 생명을 빼앗는다는 것은 "정녕 죽으리라" 하고 선악과를 따 먹었을 때 주어지는 죽음으로 예고된 처벌과 같은 처벌이 예고되어 있는 것이지요. 그런 점에서 인간들 각자의 개별적 존재에는 한편으로 폭력이 아로새겨져 있는 셈입니다.

폭력으로써 폭력을 다스린다는 것도 여기에서 성립한다고 할 수 있습니다. 예컨대 르네 지라르(René Girard, 1923~2015)는 《폭력과 성스러움》에서 "폭력을 사용하지 않고서는 폭력을 근절할 수 없다. 그러므로 폭력은 끝날 수 없는 것이다"[21]라는 말을 합니다. 1972년에 출간된 지라르의 이 책은 신화적인 고대사회의 희생 제의에 집중하고 있긴 합니다만, 어쩌면 1957년에 출간된 바타유의 《에로티즘》에 가장 큰 영향을 받아 쓴 것이라고 할 수 있습니다. 두 권을 같이 읽으면 많은 도움이 됩니다.

5) 에로티즘, 생명의 폭력적인 낭비

바타유는 금기 문제를 다루면서 결국 죽음의 폭력성에 이르게 됩니다. 그리고 개별적인 생명을 유지하고자 하는 우리로서는 죽음을 멀리할 뿐만 아니라 죽음을 조금이라도 감지하게 하는 것들에 대해서는 금기의 태도를 취합니다. 그 대표적인 예가 시체지요. 시체는 계속 부패하는 중이고, 드디어 하얀 뼈만 앙상하게 남아 더 이상 부패할 것이 없어질 때까지 계속 섬뜩한 것으로 다가옵니다.

이와 관련된 것이 다음에 다룰 크리스테바의 "아브젝트(abject)" 개념이지요. 크리스테바가 《공포의 권력》에서 "그 비약, 그 경련, 그 도약은 저주받은 것이자 유혹적인 다른 어떤 곳(un ailleurs)을 향해 이끌린다. 유혹과 혐오가 결집된 한 극점이, 마치 제어할 수 없는 부메랑처럼, 거기에 머물러 있는 자를 그 자신의 바깥으로 내쳐 그 자신에게서 미끄러지듯 겨우 붙어 있게 한다"라고 했을 때,[22] 유혹과 혐오가 한 극점에 결집된다는 표현을 할 수 있었던 것은 바타유가 말하는 죽음 폭력의 이중성을 바탕으로 한 것임에 틀림없습니다. 이와 관련된 바타유의 이야기를 들어봅시다.

> 공허의 문을 여는 것은 죽음이다. 죽음은 부재를 시체 안에 끌어들이며 그 부재와 관계하는 것은 부패이다. (……) 나는 혐오감, 공포감을 나의 욕망의 원칙이라고 자신 있게 말할 수 있다. 죽음보다 더 깊은 공허를 내게 열어 보여준다는 점에서 공포의 대상은 처음에는 내게 공포감을 불러일으킬지 몰라도 이내 나의 욕망을 충동질한다.[23]

여기에서 비롯되는 공포의 대상을 향한 욕망의 운동은 생명을 돌아보지 않는 것이라고 할 것입니다. 오히려 생명의 에너지를 다 쏟아부어서라도 폭발적으로 그 매혹적인 연속성으로의 통일을 향해 나아감으로써 만족을 얻고자 하는 쪽으로 선회할 것입니다. 이에 "과잉"과 더불어 중요하게 나타나는 개념이 "낭비(prodigalité, gaspillage)"입니다. 더 정확하게 말하면 '생명으로써 생명을 낭비하고자 하는 욕구'입니다. 이렇게 이야기됩니다.

> 만약 인간 생명을 전반적으로 조감하게 되면, 인간 생명은 불안에 이르기까지의 낭비, 더 이상 견딜 수 없을 정도로 불안에 이르기까지의 낭비를 열망한다.[24]

이 말을 하면서 바타유는 이 인간 생명의 전반적인 원리는 자본주의적인 삶의 양식과 정면으로 대립된다는 말을 합니다. 여기에서 '전반적'이라는 말은 자연 자체에서 본다는 이야기와 상통합니다. 본래 인간이란 자신의 생명력을 한없이 불태워서라도, 그래서 더 이상 견딜 수 없을 정도로 한껏 불안이 가중된다고 할지라도 차라리 에로티즘적인 죽음의 지경으로 나아가 열락을 누리고자 한다는 것입니다.

> 만약 본질적인 금기들에서 〔인간〕 존재를 자연과 대립시키는 거부를 본다면, 우리는 죽음과 성을 더 이상 구분할 수 없을 것이다. 자연은 모든 존재의 본령이라 할 지속에의 욕구를 거슬러서 무한 낭비(gaspillage illimité)를 행사하는데, 성과 죽음은, 자연이 그러한 무한 낭비의 감각을 지닌 수많은 존재와 함께 벌이는 축제의 최고조의 순간들과 다름없다.[25]

극적인 낭비로서의 축제, 그 축제의 정점인 성과 죽음, 그러니까 극적인 낭비는 그야말로 폭발이 아닐 수 없습니다. 그런데 바타유는 이 축제의 시간을 "신성의 시간(le temps sacré)"이라 부르고, 그와 대립되는 금기의 시간을 세속의 시간으로 봅니다. 말하자면 세속의 세계는 금기가 유지되는 세계이고, 신성의 세계는 위반에 의해 금기가 풀리는 세계라는 것이지요. 다만 이때 위반은 무한정한 위반이 아니라 일정한 한계 내에서의 위반임을 강조합니다. 아예 모든 금기가 풀려버린 위반은 동물적인 폭력을 가져올 뿐 결코 신성한 폭력이 될 수 없다는 것이지요.

"낭비"가 대단히 중요합니다. 낭비가 바로 축제의 기초이며 종교적 행위의 절정에는 반드시 축제가 있다고 바타유는 말합니다. 낭비야말로 위반의 근본적인 형태라는 것이지요. 삶을 아껴서는 안 된다는 것이지요. 돈을 아끼지 않는 것은 물론이고, 성 에너지를 아껴서는 안 된다는 것입니다. 만약 생명이든 돈이든 성 에너지든 아끼게 되면, 죽음에 이르기까지의 에로티즘, 그 에로티즘을 통한 신성한 세계로의 진입이 불가능하다는 것이지요. 그리고 보면 낭비야말로 인간을 신성한 존재로 격상시키는 핵심 요소가 되는 것입니다.

6) 제사와 에로티즘

이런 정도의 이야기를 바탕으로 바타유는 자신이 에로티즘과 종교가 동일한 궤도 위에서 함께 선회한다고 주장한 것을 검토하고자 합니다. 이에 고대의 동물 희생의 제사와 인간 희생의 제사 등에 관한 이야기를 합니다. 인간 희생의 제사를 지내다가 동물 희생의 제사로 비꿔었다고 여기는 것은 근거가 없음을 지적하기도 합니다. 원시인들에게서 동물은 신성한 존재였고, 그 신성한 존재를 제물로 바침으로써 오히려 그 동물을 더욱더 신성하게 만들 수 있다고 여겼다는 것입니다. 어떤 경우건, 제사에서 살해, 즉 죽음은 필수적이었습니다. 그래서 이렇게 이야기됩니다.

제의에는 발가벗기기만이 아니라 희생자의 죽음이 따른다. 제물이 죽으면 참관자들은 그 죽음이 계시하는 어떤 본령에 참여한다. 그 본령이란 종교사가(宗敎史家)들의 용어를 빌리면, 신성이라는 것이다. 엄숙한 종교적 의식이 집전되는 동안 불연속적 존재의 죽음을 지켜본 사람들에게 계시되는 존재의 연속성, 그것이 바로 신성이 아니겠는가. 격렬한 죽음은 불연속적 존재에 파열을 초래한다. 침묵이 감돌고, 제사를 참관하던 사람들이 그 자리에서 느끼는 것은 제물이 도달한 존재의 연속성이다.[26]

존재의 연속성이 바로 신성이고, 그 존재의 연속성이 제사에 바쳐진 희생물이 죽는 순간에 희생물에게서 실현되는데, 그 실현의 순간에 참여하는 자들이 바로 그 존재의 연속성을 함께 느낄 수 있다는 것이지요. 그리고 그 순간이야말로 한편으로 금기의 세계에서 위반의 세계, 즉 신성의 세계로 진입하는 순간이라는 것입니다.

이를 통해 바타유는 동물, 인간, 그리고 신에 관한 아주 흥미로운 해석을 합니다. 무한정한 위반이 자행되면 그것은 전혀 금기를 의식하지 않는(말하자면 금기가 없는), 아예 동물적인 폭력이 되면서 진정한 위반이 될 수 없다고 했습니다. 그런데 아예 금기를 없애버릴 정도는 아니지만 위반의 강도를 최대한 높일 수는 있는 것이지요. 그렇게 되면, 인간이 한편으로 최대한 동물성에 가까이 다가가는 것이 될 것입니다. 들뢰즈는 아예 "동물 되기(devenir animal)"를 제안합니다만, 바타유는 최대한 동물성에 가까이 가 인간으로서의 자신을 부정함으로써 신적인 세계에 오른다고 말합니다.

> 인간 세계는 동물성 혹은 자연을 부정하는 데서 형성되었다. 이제 인간
> 세계가 스스로를 부정한다. 이 이차적인 부정을 통해 인간 세계는 처음
> 부정되었던 그 상태로 되돌아가지 않고 스스로를 초월한다.[27]

　　종교적인 체험은 인간이 자신의 세계를 위반하는 데서 열린다는
이야기입니다. 인간이 자연을 부정함으로써, 특히 노동을 통해 스스
로의 세계를 확립했는데, 그렇게 확립한 세계를 인간 스스로 부정하
는 데서 신성의 세계가 열린다는 것이지요. "제2의 부정에 의한 초
월"이라는 개념은 바타유의 사상 구도에서 상당히 중요합니다. 이러
한 종교적 초월의 구도가 바로 에로티즘적인 초월의 구도와 연결될
것이라고 쉽게 짐작할 수 있습니다.

　　만약 기독교가 에로티즘인 초월을 악마적인 죄악의 근원이라고
규정한다면, 그리고 그 규정을 따를 것 같으면, 이제 종교적인 초월
은 곧 악마적인 초월이 될 것입니다. 그리고 신은 악마와 동일한 존
재가 될 것입니다. 그래서 바타유에게서 악마 숭배나 검은 미사 등
은 상당히 중요하게 취급됩니다. 사실 바타유는 기독교 때문에 진정
한 종교가 망실되었다고 봅니다.

7) 성적 팽창과 에로티즘

　　이제 본격적으로 에로티즘에 관한 이야기를 하게 됩니다. 그 첫
번째 명제는 "에로티즘은 전체적으로 금기들의 규칙의 위반이다. 에
로티즘은 인간의 활동이다. 그러나 에로티즘은 동물이 끝나는 지점
에서 시작한다. 동물성은 에로티즘의 기초이다"[28]입니다.

이렇게 동물성을 지적함으로써 생리적인 측면에서 에로티즘으로 접근해갑니다. 그리고 동물의 유성생식을 전체적으로 거론하면서 이렇게 말합니다.

성행위는 고립이 위기에 빠지는 순간이다. 우리는 성행위를 그 바깥에서 인지한다. 하지만 우리는 성행위가 자아에 대한 느낌을 약화시킨다는 것, 그리고 자아를 위기에 빠지게 한다는 것을 안다. (……) 위기의 객관적인 기초는 팽창(pléthore)이다.[29]

팽창은 왠지 위험해 보이지요. 자꾸만 더 팽창하면 결국 터지고 말 것이니까 말이죠. 팽창은 한편으로 보면 힘을 최대한 응축시켜 밀도를 높이는 것이고, 그 응축된 힘은 팽창의 한계를 넘어 결국 폭발하게 될 것입니다. 모든 동물적인 성행위에서 이러한 팽창이 필수적이지요. 최대한 팽창된 상태에서 성행위를 하고 나면 동물에 따라서는 죽는 것들도 있고(예컨대 암사마귀는 성행위를 하면서 수사마귀의 머리를 뜯어 먹지요. 더욱더 강렬한 팽창과 그로 인한 최대한의 정액 용출을 위한 잔인한 수법이지요), 적어도 기진맥진한 상태가 되지요. 이른바 '반죽음' 상태가 되는 것이지요. 항간에 떠도는 "오르가슴은 작은 죽음이다"라는 말이 떠오릅니다. "번식은 죽음을 부르는 삶의 과잉 상태"라고 바타유는 말합니다. 그러면서 팽창과 에로티즘에 관해 이렇게 이야기합니다.

에로티즘에서 무엇보다 뚜렷이 감지되는 것은 팽창의 무질서에 의해 인색한 현실 혹은 닫힌 현실의 드러난 질서가 뒤흔들린다는 것이다.[30]

성기의 흥분은 질서, 즉 유효성과 위신의 체계를 무너뜨린다. 성적 발작의 초기부터 사실 존재는 분열을 일으키고 통일성이 붕괴된다. 그 순간

살의 팽창은 정신의 저항과 부딪친다. 외적 동의 자체만으로는 충분하지 않다. 살의 발작은 동의를 넘어 침묵을 요구하며 정신의 부재를 요구한다. 관능적인 충동(운동)은 인간 삶에 이상하게도 낯설다. 인간 삶이 침묵하기만 하면, 부재하기만 하면, 살의 충동은 때를 기다렸다는 듯이 인간 삶 바깥으로 터져나간다. 그 충동에 자신을 맡기는 사람은 더 이상 인간이 아니며, 이제 그것은 맹목과 망각을 최대로 누리면서 폭력을 휘두르는 짐승이다.[31]

에로티즘의 경지가 어떤 것인지를, 거기에서 어떻게 절정의 쾌감, 즉 희열이 닥치는지를 잘 표현하고 있습니다. 에로티즘에서 작동하고 있는 위반은 곧 인간적 삶에 대한 위반이며, 정신에 대한 위반이지요. 그 위반의 바탕에 금기가 작동하고 있는 것은 물론입니다. 결국은 이렇게 됩니다.

성 금기에서 가장 뚜렷하게 나타나는 것은 성 금기가 위반에서 충분하게 노출된다는 것이다. (……) 그러나 언제 어디서나(틀림없이 오래된 고대에서부터) 우리의 성행위는 은밀하게 행해져 왔고, 그 정도는 다르겠지만 우리의 위엄과 대립되는 것이었다. 그래서 에로티즘의 본질은 성적 쾌감과 금기가 서로 뒤얽혀 연합된 상태로 존재한다는 것이다. 인간적으로 볼 때, 쾌감의 노출이 없는 금기는 결코 없고, 금기에 대한 감각이 없이는 결코 쾌감이 없다.[32]

'금기 없는 쾌락 없고, 쾌락 없는 금기 없다'라는 말로 압축되는 것 같습니다. 이는 달리 말하면 '위반 없는 쾌락 없고, 쾌락 없는 위반 없다'라는 말로 변형될 것입니다. 혹은 달리 말하면, 위반하는 만큼 쾌락의 강도가 높아지고, 쾌락의 강도가 높은 만큼 위반을 자행했다는 것이 되겠습니다.

비단 에로티즘에서만 이 원칙이 적용되는 것은 아닐 것입니다. 전신적인 감각을 요구하고 추구하는 모든 영역에서 이 원칙이 적용될 것입니다. 다만 거기에는 항상 죽음에 이르기까지의 위험이 뒤따른다는 것, 그런 위험이 뒤따르기 때문에 쾌락이 주어진다는 것을 함께 염두에 두어야 할 것입니다.

3. 마무리

그렇다면 지금 우리는 과연 어떤 강력한 금기의 체계 속에서 살고 있으며, 그 금기를 위반하기 위한 방책이 무엇일까요? 태어나면서부터 자본주의 체제 속에서 살아온 현대인인 우리로서는 한편으로 돈으로 환산되는 이윤에 대한 집요한 사회적 강박이라는 금기 체계 속에서 살고 있다고 할 것입니다.

바타유는 자본주의를 비판하며 돈의 대대적인 낭비(gaspillage)를 제시하면서, 그 바탕에 성 에너지의 대대적인 낭비(prodigalité)가 작동한다는 것을 보인 셈입니다. 자본주의의 금기 체계를 위반함으로써 비로소 인간다운 인간이 된다는 것을 역설하는 바타유, 그러면서 그 바탕에 불연속적인 개별성의 금기에 사로잡혀 있는 자가 성적인 위반을 강력하게 수행함으로써 죽음을 불러들이면서까지 삶을 적극적으로 긍정하도록 하는 에로티즘을 역설하는 바타유, 그의 사상은 정말이지 매혹적이면서 대단히 위험한, 위험하면서도 대단히 매혹적인 사상이 아닐 수 없습니다.

10장

사르트르: 현존철학

1. 들어가는 말

장 폴 사르트르(Jean-Paul Sartre, 1905~1980)에 관한 가장 유명한 일화는 애인이자 평생의 동반자인 철학자 시몬 드 보부아르(Simone de Beauvoir, 1908~1986)와의 계약 결혼이겠지요. 이에 관해서는《보부아르와 사르트르, 천국에서 지옥까지》[1]를 보시면 아주 신나는 독서가 될 것입니다. 그 계약 내용의 핵심은 상대가 다른 사람과 만나 연애하더라도 만나지 말자고 할지언정 욕하기는 없기, 아이는 가지지 않기, 가능하면 서로의 연애를 도와주기 등이라고 합니다.

사르트르에 관해 참고할 만한 책을 소개하자면, 우선 베르나르 앙리 레비(Bernard-Henri Lévy, 1948년생)가 쓴《사르트르 평전》[2]이 참 좋습니다. 그리고 이전에 나온 평전으로는 안니 코엔-솔랄(Annie Cohen-Solal)이 쓴《사르트르》[3]가 좋습니다. 사르트르 철학에 대한 국내의 해설서로는 신오현 선생님이 쓰신《자유와 비극—사르트르의 인간존재론》[4]이 유명합니다. 아서 단토(Arthur Danto, 1924~2013)가 쓴《사르트르의 철학》[5]이라는 책도 있습니다. 그리고 변광배 선생님이 쓰신《존재와 무, 자유을 향한 실존적 탐색》[6]이 있습니다.《존재와 무》에 대한 해설서로서 필자가 쓴《존재의 충만, 간극의 현존》[7]이 있으니 이 역시 참조하시기 바랍니다.

사르트르의 저서 중 중요한 철학 번역서로는《존재와 무》,[8]《변증법적 이성 비판》,[9]《방법의 탐구》,[10]《사르트르의 상상계》,[11]《사르트르의 상상력》[12] 등이 있습니다. 사르트르의 문학에 관련된 여러 책이 번역되어 있지만, 특히 그의 대표적 소설인《구토》[13]만큼은 반드시 읽어야 합니다. 그의 주저《존재와 무》와 직결된 소설이기 때문입니다. 아울러 비록 그가 수상을 거부했긴 하지만, 그에게 노벨 문학상을 안겨준 자전적 소설《말》[14]을 읽으면, 사르트르의 강렬하고 예외적인 삶의 여정과 거기에서 분출되는 폭과 깊이를 가늠하게 될 것입니다.

사르트르는 해군 장교였던 아버지가 그가 두 살 때 객사함으로써 독일어 교수였던 외할아버지 샤를 슈바이처(이 사람은 유명한 알베르트 슈바이처의 숙부였음)의 영향하에 성장했습니다. 그는 어디선가, 성장하고 난 뒤 아버지가 일찍 죽었다는 것을 다행으로 여긴다고 한 적이 있습니다. 18세 때에 단편소설 〈병적 인간의 천사〉(1923)를 발표하고, 19세 때에 파리고등사범학교에 입학하고, 24세 때에 철학 교수 자격시험에 합격합니다. 이때 소르본 대학을 다니던 보부아르를 알게 됩니다. 26세 때 대학을 졸업하고, 르 아브르 중고등학교에서 철학 교수로 봉직합니다. 28세 때인 1933년에 베를린의 프랑스학회 연구생으로 독일로 유학하여 후설과 하이데거의 사상을 잠시 연구합니다.

31세 때인 1936년에 최초의 철학 논문 〈자아의 초월성〉을 발표하고, 책《상상력》을 출간합니다. 32세 때인 1937년 단편소설 〈벽〉을 발표하고, 33세 때인 1938년 소설책《구토》를 출간합니다. 그리고 1939년 제2차세계대전에 징집되고,《정서론》을 발간합니다. 35세 때인 1940년《상상계》를 발간하는데, 그해 6월에 독일군의 포로가 됩니다. 민간인으로 위장하고 한쪽 눈의 실명을 가장하여 1941년 4월에 석방되어 비밀단체인 '사회주의와 자유'를 조직하여 레지스탕스 운동을 합니다. 이때 메를로퐁티도 함께합니다. 하지만 이 단체는 몇 개월 만에 해체됩니다. 그러고는 1943년, 유명한 철학책《존재와 무 (L'Être et le Néant)》를 출간합니다. 이때 그의 나이 38세였습니다. 이 책으로 프랑스 지성계뿐만 아니라 전 세계에 사르트르의 명성을 알리게 됩니다.

이후 사르트르의 행적을 보면 철학, 문학, 정치 등의 영역에서 종횡무진으로 활약한 것을 알 수 있습니다. 1945년 종전이 되면서 메를로퐁티, 레이몽 아롱(Raymond Aron, 1905~1983)과 함께 《현대(Les Temps Modernes)》를 창간하고서 사장 겸 주필을 맡습니다. 그런 와중에 《자유에의 길》(1945) 1부와 2부를 출간합니다. 1946년에 《현존주의는 휴머니즘이다》, 《유물론과 혁명》, 《무덤 없는 사자(死者)》, 1947년에 《문학이란 무엇인가》, 《보들레르론(論)》, 평론집 《상황 I》, 1948년에 희곡 《더러운 손》, 《상황 II》, 《톱니바퀴》 등을 출간합니다. 아울러 몇몇 지성인과 '민주혁명연합'을 결성하여 사회 개혁을 주도합니다. 이해에 가톨릭에서 사르트르의 책을 금서 목록에 올리기도 합니다. 1949년에 《자유에의 길》 3부, 《상황 III》, 《정치에 대한 대담》을 발간하여 공산당으로부터 비난을 받습니다.

　1951년에 희곡 《악마의 신》을 발표합니다. 1952년에 〈공산주의와 평화〉라는 글을 발표하는데, 이해에 메를로퐁티와 함께 소련의 강제수용소의 존재에 대해 강력하게 항의하기도 합니다. 알베르 카뮈(Albert Camus, 1913~1960)의 《반항하는 인간》에 대한 논평 때문에 카뮈와 논전(論戰)을 벌이고, 그 이후 카뮈와 절교합니다. 그리고 《성(聖)주네》를 출간합니다. 1953년에는 희곡 《카인》을 발표하고, 《앙리 마르탱》을 발간합니다. 1954년 평화회의 베를린 총회에 참석하여 수소폭탄의 제조와 사용에 대한 금지를 호소하는 연설을 합니다. 1955년에는 희곡 《네크라소프》를 발표하고, 보부아르와 함께 모스크바 및 중국을 방문합니다. 1956년에는 헝가리 사태에 소련군이 개입한 것에 대한 항의 성명을 공동으로 발표합니다. 그리고 1957년 《현대》지 1월호를 '헝가리 사건' 특집호로 발간합니다. 1958년 알제리 프랑스 주둔군의 쿠데타를 비판하고, 드골 정권의 위험성을 경고하는가 하면, 알제리 독립운동을 지원합니다.

　1960년에는 《변증법적 이성 비판》 1권 '실천적 총체의 이론'을 발간합니다. 1961년에 알제리 독립운동의 이론적 지도자인 프란츠 파농(Frantz Fanon, 1925~1961)의 저서 《이 땅의 저주받은 자들》에 서문을 써주고, '군축과 평화를 위한 모스크바 대회'에 보부아르와 함께 참석합니다. 이해에 자기의 아파트에서 폭탄 테러를 당하기도 합니다(극우 알제리 전쟁 지지자의 소행으로, 1962년에도 테러를 당합니다). 58세 때인 1963년에 《말》, 《상황 IV》, 《상황 V》, 《상황 VI》 등을 발간하면서, 《말》로 노벨 문학상에 선정되지만 수상을 거부합니다. 1965년에는 《상황 VII》을 간행합니다. 1966년에는 베트남 전쟁 범죄 재판에 참가하고, 1967년에는 이 재판 회의에 의장이 됩니다. 1967년에 아랍과 이스라엘의 분쟁에 대해 이스라엘의 입장을 옹호합니다. 1968년 5월 사태 때 과격파 학생의 입장을 지지하는가 하면, 체코 사태에 대한 소련의 간섭을 비판하고 이로 인해 공산당과 소원해집니다.

1970년 솔제니친(Aleksandr Solzhenitsyn, 1918~2008)에 대한 소련 정부의 탄압에 항의하여 전 세계 지성인들에게 호소하고, 《인민의 소리》를 직접 발간하여 저소득층의 권익 옹호에 적극 나섭니다. 1971~1972년 모택동주의자와 극좌파의 기관지들의 주간 역할을 합니다. 1971년 《집안의 천치》 1권과 2권을 발간하고, 1972년 《상황 VIII》, 《상황 IX》, 《집안의 천치》 3권을 발간합니다. 1973년 신문 《리베라시옹》의 창간에 관여하는 등 지성인으로서의 활동을 계속하지만, 거의 실명에 이르게 되어 집필을 중지하는 안타까움을 겪습니다. 그 이후 1974년부터 모든 저널리즘에서 손을 뗍니다. 1975년 '권력과 자유'라는 가제목의 책을 착수합니다. 1980년 폐부종으로 4월 15일에 사망합니다. 몽파르나스 묘지에 매장되어 있다고 합니다.

〈그림 10 -1〉은 1920년대에 발자크상 앞에서 보부아르와 찍은 사진입니다. 키가 1미터 58센티미터인 데다 사팔뜨기였다고 하는데, 대략 그 모습을 알 수 있을 것 같습니다. 그야말로 '작은 거인'이었던

<그림 10-1> 사르트르와 보부아르

것이지요.

그 외 사르트르에 관해서는 '한국 사르트르 연구회'의 홈페이지 (www.sartre.or.kr)를 참조하시기 바랍니다. 불행하게도 한국 철학계에서는 사르트르 철학에 관한 연구가 너무나도 희소합니다. 앞서 언급한 신오현 교수의 《자유와 비극―사르트르의 인간존재론》(1979)이 유일하다시피 합니다. 이제 필자가 '철학아카데미'에서 2009년 1월 8일부터 2010년 12월 30일, 그러니까 만 2년 동안 68회에 걸쳐 했던 《존재와 무》에 대한 강해를 바탕으로 두 권의 책으로 꾸민 《존재의 충만, 간극의 현존》(2013)을 보태게 되었습니다.

2. 사르트르의 존재론

철학 사상적인 관점에서 볼 때, 사르트르의 위업은 일단 그의 존재
론에 있다고 할 것입니다. 이를 바탕으로 해서 그의 정치사회 철학이
형성되고, 아울러 문학예술에 관한 철학적 입장이 건립됩니다. 무엇
보다도 그의 후학들이라고 할 수 있는 현대 프랑스 철학자들의 주요
한 개념들이 사르트르의 존재론에 등장하는 여러 중요한 개념에 힘
입었거나 그것을 심화한 것임을 염두에 둘 때, 그의 존재론을 관심
있게 살피는 것은 오늘날의 현대 철학을 이해하는 데 필수적이라고
할 것입니다.

1) 즉자와 대자

사르트르 철학의 기초를 이루는 것은 그가 "두 존재 양태(deux
modes d'être)"라고 일컫는 즉자(en-soi)와 대자(pour-soi)의 구분입니다.
자칫 그의 존재론을 이원론이라고 부르기 쉬운데, 결코 그게 아닙니
다. 그의 존재론은 '이원론적 일원론'이라고 불러야 미땅합니다. 두 존
재 양태에서 '존재'는 굳이 말하면 "즉자(l'en soi)"에 해당됩니다. 그런
점에서, 그의 존재론은 한편으로 '일원론적 유물론'이라고 부를 수도
있을 것입니다. 그가 말하는 즉자는 가장 넓은 의미로 본 물질이라
고 할 수 있기 때문입니다.

이러한 그의 존재론을 이해하려면 그가 밝히고 있는 인간 존재
의 특수성을 특별히 염두에 두어야 합니다. 하이데거가 인간 존재를

"현존재(Dasein)"라고 부르듯이, 사르트르는 마치 이를 번역이라도 한 것처럼 "인간 실재(réalité-humaine)"라고 부릅니다. 이렇게 "실재"라는 말을 활용한 것은 인간 존재가 워낙 특이한 존재 방식을 띠고 있기 때문입니다. 인간은 즉자적인 존재 방식을 바탕으로 대자적인 존재 방식을 띤다는 것이지요. 그런 까닭에, 인간을 실체(substance)로 볼 수 없다는 것입니다.

(1) 대자에 관하여

'대자(對自)'라는 것은 자기를 대하고 있다는 것이지요. 이를 사르트르는 "자기에의 현전(présence à soi)"이라고 부릅니다. '자기에의 현전'은 자기를 벗어나는 데서 자신의 존재를 찾고자 하는 의식(conscience)의 독특한 존재 방식입니다. 사르트르는 의식의 근본 형태에 대해 "선반성적(préréflexif)" 혹은 "비정립적(non positionelle)" 혹은 "비반성적(non-réflexive)"이라고 일컫습니다. 흔히 생각하는 데카르트적인, 반성적으로 사유하는 의식은 근본적인 형태의 의식이 아니라는 것이지요. 이는 다음의 말에 잘 압축되어 있습니다.

> 모든 대상 정립적인 의식은 동시에 자기 자신에 대해 비정립적인 의식이다.[15]
>
> 반성을 가능하게 하는 것은 비반성적 의식이다. 데카르트적인 코기토의 조건인 선반성적 코기토가 있다.[16]

이러한 의식의 근본 형태는 곧 대자의 근본 형태이기도 합니다. 굳이 내가 반성을 통해 내 자신을 의식하지 않는다고 할지라도 작동하고 있는 의식 활동이 바로 이러한 선반성적·비정립적·비반성적 의식입니다. 대자적인 의식에 대한 최초의 철학적 정립은 데카르트에게서 비롯됩니다. 그리고 반성적 의식을 중심으로 해서 칸트와 헤겔 등의 반성철학이 성립하는 것이지요.

중요한 것은, 데카르트에게서 대자적 의식은 철저히 반성적인 데 반해, 사르트르의 대자적 의식은 이렇게 비반성적이라는 점에서 그 폭과 깊이가 다르다는 것입니다. 이를 특별히 유념할 필요가 있습니다. 이는 프로이트의 무의식 개념이 이미 널리 알려진 탓이 크기도 하겠습니다만, 현상학의 비조인 후설의 "선술어적 의식(das vorprädikative Bewußtsein)" 또는 "지평적 의식(das horizontale Bewußtsein)" 같은 개념에서 영향을 크게 받았기 때문일 것입니다. 그뿐만 아니라, 사르트르가 이렇게 '의식 이전의 의식'을 강조하는 데에는 무엇보다도 그가 비판해 마지않는 철학자 중의 한 사람인 하이데거의 "근본 기분(Grundstimmung)"에 의거한 철학적 사유의 기반 작업을 아우르고자 하는 의도가 깔려 있다고 할 것입니다. 그럼으로써 인간의 반성에 의거한 의식 활동보다 인간 삶 전체를 통해 인간 존재를 파악해야 올바르다는 것이겠습니다.

이러한 사르트르의 "비반성적인 의식"의 근본성에 대한 주장은 메를로퐁티의 몸 현상학을 가능하게 하는 기반이 될 것입니다. 메를로퐁티가 말하는 "체화된 의식인 몸(corps propre comme conscience incarnée)"과 일치하는 의식의 개념이라고 할 수 있기 때문입니다. 다만 메를로퐁티의 '체화된 의식으로서의 몸'이라는 개념은 사르트르가 비록 "대자로서의 몸(corps comme pour-soi)"을 운위하긴 하지만 제대로 파악하지 못했던 의식과 몸의 통일성에 대한 생각을 더욱 잘 드러내고 있다는 사실만큼은 유념해야 할 것입니다.

그러니까 사르트르가 줄기차게 '의식'이라는 말을 할 때, 그 '의식'은 바로 비정립적이고 비반성적인 의식 활동을 일컫는 것으로 보아야 합니다. 아울러 그가 너무나도 자주 언급하는 대자 역시 바로 이렇게 비정립적이고 비반성적인 의식으로서의 대자임을 염두에 두어야 합니다. 말하자면 인간이란 자기도 모르게 늘 이렇게 비정립적이고 비반성적인 대자적 의식인 한에서만 인간으로 존립한다는 것입니다.

사르트르가 밝히고 있는 것처럼, "대자"의 구조는 대단히 특이합니다. 이에 관해서는 다음의 사르트르의 말이 핵심입니다.

우리가 대자에 대해 최초의 탈자태(ek-stases)들에 입각한다면, 대자는 동시에 다음 세 가지일 수 있고 또 그래야 한다. 1) 대자는 자기인 것이 아닐 수 있고 자기인 것이 아니어야 한다. 2) 대자는 자기가 아닌 것일 수 있고 자기가 아닌 것이어야 한다. 3) 끊임없는 참조(renvoi)의 통일성 속에서, 대자는 자기가 아닌 것일 수 있고 자기가 아닌 것이어야 하고, 자기인 것이 아닐 수 있고 자기인 것이 아니어야 한다. 탈자태의 의미는 자기와의 거리이기 때문에, 그야말로 문제는 탈자적인 (이) 세 차원들이다. (……) 대자는 그의 모든 차원에서 동시에 현존해야 하는 한 존재다.[17]

언뜻 보기에 참으로 이해하기 어려운 것 같습니다만, 그렇지 않습니다. 간단히 말하면, 대자란 현재까지 "자기인 것"이 아닐 수 있고 또 그래야 하고, 동시에 미래에 있을 뿐인 "자기가 아닌 것"일 수 있고 또 그래야 한다는 것입니다. 항상 자기를 벗어나 있는 것이 대자이고, 그럼으로써 자기와의 균열 혹은 간극을 지니면서 이미 늘 '자기 바깥(dehors de soi)'에서 존립하는 것이 바로 대자라는 것이고, 또 그럼으로써 인간일 수 있다는 것입니다. 라캉이 주체를 "빗금 친 S($)"로 표기하면서 분열된 주체성을 제시한다거나 블랑쇼나 푸코가 "바깥"을 주장하는 것은 바로 이렇게 사르트르가 밝힌 대자적인 존재 방식에 입각한 것이라고 할 수 있습니다.

이러한 대자적인 존재 방식에 대해 사르트르는 "존재 결핍(manque d'être)"이라고 말합니다. 그리고 대자 존재로서의 인간은 근본적으로 이 결핍을 메우고자 하는 욕망, 즉 "존재 욕망(désir d'être)"이라고 말합니다. 이에 관해서는 즉자를 살피는 데서, 그리고 성욕을 살피는 데서 더 구체적으로 생각해볼 것입니다. 다만 바로 여기에서 사르트르가 인간의 근본 조건을 확연하게 제시하고 있다는 점을 중시해야 할 것입니다.

아무튼 이러한 존재 방식에 입각해서 그렇게 살 수밖에 없는 인간 삶의 방식을 사르트르는 "현존(existence)"이라고 부릅니다. 'exister'는 'ek-sistere'에서 온 것입니다. 이를 그대로 번역하면 '바깥에 있다'라는 것입니다. 인간은 현존해야 하는 것이 아니라, 이미 늘 '현존하고 있다'는 것이 사르트르의 이른바 '현존철학(philosophie existentielle)' 내지 '현존주의(existentialisme)'입니다. 하이데거가 말하는 "실존(Existenz)"과 똑같은 용어이지만, 그 뜻이 사뭇 다르니 우리는 사르트르의 "existence"에 대해서는 굳이 "현존"이라고 번역하고 "existentialisme"에 대해서는 "현존주의"라고 번역해야 할 것입니다.

왜 그래야 하느냐 하면, 사르트르가 1946년에 발간한 《현존주의는 휴머니즘이다》[18]에서 언명한 "L'existence précède l'essence"라고 하는 유명한 명제가 특히 중요하기 때문입니다. 이 명제를 흔히 "실존은 본질에 앞선다"라고 번역하는데, 만약 여기에서 '실존'을 용어가 같다고 해서 하이데거식으로 읽게 되면, 그 내용은 '확보되어야 하는 당위(當爲)로서의 실존'이 됩니다. 하지만 사르트르가 말하는 "현존"은 '이미 늘 그러하다는 사실(事實)로서의 현존'입니다. 따라서 이 명제는 "현존은 본질에 앞선다"라고 해야 마땅합니다.

이렇게 번역하지 않으면 안 되는 더 중요한 이유가 있습니다. 이 명제는 그저 인간에게만 적용되는 것이 아니라, 인간의 욕구와 욕망을 중심으로 우리 주변에 포진해 있는 일체의 사물과 사건에 대한 인식적·실천적 규정들에 대해서도 적용되는 것이기 때문입니다. 예컨대 여기 분필이 있다고 할 때, 이 분필은 플라톤식으로 미리 분필의 본질인 '분필의 이데아'가 먼저 있고, 그 뒤에 여기 '실재로서의 이 분필'이 현존하는 것이 아니라는 것입니다. '실재로서의 이 분필'이 먼저 현존하고, 이에 관련된 인간의 실용적인 욕망이 관여하다 보니까 비로소 '분필'이라는 본질이 성립하게 되었고, 이 분필의 본질에 대해 존재론적으로 근거를 제공하려 하다 보니까 플라톤식으로 '분필의 이데아'를 생각하게 되었는데, 플라톤이 존재론적인 오류를 저질러 '분필의 본질'의 근거인 '분필의 이데아'가 '분필의 현존'보다 먼저 있다고 주장하게 되었다는 것이지요.

그러니까 사르트르가 "현존은 본질에 앞선다"라고 했을 때, 이 주장은 우리가 주변 사물이나 사건 및 상황에 대해 갖는 일체의 개념적인 인식이란 인간의 대자적인 현존 방식에 입각해서 비로소 나중에 성립되어 나온 것임을 주장하는 것입니다. 이는 한편으로 암암리에 인식 혹은 인식 체계의 상대성을 주장한 것으로 해석될 수 있습니다. 바슐라르(Gaston Bachelard, 1884~1962)가 제시하고 알튀세르(Louis Althusser, 1918~1990)가 마르크스 이론을 해석하면서 나름대로 활용한 "인식론적인 단절(rupture épistémologique)"이라든지, 푸코가 각 시대의 "인식론적인 장"을 지칭하면서 제시한 "에피스테메(épistémè)"라든지, 토머스 쿤(Thomas Kuhn, 1922~1996)이 과학사의 혁명적인 전환을 설명하기 위해 제시한 "범형(範型, paradigm)" 등 오늘날 인식론의 근간을 이루는 개념들은 바로 이러한 사르트르의 현존 위주의 인식론과 직간접적으로 연결된 것이라고 할 수 있습니다.

다시 인간 존재로 돌아와서 대자를 생각해봅시다. 이에 관해서는 다음의 이야기가 중요합니다.

> 과거는 즉자에 의해 되잡히고 익사한 대자이다. (……) 우리가 살핀 바
> 에 따르면 이렇다. 과거는 대자의 존재론적인 법칙이다. 즉, 하나의 대자
> 가 될 수 있는 모든 것은 자기 뒤에 있는, 권역 바깥에 있는 저 아래의
> 존재(l'être là‐bas)여야 한다. (……) 나의 본질은 과거에 있다. 이는 나의
> 본질의 존재 법칙이다.[19]

우리는 계속해서 삶을 영위합니다. 영위하는 만큼 계속해서 내
자신의 존재가 과거의 것으로 결정되어 축적됩니다. 이러한 과거 속
에 축적된 나의 존재를 사르트르는 즉자적이라고 말합니다. 이 즉
자적인 나를 자기가 아닌 것으로 여겨 "내적으로 부정"하고(négation
interne) "무화(無化, néantisation)"하고 "초월(transcendance)"하는 것이 바
로 대자입니다. 그러니까 그 존재의 뿌리에 있어서는 대자 역시 "저
아래의 존재", 즉 "즉자"인 것입니다. 과거는 계속 형성됩니다. 그런데
사르트르는 나의 과거를 나의 본질이라고 말합니다. 그리고 나의 본
질이 나의 과거에 있다는 것이 바로 "나의 본질의 존재 법칙"이라고
말합니다.

그런데 사르트르는 "대자는 존재하지 않는다(Le pour‐soi n'est pas)"
라는 말을 합니다.[20] 이 말은 사르트르가 대자를 "무(le néant)"로 여긴
다는 것과 직결됩니다. 그래서 대자는 제 스스로는 존재하지 않으면
서, 존재하는 즉자를 에워싸고 있는, 우리 나름으로 일컫자면 '두께
=0의 표면'이라고 할 수 있습니다.

여기에는 사르트르의 존재론을 이해하는 데 핵심적인 대목이
포함되어 있습니다. "존재한다"는 것과 "현존한다"는 것을 정확하게
구분해야 한다는 것을 말해주고 있기 때문입니다. '존재한다(être)'

는 즉자적인 존재 방식을 띤 것에 대해서만 말해야 하고, '현존한다 (exister)'는 대자적인 존재 방식을 띤 것에 대해서만 말해야 한다는 것입니다. 결국 현존한다는 것은 존재하지 않는(n'être pas) 것이지만, 그렇다고 완전히 아무것도 아닌 것은 아닌 셈입니다. 궁극적으로 볼 때, 존재론은 즉자의 '존재함(être)'에 기초해서 이루어져야 한다는 것입니다. 여기에서 우리는 사르트르의 일원론적인 유물론을 보게 됩니다.

그런데 우리 주변의 모든 것은 분명 존재합니다(être). 그러나 대부분 우리의 삶에 직결되는 것들, 예컨대 도구의 도구 됨(도구임, être ustensile)은 현존하는 것일 뿐입니다. 이 분필은 도구입니다. 그러나 이 분필이 도구일 수 있음은 두 방향에서 성립합니다. 아리스토텔레스가 말한 질료(hyle)와 형상(eidos) 이론을 참고해야 할 것 같습니다. 이 분필은 한편으로는 질료적인 방향, 즉 재료를 존재의 기반으로 해서 성립하고, 다른 한편으로는 형상적인 방향, 즉 칠판에 글을 쓸 수 있음이라고 하는 인간 욕망을 용도의 기반으로 해서 성립합니다. 사르트르식으로 말하면, 이 분필이 '존재하는' 것은 즉자적인 방향에서 성립하고, 이 분필이 인간 욕망을 용도의 기반으로 한다는 것은 이 분필이 '현존하는' 것입니다. 이 분필이 인간 중심으로 힘을 발휘하는 것은 '현존적인 방식'이고, 이 분필이 인간과는 무관하게 물질적인 사물로서 힘을 발휘하는 것은 '존재적인 방식'인 것입니다. 현존적인 방식은 근본적으로 인간의 대자에 관련해서 성립하는 것이고, 존재적인 방식은 근본적으로 인간과 무관한 "순수 즉자(en - soi pur)"와 관련해서 성립하는 것입니다. 그러니까 사르트르의 "존재(l'être)"와 "현존(l'existence)"의 구분은 아리스토텔레스의 질료와 형상 이론을 현상학적으로 재구성해낸 현대적인 해석이라고 할 수 있습니다.

(2) 즉자에 관하여

이제 즉자가 과연 무엇인가에 대해 생각해보아야 하겠습니다. 사르트르가 말하는 즉자는 앞서 말한 것처럼, 그야말로 '존재한다(être)'라고 말할 수 있는 일체의 것을 지칭합니다. 간단히 말하면, 그냥 아무런 욕구나 욕망이나 관심이 없이 그저 멍하니 지각할 때, 그렇게 지각되어 들어온다고 말할 수 있는 것이 즉자입니다. 일체의 의미와 가치를 다 빼버리고 난 이후, 그래도 아무런 손상도 입지 않고 그 자체로 "존재 충만(plenitude d'être)"을 이루고 있는 것이 즉자입니다. 사르트르가 제시한 즉자에 관한 정의 중 다음 구절이 아마도 가장 중요할 것입니다.

즉자에는 자기 자신에 대해 거리가 없이는 존재할 수 없는 한 조각의 존재도 없다. 이렇게 이해된 존재 속에는 최소한의 이원성(dualité)의 기미도 없다. 이는 우리가 즉자의 존재 밀도(densité d'être de l'en-soi)는 무한하다고 말함으로써 표현하고자 하는 것이다.[21]

즉자는 "무한한 존재 밀도"를 지닌 것으로서 그 자체로 그 어떤 간극이나 균열을 포함하지 않는 것입니다. 이는 대자가 철저히 자기와의 간극과 균열에 의해 현존하는 것과 완전히, 그리고 확실히 대비됩니다. 특별히 인간과 전혀 무관한 즉자를 "순수 즉자(en-soi pur)"라고 부릅니다.

문제는 이 즉자가 철저하게 우연적이라는 것입니다. 이는 즉자의 발생이나 기원에 대해 그 어떤 근거도 이유도 목적도 없음을 말합니다. 또한 즉자가 본래 의미와 가치도 없음을 말합니다. 말하자면 즉자를 중심으로 한 사르트르의 존재론은 근본적으로 목적론적인 사유와는 완전히 결별해 있다는 것이지요. 그렇다고 해서 기계론적인 것을 주장하지도 않습니다. 그 핵심 문구는 다음과 같습니다.

즉자 존재는 있다. 이는 존재가 가능적인 것에서 도출될 수 있는 것도 아니고 필연적인 것으로 넘어갈 수 있는 것도 아닌 것임을 의미한다. 필연성은 관념적인 명제들의 연결에 관계하지 현존자들(les existants)의 연결에 관계하지 않는다. 현상적인 하나의 현존자는, 그것이 현존자인 한에서, 다른 하나의 현존자로부터 결코 도출될 수 없다. 이는 사람들이 즉자 존재의 우연성(contingence de l'être-en-soi)이라 부르는 것이다.[22]

기계론이 성립하려면 필연성이 전제되어야 하는데, 즉자 존재는 전혀 필연적이지 않은 것이기에 기계론이 성립할 수 없습니다. 중요한 것은, 모든 현존자는 인간의 대자 존재에 관련해서 성립되지만, 인간의 대자 존재 자체가 즉자가 없이는 성립할 수 없기 때문에 한편으로 현존하는 인간뿐만 아니라 일체의 현존자가 근본적으로는 우연적이라는 것입니다. 그래서 심지어 "만약 신이 현존한다면, 신은 우연적이다"[23]라고 말합니다.

다만 유념해야 할 것은, 인간은 자신의 대자를 앞세워 이 근원적인 우연성을 극복해서 자기 존재의 근거를 찾기 위해 죽어라고 노력한다는 것입니다. 이는 우리 인간이 존재 결핍을 극복하고서 존재 충만으로 나아가고자 하는 것과 연결됩니다. 거기에서 인간은 의미와 가치를 추구하면서 형성하게 되고, 그럼으로써 자신의 존재 이유를 찾으려고 하는 존재로 자리매김됩니다. 그런데 대자가 이루고자 하는 존재 충만은 결국 즉자를 통해 채워질 수밖에 없는 것이기에, 처음부터 대자인 인간은 그 존재 자체에 있어서 우연적이고 아무런 근거가 없는 것입니다. 대자의 현존이 갖는 우연성과 근거 없음이 바로 대자의 존재 결핍인데, 그 존재 결핍의 근원은 즉자의 절대적 우연성에서 비롯된 것이지요. 그런데 대자는 즉자를 통해 자신의 존재 결핍을 메워 존재 충만으로 나아가고자 하는 존재 욕망을 추구하는 기묘한 삶을 산다는 것이지요.

(3) 질들의 상호 관통인 '이것'

사르트르의 존재론적인 이해 중에서 가장 특이한 것은 세계를 구성하고 있는 사물들의 근본 형태인 "이것(le ceci)"을 감각적 질의 상호 관통으로 본다는 것입니다. 이는 이 세상에 존재하는 모든 사물이 곧 감각 덩어리임을 주장하는 것인데, 이는 메를로퐁티가 써놓은 유고로 그가 죽고 난 뒤인 1964년에 발간된 《보이는 것과 보이지 않는 것》의 핵심 장인 〈교직-교차〉에서 전개한 살 존재론을 선취하고 있는 것이라고 하겠습니다.

> 이것(le ceci)이라 불리는 것은 이러한 〔감각적 질들 간의〕 전반적인 상호 관통(interpénétration totale)이다. 이는 화가들, 특히 세잔의 경험들이 잘 보여준다.[24]

이야말로 가장 현상학적인 감각론이자 이른바 '사물론'이라고 할 수 있습니다. 현상학은 감각적인 질 배후의 그 어떤 실체도 전혀 인정하지 않기 때문입니다. 나중에 살펴보겠지만, 이 감각적인 질 중에서 사르트르가 가장 독특한 것으로 제시하는 것이 바로 "끈적끈적함(viscosité)"입니다.

(4) 즉자대자의 경지

사르트르는 인간 존재를 "즉자대자(en-soi-pour-soi)"이고자 하는 존재 욕망으로 규정합니다. 이에 관한 이야기는 다소 복잡한데, 맨 먼저 사르트르가 제시하는 형이상학을 알아야 이해하기가 쉽습니다.

형이상학적으로 보면, 첫째, 즉자가 자신의 우연성, 즉 근거 없음을 극복하기 위해 스스로에게서 대자를 형성해낸다는 것입니다. 둘째, 대자는 자신의 존재 근거를 찾아 끝없이 미래를 향해 자신을 선택해서 기획해나간다는 것입니다. 이 기획 중 가장 근원적이고 궁극적인 기획이 즉자대자이고자 하는 기획이라는 것입니다. 셋째, 이러한 대자의 끊임없는 노력은 자신의 존재 결핍을 메워 존재 충만을 이루고자 하는 것인데, 이 존재 충만은 즉자를 통해 이루어진다는 것입니다. 넷째, 결국 대자가 즉자대자로서 존재 충만을 이루었다고 하는 것은 즉자가 대자를 일으켜 자신의 존재 근거를 마련한 것이라는 것입니다. 다섯째, 이에 애초에 단적인 존재였던 즉자가 제 스스로 대자를 일으켜 대자적인 측면마저 완전히 포섭하게 됨으로써 그야말로 전반적인 "존재 총체(totalité d'être)"를 이루게 된다는 것입니다. 여섯째, 그러나 이 존재 총체는 대자이면서 동시에 즉자인 즉자대자, 즉 대자와 즉자의 종합적인 조직을 일컫는데, 이 전반적인 존재 총체를 이루는 것은 불가능하다는 것입니다.

그래서 대자와 즉자의 완전한 결합인 "존재 총체"는 이념적으로만 성립할 뿐, 현실적으로는 실현될 수 없는 것으로서 현실적으로는 항상 "탈총체화된 총체(totalité détotalisée)"를 이룰 뿐이라고 말합니다. 이 즉자대자를 사르트르는 "신(神)"이라고 지칭하면서, "인간은 근본적으로 신이 되고자 하는 욕망이다"라고 말하기도 합니다. 그러면서 인간은 신을 탄생하게 하기 위해 자신의 상실을 감내하는 일종의 "역(逆)그리스도적인 수난(passion)"이라고 합니다. 이는《존재와 무》의 본론 마지막 대목에서 이렇게 표현됩니다.

모든 인간 실재는 하나의 수난(une passion)이다. 그것은 인간 실재가 존재에 근거를 제공하기 위해서 자신을 상실하고자 기획하기 때문에, 또 동시에 그 자신의 근거가 됨으로써 우연성으로부터 벗어난바 즉자가 되기 위해, 즉 종교들이 신이라 부르는 자기 원인의 존재(Ens causa sui)가 되기 위해, 인간 실재가 자신을 상실하고자 기획하기 때문이다. 그래서 인간의 수난은 그리스도의 수난의 역(逆, inverse)이다. 인간은 신이 태어나도록 하기 위해 인간으로서의 자신을 버리기 때문이다. 그러나 신이라는 관념은 모순적이고, 우리는 우리를 헛되이 버린다. 인간은 일종의 무용한 수난(une passion inutile)인 것이다.[25]

2) 대자와 자유

이러한 사르트르의 존재론은 대단히 급진적입니다. 인간은 물론이고 우리 주변을 형성하고 있는 일체의 사물이 갖는 도구성을 철저히 인간의 현존을 중심으로 해서 성립되는 것으로 보는 셈이기 때문입니다.

여기에서 중요하게 부각되는 것이 "자유(liberté)"입니다. 사르트르는 인간이 자유롭기도 하고 자유롭지 않기도 하는 것이 아니라, 인간인 이상 이미 늘 처음부터 자유로울 수밖에 없다고 여깁니다. 대단히 특이한 자유론이라고 할 것입니다. 이는 인간인 이상 이미 늘 '자기에의 현전'인 대자일 수밖에 없다는 것과 맥락이 같습니다. 인간은 대자인데 바로 그러한 대자로서, 즉자로서의 자기를 부정·무화·초월할 수 있는 바로 그것이 자유라고 여기기 때문입니다. 이에 그 유명한 사르트르의 자유에 관한 명제들이 나옵니다.

나는 자유로운 존재로 선고되었다(je suis condamnés à être libre). (……) 우리는 자유롭기를 중지할 자유가 없다.[26]

다만 자유는 철저히 행동(action)과 연결되어 있고, 행동을 위해 목적(fin)을 선택(choix)하는 것과 연결되어 있습니다. 인간은 누구나 자유로운 대자로서 자신의 "존재 가능들(possibles d'être)"을 향해 열려 있습니다. 그 가능들 중에서 지금 당장 수행하고자 하는 행동의 목표를 선택해서 실행함으로써 현실화하고자(realiser) 하는 것이 자유로운 대자로서의 인간입니다. 그런데 이 인간은 '맨땅에 머리를 박듯이' 행동을 하는 것이 아니라, 어디까지나 구체적인 상황(situation concrète) 속에서 행동을 합니다. 그래서 사르트르는 대자를 항상 "상황에 처해 있는 대자(pour-soi situé)"라고 부릅니다. 그리고 상황에 대해 이렇게 정의합니다.

> 자유를 억누르지 않기 위해서만 거기에 있는, 자유가 선택한 목적에 의해 이미 밝혀진 것으로서만 자유에게 노출되는 여건(datum). 그러한 여건(ce datum)인 한에서의 세계 존재의 충만 속에 있는 자유의 우연성을 상황(situation)이라 부를 것이다.[27]

우연성은 즉자로부터 오는 것입니다. 자유라고 해서 아무 제약도 없는 무조건적인 절대적 자유라는 것은 있을 수 없습니다. 자유는 항상 상황 속에서의 자유일 수밖에 없는데, 대자가 즉자에서 발원하고 즉자가 없이는 성립할 수 없듯이, 자유란 즉자가 없이는 성립할 수 없기 때문입니다. 자유에 대한 이러한 근본 조건을 대자에 관련해서는 어려운 말로 "대자의 현사실성(facticité du pour-soi)"이라고 하는데, 이것이 바로 자유의 상황성과 직결된다고 하겠습니다.

결국 현사실성과 상황성은 세계와 연결됩니다. 사르트르는 인간 존재 혹은 대자를 '세계-내-존재(être-dans-le-monde)'라고 합니다. 이는 하이데거가 《존재와 시간》에서 정립한 "세계-내-존재(In-der-Welt-sein)"를 그대로 가져온 것이라고 할 수 있지만, 그 존재론적인 기초에서는 사뭇 다릅니다. 하이데거가 말하는 세계는 도구 체계인데, 그 도구 체계의 존재론적인 기반에 대해 별다른 말이 없습니다. 그러나 사르트르는 세계를, 즉자가 대자를 통해 노출된 것이라고 봅니다. 세계가 대자를 통해 노출되었다는 것은 그 나름으로 현존의 방식을 띠고서 실재(realité)로서 실현된다는 것을 뜻합니다.

이러한 세계 내에서 나름대로 존재 충만을 노리는 것이 인간이라는 것인데, 이때 중요한 것은 자기 자신이 철저히 자유로운 존재라는 것을 정확하게 깨닫는 것입니다. 여기에서 사르트르 나름의 도덕론이 성립합니다. 그는《존재와 무》결론의 말미에서 이렇게 말합니다.

> 존재론과 현존론적인 정신분석은 도덕적 행위자에게서 그에 의해 가치들이 현존하게 되는 그런 존재를 드러내 보여야 한다. 그럴 때, 도덕적 행위자의 자유는 자유 자체에 대한 의식을 가질 것이며, 가치의 유일한 원천인 불안에 의해, 그리고 그 속에서 스스로를 발견하게 될 것이며, 아울러 세계를 현존하도록 하는 무를 발견하게 될 것이다. 도덕적 행위자에게서 존재에 대한 탐색과 즉자에 대한 전유가 그의 가능들(ses possibles)로서 발견되자마자, 그의 자유는 불안에 의해, 그리고 불안 속에서 그 가능들이 다른 가능들의 가능성을 바탕으로 해서만 가능하다는 것을 파악하게 될 것이다.[28]

도덕적 행위는 행위자 자신이 근본적으로 자유임을 정확하게 인식하는 데서부터 출발한다는 것입니다. 그 자유 때문에 불안할 수밖에 없는데, 설사 불안할지라도 오히려 불안이야말로 도덕적 가치의 원천임을 정확하게 깨닫고, 나아가 불안에 의해, 그리고 불안 속에서 가치를 자아내는 나의 가능들이 여러 다른 가능이 존립하는 가운데 이루어진다는 것을 아울러 깨닫고, 그럼으로써 나 자신이 세계를 현존하도록 하는 무에 의거한 강력한 존재임을 바탕으로 계속해서 열린 가능성들을 향해 전진해 나가는 것이야말로 도덕적인 행위자라는 것입니다. 인간 삶을 바라보는 근본적인 관점이니만큼 특별히 유념할 필요가 있습니다.

이러한 사르트르의 '현존론적인 자유에 의거한 도덕론'은 미리 주어진 그 어떠한 선험적인 도덕적 계율이나 미덕도 거부하는 데에 그 특징이 있다고 할 수 있습니다.

3) 대자와 타자

사르트르에게서 대단히 유명한 것 중 하나는 "시선에 의한 타인(l'autrui par regard)"의 성립입니다. 사르트르는 "타인(l'autrui)"과 "타자(l'autre)"를 분명하게 구분하지 않고 혼용합니다. 철학 일반의 관점에서 보자면, 나 아닌 모든 것은 다 타자이고, 타인은 타자 중에서 나와 동일한 방식으로 존재하는 것으로 여겨지는 타자를 일컫습니다. 그러니까 이러한 철학 일반의 관점에서 보면, 사르트르의 타인 이론은 어떻게 해서 타자가 나에게 타인으로 등장하는가 하는 문제를 치고 들어간 것이라고 할 수 있습니다.

이를 설명하기 위해 사르트르는 "시선(regard)"을 도입합니다. 예컨대 내가 사귀는 여자가 어떤 남자와 함께 호텔 방에 투숙했다는 것을 내가 알게 됩니다. 그래서 그 호텔 방을 찾아가 열쇠 구멍으로 안을 들여다봅니다. 그런데 호텔 복도에서 제삼자가 나타나 그렇게 열쇠 구멍을 들여다보고 있는 나를 쳐다보는 것이지요. 이럴 때, 갑자기 내가 움츠러들며 그 제삼자의 대상으로서 포획된 것 같으면서 수치심을 느낀다는 것입니다. 거꾸로 말하면, 나로 하여금 수치심을 느끼게 만드는 상황이 전개될 때 그 상황 속에는 반드시 나를 응시하는 시선이 있다는 것이고, 그 시선이 내가 처한 상황에 나타나는 한, 나로서는 그 시선을 중심으로 타인을 인정하지 않을 수 없다는 것입니다.

이 대목에서 사르트르는 아주 흥미로운 분석을 합니다. 그것은 "타인의 시선은 타인의 두 눈을 지워버린다"[29]라는 것입니다. 타인의 두 눈은 나와 어느 정도의 거리에 있다는 것을 수반하지만, 타인의 시선은 그런 타인의 두 눈을 가리면서 거리를 갖지 않는 방식으로 나에게 주어진다고 말합니다. 그와 더불어 나의 지각이 해체되어 뒤로 물러나 버린다고 말합니다. 말하자면 그만큼 타인의 등장, 즉 타인의 시선의 등장에 의해 나의 대자적인 주체성이 상실된다는 것이지요.

그러니까 타인이 등장하게 되면, 나는 갑자기 대자다운 대자가 못 되는 것 같고, 그런 만큼 즉자적인 방식으로 전락해버리는 것이지요. 마치 내가 나의 즉자적인 과거를 대상화함으로써 그 과거의 나를 부정하고 무화하고 초월하듯이, 타인의 시선이 등장해 나를 부정하고 무화하고 초월하는 것 같은 사태가 벌어진다는 것입니다. 그러고 보면, 내가 즉자로서의 나를 느낀다는 것은 내가 나에게서 느낀다기보다는 타자의 시선, 즉 대자로서의 타인이 등장함으로써 이루어진다고 할 수 있습니다.

결국에는 이렇게 됩니다. 서로가 서로를 마주해서 쳐다볼 때, 각자는 상대방에 대해 대자로서의 주체성을 확립하려 하고, 그럼으로써 서로를 대상화합니다. 달리 말하면, 타인을 대상화하는 만큼 나의 대자적인 주체가 성립하는 것이지요.

이를 바탕으로 해서, 사르트르는 대자를 근본적으로 "대타 존재 (être-pour-autrui)"라고 합니다. 즉, 순수한 대자는 없고 대자는 근본적으로 항상 타인에 대해서만 현존할 수 있다는 것이지요. 대자가 대타 존재인 한, 타인과의 관계를 벗어날 수 없습니다. 그런데 타인과의 관계는 나의 대자 영역이 침범당하는 것이기에 본래부터 위험한 것이지요. 그래서 이렇게 말합니다.

> 내가 나의 가능성들이 아닌 가능성들의 도구인 한, (······) 나는 위험에 처해 있다. 이 위험은 우연적인 사건이 아니라, 나의 대타 존재가 지닌 영구적인 구조다.[30]

사르트르가 그의 희곡《닫힌 문》의 말미에서 등장인물 가르생(Garcin)의 입을 빌려 절규했던[31] "지옥, 그것은 바로 타인들이다"라는 말이 유명하게 된 대목입니다. 한편으로 보면 대단히 비극적이지 않을 수 없습니다. 예컨대 레지스탕스 운동처럼 목숨을 건 위험한 과업을 수행하는 조직에 누군지 알 수 없는 밀고자가 있다는 사실이 알려졌을 때, 그 조직원들 사이에서 이루어질 법한 시선의 교환, 그 타인의 시선은 지옥이 아닐 수 없을 것입니다. 사르트르가 이런 책들을 쓸 당시는 히틀러가 비시 정권을 내세워 흉악한 정치 놀음을 하고 있을 때이고, 이에 저항하는 조직 활동을 하면서 항상 경계 태세를 취하고 있었음을 염두에 둘 필요가 있습니다.

그런데 사르트르는 타인의 시선과 그것에 의한 나의 대타 존재는 굳이 구체적으로 타인이 나타나지 않더라도 성립한다고 말합니다.

> 타인은 아무런 매개자도 없이 나의 것이 아닌 초월성으로 나에게 나타난다. 그러나 이 현전은 상호적이지 않다. 내 자신이 타인에게 현전하는 데에는 세계의 모든 두께가 부족하다. 편재하고 있고 파악할 수 없는 초월성, 이 초월성은 내가 나의 드러나지 않은 존재(mon être-non-

révélé)인 한에 있어서 매개 없이 내 위에 놓여 있다. 그리고 내가 그 (타인의) 시선에 의해, 거리들과 도구들을 갖춘 완전한 세계 속에 둘러빠져 있는 한, 이 초월성은 존재의 무한에 의해 나로부터 동떨어져 있다. 내가 타인을 우선 시선으로 체험할 때, 바로 이러한 것이 타인의 시선이다.[32]

"세계의 모든 두께가 부족하다"라는 말이 우선 해독하기 힘들지만, 이는 "아무런 매개자도 없이"라는 말과 일맥상통한 것으로 볼 수 있습니다. 만약 타인의 시선이 나와 그 사이에 놓인 세계의 두께를 매개로 삼아 주어진다면, 나 역시 이 세계의 두께를 매개로 삼아 그 타인에게 나의 시선을 줄 수 있을 것이고, 타인이 나에게 현전하듯이 나 역시 타인에게 현전할 수 있을 것입니다. 이는 대자가 항상 "세계 - 내 - 존재"이며 또 "상황에 처한 대자"라는 사실과 직결되는 대목입니다.

그런데 사르트르가 타인의 시선이 타인의 두 눈을 지워버린다고 한 데서 알 수 있듯이, 타인의 시선은 타인인 그와 나 사이에서 객관적인 거리를 산출할 수 있는 "세계적인(mondaines)" 장치들을 지워버리고, 그렇기 때문에 나에 대한 타인의 시선은 이른바 "초세계적인(transmondaine)" 현전을 성취합니다. 이렇게 되면, 타인의 시선은 세계 속에서 세계를 매개로 해서 나에게 나타나는 것이 아닌 것이 됩니다.

그래서 타인의 시선은 초월성을 띱니다. 그리고 그 초월성은 초세계적인 데서 성립하기 때문에, 어디에 있다고 말하기보다 어디에나 있다고 말해야 하고 파악될 수 없다고 말해야 합니다. 그 반면 타인의 시선에 걸려든 나는 세계 속에 둘러빠져 있어 세계로부터 나를 돌출시켜 드러내지 못하는 상태에 놓여 있습니다. 말하자면 나는 타인의 시선을 제대로 볼 수 없는, 하지만 그 타인의 시선을 도무지 무시할 수 없는 상태에 놓여 있는 것입니다.

이는 푸코가 말하는 "판옵티콘(panopticon)"과 그 구조상 거의 동일합니다. 판옵티콘의 구조에서 중앙의 감시탑에 있는 사람은 수용된 죄수들에게 전혀 보이지 않습니다. 하지만 죄수들은 거기에 감시인이 있음을 도무지 무시할 수 없습니다. 나중에는 감시탑에 아무도 올라가지 않더라도 감시당하는 죄수들은 스스로 감시당하는 입장을 받아들이게 됩니다. 타인은 보이지 않는데 타인의 시선만이 체험된다고 하는 사태가 바로 그러합니다.

4) 대자와 몸

사르트르가 대자적인 의식을 중시하긴 하지만, 그와 마찬가지로 중시하는 것이 대자의 현사실성, 즉 즉자로부터 연원하는 대자의 현존이 갖는 우연성입니다. 그런데 이 우연성이 실제로 나의 존재에서 부각되는 것은 내 몸을 통해서입니다. 말하자면 사르트르에게서 몸은 대자의 현사실성 내지 대자의 상황성에 기초가 되는 핵심 사안입니다. 사르트르는 이렇게 말합니다.

우리는 몸을 나의 우연성으로부터 필연성을 간취해내는 우연적인 형식으로 정의할 수 있을 것이다. 몸은 대자 이외에 다른 아무것도 아니다. 몸은 대자 속에 있는 하나의 즉자가 아니다. 왜냐하면 그렇게 되면 몸은 모든 것을 응고시킬 것이기 때문이다. 오히려 몸은 대자가 대자 자신의 토대가 아니라는 사실 바로 그것이다. 〔이때〕 이 사실은, 우연적인 존재들 사이에 개입되어 있는 우연한 존재로서 존립할 수밖에 없다는 필연성에 의해 표현될 뿐이다. 그런 한에서, 몸은 대자의 상황(situation du pour-soi)과 구분되지 않는다. 왜냐하면 대자에게 있어서 현존한다(exister)는 것과 상황에 처해 있다(se situer)는 것은 같은 것이기 때문이다. 그리고 다른 한편으로, 세계가 대자의 전반적인 상황이고 대자의 현존에 대한 척도인 한에 있어서, 몸은 전적으로 세계와 일체가 된다.[33]

대자가 대자일 수 있는 것은 몸 때문임을 역설하고 있습니다. 왜냐하면 상황 내지 세계가 없이는 대자가 현존할 수 없는데, 대자에게서 이를 가능하게 하는 것이 몸이기 때문입니다. 그래서 사르트르는 아예 몸을 대자 이외에 다른 것이 아니라고 말하기도 합니다.

5) 대자와 성욕

사르트르가 비록 타인에 의거해 성립하는, 나의 대자가 갖는 대타 존재를 상당히 위험한 것이라고 했지만, 그러면서도 내가 나의 대타 존재를 어떻게 극복하고자 하는지를 특히 성욕 문제를 통해 소상하게 분석하고 있습니다. 말하자면 사르트르는 나와 타인의 구체적인 관계가 성적인 차원에서 가장 구체적으로 드러난다고 보는 셈입니다. 이에 가장 중요한 것은 타인의 시선을 마주 본다는 것입니다.

타인의 시선을 바라봄(regarder le regard d'autrui), 그것은 자기 자신을 자기 고유의 자유에 설립하는 것이고, 이 자유를 바탕으로 타자의 자유에 맞서고자 하는 것이다.[34]

과연 이 일은 가능할까요? 가능하다면, 과연 어떻게 가능할까요? 그런데 사르트르는 성욕에 대해 이렇게 말합니다.

타자의 자유로운 주체성과 타자의 나에-대한-대상성으로부터 나를 파악하고자 하는 나의 근원적인 시도는 성적 욕망(désir sexuel)이다.[35]

타자는 자유로운 주체로서 타인으로 나타날 뿐만 아니라 설사 타인으로 나타난다고 할지라도 항상 "나에-대한-대상성"으로서 나타나지요. 타인이 나와의 관계에서 갖는 이 두 가지 계기는 비록 경우에 따라 정도의 차이는 있을지언정, 아울러 그 존재 방식에서 차이를 드러내 보일지언정, 도대체 제거될 수는 없습니다. 그러니 내가 대타 존재로서의 나의 대자를 탐색하고 파악하고자 할 때 이 두 계기에 대한 고려는 필수적이라고 할 것입니다. 그런데 사르트르는 나를 파악하고자 하는 나의 이러한 시도를 "성적 욕망(désir sexuel)"이라고 단정합니다. '성적 욕망'에 대한 상식과는 상당히 다른 참으로 묘한 정의라고 하지 않을 수 없습니다.

그렇다면 사르트르가 보기에 우리가 성적 욕망을 충족시키고자 하는 것은 무엇일까요? 다음 이야기를 들어봅시다.

우리가 노출된 팔이나 젖가슴을 욕망하는 것은 오로지 유기적인 총체로서 전적인 몸이 현전한다는 것을 바탕으로 해서이다. 총체로서의 몸 자체는 가려질 수 있다. 내가 벗은 팔만을 볼 수 있을 것이다. 그러나 거기에는 총체로서의 몸 자체가 있다. 총체로서의 몸은 내가 팔을 팔로서 파악하는 출발점이다.[36] (……) 지평적인 의식과 함께하는 유기적인 총체인 살아 있는 한 몸, 그것이 바로 욕망이 말을 거는(s'adresse) 대상이다.[37]

"총체로서 살아 있는 몸"은 이른바 '대자로서의 몸'을 지칭합니다. 물론 이때 대자로서의 몸은 타인의 대자로서의 몸이지요. '충분히 주체적이면서도 동시에 완전히 몸으로 된 의식을 노리는 것'이 성적 욕망이라는 것입니다.

> 욕망은 다른 몸에 대한 몸을 욕망하는 것이라 할 수 있다. 사실 자기 자신의 몸 앞에서 대자가 현기증을 느끼는 것으로 체험되는 것은 타인의 몸을 향한(ver) 하나의 욕구다. 욕망하는 존재, 그것은 스스로를 몸으로 만드는(se faisant corps) 의식이다.[38]

성적 욕망을 통해 '충분히 주체적이면서도 동시에 완전한 몸'인 타인의 의식을 추구하지만, 그것은 기실 자신의 의식이 '충분히 주체적이면서도 동시에 완전한 몸'이기를 바란다는 것입니다. 아무튼 이렇게 완전히 몸으로 된 의식을 일컬어 사르트르는 "살(chair)"이라고 합니다. 그러면서 이렇게 말합니다. 눈여겨볼 대목입니다.

> 왜 의식은 스스로를 몸으로 만들고자 하며—또는 헛되이 몸이 되고자 하며—, 또 자신의 욕망의 대상으로부터 기대하는 것은 과연 무엇인가? 만약 다음을 반성해본다면 대답하기가 쉬워질 것이다. 즉, 나는 타인의 살을 전유하기 위해 타인이 현전하는 가운데 나를 살로 만들고자 한다는 사실을 반성해볼 일이다.[39]

사르트르는 "애무는 타인의 몸을 살로 만드는 것이다"라고 합니다. 그러면서 "내가 살이 되는 만큼 타인의 몸을 살로 만들 수 있다"라고도 합니다. 이렇게 말합니다.

> 애무(la caresse)에서 타인을 애무하는 것은 행동 중에 있는 종합적인 형식으로서의 내 몸이 아니다. 그것은 타인의 살을 태어나게 하는 살인

내 몸이다. (……) 타인의 살이 개현됨은 내 자신의 살에 의해 이루어진다. 욕망 속에서, 그리고 욕망을 표현하는 애무 속에서, 나는 타인의 체화(l'incarnation)를 실현하기 위해 나를 체화시킨다.[40]

내가 살이 되어 함께 성행위를 하면서 추구하는 것은 타인을 살로 만들어 소유함으로써 타인의 주체성이 완전히 녹아들어 있는 몸을 얻고자 하는 것입니다. 이 살인 몸은 저 앞에서 말한 즉자대자의 구조와 거의 동일한 구조를 띤 것입니다. 그러니 근본적으로 실현 불가능한 것이지요. 우리가 태어나면서부터 죽을 때까지 끊임없이 성욕을 발동시키면서 그 충족을 추구하지만 끝내 완전히 만족할 수 없는 것은 그 때문이라는 것입니다. 이를 분석하는 과정에서, 사르트르는 마조히즘, 사랑, 사디즘 등이 어떻게 해서 실패할 수밖에 없는 존재 기획인가를 대단히 논리적으로 밝힙니다.

3. 현존론적 정신분석, 끈적끈적함과 구멍

사르트르는 프로이트의 정신분석을 "경험적 정신분석"이라고 지칭하면서 그 존재론적인 허약함을 지적합니다. 그러면서 그 대안으로서 자기 나름의 정신분석인 "현존론적 정신분석(psychoanalyse existentielle)"을 제시합니다. 그리고 그 원칙으로 더 이상 환원 불가능한 인간 존재의 통일성을 제시합니다.

우리가 요구하는 것―그리고 어느 누구도 제시하고자 결코 시도하지 않은 것―, 그것은 환원 불가능한 진실이다. 즉, 우리가 요구하는 것은 우리에게 있어서 그 환원 불가능하다는 것이 명백한 바로 그런 환원 불가능한 것이다. (……) 〔환원 불가능성에 대한〕 우리의 이 요구는 인간 실재에 대한 선존재론적인(préontologique) 이해에 입각한 것이고, 인간을 분석 가능한 것으로 여기고 원초적인 소여들로 환원될 수 있다거나, 하나의 대상이 속성들을 지탱하듯이 주체에 의해 지탱되는 결정된 욕망들(혹은 '경향들')로 환원될 수 있다고 여기는 입장을 거부함으로써 성립하는 것이다.[41]

여기에서 "요구"는 현존론적 정신분석의 요구입니다. 인간에 대한 존재론 이전의 어떤 근본적인 이해에 입각해서 환원 불가능한 인간의 근본 욕망을 발견하고 이를 바탕으로 개별 인간들을 이해하도록 노력해야 한다는 것입니다. 사르트르는 "환원 불가능한 것으로 제시되는 모든 욕망은 부조리한 우연성에 속한 것으로서, 그 전체 속에 사로잡힌(prise) 인간 실재를 부조리 속으로 끌어당긴다"[42]라는 말을 하면서, 인간의 근본적인 욕망을 저 앞에서 말한 '존재 욕망', 즉 '즉자대자=신=완전한 존재 총체'가 되고자 하는 것이라고 말합니다.

신, 가치 및 초월의 지고한 목표 등은 인간이 자기가 누구인가를 스스로에게 알게 하는 데 입각하지 않을 수 없는 영구적인 한계(limite permanente)를 나타낸다. 인간이라는 것, 그것은 신이기를 지향하는 것이다(Être homme, c'est tendre à être Dieu). 더 그럴듯하게 말하면, 인간은 근본적으로 신이고자 하는 욕망이다(L'homme est fondamentalement désir d'être Dieu).[43]

그런데 사르트르는 이를 바탕으로 해서 실로 문학과 예술에 엄청난 창작적 상상력을 부추기는 개념인 "끈적끈적함(viscosité)"과 "구멍(trou)"에 관한 이야기를 합니다.

"끈적끈적함"은 이 세계에 널려 있는 모든 사물이 자아내는 여러 감각적인 질 중 하나입니다. 그런데 사르트르는 이 질에 대해 특별한 존재론적인 상징을 부여합니다.

끈적끈적한 것을 있는 그대로 파악한다는 것은 끈적끈적한 것이 세계의 즉자에 대해(pour en-soi du monde) 주어지는 특정한 방식을 창조한다는 것이고, 그와 동시에 존재를 그 나름으로 상징화한다는 것이다. 말하자면, 우리가 끈적끈적한 것과 접촉을 유지하는 한, 우리에게서 모든 일이 마치 끈적끈적함이 세계 전반의 의미(sens)인 양, 즉 즉자 존재의 유일무이한 존재 양식인 양 일어난다는 것이다.[44]

세계를 채우고 있는 여러 감각적인 질 중에서 "끈적끈적함"이 즉자 존재에 대해 가장 근원적인 특정한 질이라는 것입니다. 말하자면 우리가 끈적끈적한 것과 접촉할 때, 그 끈적끈적함은 우리를 빨아당겨 녹이고자 하는데, 이는 대자 존재로서의 우리가 본래 즉자 존재에로 빨려 들어 하나를 이루고자 하는 존재론적인 충동을 지녔다는 것을 의미한다는 것입니다.

그러면서 사르트르는 "구멍"이라고 하는 형태가 갖는 상징성을 강조합니다. 구멍은 대자의 존재 결핍을 상징하는 것이고, 유아들이 바깥의 구멍은 물론이고 자신의 몸에 나 있는 구멍들을 손으로 막아 채우려고 하는 것은 그러한 대자의 존재 결핍을 즉자 존재로써 메우고자 하는 근원적인 존재 욕망을 상징적으로 나타낸다는 것입니다.

끈적끈적함과 구멍에 대한 사르트르의 이러한 상징적인 분석은 곧 그의 현존론적 정신분석에 의거한 구체적인 예라고 할 수 있습니다.

4. 마무리

사르트르의 존재론을 일별해보았습니다. 워낙 많은 내용을 압축하다 보니 무리가 많았던 것 같습니다. 오늘날의 현대 철학에서 존재론을 운위하려 한다면, 사르트르의 존재론, 즉 즉자를 바탕으로 해서 즉자와 하나를 이루고자 하는 모든 인간 활동을 염두에 두지 않으면 안 될 것 같습니다. 앞으로 다른 철학자들에 대한 강의를 진행하면서 이러한 사르트르의 존재론에 관련되는 대목들을 짚어나가도록 하겠습니다.

사르트르는 이러한 존재론을 바탕으로 그 나름의 도덕론을 구축하고자 사회·정치 철학을 개진합니다. 그 내용은《변증법적 이성 비판(Critique de la raison dialectique)》(1960)[45]이라는 큰 책에서 체계화됩니다. 이에 관한 이야기는 다음 기회로 미루어야 하겠습니다. 더 철저하게 공부를 해야 하니까요. 한 철학자의 사상을 생각하기 위해서는 그가 일생 동안 일군 철학 사상 전반을 포괄적으로 다루어야 할 것입니다. 그런데 여러 여건상 그러지 못했습니다. 굳이 핑계를 댄다면, 해당 인물의 철학 사상에서 근간을 이루는 것을 살펴보는 것만으로도 그 나름으로 큰 의의가 있으리라는 것입니다.

11장

메를로퐁티: 몸과 살, 그리고 세계

1. 들어가는 말

모리스 메를로퐁티(Maurice Merleau-Ponty, 1908~1961)는 사르트르보다 3년 늦은 1908년 유복한 가톨릭 집안에서 태어났습니다. 하지만 메를로퐁티는 그의 어머니가 외도를 해서 낳은 아들이었고, 메를로퐁티라는 성은 실부(實父)의 성을 딴 것이 아니라, 어머니의 법적인 남편의 성을 딴 것입니다. 메를로퐁티가 태어날 때부터 어느 정도의 내면적인 불안정을 겪었던 것은 아닐까 하고 짐작하게 하는 대목이라 하겠습니다.

메를로퐁티는 프랑스의 인문학적 천재들을 배출한 파리고등사범학교를 1930년에 졸업합니다. 그가 사르트르를 만난 것은 이곳에서인데, 이 만남은 프랑스 지성계를 장식한 두 별 간의 다행과 불행을 동시에 선사하는 계기가 되었습니다. 대학을 졸업한 1930년대의 메를로퐁티는 여러 중·고등학교에서 철학을 가르쳤습니다. 이때 그는 구조주의 인류학의 대가인 클로드 레비스트로스(Claude Lévi-Strauss, 1908~2009)와 사르트르의 부인이자 애인인 보부아르를 사귀고, 고등연구원에서 프랑스에 헤겔 철학을 뿌리내리게 한 것으로 유명한 코제브(Alexandre Kojève, 1902~1968)의 강의를 듣고, 드골에게 협력하기도 했던 대표적인 우파 철학자이자 사회학자인 아롱(Raymond Aron, 1905~1983), 에로티즘의 기묘한 철학자 바타유, 프랑스 최고의 정신분석학자인 라캉 등과 사귑니다.

이즈음 메를로퐁티는 아직 정확하게 현상학적이라고 말할 수 없는 첫 주저 《행동의 구조(La Structure du Comportement)》(1942년 출간)를 1938년에 마무리 짓습니다. 그러나 이 책에서 그는 이미 잠정적으로 현상학적인 태도를 견지합니다. 실증주의적인 과학주의를 철저하게 비판하고, 그것과 짝지어져 있다고 여겨지는 칸트의 《순수이성 비판》의 작업을 혹심하게 비판하면서[1] 전통 철학에서 벗어나는데, 이는 현상학의 기본적인 태도와 연결됩니다. 1939년부터 1940년 사이에 보병 근무를 하면서 메를로퐁티는 레지스탕스의 비밀단체인 '사회주의와 자유'를 통해 사르트르와 접촉하고, 그런 가운데 사르트르와는 다른 방식으로 하이데거와 후설의 현상학에 관심을 갖습니다. 1944년에 벨기에 루뱅에서 파리로 전송된 후설의 유고들을 점검하면서 작업한 끝에 1945년 500여 쪽에 달하는 《지각의 현상학(Phénoménologie de la perception)》을 완성해서 출간했습니다. 이로써 그는 가장 천재적이고 독특한 현상학자로서 자리 잡게 됩니다.

전쟁이 끝난 후 메를로퐁티의 사상은 주로 정치사상적인 방향으로 선회합니다. 그의 입장은 현상학과 당시의 주된 분위기였던 마르크스주의를 결합한 것이었습니다. 이런 입장의 정치사상은 1947년 당시 소련의 사회주의를 옹호하는 《휴머니즘과 테러(Humanisme et terreur—essai sur le problème communiste)》를 출간함으로써 한 단계 정리됩니다. 그러면서 그는 사르트르와 함께 정치부 주임 기자로서 사회 평론지인 《현대(les temps modernes)》를 이끌어가면서 정치 평론과 예술 평론에 관한 글을 싣는데, 이를 모아 1948년에 《의미와 무의미(Sens et non-sens)》를 출간합니다.

그러던 중 1950년 우리 한반도에서 6·25 전쟁이 발발했습니다. 이를 계기로 사르트르와의 제법 오랜 정치적 반목 끝에, 메를로퐁티는 1952년 《현대》지 일을 그만두면서, 사르트르뿐만 아니라 한때 자신이 지지했고 사르트르가 계속해서 지지하고 있는 소련의 스탈린주의와 결별합니다. 메를로퐁티는 사회주의국가가 침략 전쟁을 벌인 것은 미국을 비롯한 서방세계의 군사력을 강화시키는 빌미를 제공하는 것이며, 이는 양극단의 대립을 만들어냄으로써 혁명을 불가능하게 만든다고 여겼습니다. 이는 그가 평소에 프롤레타리아의 정치적 참여를 불가능하게 만드는 것이라고 보아 탐탁지 않게 여기던 스탈린주의를 확실하게 비판하는 계기가 되었습니다. 그 반면 사르트르는 계속해서 더욱 스탈린(Joseph Stalin, 1878~1953)을 옹호했던 것이 두 사람이 결별하게 된 결정적인 이유입니다. 게다가 메를로퐁티가 스탈린을 비판하는 글을 써서 《현대》지에 게재하고자 했는데, 이를 사르트르가 싣지 못하게 한 것이 크게 화근이 되었습니다. 메를로퐁티는 그 이후 소련의 사회주의를 비판하면서 그 전에 그가 썼던 《휴머니즘과 테러》의 입장을 후회하게 되고, 1955년 《변증법의 모험(Les aventures de la dialectique)》을 쓰기까지 7년 동안 정치적인 글을 발표하지 않았습니다. 그러니까 《변증법의 모험》은 여전히 마르크스주의자이긴 하나 종전과는 달리 사르트르의 입장을 거세게 비판하면서 새롭게 정립된 메를로퐁티의 정치사상을 담고 있다고 하겠습니다.

메를로퐁티는 1961년 갑작스러운 심장병으로 53세를 일기로 세상을 떠났습니다. 1950년대에 들어서서 메를로퐁티는 《행동의 구조》와 《지각의 현상학》의 작업, 즉 인간과 세계가 탄생하는 원초적인 지각의 장을 드러낸 것만으로는 뭔가 부족하다는 생각을 했던 것 같고, 그 원초적인 지각의 장에서 어떻게 인간적인 질서의 상징과 언어의 세계가 열리는지를 보여야 한다고 생각했던 것 같습니다. 이에 비록 완성되지 못하고 포기되긴 했지만 《세계의 산문(散文)(Éloge de la Philosophie, Lecon inaugurale faite au Collége de France, Le jeudi 15 janvier 1953)》에서 "승화(昇華, sublimation)" 개념을 통해 상징과 언어로의 길을 모색하기도 했고, 생전에는 발간되지 못했지만 그의 연구 비망록과 초고들을 모아 유고집으로 발간한 《보이는 것과 보이지 않는 것(Le Visible et l'invisible, suivi de notes de travail Edited by Claude Lefort)》에서 "살(la chair)" 개념을 바탕으로, 인간중심주의를 완전히 벗어버린 새로운 존재론을 미완성인 채로 펼치고 있습니다.

1961년 3월 3일, 메를로퐁티는 데카르트의《광학》을 펼쳐놓고 심장마비로 책상에 엎드린 채 사망했습니다. 죽음은 그의 사상이 한창 여러 방향으로 만개하고 있을 때에 갑작스레 찾아왔습니다. 프랑스 사람들은 신이 그의 천재성을 질투한 나머지 갑자기 그를 데려갔다고들 했습니다. 이는 그의 철학을 전체적으로 꿰뚫는 것이 그만큼 어렵다는 것을 뜻한다고 할 수 있습니다. 1950년 이후 결별한 뒤 거의 만나지 않았던 사르트르가 메를로퐁티가 죽은 뒤 우정에 넘치는 긴 애도사(哀悼辭)를 써서 낭독한 것은 유명합니다.

2. 사유의 출발점

메를로퐁티 철학이 갖는 가장 큰 매력은 그 출발 지점에 있다고 해도 과언이 아닙니다. 메를로퐁티는 모든 과학 이론적인 혹은 철학적인 반성이 아니라 구체적으로 주어져 있는 삶의 현장에서 철학의 출발지를 찾았습니다. 그 현장을 일컬어 "현상의 장(le champ phénoménal)"이라고도 하고, "선과학적인 삶(la vie préscientifique)"이라고도 하고, "선반성적인 영토(l'univers préréflexif)"라고도 합니다. 이 중에서《행동의 구조》에서 잘 밝히고 있다고 할 수 있는 "현상의 장"이 대단히 중요합니다. 그 대목을 간단히 살펴봅시다.

먼저 밝혀둘 것은 행동에 관한 과학적인 분석과 행동에 관한 일상적인 의식이 서로 대립된다는 점이다. 가령 내가 컴컴한 방 안에 있는데 벽에 둥근 광점(光點)이 나타나 위치를 옮긴다면, 나는 다음과 같은 말을 할 것이다. 광점이 나의 주의를 '끈다', 나의 눈이 광점을 '향해' 방향을 돌린다, 전체 눈 운동에서 광점이 나의 시선을 인도한다. 그래서 나의 행동은 내면적으로 볼 때 정향의 것, 즉 의도와 의미를 갖춘 것이 된다. 과학이 요구하는 것은 이러한 특징들을 그저 외현으로 취급하고 그것 아래에 숨겨져 있는 다른 종류의 실재를 발견해야 한다는 것이다. 사람들은 보이는 빛을 단지 "우리 안에서만" 존재하는 것이라고 말할 것이다. 과학은 빛이 그 자체로 의식에 결코 주어지지 않는 진동을 포함함을 발견한다. '현상의 빛(lumière phénoménale)'을 질적인 외현이라 하고, '실재의 빛(lumière réelle)'을 진동이라고 해보자. 실재적인 빛은 결코 지각되지 않기 때문에 나의 행동이 지향하는 목표가 될 수 없다. 실재적인 빛은 나의 유기적인 조직에 작용하는 원인자로서만 생각될 뿐이다. 현상적인 빛은 유인하는 직접적인 힘이었다. 반면 실재적인 빛은 배후의 힘이다.[2]

이 이야기는 메를로퐁티가 《지각의 현상학》의 서설 중 '현상의 장'에서 본격적으로 비교해서 드러내고 있는, 현상세계와 객관적인 과학 세계 간의 대립을 이해하는 데 손쉬운 길잡이가 되고 있습니다.

이 인용문에서 메를로퐁티는 두 가지 빛을 구분합니다. 하나는 "현상의 빛"이고, 다른 하나는 "실재의 빛"입니다. 실재의 빛은 지각되지 않기 때문에 나의 눈 운동을 중심으로 한 나의 행동이 지향하는 목표가 될 수 없는 반면, 현상의 빛은 지각되면서 나의 행동이 지향하는 목표가 됩니다. 이는 쉽게 인정할 수 있습니다.

과학적으로 보면, 현상의 빛의 배후에 실재의 빛이 있고, 따라서 빛의 진정한 속성들은 실재적인 것이지 현상적인 것일 수가 없습니다. 그리고 현상의 빛은 실재의 빛에 대해 나의 몸이 반응한 결과이고, 현상의 빛을 보고서 이루어지는 나의 눈 운동은 언뜻 보면 지향적으로 보일지 모르지만 사실은 파동으로서의 실재의 빛이 생리적인 내 몸에 미쳐 이루어지는 기계적인 인과관계의 반사 메커니즘의 결과에 불과한 것이 됩니다.

　이런 식의 과학적 사유를 일관되게 밀고 나가면, 우리의 구체적인 지각 상황은 과연 어떻게 될까요? 이를 생각하기 위해서는 먼저 시각을 통해 우리의 몸을 에워싸고 있는 것으로 여겨지는 여러 지각된 사물과 사건이 실제로 어떻게 주어지는지를 생각해보아야 합니다. 시각을 통해 주어지는 모든 사물과 사건은 실재의 빛이 아니라 현상의 빛으로 주어집니다. 여기에서 '빛으로 주어진다'라는 표현은 사물들이 색을 띠고서 나타나는 것을 의미합니다. 그러니까 우리 몸의 행동이 수행되는 것은 바로 이 현상의 빛들이 여러모로 질서를 갖추어 구성되면서(articulation) 자극으로 작용하기 때문입니다.

　그런데 실재의 빛만을 참다운 빛으로 보고 진정한 자극자로 보게 되면 어떻게 됩니까? 그렇게 되면 우선 우리는 흔히 과학에서 진짜 내 몸이라고 말하는 실재적인 나의 몸을 본질상 볼 수 없는 것으로 여기게 됩니다. 왜냐하면 그렇게 과학적인 관점으로 본 실재적인 나의 몸이란 볼 수 있는(지각될 수 있는) 것이 아니기 때문입니다. 아울러 우리가 그 속에 살고 있는 실재적인 세계와 우리 몸의 운동 모두 다 지각할 수 없고 느낄 수 없는 것으로 됩니다. 결과적으로 우리가 그 속에서 살면서 보고 느끼고 있는 지각적인 상황, 그리고 이러한 상황과 관련하여 일정하게 반응해서 이루어지는, 보고 느끼는 나의 행동은 모두 다 겉으로만 드러나는 껍데기가 되고 맙니다. 요컨대 과학적인 사유에 진정으로 충실하다 보면, 진짜 존재하는 세계는 볼 수도 없고 만질 수도 없고 들을 수도 없는 것이고, 우리가 실제로 보고 만지고 들으면서 연속적으로 반응해나가는 세계는 가짜가 되고 맙니다.

　이 같은 문제 상황을 목전에 둔 탓에 메를로퐁티는 이와 관련해서 앞의 인용문에 이어서 다음과 같은 심중한 물음을 던집니다.

주관적인 것과 객관적인 것 간의 분리는 잘못 설정된 것 아닌가? 자신의 바깥에 있는 총체인 과학의 세계와 자신이 자신에게 현전하는 의식의 세계 간의 대립은 과연 견지될 것인가?[3]

요즈음에는 '주객 분리의 이분법'을 잘못된 주장이라 하여 거부하고 비난하는 것이 상식처럼 된 것 같지만, 아직도 무의식적으로나마 과학적 사유의 전능성을 믿고 있는 한에서는 그러한 상식은 표피적인 것에 불과합니다. 이를 근원적으로 천착해서 그 근본원리를 깨달아야만 비로소 그런 상식이 구호에 그치지 않고 참된 근거를 갖게 됩니다. 주객 이분법으로는 도무지 접근할 수 없는 구체적인 삶의 영역이 바로 "현상의 장"이라는 것이고, 그 "현상의 장"이 어떻게 건립되며 그 근본 구조와 성격이 어떤가, 이를 바탕으로 해서 우리의 삶을 구성하는 여러 중요한 요소, 예컨대 몸, 지각, 주체와 대상, 몸과 의식의 관계, 언어활동, 습관, 성, 자유 등이 어떻게 달리 정의될 수 있는가를 대단히 실감 나게 분석·검토한 책이 바로 《지각의 현상학》입니다. 이 책에서 그는 반성에 대해 이렇게 이야기합니다.

반성은 의식의 결과들에 대해서뿐만 아니라 반성 자체에 대한 의식을 갖지 않고서는 완전할 수 없다. 반성이 반성적인 태도 혹은 공격 불가능한 코기토(cogito) 속에 우리를 끼워 넣어서는 안 된다. 반성은 반성에 대한 반성이어야 한다. (……) 우리는 그저 철학을 수행해서는 안 된다. 우리는 철학이 세계의 광경(le spectacle du monde)과 우리의 현존(notre existence)에 끌어들인 변형이 어떤가를 설명해야만 한다.[4]

만약 반성이 반성으로 정당화되려면, 즉 반성이 진리를 향한 과정으로 정당화되려면, 세계에 대한 시각을 다른 시각으로 대체하는 것에 만족해서는 안 된다. 반성은 세계에 대한 소박한 시각이 반성된 시각에서 어떻게 이해되고 또 간과되는가를 우리에게 드러내 보여야만 한다. 반성(la rélexion)은 자신의 출발점인 비반성적인 것(l'irréfléchi)을 밝혀야 하고 비반성적인 것 자체가 출발점으로서 이해될 수 있는 가능성을 드러내야 한다.[5]

여기서 우리는 메를로퐁티가 "반성에 대한 반성"을 강조하고 있음을 봅니다. 메를로퐁티가 주장하는 것은 반성을 완전히 무시하고 그저 일상적인 소박한 의식에 머물러 있음으로써 실상 철학을 포기하자는 것이 아닙니다. 그동안 특히 데카르트로부터 비롯되어 헤겔에 이르기까지, 심지어 초기 후설에 이르기까지 일구어져 온 반성철학에 의해 오염된 사태를 씻어내야 한다는 것입니다. 반성철학에 의해 '오염된' 사태, 즉 비반성적인 시각 및 이미 주어진 세계를 반성적인 시각과 반성된 세계로 대체함으로써 진실을 오염시키고 있는 사태를 "반성에 대한 반성"을 통해 '깨끗하게' 하자는 것입니다.

메를로퐁티는 이러한 자신의 새로운 반성, 즉 반성에 대한 반성이 구체적인 현상을 해명하는 데 적용될 때 "현존론적 분석(analyse existentielle)"이라고 지칭합니다.[6] 그리고 보면 메를로퐁티가 말하는 "현존론적 분석"은 이중적인 방향으로 작동하고 있음을 알 수 있습니다. 소극적으로는 기존의 반성철학에서 삶의 구체적인 체험 지평 또는 현상의 장을 반성의 힘에 의해 아예 지성적인 구성물로 잘못 대체해버린 것을 바로잡는 것이고, 적극적으로는 삶의 구체적인 체험 지평 또는 현상의 장을 구성하는 그 생생한 구조와 역동적인 관계를 밝혀내는 것입니다. 그리고 바로 여기에 요구되는 핵심 개념이 "몸(le corps propre)"[7]이고 "지각(perception)"입니다.

3. 몸과 지각의 근원성

메를로퐁티가 철학 사상 최고의 '몸 철학자' 내지 '몸 현상학자'로 군림하게 되는 것은 바로 이렇게 몸과 지각을 철학적 사유의 바탕이자 출발점으로 삼기 때문입니다. 이는 참으로 의미가 큽니다. 다시 "현상의 장"과 관련된 《지각의 현상학》에 들어 있는 다음의 대목을 보기로 합시다.

지각이란 것이 모든 이론적인 사유에 앞서서, 그리고 그 생생한 함의에 있어서 존재에 대한 지각으로 주어진다는 바로 그 이유 때문에, 반성은 존재의 발생학(존재의 계보학, une généalogie de l'être)을 수행해야 한다고 생각하지 않고 존재를 가능하게 하는 조건들을 탐구하는 것으로 만족했다. 설혹 규정하는 의식의 파란곡절을 고려할지라도, 그래서 설혹 대상의 구성이 결코 완성되는 것이 아님을 인정할지라도, 이러한 반성에서는 과학이 말하는 것 외의 대상에 대해서는 아무것도 말하지 않았다. (……) 그래서 살아 있는 몸은 내부 없는 외부(un extérieur sans intérieur)가 되고, 주체성은 외부 없는 내부(un intérieur sans extérieur), 즉 무관심한 관망자(un spectateur impartial)가 되었다. 과학의 자연주의(le naturalisme)와 과학에 대한 반성으로 도달하게 된 보편적인 구성 주체의 정신주의(le spiritualisme)는 둘 다 경험을 평면적으로 만든다는 공통점을 갖는다. 즉, 구성하는 나(le Je constituant) 앞에서 경험적인 나 자신들은 대상들이다. [이때] 경험적인 나 자신은 일종의 사생아적인 개념으로서 즉자(卽自, l'en soi)와 대자(對自, le pour soi)의 혼합물이 되고 만다. 이에 대해 반성철학은 위상을 부여하지 못한다. 경험적인 나 자신이 구체적인 내용을 지니는 한, 그 경험적인 나 자신은 경험의 체계 속에 편입되고, 따라서 주체가 아니다. 그런가 하면 경험적인 나 자신이 주체인

한, 그것은 비어 있는 것이고 초월론적인 주체(sujet transcendantal)로 넘겨진다. 대상을 이념화하고, 살아 있는 몸을 객관화하고, 정신을 자연과 공통된 척도를 갖지 않는 가치의 차원에 위치 짓는 것, 이는 지각에서 발원하는 인식의 운동을 계속함으로써 도달하게 되는 투명 철학(la philosophie transparente)이다. 그래서 지각은 시작하는 과학이고, 과학은 방법적이고 완성된 지각이라는 말을 당연하게 할 수 있었던 것이다. 왜냐하면 과학은 비판 없이 지각되는 사물에 의해 고정되는 인식의 이상만을 추구하도록 했기 때문이다.[8]

상당히 길게 인용했습니다. 워낙 중요한 대목이 들어 있기 때문이지요. 메를로퐁티는 기존의 '존재의 가능 조건을 따질 뿐인' 칸트를 비롯한 초월론적 철학 대신에 "존재의 발생학"을 펼쳐 보이겠다는 야심을 드러냅니다.

"존재의 발생학"은 지각에서 존재가 솟구쳐 오르는 과정을 생생하게 잡으려는 것입니다. 이에 반해 '초월론 철학'에서 존재의 가능 조건을 따진다는 것은, 존재가 솟구쳐 오르는 지반인 지각 자체를 무시하고 무엇인가 존재한다고 말할 수 있으려면 어떤 조건을 만족해야 하는지를 논리적으로 따지는 것입니다. 그러면서 존재한다고 말할 수 있는 그 무엇이란 기실 물리적이고 화학적인 보편적 속성들로 된, 특히 철저히 인과관계에 의해 지배되는 것이라고 미리 설정해 놓았다는 것입니다. 그러니까 초월론 철학은 모든 이론적인 사유에 앞서서 생생한 함의를 지니고서 지각에 주어지는 존재를 바로 이러한 과학적인 대상에 불과한 것으로 본다는 것이지요.

여기에서 메를로퐁티가 문제 삼고 있는 대표적인 초월론적인 반성의 철학자는 레옹 브룅스비크(Léon Brunschvicg, 1869~1944)입니다. 브룅스비크는 프랑스에서 현대적인 반성철학을 일군 인물로 유명합니다. 브룅스비크는 특히 칸트의 비판철학적인 반성의 길을 강조하면서 형이상학이 아니라 과학 세계를 중시했습니다. 그는 "실증과학은 정신에서 물질로 나아가는 것이지, 물질에서 정신으로 나아가는 것이 아니다"라는 말을 남겼습니다. 이는 그가 칸트의 구성 철학을 거의 그대로 이어받았음을 나타냅니다. 요컨대 브룅스비크에게서 모든 것은 의식에서 나와 의식으로 되돌아가는 것으로 여겨집니다.[9] 메를로퐁티가 여기서 비판하는 것은 이러한 브룅스비크의 과학주의적이면서 관념론적인 반성철학입니다만, 전통적인 칸트식의 반성철학 일반을 포괄해서 함께 비판하고 있다고 보아야 합니다. 여기에는 그가 크게 영향을 받았던 후설의 현상학도 일정하게 그 비판의 대상으로 자리매김되었다고 할 것입니다.

아무튼 초월론적인 반성철학에서 지각에서의 진정한 대상을 철저히 인과관계에 의해 규정되는 과학적인 대상으로 볼 경우, 가장 크게 문제 되는 것은 살아 있는 몸, 특히 인간의 살아 있는 몸입니다. 살아 있는 몸은 그 존재 원리상 현상의 장과 긴밀하게 짝을 이루고 있는 것으로서 현상의 장을 무시할 경우 함께 무시됩니다.

'몸은 물체다. 물체는 모두 다 물리적·화학적 속성을 띤 것으로서 철저히 인과관계에 의해 지배된다. 몸에서 일어나는 모든 일은 신경계의 인과적인 관계에 의해 지배된다. 나의 몸은 물론이고 타인의 몸도 기계적인 자동 장치로서 그 속에는 자아가 존재할 수 없다.' 기존의 초월론 철학들이 이런 식으로 살아 있는 몸을 규정하게 되면 근본적으로 몸뿐만 아니라 주체에도 제대로 접근할 수 없다는 것이 메를로퐁티의 주장입니다. 그렇게 되면 몸은 "내부 없는 외부"가 되고 아울러 주체성은 "외부 없는 내부"가 되어 완전히 이분법적인 구도가 연출된다는 것입니다. 이때 외부 없는 내부로서의 주체성은 칸트의 "선험적 통각(transzendentale Apperzeption)"처럼 너도 아니고 나도 아닌 의식일반으로 자리 잡게 됩니다. 그러다 보니 완전한 이분법이 생겨나는 것입니다. 이분법에서, 하나는 철저히 외부적인 세계로서 순수 물리·화학적으로 객관화된 대상 세계이고, 다른 하나는 구체적인 삶의 내용을 전혀 지니고 있지 않은 깔끔하기 이를 데 없는 순전히 내부적인 세계인 의식일반입니다. 두 세계 모두 한 점 군더더기 없이 너무나도 깔끔하고 훤히 들여다보이는 세계입니다. 그래서 메를로퐁티는 이러한 세계관을 제시하는 철학을 "투명 철학"이라고 부른 것입니다.

이러한 투명 철학에 입각해서 보면, 몸을 지니고 있으면서 주체성을 발휘하는 경험적인 나 자신은 완전히 사생아적인 개념, 즉 이도 저도 아닌 개념이 되고 만다는 것이 메를로퐁티의 주장입니다. 이를 미루어 짐작하면, 메를로퐁티가 '내부를 지닌 몸'과 '외부를 지닌 주체성'을 염두에 두면서 이 둘이 하나로 통일된 존재를 자신의 몸 철학을 이끌어가는 근본 지점으로 삼는다는 것을 알 수 있습니다. 이 통일된 존재야말로 "현상의 장"인 지각 장과 더불어 모든 존재론 및 인식론적 사유의 바탕으로서 "원초성(primordialité)"을 띤다는 것입니다.

이러한 몸과 지각 장의 원초성에 대한 주장은 사르트르가 말하는 즉자의 근원성을 부정하는 것으로 이어집니다. 사르트르가 말하는 즉자 혹은 대자라는 것은 결코 근원적이지 않고 일정하게 철학적 반성의 결과 추정된 것이라는 이야기입니다. 이 대목에서 메를로퐁티는 한때 크게 영향을 받았다고 할 수 있는 사르트르의 철학적 구도에서 벗어난다고 할 수 있습니다. 메를로퐁티의 입장에서 보면, 사르트르가 순수 즉자 내지 즉자대자적인 완전한 통일의 문제를 형이상학적이라고 한 것은 현상학적인 접근이 불가능한 영역임을 인정한 것이라고 할 수 있습니다. 메를로퐁티는 현상학적인 접근의 영역을 넘어서서 형이상학적으로 발상되는 것을 근원적인 것으로 여기는 것은 모두 다 제대로 된 현상학적·철학적 반성을 넘어선 왜곡이라는 입장을 견지합니다. 그런 점에서 대단히 철저하고 특이하다고 할 수 있습니다.

4. 몸과 지각의 상호 교환, '세계에의-존재'인 몸, 몸의 지향호

이러한 메를로퐁티의 입장에서는 당연히, "몸"과 "지각 장"이 철학적인 반성과 구성적인 이론 구축에 앞서서 맨 먼저 고찰되어야 할 주제가 됩니다. 이를 해명하기 위해 메를로퐁티는 "세계에의-존재(être-au-monde)"라는 개념을 구축합니다. 몸은 근본적으로 세계에의 존재이고, 몸과 근원적으로 구분할 수 없는 의식 역시 세계에의 존재라는 것입니다.

'être-au-monde'에서 'au'는 'à+le'입니다. 여기에서 전치사 'à'는 두 가지 뜻을 동시에 갖습니다. 하나는 '……에'라는 뜻이고, 또 하나는 '……으로'라는 뜻입니다. 그러니까 몸은 세계 속에 있으면서 세계를 향해 나아간다는 것이 됩니다. 이 세계는 곧 지각 장이 아닐 수 없습니다. 그런데 메를로퐁티는 그서 육체(le corps)라고 하지 않고 "몸", 특히 "나 자신의 고유한 몸(le corps propre)"이라고 지칭합니다. 이는 충분히 주체성을 지닌 나 자신의 몸을 객관적 물체로서의 육체와 구분해서 부르기 위한 것입니다.

몸은 이미 늘 세계 속에 있음으로써 세계와 지향적인 의미 교환의 관계를 맺고 있고, 그러면서 다시 새롭게 지향적인 의미 교환의 관계를 맺기 위해 세계를 향해 나아간다는 것입니다. 이것이 "세계에의-존재"라는 개념이 갖는 구체적인 뜻입니다.

메를로퐁티가 하이데거가 말한 '세계-내-존재(In-der-Welt-sein)'라든가 사르트르가 말한 '세계-내-존재(être-dans-le-monde)'라는 개념을 이어받지 않고 굳이 이렇게 '세계에의-존재'라는 개념을 나름대로 만들어 쓰는 까닭은, 앞의 개념들이 자칫 '세계' 개념을 그저 주체의 활동이 이루어지는 외부의 장으로만 여기고 세계와 주체가 근원적으로 뫼비우스의 띠처럼 안팎의 상호 교차에 의거해서 존립한다는 것을 훼손할 수 있다는 생각 때문이라고 할 수 있습니다.

메를로퐁티는 몸과 세계가 갖는 지향적인 의미 교환의 관계를 분석하면서 몸의 "지향호(指向弧, l'arc intentionel)"라는 개념을 만들어냅니다. 이는 후설이 말한 "의식의 지향성"에서 의식을 몸으로, 지향성을 지향호로 대체한 것입니다. "지향호"는 활처럼 둥근 방식으로 몸이 동시다발적으로 이미 늘 지향성을 발휘한다는 것입니다. 몸의 "지향호"에 의해 세계 역시 이미 늘 몸과 근원적으로 연결된 의미들을 지닌 지각 장으로서 드러난다는 것입니다. 이에 관해 메를로퐁티가 제시하는 대단히 흥미로운 이야기가 있습니다.

환자에게 만년필을 보여주면서 만년필의 걸개가 보이지 않도록 하면, 환자가 이를 인식하면서 다음과 같은 말을 한다. "그것은 검고 푸르고 반짝거리네요. 흰 점이 있고, 기다라네요. 그것은 막대기 모습이네요. 그것은 모종의 도구가 될 수 있겠네요. 그것은 빛이 나네요. 그것에 다른 것들이 비치네요. 또한 그것은 색깔이 칠해진 유리일 수 있겠네요." 이때 만년필을 가져가 만년필의 걸개를 환자 쪽으로 돌리면 그는 계속해서 이렇게 말한다. "그것은 연필이거나 펜대임에 틀림없군요. (그는 자신의 웃옷에 붙어 있는 작은 호주머니를 만진다) 그것은 무엇을 적기 위해 여기에 두게 되겠네요." 실제로 보이는 것에 가능한 의미 내용

(signification)을 제공하기 위해 인식의 매 단계마다 언어가 개입된다. 인식이 진행되면서 언어의 연결이 이루어진다. 그러니까 "기다란"에서 "막대기 모양"으로, "막대기"에서 "도구"로, "도구"에서 "무엇을 적기 위한 도구"로, 결국에는 "만년필"로 연결된다. (……) 여기에서 방해를 받는 것은 이러한 친밀성, 즉 대상과의 소통이다. 정상인에게서 대상은 '말하는(parlant)' 것이고 의미적인(significatif) 것이다. 색깔의 배열은 단번에 무엇을 '의미한다(veut dire).' 그런 반면 환자에게서는 의미 내용은 확실한 해석 작용에 의해 생겨나야 한다.—거꾸로 말하면 정상인에게서 주체의 의도들은 즉각적으로 지각 장에 반영되고, 즉각적으로 지각 장을 극화(極化)하고, 혹은 그것들의 도해에 따라 즉각적으로 지각 장에 표지를 가한다. 혹은 결국 주체의 의도들은 별 노력 없이 지각 장에 의미의 파동이 태어나게 한다. 환자의 경우, 지각 장은 이러한 조형성을 상실했다. (……) 요컨대 환자에게 세계는 더 이상 어떤 의미 내용을 떠오르게 하지 않는다. 거꾸로 말하면 그가 제시하는 의미는 주어진 세계에 더 이상 체화되어 있지 않은 것이다. 이에 대해 한마디로, 그에게서는 세계가 더 이상 '표정(physionomie)'을 갖지 않는다고 말하게 된다.[10]

길을 가다가 철골 공사를 하는 노동자가 떨어뜨린 가느다란 철골이 뇌를 통과함으로써 행동이 이상해진 슈나이더라고 하는 특이한 두뇌 손상 환자의 예를 들어 설명하고 있습니다. 메를로퐁티에 의하면, 그에게서 깨진 것은 지향호, 즉 즉각적으로 의미로 충만한 지각 장을 형성할 수 있는 몸의 근본 기능이 깨진 것입니다. 객관주의에 의거한 과학적 사유는 슈나이더와 같은 비정상적인 지각 상태를 오히려 근원적으로 보는 것이라는 이야기가 포함되어 있다고 할 것입니다. 메를로퐁티가 말하는 몸의 지향호는 몸과 세계가 이미 늘 의미 내용으로 풍부하게 넘쳐난 상태에 있다는 것, 몸과 세계는 근원적으로 떼려야 뗄 수 없다는 것을 말해주는 개념입니다. 그러니까 환자 슈나이더는 이러한 몸의 지향호가 크게 손상되었다는 것입니다.

이는 기본적으로 지성이 삶을 규정하는 것이 아니라 삶이 지성을 형성하는 토대가 된다는 것을 나타내 줍니다. 메를로퐁티가 이를 강력히 주장하는 까닭은 무엇인지가 궁금할 수도 있을 것입니다. 이는 슈나이더가 어떤 상태를 나타내는지를 봄으로써 간접적으로 알 수 있습니다.

환자 슈나이더는 노래를 부를 줄도 모르고 휘파람을 불 줄도 모릅니다. 성적인 발양도 전혀 없습니다. 산책할 줄도 모르고, 길도 모릅니다. 다른 사람들과 이야기할 때 그저 미리 정해진 계획에 따라 말할 뿐 의미 있게 이야기를 주고받지 못합니다. 그는 즐길 줄을 모릅니다. 상상적인 상황 속으로 들어가지 못하기 때문입니다. 수수께끼를 실제적인 문제와 구별하지 못합니다. 책상 위에 접시를 갖다 놓아도, 그 접시를 어디에서 가져왔는지에 대해 전혀 의문을 갖지 않습니다. 그는 다른 사람들도 오로지 자기가 바라보는 방향으로만 본다고 생각하고 거기에서 고정된 것만을 본다고 생각합니다.[11]

슈나이더의 이러한 모습은 뼈다귀만 남은 왜곡된 지성의 표본인 듯합니다. 이 인물은 상상이 불가능하고, 모든 상상의 상황을 과학적인 지성이 즐기는 실재의 상황으로 바꾸어 생각해야만 거기로 들어갈 수가 있습니다. 지평적인 상황을 이해하지 못하고 직접적으로 고정된 대상 세계에만 몰입합니다. 말하자면 지성적인 틀로써 꽉 붙들어 매인 것에 얽매여 있을 뿐, 제대로 된 인간의 삶을 구현해내지 못하고 있는 것입니다. 이로써 우리는 왜 메를로퐁티가 지성의 바탕으로 삶을 주장하고, 과학적인 분석이 아니라 현존적인 분석을 주장하는지를 개략적으로나마 알 수가 있습니다. 메를로퐁티는 슈나이더의 이러한 왜곡된 지성적인 상태를 다음과 같이 요약해서 정의합니다.

그에게서 미래와 과거는 현재의 '오그라든' 연장일 뿐이다. 그는 '우리가 가지고 있는 시간적인 벡터에 따라 바라볼 줄 아는 능력'을 상실했다. 그는 그의 과거를 훑어볼 수 없다. 그는 머뭇거리지 않고 전체에서 부분들로 나아감으로써 과거를 재발견하는 능력을 상실했다. 그는 그 의미를 보존하고 있고, 그에게 '지지점'이 되는 단편에서 출발하여 자신의 과거를 재구성한다. (……) 그래서 슈나이더가 드러내는 모든 장애는 쉽게 한 가지로 귀결된다. 그러나 그것은 '표상 기능'의 추상화라는 한 가지로 귀결되는 것은 아니다. 그는 현행적인 것(l'actuel)에 '얽매여' 있다. 그에게는 '자유가 부족하다.' 그에게 부족한 이 자유는 구체적인 자유인데, 그것은 상황 속에 자신을 놓을 수 있는 일반적인 능력에서 성립하는 자유다.[12]

메를로퐁티가 "상황"이라는 말을 얼마나 중시하는지를 잘 알 수 있는 대목입니다. 메를로퐁티가 슈나이더를 현존론적으로 분석해서 다다른 결론은 슈나이더의 질환이란 재현(표상) 능력이 부족한 것이 아니라, 상황 속에 자신을 놓을 줄 아는 능력이 부족하다는 것입니다. 메를로퐁티가 슈나이더에게서 상실되었다고 여기는 이 능력은 '자신을 상황화(狀況化)하는 능력'이라고 줄여 부를 수 있을 것 같습니다. 달리 간단히 말하면 '현존하는 능력'이 될 것입니다. 상황이라는 말 자체가 '구체적인 상황'이라는 의미를 이미 함축하는 것이고, 구체적인 삶의 상황을 떠나서는 결코 현존할 수가 없을 것이기 때문입니다. 여기에서 우리는 다시 메를로퐁티가 중시해 마지않는 "세계에의-존재"라는 개념을 다시 떠올리게 되고, 거기에서 "세계"란 다름 아닌 '현존적이고 구체적인 삶의 상황'임을 알게 됩니다.

아무튼 슈나이더에 대한 길고 긴 분석 끝에 메를로퐁티는 정상인인 우리는 '현존하는 능력' 혹은 '상황화하는 능력'을 갖추고 있다고 말하는 것인데, 메를로퐁티가 "지향호"라고 부르는 것이 바로 이것입니다.

> 의식의 삶―의식적인 삶, 욕망의 삶 혹은 지각적인 삶―은 '지향호'를 기초로 해서 이루어진다. 지향호는 우리 주위에 우리의 과거와 미래를, 우리의 인간적인 환경을, 우리의 물리적인 상황을, 우리의 이데올로기적인 상황을, 그리고 우리의 도덕적인 상황을 투사한다. 혹은 차라리 지향호는 우리가 이 모든 관계하에서 상황을 맞이하게끔 한다. 감각들을 통일시키고 감각들과 지성을 통일시키고, 감각성과 운동성을 통일시키는 것은 바로 이 지향호다. [슈나이더의] 질환에서 '풀려버린' 것은 바로 이 지향호인 것이다.[13]

메를로퐁티가 현존철학을 확립하는 데에서 "지향호"라는 개념이 얼마나 중요한 것인지 알 것 같습니다. 지향호는 "반사호(l'arc reflexe)"라는 생리심리학적인 개념을 원용해서 만든 것이지만, 그 뜻은 이와 사뭇 대립됩니다. 반사호는 '자극→감각 수용기→중추→근육운동기→반응'이라고 하는 부분적이고 선형적인 인과성의 과정을 일컫는 것이었습니다. 그런데 지향호는 이러한 선형적인 인과성이 아니라 주체의 지향적인 동기부여와 대상의 지평적인 상황성이 통일되는 상태를 입체적이면서도 전반적으로 일구어내는 능력입니다. 즉, 능동성과 수동성이 하나로 통일되는 상태를 일구어내는 능력입니다. 이에 "의식의 삶"(메를로퐁티는 아직 "의식의 삶"을 말하고 있습니다)은 기본적으로 삶 전체의 상황을 통일적으로 일구어내는 가운데 발휘되고 영위되는 것이라고 말하게 됩니다.

이렇듯 "의식의 삶"을 철저히 상황적인 것으로 보게 되면, 사유 위주로 의식을 볼 수 없게 되고, 실천 위주로 의식을 보게 됩니다. 그래서 메를로퐁티는 이렇게 말합니다.

이러한 설명은 결국 운동성을 원래의 지향성으로서 명확하게 이해하게 한다. 의식은 본래 '나는……라고 생각한다(je pense que)'가 아니라, '나는 할 수 있다(je peux)'이다. 슈나이더에게서 시각적인 장애뿐만 아니라 운동적인 장애도 표상〔재현〕의 일반적인 기능의 망실을 그 원인으로 볼 수가 없다. 봄과 운동은 우리를 대상에 관련시키는 특수한 방식들이다. 만약 이 모든 경험을 거쳐서 유일하게 표현되는 하나의 기능이 있다면, 그것은 현존의 운동(le mouvement d'existence)이다. 이 현존의 운동은 극히 다양하다고 할 수 있는 내용을 억압하지 않는다. 왜냐하면 이것은 그것들이 서로 결합되도록 하되, 그것들 모두를 '나는 생각한다'의 지배하에 둠으로써가 아니라, '세계'의 상호 감각적인(통-감각적, intersensorielle) 통일성을 향하도록 함으로써 서로 결합되도록 하기 때문이다. 운동은 운동에 대한 사유가 아니고 몸 공간은 사유된 혹은 표상된 공간이 아니다.[14]

의식의 근본적인 실천성은 구체적인 공간 속에서의 운동을 요구합니다. 그저 사유 속에서 표상되는, 그야말로 과학적인 '텅 빈' 공간은 운동의 장소가 아닙니다. 메를로퐁티는, 공간이란 이미 운동, 특히 우리의 운동과 본래부터 존재론적으로 떼려야 뗄 수 없이 결합되어 있는 것으로 보아야 한다고 말합니다. 그리고 그러한 상황에서 일어나는 의식의 실천적인 운동을 "현존의 운동"이라 부르고 있습니다. 이러한 현존의 운동은 기실 우리가 구체적인 일상생활에서 늘 수행하는 운동입니다. 메를로퐁티가 지독하게 공격하고 있는 것은 바로 사유하는 의식 중심의 철학입니다.

현대철학의 광장

5. 체화, 몸틀과 습관

실천적인 의식은 이미 늘 몸과 하나로 결합되어 있지 않고서는 제대로 실현될 수 없습니다. 이에 등장하는 개념이 "의식의 체화(incarnation de la conscience)" 내지 "체화된 의식(conscience incarnée)"입니다. 흔히 몸과 구분해서 말하는 의식은 모두 다 몸에서 발원한 것이고 발동되고 나면 다시 몸으로 돌아간다는 것이 이 개념이 의미하는 바입니다.

이런 메를로퐁티의 생각에는 사르트르의 "현존주의"를 일정하게 이어받으면서 비판하는 이중적인 태도가 깃들어 있다고 할 수 있습니다. 사르트르는 대자로서의 의식을 무라고 이야기할 정도로 텅 빈 것으로 여깁니다. 그러면서 이 대자로서의 의식을 선반성적이고 비정립적인 것으로 놓습니다. "선반성적이면서 텅 빈 의식", 메를로퐁티는 이를 인정할 수 없었습니다. '선반성적'이라는 것은 충분히 인정할 수 있지만, '텅 비어 있다는 것'은 인정할 수 없다는 것이지요. 의식이란 항상 몸과 결합되어 있기 때문에 텅 비어 있을 수가 없다는 것이고, 만약 텅 비어 있는 대자로서의 의식을 인정한다면 그것은 이론적인 것일 뿐이라는 것입니다. 이를 가장 잘 나타내는 개념이 바로 "체화된 의식"이라는 개념입니다.

사르트르가 몸을 대자라고 한 것은 사실입니다. 또 대자로서의 의식이 항상 몸을 바탕으로 한 현사실성을 띠고 있다고 한 것도 사실입니다. 그러나 동시에 미래를 향해 자신을 계속 새롭게 기투해 나가는 것은 이러한 몸에 의거한 현사실성을 바탕으로 하되 그것을 부정·무화·초월해서 이루어지는 이중적인 것임을 주장한 것 또한 사실입니다.

그러나 메를로퐁티는 몸에 의거한 현사실성을 무화하고 넘어서서 초월하는 의식은 결코 있을 수 없다는 입장을 취합니다. 자신을 무화하고 넘어서고 초월할지라도 그러한 활동을 하는 것은 몸이지 몸을 벗어난 대자로서의 의식일 수는 없다는 것이 메를로퐁티의 입장입니다. 그런 만큼 어쩌면 메를로퐁티의 입론이 사르트르에 비해 더욱 어렵다고 할 것입니다. 몸이 몸 자신을 넘어서는 것을 철저히 입증해내야 하기 때문입니다. 메를로퐁티가 현상의 장인 상황을 얼마나 철저하게 견지하고자 하는가를 짐작하게 하는 대목입니다.

> 몸을 즉자적인 현존에 의해 정의하는 한, 몸은 일관되게 기계장치로 기능한다. 정신(âme)을 순수 대자적인 현존에 의해 정의하는 한, 정신은 자신 앞에 펼쳐지는 대상들만을 인식할 뿐이다.[15]

사르트르가 현존(l'existence) 개념을, 하이데거가 말하는 개인 위주의 실존(Existenz) 개념을 인간뿐만 아니라 현존하는 것들 전반으로 확대시켜 적용함으로써 나름의 철학적인 개가를 올렸다고 할 수 있지만, 그런데도 사르트르는 현존 개념이 어디까지나 대자에게서 발원하는 것임을 여전히 유지하고 있다고 할 수 있습니다. 그러나 메를로퐁티에 오게 되면 "현존(l'existence)" 개념은 현존하는 것들 전반으로 확대되면서, 그 현존이 대자적인 인간에게서 연원한다기보다는 이미 늘 상호 교환적인 관계를 맺고 있는 몸과 세계의 통일적인 작업에 의해 성립하는 것으로 본다고 할 수 있습니다.

이를 나타내는 것이 "체화(incarnation)" 개념이라고 할 수 있습니다. 주체적인 의식뿐만 아니라 일체의 대상적인 것마저 의미 내용으로 이미 늘 체화되어 있다는 것이고, 이를 넘어선 객관주의에 입각한 일체의 지성주의는 근원적인 사태를 왜곡하는 것이라고 여기는 것이지요.

이러한 몸과 세계 간의 근원적인 상호 교환 관계에서 근원적인 역할을 하는 것이 바로 "몸틀(le schéma corporel)"[16]입니다.

나는 내 몸 전체를 불가분적인 소유 상태로 지탱하고, 나는 내 사지의 각각의 위치를 인식하되, 그것들은 그것들 모두가 감겨드는 곳인 하나의 몸틀(un schéma corporel)에 의해 인식한다.[17]

여기에서 메를로퐁티가 문제 삼고 있는 것은 몸 자신 내의 여러 부분 간의 관계입니다. 몸 바깥에 있는 사물들에 대해서는 흔히 우리가 '옆에 있다'라든가 '붙어 있다'라든가 '앞에' 혹은 '뒤에' 있다는 식으로 말합니다. 말하자면 여러 사물이 일정하게 열려 있는 공간 속에 펼쳐져 있는 것이라고 말하는 것입니다. 그러나 몸 자체에 있는 여러 부분에 대해서는 그렇게 말하지 못한다는 것이 메를로퐁티의 주장이고, 그럼으로써 몸 자체의 공간은 흔히 몸 바깥에 보이는 공간, 특히 객관적인 공간과는 전혀 다른 성격을 띤다고 말하려는 것입니다. 그리고 이를 가능하게 하는 것이 바로 "몸틀"이라는 것입니다.

그런데 이렇게 몸 내부에서 독특한, 이른바 몸 공간성을 가능하게 하는 "몸틀"은 더 나아가 아예 세계를 체화된 방식으로 구성하는 기초가 됩니다.

대상의 종합은 몸의 종합을 통해 형성된다. 대상의 종합은 몸 자체의 종합의 응답 혹은 상관자이다. (……) 몸틀의 교란은 그 어떤 자극에 의존하지 않고서도 외부 세계로 바로 전이될 수 있다.[18]

몸틀에 의해 이루어지는 몸 자신의 종합이 어느 정도로 세계에 대해 강한 구성력을 발휘하는지를 말하고 있습니다. 요컨대 몸틀은 지각하는 몸이 하나이고 지각되는 세계가 하나이도록 하는 근거가 되면서 그 세계 내의 사물들의 배열을 하나의 목표하에 형태적으로 구조화되게끔 하고, 나아가 세계 내의 각각의 사물들이 바로 그렇게 형태적으로 나타날 수 있도록 합니다. 그리고 이러한 능력에 대해 《행동의 구조》에서는 몸이 내재화시켜 갖추고 있는 "실질적 아프리오리(a priori matériel)" 혹은 "운동감각적 아프리오리(a priori sensori-moteur)"라고 하면서 이를 통해 세계가 의미 연관에서 통일성을 이룬다고 말한 바 있습니다.

몸틀은 "습관(habitude)"을 이루는 바탕이 됩니다. 습관은 메를로퐁티 철학에서 대단히 중요한 주제 중 하나입니다. 이에 관련해서 메를로퐁티는 이렇게 말합니다.

> 몸틀을 개작하고 경신하는 것으로서의 습관의 획득은 항상 모든 종합을 지성적인 것으로만 여기는 고전적인 철학에 큰 난점을 제공한다. 습관에다 기본적인 운동들, 즉 반작용과 자극을 재결합하는 것이 외적인 연상이 아님은 너무나 분명하다. 모든 기계론은 학습이 체계적이라는 사실에서 난관에 부딪친다. 주체는 개별적인 운동들을 개별적인 자극들에 접합시키지 않는다. 〔학습에서〕 주체가 획득하는 것은 어떤 형태의 상황에 어떤 유형의 해결책으로 대응하는 능력이다. (……) 운동을 "파악하고" "이해하는" 것은 몸이다. 습관의 획득은 바로 어떤 의미 내용의 포착이긴 하나, 그것은 운동적인 의미 내용의 운동적인 포착이다.[19]

습관은 우리가 지닌 세계에의-존재를 확장하는 능력을, 혹은 우리를 새로운 도구들에 병합함으로써 현존을 변화시키는 능력을 나타낸다. 타자를 칠 줄 아는 사람은 자기가 치고자 하는 글자가 자판 위 어디에 있는지를 지적할 줄 몰라도 된다. 타자를 칠 줄 안다는 것은 매 글자의 글쇠의 위치를 아는 것도 아니고, 심지어 쳐야 할 글자가 보일 때 그 글자가 일으키는 조건반사를 획득하는 것도 아니다. 만약 습관이 인식도 아니고 자동 장치도 아니라고 한다면, 도대체 무엇인가? 두 손 안에 존재하는 앎, 즉 오로지 몸에 따른 노력으로 이행될 뿐 객관적인 가리킴으로 번역될 수 없는 앎이 문제다. 주체는 자판 위의 글쇠들이 어디에 있는지를 마치 우리의 팔다리 중 어느 하나가 어디에 있는지를 알듯이 안다. 이는 친숙성에 의거한 앎인데, 이러한 앎은 객관적인 공간에서의 위치를 가리키지 않는다.[20]

습관의 획득은 궁극적으로 심리적이거나 의식적인 문제가 아니라 철저히 몸과 몸의 운동성에 기초한 문제라는 것이 핵심입니다. 말하자면 체화의 문제라는 것입니다. "습관의 획득은 운동적인 의미 내용의 운동적인 포착이다"라는 메를로퐁티의 정의가 정말 중요한 것 같습니다.

여기에서 메를로퐁티가 들고 있는 타자 치기의 예는 오늘날 컴퓨터 자판이나 스마트폰 자판을 예사로 활용하는 여러분 모두가 실제로 경험하는 것이기에 공감하지 않을 수 없을 것입니다. 특히 자판의 글쇠가 어디에 있는지를 마치 나의 팔다리가 어디에 있는지를 알듯이 안다고 말하는 대목은 메를로퐁티의 몸 철학적인 관점이 어떻게 해서 설득력을 갖는지를 확인하게 합니다. 여기에서도 역시 이러한 습관적인 앎이 결코 지성에 의한 인식도 아니고 그렇다고 조건반사적인 기계적 자동 과정도 아님을 밝힘으로써 순수한 능동성과 순수한 수동성을 뚜렷하게 구분하는 이분법적인 발상으로서는 접근할 수 없는 근원적인 영역을 잘 드러내고 있습니다.

이렇듯 메를로퐁티는 "세계에의 – 존재", "몸의 지향호", "체화", "몸틀", "습관" 등의 개념들을 집중적으로 개발해서 인식적이면서 동시에 실천적인 삶에서 그것들이 갖는 근원성을 드러내고 있습니다. 이에 우리는 메를로퐁티가 철저히 사유의 영토를 넘어선 상황 속에서의 구체적인 삶의 실천의 영토를 바탕으로 해서 철학적 사유를 펼친다는 것을 잘 알 수 있습니다. 마치 사유가 삶에 대해 갖는 횡포와 폭력에 메를로퐁티가 특별히 일종의 '철학적 트라우마'를 형성하고 있는 것이 아닌가 하고서 의문을 던질 정도입니다.

6. 마무리: 몸에서 살로

《지각의 현상학》에서 펼친 메를로퐁티의 사유는 세계 속의 삶, 삶 속의 세계라고 하는 상호 교환적인 이중성에 입각해서 그 구체성을 철저히 파헤친 것이라고 할 수 있습니다. 몸은 세계에 속해 있음으로써 세계와 동질적인 것이고, 그 동질성을 바탕으로 해서 몸은 역동적으로 세계의 새로운 생성에 근원적으로 참여하는 몸 주체성을 발휘하는 것으로 되어 있습니다. 세계는 몸을 생성해내고, 몸은 세계를 생성해내는 상호 교환적·역동적 생산 활동이 축을 이루고 있는 셈입니다.

그런데 그의 사후에 빌간된 《보이는 것과 보이지 않는 것》[21]에서는 이러한 몸과 세계 간의 상호 교환적인 생산 활동을 바탕에서부터 떠받치고 있는 존재론적인 근본 원소를 추적해서 드러냅니다. 그것이 바로 "살(chair)"입니다. 메를로퐁티는 온 우주가 살로 되어 있다고 합니다. 그러니까 "우주의 살", "세계의 살", "몸의 살", "가시적인 것의 살" 등의 표현을 하면서 그렇게 이미 늘 이루어지는 일체의 상호 교환적인 생산 활동이 곧 살의 존재론적인 성격과 구조에 의거한 것으로 보는 것이지요. 그 핵심은 다음의 구절에서 나타납니다.

살은 물질도 아니고 정신도 아니고 실체도 아니다. 살을 지칭하기 위해 서는 오래된 용어인 '원소(élément)'가 있어야 할 것이다. 이때 '원소'는 사람들이 물, 공기, 흙, 불을 말하기 위해 차용할 때의 의미로 쓰인 것 이다. 즉, 시공간적인 개별자와 관념(l'idée)의 사이 길에 있는 일반적인 것(une chose générale)이라는 의미로 쓰인 것, 달리 말하면 존재자가 작 은 조각으로 발견되는 곳이면 어디에나 존재의 모종의 스타일을 가져 오는 일종의 체화된 원리로서의 의미로 쓰인 것이다. 이런 의미에서 살 은 존재(l'Être)의 '원소'다.[22]

살 일원론이라고 해야 할 것 같습니다. 사물뿐만 아니라 감각과 지각 및 고급한 모든 인식 관계가 성립될 수 있는 씨앗을 지닌 원소 가 바로 살입니다. 자기와의 관계 속에서 일체의 인간적인 연관이 쏟아져 나오게 되는 거대한 익명적 나-자신인 존재의 원소를 살이 라고 말하고 있습니다. 메를로퐁티는 이 살을 내적으로 일구어지는 "덩어리(masse)"라고 말합니다.[23] 이 덩어리가 "열개(裂開, déhiscence)"되 고 분열되면서 몸의 복잡한 대상 내지 사물들과의 감각적인 관계가 생성된다고 말합니다.[24] 그뿐만 아니라 살을 표현이라고 하면서 이 살이 지닌 "가역성(réversibilité)"과 "창발성(émergence)"에 의해 침묵의 세계 속에 말함과 생각함이 삽입될 수 있다고 말합니다.[25]

《지각의 현상학》의 서설에서 메를로퐁티는 "이 세계가 있다"라는 것은 자신이 평생을 다해도 그 신비를 다 캐낼 수 없다고 고백한 적 이 있습니다. 처음부터 메를로퐁티에게 존재는 그 자체로 불투명성 을 바탕으로 한 일종의 비의(秘儀)의 덩어리였던 것입니다. 그러고 보 면, 정말이지 우리 속을 가로지르고 넘나들면서 벌어지는 이 모든 것과 이 모든 일은 그 자체로 신비라고 하지 않을 수 없습니다. 그 신비를 메를로퐁티는 몸의 불투명성과 세계의 불투명성, 그리고 그것들을 떠받치는 살의 불투명성을 바탕으로 이해하고 있습니다.

이 존재의 불투명성은 곧 존재의 절대적 우연성을 달리 지칭한다고 할 수 있을 것입니다. 이래저래 삶은 이미 늘 우연적이고 불투명합니다. 어디에선가 메를로퐁티는 "인간은 무의미를 바탕으로 의미를 창출한다. 그래서 신보다 더 불행한 것이 아니라, 더 위대하다"라는 말을 한 적이 있습니다.[26]

12장

블랑쇼: 문학 사상

1. 들어가는 말

존재하는 일체의 것은 과연 그 바탕에서 보자면 사르트르의 말처럼 "무한한 존재 밀도"를 지닌 것일까요? 그리고 과연 무는 오로지 인간의 대자적인 성격에서 비롯되는 것일까요? 그게 아니라면, 예컨대 무가 존재 자체에 이미 늘 관통되고 있는 것이라고 볼 수는 없는 것인가요? 말하자면 사르트르가 존재의 절대적 우연을 근본으로 제시했을 때, 그 절대적 우연을 오히려 무한한 존재 밀도를 근본에서부터 무너뜨리고 있음을 알리는 징표로 여길 수는 없을까요? 이는 전혀 불가능한 일만은 아닙니다.

흔히, 아우구스티누스에게서 칸트에게로, 칸트에게서 후설을 거쳐 하이데거에게로, 그리고 하이데거에게서 사르트르와 메를로퐁티에게로 이어지는 과정을 거치면서 "시간(Zeit, le temps)"은 결국 "시간성(Zeitlichkeit, la temporalité)"으로 여겨지면서 인간 존재의 내부에서부터 펼쳐지는 것으로 이야기되었습니다. 이에 시간성은 절대적 우연과 존재론적으로 연결되어 있는 것이 아니라, 그 반대로 절대적 우연에 근거를 제시할 수 있는 인간의 근원적인 노력과 연결되어 있는 것으로 여겨졌습니다. 그러나 절대적 우연이야말로 시간의 근원을 일러주는 것이 아니겠습니까.

일체의 것은 느닷없이 지금 여기 현전하고 있습니다. 우리 스스로 불러낸 것이 아니라, 그저 그렇게 이미 늘 현전해 있는 것입니다. 일체의 것이 현전하는 지금 여기에서의 나의 의식도 느닷없이 나에게 현전하고 있습니다. 이 전반적인 '현전의 장'은 아무런 이유도 근거도 없이, 그야말로 절대적인 우연의 양상을 띠고서 '그 무엇인가에' 현전하고 있습니다. 알 수 없는, 안다는 것이 불가능한, 안다는 말에 이미 스며들어 있는 일체의 논리적·개념적 장치를 아랑곳하지 않는 '그 무엇인가'는 지금 여기를 근본 형식으로 하는 현전의 장을 '벗어나 있습니다.' 이를 염두에 두면, 현전(presence)은 현존(existence)으로 탈바꿈하게 됩니다.

'현존', 즉 'ek-sistence'에서 'ek', 즉 '바깥'은 엄격하게 말하면 '현전', 즉 'presence'의 바깥입니다. '현전의 바깥'이 어디인지를 알 길은 없습니다. 그 바깥은 현전하지 않을뿐더러 일체의 현전을 현존하게끔 하는 근원적인 힘이기 때문입니다. 그래서 현존은 현전을 넘어서 있습니다. 현존이 현전을 넘어설 수 있는 그 초월의 가능성이 바로 '현전의 바깥'에서 주어집니다. 현존이 현전을 넘어선다는 사실은 존재에서 드러납니다.

하나의 총체적인 현전은 매 순간 사라지고 다른 총체적인 현전이 다시 주어집니다. 후설이 의식에서부터 시간이 구성된다는 것을 보이기 위해, "원인상(Urimpression)", 원인상에 대한 "파지(Retention)", 새로운 원인상에 대한 "예지(Protention)"를 이야기했을 때, 전혀 논구하지 못한 중요한 사안 중의 하나가 바로 '어떻게 해서 원인상들이 매 순간 새롭게 주어지는가?' 하는 문제였습니다. 원인상은 현전의 근원입니다. 그러니까 어떻게 매 순간 전반적인 현전이 주어지자마자 사라지는데도 또다시 새로운 전반적인 현전이 주어지는가를 전혀 다루지 못했던 것입니다. 그런데 그 무한 공급의 전반적인 현전이야말로, 지금 여기에서 의식되는 것들 전체뿐만 아니라 그것들 전체가 의식되는 곳인 의식들(나와 타인들 모두의 의식들)이 무한 공급된다는 그 사실이야말로 지상 최대의 신비라고 할 것입니다.

현전이 연속해서 무한 공급되도록 하는 그 원천을 일컬어 '존재'라고 말할 수도 있을 것입니다. 그러나 우리는 '존재'를 현존이 무한히 축적되어 형성되는 것으로 보고 있습니다. 이럴 때, '존재'는 근본적으로 현전하지 않습니다. 한 사물의 존재, 한 사건의 존재, 한 상황의 존재, 또는 한 세계의 존재를 현전시킨다는 것은 처음부터 불가능합니다. 현존이 현전을 넘어선다는 것은 현존의 연속적인 축적으로 이루어지는 존재가 원리상 현전할 수 없다는 데서 잘 드러납니다.

현존의 연속적인 축적으로 이루어지는 존재를 매 순간 전반적인 현전이 생겨나는 원천으로 볼 수는 없습니다. 매 순간 전반적인 현전이 이루어지는 원천은 현전과 분리된 것은 아니지만, 앞서 말한 전혀 알 수 없는 '바깥으로서의 그 무엇'입니다. 이 '바깥으로서의 그 무엇'은 존재가 현존의 연속적인 축적에 의해 구성된다고 할 때, 그 연속적인 축적을 가능하게 하는 통로이자 기반이라고 해야 할 것입니다.

현전과 현존, 그리고 존재를 근본적으로 뒷받침하고 있는 이 '바깥으로서의 그 무엇'이야말로 일체의 존재를 감싸면서 관통하는 절대적 우연의 기반입니다. 그래서 현전과 현존, 그리고 존재는 그 내부에서는 얼마든지 절대적 우연이 아닌 관계들을 일구어낼 수 있을지 모르지만, 그 '바깥에서는' 도무지 우연적이지 않을 수가 없는 것입니다. 무한히 우연하고, 그래서 절대적으로 우연합니다. 이는 '바깥으로서의 그 무엇'이 워낙 절대적 우연이기 때문입니다. 그러고 보면 '바깥으로서의 그 무엇'은 '절대적 바깥'이라고 할 수밖에 없습니다. 다만 이 '절대적 바깥'이 절대적이라고 해서 현전과 현존 및 존재와 무관한 것이 아니라, 오히려 절대적으로 관계합니다.

지금 또는 여태껏 우리는 이 '절대적 바깥'에 대해 말했습니다. 그런데 정작 그것이 무엇인지 알지도 못하고, 알 수도 없습니다. 그런데도 그것에 대해 말하고 있습니다. 그래서 말한다고는 하나 우리는 그 속으로 전혀 진입하지 못하고 그 '절대적 바깥'의 바깥 내지 변두리에서 중얼거리고 있을 뿐입니다. 지금 우리의 언어는 '중얼거림으로서의 언어'일 뿐입니다. 비트겐슈타인의 말처럼, "말할 수 없는 것에

대해서는 침묵해야" 마땅하나, 왠지 포기하지 못하고 '중얼거리기라
도' 해야 할 것 같습니다. '절대적 바깥'이라는 기호에 대해 그 통상적
인 기의를 획득한다는 것은 처음부터 불가능한 일일 것입니다. 그 불
가능한 기의를 향해서는 그저 중얼거릴 뿐 다른 방도가 없는 것이지
요. 그래서 우리 스스로를 일컬어 '길을 잃어버린 기표'라고 말하지
않을 수 없는 노릇입니다.

'절대적 바깥'을 둘러싸고서 중얼거리는 대표적인 철학 사상가가
있으니, 그가 바로 모리스 블랑쇼(Maurice Blanchot, 1907~2003)입니다. 모
리스 블랑쇼에 관한 개관은 위키피디아(wikipedia)의 내용을 적당히
번역해서, 그리고 그 외의 문헌들을 적당히 짜깁기해서 자유간접화
법의 방식으로 싣는 것으로 대신하고자 합니다.

그는 프랑스의 스트라스부르 대학에서 철학을 공부했습니다. 거
기에서 그는 타자의 철학자로 유명한 레비나스와 절친한 교우 관계
를 맺었는데, 두 사람은 평생 깊은 우정을 유지했다고 합니다. 그는
파리에서 정치적인 저널리스트로서 경력을 쌓기 시작했습니다. 1932
년에서 1940년까지 그는 보수적 성향의 주류 일간지인 《주르날 데
데바(Journal des débats)》의 편집자로 일했습니다. 그러면서도 1930년대
초 그는 급진적인 국가주의 잡지들에 기고를 했습니다. 1933년에는
열성 반(反)독일 일간지인 《성벽(Le rempart)》의 편집자로 일했고, 폴
레비(Paul Lévy, 1876~1960)가 만든 반(反)나치 주간 논쟁지인 《염탐(Aux
écoutes)》의 편집자로 일했습니다.

그리고 1936년과 1937년에, 그는 극우 월간지인 《전투(Combat)》라
든가 국가주의적이고 생디칼리슴적인 일간지 《반란자(L'Insurgé)》에
기고를 하기도 했습니다. 이 《반란자》는 결국 발간이 중지되었는데,
그 이유는 관계자들의 일부가 반유대주의를 내세웠기 때문이라고
합니다. 블랑쇼가 이 신문의 발간 중지에 개입해서 일을 추진했다고

합니다. 블랑쇼 자신이 바로 1930년대의 반유대주의 문건의 저자가 아니었느냐 하는 문책성 의문이 제기되기도 했는데, 이는 입증된 것이 아니고 뚜렷한 근거가 없는 몇몇 주장에 의한 것이었다고 합니다. 오히려 블랑쇼는 반유대주의를 신랄하게 공격하는 많은 문건의 저자로 알려져 있습니다. 그런데도 블랑쇼가 당시 유엔연맹의 정책을 신뢰하는 프랑스 정부를 공격하는 과격하고 논쟁적인 여러 글을 쓴 것만은 확실하고, 나치 독일에 의해 유럽의 평화가 위협받고 있다는 것을 끈질기게 경고한 것만은 확실합니다.

1940년 12월에 블랑쇼는 조르주 바타유를 만납니다. 바타유는 1930년대에 아주 강력한 반(反)파시즘적인 글들을 썼는데, 블랑쇼는 1962년 바타유가 사망할 때까지 절친한 우정을 유지했습니다. 이미 살펴본 것처럼, 바타유가 결코 범상치 않은 사상가임을 감안하면, 바타유와 우정을 끝까지 유지한 블랑쇼 역시 만만찮게 특이한 인물이라고 할 것입니다.

파리가 점령당했던 시기, 블랑쇼는 파리에서 작업을 했습니다. 가족을 부양하기 위해 그는 1941~1944년까지 《주르날 데 데바》에서 서평가로서 계속 일을 했습니다. 이때 그는 사르트르, 카뮈, 바타유, 저술가이자 시인인 미쇼(Henri Michaux, 1899~1984), 시인 말라르메(Stéphane Mallarmé, 1842~1898), 소설가 뒤라스(Marguerite Duras, 1914~1996) 등의 책들에 대해 글을 썼는데, 이 서평들을 통해 블랑쇼는 프랑스의 비평적 사유에 기초를 놓았습니다. 언어의 모호하고 수사학적인 본성을 검토했고, 쓰인 말이 참/거짓이라는 개념으로 환원될 수 없다는 것을 검토했습니다.

그는 대독(對獨) 협력을 내세우는 잡지인 《누벨 리뷔 프랑세즈(Nouvelle Revue Française)》의 편집장직을 맡으라는 제안을 거절했습니다. 이 잡지는 1909년에 앙드레 지드(André Gide, 1869~1951)를 위시한 프랑스 지성인들에 의해 창간된 문학잡지였는데, 1911년에 갈리마르 (Gaston Gallimard, 1881~1975)가 편집장을 맡으면서 이 잡지의 출판사 (Éditions Gallimard)가 설립되기도 했습니다. 그런데 나치 점령하에서 대독 협력을 주창했고, 이 때문에 해방된 뒤 출판이 정지되어 1953년이 되어서야 재창간하게 되는 우여곡절을 겪었던 잡지입니다. 사르트르나 앙드레 말로(André Malraux, 1901~1976)의 첫 작품들이 이 잡지를 통해 발표되기도 했던, 그야말로 프랑스를 대표하는 문학잡지였던 것이죠. 그런데 나치 점령 당시 그 편집장직의 제의를 블랑쇼가 거절한 것입니다. 한편으로 그런 블랑쇼의 거절이야말로 대단한 정의감에 의거한 것이라고 할 것입니다.

당시 그는 소설가이자 저널리스트로 활동한 로베르 브라지야크 (Robert Brasillach, 1909~1945)가 주장하는 파시즘과 반유대주의에 대해 가차 없는 적대자로서의 입장을 유지하면서 레지스탕스에 적극적으로 임했습니다. 브라지야크는 나치 협력 운동의 핵심 지도자였습니다. 1944년 6월, 블랑쇼는 나치에 의해 자기가 태어난 집의 담벼락에서 총살형을 당하기 직전에 레지스탕스의 선제공격으로 간발의 차이로 구출되는 위기를 겪기도 했습니다. 그 이후 블랑쇼는 남은 생을 덤으로 사는 생으로 여겼다고 합니다. 이 경험을 50년 후에《나의 죽음의 순간(L'Instant de ma mort)》[1]이라는 책으로 펴냈는데, 거기에서 그는 "죽음 자체와 다르지 않은 이 감정만이, 더 정확히 말해, 언제나 진행 중인 나의 죽음의 순간이 가져온 이 가벼움의 감정만이 남을 것이다"라고 했다고 합니다.

1945년 종전이 이루어진 뒤, 블랑쇼는 오로지 소설가와 문학비평가로서만 일하기 시작합니다. 1947년 블랑쇼는 파리를 떠나 프랑스 남부의 에즈(Eze)라는 외딴 마을에 정착합니다. 거기에서 그는 향후 10년간의 세월을 보냅니다. 사르트르를 비롯한 프랑스의 여러 지식인이 그랬던 것처럼, 블랑쇼는 생계 수단으로서의 아카데미를 회피합니다. 그 대신 문필 활동에 의존해 생계를 이었던 것이죠. 중요한 것은 1953~1968년 동안, 잡지 《누벨 리뷔 프랑세즈》에서 정기적으로 출판을 했다는 사실입니다. 그와 동시에 그는 대단히 고립된 방식의 생활을 하기 시작했습니다. 레비나스 같은 절친한 친구들과도 만나지 않을 정도로 고립된 생활을 한 것이지요. 그 대신 장문의 편지로 그들과 우의를 유지했습니다. 그 핵심적인 이유는 평생토록 그를 따라다닌 병약한 몸 상태 때문인 것으로 알려져 있습니다.

종전 이후 블랑쇼의 정치 활동은 좌파로 선회했습니다. 1960년 알제리가 프랑스로부터 독립 전쟁을 일으켰을 때, 알제리에 있었던 프랑스 군인들의 불복종 운동을 지지하기 위해 프랑스 지식인들이 '121인 서명'을 했는데, 블랑쇼는 이 서명 문안의 작성에 주도적으로 활동한 세 명 중 한 명이었습니다.

1968년 5월, 블랑쇼는 학생들의 항의 시위를 지지하기 위해 다시 한 번 개인적인 은둔을 벗어납니다. 이는 종전 이후, 그가 공개 석상에 등장한 유일한 경우입니다. 그러나 거의 50년에 걸쳐 그는 프랑스 문단에서 현대문학과 그 전통을 일관되게 유지한 최고의 지성이라고 할 수 있습니다. 블랑쇼는 그의 후반기 삶을 통해 반복해서 파시즘에 경도되는 지성의 경향을 반대하면서 경고했고, 특히 한편으로 그가 사상적으로 영향을 받았다고 할 수 있는 하이데거가 종전 이후 유대인 대량 학살에 대해 침묵한 것을 묵과하지 않았습니다.

블랑쇼는 소설, 문학비평, 철학 등 해서 30권 이상의 저작을 남겼습니다. 1970년까지 그는 일반적으로 서로 다른 장르라고 인식되는 영역들의 경계를 파기하는 방향의 작업을 계속했습니다. 그 이후 그는 서사적인 탐구와 철학적인 탐구를 자유롭게 넘나드는 작업을 했습니다.

1983년에 블랑쇼는 《밝힐 수 없는 공동체(La Communauté inavouable)》를 출판했는데, 이는 같은 해에 장 뤽 낭시(Jean-Luc Nancy, 1940년생)가 〈무위의 공동체〉라는 논문을 통해 비종교적이고 비공리적이고 비정치적인 공동체를 향한 염원을 제시하자, 이에 대해 비판적인 개입을 하면서 응답한 글이었습니다. 이 글은 국내에서 박준상 선생이 옮겨 2005년 문학과 지성사에서 《밝힐 수 없는 공동체/마주한 공동체》라는 제목으로 장 뤽 낭시가 쓴 글과 함께 출판되었습니다. 〈마주한 공동체〉는 낭시가 블랑쇼의 이 글에 대해 18년이 지난 2001년에 발표한 글이라고 합니다.

　　블랑쇼의 작업은 정합적이거나 전(全) 포괄적인 이론을 향한 것이 아닙니다. 그의 작업이 역설과 불가능성에 입각해 이루어지기 때문입니다. 그의 글쓰기를 가로지르는 실마리는 "문학의 물음"에 지속적으로 개입해 들어가는 것입니다. 글쓰기라고 하는 아주 기묘한 체험에 대해 규정과 탐문을 동시에 수행하는 것이지요. 블랑쇼는 말합니다. "문학은 문학이 물음이 되는 그 순간부터 시작된다."[2] "문학을 문학 자체 내에서 긍정하고자 하는 자는 아무것도 긍정하지 못하게 된다. 문학이 무엇인가를 찾고 있는 사람은 문학을 벗어나 있는 것만을 찾고 있는 것이다. 문학이 무엇인가를 찾은 사람은 문학 그 이하의 것만을, 또는 더 나쁘게 문학 그 너머의 것만을 찾은 것이다."[3]

　　블랑쇼는 문학적인 언어가 무엇인가를 묻습니다. 거기에서 그는 반현실적이고 일상 경험과는 동떨어진 개념을 잡습니다. 이는 세계 최고의 시인으로 불리는 상징주의 시인 말라르메로부터 영향을 받은 것입니다. 말라르메는 〈위기의 시〉에서, "나는 꽃을 말한다. 꽃은 꽃받침이 아니다. 그런 한에서 나의 음성이 〔꽃의〕 모든 형태를 망각으로 내몬다. 거기에서 모든 꽃다발에서 찾을 수 없는 미묘한 상념이 음악적으로 떠오른다"라고 말했다고 합니다. 일상의 언어 용법을 보자면, 낱말은 관념을 실어 나르는 것입니다. '꽃'이라는 낱말은 세상에 있는 꽃들을 지시하는 꽃을 의미합니다. 문학을 이런 식으로 읽는 것이 불가능한 것은 결코 아닙니다. 그러나 문학은 이러한 일상의 언어 용법을 뛰어넘습니다. 문학에서 '꽃'은 그저 꽃을 의미하지 않습니다. 더 많은 것을 의미합니다. 그럴 수 있는 것은 낱말이 자신을 통해 의미되는 것(혹은 지시되는 것)으로부터 독립해 있기 때문입니다. 낱말이 기의로부터 이렇게 독립성을 유지한다는 것이 중요합니다.

이 독립성은 일상의 언어 용법을 가로지르는 것으로서, 언어의 중심에 자리 잡고 있는 부정성입니다. 일상적으로 보아 낱말이 무엇을 의미한다면, 그것은 낱말이 우선 사물의 물리적인 실재를 부정하기 때문입니다. 오로지 그런 방식으로만, 낱말에 의거한 관념이 떠오를 수 있습니다. 사물의 부재는 관념의 현전에 의해 효력을 지닙니다. 일상의 언어 용법에서는 그런 관념을 활용하기 위해 사물의 부재를 뛰어넘습니다.

그러나 문학은 관념을 가능하게 하는 그 사물의 부재에 또다시 매혹됩니다. 그러므로 문학 언어는 이중적인 부정입니다. 우선은 사물에 대한 부정이고 나아가 관념에 대한 부정인 것이지요. 이 이중적인 부정이 바로 문학이 가능한 공간을 형성합니다. 거기에서 낱말들은 그 나름의 낯설고 신비한 실재를 획득하게 됩니다. 또 거기에서 의미와 지시는 암시적이고 모호한 상태로 됩니다.

블랑쇼는 철학자의 죽음에 관한 문제를 둘러싸고 하이데거와 일전을 벌입니다. 거기에서 그는 문학과 죽음이 어떻게 익명적인 수동성으로서 경험되는지를 보입니다. 이는 블랑쇼가 여러모로 쓰는 "중성(le neutre)"의 경험이지요. 하이데거와 달리, 블랑쇼는 죽음에 대한 진정한(본래적인, eigentlich) 응답의 가능성을 거부합니다. 그는 죽음의 가능성, 즉 죽음에 대한 개인의 경험을 거부하기 때문입니다. 그리고 죽음에 대해 이해할 수 없다고 보고, 죽음에 대해 '고유하게 (eigentlich)' 투쟁할 수 없다고 보기 때문입니다.

블랑쇼는 프란츠 카프카(Franz Kafka, 1883~1924)에게서도 크게 영향을 받습니다. 블랑쇼의 소설 작업에는 카프카의 글쓰기 방식이 잔뜩 배어 있습니다. 또한 블랑쇼의 작업은 그의 친구들, 조르주 바타유와 에마뉘엘 레비나스에게서 크게 영향을 받습니다. 특히 블랑쇼의 후기 작업은 레비나스적인 윤리학과 타자에 대한 책임 문제에 영향을 받습니다. 다른 한편으로, 블랑쇼의 문학 작업은 현실(실재)에 대한 인식이 낱말들의 사용 때문에 흐려질 수 있다는 가능성을 제시함으로써 레비나스와 바타유에게 거꾸로 영향을 미칩니다. '실재의' 현실에 대한 블랑쇼의 모색은 파울 첼란(Paul Celan, 1920~1970)[4]과 말라르메의 작품들[5]에서 묘사된 것을 중시한 것이라고 합니다.

2. 문학의 공간

블랑쇼는 저널리스트로서 정치적인 문제에 관심이 많았고 깊이 개입하기도 했습니다. 특히 그의 《정치평론 1953~1993》[6]을 읽어보면, 그가 얼마나 섬세하면서도 강력하고 원칙적인 정치적 입장을 취하는지를 잘 알 수 있습니다. 그러나 그가 남긴 업적의 핵심은 문학에 관한 것입니다. 흔히 잘 쓰지 않는 말인 '문학 철학(philosophie de la littéraire)'이라는 말을 조성해 그에게 붙여야 할 것 같습니다. 특히 그의 《문학의 공간(L'espace littéraire)》[7]이 그 중심에 있다고 할 것입니다.

블랑쇼의 《문학의 공간》에 들어 있는 글은 매우 난해합니다. 그 까닭은 그가 묘사하고자 하는 "문학의 공간"이 워낙 통상적인 생각으로는 접근할 수 없는 근원적인 언어의 영역이기 때문입니다. 나도

이 책을 아직 다 읽지 못했습니다. 이 책에 접근할 수 있는 기본적인 출발점을 찾지 못하고서는, 이 책의 글자들을 읽을 수 있을지는 모르지만 혹은 대략 개개 문장들에서 뿜어 나오는 묘한 분위기에 적당히 젖을 수 있을지는 모르지만, 그 진의를 정확하게 파악하지 못하기 때문에 굳이 억지로 책을 다 읽는다고 해서 별다른 소득이 없을 것입니다.

2012년 말쯤이었던 것 같은데, 처음에 그의 '문학 철학'에 접근하고자 할 때 강력하게 떠오르는 생각 중 하나는 그의 문학 철학이 전기 하이데거의 실존철학적인 존재론의 구도와 후기 하이데거의 예술 작품론에 상당 부분 의존하고 있는 것 아닌가 하는 것이었습니다. '아! 하이데거의 존재론적인 기반이 근본에서부터 작동하는구나' 하는 확신을 갖게 된 것입니다. 그런 확신이 든 다음에야 비로소 책을 제법 제대로 읽을 수 있었습니다만, 여러 사정상 독해의 분량이 얼마 되지 않습니다. 다만 그렇다고 해서 이에 관련해서 블랑쇼 특유의 사상적인 힘이 약하다고 한다거나 혹은 약화시키는 것으로 받아들여서는 안 될 것입니다. 하이데거를 창조적으로 활용하면서 하이데거를 뛰어넘는 부분이 워낙 강하기 때문입니다.

그런데 2015년 들어 문화센터에서 프랑스 현대시를 강의하며 본격적으로 접하게 된 시인 말라르메의 문학 세계를 어느 정도 알게 되면서, 하이데거가 문제가 아니라 밀라르메의 시적 존재론이 블랑쇼에게 결정적인 영향을 미쳤다는 것을 확신하게 되었고, 하이데거의 존재론 역시 말라르메로부터 직간접적으로 영향을 받은 것 같다는 생각을 하게 되었습니다. 특히 말라르메의 시적 존재론이 가장 강력하게 나타나는 극시 〈이지튀르(Igitur)〉를 접하면서, 블랑쇼의 《문학의 공간》에 들어 있는 '2부 문학의 공간으로의 접근: 말라르메의 경험'과 '4부 작품과 죽음의 공간'의 '2장 이지튀르의 경험'을 떠올리게 되었고, 이를 견주어 읽게 됨으로써 더 깊이 그렇다는 확신을 갖게 되었습니다. 참고로 말라르메가 쓴 〈이지튀르〉의 서막에 해당되는 대목을 소개합니다.

> 자정의 종소리가 울린다.—주사위들이 던져져야 할 자정. 이지튀르가 계단을 내려간다, 인간 정신으로부터, 사물들의 바닥에로 간다: 그 자신인 "절대"에서. 무덤들—재들(감정도, 정신도 아닌), 중성(中性, neutralité). 그는 예언을 낭송하고 동작을 취한다. 무심함(Indifférence). 계단에서의 삐걱거림들. "당신은 틀렸다." 아예 없는 정서. 무한이 너희가 부정했던 우연으로부터 나온다(L'infini sort du hasard, que vous avez nié). 너희들, 수학자들 기한 만료된,—절대적으로 투사된 나. 무한 속에서 끝내야 했다. 그저 말과 몸짓뿐. 내 삶을 해명하기 위해 내가 당신에게 말한 것에 대해. 너희에게는 아무것도 남아 있지 않으리라.—결국 무한이 가족으로부터 달아난다.—늙은 공간—우연에 의해 고통 받지 않았던 그 가족으로부터. 가족은—자신의 삶—무한을 부정할 권리를 가졌다. 무한이 절대였다고 할지라도. 절대(l'absolu)는 무한자(l'Infini)와 절대자(l'Absolu)가 마주한 조합들(combinaisons)에 자리할 수밖에 없다. 필연적인—이념(l'Idée)을 추출한다. 유용한 광기. 거기에서 우주의 작용들 중 하나가 이제 막 위험에 처한다. 이제 아무것도 없이, 숨결만 남았다, 한데 얽힌 말과 몸짓의 종말—그로 인해 모든 것이 존재하였던 그 존재의 촛불을 불어버리는 숨결. 증거.[8]

오늘 강의는 여러분이 블랑쇼의 《문학의 공간》을 의미 있게 처음부터 끝까지 읽어보았으면 하는 진지한 느낌을 갖도록 유인을 하는 것에 불과합니다. 그러니까 그의 철학 사상 전반에 대한 윤곽을 잡는다거나 하는 일은 오늘 강의에서 제외됩니다. 블랑쇼의 문학 사상의 궤도 속으로 우리의 사유를 진입시키는 데 크게 도움이 되기만 하더라도 오늘 강의는 성공했다 할 수 있을 것입니다. 늘 이야기합니다만, 한 사람의 천재의 등장은 그가 아니었더라면 도무지 경험할 수 없는 전혀 새로운 인간 고유의 영역을 발견해서 우리에게 큰 선물을 안기는 것입니다. 블랑쇼 역시 예외가 아닙니다.

1) 작품의 본질적인 고독

블랑쇼가 맨 처음 내세우는 것은 작품(예술 작품, 문학 작품)이 우리에게 그 본질적인 고독을 드러낸다는 것입니다. 인용해봅니다.

> 작품(oeuvre) — 예술 작품, 문학 작품 — 의 고독은 우리에게 보다 본질적인 고독(une solitude plus essentielle)을 드러낸다. 이 고독은 개인주의의 안온한 고립을 배제하고, 차이의 모색을 무시한다. 낮이라는 다스려진 범위의 영역을 포괄하는 과제를 안고서 의연하게 관계를 유지한다고 해서 이 고독이 해소되지는 않는다. 작품을 쓰는 자는 한쪽으로 밀려나고, 작품을 다 쓴 자는 쫓겨난다.[9]

"작품은 본질적으로 고독하다"라는 명제로 압축될 수 있을 것 같습니다. 그런데 작품을 쓰는 작가 혹은 작품을 만드는 예술가가 고독하면 고독했지, 도대체 작품이 고독하다는 것이 말이 되는가 하는 생각이 절로 듭니다. 블랑쇼는 작가 내지 예술가의 고독을 떠올리게 만드는 통념적인 고독은 "세계를 배경으로 한 고독(la solitude au niveau du monde)"에 해당되는 것으로서 결코 본질적인 고독이 아니라고 말합니다. 기껏해야 예술가의 고독은 몰입에 불과하다고 말합니다. 그가 말하는 작품이 무엇이기에 작품의 고독을 말하는 것일까요?

작품—예술 작품, 문학 작품—은 완성된 것도 완성되지 않은 것도 아니다. 작품은 존재한다(elle est). 작품이 말하는 것은 오로지 작품이 존재한다는 바로 그것일 뿐이다.—그 이상의 아무것도 아니다. 작품이 존재한다는 사실을 벗어나게 되면, 작품은 아무것도 아니다. 작품에서 그 이상의 것이 표현되기를 바라는 자는 아무것도 발견하지 못하고, 작품이 아무것도 표현하지 않는다는 것을 발견할 뿐이다. 쓰기 위해서 건 읽기 위해서건 작품에 종속되어 살아가는 자는 존재(être)라는 낱말만을 표현하는 것의 고독에 속해 있다. 존재라는 낱말은 언어(langage)가 그 낱말을 숨김으로써 보호하거나 작품의 침묵하는 공허(le vide) 가운데 그 낱말이 사라지게 함으로써 나타나도록 하는 것이다.[10]

우선 작품을 책과 혼동해서는 안 될 것입니다. 블랑쇼는 "작가는 작품에 속한다. 하지만 그에게 속한 것은 불모의 낱말들이 쌓인 말 못하는 무더기, 세계에서 가장 무의미한 것, 곧 그저 하나의 책일 뿐이다"[11]라고 말합니다. 책은 작품의 표현 결과물일 뿐이고, 그런 점에서 그 결과에 현혹되면 작품은 책에서 숨어버리는 것, 즉 부재한 것이 될 것입니다.

그래서 블랑쇼는 "작품은 마침내 작가를 무시하고, '작품은 존재한다'라는 그 비인칭적인 익명의 긍정(affirmation impersonnelle, anonyme) 속에서 작품은 작품의 부재 속에 잠긴다. 그뿐이다"[12]라고 이어서 말합니다. 작가는 책을 씀으로써 최대한 작품 가까이 가고자 하지만, 오히려 작품은 작가를 무시하고 기어이 책에서 열리는 작품의 부재 속으로 가라앉고 만다는 것인데, 저 앞에서 미리 말해두었던 '바깥으로서의 그 무엇' 또는 '절대적 바깥'이 여기에서 "작품"으로서 등장한다는 것을 염두에 두면 도움이 될 것입니다. 아무튼 이 정도 되면, 정말이지 작품은 작가가 평생에 걸쳐 추구해 마지않는 궁극적인 것이라고 할 수 있습니다. 그렇기 때문에 작품은 완성된다거나 완성되지 않는다거나 하는 판면을 벗어나 있는 것이지요.

그런데 계속해서 "작품은 존재한다"라는 언명이 강하게 부각되고 있습니다. 이때 문제는 "존재한다"라는 것이 도대체 어떤 차원에서 어떤 의미로 성립하는가 하는 것입니다. 분명한 것은 "작품이 존재한다"라고 할 때의 그 '존재한다'는 책이 존재한다고 할 때의 '존재한다'와 전혀 다른 차원에서의 의미를 갖는다는 것, 즉 차원이 다른 공간을 전제로 해서 의미를 갖는다는 것입니다. 그렇다고 추상적인 관념이나 개념 혹은 플라톤이 말하는 이데아가 존재한다고 하는 그런 이념적인 차원의 공간은 결코 아닐 것입니다.

이 대목에서 우리는 하이데거의 존재론을 떠올리지 않을 수 없습니다. 그럴 수 있고 그럴 수밖에 없는 까닭은 특히 "작품은 오로지 '존재(être)'라는 낱말만을 표현하는 고독에 속해 있다"라는 문장입니다. 이 '존재'는 하이데거가 존재론적인 차이를 운위하면서 "존재자(Seindes)"와 "존재(Sein)"를 구별했을 때의 그 "존재"가 아니겠는가 하는 생각을 떨쳐버릴 수 없습니다. 하이데거에게서 자신의 존재에 대해 물음을 던지는 존재자를 "현존재(Dasein)"라고 했을 때, 인간 현존재가 문제 삼고서 추구해가는 그 자신의 존재는 바로 "실존(Existenz)"이었습니다.

여기에서 작가는 '현존재로서 자신의 실존'을 작품에서 찾고 있습니다. 한 인간의 실존은 완성되고 말고 하는 것이 아니지요. 끝없이 추구할 수밖에 없는 문제로서 항상 현존재인 나를 앞서가는 것이지요. 이를 원용해서 생각해보면, '작가의 실존으로서의 작품'은 작가의 삶 자체를 이끄는 것일 수밖에 없고, 작품에 의존해서 삶을 영위할 수밖에 없지만, 그 작품에 한없이 다가가고자 할 뿐 그 작품 곁에 머물 수 있는 것이 결코 아닌 게 됩니다.

그러나 우리 나름으로 하이데거의 존재론적인 구도를 가져와 블랑쇼의 작품론을 이해하고자 하지만, 그 구도가 곧이곧대로 맞아떨어지는 것은 아닙니다. 하이데거는 실존을 현존재의 "각자성(Jemeinigkeit, 매 순간 나 자신임)"과 연결하는 데 반해, 블랑쇼는 작품의 익명성을 주장하기 때문입니다.

블랑쇼는 작품을 "비인칭적이고 익명적인 것"으로서 존재한다고 말합니다. 이를 다시 하이데거적인 구도 속으로 집어넣어 해석하면 아주 흥미로운 장면이 연출됩니다. 블랑쇼는 '실존(즉, 작품)'이란 결코 현존재 각자의 개인에 속한 것이 아니라, 존재로부터 열리는 길을 안내해주는 것이라고 말하는 셈입니다. 저 '절대의 바깥'은 개인적인 실존을 포함한 일체의 현전을 넘어서 있는 것이었음을 염두에 둡시다. 전기 하이데거가 개인적인 실존에서 열리는 길을 통해 존재로 나아가고자 했으나 실패했고, 1930년에 발표된 강연 논문 〈진리의 본질에 관하여〉에서 펼쳐지는 후기 하이데거에게서는 아예 실존을 넘어선 존재 자체에서부터 우리 인간에게 개시(開示)되는 모습을 통해 사유를 전개하고자 했다는 것이 일반적인 평가입니다. 이를 일컬어 흔히 하이데거의 "존재론적인 전회(ontologische Kehre)"라고 하는데, 블랑쇼는 작품(즉, 실존)이 비인칭적이고 익명적인 것으로서 오로지 존재만을 표현하고자 한다고 함으로써 전혀 새로운 방식으로 하이데거를 비틀어 활용하는 셈입니다.

하이데거가 말하는 존재가 과연 무엇인가 하는 규정은 있을 수 없습니다. 존재는 아예 인식적인 규정 작용이 작동하는 존재자 내지 세계의 판면을 벗어나 있으면서 세계를 통해 전반적으로 드러나는 것에 불과하기 때문입니다. 이러한 존재만을 표현하고자 하는 작품 역시 근본적으로는 규정이 불가능한 것입니다. 작품이 존재한다는 것은 작품이 오로지 존재만을 표현하고자 한다는 것과 긴밀하게 연결되어 있습니다. 그런데 하이데거의 철학에서 "존재는 존재한다"라는 말은 불가능합니다. 그런데 블랑쇼는 "작품은 존재한다. 작품이 말하는 것은 오로지 작품이 존재한다는 바로 그것일 뿐이다"라고 말하고 있습니다.

이렇게 볼 때, 작품은 그 자체로 존재가 아닌 것은 분명합니다. 하이데거의 구도에서 보자면, 작품이 존재하는 것으로 보아 작품은 일종의 존재자여야 합니다. 하지만 블랑쇼에게서 작품은 존재자가 아닙니다. 작가의 실존, 즉 작가의 본래적인 존재에 가깝습니다. 사실 하이데거에게서 "실존은 존재한다"라는 말도 불가능합니다. 블랑쇼에게서 작품은 개개 작가의 작품이지만, 존재로부터 열려 그 작가에게 다가오는 것이 작품이기에 결코 작가 개인의 것이라고 할 수 없는 것입니다. 그야말로 익명적이고, 비인칭적이고, 그럼으로써 모두에게 공통적인 그 무엇으로서의 작품일 것입니다.

2) 작가의 고독과 죽음

참으로 흥미로운 것 중의 하나는 하이데거가 "근본 기분(Grundstimmung)"이라고 말하는 "불안(Angst)" 대신에 블랑쇼는 "고독(solitude)"을 말한다는 것입니다. 하이데거에게서 불안은 죽음으로부터 오는 것이었습니다. 그래서 하이데거는 불안으로부터 도피하지 않고 맞닥뜨려 싸우는 것을 현존재가 자신이 "죽음으로 향한 존재(Sein zum Tode)"임을 정확하게 받아들이는 것이라고 했습니다. 그런데 블랑쇼는 "작가는 작품이 현존하자마자 죽는 것이 아니랴(l'écrivain ne serait-il pas mort dès que l'oeuvre existe?)"[13]라고 말합니다. 작가가 죽음을 받아들여서가 아니라, 작품을 추구하는 한에서 이미 항상 죽어 있다고 말하는 셈입니다. 작가가 글을 쓴다는 것은 작품을 추구하는 것임에는 틀림없습니다. 그래서 결국 이렇게 됩니다.

죽을 수 있기 위해 글을 쓴다.―글을 쓸 수 있기 위해 죽는다.[14]

《문학의 공간》은 일곱 개의 부로 나뉘어 있고, 부록이 붙어 있습니다. 일곱 개의 부 중에 가장 긴 것이 제4부 '작품과 죽음의 공간'입니다. 이 인용문은 여기에 포함되어 있습니다. 하지만 안타깝게도 이를 충분히 생각할 여유가 없습니다. 다만 다음과 같은 죽음에 관한 블랑쇼의 언명에서 그가 하이데거와는 전혀 다른 의미의 죽음을 제시한다는 것, 오히려 죽음을 통해 타자의 존재를 발견한다는 것은 중요합니다.

의도적인 죽음(mort volontaire)은 흔히 파악할 수 없고 결코 도달할 수 없는 다른 죽음을 보고자 하는 것을 거부하는 것이다. 그것은 일종의 지고한 무심함(négligence souveraine)이고, 보이지 않는 죽음을 배제하기 위해 보이는 죽음과 결탁하는 것이고, 내가 세계 속에서 끊임없이 활용하는 그 하녀, 그 충실한 죽음과 협약을 맺는 것이고, 그 죽음의 범위를 넓히기 위한 노력, 죽음이 또 다른 죽음에 불과한 그곳으로 넘겨 죽음 자체를 넘어서도 죽음이 여전히 가치 있고 진정한 것으로 만들고자 하는 노력이다. "나는 나를 죽인다"라는 표현은 이중성을, 고려하지는 않지만 암시한다. '나(Je)'는 자신에 대해 존엄하게 행동할 수 있고, 언제든지 자신에게 이를 수 있는, 언제나 행위와 결단의 충만 속에 있는 나이다. 그러나 이를 통해 도달된 자는 나(moi)가 아니고 타자(un autre)이다. 그래서 내가 나에게 죽음을 선사할 때, 죽음을 선사하는 자는 아마

도 '나(Je)'이겠지만, 죽음을 받아들이는 자는 내가 아니다. 그러므로 그
것은 그가 나를 죽일 수밖에 없었던 그곳에서 더 이상 나의 죽음—내
가 선사했던 죽음—이 아니다. 그것은 내가 거부했고 무심했던 죽음이
고 이러한 무심함 자체이자 빠져나감이자 영원한 무위(désoeuvrement)
이다.[15]

작품을 향해 글을 쓰기 위해 죽어야 한다고 할 때, 그래서 차라
리 죽기 위해 글을 써야 한다고 할 때, 그 작가의 죽음은 자살에 가
까운 의도적인 죽음이라고 할 수밖에 없을 것 같습니다. 이 죽음은
실제의 죽음을 거부하는 것인데, 블랑쇼는 실제의 죽음은 도달할 수
도 파악할 수도 없는 보이지 않는 죽음이라고 말하고 있습니다. 작가
의 의도적인 죽음에서 죽는 자는 실제의 죽음을 염두에 둘 수도 있
는 실제의 행동하는 나이지만, 그래서 그 의도적인 죽음을 가져다주
는 자는 나이지만, 그 죽음을 받아들이는 자는 내가 아니고 타자라
고 말하고 있습니다. 이 타자의 근거는 어디일까요? 작품이 현존하
자마자 죽을 수밖에 없는 작가야말로 타자인 것이지요. 그렇게 해서
죽게 되는 작가는 작가 스스로에게서 성립하는 자가 아니라 존재로
부터 열리는 작품, 그 작품의 존재론적인 위력에서부터 성립하는 자
이기 때문입니다. 그래서 이렇게 이야기됩니다.

작가에게 있어 말하는 것은 이러저러한 방식으로 더 이상 그 자신이
아니라는, 그는 이미 더 이상 어느 누구가 아니라는 사실이다. '나(Je)'
를 대체하는 '그(Il)', 그것은 작품으로부터 작품에 의해 작가에게 일어
나는 고독이다. '그'는 객관적인 무관심이나 창조적인 초연함을 지칭하
지 않는다. '그'는 나와 다른 누구에게서의 의식을, 예술 작품이라는 상
상적인 공간에서 '나'라고 말하는 자유를 간직하게 될 인간 생명의 발

휘를 예찬하지 않는다. '그', 그것은 어느 누구도 아닌 자가 된 나, 타자가 된 타인이다. 그리하여 내가 존재하는 곳에서 나는 더 이상 나에게 말을 걸 수 없고, 나에게 말을 건네는 자는 '나'를 말하지 않고, 그리고 그는 그 자신이 아니다.[16]

그러고 보면, 한편으로 작품은 작가에게 있어 대단히 잔인하다고 하지 않을 수 없습니다. 작가인 나를 비인칭적이고 익명적인 타자로 만들어버리는 힘을 작가인 나에게 발휘하기 때문입니다. 작품은 작가를 죽이는 것이지요. 이러한 죽음 앞에서 작가는 고독하지 않을 수 없을 것입니다. 그 고독은 기실 세계로부터 오는 것이 결코 아니고, 실제로 죽을 수밖에 없다고 하는 죽음의 필연성에서부터 오는 것도 아닙니다. 그것은 자신의 존재인 작품에 의해 죽을 수밖에 없고, 그런 한에서 이미 늘 자신의 존재인 작품으로부터 쫓겨나 있을 수밖에 없고, 말하자면 항상 자신의 바깥의 바깥에 있을 수밖에 없기 때문입니다. 그래서 이렇게 이야기됩니다.

작가는 작품 곁에 머물 수 없다. 작가는 작품을 쓸 수 있을 뿐이다. 작품이 다 쓰이고 나면 작가는, 자신을 작품에서 멀어지게 하는 그 급격한 '나를 건드리지 마세요(Noli me leger)' 속에서 작품이 다가옴을 감지할 수 있을 뿐이다. 작가는 그가 써야 했던 것과 공모 관계를 형성하기 위해 '격리 상태(간극, écart)'에 돌입했다. 그런데 이제 이 '나를 건드리지 마세요'가 그를 작품으로부터 밀쳐내고 그 '격리 상태'로 되돌아갈 것을 강요한다. 그리하여 이제 작가는 그가 과업을 시작하던 상태로 다시 되돌아가 있다는 것을 알게 되고, 다시금 이웃(voisinage)을, 즉 그가 머물 수 없었던 바깥의 방황하는 내밀성(intimité errante du dehors)을 알게 된다.

이 시련이 아마도 우리가 찾고 있는 것을 향하도록 하리라. 작가의 고독, 작가가 겪어야 할 위험인 이 조건은 작품 속에서 작가가 언제나 작품 이전에 있는 것(ce qui toujours avant l'oeuvre)에 속하기 때문에 생겨 나는 것이리라.[17]

작가는 자기가 쓸 수밖에 없는 작품을 위해 제 스스로 세계로부 터 고립되어 격리되었다고 할 수 있을 것입니다. 그렇게 해서 작가는 최대한 작품 곁에 머물고자 했고, 이를 위해 작품과 공모 관계를 확 고하게 하고자 한 것이지요. 그런데 막상 작품을 다 쓰고 나니, 오히 려 작품은 작가 자신을 배반하고 더 이상 건드리지 말라는 식으로 작가를 작품의 영역에서 쫓아낸다는 것입니다. 작가는 작품이 존재 하는 곳에 들어설 수가 없고 그저 그 바깥에서 애타게 기웃거릴 뿐 입니다. 아닌 게 아니라 작품을 써본 사람이라면, 특히 그 작품의 완 성도가 높으면 높을수록, 그 작품이 내 자신으로부터 한껏 달아나 그 나름의 독자성을 내세워 함부로 침범하지 말라는 식으로 내 자 신을 쫓아낸다는 것을 실감하게 됩니다. 이때 작가는 도대체 작품이 존재하는 그곳을 '바깥'이라고 여기지 않을 수 없는 것이지요.

그런데 여기에 묘한 대목이 나옵니다. "언제나 작품 이전에 있는 것"이라는 표현입니다. 틀림없이 이는 작품이 오로지 표현하고자 하 는 유일한 것인 "존재"가 아닐 수 없습니다. 작가의 고독이 그저 작품 으로부터 쫓겨난 탓에 겪는 것만이 아니라, 존재 자체에 속해 있기 때문에 겪을 수밖에 없다는 이야기입니다. 블랑쇼는 작품이 분명 존 재로부터 온다고 말합니다. 그런데 작가가 그 존재에 속해 있다는 것 이 작가 자신을 작품으로부터 쫓겨날 수밖에 없도록 하는 위험에 빠 지게 한다는 것이지요.

작가가 작품에 앞서 있는 존재에 속해 있는 한, 작품은 한편으로 작가를 통하지 않고서는 도래할 수 없는 것이지요. 하지만 작품 역시 존재에 속해 있는 것이기 때문에, 작가와 작품은 끝없는 길항 관계를 지닐 수밖에 없습니다. 그렇기 때문에 블랑쇼는 "작품은 작가를 통해 도래하는 것"[18]이라고 말하는 것입니다.

그런데도 항상 작품이 작가보다 앞서가고, 그런 점에서 작품이 작가보다 더 깊이 더 빨리 존재에 속해 있다고 해야 할 것입니다. 그렇기 때문에 블랑쇼는 "작가는 작품에 속한다"[19]라고 말하고, "작가는 작품으로 되돌아간다"[20]라고 말합니다. 여기에서 작가의 글쓰기는 끝나지 않는 것(l'interminable)이고 끊이지 않는 것(l'incessant)으로 됩니다.[21]

3) 문학적 글쓰기와 언어

작품을 향한 작가의 글쓰기가 끝나지도 않고 끊이지도 않는 것이라고 할 때, 그때 글쓰기는 도대체 어떤 성격을 지니는 것일까요? 흔히 경험적인 세계 내에서 이루어지는 글쓰기와는 결코 같을 수 없을 것입니다. 블랑쇼의 이야기를 들어봅시다.

작가는 어느 누구도 말하지 않는, 누구에게도 건네지지 않는, 중심이 없는, 아무것도 드러내지 않는 그런 언어에 속해 있다. 이 언어 가운데 자신을 긍정하고 있다고 그는 생각할 수 있다. 하지만 그가 긍정하는 것은 자신으로부터 완전히 벗어나 있다. 작가로서 그가 쓰이는 것(ce qui s'écrit)의 요구에 응하는 한, 그는 결코 더 이상 자신을 표현할 수 없으며, 더 이상 너에게 호소할 수 없으며, 아직은 타인에게 발언권을 넘길 수 없다. 그가 존재하는 곳에서 오직 존재만이 말한다. 이것은 말(parole)이 더 이상 말하지 않는다(ne parle plus)는 것을, 하지만 말이 존

재한다(mais est)는 것을, 말이 존재의 순수한 수동성에 헌신한다는 것을 의미한다.[22]

"쓰이는 것"은 작품이라고 해야 할 것이고, 더 깊이 들어가면 작품을 통해 표현되는 존재라고 해야 할 것입니다. 말하자면 작가는 '존재의 요청'에 따라 글을 쓸 수밖에 없다는 것이지요. 그래서 "오직 존재만이 말한다"라고 하는 것이지요. 하이데거가 말한 "존재의 부름(Seinsruf)"이 떠오르고, "말이 말한다(Die Sprach spricht)"가 떠오릅니다. 그런데 블랑쇼는 "말은 존재하되, 더 이상 말하지 않는다"라고 말하고 있습니다. 하이데거가 존재와 언어를 거의 같은 것으로 만들고자 할 때, 블랑쇼는 존재와 말을 구분해서 오히려 말의 침묵을 존재의 말로 바꾸고 있습니다. 하지만 블랑쇼는 이렇게 말합니다.

언어(langage)가 말하지 않는 곳에, 이미 언어는 말하고 있다. 언어가 멈출 때, 언어는 계속한다. 언어는 침묵하지 않는다. 정확하게 말하면 침묵이 언어 속에서 말해지기 때문이다. (……) 문학의 공간이라는 이 지점에서, 언어는 들리지 않은 채 있다. 여기에 시적 기능의 위험이 있다. 시인은 언어를 듣지 않으면서 듣는 자이다.[23]

존재는 침묵을 통해 늘 말하고 있다는 것이지요. 사실, 잠깐이라도 초점을 두지 않고 주변을 한꺼번에 망라해서 바라보고 있노라면, 이 모든 것은 오로지 침묵에 휩싸여 있음을 누구나 느낄 수 있습니다. 설사 폭풍이 치고 해일이 이는 장면을 보고 있다고 할지라도 그 전체를 한꺼번에 망라해서 바라보고 있노라면, 거기에서 무시무시한 침묵을 느낄 수 있습니다. 이런 존재의 침묵을 담고 있는 언어가 있다면, 그 언어는 그 침묵을 통해 이미 늘 말하고 있는 것이겠지요.

시인이 듣지 않는다는 것은 존재의 침묵에 빠져드는 것이고, 그러면서 언어를 듣는다는 것은 침묵 속에서 이미 늘 말해지고 있는 언어를 듣는 것이겠지요. 그래서 블랑쇼는 "그 모든 영광을 스스로의 부재를 통해 모든 것의 부재를 환기하는 데 두는 언어. 허구적이고 우리를 허구로 인도하는 비현실의 언어. 그 언어는 침묵으로부터 와서 침묵으로 돌아간다"[24]라고 말하고, "말하는 자는 말라르메가 아니다. 언어가 스스로 말한다. 작품으로서의 언어와 언어의 작품을"[25]이라고 말합니다. 이 대목에서 우리는 하이데거가 시적 사유야말로 근본 사유라고 한 것을 떠올리지 않을 수 없습니다.

그런데 블랑쇼는 이 "쓰이는 모든 것 뒤에 존재하는 형체가 없고 방향이 없는 이 중성적인 힘(puissance neutre)"[26]을 말합니다. "중성적인 것(la neutralité)"은 "바깥(le dehors)"과 더불어 블랑쇼에게서 대단히 중요한 개념 중 하나이지요. 이 개념은 방금 말한 존재의 침묵, 그 침묵 속에서의 언어, 그 언어의 말함 등과 직결되어 있습니다.

언어는 말한다(parole). 하지만 시작(始作) 없이. 언어는 말한다(dit). 하지만 언어는 말할 그 무엇, 언어를 그 의미로서 보증하는 침묵하는 그 무엇을 가리키지 않는다. 중성적인 것(la neutralité)이 말할 때, 거기에 침묵을 부과하는 자만이 들음의 조건을 마련한다. 하지만 여기서 들어야 하는 것은 중성적인 말(parole neutre), 언제나 말해졌고, 스스로를 말하기를 멈출 수 없고, 그리고 들릴 수 없는 것이다.

이 말은 본질적으로 언제나 스스로를 벗어나 있는 떠도는(errante) 말이다. 이 말은 말의 내밀성(intimité de la parole)을 대신하는 무한히 펼쳐진 바깥(le dehors)을 가리킨다. 이 말은 메아리를 닮았다. 이 메아리는 (……) 무한과 뒤섞여 공명하는 공간이 된 침묵이자 모든 말의 바깥이다. 다만 여기서 바깥은 비어 있고, 메아리는 '시간의 부재 속의 예언'

인 양 앞서서 되풀이한다.[27]

"중성적인 말"은 그 어느 것도 지시하지 않는 말입니다. 추상표현
주의에서 알 수 있듯이, 회화에서는 색채 자체의 세계를 드러내는 데
색채를 사용하는 것이 결코 어려운 것이 아닙니다. 그러나 언어 자체
로서 언어 자체의 세계를 드러내는 것은 상당히 어렵습니다. 그 까닭
은 언어란 것이 워낙 언어가 아닌 다른 것들, 예컨대 침묵하고 있는
사물이라든지 관념 내지 개념 등을 지시하는 데서 성립하기 때문입
니다. 이러한 언어의 한계를 넘어서서 언어 자체로서 언어 자체의 세
계를 드러내고자 할 때 요구되는 것이 "중성적인 말"입니다.

이 "중성적인 말"이 가리키는 것이 있다면, 그것은 말 자체의 내
밀성을 대신하는 "바깥"일 뿐입니다. 그러니까 중성적인 말이 바깥
을 가리킨다는 것은 자기 외에 다른 아무것도 가리키지 않는다는
것을 뜻합니다. 하이데거식으로 보자면, 존재자들이 우글거리는 세
계를 넘어서서 그 세계를 세계이게끔 하고 그 존재자들을 그 존재자
이게끔 하는 근원적인 존재의 차원으로 들어가면, 도대체 지시할 것
이 없습니다. 왜냐하면 지시는 결국 의미를 지시하는 것인데, 그 의
미는 결국 존재자의 의미이기 때문입니다.

최고도로 근원적인 존재의 차원에 들어서게 되면, 존재자들의 세
계를 관통하는 시간이라는 것이 성립할 수 없습니다. 하이데거식으
로 말하면, 시간(Zeit)은 현존재의 실존적인 결단에서부터 열리는 시
간성(Zeitlichkeit)을 바탕으로 해서 성립합니다. 시간성은 현존재가 존
재에로 열려나가는 데서 성립합니다. 이를 염두에 두고 보면, 작가가
글을 쓰는 시간은 결코 세계 내의 시간이 아닙니다. 그래서 블랑쇼
는 이렇게 말합니다.

글을 쓴다는 것, 그것은 시간의 부재(absence de temps)의 매력 (fascination)에 자신을 맡기는 것이다. 우리는 여기서 분명 고독의 본질에 다가서고 있다. 시간의 부재란 순전히 부정적인 양상이 아니다. 그것은 아무것도 시작하지 않는 시간, 그 어떤 주도권도 있을 수 없는 시간, 긍정에 앞서 이미 긍정으로의 회귀가 이루어지는 시간이다. 순전히 부정적인 양식이라기보다, 그 반대로 그것은, 여기가 그 어느 곳도 아니고 모든 사물이 자신의 이미지로 물러나고 우리인 '나(Je)'가 얼굴 없는 '그(Il)'의 중성(neutralité) 속으로 잠길 바로 그때의, 부정이 없는, 결단이 없는 시간이다. 시간의 부재의 시간(le temps de l'absence de temps)은 현재도 없고 현전도 없다. 그러나 이 '현재 없음'은 과거를 지시하지도 않는다.[28]

"시간의 부재의 시간"이라는 표현은 정말이지 언뜻 보면 황당하지 않을 수 없습니다. "시간의 부재"만 해도 현기증이 이는데, 그 시간의 부재 자체를 또 다른 차원의 시간으로 잡고 있으니 말이지요. 아무튼 작가가 글을 쓸 때, 그 글을 쓴다는 사실 자체가 이루어지는 시간이 있어야 하겠지요. 그렇다고 해서 실제로 글을 써나가는 세계 내의 실제의 시간 경과를 생각해서는 안 됩니다. 그거야 너무 단순한 이야기지요. 여기에서 "시간의 부재의 시간"이 뿜어내는 매력에 매혹되어 자신을 맡긴다고 할 때, 그 매혹의 시간은 세계 내의 실제의 시간을 완전히 넘어서 있는, 현재니 과거니 미래니 하는 시제와는 완전히 상관이 없는, 그렇다고 해서 무슨 영원한 부동성은 더더욱 아닌, 기묘하기 이를 데 없는 시간인 것입니다.

기막힌 시를 써나가는 시간에 빨려 들 때, 그 시간의 정체를 제대로 포착해서 이해한다는 것은 결코 쉬운 일이 아닙니다. 내가 어느새 "중성적인 그"가 되어 있고, 내가 서 있는 곳이 전혀 그 어느 곳도 아니고, 내가 만나는 사물은 어느새 그 굳건한 물성(物性)을 버리고 마치 공중에 떠 있는 것 같고, 게다가 내가 사라져 죽고 없기에 부정할 것도 없고 결단할 것도 없는 그런 시간이 도래한다는 것이지요.

간단히 말하면, 글쓰기를 통해 빨려 들어간 시간은 바로 죽음의 시간 혹은 죽은 시간인 셈입니다. 블랑쇼는 이와 관련해서 그 유명한 "불가능성(impossibilité)"을 거론합니다.

> 죽은 시간(temps mort)은 실재의(réel) 시간이다. 그곳에는 죽음이 현전하고 죽음이 다가온다. 마치 죽음이 다가옴으로써, 죽음이 다가올 수 있도록 허락하는 시간을 불모의 것으로 만들기라도 하는 것처럼. 죽은 현재(présent mort)는 현전의 실현 불가능성, 현전하는 불가능성, 모든 현재를 앞지르는 것으로서 거기에 있는 불가능성이다.[29]

이 "불가능성"이야말로 글쓰기를 가능하게 하는 가능성이 아닐 수 없습니다. 뚜렷이 살아 있는 창조적인 내 자신의 가능성이 아니라, 그 반대로 그러한 현실적인 가능성이 완전히 무화될 때, 그럼으로써 현실적인 불가능성이 완연하게 도래할 바로 그때, 그러니까 작가로서의 나의 죽음이 여실할 바로 그때, 비로소 글쓰기가 가능해진다는 것입니다.

이 "현전의 불가능성"은 한편으로 전기 하이데거의 실존철학이나 사르트르의 현존철학에서 제시되는 현존재의 대자적인 위력을 거부하는 것으로 해석될 수 있습니다. 어디에선가 사르트르가 블랑쇼의 문학 사상을 신비주의라고 해서 거부했다고 하는 이야기가 실감 나는 대목입니다. 사르트르로서는 적어도 인간 활동이 이루어지는 한 대자적인 현존적 기획을 벗어날 수 없다고 보기 때문이지요.

4) 문학적 글쓰기의 매혹

중요한 것은 "시간의 부재" 혹은 "시간의 부재의 시간"이 강렬하게 매력을 발산하면서 작가를 매혹시켜 거기에 완전히 몸을 담그게 만든다는 사실입니다. 왜 이것이 중요한가 하면, 인간의 삶 자체를 긍정할 수 있는 근원적인 힘의 원천을 말해주기 때문이지요. 우리 인간에게서 항상 문제가 되는 것은 자칫 죽음의 필연성에 미혹된 나머지 삶의 근원적인 무의미를 끌어들여 삶 자체를 부정하고자 하는 위험이 도사리고 있다는 것이 아니겠습니까. 이에 대한 대안으로서 블랑쇼는 문학적 글쓰기의 근원성뿐만 아니라 그 매혹을 권유하는 것입니다.

블랑쇼는 "시간의 부재", "시간의 부재의 시간", "죽은 시간", "죽은 현재" 등을 이야기한 뒤에, 글쓰기의 매혹이 강렬한 힘으로 다가오는 과정을 이렇게 설명합니다.

누군가(Quelqu'un)인 내가 홀로 있는 거기에 있다. 홀로 있다는 사실, 그것은 나의 시간이 아닌, 너의 시간이 아닌, 공동의 시간이 아닌, 하지만 어느 누군가의 시간인 그 죽은 시간에 내가 속해 있다는 것이다. (……) 비인칭적인 자(l'impersonnel)가 거기에 있다. 거기는 인칭적인(인격적인, 인간적인, personnel) 모든 관계의 가능성을 알리면서 그 가능성에 앞서가고 그 가능성을 없애버리는 바깥(le dehors)이다. (……) 그 누구(On)는 밝힐 수 없는 영역에 속한다. (……)

내가 홀로 있는 거기에서 낮(le jour)은 머무름의 상실과 다름없고, 장소와 휴식이 없는 바깥과의 내밀성과 다름없다. 여기로의 도래, 그것은 오는 자를 흩어짐(dispersion), 균열(fissure)에 속하게 한다. 여기에서 외부는 숨 막히게 하는 난입이고, 발가벗음이고, 사람들이 자신을 폭

로하게 만드는 냉담함이다. 여기에서 공간은 간격의 현기증이 된다. 그리하여 매혹이 군림한다.[30]

글쓰기에서 벌어지는 "현전의 불가능성"이 오히려 "매혹"으로 다가오는 과정을 기술하고 있습니다. 그 핵심은 일체의 인간적인 관계를 넘어서 있는 바깥이 확 다가와 실제로 글을 쓰고 있는 낮, 즉 세계의 시간을 근원적인 형태로 바꿔버리고, 그래서 실제의 공간이 '바깥으로 향해 열려 있는 간극'으로 돌변한다는 데 있습니다. 그때 일체의 것이 그들의 모호한 존재를 드러내어 발가벗고 그 간극 속으로 빨려 들어가는 것이지요. 가히 현기증이 일지 않을 수 없고, 그 현기증에 의한 전율이 없을 수 없으니, 그야말로 매혹의 지대라고 할 수밖에 없다는 것이지요. 이어서 블랑쇼는 "매혹"의 정체를 더 소상하게 말합니다.

우리를 매혹시키는 것은 우리에게서 의미(sens)를 부여할 수 있는 능력을 앗아가고, 매혹시키는 바로 그것이 지닌 '감각적인(sensible)' 본성을 포기하고, 세계를 포기하고, 세계 이쪽으로 물러나 거기로 우리를 이끌고, 더 이상 우리에게 드러나지 않지만 그런데도 시간의 현재와 공간 속의 현전과는 낯선 현전 속에서 긍정된다. (……)
누구든지 매혹되었을 때, 그는 어떤 실재적 대상도, 어떤 실재적 형상도 알아보지 못한다고 할 수 있다. 왜냐하면 그가 보는 것은 현실의 세계가 아니라 매혹의 비결정적인 상태에 속해 있기 때문이다. (……) 살아 있지 않고, 다룰 수 없는, 비록 주어지지 않았지만 절대적으로 현전하는 깊이(profondeur). 대상들이 의미로부터 멀어져 그것들의 이미지 속으로 무너질 때 대상들은 그 깊이에 잠긴다. 이 매혹의 상태, (……) 심연(abîme)이기도 한 빛, 무시무시하면서도 매력적인 사람들이 빠져드는 빛. (……)

　매혹은 근본적으로 중성의 비인칭적인 현전에, 미정의 그 누구에게, 얼굴 없는 거대한 어느 누구에게 관련되어 있다. 매혹은 시선이 맺고 있는 관계, 시선 없고 윤곽 없는 깊이와, 맹목(盲目)이기에 보게 되는 부재와 맺고 있는 그 자체로 중성의 비인칭의 관계이다.[31]

　매혹될 때에는 보이는 것이 없는 상태에서 보는 것이고, 볼 수 없는 상태에서 보는 것이라고 하는 블랑쇼의 이야기가 상당히 그럴듯합니다. 무엇에 매혹될 때에는 일체의 의미가 지워지는 것이지요. 예컨대 연인이 서로 사랑할 때, 무엇 때문에 사랑하는지를 도대체 지목할 수가 없는 것이지요. 매혹적인 사랑은 그러하지요. 블랑쇼는 어린아이가 어머니에게 매혹되는 것과 비교합니다. 라캉의 "주이상스(jouissance)", 즉 "희열"을 생각하게 합니다. 그러면서 '글쓰기의 주이상스'를 생각하게 합니다. 그래서 결국 매혹과 글쓰기에 대해 이렇게 말합니다.

　쓴다는 것은 매혹이 위협하는 고독의 긍정으로 들어서는 것이다. (……) 쓴다는 것, 그것은 언어를 매혹 아래 두는 것이다. 그리고 언어를 통해 언어 가운데 절대적 상황과 관계하며 머무는 것이다.[32]

　"절대적 상황"인 저 '절대의 바깥'을 눈치채고서 기어이 맞닥뜨리고자 한다는 것은 대단히 매혹적인 일이지만 그만큼 위태롭기 짝이 없는 일이라는 것은, 말라르메의 시 〈이지튀르〉를 흘깃 살피면서 이미 감지했습니다. 매혹적인 것은 항상 위험하기 짝이 없음을, 매혹적인 공간과 시간으로 들어서는 것은 무엇인가에 대한 위반임을, 위반이 없이는 쾌락 또는 희열이 주어질 수 없음을, 그런데도 그 매혹을 향해 아예 목숨을 걸지 않고서는 제대로 된 문학적인 언어 및 문학의 공간에 들어설 수 없음을, 이제 우리는 블랑쇼의 문학 사상을 통해 조금이나마 눈치를 채게 된 것 같습니다.

이 정도로 블랑쇼의 문학 사상을 그야말로 잠시 맛본 것으로 하고, 필요하다면 이제 각자 알아서 그의 사상적인 세계 속으로 진입해 들어가야 할 것입니다. 그러고는 그의 사상적인 세계를 벗어나고 넘어서서 그가 소개하는 존재의 위험하기 짝이 없는 매혹의 절대적 상황에 아예 온몸을 던질 수 있어야 할 것입니다.

13장

레비나스: 일리야와 타자

1. 들어가는 말

리투아니아에서 태어난 에마뉘엘 레비나스(Emmanuel Levinas, 1906~1995)는 그곳에서 전통적인 유대인 교육을 받았습니다. 우크라이나, 프랑스 등으로 옮겨 다녔고, 결국에는 프랑스의 스트라스부르 대학을 졸업하게 됩니다. 유대인인 그는 제2차세계대전 때에는 히틀러의 국가사회주의의 민족 말살 정책에 의해 유대인 수용소에서 죽음의 문턱까지 가서 살아나는 등 혁명과 전쟁의 와중에서 파란만장한 삶을 살았습니다. 제2차세계대전이 끝난 뒤, 레비나스는 수수께끼 같은 인물인 슈샤니(Monsieur Chouchani, 1895~1968)의 지도 아래 탈무드를 연구했는데, 그의 영향력에 대해서는 말년에 이르러서야 인정한 것으로 알려져 있습니다.

레비나스의 철학 연구는 1924년 스트라스부르 대학에서 시작되었습니다. 거기에서 그는 평생의 사상적 동지인 블랑쇼를 만납니다. 레비나스는 1928년 독일의 프라이부르크 대학에서 후설의 지도 아래 현상학을 공부합니다. 거기에서 레비나스는 하이데거를 만납니다. 레비나스는 후설의 직관론에 관한 박사 논문을 쓰고, 후설의《데카르트적 성찰》을 프랑스어로 번역하는 등 프랑스에 후설과 하이데거의 현상학을 소개한 첫 인물로 손꼽힙니다. 그는 이 두 사람의 철학을 자신의 철학에 끌어들여 활용합니다. 그가 쓴 책,《현존에서 현존자로(De l'Existence à l'Existant)》(1947)[1]와《후설과 하이데거와 함께 현존을 발견하면서(En Découvrant l'Existence avec Husserl et Heidegger)》(1949)가 그 대표적인 경우입니다. 그러나 레비나스는 하이데거가 나치에 적극적으로 가담한 것 때문에 하이데거에 대한 자신의 열정을 후회하게 됩니다.《현존에서 현존자로》는 특히 하이데거 철학을 공격하기 위한 것이라고 할 수 있습니다. 그는 죽기 1년 전에 이렇게 말했다고 합니다. "많은 독일인을 용서할 수 있다. 그러나 도저히 용서하기 힘든 몇몇 독일인이 있다. 하이데거를 용서한다는 것은 어렵다."[2] 한편 레비나스는 후설의 입장을 비판적으로 벗어나는데, 이는 그의 존재론에서 핵심 개념인 "일리야(il y a)"가 전혀 지향적이지 않다는 것에서 잘 드러납니다. 이에 관해서는 나중에 본격적으로 생각해볼 것입니다.

아무튼 학위를 받은 뒤, 그는 파리에 있는 유대인 전용 고등학교에서 교편을 잡았고, 결국 그 학교의 교장이 됩니다. 1961년에는 푸아티에 대학에서 가르치기 시작했고, 1967년에는 파리 대학의 낭테르 캠퍼스에서 가르치기 시작했고, 1973년부터 1979년까지는 소르본 대학에서 가르쳤습니다. 프라이부르크 대학에서 교수를 하기도 했습니다.

레비나스 철학에서 가장 유명하고 독특한 개념은 "타자(l'Autre)" 내지 "타자성(l'altérité)"이지요. 오늘 이에 관해 강의를 하고자 합니다. 그런데 아쉽게도 본인은 레비나스의 철학을 본격적으로 공부하지 못했습니다. 본격적으로 공부하지 못한 철학자들이 한두 명이겠습니까. 그런데 이를 특별히 명기하는 것은 필자가 명색이 현상학 연구자로서 '후설·하이데거·사르트르·메를로퐁티·레비나스'로 이어지는 현상학 사상의 계열에서 이 레비나스만을 제대로 공부하지 못했다는 이야기입니다.

국내에 레비나스에 관한 연구서도 꽤 있는 것 같고, 레비나스가 직접 쓴 책을 번역한 것도 몇몇 있습니다. 그의 저작에 대한 국역본으로는 《시간과 타자》,[3] 《존재에서 존재자로》,[4] 《모리스 블랑쇼에 대하여》,[5] 《존재와 다르게: 본질의 저편》,[6] 《윤리와 무한》,[7] 《탈출에 관해서》[8] 등이 있습니다. 이 중에서 첫 두 권을 참조해서 오늘 강의를 하려고 합니다. 그러니 레비나스의 전모는 전혀 파악하지 못하는 것이

되고, 그의 철학, 특히 존재론의 바탕에 관해서 생각해볼 수 있을 뿐입니다.

레비나스는 그동안 철학사에서 지배력을 발휘했던 동일성, 빛, 그리고 인식이라는 명료성의 영역을 근본에서부터 거부합니다. 잘 알다시피 그 대신 "타자성"과 "낯섦" 등, 말하자면 '불투명성의 영지(領地)'에 속한 개념들을 통해 사유를 펼쳐나갑니다.

타자성(altérité)은 동일성(le même)을 바탕으로 한 일반 논리를 벗어나는 지대를 거느리는 핵심 개념입니다. 그래서 이 타자성은 '동일성과 차이' 혹은 '존재와 무' 같은 일종의 이분법적인 경계를 벗어나 있습니다. 동일성과 차이 혹은 동일성과 다양성을 대립 개념으로 이해하지만, 흔히 동일한 어떤 것이 있을 때 그것에 입각해서 그것이 아닌 것들을 타자라고 봅니다. 하지만 거꾸로 생각하면, 타자가 없는데 동일성을 이야기하기도 힘든 것이지요.

동일한 것(동일자)이 먼저 있고 다른 것(타자)이 성립하느냐, 아니면 다른 것(타자)이 먼저 있고 동일한 것(동일자)이 성립하느냐 하는 사안은 철학적인 입장에 따라 달라지는 대단히 중요한 문제입니다. 마르틴 부버(Martin Buber, 1878~1965)는 '나와 너'의 문제를 다루면서 '나'는 '너' 없이는 성립할 수 없다고 말합니다. '나'는 항상 내가 아닌 것을 전제로 하여 성립한다는 것이지요. 그것은 동일성이 성립하려면 타자성이 먼저 성립되어 있어야 한다는 것으로 이해할 수 있습니다. 물론 양쪽을 긴장 관계 속에서 파악할 수도 있을 것입니다. 하지만 예전에 대학원 시절 만났던 언어분석철학을 공부하던 친구들은 타자성이 있고 난 뒤 동일성이 있다고 하면 말도 안 되는 소리라고 비판했습니다. 왜냐하면 동일한 어떤 것이 먼저 있어야 타자가 성립한다고 보기 때문입니다. 예전에 원자론적인 동일성 철학은 하나하나가 먼저 있고, 그것을 하나하나 비교해보아야 차이가 생겨나고, 그 차이에 의거해서 타자성이 생겨난다고 보았습니다. 말하자면 '나와 타인' 혹은 '동일성과 타자성'에 관련해서 아주 상반된 두 가지 논리가 있을 수 있는 것이지요. 그런데 레비나스는 부버와 비슷하게 타자가 먼저 있고 그런 다음에라야 동일성 내지 정체성(identité)이 성립할 수 있다고 보는 입장입니다.

미리 간략하게 말하면, 레비나스가 타자성의 논리를 펼치는 까닭은 살아 있으면서 실제로 임박한 죽음에서 주어지는 모든 두려움과 그 두려움에 도사리고 있는 절대적인 무의미를 극복하지 않고서는 당장의 삶을 제대로 견뎌낼 수 없다는 것이고, 그러한 극복을 이루기 위해서는 죽음에서부터 열리는 타자와의 관계를 포착할 수 있는 존재론적인 비의(秘儀)의 논리가 있어야 하는데, 그 존재론적인 비의의 논리가 바로 타자성의 논리라고 생각한 것입니다. 이를 이해하려면, 그가 제시하는 핵심 개념 중의 하나인 "익명성(anonymie)"과 이를 바탕으로 한 그의 존재론을 먼저 살펴보아야 합니다.

2. 일리야, 존재의 익명성

레비나스 존재론의 출발점은 "존재(l'être)"입니다. 더 정확하게 말하면 "익명적 존재"입니다. 그의 철학을 이해하려면 이를 먼저 이해해야 합니다. 이는 그의 존재론에서 바탕을 이루는 "일리야(il y a)"를 이해해야 한다는 이야기입니다. 이에 관해 《현존에서 현존자로》에 소상하게 나와 있습니다. 그런데 안타깝게도 원문을 확인하지 못했고, 영문 편집본인 《레비나스 읽기(The Levinas Reader)》[9]의 3장 2절 '현존자 없는 현존'[10]을 참고했습니다. 이 부분은 미국의 현상학계에서 상당히 유명한 알폰소 링기스(Alphonso Lingis, 1933년생)가 번역한 것입니다.

그러면서 국역본을 참조했습니다.

> 비인간적이고 익명적인, 그러나 소멸될 수 없는 이 존재의 '극치', 이는
> 무 자체의 심연에서 중얼거린다. 우리는 이를 일리야(il y a)라는 용어로
> 써 지칭하고자 한다. 일리야가 인간적인 형식에 저항하는 한, 그것은
> '존재 일반'이다.[11]

"일리야"에 대한 정의부터 심상치 않습니다. 프랑스어에서 'il y a'
는 영어의 'there is'에 값합니다. '……가 있다'라고 할 때의 관용구
인 것이지요. 예컨대 "Il y a un cahier"라고 하면 "공책 한 권이 있다"
라는 뜻입니다. 특정한 무엇이 있다고 말하기 위한 것으로서, 특정한
그 무엇이 없이는 그야말로 불구(不具)가 될 수밖에 없는 어구입니다.
그러나 'il y a(일리야)'는 지금 여기에 현존한다고 말할 수 있는 일체의
특정한 개별적인 그 무엇, 즉 현존자들(l'existants)을 현존한다고, 또는
존재한다고 말할 수 있도록 하는 근본 조건이 됩니다.

레비나스는 이렇게 "일리야"가 현존자들에 대한 근본 조건이 된
다는 점에 착안하여, 'il y a'를 따로 명사화해서 자신의 존재론의 바
탕으로 삼습니다. 레비나스 특유의 존재론적인 발상이 아닐 수 없습
니다. 이렇게 되면 "il y a"는 일체의 인간적인 접근을 불허하는, 그렇
기에 철저히 익명적인, 그러니까 너 혹은 나라고 하는 주체의 관여를
완전히 삭제해버린 채 주어지는 근원적인 상태입니다. 이는 우리가
알고 있는 일체의 현존자와 그 현존자를 본질적으로 규정하는 일체
의 형상과 그 현존자를 개별화하는 일체의 분리를 삭제한 상태를 일
컫습니다. 이를 이해시키기 위해 레비나스는 이렇게 말합니다.

설사 경험이라는 용어가 빛을 완전히 배제한 상황에 대해 적용될 수

없다 할지라도, 우리는 밤이 일리야에 대한 경험 자체라고 말할 수 있을 것이다.[12]

칠흑같이 캄캄한 밤이 눈앞을 가로막을 때, 내 몸도 온데간데없고 도대체 이것 혹은 저것이라 일컬을 수 있는 것도 없겠지요. 그렇다고 그야말로 아무것도 없는 순수한 무는 결코 아닙니다. 레비나스는 이를 일컬어 "부재의 현전(présence de absence)"이라고 하면서[13] 이렇게 말합니다.

부재의 현전인 어둠은 순수하게 현전하는 내용이 아니다. 남아도는 '어떤 것'이 있는 것이 아니다. 현전의 분위기 자체가 있을 뿐이다. 이 현전의 분위기는 분명 나중에 하나의 내용으로서 나타날 수 있다. 그러나 이 현전의 분위기는 본래 비인격적이고 비실체적인 밤과 일리야에 대한 사건이다. 이는 공(空)의 밀도 같은 것이며, 침묵의 중얼거림 같은 것이다. 거기에는 아무것도 없다. 그러나 마치 힘들의 장(場)과 같은 존재가 있다. 아무것도 없을지라도, 어둠은 스스로 놀이하는 현존(existence)의 놀이 자체이다.[14]

존재가 우리에게 나타나지 않고서는 존재에 대해 책임지고 말할 수 있는 길은 차단되어 있겠지요. 레비나스는 "일리야"라고 부를 수밖에 없는 "존재(l'être)"가 우리에게 나타나는 사건을 "어둠"이라 부르고 있습니다. 그리고 그 "어둠"은 특정한 어떤 것이 현전하는 것이 아니라, "현전의 분위기" 자체, 말하자면 현전 자체의 현전을 드러내 보이는 것이라고 말합니다. 그래서 이 "어둠"을 "스스로 놀이하는 현존의 놀이"라고 표현하고 있습니다. '현존(existence)'은 '존재'와는 달리 '현전(présence)'과 맞물려 있습니다. 그러니까 "어둠"은 "일리야"라는

"존재"가 현존으로 현전하는 최초의 근원적 사건인 것입니다. 그런데 국역본에서는 '현존'을 '존재'라고 번역하고 있기 때문에 이 점을 제대로 드러내지 못하고 오히려 혼란을 불러일으킵니다. 이 점을 유념해서 조심할 필요가 있습니다.

이를 바탕으로 해서 레비나스는 이제 "부정", "무화", 그리고 "무" 같은 것들이 사건으로 자리를 잡는 것에 유념해야 한다고 주장합니다.

> 부정의 힘이 어떻게 스스로에게 작동하든지 간에, 모든 존재자가 없는, 그리고 심지어 공(空) 자체마저 없는, 공 자체의 현존적인 밀도(densité existentielle)에 주목하기 바란다. 부정은 대상들의 구조와 조직인 존재(être)로 끝나지 않는다. 우리가 상상했던 극단적인 상황에서 스스로를 확인하고 부과하는 것, 우리가 밤과 비극에서 접근하는 것, 그것은 비인간적인 장, 소유자도 주인도 없는 장이다. 거기에서는 부정, 무화, 그리고 무도 긍정, 창조, 존속과 마찬가지로 사건들이다. 더욱이 비인간적인 사건들이다. 부재의 현전, 즉 일리야는 모순을 넘어서 있다. 그것은 그 모순을 품고 지배한다. 그런 의미에서 존재는 출구를 전혀 갖지 않는다.[15]

"공 자체의 현존적인 밀도"라는 말이 대단한 무게로 다가옵니다. 우리 나름으로 맥락을 거칠게 원용하면, 이를 통해 '부정의 밀도', '무화의 밀도', '무의 밀도' 등을 생각할 수 있습니다. 칠흑 같은 밤의 어둠이 지닌 밀도는 얼마든지 상상할 수 있습니다. 이 어둠의 밀도를 아예 일리야, 즉 존재가 품어내는 현존적인 밀도로 바꾸어내고 있습니다. 긍정, 창조, 존속 등은 엄격하게 말하면 인간적인 사건들입니다. 우리가 긍정하고 우리가 창조하고, 긍정하고 창조한 것들을 우리가 존속시키기 때문입니다. 그에 반해 부정, 무화, 무 등은 인간적인 사건이라고 할 수 없다는 것이 레비나스의 생각입니다. 이는 사르트르와 전격적으로 대립되는 지점입니다. 사르트르는 부정, 무화 및 초월이 인간의 대자 존재적인 성격에서 비롯된다고 보기 때문입니다.

"일리야"의 "어둠"에서 나타나는 "공 자체의 현존적인 밀도", 거기에서 레비나스는 부정, 무화, 무 등의 이른바 '인간을 넘어선 존재론적인 밀도'를 찾아내고 있습니다. 인간을 넘어선 존재를 찾아서, 거기에서부터 인간적인 모든 사건의 의미를 재검토하고자 하는 것이 레비나스의 전략인 것입니다. 이를 바탕으로 그의 철학을 대표하는 개념인 "타자"가 적극적으로 '존재론적인 밀도'를 획득할 것이라고 예상할 수 있습니다.

참고로 덧붙이자면, 레비나스는 이러한 자신의 존재 개념을 바탕으로 하이데거를 비판합니다.

> 존재와 존재자의 구별은 《존재와 시간》 가운데서 가장 심오한 사상으로 보인다. 하지만 하이데거에게는 구별이 있을 뿐 분리가 없다. 존재는 언제나 존재자 속에 붙잡혀 있다. 존재자 중에서도 인간에 대해 하이데거가 사용했던 '늘 나의 것임(Jemeinigkeit, 各自性)'이라는 용어도 존재는 언제나 누군가에 의해 소유된다는 사실을 정확히 표현했다. 하이데거는 존재자 없는 존재를 인정할 수 없었다고 나는 믿는다.[16]

말하자면 레비나스는 "일리야"라는 존재론적인 개념을 통해, 하이데거가 "존재(Sein)"로 향하는 기초적인 통로로 여긴 그 "인간 현존재(Menschen Dasein)"라는 "존재자(Seiendes)" 없이 "존재"를 향해 곧바로 육박해 들어갈 수 있는 길을 열고자 한 것입니다.

그런데 이 존재인 일리야의 현존과 마주할 때 과연 이와 마주하는 우리의 주체는 어떤 상태가 되는지가 궁금합니다. 일리야가 비인간적이고 익명적이라고 해서 이를 마주 대하는 나 자신마저 비인간적이고 익명적인 존재가 되는 것은 아닐 것입니다. 그의 이야기를 들어봅시다.

> 일리야가 자아내는 살랑대는 소리, 그것은 공포이다. (……) 〔그것은〕 대상들을 받아들여 존재자들에게 접근할 수 있는 수단으로서의 기능을 벗어나 버린 공간 자체가 주는 비규정적인 위협이다.
>
> 의식이 된다는 것은 일리야로부터 떨어져 나오는 것이다. 왜냐하면 한 의식의 현존은 주체성을 구성하고, 즉 현존의 주체를, 말하자면 어느 정도 존재의 주인 됨을, 밤의 익명성 속에서도 이미 하나의 이름을 구성하는 것이기 때문이다. 공포는 의식에게서 바로 그 '주체성'을 박탈해갈 운동이다. 레비브륄(Levy-Bruhl)[17]이 공포에 대해 말하는 의미에 따르면, 공포란 무의식 속으로 가라앉게 하는 것이 아니라 비인간적인 불침번, 즉 참여 속에 빠뜨리는 것이다.[18]

근원적인 존재와 전면적으로 맞닥뜨리게 되면 그야말로 아뜩해지면서 섬뜩한 느낌을 가지게 됩니다. 마치 '여백 없이 총체적으로 뻥 뚫린 구멍'과 같은 것을 느끼면서 아득한 심연을 느끼게 되기 때문입니다. 거기에서부터 벗어날 수도 없고 그렇다고 특별한 대상적인 의식 주체를 발휘하는 것도 아닙니다. 레비나스는 이를 "공포"라고 표현하면서[19] 레비브륄을 원용하고 있습니다. 그러면서 "참여"라고 말하는 것이 묘합니다. 이 참여는 당연히 능동적인 참여가 아니라 끌려 들어간 참여일 것입니다. 레비브륄의 이야기에 따른 그 "비인간적인 불침번"은 《시간과 타자》에서 불면증으로 연결됩니다.

잠으로 돌아갈 수 있는 가능성이 없는 깨어 있음은 '일리야'의 전형적인 성격을 보여줄 뿐만 아니라 자신의 무화(無化)를 통해 자신을 주장하는 존재의 모습을 보여준다. (……) 영원성은, 그 영원성을 떠맡을 주체가 없기 때문에 평안한 휴식을 취할 수 없다.[20]

불면증 환자의 목적은 잠을 자는 것입니다. 그렇기 때문에 깨어 있으면서 주어지는 모든 사물이 아무런 의미가 없는 정도가 아니라 잠을 자고자 하는 자신의 존재를 기어코 부정합니다. 전체적으로 모든 것이 텅 비어 있으면서 가득 차 있고, 완전히 침묵에 빠져든 것 같은데 뭔가 중얼거립니다. 잠을 잤으면 하는 간절한 바람을 지닌 불면증 환자가 잠을 이루지 못하고 견뎌야 하는 시간은 정말이지 미쳐버릴 정도로 괴롭고 기묘하기까지 한 시간이지요.

특별히 덧붙일 것은, 여기에서 레비나스가 이러한 불면을 통해 의식의 본성을 규정한다는 사실입니다. 레비나스는 의식이란 잠들 수 있음에 바탕을 두고 있는 깨어 있음이며, 따라서 의식이란 잠잘 수 있는 능력이라고 말합니다. 그리고 잠을 통한 충만 안으로의 도피를 의식의 역설적인 본성이라고 말합니다.

여기에서 우리는 이러한 레비나스의 의식에 대한 특이한 규정을 보게 되는데, 근본적으로 잠에 의존한 의식을 앞에 놓고서, 의식을 명료성 내지 투명성과 연결하고 잠을 불투명성에 연결할 수 있다고 여기는 것입니다. 따라서 레비나스가 불투명성에 의존한 명료성을 주장하는 것으로 해석하게 됩니다. 이는《현존에서 현존자로》에서는 이런 방식으로 이야기됩니다.

신비적 참여에서는 항들의 동일성(정체성, identité)이 사라져 버린다. 항들은 그들의 실체성 자체를 구성하는 것을 벗어버린다. 하나의 항이 다

른 항에 참여하는 것은 하나의 속성을 공유하는 것이 아니다. 하나의
항은 타자로서 있다. 존재하는바 주체에 의해 장악되는 각 항의 사적인
현존은 그 사적인 성격을 상실하고 무차별한 배경으로 돌아간다. 한 항
의 현존이 다른 항의 현존을 쓸어버리며, 그래서 한 항의 현존은 더 이
상 존재하지 않는다. 여기에서 우리는 일리야를 목격한다. (……) 일리야
의 개념은 우리를 신보다는 신의 부재, 즉 모든 존재자의 부재로 인도
한다.[21]

여기에서 한 항은 결국 "일리야"인 셈입니다. 일리야가 거기에 참
여하는 주체로서의 나의 현존을 휩쓸어버린다는 것이지요. 그러면
서 심지어 신조차 부재한 것으로 알린다는 것입니다. 이 대목만을
보면, 즉 레비나스의 존재론적인 기초에서 보자면, 레비나스 철학을
무조건 유신론적이라고 보기가 쉽지는 않을 것 같습니다. 현존한다
고 일컬을 수 있는 일체의 것, 나 혹은 나의 의식뿐만 아니라 현존하
는 신조차 아예 휩쓸려 들어가는 곳이 바로 "일리야"이기 때문입니
다.[22] 다만 거기에서 공포가 현존한다는 사실이 대타자, 즉 신으로의
길을 새롭게 열어주지 않을까 하고 짐작하게 하는 건 사실입니다.
  말하자면 여기에서 우리는 "타자성"을 목도하지 않을 수 없다는
것입니다. 그러니까 "일리야"가 뿜어내는 근원적인 이질성과 근원적
인 낯섦, 그리고 근원적인 섬뜩함이 다름 아니라 "타자성"을 근본적
으로 내포하고 있는 것이라고 하겠습니다.

3. 히포스타시스

그렇다면 어떻게 해서 이 익명적 존재인 일리야로부터 존재자들이

생겨나는가? 레비나스는 그것을 설명할 재간이 없다고 하면서 어쨌든 익명성을 벗어나서 자기 동일적인 존재자들이 생겨난다고 말합니다. 그리고 그것을 "히포스타시스(hypostasis)"라고 합니다. 번역본에는 '홀로서기'라고 되어 있는데, 그것은 이와 직결되는 '고독'과 관련해서 선택한 역어인 것 같고, 말 그대로 번역하면 '히포스타시스'는 '아래에 놓임'입니다. 철학사의 전통에서 보면, '아래에 놓인다는 것'은 판단에서의 술어로 나타나는 속성과 대비되는 실체가 판단에서 주어로 나타나 기능하게 된다는 것입니다. 요컨대 자기 동일적인 실체가 된다는 것입니다. 이는 저 앞에서 보았던, "일리야"에서 자기 동일적인 실체들이 다 망실된다고 하는 것과 대비됩니다.

레비나스는 "히포스타시스"를 한 존재자가 자신의 존재와 관련을 맺기 시작한 상황을 지칭한다고 말합니다.[23] 사르트르식으로 말하면, 대자 존재가 성립하는 것이라고 할 수 있습니다. 그러니까 레비나스는 이 "히포스타시스"를 통해 주로 자기의식을 가진 존재자의 출현을 말하는 것으로 보입니다. 이에 우리는 이 "히포스타시스" 개념을 통해 레비나스의 형이상학이 성립한다고 말하게 됩니다.

이러한 "히포스타시스"를 "사건"이라고 부르면서[24] 이를 통해 드디어 지배와 자유가 성립되고, 현재가 성립하는 것으로 봅니다. 그리고 이 사건 자체를 현재라고 부르면서, "현재"를 "비인칭적인 존재의 무한"에 "균열"을 일으키는 것이라고 말합니다. '현재'는 '존재한다(être)'라기보다 '현존합니다(exister).' 현재가 지닌 이런 현존성을 염두에 두면서 생각을 해나가야 할 것입니다.

레비나스는 이전에 철학자들이 제시한 그 어떤 시간개념도 이러한 "현재", 즉 '일리야로부터 히포스타시스가 발생하는 사건'으로서의 "현재"를 표현할 수 없다고 말합니다. 이 사건에서 성립되는 자유라는 것도 선택의 자유가 아니라 "시작(始作)의 자유"라고 하면서, "모든 주체 속에 담긴 자유, 주체가 있고 존재자가 있다는 사실 속에 담긴 자유, 존재에 대한 존재자의 지배의 자유"라고 말합니다.[25]

　레비나스가 열거하는 이런 자유의 개념은 사르트르의 자유 개념과 대단히 닮아 있습니다. 레비나스가 이 이야기를 담은 《시간과 타자》의 강의를 한 것이 1946~1947년인 것을 감안하면, 1943년에 나온 사르트르의 《존재와 무》에서 영향을 받았다고 할 수 있지 않나 싶습니다. 현존에 대해 집중적인 관심을 보이는 것도 그러하거니와 이같이 자유가 선택함으로써 성립하는 것이 아니라 모든 주체에게 처음부터 담겨 있다고 하는 데서 이를 예감할 수 있습니다. 사르트르는 "우리는 자유롭지 않을 자유가 없다"라는 말을 했다고 했습니다. 레비나스의 자유 개념 역시 이와 거의 같습니다. 그러고 보면 레비나스가 말하는 "일리야(il y a)" 역시 사르트르가 말하는 "즉자(l'en-soi)"와 너무나 닮아 있다는 것도 무시할 수 없는 사안이라고 하겠습니다.

　그러나 사르트르와는 달리, 레비나스는 이러한 자유와 지배를 결코 그럴듯한 것으로 보지 않습니다. 그것은 결국 일종의 유아론(唯我論)적인 자기 폐쇄적 자유라고 보기 때문입니다. 레비나스는 그 자유는 자기 자신에게 끝없이 몰두하는 주체의 존재 방식에서 비롯되는 것이라고 말합니다. 그러면서 자꾸 끝없이 자신에게 몰두함으로써 응결되는 방식을 일컬어 묘하게도 "주체의 물질성"이라고 합니다. 그리고 거기에서 현재의 물질성이 나오는 것으로 봅니다. 따라서 자유는 가볍지 않고 무겁고, 어쩔 수 없이 자기일 수밖에 없는 나 자신에 의해 차단된 나, 즉 자기동일성의 포로이고 곧 고독이라는 것입니다. 그런 점에서 "고독"을 레비나스는 묘하게도 "물질"이라고 말합니다.[26]

　사르트르식으로 보면, 이는 대자가 즉자로 몰락해버린 것이라고 할 수 있는데, 실상 사르트르는 즉자대자를 인간이 존재 충만을 이루었을 때의 상태, 즉 신적인 상태로 보지요. 그리고 그것이야말로 자유가 완전히 실현된 상태로 보지요. 그런데 레비나스는 이를 아예 물질적인 상태로 전락해버린 것으로 봅니다. 이 대목에서 레비나스는 사르트르의 자유 개념을 비판적으로 넘어서면서 사르트르는 물론이고 하이데거와도 정반대의 길을 걸어가고 있다는 것을 알 수 있습니다.

레비나스는 자기 자신에게 집착하면서 응고되어버린 이러한 물질적 존재로부터 벗어나고자 하는 것이 일상적 삶이라고 봅니다. 따라서 일상적 삶을 하이데거의 실존철학에서 말하는 것처럼 쉽게 폄하해서는 안 된다고 역설합니다. 그러면서 일상적 삶에서 대상들과 맺는 관계는 근본적으로 "향유(jouissance)"라고 하면서 이렇게 말합니다.

대상과의 관계, 이것을 우리는 향유로 특징지을 수 있다. 모든 향유는 존재의 방식일 뿐만 아니라 동시에 감각 작용, 다시 말해 빛과 인식이다. 대상을 흡수하지만 동시에 대상과 거리를 둔다. 앎, 곧 밝음(luminosité)은 본질적으로 즐김에 속한다. (……) 주체는 자기 자신으로부터 분리된다. 빛은 그런 가능성의 조건이다. 이런 의미에서 우리의 일상적 삶은 이미 최초의 물질성으로부터 해방되는 방식인데, 이것에 의해 주체는 완성된다. 여기에는 이미 자기 망각이 개입되어 있다. (……) 최초의 포기. 이것으로 끝은 아니다. 이것을 거쳐 지나가야 한다.[27]

대상과의 관계를 "향유"로 보고, 또 "자기 망각"으로 본 것은 정말 멋진 것 같습니다. 니체의 "디오니소스적 도취"와 니체를 이어받은 바타유의 "에로티즘"을 생각나게 합니다. 중요한 것은, 레비나스가 이를 통해 일차적으로 주체의 물질성, 즉 주체의 자기 동일적인 집착으로부터 벗어나는 해방을 노리면서 그러한 해방이 우리의 일상적 삶, 즉 대상과의 일반적인 관계에서 얼마든지 가능하다는 것을 멋지게 분석하고 있다는 사실입니다.

일상적 삶의 근본적인 위력이 "향유"와 "자기 망각"에 있다고 한다면, 사실상 우리는 이미, 그리고 늘 사물들과의 감각적인 충만을 주고받는 것으로 되기 때문입니다. 그럼으로써 대상을 끌어모으고 소유하고 군림하면서 지배하는 방식을 요구하는 자본주의적인 이기적 자폐증을 벗어날 수 있는 원리를 제공해주기 때문입니다.

그런데 이 향유의 구도가 제법 복잡합니다. "향유"를 "빛"과 "인식"이라고 하고, "대상을 흡수하면서도 대상과 거리를 두는 것"이라고 하고, 또 "자기 망각에 의한 주체의 완성"이라고 합니다. 그런데 레비나스에게서 빛과 인식은 궁극적으로 보아 긍정적인 것이 아니고 부정적입니다. 빛과 인식에 의한 자기 망각으로서의 향유, 그것은 일정하게 한계에 사로잡혀 있다고 할 수 있기 때문에 그것만으로는 삶의 근원적인 지대로 들어갈 수 없다는 것입니다. 이를 알기 위해서는 레비나스가 빛과 인식에 대해 어떻게 비판적인 입장을 취하는지를 볼 필요가 있습니다.

4. 빛과 이성에 대한 비판

"하지만 이 자기 망각, 향유의 밝음에 의해서도 자기와 자아의 뗄 수 없는 관계는 깨뜨려지지 않는다"[28]라는 말을 던지면서, 레비나스는 빛과 이성을 비판합니다. 그리고 빛 아래에서는 낯섦이 없고, 초월이 없고, 그저 내재만이 있다고 말합니다. 그럼으로써 데카르트의 명증성, 즉 명석판명에 대한 근대 철학적인 요청에 의거한 투명성과 명료성의 지배를 비판합니다. 빛을 비판하면서 동시에 인식과 이성을 함께 비판하는 것입니다.

> 이성과 빛은 그것들 자체로, 현존자인 한에서 현존자의 고독을 완성하며, 완전히 유일하고 독특한 지표가 되어야 할 그 목표를 수행한다.
> 이성은 모든 것을 자신의 보편성 안에서 포괄하면서 그 자체로 고독 안에 머물러 있다. 유아론은 착오도 아니고 궤변도 아니다. 이성 자체가 유아론적인 구조를 갖추고 있다. (……) 이성은 말을 건넬 또 다른 이성을 전혀 찾지 않는다. 의식의 지향성은 자아를 사물로부터 구별하게 해주지만 유아론을 사라지게 하지는 않는다.[29]

레비나스는 여기에서 자기 체계적인 주체적 자아의 구조를 이성에까지 확대시킵니다. 기실 이성이란 자신의 바깥을 허용하지 않는 포괄적인 보편성을 띠지요. 그런 점에서 이성은 결코 타자성을 지닐 수 없는 것이고, 오로지 자기 완결을 꾀하고자 하는 자신의 목표를 원활하게 수행하는 것이지요. 그런 점에서 레비나스의 말대로 이성은 본질상 유아론적입니다. 이성을 유아론적이라고 말하는 레비나스의 통찰은 그야말로 유독(惟獨) 탁월하다고 하겠습니다. 그 통찰에 최고의 찬사를 보내고 싶습니다.

이러한 레비나스의 탁월한 통찰은 노동에 관한 해석에서 계속됩니다. "외부 세계에 현실적 외재성을 부여하는 이 초월을 파악하려면 구체적 상황, 향유 속에서 빛이 주어지는 상황, 즉 물질적 현존으로 되돌아와야 한다"[30]라고 말하면서, 레비나스는 그 물질적 현존에서 욕구의 구체성을 보고, 욕구의 구체성에서 주어지는 공간을 극복하기 위해 노동을 해야 한다고 봅니다. 그러면서 "노동에서, 즉 그의 노력, 아픔과 괴로움을 통해 주체는 그의 현존하는 자유 속에 함축되어 있는 현존의 무게를 다시 발견한다"[31]라고 말합니다.

물질적인 현존으로 보자면, 먹지 않으면 향유고 뭐고 있을 수 없습니다. 그럴 때, 우리는 우리 자신과 분리됩니다. 몇 날을 아예 먹지 못해 배고파하는 나 자신은 나 자신과 얼마나 멀리 떨어져 있는가요. 이처럼 나 자신 안에서 벌어지는 공간을 메우기 위해 노동을 할 수밖에 없는 것이지요. 그런데 노동은 이제 주체에게 아픔과 괴로움을 통해, 향유에서 잠시 잊었던 현재의 물질적인 무게를 다시 발견하게 한다는 것입니다. 아닌 게 아니라 "노동"과 "향유", 삶의 이 두 근본적인 활동은 삶을 통해 생겨나는 온갖 감정의 원천임에 틀림없습니다.

5. 고통과 죽음의 타자성

노동을 통해, 결국 레비나스는 그의 본격적인 고찰인 고통과 죽음의 문제로 들어서게 됩니다. 레비나스가 말하는 고통은 도덕적이거나 심적인 고통이 아니라 철저히 신체적인 고통입니다. 그러니까 그가 말하는 죽음도 실제적인 몸의 죽음임을 알 수 있습니다. 그가 이렇게 신체적 고통을 중시하는 것은 "신체적 괴로움에는 현존에의 참여에 대해서 어떤 오해도 일어날 수 없기 때문이고" 나아가 "신체적 고통은 존재의 면제 불가능성 자체이고, 고통의 내용은 고통으로부터 해방될 수 없는 불가능성과 일치하기" 때문입니다.[32]

레비나스가 말하는 고통은 정말이지 지독한 고통입니다. 끝이 보이지 않는, 도무지 벗어날 수 없는 고통, 그 어떤 피난처도 없는 고통, 고통 그 자체에 완전히 묶여 있음을 본질로 하는 고통입니다. 아마도 아우슈비츠 같은 상황에서 그러한 고통이 있을 법하지 않나 싶습니다. 결코 삶을 포기할 수 없는데도 그 삶의 가능성이 전혀 보이지 않는, 일종의 완전히 절망적인 질병에 갇혀버린 상태에서 느끼는 신체적인 고통 같은 것이겠습니다.

레비나스는 이러한 고통을 미지의 것과 연결시키면서 이것은 빛의 용어로는 옮길 수 없는 것이고, 일체의 친숙성에 저항하는 것이라고 말합니다. 그러면서 이를 죽음과 연결시킵니다. 즉, 죽음의 미지성과 연결시킵니다. 죽음을 분석하면서 보이는 레비나스의 특이성은 하이데거가 죽음을 무와 연결시킨 것과는 정반대로 오히려 죽음을 "무의 불가능성"과 연결한다는 점입니다. 결코 벗어날 수 없는 고통으로부터 나타나는 죽음은 무로서 다가오지 않고 '무가 불가능하다는 절망'으로 다가온다는 것입니다. 그런 점에서 죽음은 미지적인 것이고, 그 앞에서는 그 어떠한 빛이나 밝음도 힘을 발휘할 수 없다는 것입니다. 그래서 주체는 드디어, 자신으로부터 유래하지 않은 것과 관계를 맺고 있다는 것을 느끼게 되고, 차라리 "신비"와 관계하고 있다고 말하게 된다고 합니다. 요컨대 죽음은 절대적으로 인식할 수 없는 것이 나타나는 것이고, 그 어떤 빛으로도 밝힐 수 없는 낯선 것이 나타나는 것이고, 따라서 모든 가능성이 불가능해지면서 오로지 거기에 붙들려 있을 뿐이라고 말합니다.[33]

말하자면 죽음은 절대적인 "타자(l'Autre)"로서 도래한 것입니다. 레비나스는 "미래"를 이 "죽음의 미지성과 타자성"에서 찾습니다. 그런 점에서 미래는 절대적인 미래이고, 그 어떤 기대도 허용하지 않는 미래라고 말합니다. 이는 하이데거나 사르트르와는 전혀 다른, 그들과 전격적으로 대립되는 방식의 사유입니다. 그래서 그는 이렇게 말합니다.

미래에 대한 기대, 미래의 기투에 대해, 베르크손에서 사르트르에 이르기까지 모든 이론이 그것들이 시간에 대해 본질적인 것으로 승인해왔지만, 그것들은 진정한 미래가 아니라 미래의 현재이다. 미래는 손에 거머쥘 수 없는 것이며, 우리를 엄습하여 우리를 사로잡는 것이다. 미래, 그것은 타자다. 미래와의 관계, 그것은 타자와의 진정한 관계다.[34]

미래 자체를 우리 현존의 가능성으로 삼아 접근해갈 수 없고, 그렇게 파악해서는 안 된다는 것입니다. 차라리 미래가 우리를 엄습하여 장악해버린다고 보아야 한다는 것이지요. 마치 일리야가 그랬던 것처럼. 이 점에서 "미래"는 "일리야"와 연결된다고 할 수 있습니다.

"현재"가 '나의 물질적인 고독'이라면, "미래"는 이러한 '나의 물질적이고 유아론적인 고독을 깨버리는 타자'인 셈입니다. 그래서 주체와 죽음 사이에는 심연이 있다고 말합니다. "죽음에는 죽음의 사건에 직면하는 주체와 그 죽음의 사건 자체에 놓인 심연이 있다."[35] 그러면서 그러한 '타자와의 관계'는 "신비(Mystère)"와의 관계라고 말합니다.[36]

죽지도 않고 죽을 수도 없는 지독한 고통의 상황은 마치 잠들지도 않고 깨어 있을 수도 없는 불면처럼 나의 의식과 이성과 인식과 판단이 모두 중지해버리는 상황입니다. 그런 점에서 죽음이 도래하는 사건은 마치 나의 몸을 뚫고 들어온 창처럼 나에게 완전히 낯선 타자와 직면하는 것입니다. 하이데거가 말한 "죽음을 향한 존재"는 레비나스에게서 보면 '절대적 타자와 직면한 존재'입니다. 그런데 레비나스는 하이데거와 달리 죽음과 죽음을 통해 드러나는 무를 인수해야 한다고 하지 않고, 죽음을 극복해야 한다고 말합니다. 하지만 죽음을 극복한다는 것은 영생의 문제가 아니라고 못 박습니다. 그러면서 이렇게 말합니다.

죽음을 극복한다는 것은 죽음이라는 사건의 타자성과 더불어, 그럼에

도 불구하고 여전히 인격적이어야 할 관계를 유지한다는 말이다.[37]

　죽음과 인격적인 관계를 유지한다는 것이 레비나스의 존재론적인 구도에서 과연 가능할 것인가? 이게 문제입니다.

6. 타자와 타인

레비나스의 죽음에 대한 해석은 '죽음=미래=타자=신비'의 등식으로 정식화할 수 있을 것 같습니다. 이러한 죽음과 인격적인 관계를 유지해야 한다고 말하는데, 그 길을 레비나스는 "타인(l'autrui)"에게서 찾습니다. 말하자면 타인을 해석함으로써 "타자(l'Autre)"로의 인격적인 길을 확보합니다. 요컨대 타인을 통해 드러나는 타자성을 인수함으로써 죽음을 극복할 수 있는 길이 열린다고 보는 것인데, 이야말로 레비나스를 강력한 '타자의 철학자'로 만드는 레비나스 고유의 철학적 사유가 아닐 수 없습니다.

　타자인 죽음과 조화를 이룰 수 없듯이 타인과 조화를 이룰 수 없고, 죽음과 주체가 비대칭적인 것처럼 나와 타인은 비대칭적이고, 죽음과 내가 공감할 수 없듯이 나와 타인은 공감할 수 없고, 나와 죽음이 모순이 아니듯이 나와 타인은 모순이 아니고, 죽음이 신비이듯이 타인도 신비이고, 죽음이 명령을 내리듯이 타인은 나에게 명령을 내린다는 등의 기묘한 논리가 레비나스의 타자론 내지 인간관계론을 관통하고 있습니다.

　그렇다면 도대체 나와 타인의 관계는 어떤 관계인가요? 레비나스는 기본적으로 "얼굴을 마주 대하고 있는 관계"라고 말합니다. 그러니까 레비나스에게서 "얼굴(visage)"은 매우 중요한 개념입니다.

이러한 상황은 주체가 그 사건을 받아들이지도 않고 그것에 대해서 아무것도 할 수 없는 그런 상황이지만, 그러면서도 어떤 방식으로든 그것과 얼굴을 마주하고 있는 상황이다. 이러한 상황은 타인과의 관계이며 타자와 얼굴과 얼굴을 마주한 관계이며, 타인을 보여주면서 동시에 빼앗는 얼굴과의 만남이다. '받아들인' 타자, 그것은 타인이다.[38]

미래와의 관계, 즉 현재 속에서의 미래의 현존은 타자와 얼굴과 얼굴을 마주한 상황에서 비로소 실현되는 것처럼 보인다. 얼굴과 얼굴을 마주한 상황은 진정한 시간의 실현이다. 미래로 향한 현재의 침식은 홀로 있는 주체의 일이 아니라 상호 주체적인 관계이다. 시간의 조건은 인간들 사이의 관계 속에서, 그리고 역사 속에 있다.[39]

레비나스는 '유아론적인 자기의 물질성인 고독'에 빠져 있는 주체에게는 시간도 역사도 없다고 말합니다. 그리고 이제 '죽음=타자=미래=신비'를 통해 진정한 시간이 열리고, 인간관계가 열리고, 역사가 열린다고 말합니다. 그러니까 레비나스는 우리의 삶에서 사회와 역사가 작동하는 것은 존재론적으로 이미 이러한 죽음의 사건이 늘 도래하고 있음을 말하는 셈입니다. 우리의 입장에서 죽음의 사건이 도래하고 절대적인 낯섦과 타자성의 신비가 엄습해오는 것을 불투명성으로 읽게 되면, 레비나스가 보는 사회와 역사를 지평으로 하는 일상은 곧 불투명성을 바탕으로 한 것이며, 그러한 불투명성을 통해 오히려 고독과 죽음을 극복할 수 있는 길이 열리는 셈입니다.

레비나스에게서 얼굴은 인식의 대상도 아니고 그렇다고 무슨 공감의 대상도 아닙니다. "대상을 보여주면서 동시에 빼앗는 것이 얼굴"이라고 말한 데서 이를 알 수 있습니다. 어디에서부터 드러나는지도 알 수 없는, 그러나 결코 벗어날 수 없는 붙들림을 야기하는 것이 얼굴입니다. 이렇게 타자의 얼굴이 타인에게서 드러날 때, 주체는 완전히 주도권을 상실하고 주체로서 자신을 유지할 수 있는 지배력을 상실하게 된다고 말합니다.[40]

그런데도 주체와 얼굴을 통해 드러나는 타인의 관계는 결코 주체와 대등한 대칭적 관계를 이루는 것이 아니라고 말합니다.

> 타인으로서의 타인은 단지 나와 다른 자아가 아니다. 그는 내가 아닌 사람이다. 그가 그인 것은 성격이나 외모나 그의 심리 상태 때문이 아니라 오직 그의 다름(타자성) 때문이다. 그는 예컨대 약한 사람, 가난한 사람, '과부와 고아'이다. 하지만 나는 부자이고 강자이다. 우리는 상호주체적 공간은 대칭적이 아니라고 말할 수 있다.[41]

레비나스의 '상호주체성(intersubjectivité, Intersubjektivität)'에 대한 특이한 해석입니다. '비대칭적 상호주체성'이라는 개념은 오로지 레비나스만의 개념인 것으로 보입니다. 그런데 타인을 약자, 빈자, 이른바 구약에서부터 계속 히브리인들의 도덕성을 일깨운 "과부와 고아"라고 말하는 것이 레비나스의 철학을 윤리를 근간으로 하는 철학이라고 말하게 하는 대목입니다. 더없는 약자로 나타나는 타인의 얼굴은 이쪽 주체에 대해 그 어떤 저항이나 지배력을 발휘하고자 하지 않는 얼굴입니다. 말하자면 타인의 얼굴에서 오는 힘은 상처 받을 가능성, 무저항에 근거하고 있다는 것입니다.[42] 하지만 그 자체로 본래 주체가 어찌할 수 없는 완전한 타자성으로서의 얼굴이기 때문에 오히려 주체에 대해 모종의 윤리적 명령을 내리는 얼굴이 된다고 말합니다.

타자성은 단지 논리적 구별로서가 아니라 성질로서, 얼굴의 침묵 자체가 말하는 '살인하지 말라'라는 말을 통해서 지탱된다.[43]

얼굴은 직설법이 아니라 명령법으로, 한 존재가 우리와 접촉하는 방식이다. 그것을 통해 얼굴은 모든 범주를 벗어나 있다.[44]

타인의 얼굴에서 근본적인 윤리적 명령을 읽어내는 레비나스의 통찰은 대단합니다. 타인에게서 절대적인 타자성으로의 얼굴을 볼 줄 모르는 자는 이 근본적인 윤리적 명령을 처음부터 어기거나 처음부터 수행할 수 없는 자인 셈입니다.

그런데 구체적인 상황을 중시하는 레비나스가 왜 나보다 훨씬 더 강하고 부유한 타인은 아예 배제하는 걸까요? 대단히 전략적으로 보이는 대목입니다. 누구나 자기 자신인 한 주체이고, 그런 한에서 타인을 만날 수밖에 없는데, 그 타인을 아예 이렇게 약자로서의 타자로 설정해놓고서 절대적 신비와 미래가 도래하는 얼굴을 드러내는 자로 설정해놓으면, 어느 누구도 근본적으로 더 강하다거나 부유한 자로서 지배력을 발휘할 수 없기 때문입니다. 죽음의 타자성을 통해 주체적인 고독이 붕괴된다는 것은 주체의 부유함과 강함이 붕괴된다는 것입니다. 이를 바탕으로 레비나스는 윤리적인 의미를 삶의 근본에 심어 넣습니다. 그러니까 전반적인 얼개에서 보면 다소 불안한 역설이 되겠지만, 레비나스는 설사 타인이 나보다 현실적으로 강하고 부유하다고 할지라도 그 자체로 약자이고 과부이고 고아라고 해야 한다고 말한 셈입니다.

그런데 레비나스의 타인론 내지 인간관계론에서 가장 의문시되는 것은 그가 타인을 바로 타자성이라는 단적인 이유에 의거해서 바로 타인이라고 말할 때, 타인이 과연 진정으로 그 자신으로 성립할 수 있겠는가 하는 점입니다. 타자성은 근본적으로 죽음으로부터 오는 것이지 타인 자체에서 오는 것이 아니기 때문입니다. 더욱이 이 타자를 대문자로 표기하면서 무한성을 지닌 배후가 얼굴로 나타난 것처럼 말하는 대목에서는 더욱 그러합니다. 게다가 타자를 나에 대해 완전한 초월이고 외재성이라고 할 때, 그 초월성과 외재성의 원천이 무엇인가 하는 점이 문제가 됩니다.

예컨대 "얼굴을 통해서 존재는 더 이상 그것의 형식에 갇혀 있지 않고 우리 자신 앞에 나타난다"라고 할 때,[45] 그 "존재"는 도대체 무엇인가 하는 점입니다. 레비나스가 얼굴이 자기 스스로를 내보이는 방식을 굳이 종교적인 냄새가 물씬 풍기는 "계시"라고 일컬을 수밖에 없고, 얼굴의 나타남이 무한자의 나타남이라고 본 것을 중시하면, 레비나스의 철학은 신 앞에서의 철학이라고 부를 수도 있을 것 같습니다. 더욱이 절대적 타자성을 굳이 강조하면서 인간 주체의 근원적인 무력성을 드러내는 데 있어서는 그런 혐의를 두는 것이 가능할 것 같습니다.

그런데 얼굴을 통해 나타나는 존재를 앞서 말한 "일리야"라고 한다면, 굳이 레비나스의 철학을 신 앞에서의 철학으로 보는 것을 그칠 수 있습니다. "일리야"를 신의 다른 이름이라고 하면 정말 어쩔 수가 없이 레비나스의 철학을 신 앞에서의 철학이라고 해야 하겠지만, 앞에서 말한 것처럼 결코 그럴 수는 없습니다. 레비나스의 존재론에서 신은 일종의 현존자이고, 일리야는 존재 그 자체이며, 일체의 현존자는 그 현존을 일리야에서 가져와야 하기 때문입니다.

아무튼 레비나스의 철학을 근본적으로 신 앞에서의 철학이라고 할 것인가 말 것인가 하는 문제는 유대인인 레비나스의 철학을 신학적으로 보느냐 마느냐와 관계되면서 현대적인 의미를 얼마만큼 지니는지를 가늠하게 하는 상당히 중요한 문제입니다. 우리로서는 레비나스의 철학에 대해, 신 앞에서의 윤리학은 가능할지언정 신 앞에서의 존재론은 아니라고 확인하게 됩니다.

7. 에로스적 공동체

레비나스는 죽음을 극복하는 것을 삶의 과제로 봅니다. 죽음의 극복
은 죽음을 통해 나타나는 타자성이 타인의 얼굴로 전화되어 나타나
는 것을 적극적으로 인수할 때 성립되는 것으로 본다고 했습니다. 그
러니까 내가 타인을 적극적으로 환대하는 주체로서 거듭날 때 죽음
을 극복한다고 보는 것이지요. 요컨대 주체를 근본적으로 파기하는
것이 아니라 타인의 타자성을 통해 새로운 주체로 갱신되는 것으로
보는 것이지요.

　그런데 재미있는 것은, 레비나스가 본래의 주체는 남성적인 것으
로 보고, 타인의 얼굴을 통해 열리는 타자성은 여성적인 것으로 본
다는 점입니다. 그리고 남성적인 것은 자폐적인 것으로, 여성적인 것
은 신비로 열려 있는 것으로 봅니다. 그러니까 남성적인 주체는 여
성적인 것을 통해 구원을 받게 된다는 식입니다. 레비나스가 "에로
스"로서의 사랑과 애무를 중시하는 까닭이 여기에 있습니다. "사랑
은 아무런 이유가 없이 존재하고 우리를 엄습하고 우리에게 상처를
준다. 하지만 그 가운데서도 자아는 보존된다"[46]라고 그는 말합니다.
사실이 그러합니다. 사랑은 무작정한 것이지요. 그런 점에서 사랑은
그야말로 타자성과의 만남이라고 할 수 있습니다. 이를 레비나스는
에로스에서 필수인 "애무"를 분석함으로써 그 구체적인 면모를 드러
내 보이는데, 그 분석이 아주 예리하고 기막힙니다.

　애무를 통해 주체는 타자와의 접촉에서 단지 접촉 이상의 차원으로 넘

어간다. 감각 활동으로서의 접촉은 빛의 세계의 일부를 형성한다. 하지만 올바르게 말하자면 애무를 받는 대상은 손에 닿지 않는다. 이러한 접촉에서 주어지는 손의 미지근함이나 부드러움, 이것이 애무에서 찾는 것이 아니다. 이러한 애무의 추구는, 애무가 찾는 것이 무엇인지 모르고 있다는 사실을 그 본질로 구성한다. '모른다'는 것, 근본적으로 질서 잡혀 있지 않음, 이것이 애무에서 본질적인 것이다. (……) 애무는 헤아릴 수 없는 배고픔을 먹고 산다.[47]

사르트르는 애무를 통해 몸이 살로 바뀐다고 했습니다. 그런데 레비나스는 애무를 통해 주체가 손에 닿을 수 없는 끝없는 미지의 세계, 즉 타자를 살게 된다고 말하고 있습니다. 사르트르가 말하는 살 또는 메를로퐁티가 말하는 살과 레비나스가 말하는 미지의 세계인 타자를 비교해보는 것도 재미있을 것 같습니다.

아무튼 그리고 보면, 애무란 정말이지 지향적이지 않은 것이군요. 전혀 무엇을 만지고 만나고자 하는지 모르는 상황이라야 진정한 애무가 될 것 같기 때문입니다. "모른다"라고 하기보다 차라리 알 필요가 없다고 해야 할 것 같기도 합니다만, 아무튼 "애무"는 우리의 삶이 근본적으로 '비지향적인 불투명성'을 바탕으로 이루어진다는 사실을 역설해주는 것 같습니다.

결국에는 에로스를 통해 주체의 고독과 죽음의 폭력적인 타자성을 극복할 수 있다는 이야기입니다. 재미있는 것은, 그렇다고 해서 주체와 타인이 완전히 하나로 융합된다거나 하는 것을 레비나스는 적극적으로 거부한다는 사실입니다. 분명 내가 아니면서 또한 분명히 특이한 방식으로 내 자신인 타인을 만나는 경지를 추구합니다. 레비나스는 그 예로 아버지와 아들을 들고, 그럼으로써 후대를 만들어내는 생산성을 마지막 구원의 길, 즉 자아가 자신에게 타자로 됨으로써 내가 아니면서 나 자신인 역설적인 타자와의 만남을 이룰 수 있는 길로 봅니다. 그리고 이를 타인과의 진정한 만남 내지 공동체성에 대한 모델로 삼습니다.

이것은 공통성이 전혀 없는 집단성이다. 이러한 집단성은 매개자가 없는, 얼굴과 얼굴을 마주한 관계이며, 이러한 관계는 에로스를 통해 우리에게 제공된다. 여기서는 타자의 가까움 가운데서 전적으로 거리가 유지되면, 그러한 가까움과 이원성, 이 둘로부터 에로스의 감동적인 측면이 형성된다.[48]

모리스 블랑쇼가 말하는 "공동성 없는 공동체(communauté sans communauté)" 개념과 비슷합니다. 레비나스가 모리스 블랑쇼와 평생토록 절친했다고 했습니다. 아무튼 이원성을 바탕으로 해서 레비나스는 파르메니데스적인 '존재=동일성' 대신에 '존재=이원성'을 내세우고, 이를 통해 '현전=부재'의 논리 또는 "임(긍정)=아님(부정)"의 논리가 성립하는 존재론적인 토대를 마련합니다.

8. 마무리

이제까지 살펴본 결과, 레비나스는 동일자 대신에 타자를, 자기 동일의 폐쇄성 대신에 타자적인 신비로의 개방성을, 이성 중심의 인식 대신에 얼굴과 얼굴의 마주 대함을, 지배적인 남성적인 것 대신에 한없이 열리면서 생산성을 가능하게 하는 여성적인 것을, 동일성 대신에 이원성 등을 제시합니다. 우리의 입장에서 보면, 이 모든 레비나스 철학의 방향에는 '존재의 불투명성'이 가득 배어 있습니다. 비록 일리야의 완전한 불투명성과 얼굴을 통해 나타나는 무한한 존재의 상대적인 불투명성이 구분되긴 합니다만, 전반적으로 존재의 불투명성을 깔고 있고, 또 그러한 점을 강조합니다.

그런데 왠지 우리의 지각적이고 사회적이고 역사적인 일상적 삶을 너무 타자의 초월성과 외재성에 넘겨버린 것 아닌가 하는 느낌을 지울 수 없습니다. 그것은 레비나스가 유아론적인 즉자대자적 주체와 상호 주체적인 타자적 내지 공동체적 주체를 크게 대비시키면서, 이를 윤리적인 차원으로 가져간 데서 연유합니다. 존재론적인 차원에서 두 주체가 뫼비우스의 띠처럼 상호 환위의 관계에 있다고 말하지 않고, 마치 전자로부터 후자로 나아가지 않으면 안 된다는 명령법적인 윤리로 말하고 있기 때문에 우리로서는 불편한 것입니다.

그러니까 레비나스는 출발에서부터 주체의 유아론적인 철저한 고독을 설정한 탓에, 그리고 의식과 인식을 역시 철저히 유아론적인 자폐증을 지닌 남성적인 지배로 설정한 탓에, 이를 깨고 극복하기 위해서는 타인의 절대적이고 무한한 타자성을 바탕으로 여성성과 에로스, 그리고 에로스를 통한 생산성을 고독과 죽음을 동시에 극복할 수 있는 길로 생각할 수밖에 없었던 것 같습니다.

그런 점에서 메를로퐁티가 몸 현상학 내지 살 존재론을 통해 말하는 존재의 불투명성과 사뭇 다르다는 느낌입니다. 메를로퐁티는 우리 인간 존재의 근본 지평에서부터 이미 레비나스가 말하는 유아론적 주체는 불가능하다고 말하기 때문입니다. 레비나스가 전기 하이데거가 말하는 존재의 불투명성이 갖는 주체 중심주의를 넘어서서 존재 자체의 타자성이 갖는 불투명성을 내세운 것은 큰 공헌이라고 하겠지만, 타인을 환대하는 주체를 내세우며 존재의 불투명성을 윤리적 차원으로 번역한 것은 존재의 불투명성을 통해 시학적인 예술로 나아가고자 한 후기 하이데거에 비해 덜 매력적으로 보일 수도 있을 것입니다. 게다가 살 존재론을 통해 우리의 존재 자체가 처음부터 감각적·예술적 존재임을 역설하는 메를로퐁티에 비하면 레비나스의 존재의 불투명성은 다소 덜 매력적이지 않은가 하는 생각을 하게 됩니다. 무한한 타자성을 바탕으로 한 윤리는 아무래도 초월적인 냄새를 풍길 수밖에 없기 때문입니다.

그러나 레비나스가 윤리학의 근원을 존재론적인 차원에서 이끌어냄으로써 사실과 당위를 한데 연결했다는 것은, 무조건적인 법칙으로서의 윤리를 내세운 칸트의 법칙주의와 감정적인 사실에 근거해 결과로 나타나는 성과의 윤리를 말하는 공리주의(功利主義) 모두를 근본적으로 넘어서면서 그 설득력을 높이고 있다는 점에서 대단히 높이 사야 할 것으로 여겨집니다. 그 바탕에 바로 "타자"가 놓여 있고, 타자보다 더 바탕에 "죽음"이 놓여 있고, 또 죽음보다 더 바탕에 "일리야"가 놓여 있는 것입니다.

14장

아도르노: 유물론적 부정 변증법

1. 아도르노와 프랑크푸르트학파

테오도어 아도르노(Theodor W. Adorno, 1903~1969)는 프랑크푸르트학파의 여러 인물 중에서 철학적인 깊이가 가장 돋보이는 인물이라고 할 수 있습니다. 그것은 오늘 조금이나마 살펴보고자 하는《부정 변증법(Negative Dialektik)》[1]이라고 하는 저서를 통해 그 나름의 철학 체계를 제시한 바 있기 때문입니다. 프랑크푸르트학파는 막스 호르크하이머(Max Horkheimer, 1895~1973)의 주도하에, 아도르노 외에 발터 베냐민, 헤르베르트 마르쿠제(Herbert Marcuse, 1898~1979), 위르겐 하버마스 등의 천재적인 인물들로 구성되어 있었지요.

프랑크푸르트학파는 독일 프랑크푸르트에 있는 괴테 대학의 '사회 연구소'를 기반으로 해서 양차 세계대전 사이에 처음 형성되었습니다. 이들은 자본주의나 파시즘은 물론이고 소련의 공산주의에 대해서도 비판적인 입장을 견지했습니다. 그럼으로써 이른바 '신마르크스주의적인' 학제 간 사회 비판 이론을 구축했습니다.

신마르크스주의(Neo-Marxism)라고 하는 것은 20세기 초엽에 유행했던 '경직된 마르크스주의'를 극복하고자 했기 때문에 붙여진 이름입니다. 경직된 마르크스주의는 마르크스의 사상을 앵무새처럼 읊조리면서 무조건 소련의 공산당을 지지하는 것이라고 할 수 있습니다. 그러니까 신마르크스주의는 이러한 소련 공산당 중심의 마르크스주의 사상을 비판하고, 심지어 마르크스의 사회철학 내지 역사철학마저 일정하게 한계를 지닐 수밖에 없었다는 점을 지적합니다.

이들은 마르크스의 이론이 20세기 들어 새롭게 전개되는 자본주의 사회의 소용돌이를 제대로 설명할 수 없다고 생각한 것 같습니다. 당연히 자본주의 체제를 옹호하기 위한 것은 결코 아니지요. 자본주의와 소비에트 공산주의 모두를 비판하는 입장을 취하면서,

마르크스의 철학 외에 반실증주의 사회학, 정신분석학, 현상학, 실존 철학 등을 적절히 활용했습니다. 이에 이들은 이전의 철학자들, 예컨대 칸트, 헤겔, 후설, 베버(Max Weber, 1864~1920), 루카치(György Lukács, 1885~1971) 등의 이론들을 종합적으로 활용해서 당면한 사회 전체의 모순과 문제점을 분석·검토하고 나름대로 대안을 제시하려고 했던 것이지요. 그 핵심 기획은 자본주의적인 사회로부터의 해방이었습니다.

외국의 개별 철학자들의 사상을 연구할 때도 그렇지만, 특히 외국의 철학 사상적인 학파를 연구할 때에는 그 학파가 형성된 배경이 되는 당시의 사회적·역사적 현실을 크게 염두에 두지 않을 수 없습니다. 세계대전 사이의 시기, 독일의 정치적인 상황은 대단히 혼란스러웠습니다. 마르크스가 공산주의 혁명이 일어날 것이라고 예견했던 서유럽에서 노동자계급의 혁명이 실패로 돌아갔습니다. 특히 독일의 강력한 공산주의 운동 세력이었던, 로자 룩셈부르크(Rosa Luxemburg, 1871~1919)와 카를 리프크네히트(Karl Liebknecht, 1871~1919)가 주동한 '스파르타쿠스단'의 공산주의 혁명의 실패가 분수령을 이루었습니다. 그런 뒤, 오히려 나치즘의 발흥으로 자본주의가 국가자본주의적인 형태로 극단화되었습니다. 마르크스마저 전혀 예상하지 못했던 상황이 전개되고 만 것입니다. 그 와중에 1930년대에 마르크스의 저작인 《경제학 – 철학 수고》와 《독일 이데올로기》가 발행되어, 마르크스 사상에 헤겔주의와의 일정한 연결이 있음이 알려졌습니다. 말하자면 마르크스의 사회사상을 새롭게 해석할 필요가 있음이 제기된 것이지요. 그런데 나치즘에 의한 이른바 '국가사회주의'의 영향력이 날로 확장되고 있었지요. 그래서 마르크스의 사회철학을 현실에 맞게 개변하고 보충함으로써 이러한 전반적인 독일 정치사회의 혼란을 사상적으로 꿰뚫고 나갈 필요가 있음을 일군의 사상가들이 동의한 끝에, 프랑크푸르트에 연구소를 설립하여 이를 기반으로 학파를 형성하게 된 것입니다.

연구소가 설립된 것은 1922년이었지만, 활성화된 것은 1930년 철학자이자 사회학자이고 사회심리학자인 호르크하이머가 수장으로 활동하면서부터라고 하겠습니다. 이때 아도르노뿐만 아니라 철학자인 마르쿠제와 사회심리학자이자 철학자인 프롬(Erich Fromm, 1900~1980)을 비롯해 많은 학자가 함께 활동합니다. 그리고 베냐민도 외곽에서 관계합니다.

그러나 1933년 히틀러가 권력을 쥐면서 탄압이 가해지자 '사회연구소'는 제네바로 옮겨 갑니다. 또 그런 뒤, 다들 망명을 시도하여 1935년 미국 뉴욕으로 연구소를 옮겨 컬럼비아 대학과 연계합니다. 그래서 그들의 잡지인 《사회연구지(Zeitschrift für Sozialforschung)》는 《철학과 사회과학 연구(Studies in Philosophy and Social Science)》로 개칭하게 됩니다. 전후 1950년대 초에 호르크하이머와 아도르노는 독일로 돌아와 1953년에 프랑크푸르트에 연구소를 다시 설립해서 문을 엽니다만, 마르쿠제는 여전히 미국에 남아 활동합니다. 하버마스는 새로 설립해서 문을 연 연구소에 가입함으로써 같이 활동하게 됩니다. '인정 투쟁' 이론으로 유명한 악셀 호네트(Axel Honneth, 1949년생)도 뒤늦게 가담합니다.

1960년대 이후에는 하버마스를 중심으로 힘을 발휘합니다. 그래서 다음 시간에는 베냐민의 역사철학에 관한 이야기를 하고, 그다음에 이어서 하버마스의 《의사소통행위이론》의 핵심을 살펴보려고 합니다.

2. 아도르노의 저작들[2]

아도르노는 1934년 나치의 억압을 피해 미국으로 망명합니다. 그리고 1947년 미국에서 호르크하이머와 같이 《계몽의 변증법》[3]을 저술하여 출간합니다. 이 책은 그를 강력한 철학자로 알려지게 했지요. 이 책은 이성을 통해 인간을 신의 손아귀로부터 벗어나게 한 것이 계몽이지만, 계몽이 진행됨에 따라 오히려 인류는 진정한 인간적인 상태에 들어서기보다는 새로운 종류의 야만에 빠져든다는 점을 지적합니다. 특히 이들은 이 책을 통해 과학기술의 발전에 따른 새로운 문화 산업의 야만성을 강조했습니다. 다시 말해 이런 문화가 자본주의의 논리와 결합되어 많은 사람의 이성을 마비시키고 획일화시킨다고 질타했던 것이지요. 간단히 말하면, 이성 개념이 계몽을 통해 오히려 비이성적인 힘으로 변형되고 말았다는 것이고, 그 결과 이성이 자연뿐만 아니라 인간성 자체를 지배하게 되었다는 것입니다. 그리고 이 같은 인간성에 대한 합리화가 파시즘과 다른 전체주의 정권의 제일 원인으로 작동한다고 했습니다. 이성의 부작용에 대한 이들의 이러한 생각은, 마르크스가 끝까지 합리주의적인 관점을 포기하지 않음으로써 이성 자체의 한계를 비판할 생각을 하지 못한 것과 크게 대비됩니다.

아도르노의 사상을 아포리즘 형식으로 집약시켜 1951년에 내놓은 책인 《미니마 모랄리아》[4]도 유명합니다. 아도르노는 이 책을 통해 파시즘, 스탈린주의, 문화 산업 등이 판치는 암울하기 짝이 없는 사회적·역사적 배경에 저항하면서, "잘못된 세상에서는 결코 올바른 삶이 없다"라고 하는 명제를 통해 "우울의 학문"을 제안했습니다. 이 책을 통해 아도르노는 서독의 지성을 대표하는 인물로 자리매김됩니다.

3. 부정 변증법

철학 공부를 하다 보면 처음부터 제대로 다시 한 번 철학 연구를 잘 해봤으면 하는 생각이 드는 때가 있습니다. 그럴 때, 다른 철학자들은 과연 어떻게 생각의 실마리를 잡았는지, 그리고 그 실마리를 잡고서 어떻게 멋지게 풀어내어 제 자신뿐만 아니라 다른 모든 사람이 궁금해하는 쪽으로 사유를 펼쳐냈는지가 궁금해지는 것입니다. 가끔씩은 사유의 진행을 바탕에서부터 견인해가는 힘을 알았으면 싶은 생각이 들기도 하지요. 말하자면 가끔씩은 논리 내지 논리학에 관한 생각을 하게 되는 것입니다. 그런데 논리라는 '놈'은 어떠한 대상을 놓고서 어떠한 이유로 그것을 전개하게 되느냐에 따라 변신을 합니다. 오늘 우리가 생각해보고자 하는 아도르노라는 철학자의 '부정 변증법'도 하나의 논리입니다. 그는 과연 무엇이 그렇게 안타까워서, 또는 무엇이 그렇게 문제가 된다고 여겨지기에 '부정 변증법'이라는 어려운 말을 책의 제목으로 내걸었을까요?

오늘 살펴보고자 하는 《부정 변증법》은 1966년에 출간되었지만, 국역본에 나와 있는 주석에 따르면, 1959년에서 1966년 사이에 집필된 것이라고 합니다. 특히 아도르노가 1961년에 '콜레주 드 프랑스'(프랑스의 시민 개방대학)에서 행한 3회에 걸친 강의가 내용의 핵심을 구성한다고 합니다. 그런 만큼 이 책은 프랑스에도 크게 영향을 미친 것으로 보아야 할 것입니다.

이 책은 긴 서론을 포함해서 제1부 '존재론에 대한 관계', 제2부 '부정 변증법', 제3부 '모델들'로 구성되어 있습니다. 이 중에서 제1부는 하이데거 철학에 대한 비판이 주를 이룹니다. 그것은 하이데거가 사신의 존재론이 종전의 일체의 관념론을 넘어선다고 주장하지만, 사실은 하이데거가 관념론을 새로운 방식으로 끌어들이고 있다는 것입니다. 제1부는 이를 폭로하는 일에 치중해 있습니다. 그리고 제3부는 칸트의 실천이성과 헤겔의 총체성에 대한 비판과 더불어 집필 당시의 상황을 염두에 둔 철학적 성찰을 담고 있습니다.

그러니 우리로서는 서론과 제2부 부정 변증법을 중심으로 그나마 개략적인 입문을 할 수밖에 없습니다. 아도르노는 '부정 변증법'에 대해 이렇게 말합니다.

> 부정 변증법은 개념성이 〔동일성을 향한〕 이러한 방향을 돌려 비동일적인 것으로 향하게 만든다. 개념 속의 비개념적 요소가 지니는 구성적 성격을 통찰하게 되면, 그러한 통찰을 통해 제동을 거는 반성을 하지 못했을 때 개념이 초래하게 되는 동일성의 강압이 깨어질 것이다. 개념의 자각은 개념이 의미의 통일태로서 즉자적으로 존재한다는 가상을 넘어서 개념 자체의 의미를 지향한다.
>
> 개념의 탈마법화는 철학의 해독제다.[5]

우선 무슨 말인지, 특히 철학 입문자들로서는 이해하기가 쉽지 않을 것입니다. 하지만 이 인용문을 통해 아도르노가 동일성 위주의 철학을 배격한다는 것만큼은 쉽게 알 수 있습니다. 사실 동일성이라는 것은 여러모로 편리합니다. 일체의 것을 동일하게 만들면 관리하기도 좋고 지배하기도 좋습니다. 개개 인간들을 그 개성적인 특수성을 완전히 무시한 채 '인간' 혹은 '인간성'이라는 개념으로써 통괄적으로 파악한다면 어떻게 될 것인지를 생각해보면 이를 쉽게 알 수 있습니다. 히틀러가 자행한 인종주의적이고 국가주의적이고 전체주의적인 전반적 폭력성은 이에 대한 명백한 사례가 될 것입니다. 혹은 시장의 교환 관계에 의해 모든 가치를 오로지 양적인 화폐의 단위로만 규정하는 자본주의적 체제의 위력 역시 명백한 사례가 될 것입니다.

그런데 아도르노는 이런 사회적·역사적 실재에서 빚어지는 비극에 대해 기존의 철학적 사유가 책임을 져야 한다고 생각합니다. 특히 개념의 일방적인 억압을 바탕으로 한 동일성 중심의 사유 내지 전체적 사유야말로 책임이 크다고 보는 것이지요. 책임을 져야 할 대표적인 인물로 칸트와 헤겔을 들고, 여기에서 비롯되는 관념론 철학 일체가 그와 같은 사유를 펼쳤다고 생각합니다. 그래서 동일성에 입각해서 이들이 전개한 관념론적 철학 체계를 비판적으로 검토하고, 그것을 극복할 대안으로서 자신의 "부정 변증법"을 제안하는 것입니다.

이 인용문에서 가장 중요한 것은 "비동일적인 것"이라는 용어입니다. 개념은 본성상 동일성을 향하지만, 실제로 개념은 비개념적인 것과 관계할 수밖에 없지요. '사과'라는 말로 표현되는 '개념으로서의 사과'는 실제로 나무에 매달려 있거나 가게에 진열되어 있거나 쟁반에 놓여 있는 개별적인 사과들과 어떻게든 관계할 수밖에 없습니다. 이 개별적인 사과들은 결코 개념이 아니지요. 개념은 먹을 수도 없고 만질 수도 없지요. 이렇게 보면, 개념은 결코 자족적일 수가 없습니다. 비개념적인 사물 내지 대상 혹은 객체가 없이는 개념 자체가 성립할 수 없는 것이지요.

그러나 플라톤의 전통에서 보면 어떤가요? 플라톤이 말하는, 예컨대 '사과의 이데아'는 여러 개별적인 실재의 사과에 비해 탁월하게 진짜 존재하는 것이면서 그 자체로 '자신 속에 자신이 아닌 것이 없는', 즉 '사과이기만 할 뿐 사과가 아닌 것이라고는 전혀 없는' 것입니다. 플라톤은 바로 이러한 이데아가 개념을 개념이게끔 하는 존재론적인 위력의 원천이 된다고 보았습니다. 플라톤에 따르면, 개념은 사유 속에서 직동하는 것이고, 이데아는 사유와 관계하긴 하지만 사유와는 별개로 따로 존재하는 것이지요. 하지만 우리로서는 이데아와 개념을 거의 동일하게 여길 수밖에 없습니다.

한편 플라톤은 감각적으로 주어지는 개별적인 진짜 사과는 '자신 속에 자신이 아닌 것이 있는 것'이라고 말합니다. 이를 개념에 적용하게 되면, '오로지 자신이기만 한 것'은 '동일성'을 유지하고서 그 동일성을 향하는 것이고, '자신이 아닌 것을 가진 것'은 '비동일성'을 간직하면서 그 '비동일성'을 향하지 않은 것으로 됩니다. 이를 원용하여, 아도르노가 "개념 속의 비개념적 요소가 지니는 구성적 성격"을 제시했다고 할 수 있습니다.

우리는 사유를 하되, 지금 여기에서의 현존적인 상황에서 사유할 수밖에 없습니다. 말하자면 사유를 하되 일상적인 현실의 삶 속에서 사유를 하지 않을 수 없습니다. 특별한 경우 사유에 대해 사유하는 경우도 있지만, 사유란 근본적으로, 그리고 궁극적으로 사유가 아닌 '실제'에 대해 하는 것이지요. 그런데 실제는 결코 개념으로 되어 있지 않습니다. 하지만 사유는 개념이 없이는, 더욱이 뚜렷한 개념이 없이는 제대로 이루어질 수 없습니다. 요컨대, 사유한다는 것은 관련되는 개념들을 가지고서 비개념적인 사물들과 사실 혹은 사건들을 사유하는 것이기 때문입니다.

그런데 중요한 문제가 있습니다. 사유가 아닌 것들에 대해 사유하는 것이 원칙인데, 사유가 아닌 것들에 사유의 결과가 잔뜩 배어 있다는 것입니다. 책은 말할 것도 없고, 주변의 도구적인 모든 개별적 혹은 사회적 장치에는 '개념적인 도안'에 의거해서 조성된 대목들이 잔뜩 배어 있는 것이지요. 책뿐만 아니라 모든 법률, 계약서, 설명서는 다 언어로 되어 있습니다. 이 언어적 구성물에는 거의 개념만 들어 있다고 해도 과언이 아닐 정도로 사유의 결과가 잔뜩 배어 있습니다. 그러고 보면, 심지어 모든 사회적 생산 자체도 개념적 사유에 의해 이루어진다고 해도 과언이 아닌 것이지요.

이렇게 우리의 삶의 환경을 구성하는 모든 사회적·역사적 구성물이 사유 혹은 개념과 떼려야 뗄 수 없는 관계를 맺고 있음을 너무 적극적으로 감안하여 총괄적으로 반성을 하게 되면, 자칫 위험한 철학에 빠지게 됩니다. 그것은 사유와 개념이 실제로 현존하는 모든 것을 근원적으로 규정하고, 그런 규정을 통해서만 실제로 현존하는 모든 것이 비로소 현존하는 것으로서 자격을 얻는다고 여기게 되는 것입니다. 이를 적극적으로 제시한 인물이 칸트이고, 칸트의 문제점을 더욱더 보완해서 발전시킨 인물이 헤겔입니다. 그래서 아도르노가 이들의 철학을 적극적으로 검토하고 비판하고자 했던 것입니다.

넓게 보아 칸트와 헤겔식의 철학은 '구성주의적 관념론 철학'이라고 할 수 있습니다. 사유하는 정신이 온갖 개념으로써 이윽고 존재하는 모든 것을 존재한다고 말할 수 있도록 만드는 것이니만큼, 그 근본 얼개를 파악하는 것이야말로 철학의 임무라고 보는 것이지요. 이러한 철학에서 핵심은 동일성을 지향하는 개념을 절대적인 것으로 여긴다는 사실입니다. 아도르노는 이렇게 말합니다.

철학은 지극히 진지한 것이지만, 또한 그렇게 진지하지 않은 것이기도 하다. 아프리오리 하게 이미 그 자체인 것도 아니고 보증받은 권한의 대상이 될 수도 없는 것, 그러한 것을 추구하는 일은 그 자체의 개념으로 보아 개념적 본질에 의해 터부시된 동세되지 않는 것의 영역에 속한다. 〔개념은 미메시스를 몰아낸다〕 개념이 자신이 몰아낸 미메시스를 옹호하려면, 개념 스스로가 반응하는 데 있어서 미메시스에 빠져버리지 않으면서도 미메시스의 어떤 요소들을 흡수하는 수밖에 없다.

그렇기 때문에 미적 계기는 철학에 우발적인 것이 아니다. 하지만 철학은 그에 못지않게 현실적인 것에 대한 통찰의 의무를 통해 미적 계기를 지양해야 한다. (……) 철학에서는 바로 〔철학 자신에게〕 이질적인 요소에 대해 철학이 어떻게 관계를 맺을 것인가가 문젯거리다. (……) 철학적 개념은 개념 없는 예술에 활력을 불어넣는 동경을 버리지 않는다. 사유의 기관이자 사유와 사유되는 것 사이에 세워진 장벽과도 같은 개념은 그런 동경을 부정하지 않는다. 철학은 그런 부정을 피할 수도 없고 그것에 굴복할 수도 없다. 철학은 개념을 통해 개념을 넘어서려고 노력해야 한다.[6]

어릴 때부터 예술 영역에 깊이 심취했던 아도르노의 모습을 떠올리지 않을 수 없도록 하는 대목입니다. 개념으로써 도무지 담아낼 수 없는, 대상 자체에서부터 솟구쳐 오르는 어떤 영역, 예컨대 예술적인 대상 영역이 있다면 개념의 입장에서는 어떻게 해야 할까요? 개념으로서의 사과는 어떻게 생겨먹은 것일까요? 개념으로서의 사과는 어떻게 생겼다거나 어떤 색깔이라거나 어떤 촉감이라거나 하는 구체적인 감각적 내용을 전혀 지니고 있지 않습니다. 쉽게 그 정체를 알 수 없지만, 그 자체로 하나의 동일성을 띤 것만은 확실합니다. 하지만 우선 개념으로서의 사과는 개념으로서의 온갖 다른 과일과의 관계 속에서 자신의 동일성을 유지합니다. 그 다른 일체의 개념으로서의 과일이 아님으로써 개념으로서의 사과가 자신의 동일성을 유지하는 것입니다.

그래서 헤겔은 각각의 개념은 그 자신과 관련되는, 자신을 부정하는 것을 부정함으로써, 즉 부정의 부정을 통해서 동일성을 유지한다는 생각을 한 것이지요. 그리고 각각의 개념은, 자신을 부정할 수 있는데도 아직 나타나지 않은 개념들이 이윽고 나타날 때마다 그 다른 개념들을 부정함으로써 자신의 동일성을 유지할 수 있다고 한 것이지요. 다만 그 부정의 부정의 과정을 통해 해당 개념은 자신의 동일성이라는 형식은 유지하면서 그 내용이 변화되고 생성된다고 봅니다. 이것이 헤겔이 제시한 개념의 운동입니다. 마치 한 인간이 태어나 성숙하면서, 예컨대 조광제는 계속 그 조광제인데 조광제의 내용이 확대되고 심화되어나가는 것과 비슷하다고 보면 되겠습니다. 그리고 그렇게 부정의 부정을 일관되게 계속 수행할 수 있는 힘이 강하면 강할수록 더욱 강력하고 우월하고 더욱 포괄적인 개념으로 되어나간다고 본 것이지요. 그 결과 최종적으로 나타나는 것이 "절대지" 내지 "절대정신"이라는 것입니다.

그런데 아도르노는 개념이 수행하는, 자기 자신의 동일성을 확대하고 심화해나가는 그러한 과정에서 개념이 감당할 수 없는 나머지가 있다는 점을 파악하여 강조합니다. 그 나머지를 일컬어 "비동일적인 것"이라고 하고, 여기 인용문에서는 "미메시스"라고 일컫습니다. '미메시스(Mimesis)'라는 말은 특히 아리스토텔레스가 《시학》에서 강조한바 '모방'이라는 의미를 가진 것인데, 여기에서 아도르노는 '미메시스'를 그 나름으로 아주 독특한 방식으로 활용하고 있습니다. 그것은 동일성을 향한 개념이 비동일적인 감각적 사태를 미메시스(모방)하지 않고서는 그 기능을 발휘할 수 없다고 하는 기본적인 생각을 심화시킨 결과로 보입니다.

아도르노는 개념 자체가 이 '비동일적·비개념적·미메시스적인 것'을 '배제·축출'함으로써만 개념으로서의 활동을 할 수밖에 없지만, 한편으로는 자신이 그렇게 '배제·축출한 것'을 일정하게 흡수하지 않고서는 개념으로서 존립할 수 없다고 봅니다. 그래서 "철학적 개념은 개념 없는 예술에 활력을 불어넣는 동경을 버리지 않는다"라고 말하는 것입니다.

사유를 할 때에는 '사유되는 것'이 있기 마련입니다. '사유되는 것'에 대해 사유는 개념을 내세워 그 '사유되는 것'을 사유 자신 속으로 포섭하려고 합니다. 하지만 방금 아도르노가 제시한 '개념의 운명'

을 보자면, 개념은 사유 쪽뿐만 아니라 '사유되는 것'에도 발을 걸치고 있습니다. 그래서 개념은 사유되기 이전, 즉 개념 없이 이루어지는 예술적인 활동을 강화하고자 하는 동경을 버릴 수 없다는 것입니다(개념으로 담아낼 수 없는 영역을 표현하고자 하는 것이 예술 활동이라는 것을 먼저 인정하고 있는 셈입니다). 하지만 아도르노는, 철학은 개념이 지닌 미메시스에 대한 그러한 동경, 즉 예술에 대한 동경을 무조건 추종할 수도 없고, 무조건 부정할 수도 없다고 말합니다. 개념 없는 철학은 아예 성립할 수 없는 것이니까요. 그래서 아도르노는, 철학은 개념을 통해 개념을 넘어서려고 해야 한다고 말하는 것이지요. 마치 원효(元曉, 617~686) 선사가 "언어로써 언어를 놓아버린다(以言遣言)"라고 말한 것과 비슷합니다.

"개념을 통해 개념을 넘어서야 한다"라고 하는 요청에 아도르노의 부정 변증법의 요체가 들어 있습니다. 개념을 넘어서서 '비동일적·비개념적·미메시스적인 영역'을 향해 나아가야 하기 때문에, 오히려 개념을 부정해서는 안 된다는 것입니다. 달리 말하면, 사유의 한계를 넘어서야 하기 때문에, 오히려 사유를 포기해서는 안 된다는 것입니다. 또 달리 말하면, 주체의 한계를 넘어서야 하기 때문에, 주체를 포기해서는 안 된다는 것입니다. 그런 점에서 변증법적입니다.

그러나 아도르노가 '개념·사유·주체'를 포기해서는 안 된다고 했다고 해서, 아도르노가 그것들을 절대화한다거나, 그것들을 중심으로 모든 존재자를 체계화한다거나, 그것들을 중심으로 모든 존재자를 총체화하는 것을 인정한 것이 결코 아닙니다. 그 반대입니다. 결코 그래서는 안 된다고 아도르노는 특별히 힘주어 역설합니다. 그런 사유의 행위들은 결국 동일성이라고 하는 폭력적인 사유의 행사라고 여기기 때문입니다.

이러한 아도르노의 부정 변증법의 생각의 바탕에는 '주체·사유·개념'이 본래 현실에 뿌리를 내린 상태에서 그 현실로부터 생겨난 것이고, 최대한 그 현실로 되돌아간 그 자리에서 자신들을 되돌아보지 않으면 안 된다고 하는 이른바 '유물론적인 태도'가 깔려 있습니다. 이는 그가, 사유하는 주체가 감각적인 것을 질료로 삼아 개념적인 의미 통일태를 구성해내는 구성적인 작업의 형태를 실제의 노동과 노동 원료를 모델로 해서 생겨난 것으로 여기는 데서[7] 잘 드러납니다. 그런가 하면 이는 고통이 본래 육체적인 것임을 강조하면서 "변증법적인 사상의 원동력인 모든 고통과 부정성은 다양하게 매개되어 있고 종종 알아볼 수 없게 된 육체적 요인의 형태다"[8]라고 말하는 데서도 잘 드러납니다. 정신의 변증법적인 운동의 바탕에 몸이 작동하고 있음을 말하는 셈이지요. 그러면서 '주체·사유·개념'을 기축(基軸)으로 삼아 이루어지는 동일성 철학에 대해 이렇게 말합니다.

경험된 세계 속의 무의미한 고통의 극히 미세한 흔적만으로도, 경험에는 고통이 없다고 변명하려 드는 동일성 철학 전체가 허위라고 비난할 수 있을 것이다. "거지가 한 명이라도 있는 한 아직 신화는 존재한다." 그 때문에 동일성 철학은 사상으로서의 신화다. 동일성 철학은 인식을 향해 육체적 계기에서 발생하는 고통이 없어야 하고 상황이 달라져야 한다고 말한다. 그러면서 "아픔은 '사라지리라'는 말을 한다."[9]

부정 혹은 부정성의 기원은 고통에 있다는 것이고, 고통은 근본적으로 육체적인 실제의 고통이라는 주장을 하고 있습니다. 아도르노의 철학이 얼마나 구체적이고 직접적인 경험에 바탕을 두고 있는가를 여실히 느끼게 합니다. 고통을 그대로 유지하고자 하는 자는 아마도 없을 것입니다. 그 고통을 반드시 부정하고자 노력하기 마련이지요. 그런데 동일성 철학은 일체의 고통을 인정하지 않으려는 것이고, 비동일적인 것으로부터 동일한 것에 가해지는 압력을 아예 무시해버리고자 하는 데서 성립한다는 것입니다. 말하자면 관념론에 입각한 동일성 철학은 아픈 데도 아프지 않은 척함으로써 아예 아프지 않게 되었다고 여긴다는 것이요. 그러니까 동일성 철학은 가상이고 신화라는 것입니다. 요컨대 도대체 인간의 사유로써는 어찌할 수 없는 '현존하는 것 자체', '객관적인 것', '미메시스적인 것', '특수한 어떤 것', '사물적인 것'이 엄존한다는 것입니다. 그리고 인간에게서 구체적인 고통을 통해 그것들이 지닌 힘이 알려진다는 것입니다.

그런데도 주체가 자신을 신격화해서 자신이 아닌 다른 일체의 것이 알고 보면 자기 자신의 부분이라든가 자신에 의해 생성된 것이라고 여기는 것이 동일성 철학이라는 것입니다. 그래서 이렇게 말합니다.

> 서양의 형이상학은 이단자들의 경우를 제외하면, 요지경식 형이상학이었다. 자신도 제한된 계기일 뿐인 주체는 스스로를 신격화시킨 데 대한 벌로서, 이 형이상학에 의해 영원히 자신 속에 감금되었다.[10]

칸트가 말한 보편적 주체인 "초월론적 통각", 헤겔이 말한 온 우주의 변증법적 결집체인 "절대정신", 혹은 후설이 말한 "초월론적인 절대 의식" 등은 그 자체를 근거로 삼아 그 자체를 설명할 수 없는 것들입니다. 아도르노는 이 모든 것을 일컬어 "요지경식 형이상학"이라고 말하고, 이 때문에 "영원히 자신 속에 감금되었다"라고 말하는 것입니다. 그러면서 아도르노는 일체의 주체는 오로지 사실적인 것, 특히 사회를 근거로 해서만 설명될 수 있다고 말합니다.[11]

그렇다면 아도르노가 말하는 "부정 변증법"에서 "변증법"의 요체는 무엇일까요? 그가 보기에 변증법의 출발은 주체가 사회를 바탕으로 하지 않고서는 설명될 수 없는데, 그런데도 사회 형성에 있어서 주체에 의거한 구성적인 인식이 불가피하다는 것입니다. 이를 염두에 두면서 변증법에 대해 이렇게 정의하려고 합니다.

사실상 변증법은 단순한 방법도 아니고 순진한 의미에서의 실재적인 것도 아니다. 화해되지 않는 사물, 곧 사상으로써 대신하는 동일성이 결여되어 있는 사물은 〔그 자체로〕 모순적이다. 또 그런 사물은 그것을 일률적으로 해석하려는 모든 노력에 대립한다. 이 때문에 변증법은 단순한 방법일 수가 없다. 사상의 조직 욕구가 변증법을 유발하는 것이 아니라 그러한 사물 자체가 변증법을 유발한다. 한편 모순성이 하나의 반성적 범주, 즉 개념과 사물을 사유에 의해 대질시키는 것이기 때문에 변증법은 단순한 실재적인 것이 아니다. 처리 방식으로서의 변증법은 사물 속에서 일단 체험한 모순 때문에, 또 그 모순에 맞서, 모순들 속에서 사유하는 것이다. 현실 속의 모순인 변증법은 현실에 대한 모순이다.

그러나 이러한 변증법은 이제 헤겔과 결합될 수 없다. 변증법의 운동은 모든 대상과 그 개념의 차이 속에 있는 동일성을 지향하지 않는다. 오히려 그것은 동일자를 의심한다. 변증법의 논리는 와해(瓦解, Zerfall)의 논리다. 즉, 그것은 인식하는 주체가 우선 직접 대면하는 개념들의 대상화되고 정비된 형태를 와해시키는 논리다. 그러한 개념들이 주체와 동일하다는 것은 허위다. 이 허위와 더불어, 현상을 주관적으로 미리 형식화하는 작업은 그 속의 비동일자 혹은 말로 표현될 수 없는 개별자를 향해 진행된다.[12]

"변증법의 논리는 와해의 논리다"라는 말이 크게 부각되어 다가옵니다. 흔히 변증법이라고 하면, '정반합의 논리'라고 여기고 모든 모순을 지양해서 조화로운 통일의 경지로 올라가는 것이라고 여기는데, 아도르노는 정반대로 말하고 있습니다.

하나의 사물, 예컨대 여기 이 분필을 생각해봅시다. '이 분필'은 '분필'이라는 개념을 수용하고 허용하는 계기가 있는가 하면, 전혀 그렇지 않은 계기가 있습니다. 그 두 계기는 충분히 서로 이질적입니다. 하지만 이 두 계기는 이 분필의 양적인 부분에 각기 해당되는 것이 아닙니다. '이것' 전체가 '분필'이라는 개념을 수용하고 허용하는가 하면, '이것' 전체가 '분필'이라는 개념을 전혀 수용하지도 허용하지도 않으려고 합니다. 그러고 보면 '이 분필'이라는 '이것', 즉 '이' "사물"은 그 자체로 모순적입니다. 아도르노는 이러한 "모순 때문에, 그 모순에 맞서, 그 모순들 속에서 사유하는 것"이 바로 변증법이라고 말합니다. 말하자면 변증법은 그저 사유하는 방법에 불과한 것이 아니라 사물 자체에 내재되어 있는 모순을 바탕으로 해서 이루어진다는 것이지요. 이를 우리는 '객관적 변증법'이라고 일컬을 수 있을 것입니다.

그렇다고 해서 변증법이 그 자체로 하나의 실재적인 것이라고 할 수는 없습니다. 개념이 없이는, 즉 인식하는 주체의 사유가 없이는 사물 자체에서의 모순이 성립할 수 없기 때문입니다. 이를 이해시키기 위해, 아도르노는 주체의 인식 활동 역시 사물의 현실로부터 생겨난 것임을 강조합니다. 본래 존재 자체가 복잡하고 미묘하기 때문에 그런 것이지만, 존재 자체에 사유마저 포함되어 있으니 더욱 복잡하고 미묘한 것입니다.

중요한 점은, 아도르노가 이러한 사물 자체의 모순과 변증법에 의거해서 헤겔을 비판한다는 것입니다. 헤겔은 개념과 사물 사이의 차이를 부정의 부정을 통해 동일성으로 전환시켜 긍정하려고 하는데, 아도르노가 제시하는 "부정 변증법"은 오히려 그러한 '동일성으로 정돈된 개념 중심의 사물의 형태를 와해'시키는 것으로 봅니다. 개념과 사물을 동일하게 만드는 과정이 변증법이 아니라, 그 반대로 개념과 사물 간의 차이를 드러내고자 하는 데에로 나아가는 변증법이 참다운 변증법이라는 것이지요. 그럼으로써 진정한 변증법은 전체적인 체계는 물론이고 총체성 자체를 결코 지향할 수 없다고 말합니다. 이를 바탕으로 해서 아도르노는 자신이 내세우는 "부정 변증법 자체"도 항상 스스로를 비판하지 않으면 안 된다고 말합니다.

> 총체성이 그 개념에 따라 부정하는 총체성 자체와의 비동일성을 확인시킴으로써, 총체성에 반대하는 것은 가능하다. 이로써 부정 변증법은 그 출발점으로서 동일성 철학의 최고 범주들과 결합되어 있다. 그런 한에서는 부정 변증법도 허위이며, 동일성의 논리에 따르며, 그것을 통해 대립하고자 하는 그 대립물의 상태로 남아 있다. 부정 변증법은 그 비판의 과정에서 스스로를 교정해야 한다.[13]

동일성 철학이 없이는 자신이 말하는 부정 변증법이 성립할 수 없을 것 같은 느낌을 줍니다. 왜냐하면 부정 변증법은 개념과 사물의 차이를 없애고자 하는 동일성 철학을 와해시키는 논리이기 때문입니다. 와해시키고자 하는 것이 없이는 와해시키는 작업이 있을 수 없는 노릇입니다. 그래서 부정 변증법이 동일성 철학의 최고 범주 중의 하나인 총체성과 결합된다면, 그 자체로 부정 변증법이 동일성 철학의 권역 내에서 동일성 철학과 대립하는 정도에 그치게 되기에 동일성 철학과 마찬가지로 허위가 된다는 것이지요. 그래서 부정 변증법은 동일성 철학을 비판하는 과정에서 스스로를 교정하지 않으면 안 된다는 생각을 해야 하다는 것입니다. 이래저래 역시 근본적이고자 하는 철학적 사유는 결코 만만찮습니다.

그렇다고 부정 변증법이 동일성 철학을 아예 무시하는 쪽으로 가서는 안 된다는 것이 아도로노의 생각입니다. 말하자면 동일성 철학을 안에서 깨뜨리는 방식을 취해야 한다고 여깁니다. 데리다의 해체 철학적인 전략과 유사합니다. 동일성 자체가 지니고 있는 비동일성을 찾아내어 동일성을 깨야 하고, 총체성 자체가 지니고 있는 비총체성을 찾아내어 총체성을 깨야 하고, 종합에 의한 통일성 자체 속에서 비통일성을 찾아내어 통일성을 넘어서야 한다는 것입니다.

그렇다고 해서 이를 부정의 부정이라고 보면 안 되겠지요. 부정의 부정은 오히려 비동일적인 것의 동일성을 추구하는 것이기 때문입니다.

> 부정의 부정이 긍정이라고 하는 원칙이 없이는 헤겔의 체계 구성이 와해되었을 것이 틀림없지만, 변증법의 경험 내용은 그러한 원칙에 있지 않고 동일성에 대한 타자의 저항에 있다. 바로 여기서 변증법의 힘이 나온다. (……) 변증법을 순수하게 주체에 전가하고 모순을 마치 그 자체를 통해 〔즉, 부정의 부정을 통해〕 없앤다는 것은, 변증법을 총체성으로 확장시킴으로써 변증법을 없애는 것이기도 하다.[14]

여기에서 말하는 "타자"는 "비동일적인 것"과 같은 종류의 것이겠습니다. "타자의 저항"은 개념에 대한 비동일자로서의 사물 자체의 저항이겠지요. 하지만 여기에서 "비동일적인 것" 혹은 "타자"는 사물 자체에서 저절로 비롯된 개념이 아니지요. 어디까지나 개념을 준거점으로 해서 볼 때 성립하는 것입니다. 사물 자체에서 본다면, 오히려 개념에 저항하는 비동일성이 바로 개념을 벗어나서 자신을 유지하고자 하는 사물의 동일성일 것입니다. 지금의 논리에 따르면, 사물이란 개념과의 비동일성을 통해서 개념이 아닌 사물 자체로서 존립하기 때문이지요. 이렇게 되면 몹시 복잡해집니다. 아도르노는 여기에서 아주 복잡한 이야기를 합니다.

> 미리 사유된 연관 관계 속으로 결코 용해될 수 없는 것은 비동일자로서 그 스스로 자체의 폐쇄성을 초월할 것이다. 그것은 개념에 의해 그 자신과 분리되어 있는 것과 소통을 한다. 그것은 단지 동일성의 총체성 요구에 대해서만 불투명할 뿐이며, 이 요구의 압력에 저항한다. 하지만 그것은 그 자체로서 표현되기를 기대한다. 언어를 통해 그것은 그 자체의 상태라는 속박에서 벗어난다. 비동일자 가운데 그것의 개념으로 정의되지 않는 것은 그것의 개별적 현존재를 초월하는데, 그것은 개념에 대한 양극 관계 속에서 개념을 응시함으로써 비로소 그 개별적 현존재로 수렴한다. 비동일자의 내적 측면은 비동일자 자체가 아닌 것, 그리고 그것의 조작되고 경직된 자체와의 동일성이 그것에 대해 유보하고 있는 것에 대한 비동일자의 관계다. 비동일자는 경직화를 통해서가 아니라 외화(外化)를 통해 비로소 자체에 도달하게 된다.[15]

이 이야기는 비동일자인 사물이 사유에 의한 개념의 동일화를 맞이하여 어떤 일이 벌어지는지를 비동일자인 사물 쪽에서 본 것입니다. 만약 사유로 용해될 수 없는 비동일자가 있는데, 그 자체에 완전히 폐쇄되어 있다면, 우리는 아예 *그것*에 접근할 수 없을 것입니다. 칸트가 말하는 "사물 자체(Ding an sich)"가 그런 종류의 것이지요.

비동일적인 것은 개념의 개입이 있어야만 성립합니다. 개념에 대해, 그리고 개념에 입각해서 볼 때라야 비로소 비동일적인 것이 성립하니까요. 개념이 개입하게 되면, 비동일적인 것은 개념에 의해 찢어집니다. 개념에 의해 빨려 들어간 동일적이 측면과 빨려 들어가지 않고 남아도는 그야말로 비동일적인 측면으로 찢어집니다. 그런데 비동일적인 것은 개념에 의해 빨려 들어간 동일적인 측면과 소통을 하려고 한다는 것입니다. 이를 일컬어 "비동일적인 것이 그 자체로서 표현되기를 기대한다"라고 말하고, "그 표현이 언어를 통해 이루어진다"라고 말합니다. 언어는 기본적으로 개념과의 관계를 청산할 수 없습니다. 그러니까 말하자면 비동일적인 것은 개념적인 언어를 통해 스스로를 외화(外化)시켜 표현하려고 한다는 것입니다. 이때 비동일적인 것이 개념적인 동일성과 갖는 관계를 일컬어 "비동일자의 관계"라고 말하고 있습니다.

개념의 동일성에 의거해 이루어지는 비동일적인 것과의 관계는 동일자의 관계라고 할 수 있을 것입니다. 그리고 그것을 나타내는 것이 헤겔식의 부정의 부정에 의거한 동일성의 긍정입니다. 아도르노의 부정 변증법은 그 반대입니다. '비동일적인 것이 개념적인 동일성과 비동일자의 관계를 맺는다'는 것입니다. 비동일적인 것이 개념에 의해 동일하게 된 것에 대해 그것은 자신이 아니라는 방식으로 비동일적인 부정을 하는 것이지요. 말하자면 '부정적인 것에 의한, 긍정에 대한 부정'이라고 할 것입니다.

헤겔의 변증법이 '사유 변증법'이라면, 이러한 아도르노의 "부정 변증법"은 간단하게 말해 '사물 변증법'이라고 할 수 있을 것 같습니다. 인식하는 주체 중심의 변증법이 아니라 인식 과정에서 누락되는 사물 자체를 중심으로 한 변증법이기 때문입니다. 그런 점에서 마르크스의 유물 변증법을 그 나름으로 새롭게 개정한 것이라고 할 수 있습니다. 아도르노는 "객체의 우선성으로 이행함으로써 변증법은 유물론적으로 된다"[16]라고 말하고 있습니다. 그 핵심은 사물이 자신을 표현하기 위해 사유를 일으켜 그 사유에 의해 정착되는 동일성을 부정함으로써 다시 제대로 된 자기 자신으로 되돌아간다는 것입니다.

그런데 아도르노는 이러한 사물의 변증법적인 과정이 긴 역사를 통해 계속 진행되고, 그 완결된 지점은 있을 수 없다고 봅니다. 끝없이 이루어지는 새로운 사유의 발생, 그 사유에 의해 구성되는 동일성에 대한 새로운 비동일자적인 관계에 의거한 부정, 그 동일성의 부정에 의해 새롭게 풍부해지는 차이들의 산출, 개별 사물들이 그 차이들의 산출을 자신의 것으로 내재화해서 침전시킴으로써 점점 더 풍부해지는 사물들의 역사, 그렇게 풍부해진 침전된 역사로써 다시 새롭게 사유를 일으키는 엄청난 생산력, 그리고 또다시 반복해서 이어지는 새로운 동일성에 대한 비동일자적인 부정의 과정, 아도르노가 제시하는 사물의 부정 변증법의 과정입니다.

이 과정에서 사물 자체가 사유와 독립되어 있는 것은 아닙니다. 사유를 매개로 삼지 않으면 안 되며, 또한 그런 매개를 산출해내는 것이 바로 사물입니다. 사물은 자기를 부정하는 사유를 산출함으로써 스스로를 계속 풍부하게 열어나가는 미결정의 열림인 것이지요. 물론 그 중심에는 "사물적인 견고한 핵"[17]이 작동하고 있습니다.

4. 마무리

아도르노의 부정 변증법은 유물론적입니다. 그것은 사물을 중심으로 해서, 사유가 사물에 대해 가하는 부정의 부정에 의한 동일성을 뒤집어 다시 그 사물이 부정하는 비동일적인 부정의 과정을 누적적으로 진행해나가는 것이었습니다.

여기에서 사물을 자연으로 보고 사유를 문화로 보게 되면, 자연과 문화 간의 부정 변증법이 나올 것입니다. 여기에서 사물을 이전의 사회로 보고 사유를 새로운 사회로 보면, 역사의 진행에 관한 부정 변증법이 나올 것입니다. 이는 개개 인간의 존재에게도 적용될 수 있을 것이고, 철학 자체에도 적용될 수 있을 것입니다. 중요한 것은, 그 어떤 영역에 대해 부정 변증법을 적용할지라도 거기에서 핵심으로 작동하는 개념들은 '비동일성', '차이', '타자', '열림' 등이라는 것입니다.

문제는 이러한 부정 변증법을 일관되게 적용하게 되면, 과연 자본주의적인 동일성 사회체제로부터 개개 인간들이 해방될 수 있는가 하는 것입니다. 이보다 더 근본적인 문제는 만약 유물론적인 부정 변증법에 따라 사회·역사가 전개된다면, 말하자면 만약 부정 변증법을 역사 변증법으로 볼 수 있다면, 그 전개 과정에 있는 자본주의적 체제 역시 그 나름으로 부정 변증법에 의거한 것이라고 할 수밖에 없을 것인데, 그래서 자본주의적 체제 역시 그 자체로 '비동일성', '차이', '타자', '열림' 등을 바탕으로 해서 이루어진다고 보아야 할 것인데, 그렇다면 그 귀결이 어떻게 되는 것인가 하는 것입니다.

아도르노는 "가상", "허위", "신화" 등의 표현을 많이 합니다. 이는 실제의 부정 변증법적인 근본을 망각하고 그 근본에 위해(危害)를 가하는 사유의 짓거리, 실천의 짓거리 등을 행하는 것을 질타하기 위한 것입니다. 그런데 왠지 불안합니다. 아도르노의 부정 변증법의 원리에 의하면, 그와 같은 "가상", "허위", "신화" 등이 없이는 진실이 작동할 수 없을 것 같기 때문입니다. 필요악의 논리가 지닌 부작용이 아도르노의 목을 죄는 것 아닌가 하는 느낌을 떨칠 수 없습니다.

15장

베냐민: 메시아적 역사적 유물론

1. 베냐민의 역사 연구에서의
변증법적·코페르니쿠스적 전환

다들 잘 알다시피, 발터 베냐민(Walter Bendix Schönflies Benjamin, 1892~1940)은 유대계 독일 지성인이지요. 그는 문학비평, 철학, 사회학, 라디오 방송, 기고 등의 영역을 두루 거치면서 매우 다양한 이력을 장식합니다. 그의 작업은 역사적 유물론, 독일 관념론, 유대 신비주의 등의 요소들을 지니고 있습니다. 그중에서도 특히 역사적 유물론은 그의 사상에서 중심 역할을 한 것으로 보입니다. 오늘 살펴보려고 하는 것이 바로 그가 생각하는 역사적 유물론입니다. '역사적 유물론'은 마르크스의 역사철학을 나타내는 말이지요. 그런데 이 역사적 유물론을 바탕으로 해서 베냐민은 미학 이론이라든지 서구 마르크스주의에 강력한 힘을 발휘합니다.

베냐민에게는 1923년이 중요한 것 같습니다. 이때 그는 호르크하이머가 주도한 프랑크푸르트학파에 자리를 잡고, 아도르노와 친해지고, 그 당시 헝가리의 마르크스주의 문예이론가로서 크게 힘을 발휘하고 있던 루카치와도 만납니다. 특히 루카치가 쓴 《소설의 이론》[1]과 《역사와 계급의식》[2]을 읽고서 크게 고무되었다고 합니다. 루카치의 《역사와 계급의식》을 읽어보라고 권한 인물은 1917년 베를린에서 만났던 마르크스주의 철학자 블로흐(Ernst Bloch, 1885~1977)라고 합니다. 블로흐는 소외와 착취가 없는 유토피아적인 세상을 철학적으로 제시한 인물로 유명합니다. 블로흐의 주저인 《자유와 질서: 사회적 유토피아의 개관(Freiheit und Ordnung: Abriß der Sozialutopien)》이 국내에서 《희망의 원리》[3]라는 책으로 출판되어 있습니다. 제목에서부터 마르크스주의자인 저자가 자유와 질서 간의 관계를 크게 고민하고 있다는 것을 알 수 있습니다. 흔히들 공산주의 내지 사회주의라고 하면 전혀 자유가 없다고 생각하는데, 그렇지 않다는 것을 보이고자 한 것이라고 할 수 있지요.

베냐민은 1927년부터 저 유명한 '아케이드 프로젝트(Das Passagen-Werk)'를 시작합니다. 이는 19세기 파리의 생활을 재구성하는 작업인데 끝내 완성하지 못했지요. 국내에서는 새물결 출판사를 통해 《파리의 원풍경》,《보들레르의 파리》,《도시의 산책자》,《방법으로서의 유토피아》,《부르주아의 꿈》,《아케이드 프로젝트의 탄생》 등 여섯 권으로 분권해서 출판되었습니다. 그가 왜 19세기의 파리에 관심을 갖게 되었는지에 대해서는 정확하게 알 수 없습니다만, 다음의 구절이 오늘 강의와도 관련되고 의미가 있을 것 같아 인용해봅니다.

역사를 바라보는 관점에서 코페르니쿠스의 전환은 이러하다. 즉, 지금까지는 '과거에 존재했던 것'을 고정점으로 보고, 현재를 일일이 손으로 하나하나 확인하면서 〔그 현재에 대한〕 인식을 〔과거의〕 그 고정점 쪽으로 끌어오려고 노력하는 것으로 생각되어왔다. 그런데 이제 이러한 관계를 역전시켜, 과거에 존재했던 것을 변증법적 전환의 장, 즉 각성된 의식이 돌연 출현하는 장으로 삼아야 한다. 앞으로는 정치가 역사에 대해 우위를 차지하도록 해야 한다. 사실들은 바로 지금 우리 앞에서 처음 일어난 것이 될 것이며, 그리고 상기(Eingedenken)의 과업은 그것을 확인하는 것이 될 것이다. 실제로 각성이라는 것은 이러한 상기의 규범적인 경우라고 할 수 있다. 즉, 각성은 우리와 가장 가까이 있는 것, 가장 흔한 것, 가장 자명한 것을 상기하는 데 성공하는 경우이다. 프루스트가 아침에 잠에서 채 깨어나지 않은 상태에서 가구를 실험적으로 재배치한다는 얘기를 통해 말하고자 하는 것, 블로흐가 체험된 순간의 어두움이라고 말한 것은 바로 여기 역사적인 차원에서, 집단적으로 일어나는 것과 하등 다르지 않다. 옛날에 존재했던 것에 대해 아직 의식되지

않은 지식이 존재하는데, 이러한 지식의 촉구는 각성의 구조를 가지고 있다.[4]

"역사를 바라보는 관점에서의 코페르니쿠스적 전환"이라는 말이 눈에 확 띕니다. 이와 더불어 "과거에 존재했던 것을 변증법적 전환의 장, 즉 각성된 의식이 돌연 출현하는 장으로 삼아야 한다"라는 문장이 부각됩니다.

"각성된 의식" 또는 "각성"은 흔히 동양에서 말하는 '깨달음'과 엇비슷하리라 여겨지는 개념이지요. 그런데 그것을 설명하는 예시(例示)를 보면 많이 다르다는 것을 알 수 있습니다. 동양에서의 '깨달음'은 대체로 천지 만물의 존재론적인 근원을 활연관통(豁然貫通)함으로써 인간 존재의 근본을 깨달아 일상적인 욕망의 한계를 순식간에 넘어서 버리는 것을 뜻하지요. 이러한 깨달음을 바탕으로 앞으로의 삶, 개인적인 삶뿐만 아니라 민중 전체의 삶을 새롭게 기획해나가고자 할 것입니다. 이는 예컨대 동학사상과 동학운동을 열어젖힌 수운(水雲) 최제우(崔濟愚, 1824~1864)의 경우에서 잘 알 수 있습니다.[5]

이와 달리, 베냐민은 "각성은 우리와 가장 가까이 있는 것, 가장 흔한 것, 가장 자명한 것을 상기하는 데 성공하는 경우"라고 말하면서, 프루스트(Marcel Proust, 1871~1922)와 블로흐의 독특한 경험을 그 예로 듭니다. 그런데 프루스트의 이야기가 현재를 넘어선 더욱 아름다운 미래를 향한 것임을 예시하는 것으로 보아, 블로흐가 말했다는 "체험된 순간의 어두움"의 내용 역시 그러하리라 예상됩니다. 블로흐는 《희망의 원리》에서 주로 유토피아에 관한 이야기를 여러모로 제시하는데, 그중에 "낮 꿈(백일몽, Tagtraum)"에 관한 이야기가 있습니다. 예컨대 블로흐는 "낮 꿈은 우리가 흔히 산책을 할 때, 그리고 조용히 휴식을 취할 때 공상으로 나타난다. 이러한 공상은 한편으로는 공허하기도 하고, 한편으로는 극단적인 대담함과 아름다움을 지니고 있다"[6]라고 말합니다. 정확하게 추정하기는 쉽지 않지만, 블로흐가 말하는 "체험된 순간의 어두움"이 여기 "낮 꿈"과 무관하지 않으리라 여겨집니다.

그러고 보면, 베냐민이 말하는 "역사를 바라보는 관점에서의 코페르니쿠스적 전환"은 과거를 향한 시선을 크게 돌려 미래를 향한 것으로 바꾸는 것을 의미한다고 할 것입니다. 그래서 베냐민은 이렇게 말합니다.

> 역사를 연구하는 새로운 변증법적 방법은 현재를, 깨어 있는 세계로, 즉 우리가 과거에 존재했던 것이라고 부르는 꿈이 실제로 가리키는 세계로 경험하기 위한 기법이다. 과거에 존재했던 것을 꿈의 상기를 통해 철저하게 경험하는 것!―따라서 상기와 각성은 극히 긴밀하게 관련되어 있는 셈이다. 즉, 각성은 애상의 변증법적·코페르니쿠스적 전환이다.[7]

간단하게 말하면, 현재 경험하는 세계를 과거에 꿈꾸었던 유토피아적인 세계의 실현 내지 그 도정(道程)으로 각성해내는 것을 역사에 대한 변증법적 연구 방법으로 정의한다는 것입니다. 당연히 이는 미래를 향한 과거의 해석을 포함할 것입니다. 흔히 "젊은이들이여, 꿈을 가져라!"라고 말합니다. 또 "꿈이 없는 민족은 미래가 없다"라고 말합니다. 나의 현재가 과연 과거에 꿈꾸었던 나의 미래를 어느 정도로 성취하고 있는가, 그래서 나의 현재가 나의 미래를 향해 나아가는 동력으로 얼마나 어떻게 작동할 수 있는가를 각성해서 파악하는 것이야말로 제대로 된 역사적인 관점이라는 것입니다. '나의 현재' 대신에, '이 사회의 현재', '이 국가의 현재', '이 민족의 현재', '이 인류의 현재' 등으로 바꾸게 되면, 베냐민이 말하는 역사에 대한 변증법적인 관점이 심지어 보편적인 현실에 대한 각성으로 확대될 것입니다.

베냐민이 이러한 생각을 펼치고 있을 즈음, 우리 한반도의 위대한 사상가들, 특히 전봉준(全琫準, 1855~1895), 손병희(孫秉熙, 1861~1922), 서일(徐一, 1881~1921), 신채호(申采浩, 1880~1936), 이회영(李會榮, 1867~1932) 등의 선각자들이 나라와 민족의 위기의 시대에 "내외 종합의 구조"를 강조했다는 사실, 즉 내 자신의 내면적인 깊은 성찰이 곧 민족 모두의 평등과 평화와 해방의 길을 여는 것과 직결되고, 또 그래야만 한다고 생각하고 실천함으로써 강력한 무장 독립 투쟁에 나섰다는 사실을 함께 상기하고 각성해야 할 것입니다. 말하자면 이들이 베냐민의 혁명적인 역사관에 못지않게 미래를 향해 목숨을 아랑곳하지 않았다는 사실을 함께 머리에 새겨야 할 것입니다.[8]

아무튼, 베냐민은 19세기 혁명의 도시였던 파리의 상황이 역사에 대해 이러한 변증법적인 전환이 어떤 것인지를 보여주는 자료로서 가장 유력하다고 본 것 같습니다. 1927년부터 시작된 '아케이드 프로젝트'에서 보이는, 역사에 관한 이러한 베냐민의 시론적(試論的)인 생각은 1940년에 쓴 것으로 되어 있는 〈역사의 개념에 대하여〉와 이 글을 쓰기 위한 노트인 〈'역사의 개념에 대하여' 관련 노트들〉을 통해 훨씬 정교하게 제시되고 있습니다. 이를 오늘 살펴보려고 합니다.

그가 정확하게 마르크스주의로 돌아선 것은 부분적으로 시인 브레히트(Bertolt Brecht, 1898~1956)의 영향을 받은 탓이라고 합니다. 브레히트는 연극에 있어서의 '소격 효과(Verfremdungseffekt)'라는 개념을 조성하고 실현한 것으로 유명하지요. 그의 연극은 '서사극'이라고 불리기도 하는데, 그 이론적인 바탕은 변증법적 유물론에 입각한 비판적인 미학 이론이었습니다.

베냐민은 카발라를 비롯한 유대 신비주의를 연구하는 아카데미를 세운 그의 친구 숄렘(Gershom Scholem, 1897~1982)으로부터도 영향

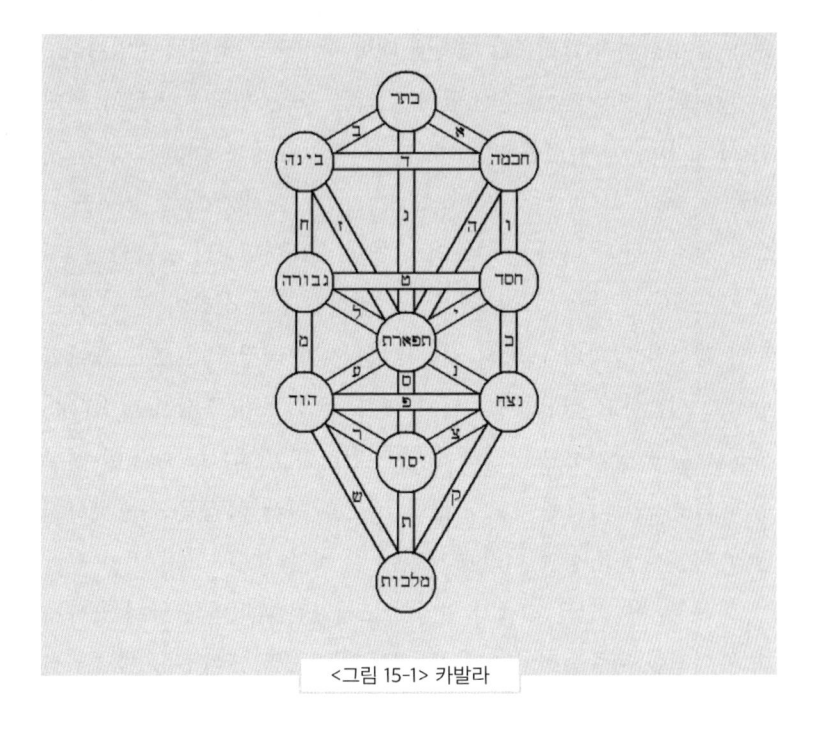

<그림 15-1> 카발라

을 많이 받았다고 합니다. 그런가 하면 베냐민은 "아우라적인 지각"
이라고 하는 용어를 통해 신화적인 사고를 되살리고자 하는 문명을
비판하는데, 이 용어를 만들게 된 것은 스위스의 인류학자인 바흐오
펜(Johann Jakob Bachofen, 1815~1887)으로부터 영향을 받은 것이라고 합
니다. 그가 쓴 글 중 특히 유명한 것은 〈기술 복제 시대의 예술 작품〉
(1936)[9]입니다만, 그 외에도 주옥같은 글을 많이 남겼지요. 다행스럽
게도 그의 많은 글이 '도서출판 길'을 통해 '발터 베냐민 선집'이라
는 묶음으로 우리말로 번역되었습니다(베냐민을 사숙한 아감벤이 베냐민의
전집을 이탈리아어로 번역해 엮었다는 사실도 기억하기 바랍니다). 오늘 살펴보고
자 하는 베냐민의 역사 이론은 이 중 제5권 마지막 부분에 실려 있
습니다.

2. 베냐민이 본 역사

〈역사의 개념〉이라는 짧은 글을 통해 베냐민은 마르크스주의 역사 철학인 역사적 유물론에 대한 자기 나름의 재해석을 시도합니다. 맨 먼저 그는 인형과 사람이 장기를 두는데 인형이 항상 이기는, 기이한 인형 이야기를 합니다. 사실 그 인형 속에는 장기의 명수인 꼽추가 들어앉아서 인형의 손을 움직이는 끈을 조종한 것이었습니다. 그는 이렇게 말합니다.

> 사람들은 이 장치에 상응하는 짝을 철학에서 표상해볼 수 있다. '역사적 유물론'으로 불리는 인형이 늘 이기도록 되어 있다. 그 인형은 오늘날 주지하다시피 왜소하고 흉측해졌으며 어차피 모습을 드러내어서는 안 되는 신학을 자기편으로 고용한다면 어떤 상대와도 겨뤄볼 수 있다.[10]

정통 마르크스주의에서 마치 교리와 같이 읊조려지던 것이 '변증법적 유물론'과 '역사적 유물론'이지요. 그런데 여기에서 베냐민은 그런 역사적 유물론이 "왜소하고 흉측해졌다"라는 말로써 아마도 소련의 교조적인 스탈린주의를 강하게 비판하고 있는 것이 아닌가 싶습니다. 그런데 그 뒤에 이어지는 "신학을 자기편으로 고용한다면 어떤 상대와도 겨뤄볼 수 있다"라는 말이 묘합니다. 전체적인 내용으로 볼 때, 이는 베냐민 자신의 입장을 은유적으로 나타낸 것이라고 할 수 있습니다. 말하자면 '왜소하고 흉측한 모습으로 변색되어버린 역사적 유물론'에 "신학적인 측면"을 끌어들여 결합함으로써 충분히 되살릴 수 있다는 것이지요. 이에 우리로서는 이러한 베냐민의 입장을 '메시아적 역사적 유물론'이라 지칭하고 싶어집니다. 이러한 우리의 생각은 베냐민이 제시하는 다음의 이야기를 통해 더욱 강화됩니다.

> 과거는 구원을 지시하는 어떤 은밀한 지침을 지니고 있다. (……) 과거 세대의 사람들과 우리 사이에는 은밀한 약속이 있는 셈이다. 그렇다면 우리는 이 지상에서 기다려졌던 사람들이다. 그렇다면 우리에게는 우리 이전에 존재했던 모든 세대와 희미한 메시아적인 힘이 함께 주어져 있는 것이고, 과거는 이 힘을 요구하고 있는 것이다. 이 요구는 값싸게 처리해버릴 수 없다. 역사적 유물론자는 그것을 알고 있다.[11]

베냐민은 자신이 역사적 유물론자라는 것을 분명하게 밝히고 있습니다. 문제는 그가 생각하고 있는 진정한 역사적 유물론, 즉 제대로 역사를 바라보는 관점이 무엇인가입니다. "구원" 이야기가 나오고, "메시아적인 힘" 이야기가 나옵니다. 신학적이라고 하지 않을 수 없는 것들이지요. 유대교와 기독교 신학에서 인간은 원죄로 저주받았고, 메시아를 통해 이 저주로부터 구원받는다고 되어 있지요. 사실, 이는 기원전 587년 무렵 유다 왕국이 망하면서 유대인들이 한 명도 남김없이 바빌로니아의 수도인 바빌론으로 포로가 되어 잡혀감으로써, 그들의 민족정신을 고취시키기 위해 《구약성서》를 쓰면서 이른바 유대교를 만들게 되었고, 그래서 《구약성서》에 그들을 구원해줄 메시아사상이 들어가게 된 것이지요.

베냐민이 '원죄'를 말하는 것은 결코 아닐 것입니다. 그렇다면 인간이 구원받아야 하는 상태는 무엇일까요? 계급 지배로부터의 구원이라고 여겨집니다. 베냐민은 계급투쟁을 중시합니다. 그는 이렇게 말합니다.

> 마르크스에 훈련된 역사가가 늘 목전에 두는 계급투쟁은 투박한 물질

적인 사물들을 둘러싼 투쟁인데, 물질적인 사물들이 없이는 섬세하고 정신적인 것들도 없다.[12]

자본과 자본에 결합된 권력을 통해 이루어지는 계급적인 지배/비지배 및 억압/피억압의 강고하고 섬뜩한 인간관계로부터의 구원을 생각하는 것이지요. 더욱이 자본주의에 입각한 히틀러의 정치적·군사적 파시즘에 의해 대대적으로 인간성을 박탈당하는 상황에서, 그리고 프롤레타리아 독재라는 미명하에 완전히 교조주의적으로 돌변해버린, 심지어 '국가자본주의'로 명명되기도 하는 스탈린주의의 폭압으로 인간성을 박탈당하는 상황에서, 베냐민은 여전히 마르크스가 말한 계급투쟁이 근본적임을 염두에 두고 있는 것입니다. 그러면서 역사에 대한 재해석을 통해 이러한 계급투쟁을 다시 불붙일 수 있는 길을 모색하는 것입니다.

중요한 것은, 베냐민이 독일의 유명한 역사학자 랑케(Leopold von Ranke, 1795~1886)가 정립한 '역사주의(Historicism)'와 대척점에 서 있다는 것입니다. 역사주의는 과거가 객관적으로 어떠어떠했다는 것을 실증적으로 열거하고, 이를 바탕으로 '보편사(Universalgeschichte)'를 건립하고자 노력합니다. 그런데 이는 과거에 얽매여 있는 역사일 뿐이라는 것이 베냐민의 생각입니다.

역사주의가 보편사에서 그 정점을 이루는 것은 당연하다고 할 수 있다. 유물론적 역사 서술은 방법론적으로 볼 때, 어떤 다른 종류의 역사보다 바로 이러한 보편사와 가장 뚜렷하게 구별될 것이다. 보편적 세계사는 아무런 이론적 장치도 갖고 있지 않다. 보편사의 방법론은 가산(加算)적이다. 그것은 균질하고 공허한 시간을 채우기 위해 사실의 더미를 모으는 데 급급하다. 유물론적 역사 서술은 이와는 반대로 하나의 구성의 원칙에 근거를 둔다. 사유에는 생각들의 흐름만이 아니라 생각들의 정지도 포함된다. 사유는, 그것이 긴장으로 가득 찬 상황 속에서 갑자기 정지하는 바로 그 순간에 그 상황에 충격을 가하게 되고, 또 이를 통해 그 상황은 하나의 단자(單子, Monade)로 결정(結晶)된다. 역사적 유물론자는 역사적 대상에 다가가되, 그가 그 대상을 단자로 맞닥뜨리는 곳에서만 다가간다. 이러한 단자의 구조 속에서 그는 사건의 메시아적 정지의 표지, 달리 말해 억압받은 과거를 위한 투쟁에서 나타나는 혁명적 기회의 신호를 인식한다.[13]

일찍이 그가 1920년대 후반에 생각했던, 저 앞에서 말한 "역사를 바라보는 관점에서의 코페르니쿠스적인 전환"에 의거한 변증법적인 역사 유물론이 과거에 밀착된 것이 결코 아니라, 과거에 꿈꾸었던 미래를 향해 현재를 해석해내기 위한 역사적 관점이라고 한 것을 잊지 않고 있습니다. 이를 위해 "긴장으로 가득 찬 상황 속에서 갑자기 정지하는 바로 그 순간에 그 상황에 충격을 가하게 되고, 또 이를 통해 그 상황은 하나의 단자(單子)로 결정(結晶)된다"라고 정확하게, 그리고 새롭게 말하고 있습니다.

이를 더욱 실감 나게 살펴보기 위해 다소 묘한 이야기를 삽입해야 할 것 같습니다. 사람들 대부분은 베냐민이 나치를 피해 프랑스에서 에스파냐로 넘어가다가 모르핀을 과나 복용해서 자살했다고 말합니다. 그런데 지제크는 《시차적 관점》[14]에서 전혀 다른 이야기를 합니다. 실제로는 베냐민이 스탈린의 스파이들에 의해 살해되었다는 것입니다. 이에 관한 지제크의 이야기를 들어봅시다.

죽기 몇 달 진 베냐민은 〈역사철학 테제〉를 집필했다. 그는 히틀러·스탈린 협정으로 기존의 많은 소비에트 지지자가 모스크바에 환멸을 느끼던 시기에 죽었다. 이에 대한 대응으로 (사회주의 지식인층으로부터 소집된 스탈린주의 요원들로서 암살을 수행하는) "킬러라티(Killerati)" 요원이 그를 죽였다. 그가 살해된 궁극적 이유는 베냐민이 프랑스에서 에스파냐를 향해 산을 넘어 도피할 때 그가 초안 ― "테제"를 퇴고하여 파리의 국립도서관에서 집필한 역작 ― 을 품 안에 가지고 있었기 때문이다. 이 초안이 들어 있는 서류 가방은 피난 중인 동료에게 맡겨졌는데 그 사람은 하필이면 그때 편리하게도 바르셀로나에서 마드리드로 가는 열차에서 그것을 잃어버린다. 간단히 말하여 스탈린은 베냐민의 〈테제〉를 읽었고, 〈테제〉에 근거한 새로운 집필 계획에 대해 알고 있었으며, 어떤 대가를 치르더라도 그 출판을 저지하고자 했다.[15]

여기에서 지제크가 말하는 〈역사철학 테제〉는 오늘 우리가 살펴보고 있는 〈역사의 개념에 대하여〉입니다. 아닌 게 아니라 이 글은 18개의 테제와 2개의 부기 테제를 담고 있습니다. 만약 베냐민의 죽음에 대해 지제크가 말하고 있는 사실이 옳다면, 지금 우리는 베냐민을 죽음으로 몰고 간 강력한 글을 읽고 있는 셈입니다. 그리고 이 글을 쓸 때 베냐민은 스스로도 알 수 없는 죽음을 앞둔 급박한 상황에 처해 있었음에 틀림없습니다.

이제 다시 앞서 살펴보던 인용문으로 되돌아가야 하겠습니다. 이 인용문에서 베냐민은 역사와 사유를 연결하고 있습니다. 사유가 진행되는 과정에서 불현듯, 그동안 떠오르던 여러 생각을 일순간 정지시킬 수밖에 없는 순간을 맞닥뜨린다는 것이고, 바로 그 순간이야말로 역사적인 각성이 일어나는 순간이라는 것입니다. 니체가 말한, 그림자가 사라지면서 일체의 시간이 총집결되는 정오의 시각처럼, 그렇게 해서 전반적인 상황이 자신 이외의 다른 것을 허용하지 않는 단자(單子)로서 응집된다는 것이지요. '단자'는 일찍이 라이프니츠

(Gottfried Wilhelm Leibniz, 1646~1716)가 존재하는 것들 하나하나가 그 자체로 독자적임을 나타내면서 썼던 개념입니다. "단자는 문도 창도 없다"라는 말이 유명합니다. 여기에서 베냐민이 이를 역사에 활용함으로써, 역사적 유물론에 의거한 사유가 전반적인 사회 상황이 한곳으로 응집되어 단자로 나타나는 것을 포착한다고 말하는 것입니다. 그런데 그 응집의 구심점이 중요합니다. 그것은 바로 "억압받는 과거를 위한 투쟁에서 나타나는 혁명적 기회"라는 것입니다. 그리고 그러한 기회를 위한 신호가 나타나는 것이야말로 진정한 역사의 순간이라는 것이지요.

이때 이루어지는 시간은 당연히, 랑케의 역사주의가 말하는 "균질하고 공허한 시간"일 수가 없습니다. 그러니까 베냐민은 전혀 다른 차원의 시간을 보고 있는 것이고, 그 시간을 통해 진정한 역사가 성립한다고 보고 있는 것입니다. 이를 잘 보완해주듯이 베냐민은 이렇게 말합니다.

역사는 구성의 대상이며, 이때 구성의 장소는 균질하고 공허한 시간이 아니라 지금 시간(Jetztzeit)으로 충만해 있는 시간이다.[16]

이러한 "지금 시간으로 충만해 있는 시간"으로서의 역사, 이를 일컬어 베냐민은 "사건의 메시아적 정지의 표지"라고 달리 말하고 있습니다. 여기에서 우리는 왠지 하이데거가 말하는 "사건(Ereignis)으로서의 존재의 노현"을 떠올리게 됩니다. 어느덧 불쑥 솟구쳐 오르는, 존재자의 시간을 넘어선 존재의 시간 말이지요. 결국 베냐민은 글의 마지막에서 이렇게 말합니다.

메시아적 시간의 모델로서 전 인류의 역사를 엄청난 축소판으로 요약하고 있는 지금 시간(Jetztzeit)은 우주 속에서 인류의 역사가 이루는 앞의 모습과 엄밀하게 일치한다.[17]

현재는 과거를 전체적으로 끌어들여 응집시키되, 인류가 거쳐 온 억압을 구심점으로 삼아 응집시킨다는 것입니다. 그럴 때 현재는 "균질하고 공허한 시간" 속에서 점철되어온 역사의 연속체를 폭파할 수 있다는 것이 벤야민의 생각입니다. 그 폭파가 혁명적인 계급투쟁의 폭파임은 말할 것도 없습니다.

경과하는 시간이 아니라 그 속에서 시간이 멈춰서 정지해버린 현재라는 개념을 역사적 유물론자는 포기할 수 없다. 왜냐하면 그러한 현재 개념이야말로 그가 자신의 인격을 걸고 역사를 기술하는 현재를 정의하기 때문이다.[18]

역사의 연속체를 폭파한다는 의식은 행동을 하는 순간에 있는 혁명적 계급들에게서 특징적으로 나타난다. 대혁명은 새로운 달력을 도입하였다. (……) [1830년 7월 27~29일에 일어나 샤를 10세를 망명시킨] 7월 혁명 시절만 해도 이러한 의식이 살아 있음을 보여준 사건이 일어났다. 처음 투쟁이 있던 날 밤에 파리 곳곳에서 서로 독립적으로 동시에 시계탑의 시계를 향해 사람들이 총격을 가하는 일이 벌어졌다. 한 목격자는 시의 운율에서 영감을 받은 듯이 당시를 이렇게 적고 있다. "(……) 그날을 정지시키기 위해 시계 판에 총을 쏘아댔다고 한다."[19]

목숨에 연연할 수 없는 극적인 혁명적 순간이 닥친다면, 그 순간이 닥칠 때 일체의 역사적인 과거가 의식에서 지워지는 것이 아니라, 오히려 그 역사적인 과거가 완전히 응축되어 나의 의식과 행동으로 결집되어 전반적으로 나타나는 것이 아닐 수 없을 것입니다. 지나고 보니 비록 그토록 강렬했을까 싶긴 합니다만, 필자는 1979년 10월 18~19일에 마산에서 있었던 대시위에 참가하여 이틀 동안 밥 한 끼만을 먹고서 미친 듯이 뛰어다녔을 때, 마치 18년간의 박정희 독재에 의해 닫혀 있던 시간이 혁명적으로 확 풀려나 강력하게 응축되면서 폭발하는 것을 느꼈습니다. 다만 그야말로 억압의 길고 긴 역사가 내 속에 응축됨으로써 나 자신마저 완전히 넘어서 버린 '지금 시간'이 도래한 것이지요. 그럼으로써 함께 목숨을 걸고서 투쟁하는 전사들뿐만 아니라 그들 모두가 염두에 두고 있는 억압받는 모든 인민의 의식과 행동이 한데 결집하게 되는 것이지요. 그야말로 아예 시간이 멈추어버린 '비상한 예외적인 상태'가 아닐 수 없습니다. 그래서(또는 그런데) 베냐민은 이렇게도 말합니다.

> 억압받는 자들의 전통은 우리가 그 속에서 살고 있는 비상사태 (Ausnahmezutand, 예외 상태)가 상례임을 가르쳐준다. 우리는 이에 상응하는 역사의 개념에 도달하지 않으면 안 된다. 그렇게 되면, 진정한 비상사태를 도래시키는 것이 우리의 과제로 떠오를 것이다. 그리고 그로써 파시즘에 대항한 투쟁에서 우리의 입지가 개선될 것이다.[20]

여기에서 말하는 파시즘에 스탈린주의가 포함된다면, 지제크가 언급한, 그를 죽음으로 몰아간 사건이 어떻게 일어났는지를 쉽게 생각할 수 있을 것 같습니다. 혁명적인 투쟁을 불러일으키는 데 이마마한 역사철학이 과연 가능한가 하는 생각을 하게 될 정도로 그 울림이 강력합니다.

베냐민의 이러한 역사철학에 입각해서 본다면, 이른바 자신이 평화롭다고 여기면서 살고 있다면, 그 평화는 그 속에 모든 정신의 살이 녹아내리고 만 허연 해골을 숨기고서 겉으로는 번들거릴 뿐인 회칠한 무덤과 유사할 것입니다. 다른 한편으로 그 환각의 평화라고 하는 회칠 아래의 무덤 속에는 억압과 수탈의 비명이 넘쳐나고 있을 것입니다. 그래서 베냐민은 진정한 역사적 유물론자는 문화의 진보를 신뢰해서는 안 될 뿐만 아니라, 문화재들을 보면서 그 지독한 억압의 증거에 전율하지 않으면 안 된다고 말합니다.

> 역사적 유물론자는 충분히 알 수 있다. 오늘에 이르기까지 늘 승리를 거둔 사람은 오늘날 바닥에 누워 있는 자들을 짓밟고 가는 지배자들의 개선 행렬에 함께 동참하는 셈이다. 전리품은 통상적으로 늘 그래왔듯이 개선 행렬을 따라다닌다. 사람들은 그 전리품을 문화재라고 칭한다. 그 문화재들을 역사적 유물론자는 거리를 두고 바라보게 될 것이다. 왜냐하면 역사적 유물론자가 문화재들에서 개관하는 것은 하나같이 그가 전율하지 않고서는 생각할 수 없는 곳에서 온 것들이기 때문이다. (……) 야만의 기록이 아닌 문화의 기록이란 결코 없다. 그리고 문화의 기록 자체가 야만성에서 벗어날 수 없는 것처럼, 그것이 한 사람에게서 다른 사람에게로 넘어간 전승의 과정 역시 야만성을 벗어나지 못한다. 따라서 역사적 유물론자는 가능한 한 그러한 전승에서 비켜선다. 그는 결을 거슬러 역사를 솔질하는 것을 자신의 과제로 본다.[21]

"야만의 기록이 아닌 문화의 기록이란 결코 없다"라는 말이 가슴을 울립니다. 왜냐하면 필자 자신도 마찬가지입니다만 흔히들 '해외 테마 여행' 운운하면서 바로 그 야만적인 문화의 기록을 향유하는 것이야말로 삶의 본령 중 하나인 양 생각하기도 하기 때문입니다. 여기에서 우리는 '문화의 야만성', 즉 문화재라는 것이 지배자에 의해 수행된 강고한 억압의 승리에 의거한 전리품임을 정확하게 깨달아의식을 전반적으로 수정하지 않고서는 제대로 된 향유의 삶을 누릴 수 없다는 것을 생각하게 됩니다. 화려하기 짝이 없고 거대하기 이를 데 없는 뭇 구조물들을 이루는 벽돌 하나하나에 새겨져 있는, 그 거대한 규모만으로도 얼마든지 쉽게 가늠할 수 있는 대다수 억압받은 자들의 피와 눈물과 죽음을 염두에 두지 않으면 안 된다는 것, 하지만 여전히 그러한 억압의 시간이 대대적으로 점철되고 있다는 것, 오히려 억압의 해방을 빌미로 그러한 대대적인 억압이 자행되고 있고(스탈린 체제), 아예 노골적으로 인종주의적인 대대적인 전쟁을 통해 그러한 대대적인 전 인류의 억압을 추구하고 있는(히틀러의 나치) 이 절체절명의 상황을 뚫고 나갈 수 있는 이론적인 장치가 없다는 것, 어떻게든 역사를 제대로 규정함으로써 이 전반적인 억압의 역사를 혁명적으로 뒤집어엎을 수 있는 혁명적 계급투쟁의 동력을 마련해야 한다는 것, 베냐민의 역사철학에는 이러한 대단히 철저하고 근본적인 의도가 발현되어 있습니다.

마지막으로 짚고 넘어가야 할 것은, 베냐민이 이른바 '진보'라는 개념을 철저하게 거부한다는 점입니다. 이는 베냐민이 1933년 나치에 의해 해체된 독일의 사회민주당이 추구한 정책을 철저하게 비판하는 데서 나타납니다. 독일의 사회민주당은 빌헬름 리프크네히트(Wilhelm Liebknecht, 1826~1900)와 아우구스트 베벨(August Bebel, 1840~1913)이 1863년에 창당한 정당으로서 원래는 마르크스주의적 혁명 조직으로 출범했으나, 시간이 지나면서 1880년대 비스마르크의 반사회주의법 등의 압력을 받아 혁명 정당에서 사회 개혁적 정당으로 노선을 선회합니다. 제1차세계대전이 끝난 뒤에는 독일의 제1당으로서 온건한 개혁 노선을 취하면서 바이마르 공화국의 정부에 참여하기도 합니다. 그런데 나치가 1933년에 해체시킨 것이지요. 이 정당이 추구하는 사회민주주의에 대해 베냐민은 이렇게 말합니다.

파시즘이 승산이 있는 이유는 무엇보다 그 적들이 역사적 규범으로서의 진보의 이름으로 그 파시즘에 대처하기 때문이다.[22]

처음부터 사회민주주의가 길들어 있던 타협주의는 그들의 정치적 전술뿐만 아니라 그들의 경제적 관념에서도 찾아볼 수 있다. 그 타협주의가 이후의 붕괴를 가져온 원인이다. 자신들이 시대의 물결을 타고 간다는 견해만큼 독일 노동자계급을 타락시킨 것은 없다. 기술의 발전이 그 계급에게는 그 계급이 타고 간다고 생각하는 흐름의 낙차로 여겨졌다. 여기서부터, 기술의 진보 과정 속에 있는 공장 노동이 정치적 업적을 나타낸다고 생각하는 환상에 이르는 것은 단 한 걸음이다. (……) 그러한 노동 개념은 자연 지배의 진보만을 보고 사회의 퇴보는 보려고 하지 않는다. 그러한 노동 개념은 나중에 파시즘에서 나타나게 될 기술주의적 특징들을 이미 보여준다.[23]

기술의 진보는 인간이 지닌 자연에 대한 지배력을 강화합니다. 그런데 베냐민은 사회민주주의자들, 예컨대 마르크스와 엥겔스에게서 영향을 받아 '역사적 유물론'을 정식화하기도 했던 요제프 디츠겐(Peter Josef Dietzgen, 1828~1888)이 〈사회민주주의 철학〉이라는 글을 통해 이러한 진보를 노동의 개선으로 보고 노동이 개선되면 어떤 구원자도 성취하지 못한 것을 성취한 부가 생겨날 것이라고 말한 것을 극력 비판합니다. 이를 '속류 마르크스주의'적인 개념이라고 하면서, 그러한 노동 개념으로는 기술 진보에 의거한 사회의 퇴보를 볼 수 없다는 것이지요. 그렇기 때문에 파시즘으로 넘어가게 된 것은 당연하다는 것입니다.
　　정작 중요한 것은, 기술 진보에 대한 베냐민의 이러한 비판이 마르크스에게도 총부리를 겨누고 있다는 것입니다. 잘 알려진 것처럼,

마르크스는 인류 역사가 전개되는 핵심 원리를 생산력의 진보로 봅니다. 그의 역사적 유물론에 따르면, 인류의 역사는 계속해서 생산력을 향상시키는 쪽으로 진행되어왔고, 이를 위해 여러 양식의 생산관계, 즉 사회경제 체제를 형성해왔다는 것입니다. 예컨대 원시 공산사회가 더 이상 생산력을 높일 수 없는바, 생산력과 생산관계 간의 모순이 대대적으로 생겨남으로써 고대 노예제 사회가 생겨났다는 것이고, 역시 그런 생산력과 생산관계의 모순에 의해 중세 봉건제, 이어서 근대 자본제가 생겨났다는 것이지요. 따라서 근대 자본제 역시 그러한 모순에 봉착할 수밖에 없고, 그렇게 되면 사회주의를 거쳐 공산주의로 넘어가게 된다는 것입니다. 그 중심축은 생산력의 향상, 즉 진보입니다. 이와 관련해서 베냐민은 〈'역사의 개념에 대하여' 관련 노트들〉에서 이렇게 쓰고 있습니다.

> 마르크스에서 진보의 이론에 대한 비판. 마르크스에서 진보는 생산력의 전개 양상으로 정의되고 있다. 하지만 그 생산력에는 인간 내지 프롤레타리아 계급이 속한다. 이로써 기준에 대한 물음은 되밀린다.[24]

아닌 게 아니라 역사의 전개 과정을 오로지 생산력의 진보로만 본 마르크스의 견해는 여러모로 재검토되지 않으면 안 됩니다. 비단 오늘날의 생태·환경의 절망적인 결말이 문제 되기 때문만은 아닙니다. 생산관계의 문제, 즉 현실 체제의 문제를 생산력의 문제에 종속되는 것으로 봄으로써, 생산력이 강화되기만 하면 현실 체제를 긍정할 수 있다고 하는 반인간적·반혁명적인 엉뚱한 결론에 도달할 수도 있기 때문입니다. 조금 더 속화시켜 말하면, 조금이라도 더 잘 먹고 잘살 수 있기만 하다면 현실의 지배 관계는 견뎌낼 수밖에 없는 것 아닌가 하는 일종의 순응주의를 끌어들일 수도 있기 때문입니다.

그뿐만 아니라, 전혀 반대로 차라리 대다수의 인민이 굶주림에 처한 나머지 혁명을 하지 않을 수 없는 한계상황을 조성해야 하는 것 아닌가 하는 턱도 없는 발상을 하게끔 할 수도 있기 때문입니다.

중요한 것은 무엇을 생산하는 생산력인가 하는 것입니다. 자연으로부터의 해방뿐만 아니라 사회로부터의 해방도 성취해야 한다면, 오히려 생산력에 포함되어야 할 것은 인간을 인간이게끔 하는 근원적인 힘, 예컨대 인문적·예술적인 자유의 위력일 것이고, 이를 바탕으로 한 혁명적인 의식과 의지, 그리고 행동하는 실천력일 것입니다. 그러나 이러한 방향의 생산력을 염두에 둘 때, 역사에 대한 분석은 전혀 길을 달리할 것입니다. 이른바 상부구조에 해당하는 내용을 전 역사적으로 재검토하지 않으면 안 될 것이기 때문이지요.

3. 마무리

오늘날 세계가 요동치고 있습니다. 동서 진영 사이의 냉전 구도가 철저히 와해됨으로써, 세계화를 내세운 신자유주의의 대대적인 물결이 인류 전체의 삶을 휩쓸면서, 얼마 되지 않아 자본주의가 지닌 양화에 의거한 상품화의 탈인간적·맹목적인 전략이 비열하기 이를 데 없는 금융지상주의로 치달아 마침내 자본주의 자체가 흔들릴 정도로 위기에 처해 있습니다. 어느 누구도 책임질 수 없는, 어느 국가도 어찌할 수 없는, 어떤 '제국적인' 기관들도 속수무책일 수밖에 없는 위기가 닥치고 있는 것이지요. 그 폭과 심도를 가늠할 정확한 길은 찾을 수 없지만, 화폐의 신화적인 마법을 신봉해왔던 우리의 삶의 방식으로는 그 방식 자체를 유지할 수 없다고 하는 확신만큼은 널리 확산되었음에 틀림없습니다. 그 와중에 미국 주도로 "달러화의 양적 팽창” 정책을 비롯한 일종의 마약 처방을 통해 세계 자본주의가 마치 위기를 극복한 것 같은 착시 현상을 낳고 있습니다. 그 밑바탕과 중심을 관통하고 있는 전 지구적인 억압과 수탈을 놓쳐서는 안 될 것입니다.

이럴 때 베냐민이 말하는 혁명적인 ‘메시아적 역사적 유물론’에 입각한 역사 이론이 갖는 울림은 과연 어떤 방식으로 주어지는가요? 파시즘적인 구조가 워낙 심층적으로 촘촘하고 넓게 스며들어 있어 좀처럼 그 억압적인 정체를 간파할 수 없기 때문일까요? 아니면 우리의 시각이 세계 10대 교역국 운운하는 한국 사회에 갇혀 있어 세계 전체의 억압적인 구조를 짐짓 백안시하기 때문일까요? 베냐민의 결의에 찬 역사철학이 그저 이론적인 ‘장식품’처럼 여겨지고 마는 것은 아닌가 하는 섬뜩한 느낌을 갖게 됩니다. 무엇이 우리의 의식을 장악하고 있는가에 대한 성찰이 긴요한 것 같습니다. 우리의 의식이 이미 낡아버린 의식은 아닌지 되돌아보아야 할 것 같습니다.

현대철학의 광장

〈부록〉

* 필자는 발터 베냐민의 역사철학에서 실마리를 얻어 〈역사적 현
   존의 강화〉라는 제목으로 다음과 같은 강의를 한 적이 있습니다.
   참고하시기 바랍니다.

1. 약속을 통한 역사성

역사의식은 지금 여기에서의 현실을 사는 나 자신이 역사적으로 구
성되어온 것이라는 사실을 엄격하게 받아들이는 데서 출발한다. 그
래서 역사의식은 일단 "나는 나다"라든가, 심지어 "나는 나일 뿐이
다"라는 주장과 전격적으로 대립된다. 이 주장은 자아의식이라고 부
를 수 있을 터인데, 그러니까 자아의식과 역사의식은 좀처럼 화해하
기가 어렵다. 역사의식에 입각해서 보면, 자아의식은 마치 'A=A'라는
동일률처럼 추상적이고 그런 만큼 비현실적이고 심지어 허구적이다.
그 반대로 자아의식에 입각해서 역사의식을 보면, 역사의식은 마치
자동기계인 로봇처럼 타성적(惰性的)이고 비주체적이고 심지어 파괴적
이다.

   이러한 대립을 온당하다고 할 수 있는가? 발터 베냐민은 〈역사의
개념에 대하여〉라는 글에서 "과거 세대의 사람들과 우리 사이에는
은밀한 약속이 있다. 우리는 이 지상에서 기다려졌던 사람들이다"[25]
라고 말한다. 이를 변형하면, '우리와 미래 세대의 사람들 사이에는
은밀한 약속이 있다. 미래 세대의 사람들은 이 지상에서 기다려지
는 사람들이다'로 된다. 어느 시인은 "인생은 하지도 않은 약속을 어

긴다"라고 읊었다. 약속한 자들은 그 약속에 대해 책임을 져야 한다. 책임을 전제로 한 약속의 주체가 발휘하는 그 주체성은 자아의식에 근거를 두고서 성립한다. 베냐민이 말하는 약속은 역사적인 약속이다. 그래서 '역사적인 약속'에서 자아의식과 역사의식이 결합된다. 자아의식은 역사의식으로부터 약속의 내용을 전달받는다. 역사의식은 자아의식을 통해 약속을 실행할 수 있는 역량을 확보한다.

약속은 현재가 미래를 향하게 하고, 또 현재가 그 미래를 향해 수렴되도록 한다. 약속은 현재의 시간을 미래를 향해 응축시켜 그 밀도를 높이는 역할을 한다. 그 응축된 시간의 밀도를 통해 책임이 성립한다. 책임진 자의 어깨가 무거워 보이는 것은 몸 전체를 통해 응축된 시간의 밀도가 작동하기 때문이다. 돌이켜 보면, 현재는 과거에 했던 약속을 지키기 위해 최선을 다한 끝에 도달한 시제(時制)이다.

베냐민은 역사적인 약속을 언급함으로써 결국에는 혁명으로 이르는 길을 준비한다. 이러한 베냐민의 생각을 떠나 나 자신의 개인적인 삶에 적용할지라도 약속을 통해 성립하는 책임의 응축된 시간의 밀도는 결코 무용하지 않다. 나는 나 자신과의 약속을 통하지 않고서는 현재의 시간을 응축된 밀도로 몰아갈 수가 없다. 알고 보면 열정적인 삶은 자신에 대한 약속을 통해 이루지는 것이다. 그 약속이 명시적으로 기록해서 벽에 보란 듯이 게시하여 늘 되새기는 것이 아니라고 할지라도 상관없다. 몸 전체로 타고 흐르는 약속과 그에 대한 책임은 굳이 게시판에 올려놓을 필요가 없기 때문이다.

2. 책임으로서의 역사성

1) 약속의 비극성

약속의 삶에 비극이 없는 것은 아니다. 약속은 항상 미래의 자신을 부러워하는 것이기에 한편으로 현재의 자신에 대해 일정하게 부정의 염(念)을 갖지 않을 수 없기 때문이다. 물론 현재에 대한 부정이 미래에 대한 긍정과 결합함으로써 다시 한 번 현재에 대한 긍정이 생겨난다는 점을 무시할 수도 없고 무시해서도 안 된다. 하지만 진정 약속의 삶에서 비극은 약속이 쌍방적이라는 데서 비롯된다. 사적인 약속이건 공공적인 이른바 공약(公約)이건, 또는 심지어 내 자신에 대한 나의 내밀한 약속이건, 약속은 일방(一方)이 파기해버릴 때 타방(他方)이 갑자기 속수무책의 허망에 빠져들 수밖에 없는 위험한 구조를 지니고 있다.

약속에서 책임이 얼마나 중요한지는 누구나 인정하는 바이다. 한쪽이 약속을 지키려고 그야말로 성실하게 계속 주어지는 자신의 시간을 최대한 약속 실현을 위한 방향으로 집중시켜 노력하고 있는데, 약속을 한 다른 한쪽이 말 그대로 일방적으로 약속을 파기한다는 것은 일종의 죄악이다. 만약 '원죄'라는 말을 의미 있게 쓸 수 있다면, 원죄는 약속의 일방적인 파기에서 비롯되는 것이다. 그래서 죄를 짓지 않으려면 약속을 하지 않는 것이 상책이다. 그러나 약속을 하지 않았다고 해서 진정 약속을 하지 않은 것은 아니다. 만약 기독교에서 말하는 원죄가 의미가 있다면, 그것은 인간이란 누구나 태어나면서부터 약속의 얼개 속에 들어가 있고 그 약속을 일방적으로 어길 수 있는 가능성을 타고난다는 것으로 해석할 때이다. 게다가 어느 누구든 자신의 존재를 향한 약속을 하지 않을 수 없다고 해석할 때이다.

자신의 존재와의 약속, 그 약속을 지키고자 하는 책임 수행을 위한 노력, 그 노력을 통한 응축된 시간의 밀도, 그 시간의 밀도로써 밀어붙이는 자신의 존재에 대한 열정, 열정에도 불구하고 계속 연기되는 약속의 실현 등, 그 일련의 과정이 우리 인간의 삶을 구성하는 것이다. 그 과정에서 때로는 일치됨의 일시적인 희열이, 때로는 어긋남의 부조리한 비극이 순차적으로 또는 동시에 연출되는 것이다.

2) 가족, 약속과 책임의 원형

문제는 자신의 존재와의 약속이 텅 빈 무를 바탕으로 해서 이루어지는 것이 아니라, 내 자신이 어찌할 수 없는 현실 속에서 갖는 타인들과의 관계를 통해 이루어진다는 것이다. 이때 중요한 것은, 그 타인들이 지금 당장 사회 현실 속에서 나와 더불어 사는 사람들에 그치는 것이 아니라, 베냐민이 말하는 것처럼 이미 살다 간 과거의 사람들이기도 하고 아직 살지 않은 미래의 사람들이기도 하다는 점이다.

우선 근본적으로는 가족에서 이러한 타인들과의 약속의 구도가 관철된다. 부모의 부모, 부모와 나, 나의 자식들 등으로 이어지면서 가족에서는 천부적으로 맺어진 약속과 그에 따른 책임이 자동한다. 가족에서의 책임을 향한 응축된 시간의 밀도는 사랑이라는 근원적인 정서로 나타난다. 가족 구성원들에 대한 약속은 실제로 하지 않았기에 그 어떤 다른 약속보다도 오히려 더욱 강고하고 가없는 그런 약속이다. 가족에서 수행되는, 약속을 지키기 위한 책임짐의 노력은 사랑을 헌신과 희생으로 실현되도록 한다. 자식을 위해, 또는 부모를 위해, 또는 형제를 위해 자신의 목숨마저 바칠 수 있다는 그 헌신과 희생에 대한 각오는 그 자체로 목적이 되고 의미가 되고 가치가 된다. 약속과 책임짐, 그리고 헌신과 희생의 사랑을 배우는 곳이 다름 아닌 가족인 것이다.

그러나 묘하게도 우리는 이러한 가족애와 그에 따른 행동을 애틋하다거나 대단하다거나 지독하다고 할지언정 위대하다거나 거룩하다고 하지는 않는다. 가족에게서 배운 서로에 대한 약속과 책임, 그리고 사랑, 그 사랑의 헌신과 희생이 가족의 울타리를 넘어서서 많은 다른 사람을 향해 실현될 때 비로소 위대하다거나 더 나아가 거룩하다고 할 수 있게 된다. 가족의 울타리를 넘어설 수 있도록 하는 힘은 천부적인 또는 자연적인 본능이 아니다. 그 힘은 바로 역사성이다.

그러니까 역사성은 만인이 만인에 대해 약속을 하고 그 약속을 지키기 위해 책임을 진다는 데서 성립한다. 이는 홉스(Thomas Hobbes, 1588~1679)가 말한, "만인의 만인에 대한 투쟁"인 자연 상태를 넘어서고자 신의 계약(信義契約)을 통해 사회와 국가를 형성한다는 것과 일정하게 연결된다. 그러나 홉스가 말하는 신의 계약의 관계와 역사성에서의 약속과 책임짐에 따른 관계는 상당히 다르다. 둘 다 특정한 시간에 특별한 장소에 모여 정확하게 약속을 한 바가 없지만, 그래서 오히려 각자가 더욱더 강력한 약속과 책임짐의 관계 속으로 끌려 들어간다는 점에서 동일하다. 하지만 홉스의 경우, 신의 계약은 최소한의 피해를 향한 소극적이고 부정적인 방향의 약속인 반면, 역사성의 경우, 약속과 책임짐은 최대한의 이득을 향한 적극적이고 긍정적인 방향의 계약이다.

홉스에게서 빠져 있는 것은 가족 관계에 대한 성찰이다. 방금 살펴본 것처럼 가족 내(內) 관계는 만인의 만인에 대한 투쟁에서 예외적이다. 비록 자연적인 관계이긴 하나 가족 내 관계는 투쟁적이지 않고 서로를 향한 사랑과 헌신과 희생으로써 책임을 지는 약속의 관계이다. 그래서 설사 가족 내에서 투쟁과 질투가 노출된다고 할지라도 그 바탕에는 항상 사랑이 작동한다고 여김으로써 그 투쟁과 질투가 치명적인 쪽으로 발전해나가지는 않는 것이다. 만에 하나 그런 치명적인 쪽으로 발전하게 되면 이미 가족 관계가 파괴되고 만 것으로 여겨 오히려 다른 사람들과의 관계에서 찾을 수 없는 철천지원수가 되고 만다. 절대로 그래서도 안 되고 그럴 수도 없다고 여겼던 약속에 대한 위반과 파기가 일어날 경우, 그 결과는 그럴 수도 있고 그래도 된다고 여겼던 약속에 대한 위반과 파기가 일어날 경우에 비해 그 결과가 훨씬 더 치명적일 것은 불을 보듯 뻔하다.

자연적인 혈통에 의한 가족 관계에서의 약속과 책임짐은 역사적이라고 하기에는 아직 부족하다. 만약 어느 한 가문에 속한 가족이 그 나름의 역사성을 띤다고 말한다면, 그것은 어디까지나 다른 가문들과 그 가문들에 속한 가족들에 관계하고 비교해서일 뿐이다. 흔히 '뼈대 있는 집안'이라는 말을 하는 것은 그 집안, 즉 가문이 다른 가문들과는 달리 서로에 대한 약속과 책임짐에 있어서 헌신과 희생이 남다르고, 그 헌신과 희생이 가문 내에서만 힘을 발휘하는 것이 아니라 가문의 울타리를 넘어서까지 힘을 발휘해왔다고 자부한다는 것이다. 요컨대 역사성은 가족 관계의 울타리를 넘어서서 약속과 책임짐을 만인에게로 확대시킬 때 비로소 성립하는 것이다.

3) 가족의 경계를 넘어서는 역사성

그런데 약속과 책임짐은 약속의 파기 내지 위반과 책임을 지지 않는 방기(放棄)를 임암리에 수반한다. 내가 내 자신의 존재에 대해 했던 약속을 파기하고 내 자신의 존재를 책임지지 않으면, 나의 존재는 산산이 흩어져 밀도를 상실해버린 사실들의 무더기가 될 것이다. 가족 구성원들이 서로에 대해 했던 약속을 파기하고 서로에 대해 책임지지 않으면, 그 가족은 뿔뿔이 해체되어 고립을 면치 못할 것이고 그 고립에 끝없는 상실감과 원망(怨望)이 덧붙여져 황폐화될 것이다. 민족 구성원들이 서로에 대해 했던 약속을 파기하고 서로에 대해 책임을 지지 않으면, 국가 구성원들이 서로에 대해 했던 약속을 파기하고 서로에 대해 책임을 지지 않으면, 더 나아가 세계인들이 서로에 대해 했던 약속을 파기하고 서로에 대해 책임을 지지 않으면, 그저 사실들의 무더기 속에 방치되어 과거와 현재가 분리되고 현재와 미래가 분리되어 그 어떤 축적도 계승도 없는 상태가 될 것이다. 그럼으로써 더 이상 민족도 아니고 더 이상 국가도 아니고 더 이상 세계도 아닌 것으로 될 것이다.

사실들의 차원에서 의미의 차원으로 격상되는 것은 역사성을 통해서이다. 역사성은 기본적으로 현재의 사실이 기억 속에서 과거의 사실들을 불러오는 데서 성립한다. 그리고 그럼으로써 현재의 사실이 그저 스쳐 지나가는 우연에 불과한 것이 아니라 원인이 있고 이유가 있음을 절감하게 하고, 따라서 현재의 사실이 미래의 사실에까지 힘을 미친다는 점을 실감하게 하는 데서 역사성이 성립한다. 그래서 예컨대 '오래된 미래의 기억'이라는 말이야말로 역사성을 잘 나타내는 어구가 되는 것이다.

아주 일상적인 예를 들 수도 있다. 예순 살쯤 된 사람이 길을 가다가 우연히 그야말로 오랜만에 고등학교 동창생을 만났는데, 그 동창생이 "아니, 너 광제 아니가?"라고 했을 때, 지금의 만남이 어언 40여 년 전의 사실들을 기억 속에서 끄집어 올릴 때, 그때 미소(微小)하나마 역사성이 발현되는 것이다. "이야, 정말 오랜만이다. 그때 광제 너는 다른 친구들이 유행가 부를 때 항상 가곡을 부르곤 했지." "아는 노래가 가곡뿐이었거든."

해방 후의 일이다. 해방되기 전 일본 순사라고 위세를 떨며 다른 조선인들을 함부로 대하면서 예사로 뺨을 치곤 했던 조선인이 있었다. 그자에게 억울하게 뺨을 맞았던 사람이 해방이 되고 난 뒤 그자를 만났다. 그런데 그 조선인 일본 순사가 해방이 되었는데도 역시 경찰복을 입고서 큰소리를 친다. 지금 저 경찰복을 입고서 계속 큰소리를 치고 있는 자의 모습을 보는 순간 저절로 기억 속에서 뺨을 맞은 일이 떠오른다. 이때 기억은 나의 기억만이 아니라 민족의 기억이 되고, 현재는 나의 현재만이 아니라 민족의 현재가 되고, 미래는 나의 미래만이 아니라 민족의 미래가 된다.

아베가 그동안 포기했던 집단방위권을 주장하고 선포하자 미국이 이를 내심 환영하고 나선다. 그러자 1905년에 있었던 '가쓰라·태프트 밀약'[26]이 기억에서 떠오른다. 현재 미국의 세계적인 헤게모니를 크게 위협하면서 중국의 힘이 부상하고 있다. 이와 더불어 과거 대한제국의 인민들과 마찬가지로 중국의 인민들 역시 일본 제국주의에 의해 치명적으로 피해를 입었다는 기억이 떠오른다. 그러면서 한미일 공동방위조약과 일본의 과거사에 대해 공동으로 대적할 수밖에 없는 한중 관계가 떠오른다. 그런가 하면, 1905년 러일전쟁에 의해 세계사의 판도에서 크게 밀려나 버린 러시아에 대한 기억과 1991년 12월 8일 소련 해체 이후 오늘날의 세계사의 판도에서 크게 밀려나 버린 러시아가 기억 속에서 겹쳐진다. 이에 기억은 나의 기억이나 민족의 기억만이 아니라 세계사적인 기억이 되고, 현재는 나의 현재나 민족의 현재만이 아니라 세계사적인 현재가 되고, 미래는 나의 미래나 민족의 미래만이 아니라 세계사적인 미래가 된다.

역사성은 역사가 지나간 과거의 기록에 불과한 것이 아니게끔 한다. 역사성은 현재를 통해 역사가 현재에서 살아 움직이도록 하고,

역사를 통해 현재가 역사 속에서 살아 움직이도록 한다. 현재에서 살아 움직이지 않는 역사는 역사가 아니다. 그러니까 역사성은 역사를 역사이게끔 하는 근거이다. 그런데 역사성은 바로 현재를 살아가는 개개 인간들의 미래에 대한 약속과 책임으로부터 성립한다고 했다. 따라서 역사성은 역사에 약속과 책임을 부과한다.

그렇다면 그 약속의 내용은 과연 무엇인가? 그 약속을 지키기 위한 책임을 어떻게 져야 하는가? 그리고 그 약속을 지킬 책임은 과연 누구에게 있는가? 역사성에 관련된 이 긴급한 물음들에 답하기 위해서는 가족에서의 약속과 책임을 살펴 분석할 필요가 있다. 그 분석의 길목에서 나의 존재에 대한 나의 약속과 책임을 만나게 될 것이다. 그리고 결국에는 가족의 경계를 넘어서 민족과 국가로, 민족과 국가의 경계를 넘어서 세계 인민들에 대한 약속과 책임을 만나게 될 것이다.

4) 존재에 대한 약속, 지향적 욕망의 확대와 욕망 충족의 심화

부모가 자식의 존재에 대해 약속을 하고 책임을 진다고 할 때, 무엇을 약속하고 어떻게 책임을 지는가? 자식의 생존을 보장하고 제스스로 생존을 유지·강화하는 데 도움을 주겠다고 약속하고 책임지는 것에 그치지 않는다. 부모가 자식을 낳는 순간 이미 그들은 급기야 부모 덕분에 태어난 것을 자식 스스로 최고도로 긍정할 수 있도록 최선의 헌신과 희생을 하겠다는 약속을 한 것이다. 결국은 자식이 자신의 존재를 최고도로 긍정하는 것이 문제로 부각된다. 그래서 부모는 이중적인 약속과 책임의 구도 속으로 들어간다. 부모인 그들 각자는 자신의 존재에 대해 약속과 책임을 져야 하고, 아울러 자식의 존재에 대해 약속과 책임을 져야 하는 것이다. 부모는 자식이 스스로의 존재에 대해 약속을 하고 책임을 질 수 있는 인간으로 성숙할 수 있도록 최선을 다해야 한다. 그럴 수 있기 위해 부모는 자식과 무관하게 자신의 존재에 대해 약속을 하고 책임을 지는 모습을 실현해 보이지 않으면 안 된다. 부모는 자식을 갖게 된 그 신비만으로 자신의 존재를 실현한다고 여기는 우를 범해서는 안 된다. 부모와 자식 간의 공통성은 그들 각자가 자신의 존재에 대해 약속을 하고 책임을 진다는 사실이다. 결국 논의는 내가 나의 존재에 대해 하는 약속과 책임의 문제로 귀결된다.

이 귀결에 이르렀다고 해서 아직 제대로 해결된 것은 아무것도 없다. 나의 존재에 대해 약속을 한다는 것이 무엇인지, 그 약속을 통해 나의 존재가 역사성을 띠게 된다는 것이 무엇인지 전혀 밝혀지지 않았기 때문이다. 이에 우리는 철학적 현존에 관한 이야기를 끌어들이지 않을 수 없다. 욕망과 행동을 기반으로 해서 감정과 사유, 그리고 의지와 이성이 생겨난다고 했다. 욕망과 행동 간의 불일치, 욕망과 욕망 간의 불일치, 그러한 불일치를 통해 생겨나는 부정적인 불쾌감들을 최대한 넘어서기 위해, 욕망에 대한 이성의 설득이 긴요하다고 했다. 그런 이성적인 설득을 노력을 통해 공향유의 경지에 도달하여 급기야 이성과 욕망이 일치를 이루면서 이성이 욕망에 녹아들 수 있도록 해야 한다고 했다.

욕망들 간의 일치/불일치, 그에 따른 행동들 간의 일치/불일치가 가장 중요하다. 욕망은 행동을 통해 새로운 욕망으로 변형된다. 행동은 새로운 대상들을 욕망에게 가져다준다. 그저 지향적이기만 했던 욕망은 행동이 가져다준 대상을 통해 충족된 욕망으로 된다. 충족된 욕망은 새로운 지향적 욕망으로 변형되어 다시 태어난다. 지향과 충족은 욕망의 근본 구도이다. 나의 존재에 대한 약속은 결국 나의 욕망이 지향과 충족을 거듭하면서 그 폭을 확대하고 그 깊이를 심화시켜나가도록 하겠다는 약속인 것이다. 이러한 약속을 지키기 위해 책임을 다하고자 나는 열정적으로 행동에 나설 수밖에 없다. 욕망의 폭을 확대하기 위해서는 가능한 한 많은 다른 사람의 욕망을 나의 욕망으로 받아들여야 한다. 그 욕망들을 충족시키기 위한 나의 행동을 통해 내 욕망의 깊이가 심화될 것이다. 요컨대 욕망의 지향과 행동을 통한 욕망의 충족, 그 과정에서 지향적 욕망의 폭이 확대되고 충족된 욕망의 깊이가 심화될 것이다. 이 과정에서 나의 현존에서 가장 긴요하게 작동하는 것이 바로 역사성이다.

반복하건대 역사성은 현재를 통해 과거가 역사로서 살아 움직이게 하고, 역사를 통해 현재가 미래로서 살아 움직이도록 하는 것이다. 사르트르는 "죽은 자의 삶은 산 자가 책임진다"라고 했다. 죽은 자들이 산 자들을 통해 살아 움직이도록 하는 것이 역사성이다. 달리 말하면, 나의 욕망을 통해 죽은 자들의 욕망들이 되살아나 간접적으로나마 그 새로운 충족을 기한다. 죽은 자들이 지향했을 뿐 미처 충족하지 못한 욕망의 내용을 살아 있는 나에게 넘겨주어 충족할 것을 요구한다. 그러니까 살아남은 자들 또는 새로 태어난 자들은 죽은 자들의 지향적 욕망을 충족시키겠다고 약속을 한 것이다. 그리고 죽은 자들은 그들이 산 자들에게 넘겨주는 지향적 욕망이 그 산 자들이 충족하고자 충분히 행동을 할 만한 것임을 보장하듯 약속을 한 것이다. 말하자면 과거와 현재 사이에, 따라서 현재와 미래 사이에 욕망의 지향과 충족을 둘러싼 약속과 그에 따른 책임을 주고받는 일이 줄기차게 이어지는 것이다.

3. 맹세의 약속을 넘어 바람의 약속으로

이러한 약속은 서면으로 정확하게 기록해서 공증을 받는 것이 아니다. 그랬으면 하고 바라는 '바람의 약속'이지, 반드시 그러겠다고 하는 '맹세의 약속'이 아니다. 바람과 맹세는 욕망의 변형이다. 역사성은 욕망의 유연한 변형인 바람으로 구성된 것이지, 욕망의 경직된 변형인 맹세로 구성된 것이 아니다. 맹세의 역사는 바람의 역사를 파괴한다. 맹세에서 야기되는 강압과 맹목은 바람에서 야기되는 자유와 자율을 파괴한다. 맹세는 겉보기와는 달리, 자신의 존재에 대한 약속을 믿지 못하고 자신의 존재에 대해 책임을 지지 않으려는 자들, 따라서 그 어느 누구와의 약속도 믿지 못하고 그 어느 누구의 존재에 대해서도 책임을 지지 않으려는 자들을 위한 것이다. 바람은 이와 반대이다. 바람은 서로의 존재에 대해 열린 가능성을 한껏 부여함으로써 가능한 한 공향유의 지향과 충족을 기하고자 하는 자들을 위한 것이다. 따라서 역사를 가장 역사답게 만드는 혁명은 맹세의 역사를 뒤집어 바람의 역사로 바꾸는 것이다. 어떤 방식으로건 나에게 맹세를 요구하는 일체의 정치적·경제적 체제를 공향유의 방식으로 바람을 요구하는 정치적·경제적 체제로 바꾸는 것이 바로 혁명이다.

역사성을 통한 욕망의 지향과 충족은 결국 바람의 지향과 충족이냐 아니면 맹세의 지향과 충족이냐 하는 대결로 점철된다. 그 대결의 접점에서 개인과 가족과 민족/국가와 세계 전체가 충돌하고 있다. 불행하게도 맹세가 수반하는 짝은 무관심이다. 맹세하는 자는 돌연 무관심으로 돌아설 준비를 하는 법이다. 다행하게도 바람이 수반하는 짝은 중용이다. 바라는 자는 언제까지나 균형 감각을 잃지 않는 법이다. 과거와 현재 간의 균형, 현재와 미래 간의 균형, 나의 욕망과 타인의 욕망 간의 균형, 이러한 균형이야말로 양쪽의 시간을 수

럼시켜 밀도를 높이고 깊이를 더해서 그렇게 상승된 밀도로써 양쪽을 향해 시간을 확산시켜 폭을 넓히는 것이다.

맹세의 논리는 역사의 상층을 지배해왔다. 자연에 대한 맹세, 신에 대한 맹세, 군주에 대한 맹세, 권력에 대한 맹세, 국가에 대한 맹세, 명예에 대한 맹세, 부에 대한 맹세 등으로 이어져 왔다. 그러다가 이 모든 맹세를 끌어모아 결국은 자본에 대한 맹세로 귀결되고 있다. 그러나 그 역사의 바탕에서는 이미 늘 바람의 논리가 작동해왔다. 자유에 대한 바람, 평등에 대한 바람, 축제에 대한 바람, 예술에 대한 바람, 학문에 대한 바람 등으로 이어져 왔다. 이 모든 바람은 결국 공향유(共享有)에 대한 바람이다.

바람도 그러하거니와 맹세 역시 명시적으로 나의 의식에 드러나는 것이라기보다 암암리에 나도 모르게 나의 존재를 관통한다. 역사성으로서의 약속과 책임이 그러하다는 것과 일맥상통한다. 내가 나의 존재와 한 약속을 지키기 위해서는 내 속을 관통하고 지배하는 무언가에 대한 맹세의 영역을 성찰해서 적발해내어 삭제하고 그 대신 나의 존재에서부터 울려 나오는 공향유에 대한 바람의 영역들을 맞이하여 해방시켜야 할 것이다.

16장

하버마스: 이상적 의사소통 공동체

1. 변명

이번 강의의 목적은 위르겐 하버마스(Jürgen Habermas, 1929년생)의
《의사소통행위이론: 기능주의적 이성 비판을 위하여(Theorie des
kommunikativen Handelns: Zur Kritik der funktionalistischen Vernunft)》[1]의 핵
심 내용을 살펴보는 것입니다. 그런데 솔직하게 고백하자면, 이 책의
방대한 부피 때문이기도 하거니와 무엇보다 필자의 사회학 내지 사
회철학적인 연구의 일천함으로 의미 있게 접근하기가 결코 쉽지 않
았습니다.

이 책을 제대로 이해하려면 자본주의적인 근대 체계를 심도 깊
게 분석한 마르크스와 베버는 물론이고, 특히 사회 체계 이론을 집
대성한 사회학의 대가인 루만(Niklas Luhmann, 1927~1998), 사회심리학
의 대가인 미드(George Herbert Mead, 1863~1931)와 사회학의 아버지라고
불리는 뒤르켐(David Émile Durkheim, 1858~1917)을 상당 정도 알아야 합
니다. 게다가 루카치나 아도르노에 대해서도 나름대로 정통해야 합
니다. 그리고 현상학의 비조 후설의 생활세계적 현상학과 이를 활용
한 슈츠(Alfred Schütz, 1899~1959)의 현상학적 사회학을 알아야 합니다.

말하자면 하버마스는 이 책을 쓰면서 세계 최고의 사회철학자라
는 명성에 걸맞게 사회학 계통 및 사회철학에 관련된 중요 저자들과
그들의 주요 저작들을 망라하다시피 하면서 그 핵심적인 내용을 정
돈해 보이고, 그렇게 정돈한 내용에 대해 자기 나름의 비판적인 분석
과 평가를 가하고, 이를 바탕으로 해서 이상적인 의사소통 행위 및
그에 따른 공동체에 대한 원리와 실제를 제시하고자 하는 것입니다.

그런 만큼 오늘 강의는 그야말로 수박 겉 핥기가 되고 마는 것
아닌가 하는 의심을 가져도 될 정도입니다. 다만 우리로서는 다음과
같은 물음들을 중심으로 하버마스의 사회철학적 사유에 그 일단이

나마 접근해볼 수 있으리라고 여김으로써 실제의 우리의 삶을 조감하고 변혁하는 데 필요한 철학적 방편을 얻었으면 합니다.

과연 우리가 살고 있는 이 사회, 즉 자본주의적인 근대사회가 이전의 봉건제 사회를 뒤집어엎고 정착되는 과정은 어떠하며, 그 이후 자본주의 체제가 이렇듯 강력하게 지속적으로 힘을 발휘하면서 유지되는 근본 동력은 무엇인가? 또한 그 근본 동력은 우리의 어떤 본성에 입각해 있을 것인데, 그 본성은 과연 무엇인가?

이러한 질문은 오늘날 자본주의 사회체제에서 나타나는 여러 사회문제에 관심을 갖는 학자라면 누구나 던질 수밖에 없는 물음입니다. 이러한 물음을 던지게 되는 배경에는 다음과 같은 진단이 작동하고 있습니다.

- 왠지 오늘날 세계 자본주의가 발달할 대로 발달한 나머지 '막다른 골목'의 위기에 처해 있는 것 같다.
- 그 위기의 실제는 무엇보다 빈부와 지배 / 피지배의 양극화가 전 세계적인 구도로 확장되면서 그러한 양극화를 불러일으키는 구조적인 위세 역시 전 세계적으로 더욱 강화되는 방향으로 이루어진다.
- 그 위기의 핵심은 인간다운 삶에 대한 상실과 그 회복을 위한 사회 전반적인 실천의 구도가 보이지 않는다는 것이다.
- 그래서 이 사회에서 삶을 영위한다는 것이 충분한 의미를 실현하면서 원만한 방식으로 이루어진다고 전혀 판단할 수 없다. 그 결과, 마치 "태어나지 않는 것이 최선이고, 온 곳으로 빨리 돌아가는 것이 자선이다"라는, 고대 아테네의 비극 시인 소포클레스(Sophocles, 기원전 496~기원전 406)가 《콜로누스의 오이디푸스》에서 했던 예언이 실

현되는 것 아닌가 하는 예감을 갖게 된다.

- 발달된 나라들을 중심으로 바탕에 무의미와 허무를 깔고서 온갖 표층적인 희락이 난무하는 가운데 불안 또는 될 대로 되라는 식의 해태(懈怠)와 권태가 넘쳐나면서 일종의 종말론적인 기미를 한껏 내보이고 있다.
- 세계 곳곳에서 민족 분규와 그에 따른 이데올로기적인 잔인무도한 폭력이 난무하는 가운데, 이를 이용하고자 하는 선진 제국주의 국가들 간의 충돌이 때로는 암암리에 때로는 노골적으로 발생하고 있다.

이러한 생각을 하지 않을 수 없도록 하는 그 근본적인 구조가 무엇인지를 묻지 않을 수 없습니다. 그리고 그 근본적인 구조를 관통하는 원리가 무엇인지 묻지 않을 수 없습니다. 그런가 하면 한편에서는 현행의 비극적인 구조를 관통하는 그 원리 말고 우리의 삶을 충분히 의미 있게 실현할 수 있는 다른 원리는 없는지, 그 다른 원리가 있다면 그 가능성의 원리는 왜 힘을 발휘하지 못하는지, 그 가능성의 원리가 힘을 발휘할 수 있도록 하는 길은 과연 없는지 등의 물음을 던지지 않을 수 없습니다.

이 바탕의 물음들은 한때 담론계를 뜨겁게 달구었던 '근대성 이론'이라는 문제 틀로 압축될 수 있을 것입니다. 그렇다면 이에 접근하는 데 그만큼 엄청난 연구의 노력이 요구되는 것입니다.

하버마스의 이 책 속에 이와 관련된 내용이 다각적으로 전개되고 있는 것 같은데, 이 책을 제대로 천착하지 않은 필자로서는 정확하고 분명하게 그 내용을 정돈해낼 수 있는 형편은 못 됩니다. 하지만 무조건 포기할 수는 없는 노릇입니다. 적어도 여러분에게 사회에 관한 문제의식 내지 사회학적인 상상력으로 사유의 물꼬를 틀 수 있는 핵심적인 실마리만큼은 제공해야 하지 않는가 하는 생각입니다.

2. 체계와 생활세계

이 책을 관통하는 가장 중요한 두 개념을 들자면, "체계(System)"와 "생활세계(Lebenswelt)"라고 할 것입니다. 하버마스는 자신의 이 거대 저작이 어떻게 해서 이 두 개념을 바탕으로 이론적인 기획을 수행하고자 하는지를 이렇게 말합니다.

> 의사소통 이론에 제한된 사회 이론은 모두 주의해야 할 한계를 가지고 있다. 이해(理解) 지향적 행위의 개념을 바탕으로 하는 시각에서 제시되는 생활세계 개념은 사회 이론에서 한정된 적용 범위를 가질 따름이다. 따라서 나는 사회를 동시에 체계(System)와 생활세계(Lebenswelt)로 파악할 것을 제안하고자 한다. 이런 사회 개념의 적합성은 생활세계의 합리화와 사회 체계의 복잡성 증가 사이를 분리하고, 그리하여 뒤르켐이 겨냥했던 것처럼 사회 통합 형식과 체계 분화 단계 사이의 연관성을 가시화하는, 즉 경험적 분석에 접근 가능하도록 만드는 사회 진화 이론에서 입증된다. 이때 나는 물화(物化)의 문제를 의사소통 이론식으로 끌어들일 수 있기 위해, 루카치의 대상성 형식이라는 개념에서 유추하여 상호 이해 형식이라는 개념을 발전시키고자 한다. 이런 개념적 도구를 사용해서 나는 결론에서 베버의 시대 진단을 다시 다루고, 합리화의 역설에 대한 새로운 파악 방식을 제안할 것이다.[2]

사회를 "생활세계"로만 보아서는 안 되고 "체계(혹은 사회 체계)"로도 보아야 한다는 것입니다. 중요한 것은, 체계와 생활세계가 분리되는 과정을 근대사회의 형성에 중요한 요인으로 보지 않으면 안 된다는 것입니다. 문제는 분리되는 과정에서 체계가 생활세계를 어떻게 침투해 들어와 이른바 "식민화(Kolonialisierung)"하고, 그럼으로써 어떤 사회병리적 현상이 크게 확산되는가 하는 것입니다.

하버마스가 소개하는 뒤르켐에 따르면, 근대화 과정을 거치면서 사회 체계는 점점 더 분화되면서 복잡성을 높여가고, 아울러 생활세계는 점점 합리화되는 과정을 겪는다고 합니다. 이 근대화 과정에서 이른바 상호 이해를 바탕으로 해서 행위를 한다고 할 때, 그 정당성의 기초가 되는 도덕성·규범성·인격성 등이 어떻게 평가·처리되고, 그럼으로써 사회 전체적으로 어떤 지위로 추락하고 마는가 하는 것이 핵심 사안으로 자리 잡게 됩니다.

3. 생활세계의 상징적 구조들

이와 관련해서 일단 하버마스의 그야말로 마지막 결론에 해당하는 이야기를 들어보기로 합시다. 이렇게 결론을 먼저 생각해보는 것은 짧은 시간에 '거대한' 책을 일별하는 데 일책이 될 것입니다.

내가 거칠게 윤곽을 그려본 근대성 이론은 이제 적어도 다음과 같은 것을 알게 해준다. 근대적 사회에서는 규범적 맥락들로부터 풀려난 상호작용에 열려진 우연성 범위가, 즉 가족 같은 사적 영역의 탈(脫)제도화된 교류 형식에서나 대중매체가 주도하는 공론장에서나, 의사소통적 행위의 고유 논리가 "실제로 참이 될" 정도로 확대된다. 동시에 자립화된 하부 체계들의 명령이 생활세계에 침투하여, 상호 이해라는 행위 조정 메커니즘이 기능적으로 필수적인 곳에서조차, 금전화와 관료제화를 통해 의사소통적 행위를 형식적으로 조직되는 행위 영역들에 동화시킨다. 어쩌면 이 도발적 위협, 말하자면 생활세계의 상징적 구조들 전체를 의문에 부치는 도전이, 왜 바로 우리가 생활세계의 상징적 구조들에 접근할 수 있게 되었는지를 납득할 수 있게 해주는 것인지도 모르겠다.[3]

"생활세계(Lebenswelt)"라는 개념은 현상학의 비조(鼻祖)인 후설에 의해 조성된 개념입니다. 후설에게서 생활세계는 일체의 체계적이고 과학적인 사유가 행해지고 정당성을 획득하게 되는 데 그 바탕으로 작동하는 진정한 근원적 세계를 일컫습니다. 이때 생활세계는 기본적으로는 지각되는 세계이고, 동시에 지각을 바탕으로 해서 이루어지는 행위 연관의 총체로서 문화 세계이기도 합니다. 그런데 과학 세계도 일정하게 사회적 관습의 과정을 거쳐 일상화되면, 예컨대 오늘날 뉴턴의 중력 법칙의 세계는 누구나 알고 있는 일상적인 것이듯이, 그러한 과학 세계도 생활세계로 내려와 편입됩니다. 말하자면 체계적인 과학 세계와 생활세계는 역동적인 축적의 과정을 거쳐 발생적 분리, 즉 생활세계로부터의 과학 세계의 발생 분리를 넘어서서 다시 하나로 통합되는 것입니다. 후설이 제시한 "생활세계"의 내용이 이러하다는 점을 염두에 두면서 하버마스가 말하는 "생활세계"를 생각해야 할 것입니다.

다시 인용문으로 돌아가 보면, "생활세계의 상징적 구조들"이 하버마스에게서 대단히 중요한 대안적 원리로서 등장한다는 것을 알 수 있습니다. 이를 이해하는 데에는 그가 제시하는 다음의 이야기가 도움이 될 것 같습니다. 다소 길지만, 애써 따라가 보기로 합시다.

상호 이해라는 기능의 측면에서 보면, 의사소통 행위는 전통과 문화적 지식의 갱신에 기여한다. 행위 조정의 측면에서 보면, 의사소통 행위는 사회 통합과 연대의 산출에 기여한다. 마지막으로 사회화의 측면에서 보자면, 의사소통 행위는 개인의 정체성의 형성에 기여한다. 생활세계의 상징적 구조들은 타당한 지식의 지속, 집단 연대의 안정화, 그리고 책임능력이 있는 행위자의 육성(育成)이라는 길을 통해 재생산된다. 재생산 과정은 생활세계의 기존 상태에 새로운 상황들을 연결시키는데, 그것도 (문화적 전승의) 의미나 내용과 관련된 의미론적 차원에서, 또한 마찬가지로 (사회적으로 통합된 집단들의) 사회적 공간과 (연속되는 세대들의) 역사적 시간의 차원에서 그러하다. 문화적 재생산, 사회 통합, 그리고 사회화의 과정에 각각 문화, 사회, 인격이라는 생활세계의 구조적 요소가 대응된다.

나는 의사소통 참여자들이 세계 안의 어떤 것에 대해 상호 이해를 도모할 때 여러 해석을 조달하는 자원의 역할을 하는 비축 지식을 문화(Kultur)라고 부른다. 의사소통 참여자들이 사회집단에 소속감을 갖도록 규제하고, 그럼으로써 연대를 확립할 때 의지하는 정당한 질서를 나는 사회(Gesellschaft)라고 부른다. 인성(Persönlichkeit)은 한 주체를 언어 및 행위 능력이 있게 만드는 능력, 그러니까 상호 이해 과정에 참여하고, 이때 자신의 정체성을 주장할 수 있게 하는 능력을 의미한다. 상징적 내용의 의미론적 영역, 그리고 사회적 공간과 역사적 시간은 의사소통적 행위가 펼쳐지는 차원들이다. 의사소통적 일상 실천의 망으로 짜인 상호작용들은 문화, 사회, 인격이 재생산되는 매체를 이룬다. 이런 재생산 과정은 생활세계의 상징적 구조에 해당된다. 이것과 생활세계의 물질적 기초를 보존하는 문제는 구별되어야 한다.[4]

하버마스는 후설에게서 빌려온 "생활세계"라는 개념을 현상학적 사회학자인 슈츠의 유고 《생활세계의 구조》에 힘입어 자기 나름으로 "의사소통 이론적 생활세계 개념"[5]으로 갱신합니다. 그리고 지금 이 인용문은 그러한 자신의 생활세계 개념에 입각해서 제시하고 있는 내용입니다. 굵직굵직한 개념들, 즉 "문화", "사회", "인성"이라는 개념들을 그 나름으로 새롭게 정의합니다. 아울러 이와 상응하는 개념들, 즉 "상호 이해", "행위 조정", "사회화" 등의 개념들이 동원됩니다. 그리고 이 개념들이 지시하는 실제에 대해 그 중심의 바탕으로서 관통하는 것이 "의사소통 행위"라고 말하고 있습니다.

상식적으로 생각해보아도 의사소통 행위는 사회적 존재로서의 인간이 수행하지 않을 수 없는 것입니다. 필자의 입장에서는 "의사소통"이라고 하지 말고 아예 간편하게 '소통'이라고 했으면 좋겠는데, 일단 하버마스에 관한 국내의 최고 연구가이자 본서의 번역자인 장춘익 선생의 번역을 그대로 따르기로 합니다.

의사소통이 제대로 이루어지려면 소통 당사자들 사이에 상호 이해가 전제되어야 합니다. 그런 뒤에라야 찬성과 반대가 있을 수 있고, 동의와 비판이 이루어질 수 있는 것이기 때문입니다. 그런데 하버마스는 이를 가능하게 하는 배경으로서 "문화"를 제시합니다. 그리고 문화를 "상호 이해를 위한 비축 지식"이라고 정의합니다.

우선 이 대목에서 문화가 어떻게 상호 이해의 배경으로 작동하는지를 살펴보아야 하겠습니다. 하버마스는 "생활세계"를 "상황"과 구분합니다. 의사소통 행위자들은 의사소통 행위를 할 수밖에 없는 특정한 상황에 놓일 것입니다. 그런데 특정하다고는 하나 그 하나의 상황이 아예 따로 뚝 떨어져 나와 독립되는 것은 아닙니다. 항상 그 배경이 있어 그것이 그 특정한 상황에 대해 지평으로 작동하기 마련입니다. "생활세계"는 의사소통 행위의 특정한 상황 하나하나에 대해 근본 지평으로 작동하는 것입니다. 이에 하버마스는 "상황"을 다음과 같이 정의하면서 그 "상황"에서 "생활세계"가 작동하는 방식과 성격에 대해 이렇게 다각적으로 말합니다.

상황은 언제나 주제와 함께 이동하는 지평을 갖는다. 하나의 상황은 주제를 통하여 부각되고, 행위 목표와 계획을 통하여 분명해지는—동심원을 그리며 배열된, 그리고 증가하는 시공간적·사회적 거리와 함께 동시에 더욱 익명성을 띠고 불분명해지는—생활세계적 지시 연관들의 한 단면이다.[6]

의사소통 행위자들은 항상 자신들의 생활세계의 지평 내에서 움직인다. 그들은 이것의 바깥으로 나갈 수 없다. 해석자로서 그들은 자신들의 화행(話行)과 함께 생활세계에 속한다. 그러나 그들은 "생활세계 안의 어떤 것"에 대해 사실, 규범, 혹은 체험에 대해서처럼 관계할 수는 없다. (……) 생활세계는 말하자면 화자와 청자가 만나는 초월론적 장소와 같은 것이다.[7]

생활세계는 직관적으로 현전하며 그런 한에서 친숙하고 투명한, 하지만 동시에 그 전체가 파악될 수 없는 전제들의 망을 이룬다. 이 전제들은 현재의 발언이 유의미하기 위해서, 즉 타당하거나 타당하지 않기 위해서 충족되어야 하는 전제들이다.[8]

이같이 풀이되는 "생활세계"와 의사소통 행위의 "상황", 그리고 그 상황에서 의사소통 행위를 하는 "행위자" 등에 관한 하버마스의 이야기에서, 생활세계가 심지어 의사소통을 위한 "초월론적인 장소"가 될 정도로 근본 지평으로 작동한다는 것을 염두에 두면서 다시 저 앞의 인용문의 내용을 정돈할 필요가 있습니다.

저 앞의 인용문을 재활용해서 생활세계와 관련지어 생각해보면,

"문화"는 상호 이해를 위한 생활세계적인 측면이고, "사회"는 의사소통 참여자들이 사회집단에 소속감을 가지면서 연대를 확립하는 데 필요한 생활세계적 측면이고, "인성"은 개별 주체가 상호 이해와 의사소통 행위에 참여하는 데 필요한 생활세계적 측면이라고 할 수 있을 것 같습니다. 말하자면 "문화"와 "사회", 그리고 "인성"은 의사소통에 참여해서 행위를 하는 주체들에게 기본적으로 작동하는 배경인 셈입니다. 이 세 가지가 사회적 공간과 역사적 시간을 관통하면서 서로 작용을 주고받으면서 계속해서 재생산된다는 것이 하버마스의 이야기입니다.

그런데 문화와 사회, 그리고 인격이 재생산되는 과정 자체를 생활세계의 상징적 구조라고 말하는 것이 이채롭습니다. 특히 "상징적"이라는 표현을 한 것에 신경을 써야 할 것 같습니다. 이를 물질적 재생산과 구분하는 데 활용하고 있기 때문입니다. 물질적 재생산이 경제활동이라고 하는 특정한 활동에 한정된다면, 상징적 재생산은 생활세계 전반을 갱신하는 것에 해당됩니다. 하지만 조금만 생각해보아도, 특히 근대의 자본주의적인 경제 체제에서는 물질적 재생산이 생활세계의 상징적 재생산에 대해 강력하게 규정적인 영향력을 발휘할 것이라는 것은 누구나 쉽게 알 수 있는 사실입니다. 이를 논의할 수 있는 중요 개념이 바로 "체계"입니다.

4. 체계와 생활세계의 분리

사회가 어떻게 발달하고 진화해오는가에 관한 이야기는 흔히 역사철학에 해당된다고 여깁니다. 예컨대 마르크스가 말한 것으로 엥겔스가 정돈해서 알려진 역사 발전의 변증법적인 단계들이 그러합니다.

그런데 하버마스는 사회 진화에 대해 이렇게 말합니다.

> 나는 사회적 진화를 이차적 분화 과정으로 이해한다. 체계와 생활세계
> 는, 전자의 복잡성과 후자의 합리성이 증가하면서 [그처럼] 각각 체계와
> 생활세계로서 분화될 뿐만 아니라, 동시에 서로로부터 분리되기도 하
> 는 것이다. (……) 근대적 사회는 자율적으로 된 조직들이 탈(脫)언어화
> 된 의사소통 매체를 통해 서로 관련을 맺고 있는 체계 분화의 수준에
> 이른다. 이런 체계 메커니즘은 규범과 가치로부터 상당 부분 떨어져 나
> 온 사회적 교류를, 즉 베버의 진단에 따르자면 자신의 도덕적·실천적
> 토대를 넘어 자립화한 목적 합리적 경제행위와 행정행위라는 하부 체
> 계들을 조절한다.[9]

여기에서 "체계"에 대한 정확한 정의를 하고 있는 것은 아니지만,
그 의미를 상당 정도 간취할 수는 있습니다. 물질적 재생산에 바탕
을 둔 것은 "체계"이고, 상징적 재생산에 바탕을 둔 것은 "생활세계"
라고 구분하면 될 것입니다.

가계, 기업, 국가 등을 경제활동의 주체라고는 하지만, 특히 자본
주의 경제의 핵심 주체는 기업입니다. 그러니까 자본주의적인 기업이
"체계"의 한 부분으로 작동하는 것은 확실합니다. 그리고 국가는 비
록 물질적인 생산을 하지는 않지만, 물질적인 생산을 지원하기 위해
법과 제도를 통해서 행정적인 용역을 제공합니다. 그러니까 국가 역
시 "체계"의 중요한 부분이 아닐 수 없습니다. 이러한 체계의 부분들
을 하버마스는 "하부 체계"라고 부릅니다. 그래서 "체계 메커니즘이
하부 체계들인 경제행위와 행정행위를 조절한다"라는 식의 이야기
를 하는 것입니다. 좌파적인 마르크스와 더불어 자본주의에 대한 우
파적인 분석가로 유명한 베버 이야기가 나옵니다. 이에 관해서는 다

음의 이야기도 들어보아야 하겠습니다.

자본주의 경제에서 생산은 시장을 통해서 탈(脫)집중화되고 동시에 비정치적 방식으로 규제된다. 국가는 스스로는 생산적 경제활동을 하지 않고 질서유지에 필요한 자원을 사적 수입에 부과하는 세금으로 충당하면서, 사인(私人)으로서 생산과정을 담당하면서 서로 경쟁하는 사람들 사이에 법에 따른 교류 관계를 조직하고 확립한다. 그래서 베버에게는 두 제도적 핵심, 즉 자본주의적 기업과 근대적 행정 기구가 설명이 필요한 현상으로 대두된다.[10]

저 걸출한 《프로테스탄트 윤리와 자본주의 정신》이라는 책의 저자인 베버는 비스마르크(Otto Eduard Leopold von Bismarck, 1815~1898)에 의해 사회 전체적으로 확립된 '관료제'를 연구한 것으로 유명합니다. 그와 아울러 '도구적 합리성'에 관한 연구로도 유명합니다. 자본주의적 기업과 근대적 행정 기구가 근대 자본주의 사회에서 비롯된 제도의 핵심이고, 이는 결국 시장과 국가라고 하는 거대한 두 체계를 생각하게 만듭니다. 시장은 대대적인 교환 관계에 의해 성립하면서 화폐에 의해 조절되는 "체계"이고, 국가는 대대적인 권력관계에 의해 성립하면서 권력에 의해 조절되는 "체계"입니다.

이와 관련해서 '근대적인 체계의 형성'에 대한 하버마스의 다음의 이야기를 들어보는 것이 좋을 것 같습니다.

국가로 조직화된 사회의 틀 안에서 상징적으로 일반화된 교환 관계를 통해서, 즉 화폐 매체를 통해서 조절되는 재화 시장이 등장한다. 그러나 이 매체가 사회 체계 전체에 대해 구조 형성적 효과를 낳게 되는 것은 경제가 국가적 질서로부터 분리되면서부터이다. 유럽의 근대 시기에 자본주의 경제와 함께 화폐 매체를 통해 분화된 부분 체계가 등장하고, 이것은 다시금 국가를 재조직하도록 압박한다. 파슨스가 상징적으로 일반화된 의사소통 매체라고 이름을 붙인 조절 매체의 메커니즘에 적합한 사회구조는 서로 상보적으로 연관된 시장경제와 근대적 행정이라는 하부 체계들이다.[11]

경제와 행정, 혹은 시장과 국가 둘 다가 체계라고 해서 그 체계가 완전히 통합을 이루는 것은 아닌 것입니다. 하지만 이 두 거대 체계는 서로 하나로 통합되고자 하는 경향을 버릴 수는 없을 것입니다. 그래야만 체계가 효율적으로 작동할 것이기 때문입니다. 그래서 요구되는 것이 "체계 통합"입니다. 이 인용문을 보면, 근대가 형성되면서 시장경제가 국가로부터 상당 정도 분리되면서 그 분리된 힘으로써 국가를 재조직하도록 압박을 가한다는 것입니다.[12] 그것은 분명히 "체계 통합"을 위한 한 방식일 것입니다.

중요한 것은, 그 어떤 의사소통 행위자도 기업을 비롯한 시장을 구성하는 여러 장치, 그리고 여러 법제화된 행정 기구와 장치로부터 아예 분리되어서는 삶을 영위할 수 없다는 사실입니다. 한편으로 보면, 시장과 국가라고 하는 체계는 수단일 뿐입니다. 즉, 시장과 국가는 생활세계를 바탕으로 한 문화·사회·인격(인성)을 더 잘 향유하기 위한 수단인 것입니다. 그런데 문제는 체계가 생활세계의 지배를 받는 것이 아니라, 거꾸로 체계가 생활세계를 지배하게 된다는 것입니다. 즉, 본말(本末)이 뒤집어진다는 것이지요. 그러면서 체계는 생활세계에 뿌리를 두고 있지 않은 "화폐"와 "권력"이라고 하는 조절 매체를 통해 생활세계로부터 자율화되어 제 스스로 굴러갈 수 있는 동력을 구비하게 되는 것입니다. 그렇게 되는 사회 논리적인 과정에 대해 하버마스는 이런 이야기를 합니다.

행위 조정 메커니즘의 두 가지 유형 사이의 양극화가, 그리고 체계 통합과 사회 통합의 광범한 분리가 모습을 드러낸다. 조절 매체를 통해 분화된 하부 체계들과 함께 체계의 메커니즘은, 독자적이고 규범에서 자유로우며 생활세계를 벗어나는 사회구조들을 만들어낸다. (……) 화폐나 권력과 같은 조정 메커니즘을 생활세계에 닻을 내리게 하는 제도들이, 생활세계의 영향력이 형식적으로 조직된 행위 영역 쪽으로 흐르도록 하거나, 아니면 역으로 체계의 영향력이 의사소통적으로 구조화된 행위 연관 쪽으로 흐르게 하거나 한다. 그러한 제도들은 전자의 경우 체계 보존을 위해 생활세계의 규범적 제약에 굴복시키는 제도적 틀로 기능하는 것이고, 후자의 경우에는 생활세계를 물질적 재생산이라는 체계의 압박에 종속시키며, 그리하여 체계의 부속물로 만드는 토대로 기능하는 것이라 하겠다.[13]

"체계 통합"은 물질적 재생산의 효율성을 극대화하고자 하는 데서 추구되는 것이고, "사회 통합"은 의사소통적인 상징적 재생산의 효율성을 극대화하고자 하는 데서 추구된다고 할 것입니다. 그런데 이 두 메커니즘이 분리되어 양극화된다는 것은 해당 사회를 사는 개개 구성원으로서는 당연히 분열적이어서 곤혹스러울 수밖에 없고, 조금만 생각해도 여러 가지 사회적 병리 현상이 생겨나는 원인이 되는 것임을 알 수 있습니다.

다들 인정할 수밖에 없다시피, 우리의 삶에 있어서 화폐와 권력은, 푸코의 "생체정치"에 입각해서 말하면, 세포 하나하나에 파고들어 힘을 발휘한다고 해도 과언이 아닙니다. 이렇게 되면, 생활세계의 한 구성 요소인 주체의 인격(인성)이 파괴될 수밖에 없습니다.

그런데 하버마스는 부와 권력이 그렇듯 생활세계에 뿌리를 내리도록 하는 각종 제도적인 틀들이 무조건 체계 일변도로 작동할 것이라고 말할 수는 없다고 합니다. 제도를 잘 만들면, 혹은 제도의 특별한 성격에 따라, 오히려 생활세계의 영향력이 형식적으로 구조화된 하부 체계의 구석구석에 흘러들 수도 있다는 것입니다. 화폐와 권력으로 좌지우지할 수 없는 식으로, 더 나아가 인격적인 삶을 뒷받침하는 규범과 도덕을 염두에 두지 않으면 안 되는 식으로, 체계가 작동하도록 하는 '선량한' 제도들이 있을 수도 있다는 것입니다.

하지만 현실적으로는 이러한 가능성에 대해 하버마스가 비관적인 입장을 취하는 것만은 틀림없는 것 같습니다. 말하자면 이를 이상적인 사회의 지침으로 삼을 수는 없다는 것입니다. 그 반대로, 부와 권력이 생활세계에 강력하게 영향을 미침으로써 그것을 위한 제도들은 생활세계를 물질적 재생산을 위한 체계의 부속물로 만드는 토대를 형성하게 될 공산이 크다고 봅니다. 이를 일컬어 하버마스는 "체계에 의한 생활세계의 식민화"라고 부릅니다. 문제는 하버마스가 그러한 식민화를 근대화 과정에서 어쩔 수 없는 것으로 보는 것이 아닌가 하는 점입니다. 예컨대 다음과 같은 그의 언명을 보면 이를 염두에 두게 됩니다.

화폐와 권력이라는 매체를 통해서 경제와 국가라는 하부 체계가 생활세계의 지평 속에 자리 잡은 제도 체계들로부터 분화되어나감에 따라 형식적으로 조직된 행위 영역들이 생겨난다. 이 영역들은 더 이상 상호 이해의 메커니즘을 통해 통합되지 않으며, 생활세계적 맥락으로부터 떨어져 나와 규범과 무관한 성격의 사회성으로 응고된다.[14]

법의 실정법화(Positivierung), 합법화(Legalisierung), 형식화(Formalisierung)는 화폐와 권력을 제도화하고 그에 상응하여 경제행위와 행정행위를 조직하기 위해서 기능적으로 필수적인데, 이것은 동시에 합법성이 도덕성으로부터 분리되는 것을 의미한다.[15]

자본주의적 경제가 매체에 의해 조절되는 하부 체계로 한 번 확립되고 나면, 그것은 합리적 행위 태도의 윤리적 정박, 즉 가치 합리적 정박을 더 이상 필요로 하지 않는다. 이것은 기업과 조직이 구성원들의 행위 동기에 대해 갖는 자립성에서 표현된다.[16]

객관적인 사실을 기술하듯이 제시되고 있는 이러한 하버마스의 언명을 보면, 불행히도 오늘날 우리가 살고 있는 자본주의적인 근대 사회에서 체계에 의한 생활세계의 식민화는 어쩔 수 없는 일종의 필연적인 과정인 것인 양 여기게 됩니다. 언제였던가요? 어떤 정부 고위 관료가 국회 청문회에 나와서 "우리 공무원은 영혼이 없습니다"라는 유의 발언을 한 적이 있습니다. 당연하지만 듣고 보니 충격적인 그 발언을 통해, 기업과 조직의 구성원들이 갖는 행위 동기는 결코 인격적이거나 도덕적 규범에 의거한 판단이 아님을 여실히 알 수 있었습니다.

기업 조직과 행정 조직은 구성원들의 생활세계적인 정체성과는 무관하게 그 자체로 자립성을 띱니다. "합법성과 도덕성의 분리"라는 말도 대단히 중요한 것 같습니다. 그것은 실제 체계 중심의 사회는 오로지 실정법에 의거한 합법성만을 중심으로 굴러가고, 근본적인 인격성·도덕성·규범성과는 무관하다는 것을 나타냅니다. 한때 한진중공업 조남호 회장의 청문회에서 당시 한나라당의 어느 의원이 "당신은 법적으로 책임이 없을지 모르지만, 국민의 정서법을 위반했기 때문에 그에 대해 책임을 져야 한다"라는 취지의 발언을 한 적이 있습니다. 한편으로는 법적인 면죄부를 주는 발언이기 때문에 상당히 문제가 많은 것이 분명했지만, 다른 한편으로 대단히 흥미로운 발언이었습니다.

5. 생활세계의 식민화로부터의 해방

그렇다면 하버마스가 과연 이러한 대대적인 생활세계의 식민화로부터 벗어나 해방될 수 있는 길을 어떻게 제시하는가 하는 것이 중요한 사안이 아닐 수 없습니다. 하버마스는 그러한 해방을 일단 마르크스의 사회 이론에서 보는 것 같습니다.

> 마르크스에 따르자면, 사회주의적 사회에서야 비로소 체계가 생활세계에 걸어놓은 주술이 깨어지고 토대에 대한 상부구조의 종속성이 해소될 수 있다.[17]

이 언명에서 확인할 수 있는 것은 하버마스가 말하는 "체계"와 "생활세계" 간의 관계는 마르크스가 말하는 "상부구조"와 "토대"의 관계에 일정하게 대응된다는 점입니다. 만약 양자가 곧이곧대로 일치한다면, 하버마스가 마르크스의 생산양식 이론을 구성하는 개념들을 자기 나름대로 섬세하게 재구성한 것이라고 할 수밖에 없을 것입니다.

문제는 하버마스가 과연 마르크스가 말하는 사회주의 내지 공산주의를 위한 혁명에 기대를 거는가 하는 것인데, 이에 관해 다음과 같은 하버마스의 언명을 생각해봄 직합니다.

> 마르크스는 체계기능주의가 암묵적으로 취하는 관점에 정확히 반대

되는 전제를 담고 있는 실천적·정치적 행위 관점을 구상한다. 마르크스는 자기 조절적 체계의 명령에 따라 생활세계가 도구화되는 것, 특히 노동자들의 생활세계가 도구화되는 것을 고발하였는데, 체계 이론은 이런 생활세계 도구화의 세계사적 과정이 이미 완결에 이르렀다고 가정한다. 이에 따르면, 주변화된 생활세계는 그 자신이 매체에 의해 조절되는 하나의 하부 체계로 변화하고, 의사소통적 일상 실천을 형식적으로 조직된 행위 영역들의 빈껍데기로 남겨두는 식으로만 살아남을 수 있다. 이에 반해 마르크스는 자본의 객관적 가상이 풀리고 가치법칙의 명령에 잡혀 있던 생활세계가 그것의 자발성을 돌려받게 되는 미래의 상태를 염두에 두고 있다. (……) 전위 세력이 죽은 노동〔=자본〕에 반하여 살아 있는, 비판에 의해 소생된 노동을 동원하고, 탈세계화된 노동력 체계에 대한 생활세계의 승리로 이끌 것이다.

이런 혁명적 기대에 반하여, "사유(私有) 자본주의의 철폐는……결코 근대적인 기업적 노동의 철창이 파괴되는 것을 의미하지 않을 것"이라는 베버의 진단이 맞았다. 마르크스의 오류는 결국 체계와 생활세계를 변증법적으로 맞물려놓아, 근대에 형성된 체계 분화의 수준과 이 분화 수준이 계급에 특수한 방식으로 제도화되는 형식 사이를 충분히 분명하게 구별할 수 없도록 한 데에 기인한다.[18]

하버마스는 "마르크스는 생활세계의 물화의 측면과 구조적 분화의 측면을 구별할 수 없다"라고 말하기도 합니다.[19] 이는 하버마스가 마르크스가 제시한 토대와 상부구조에 의거한 생산양식에 대한 분석 결과에 대해 동의하지 않는다는 것을 알려줍니다. 특히 하버마스는 마르크스가 경제를 토대로 보고 국가기구들을 상부구조에 해당되는 것으로 본 것을 비판합니다. 하버마스에 따르면, 국가기구들은 경제적인 시장의 기구들과 마찬가지로 체계에 속한 것으로 분류되어야 하기 때문입니다. 그리고 보면 하버마스가 마르크스를 설명할 때 예사로 체계와 생활세계라고 하는 개념을 동원하긴 하지만, 실상 자신이 마르크스의 토대-상부구조 이론에 전적으로 동의하는 것도 아니고, 그것을 자신의 체계-생활세계 이론과 바꿀 수 있는 것으로 여기는 것도 아님을 알 수 있습니다.

마르크스 혁명론에서 핵심은 생산수단에 대한 사적 소유의 체계를 무너뜨리는 것이었습니다. 그런데 하버마스는 "사적 자본주의를 철폐한다고 해서 결코 근대적인 기업적 노동의 철창이 파괴되는 것을 의미하지 않는다"라고 말하는 베버의 손을 들어주면서, 적어도 이에 관해서만큼은 마르크스가 틀렸다고 봅니다. 이는 소련을 비롯한 현실 사회주의국가에서 있었던 노동의 현실에 근거해서 제시된 것으로 여겨집니다. 국가라고 하는 체계가 버티고 있는 한, 생활세계의 해방은 있을 수 없다는 것이고, 국가와 경제가 분리되는 과정을 거치면서 경제가 국가를 재조직하도록 한다고 할지라도 국가는 그 나름으로 권력이라고 하는 조절 매체 내지 행동 조정 메커니즘을 구비하고 있기 때문에 경제 체제의 변화가 곧 노동 체제의 변화를 이끈다고 볼 수 없다고 하는 것으로 이해됩니다.

자세히, 심지어 하버마스의 다른 문헌들도 철저히 검토해보아야 하겠지만, 일단은 하버마스가 실효성 있는 해방의 길을 제시하는 것 같지는 않습니다. 다만 다음과 같은 하버마스의 이야기는 우리의 삶의 현실을 잘 기술하고 있고, 부분적이나마 자기 나름의 대안을 제시하는 것으로 보이기에, 참고해볼 만합니다.

일상 의식은 이미 타당성 주장의 효력이 정지된 전통에 의지하는 처지에 있고, 전통주의의 세력권에서 벗어나는 경우에는 형편없이 파편화된 상태에 있다. 오늘날 '허위' 의식의 자리에 파편화된 의식이 들어서서 물화 메커니즘에 대한 계몽을 방해한다. 이와 함께 비로소 생활세계의 식민지화 조건이 충족된다. 자립화된 하부 체계들의 명령은 이데올로기적 가리개를 벗어버리고, 식민지 지배자가 부족사회에 들어가듯이, 외부로부터 생활세계에 침투해서 동화를 강요한다. 그렇지만 지역적 문화의 분산된 관점들은 대도시 세계시장의 놀음을 주변에서부터 꿰뚫어볼 수 있을 만큼 서로 조정을 이루지 못한다.

그러니까 체계-생활세계의 개념으로 새로 표현된 후기 자본주의 사회의 물화에 대한 이론은, 낡은 계급의식 이론의 자리를 대신할 문화적 근대성에 대한 분석을 통해 보완되어야 한다. 이것은 이데올로기 비판에 봉사하는 대신, 일상 의식의 문화적 빈곤화와 파편화를 설명해야 할 것이다. 혁명적 의식의 사라진 흔적을 찾아 헤매는 대신, 합리화된 문화가 생생한 전승에 의지하는 일상 의사소통과 재결합될 수 있는 조건들을 탐구해야 할 것이다.[20]

후기 자본주의 상황에서는 계급 이야기가 그다지 실효성이 없다는 이야기를 하고 있습니다. 하버마스가 그렇게 말하는 것은, 부르주아와 프롤레타리아라고 하는 계급 자체가 없다고 하는 것을 주장하는 것은 아닐 것입니다. 그 두 계급 간의 대대적인 대립만으로는 설명할 수 없는 문화적 근대성이라고 하는, 생활세계에서부터 주요 사안으로 등장하는 탈계급적 요인을 분석해서 보완해야 한다고 말하는 것입니다. 결국에는 하버마스의 문제의식이 문화 문제로 귀착되는 양상을 보입니다. 그에 따르면, 문화는 "의사소통 참여자들이 세계 안의 어떤 것에 대해 상호 이해를 도모할 때 여러 해석을 조달하는 자원의 역할을 하는 비축 지식"이었습니다. 이를 실제로 현실 속에서 생생하게 되살려내이 의사소통 행위를 하는 각자가 충분히 일상생활 속에서 최대한 향유할 수 있어야 한다고 보는 것 같습니다.

이러한 하버마스의 다소 애매한 전망을 참조하여 우리 나름으로 '인문 민주주의'에 입각한 '공향유의 공동체'에 대한 생각을 조성해 나갈 수 있으리라 생각합니다.

17장

라캉: 영원한 결핍, 욕망

1. 들어가는 말

자크 라캉(Jacques Marie Émile Lacan, 1901~1981)[1]은 너무나도 잘 알려진 인물이지요. 그러나 그의 주저인 《에크리(Écrits)》(1966)는 900쪽에 이르는 분량에서도 그러하지만, 그것을 제대로 읽는다는 것 자체가 불가능할 정도로 난해한 글로도 유명합니다. 솔직하게 고백하자면, 필자로서는 이 책을 읽으려고 감히 시도조차 해보지 못했습니다. 그러니 오늘 라캉에 관한 이야기는 그야말로 책임을 지기 힘들다고 해도 전혀 과언이 아닙니다. 그러나 다행히도 브루스 핑크(Bruce Fink, 1956년생)가 쓴 《에크리 읽기: 문자 그대로의 라캉(Lacan to the Letter: Reading Écrits Closely)》(2004)[2]이 번역되어 있어 이를 통해 큰 도움을 얻었습니다.

브루스 핑크는 파리 8대학 정신분석학과에서 철학 박사 학위를 획득한 뒤, 미국 펜실베이니아 주의 피츠버그에 있는 듀케인 (Duquesne) 대학의 심리학 교수 일을 하면서 라캉의 정신분석에 입각해 임상과 이론을 겸해서 활동하고 있는 인물입니다. 무엇보다 라캉에 관련한 그의 중요한 업적은 2002년에 《에크리》를 영어로 번역했다는 사실입니다. 그리고 《에크리 읽기》는 《에크리》를 번역한 뒤, 이를 알기 쉽게 소개하기 위한 해설서로 보입니다. 필자는 몇 년 전에 브루스 핑크가 쓴 《라캉과 정신의학: 라캉 이론과 임상 분석(A Clinical Introduction to Lacanian Psychoanalysis: Theory and Technique)》(1997)[3]을 읽고서 브루스 핑크가 설명하는 라캉의 이론이 상당히 깔끔하다는 인상을 받은 적이 있습니다. 그런 탓이긴 한데, 한국에서 김석 선생님이 쓰신 《에크리: 라캉으로 이끄는 마법의 문자들》[4]이 있는데도, 이를 전격적으로 참고하지 못하고 핑크의 《에크리 읽기》를 참조할 수밖에 없었습니다.

국내에서는 라깡학회가 있어서 상당히 활발하게 움직이고 있습니다. 라깡에 관한 국내의 논의를 처음으로 엮어 만든 책이 《라깡의 재탄생》[5]이 아닌가 싶습니다. 필자는 이 책에 실린 홍준기 선생님의 글을 읽고서 도움을 많이 받았습니다. 아직 다 읽지 않아서 잘 모르긴 하지만, 라깡 이론을 일목요연하게 요약한 책으로는 숀 호머(Sean Homer)가 쓴 《라깡 읽기(Jaques Lacan)》(2005)[6]가 좋은 것 같습니다. 그리고 라깡이 1953년부터 1981년 사망할 때까지 줄곧 연례 세미나를 열었는데, 그중에서 가장 중요하다고 알려져 있는, 자크 알랭 밀레가 편집한 세미나 XI을 번역한 《자크 라깡 세미나 11: 정신분석의 네 가지 근본 개념》[7]이 있으니, 본격적으로 라깡을 읽고 싶은 분은 참조하기 바랍니다. 그것 말고 딜런 에반스(Dylan Evans)가 쓴 《라깡 정신분석 사전》[8]이 개념들을 일목요연하게 찾아보는 데 상당히 좋습니다.

본격적으로 라깡 공부를 한 적이 없는 필자로서는 이런 여러 책을 참조할 수밖에 없는데, 오늘 여러분과 생각해보고자 하는 것은 철학적으로 보아 가장 중요하다고 여겨지는 주체 문제에 집중하지 않을 수 없을 것 같습니다. 이를 위해 핑크가 쓴 《에크리 읽기》 중에서도 제4장인 '〈주체의 전복〉 읽기'를 소개하는 것을 목표로 삼고자 합니다.

2. 완성된 욕망의 그래프

이 강의는 《에크리》에서 약 36쪽에 달하는 제7장의 제1절인 〈주체의 전복과 프로이트의 무의식에서의 욕망의 변증법〉이라는 논문을 핑크가 실명하는 것을 전적으로 참조한 것입니다. 이 글에서 라깡은 〈그림 17-1〉의 그래프를 제시합니다.

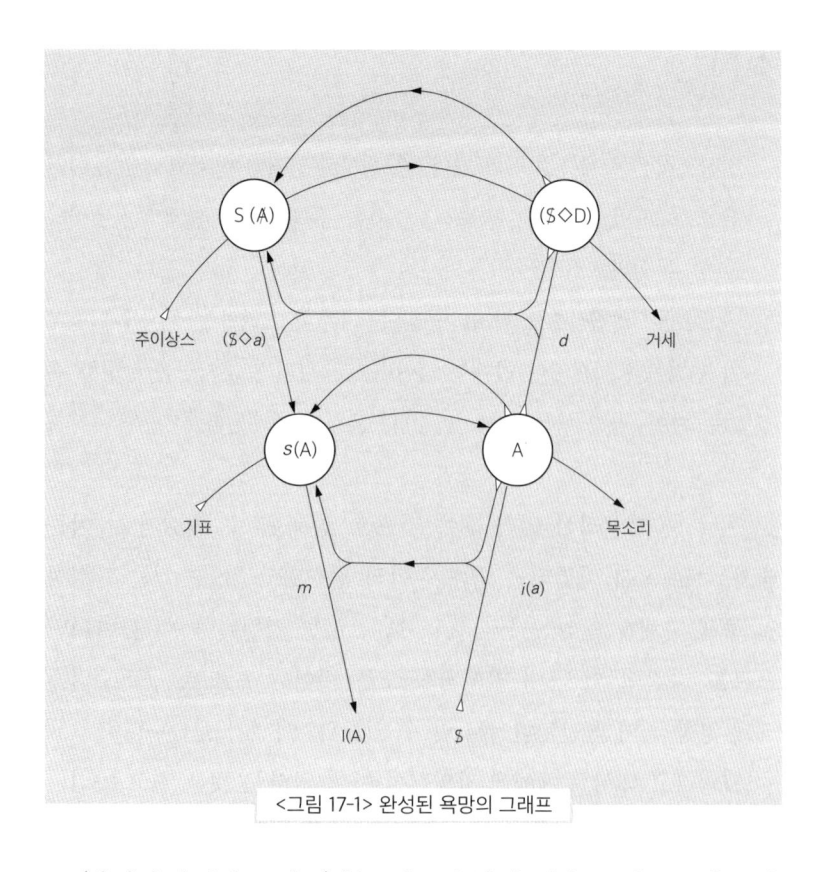

<그림 17-1> 완성된 욕망의 그래프

　'완성된 욕망의 그래프'라는 제목이 붙어 있지요. 언뜻 보아도 상당히 복잡한 그래프입니다. 오늘 강의는 이 그래프를 이해하는 것을 목표로 삼고자 합니다. 하지만 그 목표를 달성하는 것이 쉽지 않을 것 같습니다.

1) 자의식의 문제

　핑크는 먼저 라캉이 자의식 문제를 들고 나오는 것을 다룹니다. 핑크는 라캉이 말하는 주체에 대해, "주체의 근본적인 특징은 그가 알지 못한다는 것이다"[9]라고 요약해서 말합니다. 그러면서 이렇게 말합니다.

> 정신분석은 주체를 지식의 결여, 즉 무지에 근거하여 위치시킨다. 이것
> 은 그 나름의 방식으로 부정(negation)을 통해 지식과 연계되는 것이라
> 고 할 수 있다.
> 　이것이 직접적으로 암시하는 바는 라캉이 고려하는 주체에게는 자
> 기 인식이나 자의식이 없다는 점이다. 그/그녀는 자의식을 설명할 수
> 있는 자아/자아 이상이라는 변증법으로부터 배제된다.[10]

"주체는 자의식이 없다"라는 것으로 압축될 수 있겠지요. 이는
데카르트에게서 비롯되는 근대 철학의 정수라고 할 수 있는 반성적
인 주체 자체를 전혀 근본적으로 보지 않는 것입니다. 이 한마디만
으로도 라캉이 왜 근대 철학의 구도를 벗어나 포스트 구조주의에
크게 영향을 미친 인물인지를 알 수 있는 게 아닌가 싶습니다.
　그렇다고 해서 주체에게 자의식이 아예 없다는 것은 결코 아닙니
다. 그건 사실 일상적인 우리의 직관을 잠시만 동원해도 말이 안 된
다는 것을 알 수 있지요. 핑크에 따르면, 라캉은 자의식이 출현하는
것은 타자에 의거해서 타자가 우리 속에 투사됨으로써 성립한다고
말합니다.[11] 핑크는 이렇게 말합니다.

> 라캉에 의하면 자의식은 다음과 같이 나타난다. 타자가 우리를 바라보
> 는 방식을 내재화하고 타자의 찬성하는 듯한 또는 반대하는 듯한 시선
> 과 의견들을 동화함으로써 우리는 타자가 우리를 보는 방식으로 자신
> 을 이해하게 되고 타자가 우리를 아는 대로 우리 자신을 알게 된다. 거
> 울 앞의 아이는 돌아서서 자신의 뒤에 서 있는 어른이 고개를 끄덕여
> 주고, 알아보아 주고, 찬성하거나 승인하는 말을 해주기를 기대한다. ―

이것은 세미나 VIII에서 재구성된 거울 단계를 전제로 한다.

(……)

다른 말로 바꾸면 나(자아 이상)는 타자와 마찬가지로 나 자신(자아)을 대상으로 간주하며 이 때문에 데카르트의 "나는 생각한다"가 가능해진다. (……) 의식은 "자아에 내재하는 것이 아니며 그보다는 단일적 특성을 가진 자아 이상에 기반을 두고 있으므로 초월적이라고 해야 한다(데카르트의 코기토는 이것을 놓치지 않는다)."[12]

대단히 흥미로운 대목이 아닐 수 없습니다. 데카르트에서 칸트를 거쳐 후설에 이르기까지 이른바 '초월론적인(transcendental)' 주체는, 철학자에 따라 여러 방식을 취하긴 하지만, 인식적 의미의 차원에서 일체의 실체를 가능하게 하는 가장 근원적인 주체로 이야기됩니다. 그런데 라캉은 그 근원인 '생각하는 자아'가 근본적으로 타자의 매개에 의해 이루어진다는 점을 꿰뚫어 봅니다. 원문을 찾아보니, 여기에서 인용된 대목 다음에 라캉은 "그렇기 때문에 초월론적인 자아(l'ego transcendantal) 자체가 상대적이고, 자아의 동일화가 시발되는 오인(méconnaissance)에 근거한다는 것을 함축한다"[13]라고 말합니다. "무의식의 주체"를 내세워 일거에 근대 철학 전반의 등뼈를 부러뜨려 놓는 격입니다. 결국 핑크는 라캉이 제시하는 "무의식의 주체"에 대해 이렇게 정돈해서 말합니다.

무의식의 주체의 차원에서는 자기(self)라는 것이 존재하지 않으며 이 때문에 자기 인식이라는 것도 없다.

무의식은 우리가 아는 것이라기보다는 알려진 어떤 것이다. 무의식이라는 것은 문제의 그 '사람'이 알지 못하는 사이에 알려진다. (……) 무의식은 주체가 의식하지 못하는 사이에 주체에게 덮어씌워진다. 이 미

지의 지식은 기표들 사이의 연계 속에 숨겨진다.―무의식은 바로 이
관계를 뜻한다.[14]

무의식이라는 것이 주체가 모르는 사이에 주체에게 덮어씌워지
는 미지의 지식이 기표들 사이의 연계 속에 숨겨지는바, "무의식은
이 미지의 지식과 기표들의 연계 간의 관계를 뜻한다"라는 이야기가
대단히 어렵게 느껴집니다. 도대체 무슨 뜻일까요? 어렵게 느껴지는
까닭은 특히 소쉬르에 의해 구축된 기표와 기의 관계를 라캉이 뒤집
어 활용하기 때문입니다. 이를 살펴봅시다.

2) 라캉의 누비땀

한마디로 말해 라캉의 정신분석은 '기표주의'라고 할 수 있습
니다. 이를 이해하려면 먼저 라캉이 이야기하는 "누비땀(point de
capiton)" 개념을 이해해야 합니다. 이는 〈그림 17-2〉와 같습니다.
이 그래프에서 S1은 어떤 말을 할 때 말의 앞부분을, 그리고 S2는

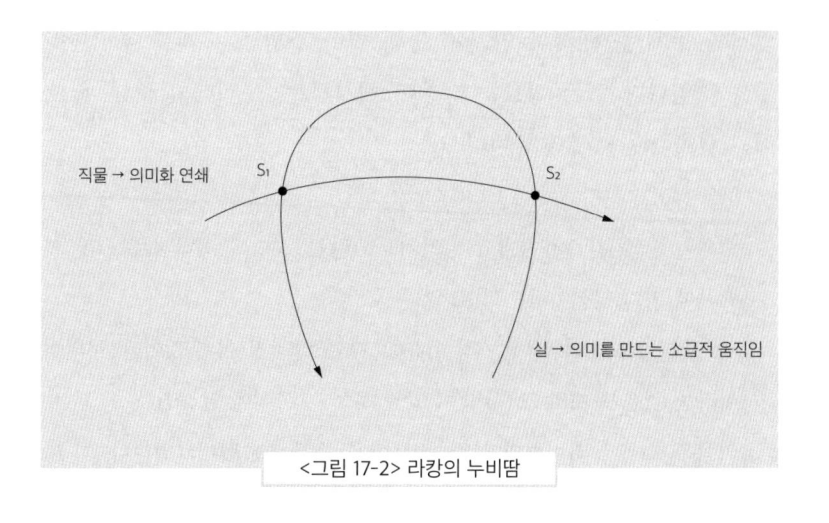

직물 → 의미화 연쇄   S₁   S₂

실 → 의미를 만드는 소급적 움직임

〈그림 17-2〉 라캉의 누비땀

바로 그 어떤 말을 할 때 말의 뒷부분을 가리킵니다. 그런데 중요한 것은 예컨대 "Dick and Jane were exposed, when they were young children and in a repeated manner, to……"라는 식으로 말이 이어질 때, 'to……'(S2)에 무엇이 오는가에 따라 'were exposed'(S1)라는 말뜻이 결정될 것인데, S1의 단계에서는 그 뜻이 아직 전혀 결정되지 않는다는 것입니다. 아직 말뜻이 결정되지 않았다는 것은 기의가 결정되지 않았다는 것이지요. '……에(to……)'에서 '……'에 과연 어떤 것이 올까요? 글쎄요, '유해한 방사능에', '외국어에', 또는 '노출광인 그들의 삼촌에게' 등 어떤 것이 올지 모르는 것입니다. 그래서 '노출되었다(were exposed)'라는 말을 들을 때 사람들은 '알게 모르게' 여러 가능성을 염두에 두면서 미리 준비를 하기 마련입니다. 그러다가 '노출광인 그들의 삼촌에게'가 나오면 이를 바탕으로 해서 '노출되었다'라는 기표의 기의를 결정하게 됩니다. 그러니까 이 그래프에서 "실→의미를 만드는 소급적 움직임"이라는 것은 기표들이 S1에서 S2로 나아가는 반대 방향으로, 즉 S2에서 S1로 되돌아가는 운동을 나타내는 것이지요. 라캉은 그렇게 해서 기표와 기의가 결합되는 순간을 의자 천갈이공이 누비 장식을 만들면서 직물에 단추를 꿰매는 것에 비유하여 "누비땀(point de capiton)"이라고 부르는 것입니다. 그런데 핑크는 이를 "싸개 단추 달기"라고 해서 단추 달 때 단춧구멍을 통해 실을 왔다 갔다 하면서 그 실을 다소 길게 늘어뜨린 뒤 마지막에 그 실을 여러 번 둘러 감아서 단추가 옷감에 딱 붙어 있지 않고 다소 덜렁거리게 하는 것으로 자기 나름의 표현을 합니다.

3) 분열된 주체의 생성

여기에서 중요한 것은 "실→의미를 만드는 소급적 움직임"을 비유하는 천갈이공입니다. 그런데 라캉은 "여기서 천갈이공은 누구인가?" 혹은 "매트리스를 만드는 사람은 어디에 있는가?"(세미나 V, 14)라고 묻는다고 핑크는 말합니다. 우리 나름으로 짐작하건대, '천갈이공' 또는 '매트리스를 만드는 사람'은 결국 욕망을 지칭하지 않나 싶습니다.

사실 언어라는 것이 말을 듣는 사람뿐만 아니라 말을 하는 사람조차 도대체 그 말을 어떻게 그렇게 할 수 있는가에 대해 거의 알지 못합니다. 말하자면 '말하는 주체'는 '무의식의 주체'인 것 같습니다. 물론 의식해서 말을 하기도 하지요. 하지만 그 바탕에서 보자면 궁극적으로 무의식적인 주체가 작동해서 말을 한다는 것입니다. 그러니까 무의식의 주체에 의해 말하는 주체가 형성되는 것 같습니다. 그런데 이 그래프를 보자면, 기표와 기의가 임의적이나마 결합되도록 하는 이 기묘한 주체는 기표의 연쇄가 일어나지 않고서는 아무 소용도 없고 생겨날 수도 없습니다. 이에 관한 핑크의 이야기가 있습니다.

> 라캉은 우리가 생각하고 있었을 만한 이의를 제기한다. 이러한 모든 기표는 자율적으로 작동하지 않는 것 아닌가, 기표들이 어떠한 효과를 나타내려면 주체 안에 존재해야 하는 것 아닌가.[15] 이러한 이의에 대한 그의 '대답'은 주체가 기의의 차원으로 이동되었거나 격하되었다는 것이다. 주체는 기표의 운용 방식에 대헤 전혀 알 필요가 없기 때문이다. 기의와 마찬가지로 여기서 주체는 기표의 효과이다.[16]

흔히 기표들이 작동하려면 기표들이 주체의 권한 내에 있어야 하는 것 아닌가 하는 생각을 하게 되는데, 그것은 오로지 기표로 된 무의식의 주체 상태에서 기의의 차원으로 이동 내지 격하되었기 때문이라고 말하고 있습니다. 라캉에게서 기의의 차원은 근본적이라고 할 수 있는 무의식의 차원이 결코 아닙니다. 거기에서 발생하는 기의를 확보하는, 말하자면 '기의의 주체' 역시 그렇습니다. 그것들은 모두 "기표의 효과"라는 것이지요.

그런데 우리가 조금만 잘 생각해보면, 도대체 "누비땀"이 형성된다고 할지라도 기의의 결정이라는 것은 결코 완성될 수 없다는 것을 잘 알 수 있습니다. 말하자면 기의는 항상 결여된 것일 수밖에 없는 것입니다. 현행적으로나 잠정적으로 계속해서 그 뒤에 다른 말이 이어질 것이기 때문입니다. 여기에서 우리는 후설이 말한 지평을 떠올리게 됩니다. 지평은 대상의 의미를 계속해서 연기시키면서 새롭게 규정되도록 하기 때문이지요.

라캉은 하나의 기호에서 기표와 기의는 뗄려야 뗄 수 없이 결합되어 있다고 하는 소쉬르의 생각을 받아들이지 않습니다. 게다가 라캉은 소쉬르가 제시한 $\frac{s}{S}$(s는 기의, S는 기표, ㅡ는 아래로의 지배 관계)를 $\frac{S}{s}$로 뒤집어 기표가 기의를 지배한다는 것을 보인 뒤, 이러한 종류의 괴상망측한 수식들을 "알고리듬"이라고 칭합니다. 그리고 무의식의 위상학을 환유[17]로 보고, "$f(S\cdots S')S\cong S(-)s$"라는 알고리듬으로 표현합니다. 여기에서 '(S$\cdots$S')'는 기표들이 죽 이어지면서 기의 속으로 들어가려는 듯 미끄러지는 것을 말합니다. 그리고 'S(ㅡ)s'는 $\frac{S}{s}$를 환유에 관련해 변형한 것이라고 할 수 있는데, '빼기(ㅡ)'의 표시에서 알 수 있듯이 기표가 기의 속으로 완전히 들어가는 것이 아님을 나타냅니다. 그러니까 이 알고리듬은 기의가 기표의 함수임을 나타내면서 동시에 일종의 '기표 빼기 기의'에 의거한 근원적인 결여, 즉 기의의 미완성적인 불충분성을 나타냅니다. 이에 관해 핑크의 이야기는 이렇습니다.

라캉은 환유의 '알고리듬'에서 괄호 속의 가로선을 이해하는 다른 방식을 제안한다. 그것은 기표가 주체의 대상관계에 구축한 존재의 결여(manque de l'être)를 상징하므로 일종의 마이너스 기호라고 할 수 있다. 기표는 "의미 작용의 지시적 가치를 활용하여 기표가 지탱하고 있는 결여를 겨냥하는 욕망(désir, desire)을 불어넣는다."[18]

"욕망"이라는 것이 근본적으로 기표에서 기의로 향한 부분을 빼고 난 나머지에 의거해서 성립한다는 것을 말하고 있습니다. 아주 쉽게 우리 나름으로 말하면 이렇습니다. 인간은 기의를 찾아서 그 기의를 완성하고자 합니다. 궁극적으로 말하자면, 삶의 의미를 찾아 완성하고자 하는 것이지요. 그런데 그 재료는 눈으로 보고 귀로 듣고 손으로 만지고 냄새 맡고 하는 일체의 감각적인, 이른바 기표들입니다. 그런데 기표는 다른 기표들과의 연쇄적인 관계 속에서 기의(의미)를 산출하는데, 그 기의는 기표들의 연쇄적인 관계들을 제대로 담아낼 수 없기에 비교해서 보자면 항상 부족할 수밖에 없고, 따라서 기표는 끝없이 남아돌게 마련입니다. 그런데 남아도는 기표들에 의미를 부여하고자 하는 데서 욕망이 성립한다는 것입니다. 욕망에 대한 참으로 기묘하기 짝이 없는, 그러나 대단히 창발적인 정의(定義)라고 할 수 있습니다.

주체는 기표의 효과이고, 욕망은 기표와 기의의 관계, 즉 항상 기의 너머로 넘쳐나는 기표의 과잉에서부터 이 과잉을 메우고자 하는 데서 성립한다는 것입니다. 이런 이야기를 바탕으로 해서 이제 〈그림 17-3〉을 봅시다. 그리고 이 그래프에 대한 핑크의 설명을 봅시다.

왼쪽에서 오른쪽으로 향하는 벡터는 말함(speech)의 벡터이며 말굽 모양의 벡터는 주체성의 벡터이다. 주체성의 벡터가 시작되는 곳에 있는 삼각형은 살아 있는 유기체로서의 인간, 즉 육체적·생물학적·동물적

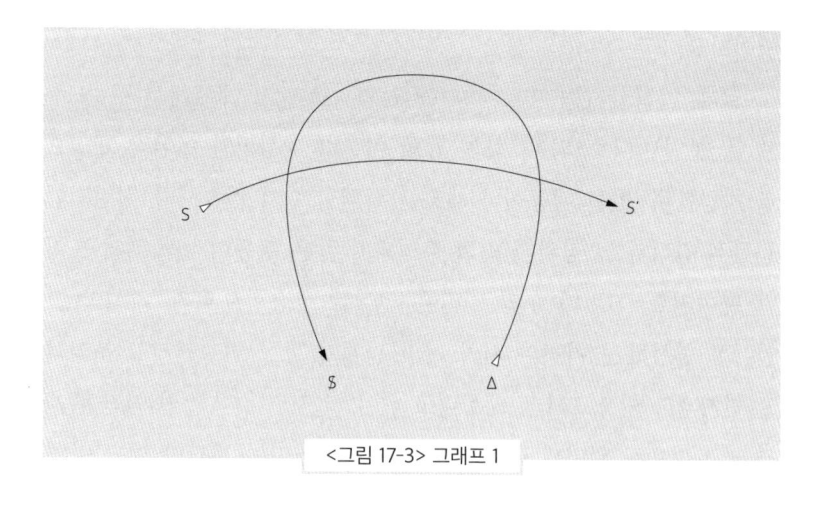

<그림 17-3> 그래프 1

존재이다. 그것은 말하자면, 우리의 언어 이전, 주체 이전의 식물 상태를 대표한다. 주체성의 벡터가 끝나는 지점은 특별히 언어의 사용에 의해 분열된(split) 인간 주체를 나타낸다. 이 간단한 모형에서 아직 결정되지 않은 말함의 과정을 통해 우리는 인류(homo sapiens)라는 종의 생물학적 구성원으로부터 언어에 의해 결정되는 특정한 인간 주체로 변화한다.[19]

참으로 묘한 이야기입니다. 그저 동물적인 존재였던 인간이 언어를 통해 주체로서의 인간으로 탄생하는데, 그 주체는 분열된 주체일 수밖에 없다는 것입니다. 왜 그런가는 기표와 기의의 불일치, 거기에서 오는 결여, 결여에서 오는 욕망 때문일 것입니다. 하지만 욕망이 치닫는 방향은 다릅니다. 흥미로운 것은, 여기 말굽 모양의 시작점인 삼각형을 라캉이 "살아 있는 생물학적인" 인간 존재라고 부르고, 이 존재가 언어를 통해 상실되었다고 보면서 그것을 "소외(alienation)"라고 부른다는 것입니다. 그렇다면 인간은 소외를 통해서만 주체가 된다는 셈인데, 이 소외는 결국 주체를 '분열된 주체', 즉 "$"로 만드는 것이지요.

글쎄, 정확할지는 모르지만, 개를 키워보면 그 개에게서 무슨 '주체'니 '분열'이니 '소외'니 하는 등의 이른바 지성적인 언어적 개념으로 지칭할 수 있는 행동이나 태도를 확인할 수가 없습니다. 직접적인 동물적 감각과 그 감각과 전혀 분리되지 않은 행동이 전체로서 드러날 뿐이지요. 그런데 우리 인간은 언어를 사용함으로써, 하지만 그 언어를 형성하는 기표와 기의 간의 관계가 항상 미끄러지고 분열되고 연기되고 함으로써, 탄생한다고 해야 할 것입니다. 그런 인간 존재가 근본적으로 얼마나 복잡하고 미묘할 것인지는 생각만 해도 아연할 정도입니다. 이에 새로운 도표가 제안되는 것입니다.

4) 주체와 자아 이상

이제 새로운 그래프 〈그림 17-4〉로 돌입합니다. 이 그래프와 이에 관한 핑크의 설명은 이러합니다.

종결점 I(A)는 주체가 내재화하는 타자의 이상을 나타내는 자아 이상이다. 수학소 I(A)는 '타자로부터 받은(수여된) 이상', '타자가 가진 이상(the ideal of the Other)' 또는 '타자가 바라는 이상(the Other's ideal)'으로 읽힐 수 있다. 또한 타자의 이상들에 대한 주체의 동일시로 이해될 수 있다. 여기서 주체는 타자가 자신을 바라보는 시각과 동일시함으로써 존재하게 된다. (……) 자아는 그래프에서 moi(ego)를 뜻하는 m으로 표기되며 i(a) ─ 자기 자신(또는 '닮은 꼴(semblable)')과 같은 소타자로서 자아를 만들어내는 주형이나 틀의 역할을 한다. ─ 의 반대쪽에 배치되고 이렇게 둘은 서로를 반영한다.[20]

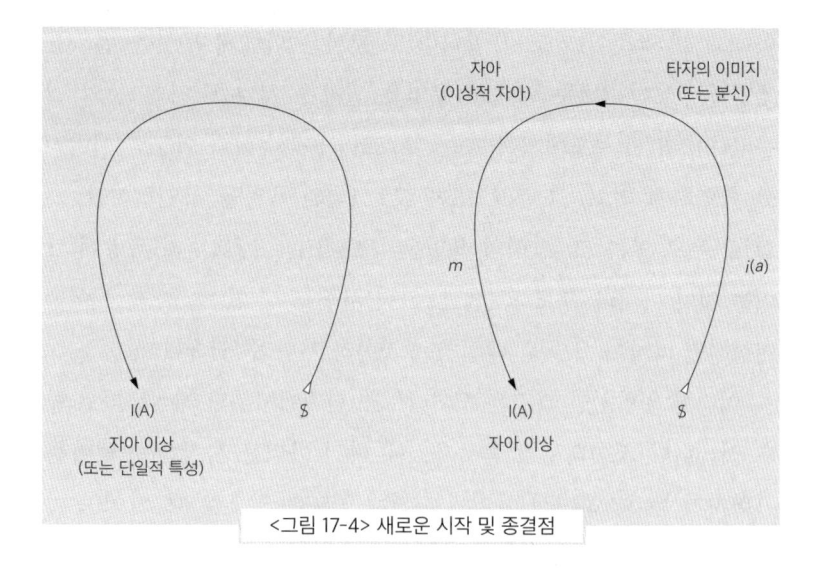

자아
(이상적 자아)

타자의 이미지
(또는 분신)

m

i(a)

I(A)

Ŝ

I(A)

Ŝ

자아 이상
(또는 단일적 특성)

자아 이상

<그림 17-4> 새로운 시작 및 종결점

그다지 어려운 것 같지는 않습니다. 'Ŝ'는 분열된 주체를 나타냅니다. 나는 분열된 주체로서 다른 사람이 나를 욕망하기를 바랍니다. 즉, 나는 다른 사람의 욕망의 대상이기를 욕망합니다. 그런데 이때 그 '다른 사람'은 누구일까요? 특정한 누구누구일까요, 아니면 모든 다른 사람을 포섭한, 이른바 이상적인 타자 자체 혹은 타자 일반일까요? 아무래도 후자인 것 같습니다. 그래서 '이상적인 타자' 혹은 '타자가 가진 이상' 혹은 '타자가 바라는 이상' 등으로 묘하게 달리 말하면서 이를 'I(A)'라고 표시하고 "자아 이상"이라고 쓰고 있는 것이지요. 여기에서 "A"는 프랑스어 'Autre'의 약자이고, "I"는 'Ideal'의 약자입니다. 그러니까 이상적인 타자는 최종적인 "자아 이상"으로 군림하면서 분열된 주체인 나를 끊임없이 끌고 가는 것이지요.

그런데 실제의 과정은 '특정한 누구누구'인 타자들을 만날 수밖에 없습니다. 분열된 주체인 나는 그 '특정한 누구누구'인 타자들에게서 최종적인 이상적 타자에 대한 일종의 이미지 내지 분신을 감지하는 것입니다. 그리고 분열된 주체인 나는 그 이미지들을 통해 "자아(moi)"를 맞추어 가고자 합니다. '부모님은 나에게 무엇을 원하는 것일까?', '그/그녀는 나에게 무엇을 원하는 것일까?'라는 등의 질문을 던지면서 부모에게서 또는 그/그녀에게서 타자 이상의 이미지를 확인하게 되고, 그 부모 또는 그/그녀의 욕망을 확인하지만, 기실 그 부모 또는 그/그녀의 욕망은 부모 또는 그/그녀의 욕망에 그치는 것이 아니라 '부모 또는 그/그녀 자신도 잘 알 수 없는 그 어떤 이상적인 타자의 욕망'을 대신하는 것이라고 할 수 있습니다.

이러한 일반적인 과정은 오이디푸스 단계에서부터 시작된다고 할 수 있습니다. 오이디푸스 콤플렉스에 빠진 아이는 사랑하는 엄마를 아버지가 독차지하면서 아이에게 거세 공포를 일으킬 때, 아이는 아버지를 "자아 이상"으로 여겨 닮으려고 한다는 것이고, 이때 구체적인 아버지는 "소타자"(a)로서 "(대)타자"(A)의 이미지를 형성하고, 이를 더욱 이상화하면 "자아 이상"이 되는 것이지요.

그런데 라캉은 자아와 타자의 이러한 기본적인 관계는 "상상계"에 속한 일이라고 하면서, 상상계적인 차원을 넘어서서 "상징계"적인 차원으로 나아가게 된다고 말합니다. 그것은 "욕구(besoin, need)"와 "요구(demande, demand)"가 나와 타자 간의 관계에서 기묘하게 변형의 놀이를 일삼는 것을 살펴야 이해되기 시작합니다.

분열된 주체인 내가 나의 욕구를 충족시키기 위해 타자에게 무엇을 요구하게 될 때, 타자는 나의 요구를 해석하지 않으면 안 됩니다. 이때 당연히 언어적인 방식으로 소통이 이루어질 것입니다. 언어적인 방식으로 소통이 되는 한, 그 과정은 기표들의 연쇄와 "누비땀" 원리에 의한 기의의 잠정적인 '연기된' 결정을 되풀이하게 됩니다. 그러한 기의 결정의 과정을 통해 타자에 의해 해석된 나의 요구를 나타내는 기호가 "s(A)"입니다. 그 바탕에는 이미 앞서 〈그림 17-4〉에서 표시된 과정이 작동하고 있습니다. 이를 전체적으로 나타내는 도

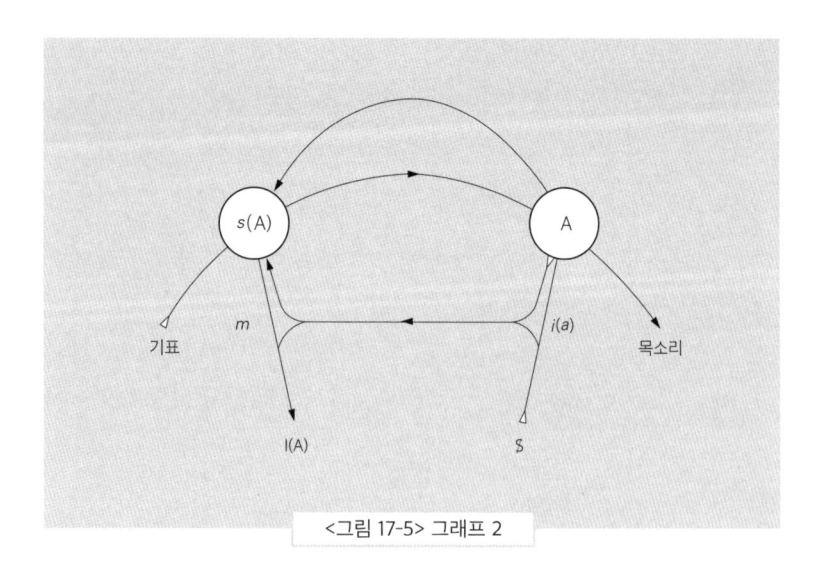

<그림 17-5> 그래프 2

표는 〈그림 17-5〉와 같습니다.

5) 욕망의 출현

그런데 이렇게 타자에 의해 나의 욕구가 나의 요구로 해석되어 바뀔 때, 나의 욕구는 타자에 의해 해석된 요구와 일치하지 않고 나머지를 가질 수밖에 없습니다. 그것은 사실 주체인 나 역시 나의 욕구가 무엇인지를 정확하게 알지 못하기 때문에 생기는 것이기도 합니다. 이에 관해 핑크는 〈그림 17-6〉을 제시하면서 이렇게 말합니다.

욕구가 요구로 바뀌는 순간 분열이 일어난다. 우리가 언어를 통해 자신을 표현할 수밖에 없다는 사실에 의해 욕구는 요구 속에서 결코 충분히 표현되지 못한다. 우리의 욕구는 우리가 다른 사람에게 요청하는 것이나 요구하는 것 속에 결코 충분히 표현되지 못한다. 그러한 요청이나 요구는 항상 욕망되어야 하는 어떤 것을 남긴다. 항상 나머지가 존

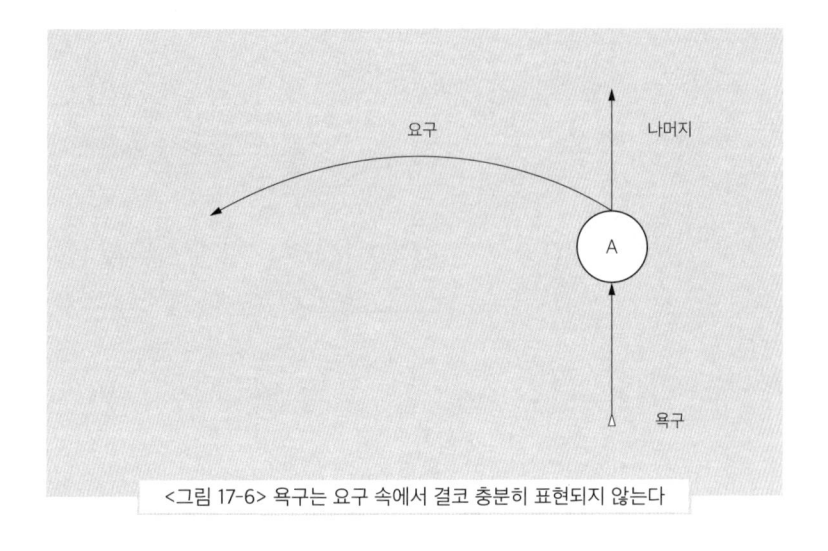

<그림 17-6> 욕구는 요구 속에서 결코 충분히 표현되지 않는다

재하는 것이다.─라캉은 이 나머지를 '욕망'이라고 부른다.─그리고 이
때 그래프의 상부가 작동하기 시작한다.[21]

그러니까 〈그림 17-5〉의 윗부분에서 제시되고 있는 "상상계" 과
정의 우회로인데, 이는 주체의 욕구가 타자를 만나면서 요구로 바뀌
는 과정입니다. 그런데 이 요구가 의미를 갖는 과정은 "s(A)→A"로
이어지는 기표 연쇄의 과정과 그 반대 방향의 소급에 의해, 말하자
면 누비땀 구조에 의해, 부족하게 결정될 수밖에 없는 것입니다. 말
하자면 주체와 '타자의 만남에서 그 만남의 의미', 즉 '타자와의 만남
이 갖는 기의'(s(A))는 항상 결핍될 수밖에 없는 것입니다. 이를 표현
한 것이 〈그림 17-6〉입니다. 나의 욕구가 타자에 의해 요구로 바뀌
면서 생기는 "나머지" 내지 "결핍"을 라캉은 "욕망"이라고 부르는데,
그 "나머지"는 〈그림 17-6〉에서 보듯이, 알 수 없는 방향인 위를 향
해 치솟는 것입니다. 바로 이것이 상상계의 과정을 벗어나는 방향입
니다. 그러니까 〈그림 17-5〉 전체는 아직 상상계의 차원에 머물러

있는 것입니다.

말하자면 타자에 대한 요구 내지 요청은 항상 욕망되어야 하는 어떤 것을 남기는 것입니다. 예컨대 제아무리 두 연인이 서로를 한껏 사랑하면서 서로의 욕구를 해석해서 요구로 바꾸고, 또 그 요구를 들어주는 일을 부족함 없이 수행한다 할지라도, '결코 충족시킬 수 없는' "욕망"이라는 '근원적인 결핍으로서의' "나머지"를 수반할 수밖에 없는 것입니다. 묘한 일은, 사실 내가 끝없이 타자를 요구하게 되는 것은 바로 이 욕망 때문이고, 그러니까 타자에 대한 욕망은 바로 특정한 그 타자를 통해 충족될 수 없는 운명을 지닌 것입니다. 하지만 주체는 타자에 대한 욕망을 결코 포기하지 않습니다. 욕망을 충족시킬 수 있을 것 같은 새로운 대상을 찾아 끊임없이 움직입니다. 이렇게 끊임없이 새로운 대상을 찾아 움직이는 욕망의 작용 방식을 라캉은 "환유(換喩, métonymie)"라고 부릅니다.

그렇다면 과연 어떻게 그 결핍, 즉 욕망을 채울 수 있을까요? 이를 나타내기 위한 것이 《에크리》²² 815쪽에 실린 그래프인 〈그림 17-7〉인데, 〈그림 17-5〉에 주체가 타자에 대해 요구하는 내용에 관련된 그림을 덧붙여 만든 것입니다.

이 그래프에서 〈그림 17-5〉와 똑같은 아랫부분을 떼어내고 윗부분만 봅시다. 이 윗부분은 신경증환자들이 일반적으로 따르는 경로를 지적해준다고 합니다. 여기에서 "($◇a)"는 분열된 주체의 환상, 즉 분열된 주체가 "대상 a"를 통해 자신의 욕망이 충족될 수 없는데도 "대상 a"가 자신의 욕망을 충족시킬 수 있다고 여기는 것을 일컫습니다. 그리고 "d"는 욕망을 일컫습니다. 이는 〈그림 17-6〉에서 "나머지"를 나타내는 위로 솟구치는 화살표를 참고하면 잘 알 수 있습니다. "대상 a"는 "욕망의 대상-원인"으로 불리기도 하는데, "충동의 대상"이며 "향유(jouissance)의 응집체"이기도 합니다. 예를 들면 구

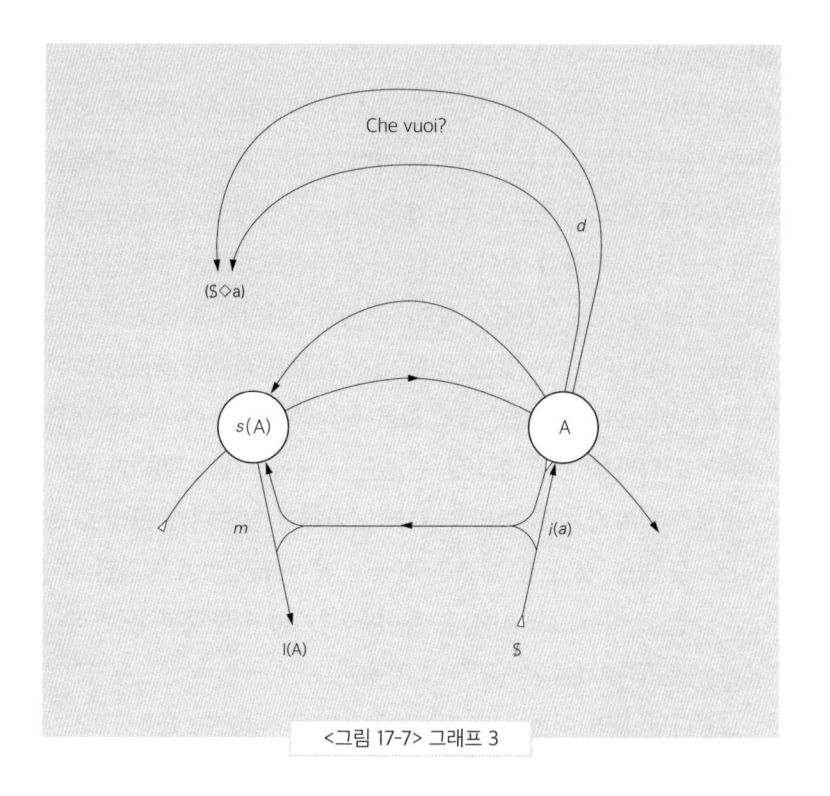

<그림 17-7> 그래프 3

순 충동의 대상은 어머니의 젖가슴인데, 이때 어머니의 젖가슴으로서의 "대상 a"는 단지 대상으로서의 어머니의 젖가슴뿐만 아니라 구순 충동 그 자체를 동시에 의미하기도 합니다. 그런 점에서 "대상 a"는 주체와 타자에게 동시에 속합니다. 이는 "대상 a"의 차원에서는 주체와 타자의 구별이 사라진다는 것을 뜻하기도 합니다.[23] 라캉은 "대상 a"의 예로 어머니의 젖가슴, 시선, 목소리, 똥을 드는데, 이는 인간이 태어나 처음으로 만나는 충동―구순, 시각, 청각, 항문 충동―의 대상들입니다. 그런데 라캉은 묘하게도 심지어 "대상 a"의 예로서 '무(無)'를 들기도 합니다.[24] 그러나 이 "대상 a"가 진정 욕망을 충족시킬 수 있는 것은 아닙니다. 환상 속에서 부분을 통해 전체를 붙잡고자 하는 것으로, 그저 환유적인 대상일 뿐입니다. 요컨대 "대상 a"는

욕망을 충족시킬 수 없는 것입니다. 이를 나타내는 라캉의 기호가 "$\$ \lozenge a$"입니다. 만약 "대상 a"가 이렇듯 상징적인 환유에 불과한 것임을 모르고 진정으로 자신의 욕망을 충족시킬 수 있다고 확신하게 되면 정신병적인 문제가 생길 수밖에 없는 것이지요. 이 대목이 대단히 중요한 것 같습니다.

정신분석의 임상에서 분석의(分析醫, 타자)는 피분석자(환자, 주체)에게 "Che vuoi?(케 부오이)"라고 묻는데, 이는 "당신은 무엇을 원합니까?"라고 묻는 것입니다. 그런데 그 언어적인 표현이 이상합니다. 주체(환자, 피분석자)는 타자(의사, 분석의)가 원하는 것이 무엇인지를 알아 바로 그 무엇을 자신이 원하고자 하는데, 도대체 그 타자(분석의)가 무엇을 원하는지 알 수가 없습니다. 그런데 오히려 타자인 분석의가 주체인 피분석자에게 "당신은 무엇을 원합니까?"라고 묻습니다. 그런데 왜 타자인 분석의는 그런 기묘한 언어적 표현의 질문을 하는 것일까요? 그것은 〈그림 17-7〉의 맨 아래에 있는 자아 이상 I(A)로부터 주체를 떼어내어 상상계로부터 벗어날 뿐만 아니라 상징계마저도 벗어나는 "나머지"—결코 충족시킬 수 없는 결핍—를 향하도록 하기 위한 것입니다. 여기 이 "나머지"로의 방향은 상징계적인 언어의 차원을 벗어나는 방향입니다. 신경증적 주체는 "$\$ \lozenge a$"인데도 "대상 a"에 의해 환상적으로 자신의 욕망이 충족될 것을 포기하지 않고 추구합니다. 그럴 때 그 충족은 자기가 바라는 타자의 욕망을 얻는 것일 텐데, 그 타자 역시 자신이 원한다고 말하는 것과는 다른 것을 원하기가 일쑤입니다. 그래서 신경증적 주체가 환상을 통해 충족된다고 여기는 타자 역시 의식적인 소원과 무의식적인 욕망 사이에서 분열되어 있다는 사실에 직면합니다. 이에 타자 역시 '분열된 기표로서의 타자', 즉 "S(Ⱥ)"가 되는 것이지요.

6) 완성된 욕망의 그래프

그렇기 때문에, 스스로 타자가 원하는 것이 되고자 하는 주체의 시도는 실패로 끝나기 마련입니다. 이를 달리 말해, 라캉은 "주체는 타자를 위한 팔루스가 될 수 없다"라고 말합니다. 여기에서 "팔루스"란 타자의 욕망을 나타내는 상징적인 기표를 뜻합니다. 그런데 팔루스가 될 수 없다는 것은 거세를 뜻하지요. 그리고 보면, 남녀 할 것 없이 처음부터 거세된 상태라고 할 수 있습니다. 그런데 이러한 거세를 받아들이지 않게 되면 문제가 생깁니다. 예컨대 홍준기 선생은 이렇게 말합니다.

성도착자는 거세의 사실적 가능성이라는 '상상적 차원'을 벗어나지 못하고 있으며, 그러한 이유로 그는 성도착자가 된다. 여자도 남자도 거세당할 팔루스를 처음부터 갖고 있지 않다는 사실, 즉 인간은 모두 상징적으로 거세당했다는 사실을 받아들이지 못하기 때문이다.[25]

그런데 라캉은 주체가 이렇게 신경증적 혹은 정신병적 환상을 통해 '위로 올라가는 것'을 "소외에서 분리로의 이동"이라고 말합니다. 이에 관한 핑크의 이야기는 이렇습니다.

그것은 타자의 욕망으로부터 분리되는 것이며, 타자의 욕망의 최종적('최종적'이란 그 욕망을 완전히 만족시킴으로써 상황을 종결한다는 의미이다) 기표가 되고자 하는, 실패할 수밖에 없는 시도로부터 분리되는 것이다.[26]

참으로 복잡합니다. 그러니까 분리는 〈그림 17-7〉의 "($◇a)"에서 그 위 "S(Ⱥ)"로의 이동을 말합니다. 대충 이를 바탕으로 해서 이

제 맨 앞에서 제시한 〈그림 17-1〉의 '완성된 욕망의 그래프'를 다시
보시기 바랍니다.

펑크는 이를 이해하기 위해서 세미나 VI에 나오는 햄릿에 대한
라캉의 주해를 참고해야 한다고 말합니다. 길지만 이를 그대로 인용
해봅니다.

라캉에 의하면, 햄릿은 자신이 어머니의 욕망 속에서 어떤 위치를 차
지하는지, 자신이 그녀에게 어떤 의미인지, 그녀에게 그가 얼마나 중요
한 사람인지를 알아내려고 노력한다. 다른 말로 바꾸면 햄릿은 어머니

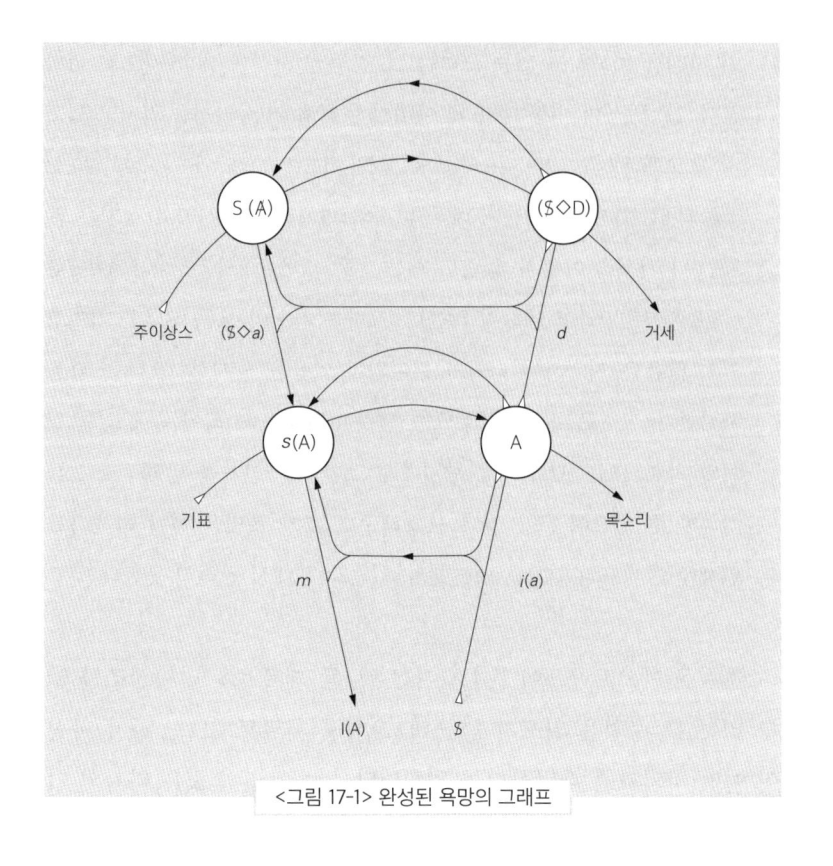

<그림 17-1> 완성된 욕망의 그래프

가 가진 결여의 형태로 있는 욕망을 인식하게 되며 그 결여의 이름, 즉 그녀가 결여에 부여하는 기표를 알고자 한다. 그러나 〔햄릿의 어머니〕 게르트루드는 햄릿의 질문에 대해 그녀에게 결여된 것—제3의 개념—을 통해 답하기보다는 언제나 자기 자신에 대해 이야기함으로써 응답한다. 라캉은 그녀로 하여금 다음과 같이 말하게 만든다. "나 같은 여자는 항상 그것을 가져야만 합니다. 나는 진정 생식기적인 사람입니다. 나는 애도라는 것을 전혀 알지 못합니다."(세미나 VI, 1959년 3월 18일) 라캉은 그녀의 대답을 그래프에서 s(A)에 위치시킨다. 다시 말하면 그녀의 대답은 햄릿을 타자에 대한 의미, 타자에 대해 제시된 의미로 소환한다. 사실 주체가 제기하는 질문의 의미를 결정하는 것은 타자이므로, 게르트루드는 햄릿의 질문을 전혀 다른 것으로 바꾸게 되는데, 이미 자기 자신을 이해하고 있는 그녀는 그 질문을 자신에 대한 것으로 뒤바꾼다. 그녀는 "더 이상 내가 네 아버지에 대해 어떤 감정을 가지고 있는지 모르겠다"(이는 그의 질문에 대해 그녀가 어떠한 대답도 가지고 있지 않다는 것을 의미한다)라든가 또는 "네 아버지의 명예를 실추시키고 싶지는 않지만 나 자신을 어쩔 수 없단다"(이는 그녀가 상반된 욕망들을 가진 결여된 존재임을 암시한다)라고 답하지 않는다. 그녀는 자신이 모든 해답을 가지고 있지 않음을 지적하여 타자가 결여되어 있음을 암시하기보다는 답을 제시한다. 그러므로 게르트루드는, 햄릿이 S(A), 〔즉〕타자 속에 있는 결여의 기표, 또는 〔달리 말해〕 햄릿에게 그가 누구인가를 말해주고 그를 정의할 수 있으며 그를 감싸 보호해주고 그가 무엇을 해야 하는가를 말해주는 기표의 결여를 대면할 수 있는 차원에서 답하지 못한다.[27]

햄릿은 게르트루드에게서 결여된 것, 즉 게르트루드 자신조차 알 수 없는 그 무엇을 알고자 하는데, 오히려 게르트루드는 자기 자신이 어떤 자인가를 대답한다는 것입니다. 말하자면 햄릿은 타자의 기표이자 팔루스인 "S(A)"를 알아 충족시키고자 하는데, 타자의 기의인 "s(A)"에 해당하는 대답을 게르트루드로부터 듣는다는 것이지요. 그래서 본래 햄릿이 바랐던 "S(A)"는 "S(Ⱥ)"로 돌변해버리고, 이는 곧 분열된 주체인 "$"가 타자의 요구인 "D"와 벌어진 방식인 "◇"의 형태로 신경증적 충동에 빠져든다는 것입니다. "S(Ⱥ)"에 대해 핑크는 이렇게 말합니다.

> S(Ⱥ)는 프로이트의 신화에서 욕망을 보지 못한 척하며, 자신이 죽었다는 사실을 알지 못하는 아버지이기도 하다.―그는 명백히 오이디푸스적 투쟁에서 살해당한 아버지다.[28] 겉보기에 결코 끝나지 않을 듯한 동의어들의 연속에서 라캉은 다시 S(Ⱥ)를 아버지의 이름과 연계시킨다.[29] 이는 여기서 아버지의 은유가 작동하고 있음을 제시한다. 아버지는 어머니의 욕망에(또는 어머니에 대한 아이의 욕망에) 이름을 붙이고 이러한 작명은 주이상스의 금지를 초래한다.[30]

여기에서 주이상스가 거세로 옮겨가는 것이 핵심이라고 할 수 있습니다. "아버지의 이름", "아버지의 은유" 등이 바로 주이상스를 거세시키는 역할을 하는 셈입니다. 핑크는 "주이상스적 주체"라는 말을 쓰는데, "주이상스(jouissance)"는 흔히 "실재계"에서 일어나는, 말하자면 아이가 태어나서 어머니와 성적으로 완전한 혼연일체를 이루는 것을 의미합니다. 이 "주이상스적 주체"에 대해 핑크는 이렇게 말합니다.

> 라캉의 주체는 언어와 주이상스 사이에서, 전적으로 언어학적인 기계로서의 주체―스스로 동화한 언어에 의해 조절당하는 신체, 기표에 의해 제압되는 신체―와 살아 있는 존재의 잔여분, 기표 작용을 넘어서

는 부분, 근거 없는 부분 사이에서 분열되어 있다("주이상스는 아무 목적이 없는 것이다." 세미나 XX, 10 /3).[31]

이 말에 따르면, "주이상스적 주체"는 기표의 효과가 아닙니다. 언어에 의한 기표 효과가 일어나기 전, 언어에 의해 소외되기 전의 인간 존재가 언어에 의해 소외되었는데도 불구하고 남아 있는 어떤 잔여분을 이야기합니다. 이 잔여는, 욕망을 형성하는 타자와의 기표 연쇄적인 관계 속에서 언어적인 탈구에 의거해서 생겨나는 저 앞의 "나머지"와는 다른 것으로 보아야 합니다. 다만 욕망이 이 "주이상스적 주체"를 향한 것만은 틀림없는 것 같습니다.

주이상스는 분열된 타자의 기표를 통해서, 거세를 통해 일어나는 충동 자체에서의 만족(대단히 부족한)으로 나아가면서, 그 충동 자체의 만족에 의해 다시 분열된 타자의 기표로 돌아와 기의를 찾으려 하는 무모한 반복을 계속하는 것이라고 할 수 있습니다. 결국 주이상스 자체로 돌아갈 수는 없는 것이지요.

3. 마무리

글쎄, 마무리가 잘될지 모르겠습니다. 우선 라캉이 제시하는 주체는 무의식적인 주체라고 했지요. "나는 생각하지 않거나 나는 존재하지 않는다"[32]라거나 "나는 내가 존재하지 않는 곳에서 생각하며, 그러므로 나는 내가 생각하지 않는 곳에 존재한다"[33]라고 하는 라캉의 이야기[34]는 무의식적인 주체가 어떤 것인지를 상당 정도 감지하게 합니다. 이렇게 되면, 내가 데카르트처럼 생각한다고 할 때, 나는 나의 존재를, 근본적인 무의식의 주체가 제대로 작동하지 않는 곳에서, 즉 허위 존재로서의 자아 속에서 찾는 것이 됩니다. 말하자면 라캉이 말하는 주체에서 무의식과 자아의 교집합은 공집합입니다. 이 공집합은 근원적인 결여를 지칭하는 것일 테고, 그래서 이 결여를 메우고자 하는, 실패할 수밖에 없는 노력이 욕망일 테지요.

결국 라캉에게서 근본적인 주체인 무의식적인 주체는 나라고 하는 자아의 그물에 걸릴 수 없는, 흔히 나라고 알고 있는 담론적인 주체의 입장에서는 완전히 은폐되어 있는 부재의 주체라고 할 수 있습니다.

문제는 라캉이 말하는 기의에 대한 기표의 우선성입니다. 의식적인 주체 혹은 담론적인 주체는 근원적으로 기의에 얽매어 있는 주체이고, 무의식적인 주체는 기표 자체의 차원에 놓여 있는 주체로서 기의에 얽매인 주체를 만들어내는 바탕이 되는 주체인 셈입니다. 문제는 과연 이 주체가 어떤 주체냐 하는 것이겠습니다. 기표 차원의 무의식적인 주체는 결코 홀로 성립할 수 없고 근본적으로 타자와 관련해서 성립하는, 타자로부터 욕망되기를 욕망하는 주체입니다. 그런데 그 타자의 욕망이라는 것도 끝없이 기표 연쇄에 의해 미끄러지면서 분열되고, 결국에는 결여와 부재로 귀결됩니다. 여기에서 결코 정확한 기의로 완결되지 않는 존재가 바로 핵심입니다. 타자도 그렇고 그 타자의 욕망을 욕망하는 무의식적인 주체도 그렇습니다. 그래서 결국 기표 차원에서의 주체로 귀결되는 것이지요.

그런데 주이상스적인 주체가 또 있습니다. 이 주이상스적인 주체는 욕망이 완전히 충족되었을 때 성립하는 주체입니다. 끝없는 결핍으로서의 욕망은 결코 충족될 수 없습니다. 그러나 그렇게 충족될 수 있으리라는 무의식적인 기대를 하는 가운데 충동이 일어납니다. 그 충동 자체에서 오는 만족감이 있다고 했습니다. 이 만족감은 주이상스적인 주체의 상태를 어느 정도 부정적인 형태로 맛보게 할 것입니다.

대단히 어려운 것은 상상계, 상징계, 실재계라고 하는 세 존재 영역의 구분입니다. 라캉은 상상계에 머물러서는 정신분석이 되지 않고, 상징계 속으로 들어가야 한다고 말합니다. 그러고 보면, 상징계가 상상계보다 더욱더 깊은 무의식의 세계를 형성한다고 볼 수밖에 없습니다. 의식적인 담론의 주체는 상상계의 과정 속에 놓고 있고, 무의식적인 기표의 주체는 상징계의 과정으로 올라간 셈입니다.

"완성된 욕망의 그래프"에서 중간 부분의 벡터, 즉 기표에서 타자의 기의 "s(A)"를 통해 "타자(A)"를 거쳐 목소리로 나아가는 벡터까지는 상상계의 과정에 속하고, 그 위로는 상징계의 과정에 속합니다. 그러니까 주체의 욕망은 상징계에서 비로소 제대로 성립합니다. 그것은 '타자에 대한 나머지'에서부터 발생하는 타자의 분열 혹은 분열된 타자 혹은 부재의 타자를 통해 주이상스로 향하고자 하는 것이지요. 그것이 제일 윗부분의 벡터 주이상스에서 분열된 타자의 기표 "S(A)"를 거쳐 분열된 타자를 요구로서 충족하고자 하는 충동 "($◇D)"를 거쳐 거세에 이르는 벡터이지요. 여기에서 맨 위에 소급되는 벡터 선을 감안하면, 이 욕망은 끝없는 실패의 순환을 겪을 수밖에 없는 것이 될 것입니다.

주이상스는 흔히 실재계에 해당된다고 보기 때문에, 이렇게 되면 상상계를 넘어서 있는 상징계는 실재계를 에워싸고 빙글빙글 끝없이 실패의 원환을 그리는 셈이 됩니다. 상상계의 과정에 머물러 있는 자는 어쩌면 정상적인 인간으로 드러나고 상징계에까지 올라가는 자는 신경증자가 될 수밖에 없다는 이야기가 됩니다. 그리고 상징계를 넘어서 주이상스적인 실재계와 끊임없이 맞닥뜨린다고 생각하면서 주이상스적인 충족이 불가능한데도 충족되고 있다고 여겨 그러한 충족의 대상에 몰입해 있는 자는 정신병자가 될 것입니다. 이러한 결론에 대해 그다지 자신 있게 말할 수 있는 것은 아니지만, 그런대로 맞는 이야기가 아닌가 싶습니다.

18장

푸코: 권력의 통로인 몸

1. 들어가는 말

잘 알다시피, 미셸 푸코(Michel Foucault, 1926~1984)는 현대 지성의 대표
자라고 할 수 있을 정도로 여러 분야에 영향을 미친 인물입니다. 그
는 철학자이자 사회학자이고, 또 무엇보다 특수하긴 하지만 역사학
자입니다. 그는 누구에게나 수강이 개방되어 있으면서 당대 최고의
석학들을 교수로 영입하는 프랑스 대학에서 1970년에 '사유 체계의
역사'라는 분야를 책임지고 교수로 취임해서 강의를 했습니다. 미국
의 버펄로 대학과 캘리포니아 대학에서도 강의를 했습니다.

푸코는 정신의학, 의학, 인간과학 등을 바탕으로 해서 사회제도를
비판적으로 연구한 인물로 유명합니다. 1970년 초기부터 '감옥 정보
집단(GIP: Prison Information Group)'에 참여하여 수감자의 권익 옹호를
위해 실천 운동을 하는 동시에 국지적 투쟁에 있어서 지식인의 활동
이 어떻게 이루어지는지를 고찰한 뒤, 이 당시의 경험을 《감시와 처
벌: 감옥의 탄생(Surveiller et punir: Naissance de la prison)》(1975)[1]에 담아냈
습니다. 그 유명한 "일망 감시 체계(팬옵티콘, panopticon)"에 관한 이야기
가 여기에 실려 있습니다. 무엇보다도 그 어느 누구와도 다른 그만의
독특한 관점으로 전개한, 권력에 대한 역사철학적인 분석은 전 세계
의 많은 지성인에게 크게 영향을 미쳤습니다. 1960년대 구조주의에
경도되었으나 결국 이와 결별하고, 또 흔히 그에게 붙이는 '구조주의
자' 내지 '포스트 구조주의자' 또는 '포스트모더니스트'라는 딱지를
스스로 거부하고, 오히려 그의 사상이 칸트에 근거한 '모더니티'에 대
해 비판적인 역사를 전개한 것으로 여겨주기를 원했습니다. 그런데
그는 스스로 "나는 니체주의자다"라고 할 정도로 특히 니체의 《도덕
의 계보학》으로부터 영향을 많이 받았습니다. 흔히 생각하는 것과
는 달리, 니체주의자라고 해서 예사로 포스트 구조주의라든가 포스

트모더니즘을 주창하는 인물로 보아서는 안 된다는 것을 염두에 두었으면 합니다.

그가 쓴 책들은 모두 다 크게 센세이션을 일으켰다고 해도 과언이 아닐 정도로 큰 반향을 불러일으켰습니다. 특히 그의 초기 대표작인 《말과 사물(Les Mots et les choses: une archéologie des sciences humaines)》(1966)[2]은 《르 몽드》지(誌)에서 20세기 프랑스 최고의 세 책 중 하나로 선정되기도 했습니다. 아마도 이 책은 국내에서 가장 먼저 번역된 푸코의 저작일 것입니다. 그의 사상은 국내에서도 크게 영향을 미쳐 많은 책이 번역되어 있습니다. 《성의 역사 1: 앎의 의지(Histoire de la sexualité: La volonté de savoir)》가 《성과 권력》[3]으로 번역되었고, 그런 뒤 그의 사상을 일별하면서 소개한 김현 교수의 《시칠리아의 암소》[4]가 출판되었습니다. 더불어 1990년에 《성의 역사》 1~3권이 나남 출판사에서 번역되어 출간되었습니다.[5] 연이어서 《광기의 역사》,[6] 미셸 푸코와의 대담을 담은 《권력과 지식》,[7] 《지식의 고고학》,[8] 《담론의 질서》,[9] 《임상의학의 탄생》,[10] 《감시와 처벌》[11] 등이 번역되면서 1990년대에는 푸코의 열기로 가득했습니다. 2000년대에 들어 푸코가 프랑스 대학에서 1974~1975년에 강의한 내용을 번역한 《비정상인들》[12]이 나왔고, 역시 프랑스 대학에서 1981~1982년에 강의한 내용을 번역한 《주체의 해석학》[13]이 나왔습니다. 최근에는 《문학의 고고학》[14]이 번역되어 나왔습니다.

왜 그렇게 국내에서 푸코에 대한 관심이 증폭했는지는 포스트모더니즘적인 사상적 기류와 무관하지 않은 것 같습니다. 하지만 엄격하게 보자면, 푸코의 사유가 국내에 도입되어 특별하게 한국의 사회적·정치적 현실을 분석하는 데 크게 쓰인 것 같지도 않고, 그렇다고 문화 예술적 현실을 분석하는 데 크게 쓰인 것 같지도 않습니다. 어쩌면 "성의 역사"라고 하는 매혹적인 주제에 현혹된 탓이 크지 않았는가 싶기도 한데, 그래서 모르긴 해도 여성주의 담론에는 많은 영향을 미치지 않았을까 생각해보기도 합니다. 한편으로 우리 모두 알게 모르게 푸코가 《성의 역사 1: 앎의 의지》에서 밝힌 바 있는 "앎에서 오는 쾌락"을 추구한 것이 아닌가 하는 생각도 해봅니다.

필자의 경우에도 예외는 아니었던 것으로 여겨집니다. 푸코가 대단하다고 하는데 도대체 어떤 사상을 펼치고 있는지가 궁금해서 대학원 박사 과정 시절인 1988~1989년에 《푸코 읽기(The Foucault Reader)》[15]라는 책을 세미나를 통해 읽고 토론한 적이 있습니다. 이때 이정우 선생도 같이했는데, 그것이 계기가 되어 이정우 선생은 아예 푸코 사상을 연구해 박사 학위를 받았고, 국내에서 푸코에 대한 '전문가'가 되었습니다. 그 당시 필자 역시 푸코의 사상에 매료되어 매체 및 정보 이론으로 유명한 마크 포스터(Mark Poster, 1941~2012)가 푸코에 관련해서 쓴 책인 《푸코와 마르크스주의: 생산양식 대 정보양식》[16]을 번역해서 출판하기도 했고, 〈미셸 푸코의 권력론〉[17]이라는 논문을 발표하기도 했습니다. 결국에는 2011년 1월에서 2012년 5월까지 그의 《말과 사물》 전체의 원전을 통독하고 핵심 대목들을 다시 번역하여 해설하는 강의를 '철학아카데미'에서 했습니다. 물론 오늘 강의는 《말과 사물》보다는 《감시와 처벌》 및 《성의 역사 1》에 주로 나타나는 '권력' 문제를 중심으로, 푸코의 사회철학을 점검하는 데 그칠 것입니다.

2. 푸코의 계보학과 몸

푸코의 저서들, 특히 프랑스 68 사태 이후 쓰인 후기 저작들은 실로 기존의 학문 분류법으로는 담아내기 힘든 묘한 특징들을 갖고 있습니다. 그저 철학이라고 하기도 힘들고, 역사학이라고 하기도 힘들고, 또 사회학이라고 하기도 힘듭니다. 언뜻 보기에는 대부분 역사학에 분류되어야 할 것 같은 내용을 담고 있는데, 대목마다 끼어 있는 철학적인 언명들에 의해 그렇게 많은 역사적인 내용이 철학적인 언명을 위한 자료에 불과한 것처럼 되어 있습니다. 그러니 분류하기가 힘든 것입니다. 그래서 아예 그의 말대로 "계보학"적인 저작들이라고 해야 할 것 같기도 합니다.

'계보학'은 니체에게서 빌려온 개념이라고 푸코 스스로 말합니다. 푸코는 니체가 쓰고 있는 "근원(Ursprung)"이 혈통(Herkunft)을 뜻한다는 것을 중시하면서 "계보학"을 이를 탐색하는 것으로 설정합니다. 예컨대 니체가 자유에 대해 계보학적인 분석을 해서 자유가 지배계급이 창안한 것임을 드러낸다는 것입니다.[18] 그러니까 계보학은 발생적인 혈통을 찾아내는 분석인 셈입니다. 그러면서 푸코는 이를 몸에 연결시켜 이런 말을 합니다.

몸—그리고 몸을 건드리는 모든 것, 음식, 기후, 토양 등—은 혈통의 영역이다. 몸은 과거 경험에 의한 낙인(stigmata)을 드러낸다. 아울러 몸은 욕망, 좌절, 그리고 오류를 일으킨다. 이러한 요소들은 몸에서 결합될 수 있다. 그것들은 몸에서 갑작스럽게 표현되기도 하고 때로는 서로 결합되면서 서로를 지우기도 한다. 그런데 그때 몸은 그러한 요소들 간에 일어나는 극복할 수 없는 충돌의 구실이 된다.

몸은 (언어에 의해 추적되고 관념들에 의해 해소되는) 사건들이 등록되는 표면이다. 몸은 (실체적인 통일성을 지녔다는 환상을 채용함으로써 성립되는) 분열된 주체의 장소이다. 또 몸은 영구히 통합되지 않는 덩어리이다. 그래서 혈통의 분석인 계보학은 몸의 분절과 역사 사이에 위치한다. 계보학의 임무는 전적으로 역사에 의해 각인되어 조성되는 몸을 드러내는

것이고, 역사가 몸을 파괴하는 과정을 드러내는 것이다.[19]

여기에서 푸코의 계보학이 어떻게 몸과 직결되는지를, 그리고 푸코가 몸에 대해 어느 정도로 관심을 집중하고 있는지를 잘 알 수 있습니다. 몸에 관한 푸코의 입장에서 핵심은 마지막 구절에 나타나 있는 내용, 즉 우리 나름으로 재구성해서 보자면, '몸은 역사에 의해 구성되면서 파괴되는 혹은 파괴되면서 재구성되는 것이다'라고 할 수 있을 것입니다. 흔히 몸의 사회학에서 운위되는, 자연주의와 대립되는 구성주의적 관점은 바로 이러한 푸코의 입장을 바탕으로 한 것이라고 할 수 있습니다.[20]

이러한 푸코의 계보학적인 작업의 성과가 《임상의학의 탄생》과 《감시와 처벌》이라는 저서들로 나타났다고 할 수 있습니다. 특히 《감시와 처벌》이 본격적으로 계보학적인 작업에 의해 저술된 것으로 볼 수 있고, 이 책에서는 무엇보다 몸에 관한 역사적 접근이 두드러지게 나타납니다. 오늘 강의는 이 책을 중심으로 하고자 합니다.

3. 몸과 정신

푸코는 《감시와 처벌》에서 인간 존재의 구성에 대한 존재론을 노골적으로 펼치지는 않습니다. 어쩌다 중간중간에 이러한 이야기를 집어넣어 독자들이 알아서 해독하도록 만듭니다. 앞서 이야기한 것처럼, 그의 후반기 사상의 방법론이자 학문인 계보학은 철저히 몸을 바탕으로 한 것이었습니다. 따라서 철학적인 도식에서 볼 경우, 그렇다면 정신은 어떻게 되는가 하고 의문을 갖게 됩니다. 푸코는 정신을 실체로 보지 않습니다. 다만 "역사적 실재(實在, realité)"로 볼 뿐입니다. 다소 길지만 그대로 인용해보겠습니다.

영혼(정신, âme)이 하나의 환영이거나 관념적 결과라고 말해서는 안 된다. 반대로 이렇게 말해야 할 것이다. 영혼은 현존하며, 그것은 하나의 실재성을 갖고 있고, 영혼은 몸의 주위에서, 그 표면에서, 그 내부에서, 권력의 작용에 의해 끊임없이 만들어지는 것이며, 그 권력이야말로 좀 더 일반적으로는, 감시받고 훈련받고 교정받는 사람들, 광인, 유아, 초등학생, 피식민인, 어떤 생산 기구에 묶여 살아 있는 동안 계속 감시당하는 사람들, 그러한 모든 사람에게 행사되는 것이라고. 영혼을 역사적 실재라고 할 때, 그 영혼은 그리스도교 신학에 의해서 표상되는 의미에서의 정신과는 달리 태어나면서 죄를 범해 벌을 받아야 한다는 것이 아니라, 처벌·감시·징벌·속박 등의 소송절차를 거쳐 생겨나는 것이다. 실재적인, 그리고 비신체적인 이 영혼은 전혀 실체적이지 않다. 그것은 어떤 유형의 권력의 성과와 어떤 지식의 관련 내용과 유기적으로 결합되어 있는 구성 요소이며 지식의 지시체(la référence)다. 또한 권력의 관련 형태들이 어떤 지식을 만들어내고, 또한 지식이 권력의 여러 성과를 뒷받침해주고 강화해줄 수 있는 어떤 톱니바퀴의 장치이다. 영혼의 이 실재–지시체(cette réalite-référence)의 토대 위에서 사람들은 각종의 개념을 만들어내고 분석 영역을 심리, 주관성, 인격, 의식 등으로 잘라냈다. (……) 사람들이 말하는 그 인간, 그리고 사람들이 해방시키도록 노력하고 있는 그 인간의 모습이야말로 이미 그 자체에서 그 인간보다도 훨씬 깊은 곳에서 행해지는 복종화의 성과인 것이다. '영혼'은 인간 속에 들어가 살면서 인간을 생존하게 만드는 것이고, 그것은 권력이 몸에 대해 행사하는 지배력 안의 한 부품인 것이다. 영혼은 정치적 해부술의 성과이자 노구이며, 또한 몸의 감옥이다.[21]

"영혼은 몸의 감옥이다"라는 마지막 구절이 특히 인상 깊습니다. 푸코의 이 말은 "몸은 영혼의 감옥이다"라는 플라톤의 말을 전격적으로 뒤집은 것입니다. 우선 여기에서 중요하게 드러나는 개념은 권력입니다. 푸코가 말하는 권력이 어떤 의미를 띤 것인가에 대해서는 알기 쉽게 요약하기가 힘듭니다. 곳곳에서 다양한 방식으로 이야기되기 때문입니다. 이에 관해서는 뒤에 논의하도록 합시다. 우선 영혼 혹은 정신이라는 것이 몸의 주위에서, 그 표면에서, 그 내부에서, 처벌·감시·징벌·속박 등의 소송절차를 이용한 권력의 작용에 의해 끊임없이 만들어지는 것으로서, 실체가 아니라는 점을 지적하는 것이 중요합니다. 푸코는 정신 혹은 영혼을 실체로 보지 않는다고 분명히 말하고 있습니다. 그러면서 그것이 몸에서 권력의 여러 기술에 의해 만들어지면서 실재성을 띠는 것, 즉 몸에 행사되는 권력의 지배력의 한 부품이라고 말하고 있습니다. 말하자면 권력에 의해 몸에서 형성되어 몸에게 부과하는 일종의 권력의 대체물이라는 이야기입니다. 그래서 정신 혹은 영혼을 "몸의 감옥"이라고 부르는 것입니다.

그렇다면 여기에서 푸코가 몸을 실체로 본다고 말할 수는 있느냐가 문제입니다. 대단히 거친 추론이긴 하지만, 그가 이 책을 저술하는 데에 들뢰즈와 과타리의 《안티 오이디푸스》(1972)[22]에서 영향을 많이 받았다는 것을 고백하고 있다는 것,[23] 그리고 들뢰즈가 "기관들 없는 몸"을 스피노자의 실체와 동일시한다는 것[24]을 염두에 둘 때, 간접적인 추론으로 푸코 역시 몸을 실체로 보고 있다는 점을 간취해낼 수 있습니다. 그러니까 푸코의 입장에서 보자면, 역사를 관통하면서 영속적으로 그 기반으로 깔려 있는 것은 "몸"이고, 그 몸을 계속 새롭게 재구성해나가는 것이 "권력"이고, 몸과 권력의 관계에서 특히 권력 쪽에서 몸으로 이관되어 생겨난 것이 "정신" 혹은 "영혼"이라고 할 수 있겠습니다. 또 한 가지, 푸코가 고등학교 시절, 몸 철학자인 메를로퐁티로부터 배웠다는 것을 참고할 수도 있습니다.

4. 권력과 몸

푸코는 권력의 존재 방식과 수행 방식을 고찰하기 위해 우선 처벌의 관행과 거기에 깔려 있는 함축들을 분석합니다. 처벌에 관한 푸코의 기본적인 접근 방식은 현대사회의 처벌 제도가 "몸에 관한 일종의 '정치경제학' 속에서 재정립되어야 한다"라는 것입니다.[25] 간단히 말하면, 이는 설사 처벌이 비폭력적이라고 할지라도 철저히 몸에 관련된 것이라는 점이고, 이때 몸은 생물학적인 것을 넘어서서 직접적으로 정치의 영역 속에 들어가 있는 것으로 보아야 한다는 것입니다. 이를 바탕으로 해서 "권력의 미시적 물리학"이 성립되는데, 한쪽에는 국가기구와 제도가 대규모로 발휘하는 작용이 있고, 다른 한쪽에는 물질성과 힘을 포함한 몸 자체가 있어서 그 사이에서 권력이 성립한다고 말합니다.[26]

푸코의 몸 이론이 지닌 강점은 사회적·경제적·정치적 구도 속에서 실제로 몸이 어떻게 취급되는지를 구체적인 담론들을 참고하여 실증적으로 밝혀내고, 그것을 바탕으로 사회 혹은 국가의 존재와 개별 인간인 몸의 존재 및 그 관계들을 밝혀냄으로써, 우리의 삶을 아주 구체적이면서 일반적인 방식으로 조망하도록 한다는 것입니다.

푸코의 몸 이론 또는 권력 이론이 이렇기 때문에, 푸코의 사회철학은 몸과 권력 혹은 권력과 몸을 중심으로 선회한다고 볼 수 있습니다. 예컨대 종래의 인식론은 이제 이 구도 속에서 전혀 다른 면모를 갖게 됩니다. 권력은 지식에 대해 참 혹은 거짓, 타당성 혹은 부당성을 결정하는 일종의 "진리 정부"를 구성해서 힘을 발휘하는 것으

로 됩니다. 이것이 유명한 푸코의 '권력-지식 연계론'입니다. 지식을
철저히 권력의 기술 내지 전술 전략의 핵심으로 보는 것입니다. 그래
서 그는 이렇게 말합니다.

> 우리가 인정해야 할 것은, 권력은 어떠한 지식을 창출한다는 점이며, 권
> 력과 지식은 상호 직접 관여한다는 점이고, 또한 어떤 지식의 영역과의
> 상관관계가 조성되지 않으면 권력관계는 존재하지 않으며, 동시에 권력
> 관계를 상정하거나 구성하지 않는 지식은 존재하지 않는다는 점이다.
> (……) 인식하는 주체, 인식되어야 하는 대상, 인식의 양태는 모두가 권
> 력-지식의 기본적인 관계와 그것들의 역사적 변화의 결과들이라는 점
> 이다. 요컨대, 권력에 유익한 지식이든 불복종하는 지식이든 간에, 하나
> 의 지식을 창출하는 것은 인식 주체의 활동이 아니라 권력-지식의 상
> 관관계이고, 그것을 가로지르고, 그것을 조성하고, 본래의 인식 형태와
> 가능한 인식 영역을 규정하는 그 과정과 싸움이다.[27]

푸코의 권력-지식 연계론에 따르면, 권력이란 기본적으로 몸을
존립 근거로 삼아 성립하는 것이고, 지식은 권력과의 관계 속에서,
그리고 권력은 지식과의 관계 속에서 몸을 둘러싸고서 생겨나고 그
정당성을 획득하는 것입니다.

아무튼 다시 몸과 권력의 관계로 되돌아가 봅시다. 우선 고전주
의 시대(르네상스 이후 프랑스 혁명이 일어나기 이전의 시기)에 성행하던 처벌의
형태인 신체형, 즉 대중이 보는 앞에서 공개적으로 사형수의 몸에 온
갖 형태로 최대한 고통을 가하는 처벌을 푸코는 길게 분석합니다.

사형을 내리는 군주의 몸과 사형수의 몸은 완전히 대별됩니다.
법을 어기는 것은 군주의 몸을 짓밟는 것입니다. 예컨대 푸코는 "중
죄란 법의 힘이 바로 군주의 힘이라는 점에서 군주를 신체적으로 해

치는 행위다"[28]라거나, "법 안에는 군주의 신체적·정치적 힘이, 말하자면 현존해 있다"[29]라고 말합니다. 군주의 몸을 살해하려는 죄를 범한 경우에는 더 말할 것도 없을 것입니다. 신체형의 극단성을 잔인한 것으로 보아 심리적인 측면에서 접근하기보다 권력의 경제학으로 보아야 하며, 이때 신체형을 당하는 몸은 범죄의 진실을 백주에 대중이 보는 앞에서 생산해내는 법률적인 의식(儀式)의 한 단위로 보아야 한다는 것이 푸코의 주장입니다.[30]

> 몸은 범죄의 진실을 생산하고 재생산하였다. 아니 오히려 몸은 죄의 시험과 의식의 전체 작용을 통해 범죄가 행해진 것을 자백하고, 스스로 그 범죄를 범했다고 진술하고, 자신 속에 자신 위에 범죄가 각인되어 있음을 나타내고, 징벌의 조작을 감내하고, 그 효과를 가장 화려한 방식으로 표출하는 요소이다.[31]

요컨대, 몸이란 겉으로 보기에 누구의 몸이건 생물학적으로 비슷하다고 해서 진짜 비슷한 존재로 보아서는 결코 안 된다는 것입니다. 군주의 몸, 신하의 몸, 일반 백성의 몸, 특히 죄인의 몸과 사형수의 몸은 그 자체로 존재가 다른 것입니다. 그러고 보면 권력관계는 곧 몸과 몸의 대결인 셈입니다. 그리고 공개적인 '화려한' 의식으로서의 잔인하기 이를 데 없는 처형은 곧 군주의 몸이 사형수의 몸에 비견할 수 없을 정도로 우월하다는 것을 과시하면서 군주의 몸을 위협한 것에 대한 복수를 수행하고, 대중에게 군주의 몸의 탁월성을 주지시키는 것입니다. 이 같은 공개적이고 잔인한 처형 과정을 통해 처형의 의식에 참여한 구경꾼의 몸에 권력의 위력을 각인시키는 것입니다.

그런데 푸코에 따르면, 이러한 고전주의 시대의 처형 방식은 위기에 처합니다. 그것은 민중의 연대 의식 때문이었습니다. 이제 강제로 동원된, 그러나 나중에 스스로 참여하는 구경꾼인 민중이 오히려 사형수의 편을 들어 심지어 사형수의 시체 혹은 몸을 탈취해가는 가역적인 폭력 사태가 빈번히 일어나게 된 것입니다. 그래서 18세기와 19세기의 개혁자들은 공개 처형이 단순히 민중을 위협하는 방법이 못된다는 것을 명심하게 됩니다. 그리하여 전혀 새로운 처벌 방식이 자리 잡게 됩니다.[32]

이제 근대사회(프랑스 혁명 이후 시기)에 들어서면서 이른바 '인간성'을 내세워 공개 처형 제도를 철폐하게 되는데, 푸코는 이때 동원된 '인간'이라는 개념을 일종의 권력에 대한 척도로 봅니다.[33] 인간을 권력의 척도로 본다는 것은, 푸코가 근대사회에서의 인권의 전 사회적인 보편화를 권력이 사회적으로 미세하게 파고들어 사회 구성원의 개별적인 몸 구석구석에 파고드는 것으로 해석한다는 것을 의미합니다.[34] 이와 관련하여 다음과 같은 푸코의 이야기를 들어봅시다.

개혁의 목표는 위법행위에 대한 처벌과 억제가 사회 전반에 대해 정규적인 기능을 행사하도록 할 것, 보다 적게 처벌하는 것이 아니라 보다 잘 처벌할 것, 가혹성이 완화된 형태로 처벌하는 것이면서, 보다 많은 보편성과 필연성이 따르는 처벌이 될 것, 처벌권을 사회구성체 속에 보다 깊숙이 집어넣도록 할 것 등이다.[35]

이제 법은 '자연 본성에서 벗어나는' 인간을 '인간적으로' 다루어야 하는 것으로 되는데, 그것의 동기는 범죄자의 내면에 깊숙이 감추고 있을지도 모르는 인간성에 기인하는 것이 아니라, 권력이 초래하는 여러 결과에 대한 필연적인 조절에 기인한다. 이 '경제적' 합리성이야말로 형벌의 척도가 되고, 그것의 정비된 기술을 규정하게 되는 근거이다. '인간성'이란 이러한 경제성과 그것에 의한 면밀한 계산에 부여된 명칭이다.[36]

푸코의 분석에 의하면, 근대사회로 이동하면서 신체형을 벗어난 처벌은 이제 필시 관념적인 내지 기호적인 효과를 노리게 됩니다. 다음의 언명들이 이를 잘 나타내 줍니다.

처벌의 핵심에서 괴로움을 주는 것은 고통의 감각이 아니라, 괴로움, 불쾌감, 불편함에 대한 생각이다. 즉, '괴로움'의 생각 때문에 겪는 '괴로움'이다. 따라서 처벌은 몸을 대상으로 할 필요가 없고 표상을 대상으로 하면 된다.[37]

형벌은 형벌을 받게 되는 사람에게는 최소한의 양(量)이 되고, 그것을 상상하는 사람에게는 최대한의 양이 되는 것이다.[38]

그 모든 규칙은 역시 이 권력이 적용되는 지점이 이동되게끔 한다. 즉, 그 지점은 이미 몸이 아니며, 신체형의 의식에서 극도의 고통과 요란스러운 외양으로 이루어지는 의식을 동반하는 것이 아니다. 그 지점은 정신이며, 또한 모든 사람의 정신 속에서 소극적이기는 하지만 명확하고 필연적으로 확산되는 표상과 기호의 작용이어야 한다.[39]

이런 점에서 근대사회의 권력은 마치 관념적인 정신을 대상으로 하는 것처럼 보일 수도 있습니다. 푸코는 근대사회로 진입하려고 할 즈음 형벌에 관한 여러 담론에서 소위 몸보다 관념, 표상, 기호 등을 강조하는 대목들을 인용해서 열거합니다. 그렇다면 권력과 몸의 관계가 아니라 권력과 정신의 관계가 사회의 바탕이 되고, 앞서 이야기한 몸과 정신에 관한 푸코의 이야기는 무효화되는 것으로 보일 수도 있습니다.

그런데 푸코는 이렇게 반문합니다. "사람들은 낡은 처벌의 '해부학'과 작별할 수 있다. 그렇다고 해서 과연 이제는 실제로 신체 불관여의 징벌 시대에 들어간 것일까?"[40] 말하자면 푸코는 그렇지 않다고 주장합니다. 그러면서 19세기에 들어서면서 순식간에 감금이 징벌의 본질적인 형태로 된다는 점을 강조하면서, 이것이야말로 인간의 몸을 포위하는 전혀 다른 방법이라고 말합니다.[41] 감금에서 중요한 것은 형벌이 철저히 양화(量化)된다는 점입니다. 오늘날까지 유지되고 있습니다만, 이때부터 사형을 할 경우를 제외하고는 '몇 년 징역' 하는 식으로 범죄의 질을 형량으로 환산하는 관행이 생겨납니다.

> 예를 들어 군주에 대한 음모, 화폐의 위조, 절도에 따른 살인은 적어도 30년의 징역이 되고, 계획적 살인 및 강도는 15년에서 30년의 징역, 단순한 절도에 대해서는 1개월 이상 5년 이내의 징역이 된다.[42]

그런데 우여곡절을 겪으면서, 처음에는 감금이란 전혀 처벌 방식이 아니라고 하다가 확실하게 처벌의 방식으로 자리 잡게 된다는 점을 푸코는 중시합니다. 그리고 여기에서 푸코는 아주 중요한 점을 발견합니다. 그것은 감금 제도에 의해 권력의 한 기술인 "감시"가 생겨난다는 점입니다.

> 가장 중요한 것은 품행에 대한 이러한 통제의 변화에는 —그 조건인 동시에 결과로서—개개인에 관한 지식의 축적이 수반된다는 점이다. (……) 감옥은 여러 종류의 결함과 약점을 분류할 수 있는 일종의 상설 감시 시설이 되는 것이다.[43]

그러면서 또 하나 푸코가 간취해내는 것이 있습니다. 그것은 "개인화"입니다. 감옥 속에서 감시가 이루어지고 감시에 의한 결과가 기록으로 남게 되고, 그 기록에 따라 수감자들에 대한 처우와 운명이 달라집니다. 그런 과정에서 이제 수감자가 지은 범죄뿐만 아니라 개인의 존재가 낱낱이 드러나는 과정을 겪게 됩니다. 그러면서 그에 따른 지식 체계가 생겨난다는 것입니다. 참으로 탁월한 통찰이 아닐 수 없습니다.

인간을 개별화시키는 지식의 총체가 조직화되는 셈이며, 그것은 저질러진 범죄를 참고 사항으로 삼지 않고, 오히려 개인이 숨기고 있고, 일상적으로 감시되는 행위 속에서 나타나는 잠재적인 위험을 참고 대상으로 삼는 것이다. 바로 이런 점에서 감옥은 지식의 기구로서 작용한다.[44]

그런데 이런 개인화 과정이 중요하게 된 것은, 이제 수감이 처벌이 아니라 "교정" 위주인 것으로 바뀌었기 때문이라는 것이 푸코의 지적입니다. 그러면서 개인적인 교정이 몸 자체에 대해 가해지는 것임을 지적합니다.

교정 중심의 형벌 기구는 아주 다른 방식으로 작용하고 있다. 형벌의 적용 지점은 표상이 아닌 몸 그 자체이고, 시간이고, 매일매일의 동작과 행동이다. 또한 그것은 정신이기는 하지만, 어디까지나 습관의 자리인 범위 안에서의 정신이다.[45]

이제 이러한 감옥에서의 관행은 "팬옵티콘", 즉 "원형 감옥"에 의한 '일망 감시 체계'의 발명으로 이어지는데, 이에 대한 푸코의 해석이야말로 가장 뛰어난 업적이라고 할 수 있습니다.

원형 감옥은 19세기 감옥의 형태에서 절정을 이룬 것입니다. 번역자인 오생근은 '팬옵티콘'을 '일망 감시 장치'라고 번역합니다. 여기서 '일망'(一望)은 '한눈에 바라보다'라는 뜻입니다. 그럴듯한 번역입니다. 아무튼 원형 감옥은 독특한 형태의 감옥입니다. 이 감옥의 구조는 둥근 형태로 가운데 감시탑이 높이 서 있으며, 각방은 독방입니다. 방의 뒷면에는 두 개의 창이 있습니다. 그리고 방의 앞면은 전면 유리로 되어 있습니다. 각방은 중앙 감시탑을 중심으로 빙 둘러 있습니다. 중앙 감시탑에서 각방을 쳐다보면 사람들의 움직임이 아주 잘 보이게 되어 있습니다. 왜냐하면 뒷면의 창에서 햇빛이 들어와, 인간의 몸이 움직일 때마다 선명하게 보이기 때문입니다. 이러한 원형 감옥은 공리주의자로 유명한 벤담(Jeremy Bentham, 1748~1832)이 고안해낸 것입니다. 이러한 구조적인 장치를 통해 죄수들에게 엄청난 규칙들을 주지시킨 뒤, 감시자가 죄수들의 움직임을 하나하나 감시하여 일일이 기록으로 남기고, 이를 근거로 감옥 내에서의 처우를 달리했던 것입니다.

그런데 재미있는 사실은, 이곳의 수감자는 감시자를 결코 볼 수가 없는 데 반해서 감시자는 수감자의 세세한 동작까지 볼 수 있다는 사실입니다. 심지어 미국에서는 감옥 전체를 유리로 만들려고 시도한 적도 있다고 합니다. 이것은 감옥 전체를 유리로 보려고 할 정도로 감시라는 개념이 엄청나게 사회적으로 중요했다는 사실을 시사해주는 사례인 셈입니다. 지금의 우리로서는 쉽게 상상이 안 되는 부분이기도 합니다. 그만큼 그 당시에는 감시가 일종의 보편적인 사회적 권력의 장치로 작동했다는 이야기입니다.

어떻든 이 원형 감옥의 수감자는 감시자를 보지 못하기 때문에, 나중에는 감시탑에 아무도 올라가지 않더라도 감시와 처벌에 의한 효과가 발휘되었습니다. 수감자들에게 규율을 주지시켜 놓으면 알아서 잘 돌아가니까 아무도 감시하지 않아도 감시의 효과가 나타났던 것입니다. 그런데 푸코는 기묘하게도 이를 오늘날의 우리 사회에 대해 적용합니다. 즉, 아무도 감시하는 자가 없는데, 우리 모두가 철저하게 감시받고 있는 것처럼 행동한다는 것입니다. 다름 아니라 이는 사회가 우리 모두에게 규칙을 준수하지 않으면 안 된다고 지속적으로 훈육하고, 만약 규칙을 어길 때에는 감시에 의해 반드시 적발되게 되어 있고, 따라서 처벌받게 되어 있다는 것을 지속적으로 주지시킴으로써, 아예 우리의 몸이 규율하는 권력에 맞게끔 길들여져 있음을 말해준다는 것입니다. 이에 "규율에 의해 길들여진 몸"이 핵심 개념으로 작동하게 됩니다.

다시 되돌아가 말하자면, 원형 감옥에서 늘 감시받는다는 사실을 알리면서 이러저러하게 지시되는 규칙과 방침이 규율로 작동합니다. 더 이상 몸을 함부로 움직여서는 안 되며 시키는 대로 움직여야 한다는 것, 즉 오로지 규율에 맞추어서 움직여야만 한다는 것입니다. 그럴 경우에만 밥을 좀 더 많이 먹게 되고, 일을 좀 덜 하게 되는 등 수감자 자신에게 이익이 돌아옵니다. 그래서 수감자들은 규칙을 따르지 않을 수 없게 됩니다.

푸코는 근대에서 사회적인 규율이 만들어지고 작동하는 것에 대해 바로 이 원형 감옥에서 그 모델을 찾을 수 있다고 봅니다. 여기에서 처벌과 보상의 개념이 실질적으로 형성되고, 그것이 사회 전반에 적용되면서 학교·병원·공장·군대 등으로 확산된다는 것입니다. 그래서 권력은 규율하는 권력으로 자리를 잡게 되고, 몸은 길들여진 몸으로 자리 잡으면서 이른바 '근대적 신체(몸)'라는 특수한 몸이 생겨난다는 것입니다.

푸코는 권력과 규율하는 몸의 관계를 군대를 중심으로 철저하게 분석합니다. 군대에 관련된 여러 가지 문헌과 담론을 분석하여 어떻게 규율하는지를 분석합니다. 또 학교의 학생들을 규율할 때 어떻게 공간과 시간의 배치가 이루어지는지를 세세하게 분석하기도 합니다.

그러면서 시간과 공간을 배치하고 관리함으로써 몸을 규율하는 사안에 관해서는 중세의 수도원을 끌어들입니다. 수도원은 철저히 규칙에 의거해 삶이 영위되는 공간이었습니다. 수도사들은 일거수일투족을 시간에 맞추어야 하기 때문에, 수도원이야말로 맨 처음 규율의 모델로서 등장했다고 할 수 있다는 것입니다. 이러한 수도원에서의 규율화된 시간과 공간의 방식이 원형 감옥·군대·학교·병원 등에 적용될 수 있었다는 것이지요. 그래서 학교를 지을 때 교실 구조는 감시가 잘되는 구조로, 병원은 전염은 잘 안 되지만 환자들을 쉽게 관리할 수 있는 구조로 짓는 등의 효율적 공간 배치, 시간 배치를 고려하게 되었다는 것입니다.

현대의 교육은 물론 바로 거기에서 발원한 것으로, 엄청나게 규율하는 장치라는 것을 다시 한 번 생각하게 됩니다. 시간 나면 우리가 사는 세상이 근대에서부터 지금까지 어떻게 형성되었는지를 생각해보며 《감시와 처벌》을 읽어보아야 할 것입니다.

5. 규율하는 권력과 길들여지는 몸

우선 다음과 같은 푸코의 말을 들어봅시다.

> 규율의 역사적 시기(18세기)는 몸의 능력 확장이나 혹은 몸에 대한 구속의 강화를 지향할 뿐만 아니라 하나의 메커니즘 속에서 몸이 유용하면 유용할수록 더욱 몸을 복종적으로 만드는, 혹은 그 반대로 복종하면 복종할수록 더욱 유용하게 하는 그러한 관계의 성립을 지향하는, 몸에 관한 하나의 기준이 생겨나게 되는 시기이다. 이때 형성되는 것은, 몸에 대한 작업과 몸의 요소, 몸짓, 행위에 대한 계획된 조직이라는 강

제권의 정치학이다. 인간의 몸은 그 몸을 파헤치고 분해하며 재구성하는 권력 장치 속으로 들어가게 된다.[46]

이것은 원형 감옥이 나오기 전의 이야기로서 규율에 관한 이야기입니다. 즉, 몸이 어떻게 해서 정치적인 해부학적 기술로 들어가게 되는지를 설명하고 있는 대목입니다. 근대에는 몸의 동작 하나하나를 구분하고, 그 동작을 관리·조절·통제하기 시작했다는 이야기입니다.

규율의 기술들이야말로 몸에 대한 정치적이고 세부적인 공격 양식, 권력의 새로운 '미시물리학'을 규정한다.[47]

인간에 대한 통제와 그 활용을 위한 세부의 세심한 관찰, 그리고 동시에 사소한 것에 대한 정치적 파악은 고전주의 시대로 거슬러 올라가며, 그것은 일련의 총괄적인 기술과 하나의 집합을 이루는 방법, 지식, 묘사, 처방, 데이터 등의 일괄적인 자료를 수반하게 된다. 아마도 이러한 사소한 일들로부터 근대적 휴머니즘의 인간이 탄생하게 되었을 것이다.[48]

이렇듯 몸을 세부적으로 관찰·통제하려고 하는 관계 속에서 근대적 휴머니즘적 인간, 즉 인간적 인간이 나오게 됨을 지적하는 부분입니다. 어쩌면 대단히 충격적이라고 할 정도의 이야기입니다. 규율에 의거한 감시와 처벌을 위한 방법·지식·묘사·처방·데이터 등이 총집합하여 근대적 휴머니즘적 인간이 탄생하게 되었다는 것인데, 흔히 우리가 생각하는 그럴듯한 인간으로서의 휴머니즘적 인간과는 거리가 있습니다.

규율은 '독방', '자리', '서열'을 조직화함으로써 복합적인 공간을, 즉 건

축적이면서 동시에 기능적이고 위계질서를 갖는 공간을 만들어낸다.[49]

여기서 서열 문제는 교실에서도 나올 수 있습니다. 성적순으로 분반을 하거나, 자리 배치를 하는 것 등이 그 실례입니다. 군대에서의 조직 구성에서도 유능하고 싸움 잘하는 병사들과 그렇지 못한 병사들을 아예 따로 분류하기도 합니다. 이같이 자리 배치는 서열과 관계가 있는 것입니다.

여기에서 말하는 "복합적 공간"은 '기하학적 공간'과 대비됩니다. 푸코의 공간과 시간 문제는 앙리 르페브르(Henri Lefebvre, 1901~1991)의 《현대세계의 일상성》[50]과 지리학자인 데이비드 하비(David Harvey, 1935년생)의 《포스트모더니티의 조건》[51] 및 국내학자인 이진경의 《근대적 시·공간의 탄생》[52]을 참고하여 비교해보면 유용할 것입니다.

푸코가 다루는 공간은 단순히 위치에 불과한 것이 아니며, 기하학적 공간이나 건축이 아닙니다. 푸코의 공간은 질적인 공간을 다룹니다. 규율할 때 가장 먼저 하는 일이 공간과 시간을 재조정하는데, 이때 공간과 시간은 그것을 견뎌내야 하는 몸을 규율하는 장치가 되기 때문입니다.

측정되고 임금이 지불되는 시간은 또한 불순함도 결함도 없는 시간이고, 계속 몸이 자신의 활동에만 주의를 집중하도록 한 우수한 질의 시간이어야 한다.[53]

이는 근대 시기 공장에 관한 이야기입니다. 그 시기 공장에서는 노동자가 5분, 15분 지각하거나 잡담을 할 때 그것을 돈으로 계산하여 노동자의 임금을 삭감했습니다. 이처럼 노동자의 시간은 철저하게 생산에 집중되는 시간으로 보았습니다. 비단 공장에서뿐만 아니라 군대는 군대대로, 학교는 학교대로, 병원은 병원대로 그런 식으로 노동자의 몸을 길들였습니다.

사회적 지위가 있는 환자가 병원을 찾았다고 가정해봅시다. 환자가 의사에게 제법 복잡한 질문을 하고 귀찮게 굴 경우, 의사는 "여기에 누우시죠" 하고 환자의 몸을 의료용 침대에 눕힙니다. 환자가 침대에 눕는 순간, 환자는 의사를 잘 볼 수 없고, 몸이 공중에 붕 뜬 느낌이 듭니다. 이 순간부터 환자와 의사의 관계는 지배와 피지배의 관계로 돌입하게 됩니다. 왜냐하면 환자의 몸은 이미 대상화되었고, 그런 대상화는 몸의 자세에서부터 나오기 때문입니다.

> 행위는 여러 요소로 분해되고, 몸통과 팔다리, 그리고 관절의 위치가 정해지며, 하나하나의 동작에는 방향과 범위, 소요 시간이 설정되고, 그것들의 연속적인 순서가 정해진다. 시간이 몸을 관통하게 된 것이다. 그것과 더불어 권력의 모든 치밀한 통제가 이루어진다.[54]

근대가 시작되면서 권력이 몸을 길들이기 위해 몸과 직결된 공간과 시간을 어떻게 배치하여 길들이는가를 잘 묘사하고 있습니다. 푸코는 심지어 몸의 세포 하나하나에 사회적인 권력이 각인됨으로써 이른바 "생체 권력(bio-pouvoir, bio-power)"으로서 자리 잡게 된다고 말합니다. 그러한 방식으로 권력이 촘촘하게 사회 전체를 관통하면서 포섭하는 것을 "권력관계의 미시망(micro network of power relations)"이라고 일컫습니다.

> 규율의 방식은, 매 순간 서로 통합되고, 최종적인 확고부동한 지점을 지향해가는 직신적인 시간을 출현하게 한다. 요컨대 '진화'하는 시간인 것이다. 그런데 기억해야 할 것은, 같은 시기에 행정과 경제 면의 통

제 기술에 의해서 계열을 이루고, 그 방향이 정해졌으며, 또한 축적되는 특징을 갖는 사회적 시간이 출현하게 되었다는 점이다. 즉, '진보'라는 의미에서의 진화의 발견이다.[55]

이는 관료제에 대한 언급이라고 할 수 있습니다. 여기서 "직선적인 시간"은 어떤 목표가 있어 그것을 향해 나가는 식으로 몸을 길들여 진화시킨다는 의미를 지닙니다. 그리고 "사회적 시간"은 사회 전체가 어떤 생산의 극대화를 위해 관청·학교·공장·군대·교회 등 모든 곳에서 생산의 효과를 노리는 것을 말합니다. "진보"라는 개념은 바로 이러한 규율에서 나온다는 것입니다.

이것이야말로 몸의 기능적 환원이다. 그러나 이 몸 - 부품이 그것과 연결되어 있는 어떤 전체 속에 삽입되는 것도 마찬가지다. (……) 몸은 다양한 부품으로 이루어진 기계장치의 부품처럼 조직되는 것이다.[56]

몸은 사회 전체 속에서 권력관계에 의해서 길들여집니다. 이때 권력의 주체는 대통령, 국회의원 등의 국가기구나 제도처럼, 근대의 권력의 주체는 특정하게 따로 정해져 있는 것이 아닙니다. 참고로, 푸코는 국가권력을 사회를 관통하면서 포섭하는 사회적 권력 위에 건립되는 일종의 "메타 권력"이라고 말합니다. 고전주의 시대에는 '군주의 몸'이 권력의 주체로 뚜렷하게 정해져 있었습니다.

사회 전체가 하나의 기계장치처럼 작동하고, 개개의 몸이 그 기계장치의 "부품"으로서 조직된다는 이야기가 섬뜩할 정도로 실감을 더합니다. 오늘날 우리가 살고 있는 근대사회의 그야말로 을씨년스러운 형상(形狀)을 묘사하고 있다고 할 것인데, 중요한 점은 이러한 사실들이 매설되어 있어 좀처럼 보이지 않는 방식으로 위장되어 있다는 사실입니다. 여기에서 우리는 푸코가 '주체' 개념을 규율하는 권력에 의해 길들여짐으로써 그러한 사회 권력에 종속된 '자발적인 신민'('subject'라는 말의 또 하나의 뜻)으로 본다는 점을 덧붙이게 됩니다.

6. 푸코의 권력론

그래서 푸코는 권력에 대해 다음과 같이 정리합니다.

> 권력은 매 순간 모든 지점에서 그 모든 지점의 상호 관계에서 생산된다. (……) 권력은 제도도 구조도 어떤 권한도 아니다. 권력은 한 사회의 복잡한 전략적 상황에 대한 이름이다. (……) 권력관계는 경제적 과정, 사람들의 관계, 성관계 등의 바깥에 위치하는 것이 아니라 그 관계들 속에 내재한다. (……) 권력은 밑에서부터 올라온다. 지배자와 피지배자 간의 이원적인 대립이 생산 기구나 가족, 혹은 제한된 집단이나 제도들 안으로 수직적으로 내려오는 것이 아니라 오히려 이것들에서 형성되는 역학 관계가 그러한 뚜렷한 이원적 대립을 떠받치고 있다. (……) 권력관계는 지향적인 동시에 비주관적이다. 권력은 하나의 망을 형성해서 지배계급, 국가 통치 기구, 정책 결정 담당자들 그 외 모든 일상적 개인들을 포섭한다. (……) 권력이 있는 곳에는 반항이 있게 마련이며 반항 역시 권력 밖에 있는 것이 아니다. 반항이 없는 곳에는 권력관계가 존재하지 않는다. (……) 권력관계의 망이 제도와 기구 속에 어떤 자리를 차지하는 것이 아니라 그것들 전체를 뒤덮는 것과 마찬가지로 반항의 수많은 거점도 사회의 여러 층과 개인들의 통합체를 뒤덮는다.[57]

푸코는 '권력의 편재성과 내재성'을 근간으로 해서 권력이 '사회

구성의 토대'가 됨을 강조합니다. 국가권력이나 독점재벌의 경제적 권력은 편재되어 있고 내재되어 있는 이러한 '미시적인 권력관계의 망'을 토대로 생겨난 '메타 권력'이라고 여깁니다.

푸코는 규율적 권력의 편재성과 권력-지식 연계를 내세워 서구 현대사회를 원형 감옥 제도를 모델로 하는 하나의 거대한 "유폐적 그물망"으로 진단합니다. 그리고 이 안에서 인간들은 '자신의 자율적 의식에 얽매임으로써 스스로 타자에게 종속되어 있는 객관화된 신민(주체, subjects)'이라고 진단합니다. 이러한 진단은 그 형태는 다를지 몰라도 관료제하의 "도구적 합리성"을 내세운 막스 베버나 "도구적 이성" 혹은 "일차원성"을 내세운 프랑크푸르트학파에 속한 비판적 사회 이론가들의 진단과 유사한 점이 있습니다. 그러나 푸코와 이들 간의 현격한 차이는, 푸코가 더 이상 이성을 척도 내지 근거로 삼지 않으려는 데 있습니다. 푸코는 이렇게 말합니다.

합리화와 정치권력의 과잉 간의 관계는 명백하다. 특히 파시즘과 스탈린주의는 이 점을 잘 드러내고 있다. 이것들은 그 자체 내의 내적인 광기에도 불구하고 정치적인 합리성에 관한 관념들과 정치들을 광범하게 사용했다.[58]

'보편적 이성'에 대한 푸코의 불신은 역사적인 사건들을 근거로 합니다. 그는 이성 자체를 심판하거나 직접 공격하고자 하지 않습니다. 단지 그는 그러한 이성 개념이 혹은 이성에 관한 관념이 어떤 역사적인 맥락, 즉 권력의 전략적인 상황에 연계되어 통용되는지를 추적할 뿐입니다. 사실 그는 바로 이러한 "계보학"적인 탐구를 통해 계몽주의자들이 신뢰한 이후로 오늘날 우리의 생활 속 깊숙이 침윤되어 있는 '보편적 이성'을 상대화하고, 그럼으로써 사회 구성에 대한 분석 혹은 비판을 다원화 내지 지역화 또는 부문화하려는 것입니다.

그렇다면 푸코가 대안으로 내세우는 새로운 사회 구성의 축은 없는가 하는 물음을 던지지 않을 수 없습니다. 이에 대해서는 많은 비평가가 부정적인 시각으로 봅니다. 푸코가 특별한 대안을 갖고 있지 않다는 것이지요. 그래서 그에게는 '새로운 아나키스트', '허무주의자', '비관주의자' 등 그로서는 받아들이기에 괴로운 딱지가 붙습니다.

굳이 우리 나름으로 그의 생각을 간추려본다면, 몸과 쾌락이라는 미묘한 단어가 그의 미래 사회에 대한 대안을 장식할 수도 있을 것입니다. 죽은 푸코에게서 이제 남은 문제는 욕망이 아닐까 하는 생각을 하게 됩니다. 모차르트가 베토벤을 보고서 말한 것처럼, 푸코가 들뢰즈를 일컬어 "언젠가의 세기는 들뢰즈의 세기가 될 것이다"라고 한 말에서 푸코의 남은 생각을 추측해봅니다.

그렇다고 푸코가 현재의 부정적인 현실을 '비(非)합법화'하는 투쟁의 전략이 없다는 것은 결코 아닙니다. 역사를 선형적으로 발전해가는 것으로 보지 않는 푸코의 입장에서 새로운 사회 구성의 축을 전망한다는 것은 오히려 불가능할지 모릅니다. 그러나 적어도 현재의 사회가 어떻게 잘못되었다는 것을 적나라하게 폭로하고, 또 그 폭로 과정을 통해 현재의 사회에서 잘못되었다고 여겨지는 것들이 어떻게 형성되었는가 하는 그 과정을 전략적·전술적 차원에서 밝힘으로써, 그것들에 대항할 수 있는, 그리고 그것들을 파괴해나갈 수 있는 투쟁의 전략 전술은 푸코에게서 가능할 뿐만 아니라 대단히 중요합니다.

이에 그가 제시하는 것은 미시적이고 지역적인 혹은 부문적인 동시다발적 투쟁 전략입니다. 또한 그는 각 영역에 처한 구체적인 개인들과 부문적인 집단의 현장 파악 능력과 투쟁 능력을 믿습니다. 오히려 이러한 각 부문 혹은 영역의 과제들을 보편적인 원리로 일괄해서 파악하고 처방하고자 하는 소위 보편적 지식인 및 보편적 투쟁 전략이 진정한 투쟁의 방해가 될 수 있다고 역설합니다. 이를 굳이 일컫자면, '푸코의 특수 지식인론'이라고 할 수 있을 것입니다.

7. 마무리

'트레이드마크'라고 할 수 있을까요? 머리카락 한 올 없이 훤한 이마와 머리는 20세기 최고의 지성이라 해도 전혀 손색없는 푸코의 모습입니다. 그는 현대 최고의 기호학자인 롤랑 바르트와 동성애 커플이었다고 알려져 있기도 하고, 지젝크는 그가 항문 주먹 삽입의 성교를 했다고 비아냥대기도 했습니다. 어쩌면 현실 사회를 결코 정당하게 여길 수 없다는 점을 그의 존재 자체로 보여주었다고 해도 과언이 아닐 것입니다.

푸코는 "담론(discours)"과 "과학(science)"을 구분하면서, 담론은 권력과 결합된 지식임을 분명히 했습니다. 심지어 그는 프로이트가 정신분석학을 통해 제시하는 "오이디푸스 콤플렉스"는 본래의 실제가 아니라 정신분석학이라는 담론에 의해 구성된 실제라고 말하기도 했습니다. 그만큼 푸코는 지식과 권력이 어떻게 연계되고 결합되어 있는지를 밝히는 데 주력했다고 할 수 있습니다.

푸코의 이러한 사회철학적 관점, 즉 몸과 권력, 그리고 권력과 지식을 연계시키면서 탈(脫)합리적인 동시다발적 투쟁을 제시하는 사회철학적 기획을 어떻게 비판적으로 활용할 것인지는 우리의 몫으로 남아 있습니다.

19장

들뢰즈: 영원회귀, 그리고 기관들 없는 몸

1. 들어가는 말

질 들뢰즈(Gilles Deleuze, 1925~1995)는 소르본 대학에서 유명한 과학철학자인 캉길렘(Georges Canguilhem, 1904~1995), 헤겔 철학 연구로 유명한 이폴리트(Jean Hyppolite, 1907~1968), 근대 철학의 전문가인 알퀴에(Ferdinand Alquié, 1906~1985), 그리고 철학사 연구로 유명한 강디야크(Maurice de Gandillac, 1906~2006) 등의 선생들 밑에서 정통으로 철학을 공부했습니다. 그 와중에 사르트르의 철학에 매혹되기도 했습니다. 그가 본격적으로 활동을 하게 된 것은 1968년의 5월 사태로 생겨난 '파리 8대학'에 1969년에 교수로 취임하게 되면서부터였습니다.

어릴 적부터 폐 질환으로 시달려오다 결국에는 폐결핵으로 한쪽 폐를 절제하기도 했던 그는 1995년 그의 아파트에서 창을 열고 뛰어내려 자살합니다. 자살의 철학적인 의도를 제외하고 보면 폐 혈전으로 인한 고통 때문에 말을 할 수도 글을 쓸 수도 없는 상태에 이르렀기 때문으로 알려져 있습니다. 너무나 많은 책을 저술했던 그는 죽기 전에 자신이 '마르크스의 위대함(La Grandeur de Marx)'이라는 제목의 책을 쓰고자 한다고 발표했습니다. 실제로 이 책의 첫 두 장, '집합들(Ensembles)'과 '다양체들(Multiplicities)'을 마무리하고 죽은 것으로 알려져 있습니다. 나이 70세에 이르러 '마르크스의 위대함'이라는 제목으로 책을 쓰려고 했다는 사실이 의미하는 바를 정확하게 파악할 길은 없습니다. 다만 그가 펠릭스 과타리(Félix Guattari, 1930~1992)와 함께 자본주의 체제의 비판적 분석에 관한 책을 두 권이나 쓴 데서 알 수 있듯이, 자본주의 비판적 분석의 귀재인 마르크스를 얼마나 존경했는지를 특별히 염두에 둘 필요는 있다고 할 것입니다.

들뢰즈가 과타리와 한 몸이 되다시피 해서 함께 쓴 두 권의 책, 《안티 오이디푸스: 자본주의와 분열증(L'anti-Oedipe: Capitalisme et Schizophrénie)》(1972)[1]과 《천 개의 고원: 자본주의와 분열증 2(Mille Plateaux: Capitalisme et Schizophrénie 2)》(1980)[2]는 전 세계의 지성인들에게 큰 반향을 불러일으켰습니다. 이 두 책을 통해 그들만의 많은 개념이 크게 유행했습니다. "유목(유목주의, nomadisme)", "영토화, 탈영토화, 재영토화(territorialisation, reterritorialisation, déterritorialisation)", "리좀(rhizome)", "욕망하는 기계(machine désirante)", "기관들 없는 몸(corps sans organes)" 등, 그들이 조성한 전혀 새로운 용어들이 마치 지성인의 표지인 양 인구에 회자되었던 것입니다.

하지만 정작 들뢰즈 본인만의 철학 사상을 집대성한 책은 무엇보다 《차이와 반복(Différence et Répétition)》(1968)[3]입니다. 이 《차이와 반복》에 대해 니체의 영원회귀 사상을 해설한 책이라고 한다고 해서 큰 무리는 없을 것입니다. 그만큼 들뢰즈는 니체에게 의존하고 있습니다. 이 책을 통해 그가 무지막지한 사상사적 폭과 깊이를 총동원하다시피 해서 엄청난 철학적 사유를 펼치고 있지만, 결국은 니체를 현대적으로 복원하는 작업이라고 해도 과언이 아닌 것입니다. 들뢰즈는 이 책을 발간하기 약 6년 전에 《니체와 철학》[4]과 《니체, 철학의 주사위》[5]를 발간한 적이 있습니다. 이 책들은 어쩌면 《차이와 반복》을 쓰기 위한 예비 저작이라고 해도 괜찮을 것입니다.

들뢰즈의 철학 사상은 그야말로 전방위적으로 영향력을 발휘합니다. 문학과 예술은 물론이고 정치학과 사회학 등에 크게 위력을 발휘하고 있습니다. 그 이유가 무엇인지 정확하게 알 수는 없지만, 뭔가 전혀 새롭게 느껴지는 사유의 방식을 제시하기 때문일 것입니다. 무엇보다 들뢰즈의 철학 사상이 감각의 해방을 통한 새로운 예술 정신을 위한 담론적 바탕을 제공한다는 사실이 대단히 중요하다고 하겠습니다. 만약 들뢰즈의 철학 사상이 감각의 해방을 위한 분명한 길을 보여주지 못했다고 한다면, 그렇게 강력한 현시대적인 영향력을 발휘할 수 없었을 것입니다.

감각의 해방을 위한 들뢰즈의 철학적 사유의 장치들이 바로 니체, 특히 니체의 영원회귀 사상에서 비롯되고 마련된다는 사실을 염두에 둡시다. 오늘 강의는 특히 《차이와 반복》에서 중심으로 작동하면서 여타 철학자들과 그들의 담론을 그 주위에서 선회하게 만들고 있는, 니체의 영원회귀 사상에 관련된 들뢰즈의 이야기를 인용하고 나름대로 이해하려고 노력하는 과정이 될 것입니다.

들뢰즈가 니체의 영원회귀 사상에서 뽑아낸 핵심 개념들은 '차이', '차이에 의거한 반복', '차이와 반복에 의거한 긍정', '즉자적 차이인 에너지로서 존재하는 강도적 차이인 감각 존재' 등입니다.

2. 영원회귀에 의거한 존재의 일의성

니체의 사상 중 가장 이해하기 힘든 것이 있다면, 그것은 영원회귀 사상입니다. 영원회귀 사상은 언뜻 고대의 윤회 사상과 비슷한 것 같기도 하고, 혹은 고대의 순환론적인 시간론을 답습한 것 같은 인상을 줍니다. 하지만 들뢰즈는 이러한 고대의 회귀 사상과는 전혀 다른 것임을 역설하면서 다음과 같이 말합니다.

> 그리스인들을 그토록 잘 알았던 니체는 영원회귀가 어째서 그의 발명이자 반시대적 믿음이거나 미래의 믿음임을 아는 것일까? 왜냐하면 '그의' 영원회귀는 어떤 같은 것의 회귀, 어떤 유사하거나 동등한 것의 회귀와는 거리가 멀기 때문이다.[6]

고대의 회귀 사상은 동일자의 회귀로서 고작해야 물리학적인 영원회귀(어떤 질적 요소들이 순환적으로 다른 질적 요소들로 변형된다는 사실)이거나 천문학적인 영원회귀(썩지 않는 천체들의 순환 운동)라는 것입니다. 그런데 니체가 말하는 영원회귀는 동일성, 유사성, 동등성 등의 회귀와는 거리가 멀기 때문에 고대적인 영원회귀 사상과는 다르다는 것을 말하고 있습니다. 그렇기 때문에 니체가 말하는 영원회귀는 니체 자신의 발명이라고 할 정도로 니체의 독특한 사상이라는 것입니다.

하지만 우리로서는 들뢰즈가 언급하지 않는 미르체아 엘리아데(Mircea Eliade, 1907~1986)가 쓴 《영원회귀의 신화》[7]에서 설명되고 있는 고대인들의 제의만큼은 니체가 말하는 영원회귀와 일정하게 관련이 깊은 것으로 생각하게 됩니다. 그것은 예컨대 들뢰즈가 "니체가 당시의 에너지론에 관심을 두었던 것은 사실이다. (……) 아마 그것은 그가 파스칼의 예언이라 불렀던 것을 실현할 수단, 즉 카오스를 어떤 긍정의 대상으로 만들기 위한 수단일 것이다"[8]라고 하면서 니체가 카오스를 긍정적인 존재로 만들고자 한다는 점을 지적한 것과 관련됩니다. 엘리아데는 그의 이 책에서 비(非)그리스적인 고대인들의 제의를 소개합니다. 그는 이 고대인들이 카오스에서 코스모스를 창조해내는 신의 작업을 반복하기 위해 해마다 한 번씩 코스모스를 파괴하고 카오스로 되돌아가 순전한 감각 상태로 몰입해 들어가는 모습을 그리고 있습니다. 이는 니체가 제안하는 영원회귀의 강력한 반복 대상인 디오니소스적 도취와 너무나 흡사합니다. 그렇다고 해서 니체의 영원회귀 사상이 엘리아데가 소개하고 있는 비그리스적인 고대인들의 제의의 관행에서 실마리를 얻어 형성되었다고 말할 수 있는 근거는 없습니다.

중요한 것은, 들뢰즈가 니체의 영원회귀 사상을 자기 나름대로 훨씬 징교하게 개념적으로 정돈해서 재구성하고 있다는 사실입니다. 그 핵심은 흔히 들뢰즈의 존재론을 대표하는 것으로 말하는 '존재의 일의성(univocité d'être)[9]이 바로 니체가 말하는 영원회귀의 반복에서 그 정확한 의미를 확보한다고 보는 것입니다.

'존재의 일의성'이라는 개념은 던스스코터스(John Duns Scotus, 1266~1308)에게서 발원하는 것입니다. 던스스코터스가 존재를 일의적이라고 한 것은, 존재란 일체의 존재론적인 구별에 대해, 예컨대 무한자와 유한자, 단독자와 보편자, 피조물과 창조자 등의 구별에 대해 무차별하며 중립적이고 중성적이라는 것입니다.[10] 이는 일체의 존재론적인 구별과 그에 따른 존재론적인 위계를 불식시켰다는 것을 의미합니다. 그런데 스피노자에게 와서 실체와 양태들이 구별됨으로써 일의적 존재는 중립성을 띠지 않은 것으로 되고, 표현성(양태들에 의한 실체의 표현)을 띠게 됩니다. 그러나 이 표현성이 성립하려면 일반적이고 단호한 전복이 필요한데, 그 전복이 니체를 통해 이루어진다는 것입니다. 그리고 그 전복 이후 이렇게 된다고 들뢰즈는 말합니다.

> 그런 전복 이후, 존재는 생성을 통해, 동일성은 차이 나는 것을 통해, 일자는 다자(多者)를 통해……자신을 언명한다. 동일성이 일차적이지 않다는 것, 동일성은 원리로서 현존하지만 이차적 원리로서, 생성을 마친 원리로서 현존한다는 것, 동일성은 차이 나는 것의 둘레를 회전한다는 것, 이런 것이 코페르니쿠스적 혁명의 내용이었다. (……) 니체가 영원회귀를 통해 말하고자 한 것은 다른 것이 아니었다.[11]

영원회귀는 분명히 반복입니다. 문제는 무엇이 반복되는가 하는 것입니다. 우리는 흔히 반복이라고 하면 동일자를 생각합니다. 동일한 것이 반복되지 않는 것이라면, 그것을 도대체 반복이라고 말할 수 없기 때문입니다. 하지만 들뢰즈는 니체가 말하는 영원회귀의 반복은 결코 동일자의 반복이 아니라고 말합니다.

영원회귀는 동일자의 회귀를 의미할 수 없다. 오히려 모든 선행하는 동일성이 폐기되고 와해되는 어떤 세계(위력 의지의 세계, le monde de la volonté de puissance)를 가정하기 때문이다. 회귀는 존재이긴 하되, 그저 생성(devenir)의 존재다. 영원회귀는 '동일자(le même)'를 되돌아오게 하지 않는다. 그게 아니라 영원회귀는 생성하는 것으로부터 그 유일한 동일자(le seule Même)를 구성한다. 회귀(revenir), 그것은 생성 자체의 동일하게-되기(le devenir-identique)다. 따라서 회귀는 유일한 동일성(la seule identité)이되, 이차적 위력(puissance seconde)으로서의 동일성이고, 차이의 동일성이고, 차이 나는 것을 통해 언명되고 차이 나는 것의 둘레를 도는 동일한 것(l'identique)이다. 차이에 의해 산출되는 이러한 동일성은 '반복(répétition)'으로서 규정된다. 또한 실로 영원회귀에서의 반복은 동일자(le même)를 차이 나는 것으로부터 출발하여 생각하는 데서 성립한다.[12]

영원회귀에서 회귀를 통해 반복되는 것은 동일자임은 분명합니다. 하지만 그 동일자는 차이가 차이를 만들어내는 생성을 바탕으로 하지 않고서는 도무지 존립할 수 없는 것입니다. 그래서 결국 영원회귀에서 회귀는 차이의 생성과 이 차이의 생성으로부터 동일한 것이 반복해서 생겨나는 것입니다. 그런데 더 심층에서 보면 진정 동일한 것은 영원회귀 자체가 됩니다. 들뢰즈는 이렇게 말합니다. "영원회귀 그 자체는 동일한 것, 유사한 것, 동등한 것이다. 하지만 영원회귀는 정확히 그것이 언명되는 것 안에서는 전혀 그런 자기 자신의 모습을 전제하지 않는다."[13]

아무튼 들뢰즈가 설명하는 영원회귀는 엘리아데가 소개하는 바빌로니아 고대인들의 제의에서 이루어지는 영원회귀와 대단히 흡사합니다. 카오스는 차이의 생성이 강렬하게 들끓는 상태이고, 코스모

현대철학의 광장

스는 동일자들이 생겨나 일정하게 포진하는 상태라고 볼 수 있는데, 고대인들의 제의는 이 카오스에서 코스모스로의 변신과 전환을 해마다 반복하는 것이기 때문입니다. 아무튼 들뢰즈는 이러한 논의를 바탕으로 다음과 같이 말합니다.

> 영원회귀, 되돌아오기는 모든 변신에 대한 공통의 존재를 표현한다. 그것이 표현하는 것은 모든 극단적인 것, 역량의 모든 실현 등급들에 공통되는 척도와 존재다. (……) 영원회귀 안에서 일의적 존재는 단지 사유되고 긍정되기만 하는 것이 아니라 실제적으로 실현된다. 존재(L'Être)는 단 하나의 같은 의미로 언명된다. 하지만 이 의미는 영원회귀의 의미다. 그것은 영원회귀라고 말해지는 것의 회귀 혹은 반복에 해당한다. 영원회귀의 바퀴는 차이에서 출발한 반복의 산출이자 동시에 반복에서 출발한 차이의 선별이다.[14]

들뢰즈가 말하는 '차이와 반복'이라고 하는 책 제목에 '영원회귀의 의미'라는 부제를 달아 마땅하지 않은가 싶습니다. 영원회귀의 바퀴가 굴러갈 때 차이들에서 동일자인 반복이 산출되고, 아울러 산출된 반복인 동일자들로부터 그 모태인 차이들을 선별해내게 된다는 이야기입니다. 말하자면 니체의 영원회귀의 사상에 입각한다면, 그 어떤 종류의 것이든 동일성을 띤 것들을 만날 때면, 그 바탕에서 차이들이 어떻게 우글거리는가를 파악해야 한다는 이야기입니다.

우리로서는 늘 이미 산출된 동일자들을 사후적으로 만날 뿐이고 경험적으로 사유할 뿐이기에, 자칫 그러한 동일자들의 이차적인 위력에 의해 잘못 압도당하여 두려움에 떨 수도 있고, 그 동일자들의 이차적인 위력을 보존하는 데 일생을 허비할 수도 있습니다. 그것이 신이든 국가든 자본이든 혹은 도덕적이거나 법적인 어떤 위력이든지 간에 그 모든 것은 영원회귀의 수레바퀴 밑에서 갈아엎어지지 않으면 안 된다는 것[15]이 니체의 영원회귀 사상이라고 들뢰즈는 역설하는 셈입니다. 들뢰즈가 자신의 철학을 '초월론적인 경험론'이라고 했을 때, 그 경험은 바로 영원회귀의 수레바퀴가 굴러가면서 갈아엎어 새롭게 조성되는 영토를 경험하는 것이 아닐 수 없습니다. 그리고 그 경험은 동일자들을 중심으로 한 일상적인 경험을 넘어서 있는 이른바 초월론적인(transcendental) 경험이 되는 것입니다.

영원회귀의 사상에 입각해 그렇게 초월론적인 경험을 하게 될 때, 그런 경험을 실현하게 될 때, 전혀 새로운 생성하는 차이들을 느끼게 될 것이고, 그에 따른 새로운 삶을 기획하게 될 것이고, 심지어 동일성에 입각하기 십상인 인간으로서의 삶조차 넘어서는 새롭고 강도 높은, 오로지 감각될 뿐이고 오로지 감각될 수밖에 없는 차이들의 카오스로 들어서게 된다는 것입니다.

3. 에너지와 영원회귀

이처럼 감각될 뿐인 차이들에 대한 경험 운운하는 이야기가 가능하려면 영원회귀를 통해 접근하게 되는 지경이 어떤지를 가늠해야 합니다. 미리 말하자면, 그것은 강도(Intensité)만을 지닌 감각 에너지의 지경입니다.

우리는 실로, 어떠한 질(qualité)도 개봉되지 않고 어떠한 연장(延長)도 펼쳐지지 않는 그 깊은 지대 안에 함축된 순수한 강도(intensité pure)를 고려할 것이다. 우리는 에너지를 이러한 순수한 강도 안에 잠복해 있는 차이를 통해 정의한다. '강도의 차이(différence d'intensité)'라는 말은 동어반복적이지만, 여기서는 차이 나는 것의 동어반복, 아름답고 심오한 동어반복이 된다. (……) 에너지 일반이나 강도량(quantité intensive)은 스파티움(le spatium, 공-간), 모든 변신(métamorphose)의 극장이자 차이의 각 정도(혹은 등급)들을 생산할 때 그 모든 정도를 감싸는 즉자적 차이(différence en soi)다.[16]

차이들이 거의 무한대의 밀도로 압축되어 있는 상태, 아직 그 안에서 흔히 동일성을 염두에 두지 않고서는 운위할 수 없는 질이나 연장(길이)이 전개되지 않은 상태, 따라서 원자라고 하든 소립자라고 하든 사물이라고 할 수 있는 일체의 것이 산출되지 않은 상태, 이를 들뢰즈는 순수한 강도를 띤 차이, 즉 강도의 차이라고 말하고 있습니다. 존재하는 모든 것이 바로 이 강도의 차이를 연극 무대로 삼아 변신을 일삼으면서 산출되는 것입니다. 그런 만큼 이는 들뢰즈가 제시하는 최고도의 초월론적인 원리가 되지 않을 수 없는데, 그는 이를 니체의 영원회귀에 연결하고 있습니다.

초월론적인 원리인 이 강도의 차이는 경험적 원리의 범위 바깥에서 즉자적으로 보존된다. 그리고 자연법칙들이 세계의 표면을 지배할 때 바로 그때에 영원회귀는 다른 차원, 즉 초월론적인 차원 혹은 화산 같은 공-간(스파티움)의 차원에서 끊임없이 으르렁거리며 폭발하려 한다.[17]

영원회귀와 강도의 차이가 곧바로 연결되고 있습니다. 그런데 이 초월론적인 지경이 자연법칙들에 비해서도 훨씬 더 근원적인 것으로 운위되고 있습니다. 자연법칙들이 세계의 표면을 지배한다는 표현이 실감을 더합니다. 영원회귀에 의거한 강도의 차이는 세계의 심층을 지배한다는 것입니다. 그리고 수사학적인 표현을 빌려 언제든지 폭발할 기세로, 말하자면 자연법칙들을 무색하게 만들기 위해 끊임없이 으르렁거린다고 말하는 것입니다.

또한 동일성에 의거한 모든 신학, 철학, 자연과학조차 결코 근본적이지 않은 것임을 공표하고 있습니다. 들뢰즈는 《니체와 철학》에서 니힐리즘에 관한 논의를 상세하게 전개합니다. 이 책에서 그는 부정적 니힐리즘에서 반동적 니힐리즘으로, 그리고 반동적 니힐리즘에서 수동적 니힐리즘으로 나아가는 것이 니체 이전 헤겔에 이르기까지의 철학적인 태도들이고 이 태도들의 아류가 여러모로 기승을 부리고 있다고 말합니다. 니체가 이러한 니힐리즘에서 근본적인 개념으로 작동하는 '부정' 혹은 '무'를 극복하고 '긍정' 혹은 '위력'을 통한 초인을 제시함으로써 웃고 놀이하고 춤추는 디오니소스적인 생성을 최대한 긍정했던 것도[18] 바로 이러한 영원회귀라고 하는 강도의 차이가 세계의 심층적인 차원에서 폭발할 기세로 늘 으르렁거리고 있음을 정확하게 눈치챘기 때문일 것입니다.

하지만 들뢰즈는 긍정의 관계에 있어서, 니체의 영원회귀에서 자신이 찾아낸 차이가 더욱더 근원적임을 분명히 하고 있습니다.

> 차이는 첫 번째 긍정이고, 영원회귀는 두 번째 긍정, '존재의 영원한 긍정', 또는 첫 번째 긍정을 통해 언명되는 n승의 역량이다.[19]

4. 돌아오는 것과 돌아오지 않는 것

그런데 영원회귀의 수레바퀴가 굴러갈 때 회귀, 즉 되돌아오고 되돌아와야 하는 것이 있고 되돌아올 수 없고 되돌아와서는 안 될 것들이 있습니다. 말하자면 영원회귀의 바퀴가 굴러가는 것은 일종의 걸

러냄의 심판인 것입니다. 그런데 왜 되돌아오는 것은 되돌아와야 하는 것일까요?

모든 것이 되돌아오는 것은 그 어떤 것도 동등하지 않기 때문이고, 모든 것은 자신의 차이 속에, 자신의 비유사성과 비동등성 속에 잠겨 있기 때문이며, 심지어 자기 자신과의 비동등성 속에 잠겨 있기 때문이다.[20]

언명 그 자체로 보면, 완전히 모순이고 역설입니다. "그 어떤 것도 동등하지 않기 때문에 모든 것이 되돌아온다"라는 말을 우리는 어떻게 받아들일 수 있는 것인가요? 그러나 '동등할 것 같으면 되돌아올 이유가 전혀 없는 것 아닌가요?' 혹은 '되돌아오고 말고 할 것이 없지 않은가요?' 하고서 새로운 물음을 던지게 되면 이야기가 사뭇 달라집니다. 이미 동등하고 동일한 것은 돌아오고 말고 할 것이 없는 일이지요. 따라서 동등하지 않은 것들만이 되돌아올 자격이 있는 것입니다.

시간이 진행되면 될수록 그러한 시간의 역정을 거슬러 계속 되돌아오는 것들이야말로 위력을 지닌 것들이 아닐 수 없습니다. 아예 시간을 벗어나 있는 것들은 되돌아올 수도 없고 되돌아와서도 안 됩니다. 차이의 강도인 영원회귀에서 보면, 아예 시간을 벗어나 있는 것들, 즉 영원불변한 동일자들은 이차적인 산출물에 불과하고 그림자들에 불과합니다. 그리고 그러한 동일자들의 속성으로 자리 잡고 있는 모든 규정은 그림자들의 그림자들에 불과합니다. 그래서 이렇게 이야기됩니다.

오히려 모든 것은 되돌아오지 않는다. 되돌아오지 않는 것, 그것은 영원회귀를 부인하는 것, 영원회귀의 시험을 견뎌내지 못하는 것이다. 되돌아오지 않는 것, 그것은 질이고 연장이다. 왜냐하면 여기서는 영원회귀의 조건에 해당하는 차이가 소멸하기 때문이다. 되돌아오지 않는 것, 그것은 부정적인 것이다. 왜냐하면 여기서 차이는 거꾸로 뒤집히고 마침내 소멸하기 때문이다. 되돌아오지 않는 것, 그것은 동일자, 유사자, 동등자다. 왜냐하면 그것들은 무차별성(차이 없음, indifférence)의 형식들을 구성하기 때문이다. 되돌아오지 않는 것, 그것은 신이고, 동일성의 형식이자 보증자에 해당하는 자다.[21]

이 정도 되면, 의미·목적·가치 등을 향한 지향에서 일체의 거점을 삭제하는 것이 바로 영원회귀의 사상이라고 할 수밖에 없습니다. 질과 양을 빼버리면 그 어떤 대상적인 동일성도 사라지고 맙니다. 아울러 신뿐만 아니라 자아와 같은 주체적인 동일성마저 삭제됩니다. 대상적인 동일성과 주체적인 동일성이 마주쳐 부닥칠 때, 거기에서 생겨날 수 있는 일체의 부정적인 것은 당연히 제거됩니다. 헤겔이 부정의 부정을 통해 주체가 대상을 지양해가는 과정을 변증법이라고 했을 때, 사르트르가 대자가 존재를 부정함으로써 제 스스로의 존재를 존립하게 한다고 했을 때, 그 모든 바탕이 들뢰즈가 해석하는 니체의 영원회귀 앞에서는 송두리째 무너집니다.

5. 강도의 차이, 즉 감각적인 것

그렇다면 과연 남는 것은 무엇입니까? 감각적인 것입니다. 들뢰즈가 영원회귀를 통해 구출하고자 하는 것, 그래서 끝내 도달하고자 하는 지점은 바로 감각적인 것입니다.

감각적인 것(le sensible)의 존재는 무엇인가? 이런 물음의 조건들에 따를 때, 그 답변은 어떤 역설적 사태를 가리킬 수밖에 없다. 그것은 (인식 능력의 경험적 실행의 관점에서는) 감각될 수 없지만, 동시에 (초월적 실행의 관점에서는) 오로지 감각될 수밖에 없는 '어떤 것'이다.[22]

"오로지 감각될 수밖에 없는 어떤 것"이란 말은 정말이지 무서운 말입니다. 그것에 대한 그 어떤 사유도 불가능하다는 것을 함축하고 있기 때문입니다. 그것에 대한 그 어떤 기억이나 미래에 대한 상상도 불가능하다는 것을 함축하고 있기 때문입니다. 그것에 대한 그 어떤 가치 평가나 목표 설정 혹은 의미 부여가 불가능하다는 것을 함축하고 있기 때문입니다. 이에 우리로서는 단박에 니체가《비극의 탄생》에서 말하는 '디오니소스적 도취'를 떠올리지 않을 수 없습니다. 과연 이를 들뢰즈는 어떻게 해명하고자 하는 걸까요?

감각적인 것'의' 존재를 구성하는 것은 강도 안의 차이지, 결코 질 안의 상반성(contrariété)이 아니다. 질적인 상반성은 강도적인 것의 반영에 불과하다. 이 반영은 연장 안에서 그 강도적인 것의 주름을 밖으로 펼쳐 내지만, 그 강도적인 것 자체를 왜곡한다. 감성(sensibilité)의 고유한 한계를 구성하는 것은 강도, 즉 강도 안의 차이다. (······) 다른 방식으로 보면, 강도는 감각될 수밖에 없는 것, 즉 감성의 초월적인 실행을 정의하는 것이다. 왜냐하면 강도는 감각하도록 하고, 그럼으로써 기억을 일깨우고 사유를 강요하기 때문이다. 연장된 것과는 독립해서 강도를 파악하고 강도가 전개되는 질에 앞서서 강도를 파악하는 것, 이는 감각들(sens)을 비트는 목적이다. 감각 교육은 이 목표를 지향하고, 그럼으로써 '초월론(transcendantalisme)'의 일부를 이룬다.[23]

사르트르는 《존재와 무》에서 '이것'이라고 일컬을 수 있는 각각의 사물을 '감각적 질들의 상호 관통'이라고 함으로써 사물을 감각적인 질들의 덩어리로 보았습니다. 그리고 메를로퐁티는 《보이는 것과 보이지 않는 것》에서 살(la chair) 개념을 통해 '감각 덩어리(masse du sensible)'를 제시했습니다. 하지만 이들에게서 적어도 감각 덩어리는 사물의 계기를 벗어나 있는 것은 아닙니다. 사물을 감각 덩어리로 보고 있기 때문입니다.

그런데 들뢰즈는 아예 사물의 계기마저 제거해버린 상태로 나아갑니다. 그것이 강도 안의 차이로서의 감각적인 것입니다. 감각의 해방을 '기치'로 내세우는 우리로서는 들뢰즈가 니체의 영원회귀를 통해 사물로부터의 감각의 해방을 제시하고 있음을 목도하게 됩니다. 마르크스의 경우, 감각의 해방은 사회적인 문제였습니다. 그래서 그에게서 감각의 해방은 사적 소유에 의한 소유 감각으로부터 전면적이고 심오한 감각을 해방시키는 것이었습니다.

사물이란, 아리스토텔레스의 실체 개념에서부터 면면히 내려오는 데서 알 수 있듯이, 일체의 동일자와 그것들의 동일성을 떠받치는 것이었고, 혹은 그러한 동일성을 통해 성립하는 것이었습니다. 사르트르의 감각적인 질의 상호 관통으로서의 즉자 개념은 다소 덜하지만, 메를로퐁티의 감각 덩어리인 살 개념은 이미 동일자로서의 사물 개념을 넘어서 있는 것으로 볼 수 있습니다. 그런데 들뢰즈는 아예 영원회귀의 바퀴에 의해 찢겨 성립할 수조차 없는 사물과 그럼으로써 그 심층으로 치고 들어가 파악되는 순수 강도로서의 차이들의 한없는 밀도 그 자체를 감각적인 것으로 보고 있습니다. 더욱더 철저한 감각론이 아닐 수 없습니다. 그가 말한 존재의 일의성도 이런 관점에서 보면 바로 감각의 일의성[univocité: uni(하나)+vocité(목소리)], 즉 오로지 감각만이 하나의 목소리를 내는 극단적인 경지를 향한 것이라고 해석할 수 있을 것입니다.

니체가 말한, 그 어떤 그림자도 허용하지 않는 '정오의 시각'이야말로, 이같이 들뢰즈가 말하는, 일체의 감각이 한없이 몰려들어 극단적인 밀도를 통해 최고도의 차이들을 폭발시키는 순간이 아닐 수 없습니다.

6. 기관들 없는 몸

마지막으로《차이와 반복》에서는 특별히 다루고 있지 않지만, 들뢰즈의 존재론을 단적으로 드러내는 개념인 "기관들 없는 몸(le corps sans organes)"을 간략하게나마 살펴보고자 합니다.

1)《의미의 논리》에서 본 기관들 없는 몸

"기관들 없는 몸"은 '잔혹극'의 창시자인 앙토냉 아르토(Antonin Artaud, 1896~1948)가 고안한 용어인데, 이를 들뢰즈가 철학적으로 풍부하게 존재론적인 의미를 붙인 것입니다. 들뢰즈는 아르토가 정신분열증적인 상태에서 오히려 가장 예술적·문학적으로 창조적 힘을 발휘했다고 봅니다. 여기에서 "기관들 없는 몸"이 적극적인 실천적 의미를 갖는 맥락을 획득합니다.

그런데 이 개념은《의미의 논리(Logique du sens)》(1969)[24]에서 처음으로 등장합니다. 이 책의 '계열 13. 분열증과 어린 소녀'에서 아르토가 등장하고 동시에 "기관들 없는 몸"이 등장합니다. 제목에 정신분석학에서 주로 다루는 '분열증'이 들어 있습니다. 이는 나중에 과타리와 만남으로써 더욱 구체화되는 그의 '분열분석(Schizoanalysis)'으로

이어질 것입니다. 이에 관한 그의 이야기를 들어봅시다.

　최초의 분열증적 명증성은 표면이 터져버렸다는 것이다. 사물들과 명제들의 경계가 더 이상 존재하지 않는데, 이는 정확히 몸의 표면이 더 이상 존재하지 않기 때문이다. 분열증적 몸이 나타내 보이는 첫 번째 양상은 일종의 몸-여과기다. 프로이트는 (몸의) 표면과 피부가 수많은 작은 구멍이 뚫려 있는 것으로 여기는 분열증 환자의 소질적 상태를 중시했다. 그에 대한 결론은 몸 전체가 오로지 심층으로서만 존재하며, 몸이 근본적인 함몰을 나타내는 크게 벌어진 이 심층 속으로 모든 사물을 물어 끌어당긴다는 것이다. 모든 것이 몸이고, 몸에 의거한 상태(corporel)로 된다. 모든 것은 몸속에서 몸과 혼합된다. 몸속에서 포섭과 관통이 일어난다. 아르토가 "우리는 등에 고통의 못이 박힌 살찐 척추동물들을 지니고 있다. 그것들은 상자들이 서로를 담는 가운데, 걷기, 무거운 것을 들어 올리는 노력, 태만에 대한 저항에 의해 행동한다"라고 말하듯이, 모든 것은 물리적이다. 하나의 나무, 하나의 기둥, 한 송이의 꽃, 하나의 지팡이가 몸을 관통하면서 힘을 발휘한다. 늘 다른 몸들이 우리의 몸에 스며들고 우리의 몸의 부분들과 공존한다. 모든 것은 바로 상자이고, 상자 속의 음식물이고, 또 똥이다. 표면이 존재하지 않기 때문에, 내부와 외부, 용기와 내용물은 더 이상 분명한 한계를 갖지 않으며 보편적인 심층 속에 빠져버리거나, 그렇지 않으면 점점 더 많이 채워짐으로써 점점 더 좁아지는 현재의 원을 선회한다. 이로부터 모순을 살아가는 분열증적인 방식이 나온다. 몸을 가로지르는 깊은 틈에서건, 서로를 담거나 선회하는 조각난 부분들 안에서건. 몸-여과기, 조각난-몸, 그리고 분열된-몸은 분열증적 몸의 최초의 세 차원을 형성한다.[25]

들뢰즈는 여기에서 분열증적인 몸의 특징을 통째로 함몰된 심층으로 되면서 모든 사물의 몸을 빨아들이는 것으로 봅니다. 정상적으로는, 몸이 피부를 경계로 해서 몸의 바깥과 안이 구분되고, 그럼으로써 나와 나 아닌 것이 구분되는 것으로 여깁니다. 그런데 분열증적인 몸에서는 이러한 경계가 허물어지면서 모든 것이 서로가 서로를 담고 있고 안과 밖 혹은 담는 것과 담겨지는 것 간의 경계가 허물어지는 것입니다. 달리 말하면, 이러한 분열증적인 몸을 산산이 조각나 분열되어 있는 것으로 볼 수 있고, 그런 가운데 생겨나 있는 틈(구멍)들로 가득 차 있어 모든 것의 여과기로 볼 수 있다는 것입니다. 이렇게 되면, 몸의 정체성과 자기동일성을 구할 곳이 없습니다. 그런데 들뢰즈는 이러한 분열증적 몸을 견뎌내는 것을 중시하면서 여기에서 생겨나는 언어 현상들 또는 의미와 무의미에 관련된 현상들을 추적합니다. 그러면서 "기관들 없는 몸"을 말합니다.

이제 승리는 모든 문자적·음절적·음성적 가치들이 쓰이지 않고 오직 강세적일 뿐인 가치들에 의해 대체되는 말-호흡들, 말-외침들의 수립에 의해서만 획득될 수 있다. 여기에서 오직 강세적일 뿐인 가치들에, 분열증적인 몸의 새로운 차원인 영광스러운 몸, 공기 주입, 공기 흡입, 발산, 유체적인 전달 등에 의해 모든 일을 처리하는 부분들 없는 유기체(앙토넹 아르토의 상위의 몸 또는 기관들 없는 몸)가 상응한다.[26]

총체적인 외침은 물기로 축축하게 하는 기호의 자음들처럼, 덩이진 바닷속의 물고기들처럼, 혹은 기관들 없는 몸을 형성하는 핏속의 뼈들처럼, 호흡 속에 들러붙는다.[27]

"기관들 없는 몸"에서 발성되는 "총체적인 외침"은 정상적인 쪽에서 보면 전혀 말이 안 되는, 그러니까 의미가 제대로 성립되지 않는 원초적인 언어라고 할 수 있습니다. 유체적인 호흡 자체로만 자신을 표현하는 분열증적인 몸을 들뢰즈는 "영광스러운 몸"이라고 부르면서, 아르토의 용어를 빌려 "상위의 몸" 혹은 "기관들 없는 몸"이라고 칭합니다. 영광스럽다거나 상위의 것이라고 하는 것은 "몸-여과기" 또는 "조각난 몸"에 대비해서 하는 말입니다.

들뢰즈는 아르토를 문학에서 절대적인 깊이를 달성한, 살아 있는 몸과 이 몸의 놀라운 언어활동을 발견한 유일한 작가라고 치켜세웁니다. 심지어 그가 많이 인용하고 있는《이상한 나라의 앨리스》의 작가 루이스 캐럴(Lewis Carroll, 1832~1898)의 모든 저작을 다 합쳐도 아르토가 쓴 한 페이지의 글보다 못하다고 말할 정도로[28] 그를 최고도로 평가합니다.

들뢰즈는 분열증 환자가 제 스스로의 몸에 대해 느끼는 여러 현상을 바탕으로 아르토의 "기관들 없는 몸"을 지적해내고 있습니다. 그러면서 그것을 모든 사물이 포섭되어 유체처럼 흐르고 관통하는 근본적인 심층으로 봅니다. 그리고 거기에서 말과 사물이 한데 결합된 상태로 혹은 언어와 몸이 하나로 결합된 상태로 총체적인 외침이 되어 나오는 것을 봅니다.

라캉의 경우, 정신병은 아버지의 은유를 받아들이지 않고 거부함으로써 상징계에 들어서지 못하는 데서 성립하는 것으로 보지요. 그리고 정신병은 아이와 어머니의 최초의 완전한 희열(jouissance), 즉 실재에 머물러 있는 것으로 되지요. 라캉에게서 정신병은 치료의 대상이지 그 자체로 존재론적인 함의를 가지는 것으로 해석되지는 않습니다. 그런데 들뢰즈는 정신분열증의 상태에서 오히려 존재론적인 심층을 찾아냅니다.《천 개의 고원》을 보면, "정신분석은 모든 것을 환상으로 번역하고, 모든 것을 환상으로 주조하고, 환상을 고수하다가,

무엇보다도 실재를 놓치는 것이다. 기관들 없는 몸을 놓치기 때문이다"[29]라는 말을 합니다. 여기에서 실재를 라캉이 말하는 실재와 동일한 것으로 볼 때, 이제 들뢰즈가 라캉의 정신분석에 대해 "기관들 없는 몸"을 중심으로 존재론적인 해석을 하는 것으로 보게 됩니다. 이 점은 매우 중요합니다.

2) 《안티 오이디푸스》에서 본 기관들 없는 몸

들뢰즈[30]가 정신분석과 정면으로 대결을 벌이는 것은 그저 존재론적인 차원에서 접근하기 때문만은 아닙니다. 윤리학적인 차원의 대목에서도 그러합니다. 라캉은 '실재'에, 들뢰즈식으로 말하면 '기관들 없는 몸'에 집착하는 것을 정신병적인 것으로 보아 치료의 대상으로 삼는 반면, 들뢰즈는 오히려 이 '기관들 없는 몸'을, 라캉식으로 말하면 '실재'를 오히려 추구해야 할 것으로 봅니다. 이 점에서 두 사람은 완전히 대립됩니다.[31] 그 배후에는, 라캉이 말하는 상징계란 기실 자본주의적인 코드로 뒤덮여 있는 것이고 이를 뒤집으려면 오히려 상징계와 대립되는 실재(계)를 회복해야 한다고 보는 들뢰즈의 전략이 숨어 있다고 할 것입니다. 《안티 오이디푸스》[32]의 부제가 '자본주의와 분열증'이라고 붙어 있는 것을 보아서도 이를 어느 정도 감지할 수 있습니다.

이 책의 제1장 '욕망하는 기계들'에서 "기관들 없는 몸"이 본격적으로 다루어지고 있습니다. 대표적인 문장들을 추려 살펴봅시다.

기관들 없는 충만한 몸은 비생산적인 것, 불모의 것, 태어나지 않는 것, 소비할 수 없는 것이다. 앙토냉 아르토는, 이 기관들 없는 몸을 아무 형태도 모습도 띠지 않은 채 있었던 곳에서 발견했다. 죽음의 본능, 이것이 그것의 이름이다. 죽음은 모델이 없는 것이 아니다. 왜냐하면 욕망 또한 그것, 즉 죽음을 욕망하는데, 그 까닭은 죽음의 충만한 몸이 그 자신 움직이지 않으면서 욕망을 움직이는 것이기 때문이다. 이는 욕망 이 생명을 욕망하는 까닭이 생명의 기관들이 일하는 기계이기 때문인 것과 마찬가지다.[33]

"그 몸은 몸이다. / 그 몸은 홀로 존재한다. / 그리고 기관들을 필요로 하지 않는다. / 그 몸은 결코 유기체가 아니다. / 유기체들은 그 몸의 원수들이다." 살에 박힌 못들이 많은 만큼 고통은 많다. 기관들 없는 몸은 자신의 매끈하고 불투명하고 팽팽한 표면을 기계-기관에 대립시 킨다. 기관들 없는 몸은 무차별하고 무형적인 자신의 유체를, 연결되고 결합되고 다시 잘려지는 흐름에 대립시킨다.[34]

그러나 그 자체로 볼 때 편집증적인 기계는 욕망하는 기계들의 아바 타다. 즉, 그것은 욕망하는 기계들과 기관들 없는 몸 간의 관계에서, 기관들 없는 몸이 욕망하는 기계들을 더 이상 지탱할 수 없을 때 생 겨난다.[35]

여기에서 들뢰즈는 "기관들 없는 몸"과 "욕망하는 기계" 혹은 "기 계-기관"을 대립시킵니다. 만약 욕망을 라캉식으로 사회적인 것으로 볼 것 같으면 사회생활을 위해 생산되는 모든 것은 욕망하는 기계들 에 의한 것이 됩니다. 그래서 "욕망하는 생산(la production désirante)"이 성립되는 것이라고 할 수 있습니다. 욕망이 욕망을 욕망하듯이, 생산 이 생산을 욕망하게 되는 것입니다. 그런데 그러한 생산과 욕망의 메 커니즘 아래에 '기관들 없는 몸'이 도사리고 있다는 것이 들뢰즈의 주장입니다.

생산은 서로 연결되면서 분리되고, 분리되면서 서로 연결되지 않으면 안 되는 메커니즘에 의해 이루어집니다. 그것은 몸을 여러 기관으로 분화시키면서 서로 연결되도록 하는, 즉 몸을 유기체로 만드는 것과 동일한 패턴을 지닙니다. 입과 혀는 말을 생산하고, 귀는 소리를 생산하고, 위는 양분을 생산하고, 항문은 똥을 생산합니다. 또한 허파는 산소를 생산합니다. 유방은 젖을 생산합니다. 모든 것은 생산을 욕망하면서 생산을 욕망하는 욕망을 생산합니다. 그런 메커니즘으로 몸을 둘러싼 일체의 일이 일어납니다. 그런데 들뢰즈는 그러한 "욕망하는 생산", 혹은 "생산하는 욕망(le désir produisant)"을 거부하고 대립하면서 그 아래에 "기관들 없는 몸"이 도사리고 있다고 말하는 것입니다.

들뢰즈는 이러한 "기관들 없는 몸"을 제시함으로써 도대체 무엇을 말하고자 하는 걸까요? 그는 이 "기관들 없는 몸"을 사회체(corpus socius), 특히 자본주의 사회체에 응용하고자 합니다. 그리하여 예컨대 "자본"을 자본가들 혹은 오히려 "자본주의 존재의 기관들 없는 몸"이라고 합니다.[36] 자본이 자본가들 혹은 자본주의 존재에 대해 "기관들 없는 몸"이라고 한다면, 그리고 자본주의 존재가 자본을 확대재생산 하는 기계들이라고 한다면, "기관들 없는 몸"으로서의 자본은 일반적으로 생산하는 욕망 기계인 유기체적인 몸들 또는 그 부분들에 대해 일종의 바탕일 뿐만 아니라 목표가 된다고 할 수 있을 것 같습니다. 들뢰즈가 편집증을 욕망하는 기계들의 변신으로 보는 것은 편집증을 좋지 않게 보는 것이라고 할 수 있습니다. 그 반면 정신분열증을 "기관들 없는 몸"을 드러내는 것으로 본 것은 나름대로의 가치를 부여한 것이라고 할 수 있습니다.

들뢰즈가 과연 "기관들 없는 몸"에 어느 정도의 존재론적인 지위를 부여하는가에 대해서는 다음과 같은 이야기를 통해 어느 정도 파악할 수 있습니다.

> 기관들 없는 몸은 신이 아니다. 오히려 그 반대다. 그러나 기관들 없는
> 몸이 모든 생산을 끌어들이고 모든 생산에 대하여 기적을 행하는 마법
> 의 표면으로서의 역할을 맡을 때, 그리고 자신인 그 마법의 표면에서
> 작동하는 모든 이접(離接, disjonctions) 속에 그 모든 생산을 등기할 때,
> 이 기관들 없는 몸을 꿰뚫고 있는 에너지는 신적이다.[37]

일체의 욕망이 작동하고 그에 따라 온갖 생산이 이루어질 때,
"기관들 없는 몸"이 그 욕망과 생산이 작동하는 토대이자 동시에 그
욕망과 생산이 비록 일관된 방식이 아니라 이접의 방식으로이긴 하
나 기입되는 표면으로서 작동한다는 것만 해도 "기관들 없는 몸"이
들뢰즈의 존재론 내지 사회 존재론에서 갖는 지위가 얼마나 근본적
인지를 알 수 있습니다. 그런데 그럴 때, "기관들 없는 몸"을 관통하
는 에너지가 그야말로 "신적"이라고까지 말하고 있으니 더욱 그러한
것입니다.

그런데 들뢰즈는 이러한 "기관들 없는 몸"의 신적인 에너지를 특
별히 "누멘(Numen)"이라고 부르면서, 곧바로 정신분열자의 "기관들
없는 몸"에서 이를 파악합니다.

> 누멘이 분배되고 이접들이 모든 투사와는 관계없이 확립되는 것은 그
> 몸 위에서요, 바로 그 몸이 있는 곳에서다. 그래, 나는 내 아버지였고
> 내 아들이었다. "나, 앙토냉 아르토, 나는 내 아들이요, 내 아버지요, 내
> 어머니요, 또 나다." 정신분열자는 자기만의 좌표 설정의 양식들을 멋
> 대로 사용한다. (……) 정신분열자는 한 코드에서 다른 코드로 옮아가
> 고, 그에게 던져지는 질문들을 따라 재빨리 태도를 바꾸면서 모든 코

드를 뒤섞는다.[38]

"누멘"은 '신성한 현전', '신성한 정신', '신성' 등을 뜻합니다. 정신분열자가 향유하는 "기관들 없는 몸"은 워낙 신성하기 때문에 그 어떤 결정적인 코드도 허용하지 않고 오히려 제 마음대로 코드들을 만들어 멋대로 활용한다는 것입니다. 정신분열자와 마찬가지로 자본역시 자본주의 세상에서 이루어지는 온갖 욕망과 생산에 대한 코드들을 제 마음대로 만들어 멋대로 활용한다는 것을 유비적으로 함께말하고 있는 셈입니다.

3) 《천 개의 고원》에서 본 기관들 없는 몸

그런데 들뢰즈는 우리의 삶이 우리의 존재를 "기관들 없는 몸"으로 만드는 데서 윤리학적인 극점에 도달하는 것처럼 말합니다. 그렇다면 우리의 존재를 어떻게 "기관들 없는 몸"으로 만들 것인가가 문제가 됩니다. 이에 《천 개의 고원》을 참조하지 않을 수 없습니다. 여기에서 들뢰즈는 이렇게 말합니다.

당신은 온갖 방식으로 그것을 하나(또는 여럿) 가지고 있다. 그것은 미리 존재하거나 완전히 만들어진 채로 주어지는 것은 아니다.―비록 그것이 어떤 점들에서는 미리 존재하기도 하지만 말이다.―그러나 당신은 온갖 방법으로 그것을 만들고 있고, 또 그것을 만들어내지 않고서는 욕망할 수조차 없다.―그리고 그것은 당신을 기다리고 있다. 그것은 하나의 수련이며, 하나의 불가피한 실험이다. 당신이 그것을 도모하는 순간 그것은 이미 만들어져 있지만, 당신이 그것을 도모하지 않는 한 그것은 만들어져 있지 않다. 그것은 확실하지 않다. 왜냐하면 실패할 수도 있으니까. 또한 그것은 끔찍할 수도 있다. 그것이 당신을 죽음으로 데려갈 수도 있으니까. 그것은 욕망인 것과 마찬가지로 비-욕망(non-désir)이다. 그것은 도대체 개념이나 사념이 아니라, 차라리 일종의 실천이고 실천들의 집합이다. 사람들은 기관들 없는 몸(Le Corps sans Organes)에 도달하지 않으며, 도달할 수도 없고, 끝내 거기에 접근한 적도 없다. 그것은 하나의 극단이다. (……) 1947년 11월 28일 아르토는 기관들에 전쟁을 선포한다. 즉, 신의 심판과 결판을 내기 위해. "나를 묶어버리고 싶으면 그렇게 하라. 하지만 기관처럼 쓸모없는 것도 없을 것이다."[39]

"기관들 없는 몸"이란 이미 늘 우리에게서 작동하고 있음을 역설하고 있습니다. 그렇지 않다면 아예 욕망하는 일 자체가 불가능하다고까지 말하고 있습니다. 하지만 "기관들 없는 몸"을 도모하면 이미 만들어져 있고, 도모하지 않으면 만들어져 있는 것이 아니라고 말합니다. 그러면서 사람들이 "기관들 없는 몸"에 도달하지 않을 뿐만 아니라 도달할 수 없다고 말합니다. 그런가 하면 그것이 우리를 죽음으로 이끌 수도 있기에 끔찍하다고 말합니다. 도대체 무슨 말을 하려고 하는 것일까요?

이어서 들뢰즈는 "우울증의 몸", "정신분열증의 몸", "마약 중독의 몸", "마조히스트의 몸" 등을 자례로 말하면서 적당히 소개한 뒤, "결국 기관들 없는 몸에 관한 위대한 책은 《에티카》가 아닐까?"[40]라고 말합니다. 그런 뒤, 이 '비정상의' 몸들에서 "기관들 없는 몸"을 확인할 수 있는 것인 양 이렇게 말합니다.

마약 중독자들, 마조히스트들, 정신분열자들, 연인들 등 모든 기관들 없는 몸은 스피노자에게 경의를 표한다. 기관들 없는 몸은 욕망의 내재성의 장(le champ d'immanence)이며, 욕망에 고유한 밀도의 판면(le plan de consistence)이다(여기에서 욕망은 그 어떤 외부의 심급에 회송되지 않는 생산의 과정으로 정의되며, 생산과정에 구멍을 내는 결핍으로 정의되며, 그 구멍을 메우는 희열로 정의된다).[41]

스피노자가 말하는 실체=자연=신이야말로 들뢰즈 본인이 말하는 "기관들 없는 몸"을 잘 드러내는 것이라고 말하고 있는 셈입니다. 중요한 것은 욕망입니다. 스피노자가 말하는 실체=자연=신은 한편으로는 생산하는 자연(natura naturans)으로서 끊임없이 제 스스로를 생산해내는 욕망이라고 할 수 있습니다. 그렇기 때문에 욕망이란 그 어떤 외부의 심급에도 회송되지 않는 것입니다. 그러면서 그러한 생산과정을 이끄는 결핍인 것이고, 그 결핍을 메움으로써 제 스스로 희열을 향유하는 것으로 정의되는 것입니다. 그런데 바로 이러한 욕망이 그 어떤 외부의 초월적인 원인이나 자극이 없이 제 스스로 생겨나는 그 "내재성의 장"이 바로 "기관들 없는 몸"이고, 또 그러한 욕망이 빽빽하게 밀도 내지 농도를 더하는 그 "밀도의 판면"이 바로 "기관들 없는 몸"이라는 것입니다.

결국 "기관들 없는 몸"은 일체의 우주적인 욕망을 일으켜 제 스스로를 새롭게 생산해내는 위력을 지닌 것이고, 그런 일체의 욕망을 가능하게 하는 존재론적인 근본 토대인 것입니다. 그렇다면 우리 모두가 각기 나름의 "기관들 없는 몸"을 확보해야 한다고 말하는 것은 바로 이러한 전 우주적인 존재와 합일해야 한다는 것을 말하는 것이라고 할 것입니다. 그래서 결국 이렇게 이야기됩니다.

내재성의 장 또는 밀도의 판면은 구성되어야만 한다. 그런데 이러한 구성은 아주 다른 사회구성체들에서 이루어질 수 있다. 그리고 아주 다

른 배치들에 의해, 〔예컨대〕 도착적인·예술적인·과학적인·신비적인·정
치적인 배치들 등, 각기 다른 유형의 기관들 없는 몸을 갖는 이 배치들
에 의해 이루어질 수 있다. (……) 밀도의 판면, 그것은 모든 기관들 없
는 몸의 집합, 내재성의 순수한 다양체일 텐데, 그중 어떤 조각은 중국
적이고, 다른 조각은 미국적이고, 또 다른 조각은 중세적이고, 또 다른
조각은 도착적이거나 할 것이다. 그러나 내재성의 순수한 다양체는 일
반화된 탈영토화의 운동 안에서 존립할 것인데, 거기에서 각각의 조각
들은 그 나름으로 가능한 상태를 붙들어 실행하는 것이다.[42]

역사와 사회에 따라 추구했던 "기관들 없는 몸"이 각기 그 유형
이 다르긴 하지만, 기본적으로는 "일반화된 탈영토화의 운동"을 통
한 "내재성의 순수한 다양체"를 바탕으로 하지 않을 수 없다는 것입
니다. 비유하자면, 사회적이건 개인적이건 근본적으로는 유토피아적
인 삶의 방식에 관한 극단적인 추구가 없을 수 없고, 그때 그 추구의
방식이 각기 다르긴 하겠지만, 그 바탕은 근본적으로 일체의 경계를
벗어나고자 하는 데서 성립한다는 것입니다.
　마지막 참고 사항으로, 들뢰즈가 '천 개의 고원'이라고 할 때, 그
"고원(高原, plateau)"이 의미하는 바가 도대체 무엇인가 하는 것을 알
수 있는 문장을 인용하고자 합니다.

하나의 고원은 내재성의 한 조각이다. 각각의 기관들 없는 몸은 고원들
로 되어 있다. 각각의 기관들 없는 몸은 그 자체 밀도의 판면 위에서 다
른 고원들과 소통하는 하나의 고원이다. 각각의 기관들 없는 몸은 이행
(移行)을 이루는 하나의 성분이다.[43]

역사와 사회에 따라 각기 추구한 "기관들 없는 몸", 거기에서 발

원하는 욕망의 "내재성의 장" 내지 "밀도의 판면", 그것들을 이루는 하나하나의 '위대한' 조각이 바로 고원인 셈입니다. 당연히 그 고원들은 서로 소통을 할 것입니다. 우리 역시 우리 나름의 고원을 형성하고 향유한다면, 그 모든 고원과 소통하면서 전 우주적인 사회 역사를 향유하는 셈입니다. 기관들 없는 몸에 관련된 이러한 들뢰즈의 우주론적인 웅대한 비전은 저 앞에서 이야기했던 "영원회귀"와 결코 무관하지 않을 것입니다.

20장

데리다: 해체와 차연

1. 들어가는 말

'해체(déconstruction)'라는 말로써 포스트모더니즘의 중심에 서 있는 자크 데리다(Jacques Derrida, 1930~2004)는 어쩌면 현대 철학 사상가 중에서 대중에게 가장 많이 알려진 인물이 아닌가 싶습니다. 그는 철학계 내에서보다 철학계 바깥에서, 특히 미국의 문학비평계에서 영향력이 가장 큰 인물일 것입니다. 그는 대체로 미국의 비평을 철학에 견줄 정도로 수준을 높인 인물로 평가됩니다.

데리다는 알제리의 엘 비아르에서 유대인의 아들로 태어났습니다. 전후의 불안정한 정세에 따른 불안정한 학업 환경 속에서도 현존주의적 감수성과 문학적 소양을 키운 것으로 알려져 있습니다. 알제리에서 바칼로레아 시험에도 떨어지는 등 힘겨운 시기를 지내는 동안 루소, 지드, 니체, 발레리, 카뮈, 베르크손, 사르트르, 키르케고르, 하이데거 등의 책들을 집중적으로 읽었다고 합니다. 1949년에 처음으로 프랑스에 와서 파리고등사범학교에 들어가기 위해 노력하지만 잘되지 않고, 신경쇠약과 불면증에 시달리며 수면제와 암페타민을 복용하면서 몇 번 낙방합니다. 결국에는 1952년 파리고등사범학교에 입학합니다. 1954년에 벨기에 루뱅에 있는 후설 문서보관소로 여행하고 그 성과로 〈후설 철학에서 생성의 문제〉라는 논문으로써 학위를 취득한 뒤, 1956년에 교수 자격시험에 합격합니다. 그러고는 1960년대부터 본격적으로 저술 활동을 시작한 것으로 되어 있습니다.

1967년에 《글쓰기와 차이(L'écriture et la différence)》,[1] 《목소리와 현상 (La voix et le phénomène)》,[2] 《그라마톨로지에 대하여(De la grammatologie)》[3] 라고 하는 엄청난 책 세 권을 동시에 내면서 서구의 전통적인 철학을 '현전의 형이상학(métaphysique de la présence)'이라는 이름을 붙여 거

세게 그 뿌리에서부터 공격함으로서 학계에 큰 반향을 불러일으킵니다. 그런 뒤, 1972년 또다시 세 권의 책, 《입장들(Positions)》,[4] 《산포(La dissémination)》, 《철학의 여백(Marges de la philosophie)》을 동시에 내어 더 큰 반향을 불러일으킵니다. 그 밖에 많은 저작이 있음은 물론입니다. 1991년 자서전 겸 평전으로 쓴 《자크 데리다(Jacques Derrida)》도 있고, 1993년에 쓴 《마르크스의 유령들(Spectres de Marx)》[5]도 있습니다. 국내에는 그 밖에 《시네퐁주(Signéponge)》[6]라든지, 《다른 곳(L'autre cap)》[7]이라든지, 《정신에 대해서: 하이데거와 물음(De l'esprit: Heidegger et la question)》[8]이라든지, 혹은 《시선의 권리(Droit de regards)》[9] 같은 책이 번역되어 있습니다. 국내에서 데리다와 관련하여 가장 오래된 책은 《해체주의란 무엇인가》[10]가 아닌가 싶습니다. 이 책은 데리다의 사상에 관한 세계적인 여러 연구가의 글을 모아놓아 많은 도움이 됩니다.

하지만 필자로서는 데리다에 관한 공부를 본격적으로 하지도 않았고, 몇 권의 책을 읽느라고 시도를 했지만 상당히 복잡하고 난해한 데리다의 글을 쉽게 소화할 수 없어 본격적인 연구는 미루고 있는 입장입니다. 다만 비록 주로 국역본에 의거해서 읽은 것이지만 《목소리와 현상》은 제법 열심히 읽었기 때문에, 그뿐만 아니라 이 책이 데리다의 사상을 이해하는 데 기초가 된다고 여기기 때문에, 오늘 이 책을 중심으로 데리다의 생각을 정돈하여 대략 짐작이라도 해보려고 하는 것입니다.

2. 후설의 의미 현전에 대한 비판

《목소리와 현상》에는 "후설 현상학에서 기호 문제에 대한 입문"이라는 부제가 붙어 있습니다. 그만큼 이 책을 저술하면서 후설의 현상학에서 크게 영향을 받았다는 것을 의미할 뿐만 아니라, 후설 현상학에 대한 비판적 독해를 통해 자신의 사상을 형성하고 있다는 것을 의미한다고 할 것입니다. 그런데 데리다는《입장들》에 들어 있는, 1967년 12월 초에 발표된 〈함의〉라는 대담에서 이렇게 말한 바 있습니다.

《목소리와 현상》은 아마도 내가 가장 애착을 느끼고 있는 시론일 것이다. 틀림없이 나는 다른 두 작품들 중 하나에 그것을 긴 주석으로서 연결시켰을 수도 있었을 것이다.《그라마톨로지에 관하여》는《목소리와 현상》을 참조하고 있으며 그것의 전개를 요약해서 보여준다.[11]

1967년 세 권의 책을 내고 난 뒤에 있었던 대담인 만큼 그 기억이 생생했을 텐데, 그 대담에서《목소리와 현상》이 중심적인 저작임을 이렇게 밝히고 있는 것이지요. 이 이야기에 곧바로 이어, 앞으로 쓰게 될 모든 텍스트는《목소리와 현상》의 문장을 복잡한 암호들을 가지고 해석하는 것에 불과하다는 말을 하기도 합니다. 그러니까 우리로서는 오늘《목소리와 현상》에 담긴 논의를 주로 참고해서 강의를 하더라도 너무 부족한 것 아닌가 하고 생각할 필요는 없을 것 같습니다. 물론 문제는 우리가 얼마나 이 책에 담긴 데리다의 철학 사상적 의도를 정확하게 이해할 수 있는가 하는 것이겠지요.

1) 현전 문제의 시발

데리다는 '현전의 형이상학(métaphysique de la présence)'이라는 말을 만들어내어 전통적으로 서양철학사를 지배해온 사유 방식을 비판합니다. 역시 그가 만든 '로고스중심주의(logocentrisme)', '음성중심주의(phonocentrisme)', '종족중심주의(ethnocentrisme)' 등은 이 '현전의 형이상학'에 얽혀 있는 담론적 실제를 각기 다른 측면에서 지적해내는 하위 범주들이라고 보면 큰 무리는 없을 것입니다.

　'현전(présence)'이라는 개념은 '무엇엔가 혹은 누구에겐가 그 어떤 것이 지금 당장 눈앞에 주어져 있다'라는 구도를 가집니다. 데리다가 우선 자신의 사상의 시발점으로 삼으면서 극복하고자 한 후설의 현상학에서 보면, 현전이란 기본적으로 대상이 의식에 현전하는 것입니다. 후설은 지향과 충족을 구분합니다. 지향(Intention)은 일종의 예기(豫期)로서 이때 대상은 그저 겨냥될 뿐, 결코 충전적(充全的, adäquat) 명증성을 띠지 않습니다. 지향과 대비되는 것은 충족(Erfüllung)입니다. 충족은 충전적 명증성을 보장해주는 것으로서 대상이 의식에 주어지되 나머지가 없이 전적으로 주어지는 것을 말합니다. 충전적 명증성이 보장되지 않더라도, 어떤 것이 틀림없이 있다고 하는 필증적(必證的, apodiktische) 명증성이 보장될 수 있다는 것이 후설의 이야기입니다만,[12] 충전적 명증성은 후설에게서 결코 포기할 수 없는, 특히 그의 첫 주저라고 할 수 있는 《논리 연구》에서부터 추구되던 진리의 기준입니다.

　데리다는 《목소리와 현상》을 통해 충전적 명증성으로서의 현전 개념을 후설 현상학의 핵심석인 개념으로 적발해내고, 특히 현전 중심의 후설의 기호론 내지 표현론을 후설 자신의 이론, 특히 내적 시간 의식을 중심으로 한 후설의 시간론을 바탕으로 비판함으로써 후설이 후설 스스로를 비판하는 식의 논법을 수행합니다. 그러니까 후설의 이론이 후설의 이론 체계 내에서 스스로 무너져 내린다는 것을 통해 후설에게서 나타나는 현전의 형이상학을 이른바 해체하려고 합니다.

2) 후설의 기호론

후설은 '기호(Zeichen)'라는 말에 덧붙여져 있는 개념들 중에서 특별히 표현(Ausdruck)과 표시(Anzeichen)를 구분합니다. 그러니까 표현으로서의 기호와 표시로서의 기호를 구분합니다. 후설은 "모든 기호는 어떤 것에 대한 기호다"[13]라는 대전제하에, 그러나 모든 기호가 그 기호로써 '표현'되는 하나의 '의미(eine Bedeutung, einen Sinn)'를 지니는 것은 아니라고 말함으로써, 정확하게 하나의 의미를 지니는 기호는 표현으로서의 기호이고, 그렇지 않은 기호는 표시로서의 기호인 것으로 보고자 합니다. 여기에서 가장 중요한 것은, 후설이 표현과 관련지어 말하는 '의미'가 도대체 어떤 것인가 하는 점입니다. 하나의 기호가 이 의미를 가지고 있는지의 여부에 따라 표현도 되고 표시도 됩니다.

여기에서 후설이 말하는 의미는 형상적인 본질입니다. 형상적인 본질은 플라톤의 이데아와 비슷하게, 구체적인 실재성을 띤 감각적인 것들과 확실히 구분됩니다. 이는 후설이 표현의 내용인 의미와 표현이 관계하는 대상을 구분한 것과 연결됩니다. 그는 "모든 표현은 그것의 의미를 가질 뿐만 아니라, 모종의 대상들과 관계한다"[14]라고 말하고서, "'말(馬)'이라는 표현은 그것이 나타나는 담화 상황이 어떠하든 간에 동일한 의미를 갖는다. 한 번은 '부스팔루스(특정한 말 이름)'를 말이라고 하고, 다른 한 번은 '카렌골(역시 특정한 말 이름)'을 말이라고 할 때, 의미를 부여하는 표상과 더불어 그렇게 언명이 달라지는 과정에서 분명히 변화가 일어난다. [이때] 말(馬)이라는 표현의 내용과 의미는 변하지 않고 유지된다. 그러나 그 대상적인 관계는 변한다"[15]라고 말합니다.

여기에서 상황에 따라 말을 바꿀 때마다 함께 달라지는 대상적인 관계는 이른바 지시체, 즉 '부스팔루스'나 '카렌골'이라는 이름을 지닌 구체적인 살아 있는 말들과의 관계이고, 그런 과정에서 변하지 않고 유지되는 '말(馬)'이라는 표현의 의미는 형상적 본질로서 그 자체로 존재하는 것입니다. 후설은 표현으로서의 기호에서 유지되는 이 형상적 본질로서의 의미는 보편적인 것으로서, 심지어 그 표현을 쓰는 우리의 정신으로부터도 독립되어 있는 것으로 여깁니다. 한마디로 후설에 따르면, 어떤 기호가 표현일 수 있는 것은 그 기호가 바로 이러한 형상적 본질로서의 의미를 가질 때뿐입니다.

하지만 표시는 다릅니다. 어떤 기호가 표시가 되는 것은 구체적인 대상인 특수한 무엇을 가리킬 때입니다. 노예에게 찍힌 낙인, 국가를 나타내는 국기, 뱀이 기어간 자국, 불이 일어났음을 알리는 연기 등은 일종의 일대일의 관계를 통해 특정한 어떤 것을 지시합니다 (bezeichen). 그러니까 어떤 하나의 기호가 특정한 어떤 하나의 객체 (Objekt)를 지시하게 되면 그것은 표현이 아니라 표시인 셈입니다. 그런데 이때 표시로서의 기호와 그것이 지시하는 특정한 어떤 것에 대한 표상들이 서로 연합되어야 할 것인데, 후설은 그것은 어디까지나 심리적인 관념들의 연합에 불과하고, 결코 형상적 본질을 구성하고 찾아내는 형상적 직관, 즉 본질직관과는 다르다고 말합니다.

이러한 후설의 기호론에서 특징적인 것은 표현에서건 표시에서건 제삼자로서의 주체가 필연적으로 개입되어 있다는 점입니다. 심리적인 주체로서 표시로서의 기호를 가능하게 하건 초월적인 주체로서 표현으로서의 기호를 가능하게 하건 간에, 기호가 성립하는 바탕에는 반드시 주체가 있어야 하는데, 그 주체는 결국 의식으로서의 주체입니다.

3) 후설의 기호론에 대한 비판

후설의 기호론에 대한 데리다의 비판은 우선 후설의 표현 이론에 집중됩니다. 특히 후설의 표현 이론에서 의미가 독백을 통한 내면성에서 발원된다는 점을 중시합니다. 후설은 "나의 고요한 사유 행위를 수반하고 뒷받침하는 낱말의 표상들 속에서 나는 나의 음성으로 발화된 낱말들을 상상한다. 여기에서 또한 때때로 나의 속기나 정상적인 육필의 문자 기호(Schriftzeichen)들이 갑자기 떠오르곤 한다"[16]라고 말합니다. 이는 후설이 자기가 습관화된 상태에서 음성에서부터 글자가 떠오르는 것을 묘사하고 있지만, 사실 문자가 음성으로부터 생겨난다는 것을 말하고 있습니다. 글자는 대표적인 표현으로서의 기호이기 때문에, 이를 통해 표현이 주체의 내면에서부터 제 스스로의 음성을 통해 성립하는 것을 묘사하고 있는 것으로 해석될 수 있습니다.

데리다가 특별히 치고 들어가는 지점이 바로 이 대목입니다. 우선 데리다는 후설이 표현을 독백으로 보고 있다고 해석하고, 이것이 대단히 역설적이고 모순적이라는 점을 지적합니다. 그 이유로 우선 데리다는 '표현(Ausdruck)'이라는 단어는 '외면화(Äußerung)'를 의미하는데도, 후설은 표현을 내면화의 기능으로서 파악하기 때문이라고 말합니다.[17] 그러면서 후설이 말하는 표현은 결코 소통(communication)과는 별개의 것이라고 말함으로써 후설의 표현 이론을 무용한 것으로 만들어버립니다.

우리는 바로 지시적인 소통과 의미 일반의 간극을 말한다. 왜냐하면 후설은 '영혼의 고독한 삶'에 대한 지적을 배제할 줄 모르기 때문이다. 그는 언어 일반, 즉 로고스의 원소를 그 표현적인 형식 자체하에서 2차적인 사건으로, 그리고 의미의 근원적이고 선-표현적인(pré-expressive) 층에 덧씌워진 사건으로 생각하고자 할 것이다. 〔그렇게 되면〕 표현적인 언어 자체는 자기와의 관계에서 성립하는 절대적인 침묵에 뒤따르는 것일 수밖에 없을 것이다.[18]

데리다는 후설에 대해 이렇게 소통과 무관한 절대적 침묵을 말한 뒤, 이를 '현상학적 침묵'이라고 표현합니다. 그리고 이 '현상학적 침묵'을 낱말에 전용(轉用)하여 이렇게 말합니다.

낱말은 하나의 물체다. 그것은 오로지 능동적인 지향이 그것에 혼을 불어넣을 때만, 그럼으로써 무기력한 음성의 상태에서 영혼을 지닌 몸의 상태로 나아가게 함으로써만 의미를 갖는다.[19]

'후설은 낱말을 일종의 물체적인 실체로 정의했고, 이 물체적인 실체는 그 단어의 의미인 영혼에 의해 생명을 갖게 된다고 말한 셈이다'라는 것이 후설의 낱말 이해에 대한 데리다의 관점입니다. 다시 말해 데리다가 볼 때, 후설이 말하는 낱말의 의미는 일종의 몸 없는 영혼이며 소리 없는 음성, 즉 절대적인 침묵을 지키고 있는 음성인 셈입니다. 이 음성은 곧 현상학적인 음성이겠는데, 그것은 곧 초월적 주체의 음성이며, 이 초월적 주체는 현실 세계에 대한 현상학적인 환원이 이루어진 후에도 계속 남아 있는 주체라는 것입니다.

데리다에 따르면, 후설에게서 이 초월적 주체의 절대적인 음성은 자기 스스로에게 영원토록 울리는 것입니다. 그러니까 그 초월적 주체의 절대적인 음성은 영원한 진리를 나타내는 것이 됩니다. 후설에게서는 바로 절대적인 음성을 듣는 묘한 폐쇄적인 경험을 바탕으로 기의(記意), 음성, 개념 같은 투명한 표현 실체들이 더 이상 분해될 수 없는 기초적 단위로서 체험된다는 것이 데리다의 해석입니다.

잘 알려져 있다시피, 데리다가 서구의 전통적인 형이상학을 음성 중심주의로 보고서 비판할 때, 그 출발은 바로 이러한 후설의 초월론적인(transzendental) 표현 이론인 것입니다. 음성중심주의의 연원은 물론 문자의 폐해를 지적하면서 직접 울리는 목소리를 강조한 플라톤에게까지 올라갑니다. 음성중심주의는 로고스중심주의이기도 한데, 그 까닭은 '내면적 음성(voix interne)'이라고 할 때 'voix'는 말이면서 그 말의 형상적 직관의 본질적인 대상인 '로고스'와 분리될 수 없기 때문입니다.[20]

그런데 음성중심주의에서 핵심은 그 음성을 발하는 사람에게 직접 들리면서 현전한다는 사실입니다. 아직 다른 기호들을 통해 변형되기 전이기 때문에 본질적 형상에 대한 직관이 충만하게 열린다고 보는 데서 바로 현전은 곧 충전적 명증성을 보장해주는 중요한 조건이 됩니다. 이에 현전의 형이상학이 성립하는 것이지요. 그것은 바로 투명성을 바탕으로 한 철학적 사유에 근원적인 기초를 제공합니다. 그래서 하버마스는 후설에 대한 데리다의 강조점을 이렇게 말합니다.

재빨리 지나가는 음성의 덧없는 투명성은 낱말과 표현된 의미의 동화 작용을 촉진시킨다. 이미 헤르더는 스스로 말하는 것을 듣는 행위에 들어 있는 특이한 자기 관계를 지적한 바 있다. 헤르더와(겔렌과) 마찬가지로 데리다는 나의 숨결과 의미 지향적 의도를 통해 동시에 생명을 부여받는 표현의 친밀성, 투명성과 절대적 가까움을 강조한다.[21]

4) 후설의 음성중심주의에 대한 비판

그러나 데리다는 이러한 후설의 초월적 주체의 절대적인 침묵의 음성에 의거한 현전의 형이상학을 결코 용인하지 않고 강력하게 비판합니다. 그런데 그 확실한 비판 도구는 후설 자신에게서 가져옵니다. 후설의 시간론이 그것입니다. 이에 관해서는 재빨리 그 핵심만을 정돈하고자 합니다.

후설은 의식이 지나간 극미한 순간의 과거의 상을 되잡는 파지(Retention), 의식이 극미한 순간 후에 곧 다가올 미래의 상을 미리 잡는 예지(Protention), 그리고 지금 순간적으로 주어지는 원인상의 포착(Urimpression)을 바탕으로 시간을 해명합니다. 이에 덧붙여 파지가 늘어난 기억(Erinnerung)과 더 늘어난 재기억(Wiedererinnerung), 그리고 예지를 늘린 기대(Erwartung) 등을 활용합니다. 요컨대 후설은 극미한 순간의 현재에 충전적으로 주어지는 것은 순간적인 원인상밖에 없는 것이고, 일종의 그림자 내지 흔적인 파지와 예지를 통해 '생생한 현재(lebendige Gegenwart)'를 의식이 파악한다고 말합니다.

그런데 여기에서 데리다는 표현의 의미가 성립하는 기초인 초월적 주체의 절대적인 음성이라는 것이 시간을 탈 수밖에 없는 것이고, 따라서 그 음성은 항상 파지적이거나 예지적인 그림자, 즉 흔적을 바탕으로 해서 성립할 수밖에 없다고 하는데, 이는 예리한 지적이 아닐 수 없습니다. 요컨대 절대적인 음성이란 항상 이미 흔적(trace)의 결과물이고, 심지어 흔적에 대한 흔적의 결과물임을 강조합니다. 그러면서 아울러 그러한 흔적을 통해 차이(différence)가 생겨날 수밖에 없음을 강조합니다.

데리다에게서 유명한 '흔적'과 '차이'라는 개념의 출발은 바로 이같은 후설의 시간론에 대한 독창적인 분석에서 근본적으로 성립합니다. 후설이 말하는 생생한 현재는 표현적인 기호뿐만 아니라 기실 존재하는 모든 것이 그 나름의 의미를 지닐 수 있는 근본적인 지평으로서의 형식입니다. 그런데 데리다가 생생한 현재라는 것이 원리상 그 속에 무한히 미세하게 연결되면서 이어지는 흔적과 차이의 연쇄임을 적발해냈을 때, 일체의 표현적인 기호는 물론이고 존재하는 모든 것의 의미와 가치가 근본에서부터 뒤흔들릴 수밖에 없는 것이지요. 심지어 생생한 현재가 구성되는 토대인 초월적인 주체, 즉 초월적인 의식마저도 그 근본 구조상 흔적과 차이의 연쇄망을 벗어날 수 없게 됩니다. 그러고 보면 이처럼 시간 자체의 구성에서 열리는 이 차이는 보통의 차이가 아님을 알 수 있습니다. 예컨대 말과 소가 다르다거나, 정신과 물질이 다르다거나, 너와 내가 다르다거나 하는 일반적인 차이가 아님을 알 수 있습니다. 요컨대 모든 차이를 만들어내는 일종의 수학적 의미의 미분적인 차이라고 할 수 있습니다.

한편 이 시간적인 차이는 그 자체로 타이성(他異性, altérité)을 지닌 셈입니다. 동일한 시간적인 지점은 이미 자기가 아닌 지점을 통해 성립하기 때문입니다. 엄밀히 말하면, 흔적은 파지를 통해 성립하고 타자성은 예지를 통해 성립한다고 하겠습니다. 현재 주어진 것은 파지의 파지, 즉 흔적에 대한 흔적의 연쇄를 통해 성립하지만, 예지되는 것을 기다리기 때문에 아직은 제대로 주어진 것이 아닌 것입니다. '아직−아님'은 현재의 것에 자기 부정을 만들어내는 타자성(他者性)을 심어 넣습니다. 아직 아니라고 하는 것은 보류, 즉 지연하는 것(le différer)입니다. "디페레(différer)는 시간화하는 것을 의미하고, '희망' 또는 '의지'의 실행과 충족을 보류시키는 우회로의 지연시키는 시간적 매개 과정에 의식적으로건 무의식적으로건 의지하는 것을 의미한다"[22]라는 데리다의 말에서 이를 선연하게 알 수 있습니다.

그런데 흔적과 타이성은 바로 차이의 두 계기라고 할 수 있습니다. 차이는 '흔적에 대한 흔적의 연쇄'를 만들어내기도 하고 '타이성에 대한 타이성의 연쇄'를 만들어내기도 합니다. 그리고 그런 것들을 통해서만 그 어떤 종류의 의미를 가진 것이라 할지라도 겨우 성립할 수 있는 것입니다. 그러니까 당연히 후설이 말한 본질적 형상으로서의 의미는 근본에서부터 붕괴되면서 해체되는 것입니다. 그러니까이 시간적인 차이는 일체의 의미를 계속 지연시키면서 그 의미들의 기반인 흔적과 흔적의 연쇄 및 타이성과 타이성의 연쇄를 만들어내는 그 유명한 차연(差延, différance)[23]이라는 전대미문의 이름으로 불리게 되는 것입니다.

1972년에 발간한 《철학의 여백(Marges de la philosophie)》에서 데리다는 이 '차연'을 첫 장의 제목으로 삼고 있습니다. 거기 13~14쪽의한 대목에서 이렇게 말하고 있습니다. 워낙 중요한 대목이라 길게 인용합니다.

> 되돌아가 보자. 차연은, 현전의 무대에 출현함으로써 '현재의(présent)'라고 말해지는 각각의 요소가 자기 자신이 아닌 다른 것(autre chose)과 관계를 맺는 한에서만 의미화의 운동(mouvement de la signification)이 가능하도록 한다. 이때 다른 것은 지나간 요소의 표지(marque)를 보지(保持)하고 있고, 미래의 요소와 관계를 맺고 있다는 표지에 의해 이미 움푹 패 있다. 그리고 이때 흔적(trace)은 흔히들 과거라 부르는 것에 관계 맺는 것 못지않게 흔히들 미래라 부르는 것과 관계를 맺고 있다. 그러면서 흔적은 흔히들 현재라 부르는 것을 구성하는데, 이때 현재는 자신이아닌 것과의, 즉 그러한 [과거와 미래와의] 관계 맺음 자체에 의해 구성된다. [중요한 것은] 현재가 절대적으로 자기가 아니라는 것, 즉 심지어 변양된 현재들(présents modifiés)인 과거 혹은 미래조차 아니라는 것이다. 하나의 간극(un intervalle)이 작동한다. 이 간극은 현재가 그 자신이게

끔 하기 위해 현재를 현재가 아닌 것으로부터 분리시킨다. 그러나 현재 속에서 현재를 구성하는 이 간극은 또한 동시에 현재 자체 속에서 현재를 나눈다(diviser). 그래서 이 간극은 현재와 더불어 현재로부터 생각할 수 있는 모든 것, 즉 모든 존재자(tout étant)를, 특히 실체 혹은 주체를 우리의 형이상학적인 언어 체계 속에서 분할한다(partager). 이 간극은 스스로를 구성하고, 역동적으로 스스로를 나눈다. 이 간극은 사이짓기(間化, espacement)라 부를 수 있는 것, 시간의 공간 – 되기(devenir – espace) 혹은 공간의 시간 – 되기(devenir – temps, temporisation)이다. 내가 근원 – 글쓰기(archi – écriture), 근원 – 흔적(archi – trace) 혹은 차연이라고 부르는 것은 바로 이러한 현재의 구성이다. 이 현재의 구성(constitution du présent)은 '근원적(originaire)'이고 비환원적이어서 단순하지 않은 종합인데, 따라서 표지들, 그러니까 파지들과 예지들의 흔적들을 통해 엄밀하게 보자면 근원적이지 않은 종합이다. 차연은 (동시에) 사이짓기(이고) 시간화(이다).[24]

데리다 철학의 중요한 개념들이 고스란히 담겨 있다고 해도 과언이 아닐 정도로 중요한 대목입니다. '차연', '흔적', '간극', '사이짓기', '근원 – 글쓰기', '근원 – 흔적' 등의 개념들이 들어 있습니다. 하지만 그 핵심은 역시 후설의 시간론에 입각한 것임을 한눈에 알 수 있습니다. 물론 후설 시간론을 곧이곧대로 옮겨 온 것은 아닙니다만, 발상에 있어서만큼은 크게 의존하고 있습니다.

'현재의 구성'이라는 것이 중심 역할을 하고 있습니다. 우리 주변에 현재 있다고 할 수 있는 것들은 엄청나게 많습니다. 사물, 이미지, 말과 글자, 텍스트 등 그 종류도 너무나 다양합니다. 그중에서 철학사적으로 고대에서부터 가장 중요하게 다루어져 온 실체도 있고, 근대 이후 지금까지 끊임없이 논의되고 있는 주체도 있습니다. 이 모든 것에 대해 사르트르는 현존하는 것들(existants)이라고 말합니다. 현존하는 것들은 모두 다 현존(existence)을 기본적인 존재 방식으로 하는 의식인 대자에 의거해서, 그 대자의 시간화 양식에 의존해서 성립한다고 보는 것이 사르트르입니다.

사르트르에게서 대자의 현존은 '자기인 것이 아니고, 자기 아닌 것'이라고 말합니다. 이러한 사르트르의 현존 개념에 벌써 데리다가 이 인용문에서 말하는 바, 현재의 요소는 이미 항상 다른 것과 관계를 맺는 한에서만 의미화의 운동을 할 수 있다고 하는 내용이 들어 있다고 할 수 있습니다. 다만 '흔적'이라는 말을 끌어들인 것이 데리다의 독창적인 발상이고 어법이라고 할 수 있겠습니다. 과거를 나타내는 '표지'와 미래를 나타내는 '표지'가 현재를 움푹 패게 할 때, 그 움푹 팬 것이 바로 흔적일 텐데, 이를 현재 자체에서 볼 때에는 '간극'이라는 말로 달리 이야기되고 있습니다. 간극을 통해서만 현재가 성립한다는 것이지요. 그렇다 보니, 현재가 현재 속에서 현재가 아닌 것과 분할된다는 것이지요. 아닌 게 아니라 현재는 도대체 지목을 할 수가 없습니다. '지금!'이라고 하는 순간 지금은 이미 다른 지금입니다. 그리고 '다른 지금!'이라고 하는 순간 이미 또 다른 지금입니다. 이는 계속됩니다. 이것이 바로 사르트르가 말한 현존 방식입니다. 지금이라고 부를 수 있는 현재 자체가 이미 그 속에 어쩌면 더 근원적이라고 할 수밖에 없는 간극을 통해서 성립하는 것이지요. 우리가 존재한다고 알고 있는 모든 것이 알고 보면 바로 이러한 '간극에 의한 현재의 구성'이라고 하는 시간의 신비에 입각해서만 의미 있게 존재한다고 말할 수 있다는 것입니다.

여기에는 실체도 주체도 예외가 아닙니다. 본질적 형상들은 더 말할 것도 없습니다. 이렇게 보면 데리다의 '차연 철학'은 바로 사르트르식의 '현존철학'에 속한다고 할 수밖에 없습니다. 다만 데리다가

'차연'에서 핵심이라고 할 수 있는 '간극'이라는 개념을 적극적인 방향으로 치고 들어가 이를 '사이짓기', 즉 '시간의 공간-되기' 내지 '공간의 시간-되기'라고도 하고, '근원-글쓰기'라고도 하고, '근원-흔적'이라고 하면서, 또 달리 '차연'이라고 말하는 가운데 그 존재론적인 근원성과 위력을 한껏 부각시키고 드러냈다는 점에서 대단하다고 할 수 있는 것입니다.

이제 흔적은 어떤 기원 내지 근원적인 것의 흔적이 아니라, 오히려 기원을 낳게 하는 원동력이 됩니다. "흔적은 이미 형성되고 있는 차이가 아니라 모든 내용이 결정되기 이전에 차이를 낳게 하는 순수 작용이다. 순수한 흔적은 차연인 것이다. 그것은 청취 가능하고 가시적이고 음성적이며 문자적인 어떤 것에 의존하지 않는다. 반대로 흔적은 그러한 것의 조건이 된다"라는 말[25]도 이렇게 보면 쉽게 이해됩니다.

그리고 만사가 바로 이 차연에 의한 차이들의 놀이(jeu)로, 그 놀이들의 짜임새, 즉 텍스트(texte)로 자리 잡게 되는 것입니다. 그 과정에서 간극들이 드러나고 그 간극들의 배치에 의한 사이짓기(espacement) 내지 공간의 시간화(devenir temps de l'espace) 등이 생겨납니다.

이러한 데리다의 존재론적·인식론적 차연 철학은 타자 철학으로 불릴 수 있을 정도로 일종의 정치적·윤리적 함의를 띠기도 합니다. 데리다는 〈'광기'가 사유를 감시해야 한다〉라는 제목이 붙은 대담에서 이렇게 말합니다.

간단히 말해서 원시적 자연이나 자연과 문화 사이의 대립이란 존재하지 않고 단지 하나에서 다른 하나로의 '차연'만 있을 뿐이다. 다시 말해서 타자의 이름이 부재하게 된 텍스트는 은폐, 삭제, 그리고 거의 검열과 항상 비슷하다. 격렬하면서도 소박하며 혹은 그 모두이기도 하다.

타자의 이름이 나타나 있지 않을지라도 그는 거기에 존재하며 우글거리며 움직이고 있고 가끔은 울부짖으며 더욱 독선적으로 된다.[26]

데리다의 차연 철학이 왜 많은 사람에게 영향을 미치고 인기를 끌게 되는지를 어느 정도 가늠할 수 있는 대목입니다. 묘하게도 프랑스의 현대 철학자들은 '차이'와 '타자'에 대해 집중적으로 관심을 갖습니다. 이 두 개념이 자본주의적인 체제에서 요구되는 동일성 주체에 의거한 배타적 소유를 근본적으로 뒤집을 수 있다고 생각해서 그런 것 아닌가 싶기도 합니다.

그런데 프랑스에서 새롭게 등장하는 이러한 차이와 타자에 의거한 철학의 흐름을 어쩌면 홀로 외롭게 마뜩잖게 여기는 철학자가 있으니, 앞서 잠시 말한 독일의 하버마스입니다. 그는 《현대성의 철학적 담론》에서 데리다의 철학이 후설의 현상학에서 태어났음을 지적하면서 이렇게 말합니다.

이렇게 형이상학의 역사는 현상학적 직관주의에서 정점을 이룬다. 이 직관주의는 대상과 의미의 동일성을 비로소 가능하게 하는 원천적 차이, 즉 시간적 간격과 타이성의 차이를 자신의 음성에―즉, 차이가 없는 음성에―의한 암시적 자기 감화를 통해 없애버린다. "차이가 없는 음성, 문자가 없는 음성은 절대적으로 살아 있는 것이며, 동시에 절대적으로 죽은 것이다."[27]

하버마스는 후설의 본질적 형상에 대한 직관을 염두에 두고 있습니다. 그러면서 데리다가 수행한 후설에 대한 비판을 끌어들여 후설의 직관주의가 갖는 한계, 즉 그 자체 속에 간극도 차이도 없는 '음성'을 후설이 진리의 원천으로 받아들이고 있음을 지적합니다. 이

　현대철학의 광장

는 물론 데리다의 주장을 요약한 것이라고 할 수 있지요. 하버마스가 큰따옴표 안에 인용하고 있는 문장은 데리다의 문장입니다. 절대적으로 죽어 있는 음성을 진리의 원천으로 삼은 후설의 경우, 자기 스스로 자신의 위대한 고찰을 배반하고 있다는 것이지요. 이는 물론 후설에 대한 데리다의 해체적 독법이 아닐 수 없습니다.

3. 데리다의 근원 문자의 비현전

계속해서 하버마스는 이렇게 말합니다.

> 데리다는 후설이 행한 관념화의 길을 초월적 주체성의 가장 깊은 곳까지 추적해 들어가, 자기 자신에게 현존하고 있는 체험의 자발성의 원천에서 근절할 수 없는 차이를 바로 확인한다. 이 차이는, 만약 그것이 문자로 써진 텍스트의 지시 구조의 모델에 따라 생각될 수 있다면, 작용하는 주체성으로부터 분리된 활동, 즉 주체가 없는 사건으로 생각할 수 있다. 문자는 소통의 모든 실천적 상관관계로부터 분리된, 말하는 주체와 듣는 주체와 무관해진 순전히 본원적 기호로서 타당성을 가진다.[28]

하버마스가 데리다의 문자주의에 대한 이야기를 끌어내는 대목입니다. 이야기가 복잡하기 때문에 자세히 설명할 수는 없지만, 아무튼 데리다는 이제 차연이 작동함으로써 깨어져 버린 바, 음성에 입각한 형상적 본질로서의 지성적인 의미 대신에 문자(gramme)에 의거한 텍스트적인 의미를 중시하게 됩니다. 예컨대 데리다는 'différence'와 'différance'는 음성적으로는 아무런 차이가 없음을 강조합니다. 그러나 문자를 통해서는 'e' 대신에 'a'를 넣음으로써 그 뜻이 크게 달라진다는 것을 제시합니다.

데리다는 소쉬르의 구조주의를 원용하면서도 소쉬르가 "언어학적 대상은 써진 낱말과 말해진 낱말의 결합에 의해 규정되지 않으며 오직 말해진 낱말만이 이 대상을 구성한다"라는 등의 말을 한 것에 대해 심한 거부감을 표시합니다. 그러면서 순전히 음성적인 글쓰기는 존재하지 않으며 음성주의는 어떤 문화 내의 알파벳의 실행의 결과라기보다는 이러한 실행에 대한 어떤 표상, 어떤 윤리적·가치론적 경험의 결과라고 말함으로써 음성중심주의를 종족중심주의와 연결시킵니다.[29] 아무튼 데리다가 말하는 기표의 근본 형태는 결코 음성이 아닙니다. 바로 문자입니다. 그래서 '공기 대신에 잉크'라고 하버마스가 표현하고 있는데, 멋진 표현인 것 같습니다.[30]

데리다는 이제 음성적 글쓰기 대신에 새로운 글쓰기, 즉 문자적 글쓰기를 제시하면서 아예 차연을 문자(gramme)와 동일시하기도 합니다.[31] 그러면서 '차연', 'différance'에서의 철자 'a'가 능동성 또는 생산성을 지니고서 차이들의 유희에 있어서 생성적인 움직임을 지시한다고 말합니다.[32] 이 정도 되면 근원적인 생산력을 발휘하는 차연과 동일시되는 문자는 그야말로 신비하다고 하지 않을 수 없습니다. 이를 바탕으로 해서 '근원적 문자(archi-gramme)'라는 말이 성립합니다.

아주 오래된 이 근원적 문자를 생각하고 말할 수 있기 위해서는, 그것을 '정상적인 것', 그리고 '전 근원적인 것'으로서 생각할 수 있기 위해서는, 또 후설이 특수하고 우연적이며 종속적이고 이차적인 경험이라고 믿었던 것을 분리시킬 수 있기 위해서는 기호 또는 재현이라는 이름 이외의 다른 이름을 필요로 한 것이다. 그것은 이리저리 돌아다니면서 활동 무대를 바꾸고, 처음도 끝도 없이 상호작용을 통해 현재화의 마법을

행하는 기호들이 끊임없이 파생하는 데 대한 경험이다.[33]

하버마스는 데리다가 말하는 이 '근원적 문자'를 집요하게 물고 늘어집니다. 이 '근원적 문자'는 모든 문자적 글쓰기뿐만 아니라 음성적 글쓰기 전체를 통해 자신의 흔적을 남기면서도 그 스스로는 결코 그 정체를 드러내지 않는(데리다에게서 근원적인 정체는 결코 드러날 수 없습니다) 것으로서 묘하다는 것입니다. 하버마스는 이렇게 말합니다.

근원적 문자는 주체 없이 구조들을 생산하는 생산자의 자리를 차지하는데, 구조주의에 의하면 이 구조들은 어떤 저자도 가지고 있지 않다.[34]

하버마스는 이러한 데리다의 '근원적 문자'를 데리다가 헤브라이즘적인 유대교적 신비주의 전통을 고수하면서 유지하고자 하는 것으로 봅니다. '근원적 문자'의 은폐를 '근원적 문자'의 부재로 보고, 이 '근원적 문자'의 부재를 신이 일부러 자신을 숨기는 신의 능동적 부재로 보면서, 데리다가 레비나스를 통해 유대교적 전통으로부터 받은 모티브를 바탕으로 사유하고 있다고 주장합니다.[35] 그러면서 이렇게 비판적으로 말합니다. 참고할 만한 것 같습니다.

문자론적으로 윤곽이 드러난 근원적 문자에 ― 이 문자는 알아볼 수 없게 되면 될수록 더욱 많은 해석을 불러일으킨다 ― 관한 데리다의 착상은 오랫동안 끌고 있는 계시 사건으로서 파악되는 전통의 신비적 개념을 재생시킨다. 종교적 권위는, 그것이 자신의 진정한 모습을 감추고 해석가들의 해독이 열기를 자극하는 한에서만, 힘을 가진다. 내면적으로 열심히 추진되고 있는 해체는 전통 계승의 모순적 작업이다. 이러한 계승 속에서 구원의 힘은 오직 소모를 통해서만 재생된다. 뒤덮인 토대를 드러내기 위해 허물어 고르고자 하였던 해석의 파편들이 쌓여 이룬 언덕을 해체 작업은 더욱 두꺼워지게 만든다.[36]

결국은 데리다에 대한 하버마스의 비판을 끝으로 강의를 마쳐야 할 것 같습니다. 우리가 하버마스의 입장에 서서 데리다를 전격적으로 비판하는 것은 아닙니다. 다만 만약 하버마스의 말처럼 데리다가 유대인으로서 유대인의 전통에 아로새겨져 있는, 예컨대 모세가 신비하게도 신이 돌비에 새기는 십계명을 받아 왔다거나 바빌론 유수(幽囚)에 의해 유대인들이 모두 다 바빌론으로 끌려간 뒤 약 50~60년이 지나서 선지자 다니엘이 보는 가운데 벨사자르의 축제일에 손가락이 나타나 벽에 글을 썼다거나 하는 환상적인 신화에 의거해서 말보다 문자를 중시하고 '근원적 문자'를 주장하면서 이를 '차연'이라고 말하는 것이 사실이라면, 우리로서는 하버마스의 입장에 설 수밖에 없는 것입니다. 유대인의 전통을 보편적인 진리를 대표하는 것으로 제시하는 것을 받아들일 수 없기 때문입니다.

21장

바르트: 텍스트의 유물론적 희열

1. 들어가는 말

이번 강의는 롤랑 바르트(Roland Gérard Barthes, 1915~1980)의 사상을 그의 주저《텍스트의 즐거움》[1]을 중심으로 살펴보고자 합니다. 롤랑 바르트는 여러 방면에 관한 다양한 방식의 글을 썼지요. 국내에서 맨 처음 그를 유명하게 한 것은, 그가 일본에 체류한 경험을 바탕으로 일본식 사유를 재미있게 엮은《기호의 제국》[2]과 돌아가신 어머니를 그리워하면서 사진의 푼크툼(punctum)을 통해 생생하게 어머니와 만날 수 있음을 담은 사진에 관한 글인《카메라 루시다》[3]를 통해서라고 기억됩니다. 그런데 사실 롤랑 바르트는 기호학자로 유명합니다. 이에 관한 그의 주저는《기호학의 모험(L'aventure sémiologique)》(1985)[4]이라고 할 수 있는데, 아직 국내에서 번역이 되지 않았습니다. 문학 영역에서는《사랑의 단상》[5]과 최근에 번역된《애도 일기》[6]가 있는데, 다들 너무나 좋다고 합니다. 일독이 필요합니다.

아리스토텔레스는《시학》에서 인간은 모방(mimesis)을 통해 지식을 얻기 시작하고 잘 모방된 것에 즐거움을 느낀다고 했습니다. 부자 지간에 걸음걸이가 닮았다거나 오래 살다 보면 부부가 닮아간다고 하는 이야기를 종종 듣습니다. 모방한다고 해서 모델과 모방물이 곧 이곧대로 일치하는 것이 아니지요. 여기에서 묘한 상상을 하게 됩니다. 그것은 모델과 모방물 간에 불일치하는 그 틈새에서 과연 무슨 일이 일어나는 걸까 하는 것입니다.

만약 창조가 가능하다면 창조의 기적은 그 불일치의 틈새에서 일어날 것입니다. 그렇다면 그 창조가 모방이 아닐진대 과연 어디에서 그 기적의 힘을 길어 올리는 걸까요? 이 물음과 더불어 계속 다른 물음들이 연쇄적으로 일어납니다. 만약 그 창조의 힘이 모델에 대한 경험 이외의 다른 무수한 경험이 작동하는 데서 생겨난다면, 창조 역시 모방이라고 해야 하는 것은 아닐까? 만약 그렇다면 모방과 창조에 근본적인 차이가 있다고 여기는 것은 그다지 정당하지 못한 것 아닐까? 이러한 물음들이 일어납니다. 물론 그렇다고 해서 모든 것은 모방일 뿐이라고 쉽게 단정할 수는 없을 것 같습니다. '창조적인 모방' 혹은 '모방인 창조'와 같은 일종의 괴물 같은 사태가 버티고 있다는 느낌이 들기 때문입니다.

항상 틈새를 주시해야 하는 이유가 여기에 있습니다. 개념들 간의 틈새, 특히 서로 대립되는 것으로 여겨지는 개념들이 서로 충돌하여 빚어내는 마찰, 그 마찰에서 일어나 풍기는 뭔가 타는 것 같은 시큼한 냄새, 그 냄새를 맡는 순간 이미 붕괴되고 있는 양쪽의 개념들, 개념들이 붕괴되면서 갑자기 길을 잃어버리는 낱말들, 그 낱말들이 길을 잃고서 우왕좌왕하는 와중에 갑자기 솟구쳐 오르는 새로운 언어의 세계, 새로운 언어들이 세상의 빛을 보기 위해 몸부림치면서 글로 쓰이기를 요구하면서 간절하게 내미는 텅 빈 손, 아무것도 소유하려 하지 않고 아무것도 소유할 수 없는 텅 비어 있는 이른바 기표적인 열정만으로 낯설기 이를 데 없는 언어 아닌 그 새로운 언어들.

롤랑 바르트가 "텍스트의 즐거움(plaisir du texte)"이라고 했을 때 그 즐거움은, 이 '언어 아닌 새로운 언어'에 빠져들 수 있을 때, 그래서 그렇게 빠져들었을 때, 그리고 그렇게 빠져들어 그 '언어 아닌 언어'의 요구에 기꺼이 응하여 그것을 어쨌든 언어의 형태로 만들어 세상의 부면 위로 끌어올릴 때, 바로 그럴 때에 오는 것이라고 생각됩니다.

2. 바르트가 말하는 텍스트

롤랑 바르트는 작품과 텍스트를 엄격하게 구분합니다. 이에 관해서는 《텍스트의 즐거움》 원전에는 들어 있지 않고 《체계언어의 살랑거림(Le Bruissement de la langue)》(1984)에 들어 있는데, 《텍스트의 즐거움》의 국역본에 함께 번역되어 있는 〈작품에서 텍스트로〉라는 글로 정돈되어 있습니다. 중요한 대목들을 중심으로 그가 말하는 텍스트가 무엇인지에 대해 생각해보고자 합니다.

> 작품(oeuvre)이라는 전통적 개념과 대면하여—오랫동안 아니 오늘날까지도, 말하자면 뉴턴적인 방식으로 이해되어온—과거의 범주를 이동·전복시켜 얻은 새로운 대상에 대한 요구가 생겨났으며, 바로 이 대상이 텍스트(Texte)이다.[7]

이 언명만으로는 작품을 이동·전복시킴으로써 텍스트가 성립한다는 것만 알 수 있을 뿐, 과연 텍스트가 작품과 어떻게 다른 것인지에 관한 구체적인 내용을 알 수는 없습니다. 당연히 작품을 어떻게 이동·전복시켜야 한다는 것인가 하고서 의문을 가지게 됩니다. 그래서 그다음의 글을 기대를 잔뜩 모아 읽게 됩니다.

> 아무리 오래된 작품이라 할지라도 거기에는 '텍스트'가 있을 수 있으며, 오늘날의 문학적 산물 안에서도 전혀 텍스트가 아닌 것이 있다. 그 차이는 다음과 같다. 즉, 작품은 (이를테면 도서관에서) 책들의 공간의 한 부분을 차지하는 실체의 단편이지만, 텍스트는 방법론적인 영역이라는 점이다. (……) (서점·서류함·시험 일정표 안에서) 작품은 보이는 것이지만, 텍스트는 증명되는 것이며, 몇몇 규칙에 의해(혹은 반하여) 말해진다.

작품은 손안에 쥐어지지만, 텍스트는 언어 안에서 유지된다. 텍스트는 단지 담론의 움직임 속에서만 존재한다. (……) 텍스트는 작품의 분해가 아니며, 텍스트의 상상적인 꼬리가 바로 작품이다. 혹은 텍스트는 작업이나 생산에 의해서만 체험할 수 있는 것이다. 그 결과 (이를테면 도서관의 서가에) 텍스트는 결코 멈출 수 없다. 텍스트의 구성 운동은 횡단(traversée)이다(특히 텍스트는 작품을, 여러 작품을 관통할 수 있다).[8]

무슨 말인지 쉽게 이해할 수 있는 것은 아닙니다. 굳이 정돈을 하자면, 작품은 주로 책이라는 형태를 띠고서 실체적으로 존재하는 것인 반면, 텍스트는 작품의 언어 속에, 그리고 그 작품에 대한 (동어 반복적이긴 하지만) '텍스트적인 작업'에 의해서만 존립한다는 것입니다. 이 말도 결코 이해하기에 쉽지 않지요. 조금 쉽게 접근해보기로 합시다.

작품을 실제로 채우고 있는 언어가 있을 것입니다. 우리는 흔히 그 언어의 집합을 텍스트라고 여깁니다. 그런데 롤랑 바르트가 말하는 텍스트는 그게 아닙니다. 작품을 이루고 있는 언어 안에, 말하자면 그 언어 밑에, 혹은 그 언어의 사이에 존재하는 것이 바로 텍스트라고 말하고 있습니다. 그렇다면 작품을 이루고 있는 언어의 뜻을 잘 해석하면 그 해석이 바로 텍스트가 아니겠는가 하는 생각을 할 수 있을 것입니다. 하지만 롤랑 바르트는 그것도 아니라고 합니다. "텍스트는 작품의 분해가 아니다"라는 말에서 이를 간취할 수 있습니다. 나중에 롤랑 바르트는 "작품은 하나의 기의(signifié)로 닫힌다. 이 기의를 은밀하고도 최종적인 것으로, 우리가 찾아내야만 하는 것으로 간주하면, 그때 작품은 해석학 혹은 해석의 대상이 된다"[9]라는 말로 텍스트가 작품의 의미를 해석하는 것이 아님을 분명하게 밝힙니다. 요컨대 텍스트는 해석의 대상이 아니라는 것입니다. 그렇다면 무엇일까요?

"텍스트의 상상적인 꼬리가 작품이다"라는 기묘한 말이 의미하는 바는 무엇일까요? 기의를 중심으로 해서 이루어지는 해석의 대상인 작품은 기껏해야 텍스트라는 상상의 몸통이 역동적으로 힘을 발휘할 때 따라 움직이는 텍스트의 최종적 결과인 그 꼬리에 불과하다고 말하는 것 같습니다. 요컨대 텍스트는 작품이 궁극적인 기의를 갖는다는 것을 전혀 염두에 두지 않을 때, 작품이 저자와의 기원적인 관계를 벗어나서 독자와 만나 전혀 새로운 끝없는 조우의 관계를 형성해나갈 수 있을 때, 바로 그때, 작품을 그렇듯 살아 있게 만드는 것이 바로 텍스트라는 것입니다. 비유하자면 텍스트는 정확하게 손에 쥘 수 있는 그런 것이 아니고, 쥐고자 하면 항상 손가락 사이로 빠져 달아나는 미끄러짐의 운동이라고 할 수 있는 것이지요. 그래서 우리는 다음과 같은 이야기를 주시하게 됩니다.

텍스트는 기의의 무한한 후퇴를 실천한다. 텍스트는 지연시킨다. 텍스트의 영역은 기표(signifiant)이다. 기표는 '의미의 첫 부분'이나 그 물질적인 입구가 아닌, 오히려 반대로 의미의 뒤늦음(aprè-coup)으로 이해되어야 할 것이다. 마찬가지로 기표의 무한성은 뭔가 '말로 표현할 수 없는 것'에 관계된 것이 아니라, 유희의 개념에 관계된다. 텍스트 영역에서의 기표의 지속적인 생성은, 성숙의 유기적인 진로나 해석학적인 심화의 진로가 아닌 분리·중복·변주의 계열적인 움직임에 따라 이루어진다. 텍스트를 지배하는 논리는 이해가 아닌 환유이다. 연상·인접·이월의 작업은 상징적 에너지(이것이 없다면, 인간이 죽어갈)의 분출과 일치한다. 작품은 평범하게 상징적이지만(그 상징성은 곧 고갈되어 정지된다), 텍스트는 철저히/근본적으로 상징적인 것이다. 작품이 전적으로 상징적인 속성 안에서 구상되고 인지되고 수용될 때 그때 그 작품이 곧 텍스

트이다. 이렇게 해서 텍스트는 언어로 회송된다.[10]

현대의 문학 이론이나 기호 이론에서 워낙 기표를 중시하는 이야기가 많이 나오다 보니까 '도대체 이놈의 기표가 뭐란 말인가?' 하고서 심지어 짜증이 나기까지 합니다. 기표 / 기의 개념을 안출한 소쉬르는 기의가 기표들 간의 차이의 총합에 의해 발생한다고 하면서도 기의가 없이는 기표가 성립할 수 없는 것으로 봅니다. 하지만 현대의 기호학자들은 그렇지 않습니다. 여기 롤랑 바르트의 언명에서도 이를 알 수 있습니다.

롤랑 바르트는 기의들이 무한히 지연되고 후퇴한 그 끝에 뒤늦게야 기표가 나타난다고 말합니다. 달리 말하면 이는 작품에 대한 해석학적인 작업이 한계를 드러내는 그 지점에서부터 비로소 텍스트가 작동하기 시작한다는 것을 말합니다. 그런 다음, 이제 텍스트의 영역이 열리고 거기에서 기표가 지속적으로 생성되면서 분리·중복·변주를 일삼는다는 것입니다. 게다가 거기에서 연상·인접·이월의 논리가 관철되면서 작품의 "평범한" 상징성을 넘어서서 텍스트의 "철저한/근본적인" 상징성의 힘이 발휘된다고 말하고 있습니다. 처음부터 끝까지 도대체 무슨 말을 하는지 대략 짐작은 가는데 제대로 이해된다고 자신할 수가 없습니다.

우리는 어쩔 수 없이 우회로를 활용할 수밖에 없습니다. 회화를 생각해봅시다. 회화에서 재현이 주된 기능으로 여겨질 때, 그 회화는 거기에 그려진 인물·사건·풍경 등이 무엇을 의미하는지를 염두에 두면서 그 서사적인 측면을 유념하게 됩니다. 말하자면 회화의 기의를 염두에 두는 것이지요. 그런데 만약 회화가 색채나 형태 자체를 표현하고자 하는 비재현적인 방향으로 치닫게 되면 전혀 상황이 달라집니다. 말하자면 회화가 기의를 벗어버리고 순수한 기표의 상태로 치닫는 것이지요. 그럴 때 그림을 보는 관람자가 누구냐에 따라 그 기표의 상태가 달리 주어질 것입니다.

말하자면 재현 미술의 역사가 그 생명력을 다한 끝에 비재현의 미술이 등장한 셈인데, 이를 비유적으로 활용해서 말하자면, 기의의 작동이 더 이상 힘을 발휘할 수 없는 상황이 되자 강력한 기표의 세계가 열린다고 말할 수 있을 것입니다.

그런데 문학 작품에서의 낱말은 회화에서의 색채에 해당된다고 할 수 있습니다. 작품에 동원되는 뭇 언어들과 그 짜임새와 리듬 등이 있을 것입니다. 과연 가능할지 의문을 지니지 않을 수 없습니다만, 만약 문학 작품이 재현적인 방향을 벗어나 비재현적인 방향으로 선회하게 된다면 어떻게 될까요? 논리적으로만 생각해보면, 그럴 경우 문학 작품은 언어 자체가 지닌 언어 내적인 힘을 곧이곧대로 드러내게 될 것입니다. 그리고 이때 '언어 자체가 지닌 언어 내적인 힘'은 그야말로 기표적인 것이 될 것입니다. 이 대목에서 일단 인용문의 마지막 언명, "텍스트는 언어로 회송된다"를 염두에 두기로 합시다.

하지만 언어는 색채와 다릅니다. 언어에서는 지칭(dénomination)을 벗어나기가 아예 불가능한 것처럼 여겨지기 때문입니다. 지칭에서는 언어가 언어 외적인 것을 지시하는 이른바 외시(外示, dénotation)가 기본입니다. 암시(暗示, connotation)조차도 궁극적으로는 외시에 입각해서 이루어진다고 할 수 있습니다. 말하자면 언어가 비재현적인 방향으로 치닫게 되면 '언어의 자살'이 되고 마는 것이지요.

그런데도 비재현적인, 즉 기의를 벗어난 순전한 기표를 향한 문학 작품을 획책하고자 한다는 것입니다. '언어의 자살'을 바탕으로 한, 그럼으로써 오히려 순전한 언어 내적인 영역을 확보해서 언어 자체가 살아 움직이도록 하는 공간을 마련하고자 한다는 것입니다. 전번에 살폈던, 블랑쇼가 《문학의 공간》에서 했던 말을 되새기게 됩니다.

아무것도 이름하지 않고, 아무것도 표상(재현)하지 않고, 아무것으로도 남지 않는 말, 하나의 말이기는커녕 놀랍게도 그 용도 가운데 순식간에 그 모든 것이 사라져 버리는 말. 이보다 더 본질적인 것에 적합하고, 이보다 더 침묵에 가까운 것이 있겠는가?[11]

　　물론 지금 롤랑 바르트가 말하는 '텍스트의 공간'과 블랑쇼가 말하는 '문학의 공간'이 그대로 일치한다고 할 수는 없습니다. 롤랑 바르트가 말하는 텍스트의 공간은 그래도 어쨌든 끝없이 재잘거리는 '유희의 공간'이라면, 블랑쇼가 말하는 문학의 공간은 "죽을 수 있기 위해 글을 쓴다―글을 쓸 수 있기 위해 죽는다"[12]라고 하는 일종의 '죽음의 공간'이기 때문입니다. 하지만 블랑쇼가 말하는 위의 언명에는 기의를 벗어난 순전한 기표로서의 언어 내적인 공간에 대한 내용이 충분히 개설(開設)되어 있습니다.

　　만약 하나의 낱말이 다른 낱말을 지시한다면, 그리고 그 다른 낱말은 또 다른 낱말을 지시한다면, 그리고 이 낱말끼리의 지시 관계가 무한히 이어진다면, 결국 언어 바깥으로 나아가지 않고 언어 내부에서 일체의 일이 벌어질 것입니다. 문제는 그 방법일 것입니다. 비트겐슈타인은 "장미는 이빨이 없다"라는 식의 문장에 대해 "언어가 휴가를 갔다"라는 묘한 표현을 했습니다. 언어가 재현의 업무를 내팽개치고 아예 휴가를 가버렸다는 이야기이지요. 예컨대 어느 시인이 쓴 "털이 무성한 낱말"이라는 말도 그런 종류일 것입니다. 이때 '털'은 '낱말'과 여지없이 충돌합니다. 그 충돌은 지칭의 관습 때문에 생긴 것입니다. 그 충돌 덕분에, 그러나 그 충돌을 넘어서서 전혀 새로운 언어의 공간이 열립니다.

　　롤랑 바르트가 말하는, 기표의 무한한 생성에 의해 열리는 텍스트의 공간도 이와 유사하다고 할 수 있습니다. 그는 낱말, 어구, 문장,

단락 등이 서로를 지칭하면서 부딪치고 조율되면서 끝없는 기표적인 울림을 자아내는 그 거대한 텍스트의 위력에 집중하기 때문입니다. 그는 텍스트를 "기표들의 입체적인 복수태"로 보는데,[13] 결코 놓쳐서는 안 될 것은, 텍스트의 공간이란 작품과 독자가 결합되는 데서 열린다는 것입니다. 이에 관련해서 그는 이렇게 말합니다.

텍스트의 독자는 (자신의 마음속에서 모든 상상계의 긴장을 늦추는) 한가로운 주체에 비유될 수 있다. 적당히 공허한 이 주체는 골짜기 기슭을 산책한다. (이 일은 이 글을 쓴 저자에게 실제로 있었던 일이다. 그는 바로 거기서 텍스트의 생생한 개념을 포착했다) 골짜기 아래에는 급류(이 급류는 낯설음의 감정을 입증하기 위해 거기 있다)가 흐른다. 그가 인지하는 것은 이질적이고도 분리된 실체와 전망에서 오는 복수태적인 환원 불가능함이다. 빛, 색채, 초목, 열기, 공기, 미세한 소리의 폭발, 새들의 가냘픈 지저귐, 골짜기 건너편에서 들리는 아이들의 목소리, 지나가는 소리, 몸짓, 가까이 혹은 멀리 있는 주민들의 옷차림. 이 모든 사건(incidents)은 반쯤 알아볼 수 있는 것들이다. 그것은 기존의 약호(code)들로부터 온 것이지만 그 배합은 유일하며, 그래서 산책을 차이로서만 반복될 뿐인 차이로 설정한다. 텍스트도 마찬가지다. 텍스트는 그것의 차이(그 개별성이 아니라) 속에서만 존재할 수 있다. 그 독서는 일회적인 것이지만, 전적으로 인용과 지시물·메아리들로 짜인다. 즉, 과거의 혹은 현대의 문화적 언어들이 하나의 거대한 입체음향 속에 여기서 저기로 텍스트를 횡단한다. 다른 텍스트의 '사이 텍스트(entre-texte)'로 해서 모든 텍스트를 사로잡는 상호 텍스트성은 텍스트의 어떤 기원과도 혼동될 수 없다.[14]

하나의 작품을 읽을 때, 독자는 골짜기 아래의 급류를 대하듯 작품에 대해 낯설음의 감정을 지울 길이 없습니다. 그런 가운데, 골짜기의 기슭을 산책할 때 그 낯설음의 힘에 의해 동시다발적으로 주어지는 갖가지 '사건들'이 독특하고 유일무이한 방식으로 리듬과 짜임을 자아내듯이, 작품 속의 갖가지 사건들, 즉 언어 구성체들이 입체적으로 리듬과 짜임을 자아내면서 텍스트의 공간을 열어젖히는데, 거기에서 마치 골짜기의 기슭에서 즐거움을 만끽하듯이 텍스트에 대한 즐거움을 얻는다는 것입니다. 중요한 것은, 골짜기의 기슭에서 파악하게 되는 사건들은 기존의 약호에 따른 것들이지만 그 리듬과 짜임의 배합만큼은 전혀 색다른, 그곳을 산책할 때마다 얼마든지 달라질 수 있듯이, 하나의 작품도 읽는 독자에 따라, 심지어 한 사람의 독자가 또다시 읽을 때마다 그 텍스트를 색다르게 제공한다는 것입니다. 그리고 작품 속에서 기술되고 있는 많은 언어 구성체는 문화적인 약호에 따른 것이지만, 그 작품을 읽는, 이른바 입체적인 음향을 구성해내는 독자는 문화적인 약호에 따른 그 언어 구성체들을 서로에게 색다르게 말을 걸도록 함으로써 "사이 텍스트", 즉 '상호 텍스트로서의 텍스트'가 드러나도록 한다는 것입니다. 텍스트의 기원은 저자에게 있는 것도 아니고 문화에 있는 것도 아니고, 그저 독자에게 기원을 갖는다고 해야 할 것인데, 독자가 그렇게 상호 텍스트로서의 텍스트를 가능하게 한다고 할 때, 독자 역시 하나의 상호 텍스트적인 짜임에 불과하기 때문에 엄밀하게 말하면 텍스트의 기원을 말할 수 없다는 것입니다.

이 정도 되면, 텍스트의 발생과 그 유동에 있어서 독자 내지 독서가 얼마나 중요한 것인가를 분명하게 알게 됩니다. 그래서 다음과 같은 이야기가 가능해집니다.

텍스트는 아버지의 보증 없이도 읽힌다. 상호 텍스트성의 복원은 역설적으로 유산을 파기한다. 이 말은 저자가 텍스트로, 그의 텍스트로 '회

귀할' 수 없다는 뜻이 아니라, 손님의 자격으로 초대된다는 뜻이다.─
텍스트는 (그 빈번한 난해성 때문이라 할지라도) 작품을 소비로부터 구해내
(만약 그 작품이 그것을 허용한다면) 유희·노동·생산·실천으로 수용하게
한다. 이 말은 텍스트가 글쓰기와 글 읽기 사이에 존재하는 거리감을
파기할 것(적어도 축소시킬 것)을 요구한다는 뜻이다.─독자는 두 번 유
희한다. 그는 텍스트를 가지고 유희하며(놀이의 의미에서), 그리하여 그것
을 재생산하는 실천을 추구한다. 그러나 이 실천이 수동적·내적 모방
이 되지 않게 하기 위해서(텍스트는 바로 이러한 축소에 저항한다) 독자는 텍
스트를 연주한다(jouer). 게다가 음악의 ('예술'이 아닌 연주로서의) 역사는
텍스트의 역사와 아주 흡사하다.[15]

신·창조주·아버지·예술가·저자 등의 절대적 권위를 파기하고
피조물·자식·관객·독자의 모방적 창조의 위력을 가능하게 하는 것
이 바로 텍스트라는 이야기입니다. 초자아와 연결되기도 하는 자아
이상으로서의 아버지라는 정신분석학적인 개념을 끌어들여 그로 인
해 생겨나는 뭇 신경증·정신병적인 왜곡을 벗어날 수 있는 길을 텍
스트 개념에서 찾고 있는 셈입니다.

결국 롤랑 바르트가 말하는 텍스트는 무엇인가요? 비재현적인
글쓰기와 글 읽기를 가능하게 하는, 그럼으로써 언어 내적인 영역에
서 열리는, 문화적인 코드 체계를 활용하되 근본적으로 거기에서 벗
어나지 못하고 젖어 있는 한 결코 접근할 수 없는, 일단 접근해 들어
가면 그 길들이 수시로 전체의 형태를 바꾸는 그물을 형성하는 언
어 공간이라고 할 것입니다.

그래서 롤랑 바르트는 《S/Z》(1970)에서 "텍스트 밖에는 아무것도
존재하지 않음과 동시에 텍스트의 어떤 총체(un tout)는 결코 없다. 따
라서 텍스트를 그것의 외부와 총체성으로부터 동시에 벗어나게 해

야 한다"[16]라고 말한 것입니다. 그리고《텍스트의 즐거움》에서 이렇게 말하기도 했던 것입니다.

> 재현이란 욕망의 의미가 아닌, 다른 의미들로 붐비는 거추장스러운 형상화이다. 즉, 그것은 알리바이의 공간(현실, 도덕, 사실일 것 같은 것, 읽히는 것, 진리 등). (……) 재현을 이데올로기적이라고 말한다면(그 의미 작용의 역사적 확대에 의해), 그것은 전혀 궤변이 아니라 정당하다.[17]

3. 텍스트의 구체적인 예

문제는 어떻게 해서 그와 같은 텍스트의 공간을 열어나갈 수 있는가 하는 방법일 것입니다. 그래서 롤랑 바르트는 저 앞의 인용문에서 텍스트는 "방법론적인 영역"이라고 했던 것이지요. 우리로서는 그렇다면 과연 그는 어떤 방법론을 조성해서 텍스트의 공간을 열어젖히고, 그렇게 열어젖히는 데서 즐거움을 얻고, 또 그 즐거움을 동력으로 삼아 계속해서 텍스트의 공간을 열어나가고자 하는가 하고서 궁금해집니다.

롤랑 바르트는 그런 "텍스트의 즐거움"이 어떤 방식으로 전개되고 어떻게 문자화되어 나타날 수 있는지를《S/Z》라는 전대미문의 책으로 엮어냈습니다. 이 책은 1968~1969에 걸쳐 2년 동안 진행된 세미나의 흔적을 모은 것이라고 합니다.《텍스트의 즐거움》은 이 책을 발간하고 3년 후에 나온 것입니다. 그러니까《텍스트의 즐거움》은《S/Z》의 경험을 나름대로 정돈하고 있다고 말해도 될 것 같습니다.

우선 롤랑 바르트가 제시하는, 텍스트에 접근하기 위한 혹은 생산하기 위한 혹은 실천하기 위한 방법을 알 필요가 있습니다. 그것은

《S/Z》의 작업, 즉 텍스트의 작업을 끌고 갈 다섯 개의 기본 코드로서 제시됩니다. 'HER(해석학적 코드)', 'SEM(의미론적 의미소)', 'SYM(상징적 영역의 단위)', 'ACT(행동과 처신에 대한 코드)', 'REF(문화적 코드 내지 참조적 코드)' 등이 그것들입니다.[18] 이 코드들에 대해 롤랑 바르트는 이렇게 설명합니다.

이 코드들은 이제부터 텍스트의 모든 기의와 합류하게 될 것이다. (……) 해석학적 코드의 목록은 어떠한 수수께끼가 중심에 놓이고, 제기되며, 표명되고, 지연되어 마침내 정체를 드러내게 해주는 (형식적인) 상이한 표현들/항목들을 식별해내는 데 있다. (……) 의미소들에 대해 말하자면, 우리는 이제부터 그것들을 어떤 인물(어떤 장소 혹은 대상)에 결부시키지도 않고, 그것들이 하나의 동일한 주체 영역을 형성하도록 조직하지도 않은 채 찾아낼 것이다. 그것들은 그것들의 불안정성, 산재된 성격을 그대로 간직하게 될 것이며, 이런 측면 때문에 그것들은 의미의 먼지 같은 혹은 반짝이는 입자들이 될 것이다. 또한 우리는 상징적 영역을 구조화시키지 않도록 더 많은 주의를 기울일 것이다. 이 영역은 다가성(多價性)과 가역성의 중요한 영역이다. (……) 행동들(행동적 코드의 표현)은 다양한 시퀀스들로 조직되며, 그 목록은 이 시퀀스들에 표지를 제공하게 된다. 왜냐하면 행동적 시퀀스는 인위적 독서가 낳은 결과에 불과하기 때문이다. (……) 끝으로 문화적 코드는 어떤 지식이나 지혜의 인용이다. 이 코드를 찾아낼 때 우리는 인용된 (물리학적·생리학적·의학적·심리학적·문학적·역사적 등) 지식의 유형을 지시하는 데 만족할 것이며, 이 코드가 부각시키는 문화를 구축—혹은 재구축—하는 데까지는 결코 가지 않을 것이다.[19]

롤랑 바르트는 이 다섯 개의 코드를 작품을 텍스트로 재생산해내는 기본적인 틀로 삼습니다. "다섯 개의 코드는 일종의 망이나 일반적 장소를 형성하며 모든 텍스트는 이것을 통과한다(아니 보다 정확히 말하면, 통과하면서 텍스트가 된다)"[20]라는 말에서 이를 정확하게 확인할 수 있습니다.

그런데 의문이 듭니다. 앞에서 지적하지는 않았지만, 롤랑 바르트는 텍스트에는 문법이 존재하지 않는다고 말합니다.[21] 그런데 여기에서 그가 제시하는 다섯 개의 코드는 혹시 문법 비슷한 것이 아닌가 하는 것입니다. 이와 관련된 언명이 있습니다. 바로 앞의 단락에서 인용한 내용에 이어지는 다음의 언명입니다.

> 따라서 우리가 각각의 코드도, 다섯 개의 코드의 관계도 구조화하지 않으려고 하는 것은 의도적이긴 하지만 텍스트의 다가성과 부분적인 가역성을 받아들이기 위해서이다. 사실 중요한 것은 어떤 구조를 나타내는 것이 아니라 가능한 한 어떤 구조화를 생산하는 것이다. (……) 코드는 인용들의 전망이고, 구조들의 신기루이다. (……) 각각의 코드는 텍스트를 점령할 수 있는 힘들 가운데 하나(텍스트는 이 힘들의 망이다)이고, 텍스트가 짜이는 목소리들 가운데 하나이다. 사실 각각의 언표에서는 전면에 나타나지 않은 목소리들(voix off)이 측면에서 들리는 것 같다. 이것들이 코드들이다. (……) 이 목소리들은 자동적으로 구성되는 경험 영역(l'Empirie)의 목소리(행동적 태도들)이고, 인격체(la Personne)의 목소리(의미소들)이며, 지식(la Science)의 목소리(문화적 코드들)이며, 진실(la Vérité)의 목소리(해석학적 체계들)이며, 상징(le Symbole)의 목소리이다.[22]

코드를 "작품에서 들리는", 그것도 "측면에서 들리는 목소리"로 바꾸어 말하고 있습니다. 이는 텍스트를 기표들의 지속적인 생산으로 본 것과 연결될 것입니다. 언어에 있어서 기표는 기본적으로 목소리이기 때문입니다. 말하자면 작품의 대목마다 그 틈새를 통해 측면적으로 들려오는 목소리들이 있다는 것인데, 이 측면적인 목소리는 작품의 저자가 굳이 드러내고자 한 것이 아니거나 아니면 드러내고자 했다고 할지라도 오히려 저자 역시 어쩔 수 없이 그렇게 드러내지 않을 수 없었던 그런 목소리라고 해야 할 것입니다. 그렇기 때문에 롤랑 바르트는 텍스트가 작품의 함축 의미(암시, connotation)를 무시할 수 없다고 말합니다.

> 함축 의미란 무엇인가? 정의상 함축 의미는 이전이나 이후의 혹은 외부의 언급들에 관련될 수 있고, 해당 텍스트(혹은 다른 텍스트)의 다른 장소들과 관련될 수 있는 힘을 지닌 결정·관계·조응·특징이다. 다양하게 명명될 수 있는 이 관계를 어떤 면에서도 제한해서는 안 된다. (······) 기능적으로 볼 때, 함축 의미는 원칙상 이중적 의미를 낳기 때문에 의사소통의 순수성을 변질시킨다. 그것은 정치하게 구성되어 저자와 독자의 허구적 대화 속에 도입된 자발적인 '소리'이며, 요컨대 반(反)소통이다(문학은 의도적인 글쓰기 오류(cacographie)이다).[23]

함축 의미를 "저자와 독자의 허구적 대화 속에 도입된 자발적인 소리"라고 하는데, 이는 결국 코드와 동일시되는 목소리일 것입니다. 저자와 독자의 허구적인 대화는 저자 중심의 수동적인 글 읽기에 해당되겠지요. 그런데 그런 수동적인 글 읽기에 출처를 알 수 없는 "자발적인 소리"가 들린다는 것입니다. 이는 바로 작품의 틈새들을 뚫고 나오는 그 "측면적인 목소리"임에 틀림없습니다.

하지만 그렇다고 이 측면적인 목소리들이 작품에서 현전하는 정면의 목소리들을 위배하는 방식으로 울려 나올 수는 없을 것입니다. 그렇게 되면 굳이 그 작품을 읽을 필요가 없는 것이니까요. 작품에 따라 틈새를 뚫고 측면에서 들려오는 목소리가 해당 독자의 귀에만 뚜렷하게 울려 퍼지는 목소리이긴 하지만 해당 작품이 정면으로 들려주는 목소리와 깊게 연결된 것만은 사실인 것이지요. 그 목소리들을 통해 전개되는 리듬과 짜임이 텍스트라고 할 때, 해당 작품을 관통하면서 흐르는 해당 텍스트(혹은 해당 텍스트를 관통하는 해당 작품)가 있는 것입니다. 물론 예컨대 카프카가 그의 모든 작품을 통해 들려주는 텍스트는 단 하나의 텍스트일 수 있습니다.

롤랑 바르트가 작품이 다섯 개의 코드(목소리)를 통과할 때 그럼으로써 텍스트가 된다고 했을 때, 그 코드는 흔히 말하는 문법일 수가 없다고 말하는 대목이 중요합니다. 그래서 코드는 문법이라기보다는 '장소' 내지 '통로'가 될 것입니다.

자, 이제 이런 점을 염두에 두면서, 《S/Z》의 일부를 그 예로 살펴보기로 합시다. 《S/Z》는 발자크(Honoré de Balzac, 1799~1850)의 소설 《사라진(Sarrasine)》에 대해 롤랑 바르트가 그야말로 촘촘하기 이를 데 없이 수행한 텍스트 작업을 담고 있습니다. 그 소설의 한 문장, 한 구절도 빼놓지 않고 일일이 그 '틈새의 마찰'에서 일어나는 목소리들, 즉 언어적인 사건들을 기록하고 있습니다. 그 일부를 인용해봅니다.

8) 눈이 불완전하게 덮인 나무들은 달빛에 희끄무레하게 된 구름 낀 하늘을 잿빛 배경 삼아 뚜렷하게 모습을 드러내고 있었다. 그런 환상적 분위기 속에서 보니 그 나무들은 수의를 제대로 걸치지 않은 귀신들을 닮으면서, 인구에 회자되는 저 사자(死者)들의 춤의 거대한 이미지를 떠올리게 했다. ★ SYM. 대조법: A: 바깥. ★★ 여기서 눈은 차가움으로 귀결되지만 숙명적인 것은 아니고 희귀하기조차 하다. 왜냐하면 폭신폭신하고 솜털 같은 망토인 눈은 동질적인 물질들의 열기, 피난처의 보호를 다분히 함축하고 있기 때문이다. 여기서 차가움은 눈이

부분적으로 덮여 있다는 사실에서 기인한다. 차가운 것은 눈이 아니라 불완전함이다. 음산한 형태는 불완전하게 덮여 있는 것이다. 그것은 깃이 빠진 것이고, 가죽이 없는 것이며, 딱지처럼 붙어 있는 것이고, 결여가 갉아먹은 충만함에서 남아 있는 모든 것이다(SEM. 차가움). 달 역시 이러한 결여에 기여하고 있다. 여기서 정말로 음산하고, 풍경의 결함을 밝혀주고 구성하는 달은 양면성을 띤 부드러움을 갖추고 다시 나타난다. 그때 그것은 백색 대리석 램프의 대체물로서 비엥의 아도니스를 밝혀주고 여성화시키게 된다(n 111). 아도니스라는 이 초상화는 지로데의 엔디미온과 중복된다(그리고 그것도 상당히 명료하다)(n 547). 왜냐하면 달은 빛의 아무것도 아닌 것이고, 빛의 결여로 귀착된 열기이기 때문이다. 그것은 순수한 반영을 통해 빛을 밝히며 그 자체가 기원은 아니다. 그리하여 그것은 거세된 가수의 빛나는 상징이 된다. 그는 그가 젊을 때(아도니스) 여성성에서 빌린 빈 광채가 나타내는 결여인데, 그가 늙었을 때(늙은이, 정원) 이 비어 있는 광채에서 남아 있는 것은 회색빛 나병뿐이다(SEM. 달의 속성). 그뿐만 아니라 환상적인 것은 인간적인 것의 기본적 한계 밖에 있는 것을 지시하고 또 지시하게 될 것이다. 초자연과 초세계로서의 이와 같은 위반은 (뒤에 가서) 초여성(Sur-femme)이자 하위 남자(sous-homme)로 동시에 주어지는 거세된 가수의 위반이다(SEM. 환상적인). ★★★ REF. 예술(사자들의 춤).

9) **그리고 나서 반대 방향으로 몸을 돌리면.** ★ 대조법의 한 항목(정원·밖)에서 다른 항목(살롱·안)으로 이동인데, 여기서는 육체적 운동이다. 따라서 그것은 (수사학적 코드에 속하는) 담론의 인위적인 현상이 아니라 접합의 신체적 행위이다(SYM. 대조법: 공유 경계).

10) **나는 산 자들의 춤에 감탄할 수 있었다!** ★ 사자들의 춤(n 8)은 상투적 표현, 고정된 연사(連辭)였다. 이 연사가 여기서 둘로 꺾여져 새로운 연사가 구성되고 있다(산 자들의 춤). 두 개의 코드가 동시에 들린

다. 하나는 함축 의미의 코드(사자들의 춤에서 의미는 예술사의 지식이라는 코드화된 지식에서 비롯되며 전체적이다)이고, 다른 하나는 외시 의미의 코드(산 자들의 춤에서 각각의 낱말은 단순히 사전적 의미를 간직하면서 옆의 낱말에 부가되고 있다)이다. 이와 같은 상위(相違), 이런 종류의 사시(斜視)는 말장난을 규정하고 있다. 이 말장난은 대조법의 다이어그램(우리가 그 상징적 중요성을 알고 있는 형태)으로 구축되고 있다. 춤이라는 공통의 줄기는 두 개의 대립적인 연사(죽은 자들/산 자들)로 다양화되고 있다. 화자의 육체가 정원과 살롱이 출발하는 유일한 공간이듯이 말이다(REF. 말장난) ★★ "나는 응시할 수 있었다"는 대조법의 첫 부분(A)을 알렸다 (n 7). "나는 감탄할 수 있었다"는 대칭적으로 두 번째 부분(B)을 알리고 있다. 응시는 하나의 순수한 회화적 풍경과 관계되고 있었다. 반면에 찬양은 형태·색깔·소리·향수를 동원하면서 살롱의 묘사(계속 이어질 묘사)를 연극적 모델(무대)과 관련시키고 있다. (……)[24]

대단히 길게 인용했습니다. 이를 통해 우리는 롤랑 바르트가 말하는 "텍스트", 그리고 "텍스트의 즐거움"이 어떻게 구체화되어 나타나는가를 알아내야 합니다. 과연 가능할지 모르겠습니다. 여기에서 보이는 롤랑 바르트의 텍스트 작업이 "기의의 무한한 후퇴"라든지, "무한한 기표의 생산"이라든지, "텍스트 바깥은 없다"라든지 하는 그 자신의 이야기와 어떻게 일치하는지를 실감 나게 확인할 수 없는 것 같다는 느낌이 들기 때문입니다.

우선 여기에서 **이탤릭체로** 표기한 것은 발자크의 소설 《사라진》의 원문입니다. 그리고 "(n 111)", "(n 547)", "(n 8)" 등은 롤랑 바르트가 《S/Z》에서 발자크의 소설 《사라진》을 561개로 쪼개어 분석하는데, 그 대목을 지시하는 번호입니다. 여기에 인용된 "8)", "9)", "10)" 등이 그것이지요. "별(★)표" 이후에 나오는 것은, 말하자면 텍스트 작업입니다. 그리고 예컨대 "SYM"은 앞서 말한 다섯 개의 코드 중 하나를 나타내는 약칭이지요. 이를 염두에 두면서 8)의 대목을 자세히 살펴봅시다.

마치 시를 분석하듯이 소설을 분석하고 있습니다. "★ SYM. 대조법"이라고 표기하고 있는데, 그 "대조법"은 "9)"에서 잘 나타나 있습니다. 소설의 주인공인 화자가 창의 벽 구멍에 걸터앉아 바깥의 정원의 모습과 실내의 화려한 무도회 잔치를 번갈아 보는 것이지요. 이 대조법에 대한 지적은 딱히 텍스트적인 작업이라고 하기가 쉽지 않습니다. 다만 대조적인 울림을 찾아내고 있다는 점을 감안한다면 텍스트적인 작업이라고 할 수 있을 것입니다.

눈이 불완전하게 덮여 있다는 데서 차가움을 찾아내고 있는 것이 이채롭습니다. "눈이 불완전하게 덮여 있다"라는 표면적인 목소리에서 특별히 "불완전하게"라는 낱말의 틈새를 뚫고서 들려오는 "차가움"이라는 측면의 목소리를 듣는 것이지요. 그러고는 이 "차가움"의 의미소를 충만함에 대한 결여의 공격에서 찾고 있습니다. 그리고 그 결여를 "달빛"과 연결하고, 이어서 "사라진"이라는 인물과 더불어 소설에서 핵심적인 주인공이 되는 거세된 가수인 "잠비넬라(Zambinella)의 거세됨"으로 연결합니다. 눈과 달에 대한 작품의 묘사에서 '불완전함→차가움→결여→거세'로 이어지는 상징의 계열을 불러내고 있습니다.

그런가 하면, 어쩌면 그저 객관적으로 묘사한 것에 불과한 달빛 이야기를 저 뒤에서(n 111) 등장하는 "백색 대리석 램프"와 조응시킵니다. 작품 전체를 그가 말하듯이 "의미의 먼지 같은 혹은 반짝이는 입자들"로 한눈에 펼쳐놓고서 어떻게 의미를 주고받는지를 드러내는 셈입니다. 이는 수시로 등장하는 "(n……)"을 통해 실현됩니다.

또 "환상적 분위기"를 시발점으로 삼아 "거세되어 여성화된 가 수"를 거쳐 "초자연", "초세계"를 거쳐 "초여성" 및 "하위 남자"로 이어집니다. 그러고는 "위반"으로 연결합니다. 자유롭기 이를 데 없는 것 같으면서도 읽고 나면 그럴듯하게 여겨지는바, "연상·인접·이월의 작업은 상징적 에너지(이것이 없다면, 인간이 죽어갈)의 분출과 일치한다"라는 말을 떠올리게 합니다.

전체적으로 보면 롤랑 바르트의 텍스트적인 작업은, 발자크가 서술한 소설의 한 대목을 그 소설이 전반적으로 관통하고 있는 그 특정한 텍스트에 의거해서 존재하도록 만듭니다. 그럼으로써 아주 짧은 소설의 한 대목조차 그 속에서 너무나도 복잡다기하고 입체적인 숨겨진 목소리들을 이미 뽑아내고 있는 것처럼 되도록 합니다. 분명한 것은, 그렇다고 해서 롤랑 바르트가 발자크의 소설을 훼손한다거나 왜곡한다거나 하는 것이 전혀 아님을 유념해야 할 것입니다. 오히려 마치 수면 위로 드러난 빙산의 일각에 수면 아래에 가라앉아 있는 거대한 빙산의 몸체가 이미 반영되어 빛나고 있다는 듯이 느끼게 해서 발자크 소설의 하나하나의 대목이 알 수 없는 거대한 언어 구성체로 탈바꿈하는 것입니다.

언뜻 보아도 누구나 이런 텍스트적인 작업, 즉 독자로서의 글쓰기 작업을 할 수 있는 것은 아닐 것 같습니다. 롤랑 바르트 자신이 제시한 다섯 가지 코드에 해당하는 목소리들을 들을 수 있는 역량을 갖추어야 하는 것이지요. 작품 전체의 대목 대목을 한눈에 펼쳐놓을 수 있는 뛰어난 동시적인 기억력을 지녀야 할 것이고, 그럼으로써 그 속에서 외시적이거나 함축 의미적인 의미소들이 어떻게 서로 조응(혹은 반발)하면서 상징의 계열들을 계속해서 만들어내는가를 떠올릴 수 있는 논리적인 상상력이 있어야 할 것이고, 작품에 등장하는 각종 기왕의 문화적인 언명들에 대한 그 참조적인 내용을 폭넓게 인지하고 있어야 할 것이고, 결국은 요컨대 작품을 읽으면서 매 순간 이미 스스로 텍스트적으로 글을 쓸 수 있는 역량을 갖추고 있어야 할 것입니다.

4. 텍스트 작업의 유물론적 희열

마지막으로 롤랑 바르트가 제시하는 텍스트의 즐거움에 대한 묘한 이야기를 덧붙이고자 합니다.

> 내게 즐거움(plaisir)을 준 텍스트를 '분석'하려 할 때마다, 내가 발견하게 되는 것은 내 '주체성(subjectivité)'이 아닌 내 '개체(individu)'다. 말하자면 그것은 내 몸을 다른 몸들과 분리시켜 내 몸에 그 고통 또는 즐거움을 적응시키는 소여다. 즉, 내가 발견하는 것은 희열 상태의(de jouissance) 내 몸이다.[25]

작품을 읽으면서 그 심층 내지 중심을 관통하는 텍스트를 발견해서 분석할 때, 롤랑 바르트 자신의 몸이 희열로 들뜨게 된다는 것입니다. 그는 텍스트적인 작업을 한편으로 크리스테바가 고안한 것으로 알려진 개념인 '시니피앙스(signifiance)'라고 봅니다. 그러면서 '시니피앙스'에 대해, "시니피앙스는 무엇인가? 그것은 감각적으로 (sensuellement) 산출된다는 뜻에서의 의미(sens)이다"[26]라는 말을 합니다.

텍스트 작업은 기의적으로 형상화되어 있는 작품을 감각적인 기표의 무한정한 계열로 바꾸어내면서 그 기표가 "철저한/근본적인 상징들"로 채워지도록 하는 작업이었습니다. 지금 여기 인용문을 보면, 그 감각적인 기표 상태가 텍스트 작업을 하는 롤랑 바르트의 몸 자체에 옮아 붙어서 그의 몸 자체를 희열의 상태로 만든다고 말하고 있습니다. 다만 그때 몸은 주체성을 알리는 지표가 아니라 그의 개체, 말하자면 텍스트 작업을 지금 당장 하고 있는 현행적인 표면의 주체로서의 몸이 아니라 어디에서부터 어디까지 자신인지 알 수 없는 그의 구체적이고 역사적인 존재로서의 몸을 일컫는 것이지요.

이런 점에서 롤랑 바르트는 그 나름의 텍스트적인 유물론을 제시하는 셈입니다. 말하자면 그는 유물론의 참된 귀결점을 보여주고 있습니다. 그것은 몸과 감각으로부터 거리가 가장 먼 것으로 여겨지는 언어적인 세계마저도 근원적으로는 감각적인 희열, 특히 몸에 의거한 감각적인 희열로 향해 있다는 것입니다.

결국에는 언어와 감각 혹은 언어와 몸의 문제로 귀착되는 셈입니다. 언어가 일종의 몸으로써 감각적인 희열의 상태로 이미 빠져들어 있는 그 근원의 지점, 그 지점을 찾아 들어가는 것이 텍스트 작업인 것입니다. 이 대목에서 우리는 '언어 자체의 감각적인 몸의 상태'를 떠올리면서 그것을 '언어의 물질성'이라고 지칭하게 됩니다. 이에 롤랑 바르트의 텍스트를 중심으로 한 기호학적인 세계가 지닌 존재론적인 심오함을 감지하게 됩니다.

22장

크리스테바: 아브젝트의 존재론

1. 버리는 것들에 대한 관심

개인적 삶은 물론이거니와 사회 공동체의 삶을 위해서도 반드시 버려야 하는 것들이 있습니다. 취하는 것과 버리는 것 간의 구별과 실천은 대단히 중요합니다. 그것은 개인의 존재와 사회 공동체의 존재를 결정짓는 척도라고 해도 과언이 아닙니다. 이는 가치의 문제와 직결되어 있습니다. 가치가 있기 때문에 취하고, 가치가 없기 때문에 버립니다.

철학은 삶을 전체적으로 조감하고자 합니다. 그래서 철학이 때로는 약하기도 하고 때로는 강하기도 합니다. 그런데 삶을 전체적으로 조감하고자 할 때, 존재 전체를 염두에 두지 않을 수 없습니다. 존재 전체를 염두에 둔다고는 하지만 단적으로 존재 전체를 염두에 둘 수는 없습니다. 어떤 기준이 있기 마련입니다. 만약 취하는 것과 버리는 것을 기준으로 삼는다면, 존재 전체에 대해 어떤 새로운 생각을 하게 되며, 그에 따라 우리 인간의 삶에 대해 어떤 새로운 생각을 하게 될까요?

우주 전체의 진화를 생각할 때 우주적 차원에서 취하는 것과 버리는 것이 무엇인지를 생각할 수 있을 것 같습니다. 엔트로피 법칙을 생각하면, 우주적 진화의 과정은 질서를 버리고 무질서를 취하는 과정이라고 할 수 있겠지요. 그와는 달리 생명 진화론을 생각하면, 그 우주의 진화 과정은 무기적인 질서를 버리고 유기적인 질서를 취하는 과정을 거친 나머지, 급기야 단순한 유기적 질서를 넘어서서 인간이라고 하는 최고도의 복잡하고 미묘한 유기적 질서의 생명체를 취하는 과정이라고 할 수 있을 것입니다.

그러나 우리에게 긴급한 사안은 우주의 생명 진화적인 과정에서 최고도의 산물인 우리 인간의 존재입니다. 인간적 삶을 염두에 두면서, 이를 영위하는 데서 비롯되는 모든 일의 발생과 소멸, 그리고 그것에 필연적으로 수반되는 모든 사물의 발생과 소멸을 생각하게 됩니다. 거기에는 반드시 취함과 버림의 순환이 개입되어 있습니다. 말하자면 삶에 방해가 되는 것들은 버리고, 또 그런 것들을 버림으로써 삶을 진작시키는 데 도움이 되는 것들을 더 세련되게 취하고, 또 그렇게 세련되게 취함으로써 삶을 더욱 참되고 풍부한 방향으로 끌고 갈 수 있다고 여깁니다.

그런데 취하고 버리는 행위를 일일이 내 스스로 능동적으로 판별하는 인식을 통해서 수행하는 것은 결코 아닙니다. 생물학적인 생존의 차원에서는 어쩔 수 없이 각종 배설을 해야 합니다. 날숨에 의한 이산화탄소의 배출, 땀구멍으로 분비되는 땀을 통한 폐기물의 배출, 오줌과 똥을 통한 각종 세균과 쓰레기의 배출, 구토를 통한 부패한 것들의 배출, 콧물과 가래침을 통한 먼지와 세균의 배출 따위는 생존에서 필수적입니다. 정신생활에서는 불쾌, 불안, 공포, 우울, 권태, 마뜩잖음 등의 감정들을 어떻게든 바깥으로 배출하고자 하고, 또 배출해야만 합니다. 그러한 정신적·감정적 배출은 의식적으로 이루어지기도 하지만, 주로 무의식적으로 많이 이루어집니다. 사회적인 차원에서는 비인간적인 억압과 파쇼를 쫓아내야 하고, 오욕과 치욕을 쫓아내야 하고, 기회주의와 노예근성을 쫓아내야 하고, 부정과 부패를 쫓아내야 하고, 위반과 범죄를 쫓아내야 합니다. 비록 비유적이긴 하지만, 신학적으로는 악마를 쫓아내야 합니다.

그동안 사람들은 주로 취하는 것들에만 관심을 기울였고, 따라서 취함에 대해서만 주로 관심을 기울였습니다. 그러나 버리는 것들, 그리고 버림에 대해 관심을 기울이지 않고서는 취하는 것들에 대한 관심을 바른 방향으로 가져가기가 쉽지 않습니다. 버림에 의해 취함이 성립되고, 버리는 것들에 근거해서 취하는 것들이 성립되기 때문입니다.

어찌 보면 취하는 것보다 버리는 것이 더 많다고 할 수 있습니다. 그뿐만 아니라 우리가 삶을 위해 취하고자 하는 것들은 버리는 것들로 둘러싸여 있다고 할 수 있습니다. 버림에는 뉘앙스를 달리하는 여러 다른 이름이 있습니다. 분비, 배출, 배제, 축출, 유기(遺棄, 버림) 등이 그 이름들입니다. 이 이름들을 원용해서 말하면, 삶은 분비, 배출, 배제, 축출, 유기를 통해 이루어집니다. 그러고 보면, 분명 삶은 한편으로 버려지는 것들을 근본 지평으로 삼지 않고서는 아예 불가능한 것입니다. 한편으로 버리지 말아야 할 것을 버리는 일이 예사임은 물론이고, 버려야 할 것은 무슨 존재의 보석이라도 되는 양 끌어안고서 아집을 부리는 일도 예사입니다.

이 대목에서 갑자기 엉뚱하게도 시인 김수영의 〈꽃잎 1〉(1967. 5. 3.)의 한 구절을 삽입해서 읽어보고 싶어집니다.

언뜻 보기에 임종의 생명 같고
바위를 뭉개고 떨어져 내릴
한 잎의 꽃잎 같고
혁명 같고
먼저 떨어져 내린 큰 바위 같고
나중에 떨어진 작은 꽃잎 같고

무엇을 어떻게 버리고 취하느냐에 따라, 취하되 버리듯이 취할 것인가, 아니면 버리되 취하듯이 버릴 것인가? "바위를 뭉개고 떨어져 내릴 한 잎의 꽃잎 같고 혁명 같고" 한 것은 과연 버리면서 끝내 취하는 것인지, 아니면 취하면서 마침내 버려야 하는 것인지 궁금해지는 것입니다.

그런데 버려지는 일체의 것에 대해 그동안 철학을 비롯한 인문학적인 사유에서 적극적인 의미를 부여하지 않았던 것 같습니다. 버려지는 것, 이를 적극적으로 주제로 삼아 자기 나름의 독창적인 사유를 펼친 인물이 바로 오늘 조금이나마 살펴보고자 하는 쥘리아 크리스테바(Julia Kristeva, 1941년생)입니다. 버려지는 것에 대한 사유를 위해 그녀가 특별히 관심을 기울여 철학적인 개념으로 만든 것이 바로 '아브젝트(abject)'와 '아브젝시옹(abjection)'입니다.

이 두 개념을 본격적으로 다룬 책이 바로 그녀의 주저라고 할 수 있는 《공포의 권력(Pouvoirs de l'horreur: Essai sur l'abjection)》(1980)[1]입니다. 이 책이 '아브젝시옹에 대한 시론(試論)'이라는 부제를 달고 있는 데서 알 수 있듯이, '아브젝시옹'은 이 책의 핵심 개념입니다.

이 개념은 그녀가 맨 처음 주조한 다른 개념들, '세미오티크(le sémiotique)', '시니피앙스(signifiance)', '상호 텍스트성(intertextualité)' 등과 더불어 그녀의 사상을 이해하는 데 핵심적인 개념입니다. 특히 이 개념은 프로이트가 제시한 '두려운 낯섦(섬뜩함, das Unheimliche, the uncanny)'과 일정하게 대립적인 짝을 이루기도 하고, 다다음 시간에 다룰 조르조 아감벤의 '호모 사케르(homo sacer)'라는 개념과도 상당히 밀접하게 연결되어 있습니다. 간단하게 설명하자면, 프로이트의 '두려운 낯섦'은 평소 친숙한 것이 느닷없이 섬뜩한 이질성을 띠고서 나타나는 것을 말하는 데 반해, 크리스테바의 '아브젝트'는 혐오스럽기 짝이 없는 것이 매혹적인 것으로 다가올 때 성립합니다. 감정의 방향이 반대인 셈이지요. 아감벤의 '호모 사케르'는 사회적 주권이 성립하기 위해서는 반드시 존립하도록 하지 않으면 안 되는 것으로서, 사회로부터 법 바깥의 존재로서 축출되는 사람들을 일컫습니다.

크리스테바의 '아브젝트'는 일체의 이분법적인 경계의 바깥에 존재하는데, 그녀에게서 이 아브젝트를 축출하는 행위는 주체가 자아를 형성하는 데 필수적인 조건이 됩니다. 아감벤의 '호모 사케르'와 크리스테바의 '아브젝트', 이 두 개념은 한쪽은 사회적이고 다른 쪽은 개인적이라는 점에서 다르긴 하지만, 그 구조가 워낙 유사합니다. 그런데 크리스테바는 개인과 사회집단의 현존 방식이 근본적으로 다르지 않다고 보면서, 기존의 사회는 모성적인 내지 여성적인 것을 아브젝트로서 축출함으로써 그 현존을 유지한다고 봅니다. 아감벤의 '호모 사케르'에 비추어 보면, 크리스테바에게서 호모 사케르는 바로 모성과 여성성이었던 것입니다. 그렇기에 크리스테바는, 페미니즘 이론계에서 그 지위에 대해 논란이 분분하긴 하지만 페미니즘의 중요한 이론가로서, 특히 영국과 미국 쪽에 크게 영향을 미칩니다.

2. 크리스테바, 기호분석학의 비조

크리스테바는 문학비평가, 정신분석학자, 사회학자, 여성주의자, 무엇보다도 기호학자로 불립니다. 이렇듯 그녀는 다방면의 학술적 전문가로 불리는 일종의 전천후의 학자입니다. 그녀는 공산국가였던 불가리아 출신인 탓에, 그리고 불가리아 소피아 대학에서 학부와 석사과정을 마쳤기에, 헤겔과 마르크스의 철학 등을 깊이 있게 접근할 수 있었습니다. 그런가 하면 그녀는 유치원에서부터 프랑스어를 모국어처럼 익힌 것으로 알려져 있습니다. 그뿐만 아니라 어릴 때부터 러시아어를 배워 도스토옙스키나 톨스토이의 작품을 읽었고, 그리스어와 라틴어를 공부하여 서구 고전을 읽었다고 합니다. 학교뿐만 아니라 가정에서부터 일찍이 타고난 천재성을 발휘할 수 있는 교육 환경 속에서 자란 것이지요. 그녀는 불가리아에서 석사과정을 마치고 1966년 프랑스 정부 초청 장학금을 받아 파리에 유학을 옵니다.

파리에서 당시 혁신적인 마르크스주의자였던 루시앵 골드만 (Lucien Goldman, 1913~1970)의 지도하에 박사 논문을 준비하면서, 롤랑 바르트가 이끄는 세미나에 참여했다고 합니다. 그러면서 당시 프랑스 공산당과 지지 관계에 있었던 잡지《텔 켈(Tel Quel)》에 후기구조주의적인 경향의 논문을 싣습니다. 1967년에 크리스테바는 이《텔 켈》지를 창간한 필리프 솔레르스(Phillipe Sollers, 1936년생)와 결혼합니다. 1968년에 박사 학위를 획득한 뒤, 라캉의 정신분석 강의에 심취하여 아예 정신분석의 과정을 밟게 되고, 정신분석 자격증을 따서 종합병원에서 임상의로 근무합니다.

1969년 크리스테바는 자신을 유명하게 만든《세미오티케: 기호분석을 위한 연구(Séméiôtiké: Recherches pour une sémanalyse)》를 출간합니다. 그녀는 이 저작을 통해 그녀 특유의 '기호분석(sémanalyse)'이라는 개념을 내놓습니다. 이는 기호학을 정신분석학적인 기반에 접목시킨 크리스테바 특유의 사유 체계를 대변하는 개념이라고 할 수 있습니다. 이 '기호분석'을 위해, 그녀는 '페노 텍스트(phéno-texte, 현상 텍스트)'와 '제노 텍스트(géno-texte, 생성 텍스트)'의 구분, '공식(formule)'에 의한 페노 텍스트에서 제노 텍스트로의 진입, 생볼리크(le symbolique, 상징적인 것)와 세미오티크(le sémiotique, 기호적인 것)의 구분, 세미오티크의 미분적인 의미 작용이 일어나는 공간인 '시니피앙스(signifiance, 기호의 미 생성)', '수표(數標, le nombrant)'와 '수의(數意, le nombré)' 등, 쉽게 알 수 없는 전혀 새로운 관련 개념들을 나름대로 주조해내어 제시하고 설명합니다. 이 개념들은 그야말로 크리스테바만의 독특한 기호분석학적 개념들이고, 따라서 그녀의 사상을 알기 위해서는 이것들을 찬찬히 밝혀내야 하는데, 현재 우리로서는 여건상 능력이 닿지 못해 자못 아쉽습니다.

그리고 5년 뒤 1974년에 이러한 기호분석적인 개념들을 바탕으로 그녀의 국가 박사 학위 논문인 대작, 《시적 언어의 혁명 (La Révolution Du Langage Poétique: L'avant-Garde À La Fin Du Xixe Siècle, Lautréamont Et Mallarmé)》[2]을 출간합니다. 이 책의 국역자인 김인환 선생에 따르면, 특히 이 책의 제3부 '국가와 신비'는 로트레아몽(Comte de Lautréamont, 1846~1870)과 말라르메(Stephane Mallarmé, 1842~1898)라는 두 시인의 작품을 국가와 사회, 그리고 가족과의 관계를 토대로 탐색하고 분석함으로써, 기호학과 문학비평, 그리고 정신분석과 페미니즘 등의 이론적 당위성을 실천적인 측면에서 확인시켜주는 것으로 평가됩니다.

《시적 언어의 혁명》을 출간했던 1974년에 그녀가 깊게 관여하던 《텔 켈》지가 프랑스 공산당과의 관계를 끊고 마오주의(Maoism)에 대한 지지를 선언하면서 남편인 필리프 솔레르스, 롤랑 바르트 등 편집진과 함께 중국을 방문하여 중국 관료들에 의해 철저하게 짜인 여정을 다녀오기도 합니다. 같은 해인 1974년에 발간된 《중국 여인들(Des chinoises)》은 이 중국 여행에 대한 일종의 보고문이라고 하겠습니다. 그러고 난 뒤 1980년에, 오늘 우리가 살펴보고자 하는 개념들인 '아브젝트'와 '아브젝시옹'을 중심으로 한 《공포의 권력》을 출간합니다.

그 외에 그녀의 저작들을 열거하면 다음과 같습니다. 《태초에 사랑이 있었다: 정신분석과 광기(Au commencement etait l'amour: Psychanalyse et foi)》(1985),[3] 《사랑의 역사(Histoires d'amour)》(1985),[4] 《검은 태양(Soleil Noir: Dépression et mélancolie)》(1989),[5] 《우리 자신에게 낯선 자들(Etrangers à nous-mêmes)》(1991),[6] 《사무라이(Les samouraïs)》(1992),[7] 《영혼의 새로운 질병들(Les Nouvelles Maladies de l'âme)》(1993),[8] 《소유(Possessions)》(1996),[9] 《반항의 도래(L'avenir d'une révolte)》(1998),[10] 《여성 천재, 1권: 한나 아렌트(Le génie féminin, tome 1: Hannah Arendt)》(1999),[11] 《정신분석의 권력과 한계, 1권: 반항의 의미와 무의미(Pouvoirs et limites de la psychanalyse, tome 1: Sens et non-sens de la révolte)》(1999),[12] 《정신분석의 권력과 한계, 2권: 내밀한 반항(Pouvoirs et limites de la psychanalyse, tome 2: La Révolte intime)》(2000),[13] 《비잔틴에서의 살해(Meurtre à Byzance)》(2006),[14] 《신뢰에 대한 이 믿을 수 없는 필요(Cet incroyable besoin de croire)》 (2007),[15] 《테레사 나의 사랑: 아빌라의 성 테레사(Thérèse mon amour: Sainte Thérèse d'Avila)》(2008)[16] 등. 고백하건대, 크리스테바의 사상을 집중적으로 연구해본 적이 없는 필자로서는 소설을 포함한 이 많은 크리스테바의 저서를 거의 대부분 알지 못합니다. 하지만 여러분께서 참고하시라고 엄청난 저작들의 제목만이라도 소개하는 것입니다.

3. 아브젝시옹

말씀드린 대로 이제 《공포의 권력》에 들어 있는 핵심 대목들, 특히 '아브젝트(abject)'와 '아브젝시옹(abjection)'에 관한 대목들을 살펴보고자 합니다. 우선 첫 단락을 시발점으로 삼아 아브젝시옹의 영역으로 들어가 보도록 합시다.

존재(l'être)를 위협하는 것이 있다. 그것은 가능적인 것 근처, 그러니까 견디낼 수 있고 생각할 수 있는 것 근처에 던져져 있다가 거기로부터 불쑥 튀어나와, 바깥에서부터 혹은 안에서부터 존재에게 나타나 다가온다. 이같이 존재를 위협하는 것에 대해 존재는 폭력적으로, 그리고 칙칙하게 여러모로 반항을 한다. 아브젝시옹에는 존재가 일으키는 그런 반항 중 하나가 들어 있다. 그것(ça)은 욕망을 요청하고 불안하게 하고 매혹시킨다. 하지만 욕망은 스스로를 현혹되도록 내버려 두지 않는다. 욕망은 겁에 질린 채 뒤돌아선다. 욕망은 메스꺼움을 견디지 못해 토악질을 한다. 절대적인 어떤 것(un absolu)이 치욕으로부터 욕망을 보호한다. 이에 욕망은 자부심을 느끼고서 절대적인 어떤 것에 들러붙는다. 그러나 그와 동시에 바로 그때, 그 비약, 그 경련, 그 도약은 저주받은 것이자 유혹적인 다른 어떤 곳(un ailleurs)을 향해 이끌린다. 유혹과 혐오가 결집된 한 극점이, 마치 제어할 수 없는 부메랑처럼, 거기에 머물러 있는 자를 그 자신의 바깥으로 내쳐 그 자신에게서 미끄러지듯 겨우 붙어 있게 한다.[17]

무슨 말인지 쉽게 알 수 없습니다. 찬찬히 생각해봅시다. 우선 "존재를 위협하는 것이 있다"라고 할 때, 그 "존재"를 '나의 존재'로 읽어야 합니다. 내가 평소의 역량으로 쉽게 처리할 수 있는 영역이 아닌 어떤 것, 엉뚱한 다른 곳에서부터 어떻게 대처할 수조차 없는 어떤 것이 나타나 나의 존재를 위협한다는 것입니다. 그 위협하는 것이 미리 말하자면, '아브젝트(abject)'입니다.

'아브젝트'라는 이놈은 그야말로 이상합니다. 내가 제아무리 지성이나 이성을 앞세워도 그것에 대처할 수 없는 기묘한 힘을 지녔습니다. 한편으로 그 기묘한 힘은 나에게서 역시 기묘한 욕망을 불러일으키면서, 그러나 그와 동시에 내가 그 나의 욕망을 함부로 추구할 수 없다는 것을 충분히 느끼도록 합니다. 말하자면 일종의 덫에 걸린 것같이 내가 가까스로 나의 존재를 위험하게 유지하고 있는 상태에 빠져들게 됩니다. 이러한 기묘한 체험을 크리스테바는 '아브젝시옹(abjection)'이라고 말합니다. 과연 그놈의 '아브젝트'가 무엇이기에, 이러한 기이한 체험을 불러일으키는 것인지요.

이 인용문은 대단히 중요합니다. 그런데 쉽게 이해할 수 없으니 이에 관한 우리의 생각을 가다듬기 위해 우회로를 거칠 수밖에 없을 것 같습니다. 우리는 예사로, 그리고 상식적으로 쉽게 식별해서 생각할 수 있고, 그래서 쉽게 견뎌낼 수 있는 세계의 판면에서 살고 있다고 여깁니다. 그 세계에서는 대체로 그럴 수도 있겠다고 하는 가능적인 것들이 포진을 하고 있을 것입니다. 이 가능적인 세계에서는 우리를 위협하는 것이 그다지 없습니다. 그런데 불쑥 전혀 예감조차 하지 않았던 엉뚱한 것이 나타나 우리를 위협할 수 있습니다. 물론 이런 일이 자주 쉽게 일어나는 것은 결코 아닙니다. 하지만 엄밀하게 따지면 이미 늘 일어나고 있다고 해도 과언이 아닙니다. 아무튼 그런 느닷없는 우발적인 지경에 걸려들면 상당히 복잡한 심경에 빠집니다. 그럴 때 우리는 그저 가만히 있을 수 없습니다. 나를 위협하는 그 이상한 놈에게 본능적으로 대항하지 않을 수 없습니다. 말하자면 그놈은 마치 평안하고 친숙한 내 집으로 침범한 괴물과 같은 것입니다. 카프카가 소설 《변신》에서 말하고 있는 바, 아침에 일어났더니 자기 자신이 한 마리 거대한 갑충으로 변해버린 것을 목도한다는 것이 그 대표적인 사건일 것입니다. 물론 카프카의 이 괴물은 크리스테바가 말하는 위협적인 존재의 극단적인 형태라고 해야 할 것입니다. 나의 존재를 위협하는 것이 바로 나의 존재인 경우이니까 말이죠.

그런데 이 괴물의 힘이 묘합니다. 이 괴물은 우선 나의 욕망을 요청합니다. 나의 이성이나 지성 혹은 나의 평가 능력이 아니라, 바로 나의 욕망을 불러올립니다. 크리스테바가 말하는 아브젝시옹의 세계는 철저히 순수한 욕망 차원에서의 사건, 게다가 그저 단순한 일상적·사회적 욕망의 차원에서가 아니라 근원적 욕망의 차원에서의 사건인 것입니다. 그러니까 그 욕망은 차라리 충동이라고 불러 마땅할 것입니다.

그런데 묘하게도 이 괴물을 마주하면서 욕망은 철저히 이중적인 양가감정 상태에 빠져버립니다. 한껏 겁에 질린 채, 그래서 심지어 그 메스꺼움을 견디지 못해 토악질까지 하면서도 그와 동시에 그 괴물에 대해 왠지 묘한 매력을 느낍니다. 만약 그런 묘한 매력을 뿜어내지 않는다면, 그 괴물에 대해 굳이 겁에 질리고 토악질을 할 필요가 없을지도 모릅니다. 그것으로부터 벗어나려 하면서도 되돌아보지 않을 수 없는 어떤 무엇이지요.

토악질을 한다는 것은 섬뜩한 것을 내 몸으로부터 배출해내려고 하는 것이고, 또 그렇게 배출해내는 것입니다. 그런데 그럴 수 있는 내 몸의 힘은 과연 어디에서 온 것일까요? 크리스테바는 그것을 "절대적인 어떤 것(un absolu)"이라고 부릅니다. 그렇다면 그 절대성은 신의 절대성인가요, 아니면 생명 자체의 절대성인가요, 아니면 사회적인 금기의 상징체계인가요? 맨 마지막의 선택지, 즉 '사회적인 금기의 상징체계'가 가장 그럴듯한 후보인 것 같습니다. 여기에서 "절대적인 어떤 것"은 "아브젝트"와 대립되는 것인데, 그것은 크리스테바의 사유 체계에서 "아브젝트"란 결국 사회적인 금기 체계에 의거한 질서를 무효한 것으로 만드는 기능을 하기 때문입니다.

그 괴물이 내 집에 들어왔다는 것만으로도 나는 대단히 치욕스러운 데다 그 괴물 때문에 겁에 질려 있으니 더욱 치욕스럽습니다. 그런데 문제는 그 괴물이 나를 유혹하려 한다는 것입니다. 그래서 내가 그 더러운 괴물에게 유혹을 느낀다는 사실 자체가 나를 더욱 더 치욕스럽게 합니다. 유혹을 느꼈을 때, 그 유혹을 느끼는 원천은 어디일까요? '충동', '충동으로서의 욕망'일 것입니다. 그러고 보면, 사회적인 금기의 상징체계와 근원적인 존재의 충동 간의 급격한 대결이 벌어지는 장면이 바로 "아브젝시옹"인 셈입니다.

중요한 것은 "절대적인 어떤 것"이 그런 치욕으로부터 나를 보호한다는 것입니다. 보호막, 삶에 있어서 없어서는 안 되는 보호막이 있다는 이야기입니다. 일단 그 보호막은 상징체계로서의 랑그, 즉 '체계언어'일 것입니다. 그런데 그 보호막은 우리로 하여금 구토를 통해 분비·배출·배제·축출·유기를 일삼도록 합니다. 그런 일을 할 수 있다는 데서, 즉 근원적 욕망 차원에서 나를 강력하게 유혹하는 매력을 분출하는 그 섬뜩하고 기묘한 것을 분비·배출·배제·축출·유기했다는 데서 나는 자부심을 충분히 느낄 수 있습니다.

그러나 그것으로 끝이 아닙니다. 대역전이 일어납니다. 그렇게 "절대적인 어떤 것"에 의해 자부심을 느끼는 바로 그 사실 때문에 오히려 "다른 어떤 곳(un ailleurs)"으로 끌려갑니다. 그곳으로 가면 저주받아 마땅하다는 느낌이 강하게 들기에 혐오스럽기 그지없는데도 왠지 한껏 매혹적이어서 그 유혹을 뿌리칠 수가 없습니다. 이 대목에서 부메랑 이야기가 실감을 더합니다. 힘껏 멀리 던지면 던질수록 더욱 강한 힘으로 되돌아오는 것이 부메랑이지요. 너무나 혐오스럽기에 힘껏 뿌리쳤더니 오히려 더욱더 강력한 유혹으로 되돌아온다는 것인데, 그야말로 혐오와 유혹의 극단적인 결합이 아닐 수 없습니다.

"아브젝시옹"은 이러한 극단적인 양가감정 상태에 빠져버린 것을 지칭합니다. 나는 이제 나를 유지할 수 없습니다. 이미 나는 내 바깥에 내동댕이쳐져 있고 겨우 미끄러지듯 나에게 들러붙어 있을 뿐입니다. 이제 나는 도대체 '주체(sujet)'라고 할 수가 없습니다. 나는 분별을 바탕으로 한 인식의 상태에서 완전히 벗어나 있기 때문입니다.

4. 아브젝트

이때 그 혐오와 유혹이 극단적으로 결합된 이 괴물은 도대체 무엇일까요? 내가 그 괴물을 내쫓으려고 하는 만큼, 오히려 그 괴물이 나를, 말하자면 나를 나의 주체 상태로부터 내쫓아버리는 그 기묘한 괴물. 그 괴물은 과연 흔히 주체와 필연적으로 상관하게 되어 있는 대상(objet)이라고 할 수 있을까요? 그럴 수 없습니다. 이미 주체가 망가진 상태니까요. 그러니까 "아브젝시옹"은 대상을 가질 수 없는 상태인 것입니다. "아브젝시옹"이 분명 체험 내지 경험임에는 틀림없을 것인데, 대상을 갖지 못한다는 까닭이 궁금합니다. 크리스테바는 앞의 단락에 이어 이렇게 말합니다.

> 내가 아브젝시옹에 의해 공격을 당할 때, 내가 그렇게 요청하는 감정들(affects)[18]과 사유들의 그 꼬임(torsade)은, 제대로 말하자면, 정의될 수 있는 대상(objet)을 갖지 않는다. 아브젝트(abject)는 내가 지칭하고 내가 상상하는바 나와 마주해서 내 '앞에-던져져 있는 것(ob-jet)'이 아니다. 아브젝트는 더 이상 '앞에 있는-놀잇감(ob-jeu)', 즉 욕망의 체계적인 탐색에서 무한정하게 달아나는 '작은 a(petit 《a》)'가 아니다.[19]

"아브젝트"라는 말이 처음으로 나옵니다. 그리고 이를 라캉이 말하는 "작은 a", 즉 "대상 a"와 비교하고 있습니다. 잘 알다시피, 라캉이 말하는 "대상 a"는 주체가 상징계에 거주하면서 근원적인 실재(계)로 돌아가고자 할 때 생겨나는 분열된 욕망의 주체를 그러한 실재로 유인하는 제스처를 취하면서 동시에 끝없이 실재로부터 벗어나게 만드는 것들을 총칭하는 것이지요. 그래서 이 "대상 a"를 '욕망의 원인'이라고 하고 '욕망의 대상'이라고도 합니다. 그리고 이 "대상 a"를 그저 상징적으로 여기지 않고, 진정 근원적인 실재와의 합일에 의한 희열(jouissance)을 가능하게 한다는 것을 확신한 나머지 이를 추구하는 행동을 하게 되면, 신경증 내지 정신병이 된다는 바로 그것이지요. 중요한 것은 "대상 a"가 등장하는 단계는 상상계는 물론이고 상징계마저 넘어선다는 것입니다. 넘어선다고 해서 아예 버리는 것이 아니

라, 헤겔이 말하는 지양(Aufhebung, 止揚)처럼 간직하면서 넘어서는 것이지요.[20]

그런데 크리스테바는 "아브젝트"가 흔히 인식적으로 주체와 마주서 있는 대상이 당연히 아닐 뿐만 아니라, 심지어 이런 "대상 a"와도 다르다고 말합니다. 그 의미는 과연 무엇일까요? 라캉이 말하는 "대상 a"는 적어도 '대상'입니다. 그리고 'a'는 '타자성'을 의미하는 것입니다. 그런 점에서 '대상 a'는 어디까지나 주체인 나의 상관자인 것이고, 그래서 나에게서 주체를 요구하는 것입니다. 그렇다면 "아브젝트"는 과연 이와 어떻게 다를까요? 크리스테바의 이야기를 들어봅시다.

> 아브젝트(abject)는 나의 상관자(mon corrélat)가 아니다. 즉, 아브젝트는 내가 기댈 수 있는 어떤 사람이나 어떤 것을 나에게 제공함으로써 다소나마 나를 부각시켜 자발적이게끔 하는 그런 것이 아니다. 대상으로 보자면, 아브젝트는 [그 대상의] 하나의 성질(qualité) ─ '나와 대립된다(s'oppose à je)'는 성질 ─ 일 뿐이다. 그러나 대상이란 [나와] 대립됨으로써 의미의 욕망이 펼치는 깨어지기 쉬운 음모의 구도 속에서 내가 균형을 잡을 수 있도록 하는 것이라면, 그 반대로 아브젝트, 즉 추락한 대상(objet chu)은 근본적으로 '축출된 어떤 것(un exclu)'으로서 의미가 붕괴되는 곳으로 나를 이끈다. 그 주인인 초자아(sur-moi)와 섞여 녹아버린 어떤 하나의 '자아'(un certain 《moi》), 그 '자아'가 가차 없이 [대상을] 축출해버린 것이다.[21]

여기에서 크리스테바는 전적으로 라캉의 "대상 a"에 관한 이야기를 거부함으로써 자기 나름의 연구 영역을 펼치고 있습니다. "의미의 욕망이 펼치는 깨어지기 쉬운 음모의 구도"는 바로 라캉이 말하는, 욕망의 구도를 지칭한다고 할 것입니다. "그 어떤 의미도 성립할 수 없는 그야말로 무의미의 지대로 이끄는 것", 그리고 "초자아와 결합된 자아에 의해 가차 없이 축출됨으로써 추락하고 만 대상"이 바로 "아브젝트"라고 말하고 있습니다.

이 정도 되면, 크리스테바가 말하는 아브젝트는 라캉이 말하는 실재에서 솟구친 것이라고 해도 무방할 것 같습니다. 라캉이 말하는, 결코 돌아갈 수도 없고 충족될 수도 없는 유아와 어머니 간의 완전한 성적 결합과 그로 인한 희열(jouissance)을 "아브젝트"의 출현과 그로 인한 "아브젝시옹"의 체험을 통해 되살리고 있다는 느낌을 주기 때문입니다. 크리스테바가 어머니의 몸, 즉 모성적인 몸을 아브젝트의 대표적인 형태로 제시한다는 점에서도 이를 추정할 수 있습니다.

아무튼 아직까지는 "아브젝트"가 구체적으로 어떤 것인지에 관해서는 예를 들지 않고 있습니다. 그래서 그저 묘한 것이라고 하는 추정만 할 뿐입니다. 크리스테바는 "아브젝트"를 그 나름의 자성(自性)을 지닌 어떤 것으로 보지 않고 "나와 대립된다는 성질" 자체로 보고 있습니다. 그 성질이 집약되어 나타나는 것이야말로 "아브젝트"일 것입니다. 이 대립이 극단화되면 주체인 나로서는 그것에 의미를 부여할 수가 없고, 따라서 기호화할 수도 상징화할 수도 없게 될 것입니다. 이에 크리스테바는 "아브젝트"를, 대상이 대상의 지위를 박탈당해서 "추락한 대상(objet chu)"이라고 말하고 "축출된 어떤 것(un exclu)"이라고 말하는 것입니다. 정신분석학적으로 보면, 본래 대상은 욕망의 대상, 즉 욕망을 충족시킬 수 있을 것으로 여겨지는 것입니다. 그런데 그런 대상이 추락하여 축출된 것을 "아브젝트"라고 말하고 있습니다.

그런데 어려운 대목이 나옵니다. "아브젝시옹"의 상태에서 나인 주체의 바탕이 되는 나의 "자아"가 그 주인인 나의 "초자아"와 뒤섞여 혼융(混融)되고, 그 혼융 상태에서의 자아가 대상을 축출함으로써

"축출된 대상", 즉 "아브젝트"가 성립한다고 말하는 것입니다. 프로이트의 정신분석에서 초자아는 자아를 철저히 감시하고 윽박질러 자아가 오로지 쾌락만을 추구하는 이드의 요청을 받아들이지 못하도록 하는 것입니다. 그러니까 자아가 초자아와 뒤섞여 녹아버린 상태에서는 좀처럼 쾌락을 추구하지 못하는 것이겠지요. 그런 점에서 아브젝트는 자아에게 그 자체로 쾌락을 줄 수 없고 오히려 극단적인 혐오감을 불러일으키는 것이지요. 그리고 여기에서 벗어나기 위해 구토를 일으켜 분비·배출·배제·축출·유기를 일삼는 것이겠지요. 이러한 행위가 의도적으로 일어나는 것이 결코 아니고, 분명히 나도 모르게 무의식적으로 일어나는 것임을 염두에 둡시다.

5. 다른 곳, 바깥

그렇다면 도대체 "아브젝트"가 주체인 나를 매혹시켜 데려가고자 하는 그 "다른 어떤 곳"은 도대체 어디이며, 그 힘은 어디에서 오는 것일까요? 정말이지 궁금한데, 이에 대한 정확한 대답은 나중으로 미루고, 일단 계속 이어지는 크리스테바의 말을 들어봐야 할 것 같습니다.

> 아브젝트는 바깥에 있다. 그 바깥은 작동의 규칙들을 인정할 수 없으리라 여겨지는 그런 전체의 바깥이다. 그러나 아브젝트는 축출된 상태에서 끊임없이 그 주인(즉, 자아)에게 도발을 가한다. 아브젝트는 (주인에게) 기호를 허용하지 않고, 방전(放電), 발작, 비명을 요구한다. 각각의 자아에는 대상이, 각각의 초자아에는 아브젝트가 상응한다.[22]

"바깥(dehors)"은 현대 프랑스 사상가들이 대단히 애호하는 개념이지요. 예컨대 푸코는《바깥의 사유》라는 책을 통해 그 이전에 블랑쇼가 여러 소설을 통해 제시했다고 여겨지는 "바깥"을 추적한 바 있습니다. 일단은 이 "바깥"이 우리의 일상적인 존재가 유지되는 이곳으로부터 벗어난 곳이라고 해둡시다. 중요한 것은 누가 또는 무엇이 그 "바깥"을 가장 근원적이고 강력한 곳으로 제시하는가 하는 것이겠습니다.

　아닌 게 아니라 우리 모두는 거기가 어디인지는 정확하게 알 수 없지만(인식의 테두리를 벗어난 곳이기 때문에), 이미 늘 거기 "바깥"에 머물러 있다고 할 수 있습니다. 어쩌면 이는 한편으로 무서운 이야기입니다. "당신은 어디에 있나요?"라는 물음을 받았을 때, 도대체 우리는 아무런 대답도 할 수가 없습니다. "여기에 있습니다"라고 억지로 답을 할라치면, "여기라고 말하는 거기가 도대체 어디인가요?"라는 되물음이 즉각 주어집니다. 마치 우리는 어느 곳에도 있지 않은 것 같은 망연한 상태에 빠집니다. 그 망연한 상태는 근원적으로는 이미 늘 내 자신이 나를 벗어나 있는 존재임을 일러주는 지표가 됩니다.

　크리스테바는 "축출된 자", 그러니까 "아브젝트"로서의 인간은 "나는 무엇인가(누구인가)?(Qui suis-je?)"라고 묻지 않고, "나는 어디에 있는가?(Où suis-je?)"라고 묻게 된다고 말합니다.[23]

　그런데 크리스테바는 "아브젝트"가 그런 "바깥"에 있다고 말합니다. 이 "바깥"은 저 앞에서 말한 "다른 어떤 곳"과 일치할 것입니다. 이는 크리스테바가 "아브젝트"를 통해 혹은 "아브젝트"로 인해 야기되는 "아브젝시옹"의 상태를 통해, 우리의 존재가 근원적으로 어디에 있는가를, 비록 낯설고 섬뜩한 방식일망정, 강렬하게 느낄 수 있다고 과감하게 주장하는 것입니다.

　사실 이 "아브젝트"는 내가 주체적인 자아로서 존재하기 위해 축출해버린 것입니다. 그런데 "아브젝트"는 결코 곱게 물러나지 않습니다. 오히려 축출(exil)을 통해 주체적인 자아로서 존재하고자 하는 나를 위협하면서 내 존재를 소스라치게 만들고 급기야 비명을 지르면서 발작을 일으키도록 해서 나의 에너지를 소진하게 한다고 말합니다. 이를 곧이곧대로 받아들이게 되면, 흔히 미쳤다고 하는 광기에 의한 발작은 곧 "아브젝시옹"에 함축된 반항이 초자아와 이에 의존한 주체적인 자아를 파괴하기 때문에 일어난다고 볼 수밖에 없습니다. 그래서 각각의 초자아에게는 "아브젝트"가 상응한다고 말하는 것입니다. 물론 이 발작을 무조건 부정적으로 보아서는 결코 안 될 것입니다.

따라서 "아브젝트"에 의해 "아브젝시옹"을 강렬하게 체험하는 지경에 이르면, 도덕적인 규범은 말할 것도 없고 심지어 자연적이라고 여겨지는 모든 질서와 규칙마저도 온전히 빛을 잃고 마는 것이지요. 그러한 곳이 바로 "바깥"이고 "다른 어떤 곳"이겠습니다.

이렇게 되면 일종의 카오스가 아닐 수 없습니다. 크리스테바는 《시적 언어의 혁명》에서 플라톤의 《티마이오스》를 원용하여 '코라(chora)'라는 개념을 끌어들인 바 있습니다. 그 핵심 대목만을 인용해 보기로 합시다.

코라는 충동들과 충동들의 정지에 의해, 통제된 만큼이나 기복이 심한 운동성으로 구성되는 비표현적인 총체성이다. '정신적인' 표지인 동시에 '에너지의' 충전인 충동들은 우리가 코라라고 부르는 것을 분절한다. (……) 코라 그 자체는 단절과 분절들 ─리듬─로서 명증성, 진실한 것 같은 것, 공간성, 그리고 시간성에 선행한다. (……) 모형도 아니고 복제도 아닌 이 코라는 형상화(figuration)에 선행하면서 그 심층에 깔려 있고, 따라서 거울 작용(spécularisation)에 대해서도 선행한다. 그러면서

이 코라는 음성적이거나 운동적인 리듬에 대한 유추만을 허용한다.[24]

플라톤의 《티마이오스》에서 "코라"는 우주의 원재료인 "게네시스(genesis)"가 놓인 곳으로서 "게네시스의 유모 내지 자궁"으로 지칭됩니다. "게네시스"는 흔히 하는 말로는 카오스인 셈입니다. 그러니까 "코라"는 카오스가 존재하는 원공간으로서 코스모스를 구성해내는 원동력으로서의 장소입니다. 따라서 규칙적이고 질서 잡힌 것이라고 할 수 있는 것들, 그리고 그러한 규칙과 질서를 근원적으로 떠받치는 공간성이나 시간성조차 뒤로 물리면서 앞서 있는 것이 "코라"입니다. 그런데 크리스테바는 이 "코라"를 충동들을 통해 오로지 음률적인 리듬, 즉 "세미오티크한 것(le sémiotique)"[25]만을 허용하는 것이라고 그녀 나름대로 재규정합니다.

그녀가 말하는 "코라"가 과연 여기에서 말하는 "아브젝트"가 축출되어 있는 그 "바깥"과 어느 정도로 긴밀한 관계를 갖는지를 섬세하게 논의할 수는 없습니다. 그리고 그녀가 말하는 충동이 "아브젝시옹"의 상태에 빠진 자아와 어느 정도로 긴밀한 관계를 갖는지도 역시 섬세하게 논의할 수 없습니다. 하지만 그녀가 말한 다음의 문장에서 어느 정도 이해의 방향을 잡을 수 있지 않을까 싶습니다.

현대문학은 초자아적인 혹은 도착적인 입장들을 견지하는 데서 쓰이는 것 같다. (……) 도착으로서 현대문학은 아브젝트를 위해 거리를 유지한다. 아브젝트에 매혹된 작가는 아브젝트의 논리를 상상하고, 아브젝트에 몸을 맡기고, 아브젝트를 투입하고, 결국에는 체계언어(langue) ─ 스타일과 내용 ─ 를 전복시킨다.[26]

이처럼 그녀가 현대문학이 위에서 잠시 말한 "충동들을 통해 오로지 음률적인 리듬"일 뿐인 "세미오티크한 것"을 바탕으로 이루어 진다고 한 것으로 보아, 그녀가 "코라"와 "다른 어떤 곳"이 긴밀한 관계를 맺고 있다고 여기는 것임에 틀림없습니다. 그뿐만이 아닙니다. 크리스테바는 《공포의 권력》에서도 "코라"와 충동을 "낯선 공간", 즉 "다른 어떤 곳"과 연결해서 이렇게 말합니다.

> 그러므로 기원을 말하지 말자. 그보다는 상징 기능이 더욱 많은 의미 를 갖게 되는바 그 상징 기능의 불안정성, 즉 모성의 몸(corps maternal) 에 대한 금기(자기애에 대한 방지 및 근친상간의 터부)를 말하자. 여기에서 우 리가 플라톤과 더불어 하나의 코라(une chora), 즉 하나의 용기(容器)라 고 지칭하고자 하는 낯선 공간(étrange espace)을 구성하고 지배하는 것 은 바로 충동이다.[27]

크리스테바는 "아브젝트"를 추락한 대상이라고 말하지만, 그와 동시에 아직 충동과 분리될 수 없는 대상이 승화한 것이라고 말하기 도 합니다. 방전, 발작, 비명은 충동에서 비롯되는 이른바 견딜 수 없 는 사태를 일러주는 범주들입니다. 충동은 우리를 놓아주지 않습니 다. 이미 늘 거기에 끌려들어 가고 있다고 해야 할 것입니다. 그 근원 적인 충동이 오로지 리듬으로만 넘쳐나는 곳이 바로 "다른 어떤 곳, 바깥"인 것입니다. 그래서 크리스테바의 이야기는 이렇게 계속 이어 집니다.

> 몸들, 밤들, 담론들을 마구 잡아끄는 것은 (……) '내'가 거기에 순응하 는 야수적인 고통이다. 그 고통은 숭고하면서도 황폐한 고통이다. 그 까 닭은 '내'가 그 고통을 아버지에게로 돌리기(père-version)[28] 때문이다. 말하자면 내가 그 고통을 감당하는 것은 내가 그 고통이 타자의 욕망

이라고 생각하기 때문이다. 낯섦(이질성, étrangeté)이 대대적으로 거칠게 솟구친다. 이 낯섦은 잊힌 불투명한 삶 속에서는 나에게 친숙할 수 있었던 것이다. 그런데 지금은 이 낯섦이 나를 근본적으로 분리된 혐오스러운 자로 여겨 집요하게 공격한다. [그것은] 자아도 아니고 이드(ça)도 아니다. 하지만 아무것도 아닌 것은 더더욱 아니다. [그것은] 내가 사물로서 확인하지 않는 '어떤 것(un quelque chose)'이다. [그것은] 보잘것없는 것이 결코 아니고 나를 짓누르는 무의미(non-sens)의 중량이다.[29]

이 단락을 이해하는 데에는 왔다 갔다 하면서 많은 참조를 해야 합니다. 상당히 미묘한 지점에 들어와 있습니다. 타자인 아버지의 욕망 때문에, "아버지에게로 그 원인을 돌리는(père-version)," 즉 "도-착된" 욕망 때문에 내가 겪는 고통이 있다고 말하면서, 그 고통은 숭고하면서도 황폐하다고 말하고 있습니다. 이는 "아브젝트"가 주는 혐오와 매혹의 극단적인 결합과는 상당히 거리가 있습니다. 하지만 이 "도-착된" 고통을 통해 "아브젝시옹" 체험으로 향한 길이 열릴 것 같습니다. 그것은 타자의 욕망이기에 느끼는 그 낯섦이 "거칠게 솟구친다"라는 표현에서 "아브젝트"의 느닷없는 등장을 보기 때문입니다. 중요한 것은 그 낯섦이 "잊힌 불투명한 삶"을 상기하게 하고 그 속에서 낯섦이 도리어 친숙한 것이었음을 느끼게 한다는 것입니다. 여기에서 낯섦, 즉 이질성은 혐오와 통하고 친숙함은 매혹과 통할 것입니다.

그런 까닭에 "몸들, 밤들, 담론들을 마구 잡아끄는……숭고하고 황폐한 고통"은 이제 "나 자신의 존재 자체를 아브젝트한 것으로 몰아치면서" 과중한 무의미의 영역으로 나를 데려가는 것입니다. 이에 나는 방전, 발작, 비명을 통하지 않고서는 나 자신을 견뎌낼 수 없게 되는 것이지요. 이에 다음의 이야기가 제시됩니다.

아브젝트가 비대상(non-objet)에 대한 기호로 무장하고 있고, 일차적인 억압(refoulement originaire)의 가장자리에 있다면, 아브젝트가 한편으로는 육체적인 증세를, 다른 한편으로는 승화를 뒤좇는다는 것을 이해하게 된다. 증세(symptôme)에 있어서, 언어(langage)는 대대적인 범죄를 선고함으로써 몸속에 동화시킬 수 없는 낯선 것들, 즉 괴물·악창·암 등을 구조화한다. 무의식의 청취자는 이 낯선 것들의 소리를 듣지 않는다. 그 찢어진 주체가 웅크리고 있는 곳은 욕망이 지나다니는 길을 벗어나 있기 때문이다. 이와는 대조적으로 승화(sublimation, 숭고하게 하기)는, 선지칭적인 것(le pré-nominal)이자 선대상적인 것(le pré-objectal) ─ 사실상 초지칭적인 것(un trans-nominal)이자 초대상적인 것(un trans-objectal)일 뿐인─ 을 지칭할 수 있는 가능성과 다름없다. 증세를 통해서는 아브젝트가 나를 공격하고 [그래서] 나는 아브젝트가 된다. [그런데] 승화를 통해 나는 아브젝트를 붙잡아둔다. 아브젝트는 숭고로 둘러싸여 있다. 아브젝트와 숭고를 현존하게 하는 것은 동일한 과정이 아니라, 동일한 주체와 동일한 담론이다.[30]

"아브젝트"가 나에게 일으키는 고통은 육체적으로는 황폐하지만, 왠지 그 고통을 통해 주어지는 그 "아브젝트"를 놓쳐서는 안 된다는 느낌을 갖는다는 것입니다. 아니 오히려 "내가 아브젝트가 된다"라고 말하고 있습니다. 내가 "아브젝트"를 붙삽아두고자 하는 것으로 보아, "내"가 "아브젝트"가 되고 싶어 했던 것이지요. 이유가 뭘까요? 그 "아브젝트"를 통해 나의 존재가 승화될 수 있을 거라는 느낌이 들기 때문이지요. 달리 말하면, 나를 집요하게 파고들어 공격해 들어와 나를 황폐하게 만드는 그것을 오히려 역용하여 내 자신의 주체를 승화시킬 수 있나는 느낌이 들기 때문이지요. 이는 한편으로 어떠한 주체가 진정 근원적인지를 나타내는 대목이기도 합니다. 그래서 이렇게 이야기됩니다.

> 그때 나는 출발점을 망각하고, '내'가 있는 영토로부터 벗어난 제2의 영토(univers second)에 내가 들어가 있음을 알게 된다. 그것은 환희이자 상실이다. 숭고한 것(le sublime)은 지각과 낱말들을 벗어나 있는 것이 아니라 항상 그것들을 관통한다. 숭고한 것은 우리를 부풀게 하고, 우리를 능가하고, 우리를 여기에 던져져 있을 뿐만 아니라, 저기에서 타자들로서 폭발하도록 하는바, 일종의 과잉(un en plus)이다.[31]

지금 우리는 크리스테바가 말하는 "아브젝트"의 이중성, 즉 그 황폐함과 숭고함에 대해 말한 것을 살피고 있습니다. 여기서는 그중에서도 특히 숭고함에 대해 말하고 있습니다. 아브젝트가 고름 냄새를 물씬 풍기는 악창이나 시커먼 암 덩어리처럼 분명 혐오감을 한껏 불러일으키는데도 한편으로 우리를 매혹시켜 "다른 어떤 곳"으로 데려간다고 했을 때, 그 까닭은 그 "다른 어떤 곳"이 바로 여기에서 말하는 "제2의 영토", 즉 지금 여기에서의 일상의 나를 망각하고 그 망각의 상실을 통해 환희에 젖어들 수 있는 '저기'였기 때문이었습니다.

여기에서 말하는 환희(délectation)가 과연 어떤 종류의 환희인지, 혹시 라캉이 말하는 희열(jouissance)[32]과 유사한 것인지가 궁금합니다. 라캉이 말하는 희열이 잊지 못한 상태에서 그저 상상적·상징적으로 포장된 것인 데 반해, 크리스테바가 말하는 이 환희는 오히려 "아브젝트"를 통해서 나를 망각함으로써 나를 부풀게 하여 내가 나를 넘어선 상태에서 내가 타자들로서 폭발되는 데서 실제로 느낄 수 있는 것이라는 점에서 크게 다를 것입니다.

6. 우유, 근원적 아브젝트인 어머니의 몸

이 정도 되면, 다시 말해 숭고함을 통해 환희로운 주체로 이끄는 것이 "아브젝트"라면, 차라리 '나 자신이 바로 나에게 아브젝트로 다가온다'고 할 수밖에 없을 것입니다. 그런데 크리스테바의 이 "아브젝트" 내지 "아브젝시옹" 개념을 제대로 이해하기가 힘든 것은, 그녀가 정신분석학적인 구도 속에서 그 구도를 넘어서려고 애쓰는데, 그 전반적인 구도를 파악하기가 어렵기 때문입니다.

그래서 우리는 그녀가 제시하고 있는 예시를 염두에 두지 않을 수 없습니다. 예컨대 그녀는 가장 기본적이고 가장 근원적인 "아브젝시옹"으로서 음식물에 대한 혐오를 거론합니다. 이를 위해 우유가 오래되어 피막이 생긴 것이 "아브젝트"로 작동하면서 아이가 그 우유에 대해 구토증을 일으키는 것을 예로 든 끝에 이렇게 말합니다.

이 우유 크림에 대해, 시선을 흐리게 만드는 현기증과 더불어 구토가 일면서 내 몸을 활처럼 휘게 만든다. 그러고는 그 구토는 우유 크림을 준 엄마와 아빠로부터 나를 분리시킨다. 그들의 욕망을 나타내는 기호인 그 요소, '나'는 그것을 원하지 않는다. '나'는 그것에 대해 알기를 원치 않는다. '나'는 그것에 동화되지 않는다. '나'는 그것을 축출한다. 그러나 이 음식물은 그들의 욕망 속에서 존재할 뿐인 [나의] '자아'에 대해 '타자'가 아니다. 나는 나를 축출한다. 나는 나를 뱉어낸다. 나는 '내'가 나를 정립하고자 하는 바로 그 운동으로 나를 아브젝트하게 만든다(m'abjecte). (……) 그들은 내가 나 자신의 죽음을 대가로 타자가 되는 중에 있음을 안다. '내'가 생성되는 이 회로 속에서 나는 오열과 구토의 폭력이 자행되는 가운데 나(moi)를 낳는다. 분명히 상징체계 속에 기입되는 침묵 어린 증세의 저항과 경련을 일으키는 소란스러운 폭력, 그러나 상징체계에 대응하기 위해서는 그 상징체계에 포섭되기를 원하지도 않고 포섭될 수도 없는 그 상황 속에서 이드는 반발하고, 억압을 풀어 헤친다. 이드가 아브젝트하게 한다.[33]

'아브젝트로서의 나'와 '자아로서의 나'가 어떻게 동시에 발생하는지를 묘사하고 있습니다. 그 발생의 배경은 유아적인 시기입니다. 이 시기, 나는 타자(부모)의 욕망 속에서만 존재하기 때문에, 그 타자를 축출함으로써 나를 "아브젝트"로 만드는 것은 곧 나 자신을 타자들의 상징체계로부터 축출해서 "아브젝트"로 만드는 것이지요. 이를 부패한 우유를 토해내는 것으로 묘사하고 있습니다. 그 대가로 나는 자아로 정립되면서도 동시에 자아로서의 내가 도무지 인정할 수 없는 타자들의 상징체계에 포섭되는 것이지요. 이때 자아는 기실 토해낸 내지 축출된 것이기에 바로 "아브젝트"로서의 자아입니다. 그러나 상징체계 속에서 "아브젝트"로서의 나는 저항력을 제대로 발휘하지 못할 것입니다.

하지만 어떤가요? 상징체계에 편입된 나를 나의 이드가 가만히 놔둘 리가 없지요. 당연히 반발하면서 억압을 풀어내고자 하겠지요. 말하자면 상징체계에 순응하고 있는 나의 자아의 억압된 이면인 "아브젝트"인 나를 들쑤셔 상징체계에 저항하도록 하는 것은 바로 나의 이드였던 셈입니다. 달리 말하면 "아브젝트"를 만나 내가 "아브젝시옹"의 상태에 빠지게 된 것은 나의 이드가 반란을 일으킨 것이라고 할 수 있습니다.[34]

비록 승화 과정을 통해서이긴 합니다만, "아브젝시옹"이 결국 환희와 연결되는 것은 바로 이 이드의 반란 때문이라고 말하게 됩니다. 이렇게 되면 "아브젝시옹"은 무의식적인 억압을 뚫고 나온 것이라고 할 수 있고, 그런 점에서 무의식의 차원을 벗어난 것이라고 할 수 있습니다. 이에 "아브젝시옹은 본질적으로 '불안을 야기하는 낯섦'과 다를 뿐만 아니라 더욱 강렬하다. 아브젝시옹은 근친들을 인정하지 않는 데서 구성된다. 친숙한 것은 아무것도 없다. 심지어 기억의 그림자조차 없다",[35] "여기에서 '무의식적인' 내용은 배제된다. 그러나 묘한 방식으로 배제된다"[36]라는 크리스테바의 이야기를 염두에 두게 됩니다.

이 정도 되니, "아브젝트"는 도덕이 자아의 쾌락 충동을 억압한다고 해서 그 도덕을 거부한다거나 하는 것이 아닌 것으로 됩니다.

> 그러므로 아브젝트를 일으키는 것은 결백이나 건강이 부재한 것이 아니다. 동일성과 체계, 그리고 질서를 혼란시키는 것이다. 그것은 경계, 장소, 규칙 들을 존중하지 않는 것이다. (……) 도덕적인 것을 거부하는 것은 아브젝트가 아니다. (……) 아브젝시옹은 몰도덕적이고, 음흉하고, 역류하는 것이고, 사시(斜視)적인 것이다.[37]

법과 도덕을 잘 알면서도 짐짓 무시해버리는 것이 바로 "아브젝시옹"이라는 이야기입니다.

7. 마무리

크리스테바는 문학이든 예술이든 종교든 이 "아브젝시옹"에 대해 어떤 태도를 취하는가 하는 문제를 핵심 문제로 봅니다. 문화적인 사회·역사의 본질을 꿰뚫을 수 있는 자기 나름의 개념을 발견했다는 것이지요. 예컨대 종교의 역사는 "아브젝트"를 정화하는 다양한 양식을 개발해낸 역사라고 말하고, 예술적인 경험은 "아브젝트"에 뿌리를 두고 있으면서 "아브젝트"를 정화하는 것이라고 말합니다. 그러면서 서양의 근대성에서, 그리고 기독교의 위기를 근거로 해서, "아브젝시옹"은 원죄 이전의 상태에서 공명하는 바를 이끌어낸다고도 말합니다. 그러면서 이렇게 말합니다.

> 대타자(l'Autre)가 붕괴된 세계에서 상징적 구축물의 기반에까지 내려가는 미학적 노력은 말하는 존재의 깨어지기 쉬운 경계들을 그 시발점에 가장 가까운 곳, 그 바탕 없는 기원에까지 되짚어 나가는 데서 성립한다. (……) 도스토옙스키, 로트레아몽, 프루스트, 아르토, 카프카, 셀린 등 이들의 위대한 현대문학은 아브젝트들의 지대 위에서 펼쳐진다.[38]

"아브젝트"는 우리 자신의 존재의 밑바탕이자 근원적인 지평을 형성하는 것으로서, 그 역사성에 있어서나 그 편재성에 있어서 워낙 근본적이기 때문에, 오히려 이를 맞닥뜨리는 순간 섬뜩한 혐오감을 불러일으키는 동시에 강렬한 매혹으로 다가온다는 것입니다. 이 같은 "아브젝트"를 맞닥뜨리는 "아브젝시옹"의 체험이 우리에게 과연 어느 정도로 다가와 있는지요?

23장

지제크: 신체 없는 기관

1. 바디우가 본 들뢰즈

들뢰즈의 사유에 대한 강력한 비판가로서 우선 알랭 바디우(Alain Badiou, 1937년생)를 들 수 있고, 그 대표적인 책으로서 《들뢰즈—존재의 함성(Deleuze—La clameur de l'Être)》(1997)[1]을 들 수 있습니다. 이 책에서 바디우는 자신을 마오이즘에 의거한 변증법적 사유를 펼치는 자로, 그리고 들뢰즈를 변증법을 거부하는 욕망의 아나키스트로 묘사하고 있습니다. 하지만 이러한 대비보다 더 중요한 것은, 바디우가 이 책을 통해 들뢰즈의 존재론적인 사유를 잘 정돈해 보이면서 그 비판적인 귀결을 제시하고 있다는 사실입니다.

그런데 왜 이 책을 강의 초두에 언급하는가 하면, 오늘 나름대로 생각해보고자 하는 슬라보이 지제크(Slavoj Žižek, 1949년생)가 《신체 없는 기관—들뢰즈와 결과들(Organs without Bodies: On Deleuze and Consequences)》(2004)[2]을 쓰면서 바디우의 이 책을 크게 참조한 것으로 여겨지기 때문입니다. 두 책이 들뢰즈를 문제 삼고 있다는 점에서도 공통점을 보이고 있지요. 들뢰즈 이후 세계적으로 크게 각광을 받고 있는 바디우와 지제크가 비록 비판을 가하지만 들뢰즈에 대한 책을 그의 사후에 이렇게 연이어서 출간하고 있는 것으로 보아, 들뢰즈의 사유가 현대의 화두임을 간접적으로 알 수 있습니다.

사실은 바디우에 관한 강의를 특별히 따로 해야 하는데, 여러 형편상 그러지 못했습니다. 아쉽지만 바디우의 《들뢰즈—존재의 함성》을 읽으면서 들뢰즈에 관해 우리 나름으로 생각할 수 있는 두 가지 상황을 생각해보는 것으로 만족해야 할 것 같습니다. 물론 그 맥락은 다르지요.

먼저 우리 나름의 생각을 해봅시다. 만약 우리 한 사람 한 사람이, 즉 내 자신이 그 어떤 다른 것과도 비교할 수 없는, 평가될 수 없는, 그러면서도 중립적인, 또한 동등한 존재라고 한다면, 우리의 느낌은 어떠할까요? 이중적인 감정에 휩싸이리라고 여겨집니다. 한편으로는 내 자신을 절대적인 존재로 만들어 철저하게 자유로운 해방을 이룰 수 있는 존재론적인 근거를 마련해주는 것 같습니다. 다른 한편으로는 그 어떤 다른 사람과도 삶을 함께 나눌 수 없이 완전히 차단되고 마는, 이른바 유폐(幽閉)를 알려주는 존재론적인 근거가 되는 것 같습니다. 이것이 들뢰즈가 말하는 '특이한 것(특이성, singularité)'과 직결된 문제가 아닐까 싶습니다.

그런데 만약 일체의 특이성이 알 수 없는 거대한 전일자(全一者)로서의 잠정성(virtualité comme Un-tout)의 표면 효과에 불과하다고 한다면, 우리의 느낌은 어떠할까요? 말하자면 현실적으로 결코 접근할 수 없는, 오로지 사유를 통해서만 추상적으로 접근할 뿐인 저 깊은 곳의 거대한 생명적인 힘이 있어 그 힘이 이미 늘 발휘되고 있고, 그 힘이 특이하게 대단히 기계적인 방식으로 나 자신의 사유와 행동으로 분기되어 나타난다고 한다면, 우리의 느낌은 어떠할까요? 이에 관해서도 역시 이중적인 감정에 휩싸이게 되리라고 여겨집니다. 한편으로는 나 자신이 그저 기계적인 꼭두각시에 불과하다는 불쾌감과 더불어 그 거대한 전일자로서의 잠정성에 대한 두려움이 일 것입니다. 다른 한편으로는 어차피 알 수 없는 우주 전체의 운행에 내 존재를 맡김으로써 오히려 온갖 갈등과 분쟁이 점철되는 이 세상으로부터 초연해질 수 있다는 느낌이 들 수 있습니다. 이것이 들뢰즈가 말하는 '욕망하는 기계', '실재로서의 잠정성', '존재의 일의성', '근원적인 전체' 등과 직결된 문제가 아닐까 싶습니다.

들뢰즈의 철학적 사유는 정말 이해하기 쉽지 않은, 복잡하기 이를 데 없는 구도를 형성합니다. 그런데 바디우는 들뢰즈의 철학을 '포스트 형이상학'으로 적당히 요약한 뒤, 다음과 같은 말을 합니다.

실제로 사람들은 이러한 포스트 형이상학적인 현대성을 들뢰즈가 다룬 많은 것 안에서 확인하곤 한다. 예를 들어서, 화가들(베이컨), 작가들(프루스트, 멜빌, 루이스 캐럴, 베케트……), 욕망의 문제와 관련된 인물들(자허마조흐), 의외의 철학자들(화이트헤드, 타르드, 던스스코터스……), 은유화된 수학자들(리만), 셀 수 없이 많은 영화예술인, (그는 알고 있었겠지만) 거의 알려지지 않은 많은 수의 저작이 그러하며, 또 비록 애매하기는 하지만 들뢰즈 자신에 의해 재사유되고 있는 현저한 의문들, 즉 생물학적인 만큼 사회학적이기도 한 의문들, 미학적이거나 교훈적인 의문들, 언어학적이거나 역사학적인 의문들과 관련된 수많은 단편과 소논문 등이 그러하다. 물론 들뢰즈는 이 모든 것을 대학 철학의 신중함이나 규범과는 완전히 동떨어진, 긍정적이며 굴곡이 팬 맥락 속으로 직접 끌어들여 다루고 있다.[3]

그다지 중요한 언명은 아니고, 들뢰즈가 얼마나 폭넓고 깊은 사유를 했는지를 알려주는 것이지요. 이 언명을 한 뒤, 바디우는 들뢰즈가 "일종의 현대적인 의미의 바로크적 양식을 창출한 사상가"라고 하기도 하고, "세계의 혼돈을 즐겁게 사유한 사상가"라고도 합니다.[4] 그러면서 바디우는 들뢰즈가 《의미의 논리》에서 말한 "하나로 뭉뚱그려진 모든 사건의 공백 안에서의 정립이자 하나로 뭉뚱그려진 모든 의미의 무의미 안에서의 표현"임을 거론하면서 이것이 바로 들뢰즈가 말하는 존재, 즉 "들뢰즈적 존재"라고 말합니다.[5]

이 인용문에서 "하나로 뭉뚱그려진"이라는 수식어가 중요하다는 것을 염두에 두면서, 바디우는 들뢰즈의 철학이 "일자에 대한 일종의 형이상학"임을 그의 저술 속에서 확인하지 않을 수 없다고 말합니다. 그러면서 들뢰즈의 철학적 사유의 방법에 대해 이렇게 말합니다.

들뢰즈의 방법은 매개들에의 의존을 거부하는 방법이며, 또 바로 그런 이유로 해서 그의 방법은 본질적으로 반(反)변증법적 방법이다. 매개는 그 자체가 하나의 전형적인 범주이다. 매개는 최소한 두 존재자 중 하나의 존재자에게, 내적인 관계 '아래에서', 하나의 존재자로부터 다른 하나의 존재자에게로 이행할 것을 주장한다. 예를 들어 헤겔에게서는 이러한 내화된 관계가 부정으로 나타난다. 그러나 〔들뢰즈가 말하는〕 일의적인 존재는 처음부터 끝까지 온통 긍정이기 때문에, 그곳에 결코 부정적인 것이 있을 수 없다. 그곳에 부정적인 것을 도입하는 일은 다의적인 것 안으로 되돌아가는 것이며, 특히 매개들 중에서도 가장 오래된 매개 안으로, 즉 들뢰즈가 보기에 존재가 동일성의 의미와 비동일성의 의미를 따라서 이야기된다든지 또는 존재가 존재로서, 그리고／또는 무로서 이야기되어버리는 그런 '뿌리 깊은 오류'를 정의해주는 매개 안으로 되돌아가는 것이다.[6]

"하나로 뭉뚱그려진" "일의적인 존재"에는 근본적으로 부정이 있을 수 없다고 하는 말이 중요합니다. 들뢰즈는 존재에서는 오로지 긍정적인 생산만이 있을 뿐이라고 말합니다. 즉, 존재는 근원적으로 존재나 무로 이야기되어서는 안 되고 오로지 생성으로서만 이야기되어야 한다고 주장합니다. 이는 들뢰즈의 사상이 정확하게 반(反)플라톤주의임을 말해주기도 하면서 니체의 긍정 철학을 따른다는 것을 말해줍니다. 그러니까 이러한 들뢰즈에게서 오로지 '긍정적인 생산'을 주장한다는 것은 그의 사상에서 요체가 된다고 할 정도로 중요합니다. 그런데 바디우는 오히려 플라톤주의는 오로지 뒤집히기를 통해서만 힘을 발휘해왔다는 사실을 강조하면서 들뢰즈의 반플라톤주의에 대해 이렇게 말합니다.

플라톤주의는 뒤집히기를 멈추지 않을 것이다. 왜냐하면 플라톤주의는 처음부터 지금까지 언제나 뒤집혀왔기 때문이다. 들뢰즈는 이러한 뒤집기의 현대적인 회귀에 해당한다.

이렇게 본다면, 아마도 명령은 들뢰즈의 그것(플라톤주의의 전복)과는 완전히 다르게 나타난다. 즉, 뒤집어야 하는 것은 플라톤주의가 아니라 모든 세기에 걸쳐 나타나는 명백한 반플라톤주의이다. (……) 이처럼 '플라톤주의'는 포스트모더니티와 모더니티의 거대한 기만적인 건설로 자신의 모습을 드러낸다. 한마디로 플라톤주의는 일반적인 의미의 부정적인 준거점이다. 즉, 플라톤주의는 오로지 반플라톤주의라는 구호 아래에서 '새로운 것'을 정당화하기 위해서만 존재하는 것이다.[7]

바디우의 기묘한 논법입니다. 역사적으로 볼 때, 플라톤주의가 따로 있는 것이 아니라, 반플라톤주의를 통해서만 플라톤주의가 나타났다는 것입니다. 그런 점에서 들뢰즈 역시 반플라톤주의를 주창함으로써 플라톤주의가 나타나도록 했다는 것이지요. 일종의 되치기 수법을 동원한 논법이라고 하겠습니다. 이를 통해 바디우의 부정과 매개의 사유 방식이 여지없이 드러납니다. 결국 바디우는 들뢰즈에 대해 이렇게 비판합니다.

그는 스피노자를 철학의 그리스도라고 말하였다. 그렇다면 이제 우리는 그에게 진정으로 합당한 것을 돌려주기 위해 다음과 같이 말해보도록 하자. 들뢰즈는 전체에 의거한 구원―그렇지만 아무것도 약속하지 않는 구원, 그리고 언제나 이미 거기에 있는 구원―을 고집스럽게 알리는 이러한 그리스도의 가장 주목할 만한 사도들 중의 한 사람으로 남을 것이라고.[8]

바디우는《들뢰즈—존재의 함성》의 한국어판 서문에서 1968년 5월을 기점으로 1960년대와 1970년대 프랑스에서 강력한 혁명적 운동이 전개되었음을 알리면서, 이때 한편에서는 레닌(Vladimir Ilich Lenin, 1870~1924)과 알튀세르에게 주로 의지했던 사람들이 있었던 반면, 다른 한편에서는 마르쿠제 또는 라이히(Wilhelm Reich, 1897~1957)를 주로 거론했던 사람들이 있었는데, 바로 이 시기에 들뢰즈(욕망의 아나키즘을 주장한 위대한 사상가)와 예를 들어 바디우 자신(비판적인 변증법의 새로운 형식들을 주장한 사상가) 사이의 철학적 갈등이 있어, 우호적인 측면이 없었던 것은 아니지만 서로 극히 적대적이었다고 합니다.

그런데 1970년대 말부터 반동적인 흐름이 강화되었다고 합니다. 그 배경으로 바디우는 중국의 문화혁명이 실패하고 동유럽에서 사회주의국가들이 붕괴했는데, 이를 빌미로 마르크스주의와 레닌주의, 그리고 혁명적 행위를 범죄적 유토피아로 몰아붙이는 프랑스 내의 대타협이 이루어진 끝에 미테랑과 조스팽 등의 사회민주주의자들이 권력을 획득하고 그 권력을 자본의 강요에 모두 내주어버렸다는 것을 듭니다. 그 와중에 베르나르 앙리 레비 같은 신철학자들이 나타나 자본주의적이고 부르주아적인 민주주의를 인간을 위한 유일한 정치적 해결책으로 치켜세우는 일이 벌어졌다는 것이지요. 이 신철학자들은 정치를 도덕으로 대체하는 거대한 운동을 벌였고, 이 운동은 이후에 나토가 이라크나 세르비아에 군대를 파병하는 일로 연결되었다고 바디우는 말합니다.

정확하게 말할 수는 없지만, 프랑스 내의 이러한 정치사상적인 판도는 제2차세계대전 이후 프랑스에서 있었던 사르트르와 카뮈의 정치적 논쟁을 반영하는 것 같기도 합니다. 카뮈는 정치를 도덕적으로 끌고 가야 한다고 보았는데, 공산주의는 혁명을 위해 그러한 도덕성을 무시한 살인적인 폭력을 일삼기 때문에 용인할 수 없다고 해서 철저히 반공주의로 일관했지요. 그 반면 사르트르는 혁명을 위한 공산주의적인 폭력을 옹호하면서 "반공주의자는 개다"라고 선언했고 반공주의가 자본주의적인 부르주아적 민주주의를 따르는 입장이라고 하면서 철저히 공격했지요. 이에 관해서는 《사르트르와 카뮈— 우정과 투쟁》[9]에 자세히 나와 있습니다. 관심이 있다면 참조하기 바랍니다.

그런데 들뢰즈가 미테랑의 초대를 받았는데 이를 거절하지 않고 함께 점심 식사를 했고, 이를 보고서 들뢰즈에 대해 심한 배신감을 느꼈다고 바디우는 고백하고 있습니다. 그것은 바디우가 미테랑을 혁명적인 열기를 자본주의에 팔아먹은 인물로 보았기 때문입니다. 그런 과정에서 자신이 "생명"과 "자연적인 전일자(Un-tout naturel)"에 관한 들뢰즈의 철학을 '파시스트'와 동일시하게 되었다고 바디우는 주장합니다. 그리고 1970년대 후반에 이르러 "'파시스트'와 그에 맞선 '볼셰비키', 그와 나의 입장은 바로 이것이었다!"라고 말합니다. 그리고 파리 8대학에 같이 교수로 있으면서 1982년 한 해 동안 아예 들뢰즈를 만나지 않았고 "그리고 유감스러운 일이지만, 그 이후로 그가 죽을 때까지도 이것은 변함이 없었다"라고 술회하고 있습니다. 정치적인 입장이 어떻게 철학 사상에 영향을 미치며, 그에 따라 인간관계가 얼마나 극단적인 지경으로 치달을 수 있는가를 여실히 느끼게 됩니다.

그런 바디우의 입장에서, 스피노자를 철학의 그리스도로 보고 스피노자의 자연 전체로서의 신으로부터 주어진 "이미 거기에 있는 구원"을 고집스럽게 전파하는 들뢰즈를 그 출중한 사도라고 하면서 비아냥거리듯 비난하는 것은 어쩌면 당연한 것 같습니다.

그런데 덧붙이자면, 들뢰즈의 철학의 의미를 적극적으로 받아들여 정치사상을 펼치고 있는 《제국》[10]을 쓴 안토니오 네그리(Antonio

Negri, 1933년생)와 마이클 하트(Michael Hardt, 1960년생)에 대해서는, 혹은 이들과 궤도를 같이하는 에르네스토 라클라우(Ernesto Laclau, 1935~2014)나 샹탈 무프(Chantal Mouffe, 1943년생)에 대해서는 과연 바디우가 어떤 반응을 보이며, 또 바디우를 지지하는 지제크는 어떤 반응을 보일까가 궁금합니다.

2. 지제크의 들뢰즈 비판

물론 지제크가 과연 들뢰즈를 어떻게 보느냐가 오늘 강의의 초점이지요. 하지만 우선 지제크가 《제국》의 공동 저자로 유명한 네그리와 하트가 주장하는 "다중"에 대해 어떤 비판을 가하는지를 보는 것은 좋을 것 같습니다.

하트와 네그리의 슬로건―제국에 대항하는 저항의 현장으로서의 다중―은 추가적인 일련의 문제들을 열어놓는다. (……) [이는] 다중의 어떤 주어진 장이 배제하는 그 무엇, 그것이 기능하기 위해서는 배제해야만 하는 그 무엇에 관한 문제다. 그렇기 때문에 언제나 다중에 대한 비다중적 과잉이 있는 것이다. (……) '계급, 젠더, 종족'이라는 주문(呪文)에서 '계급'은 삐져나오며, 결코 온전하게 주제화되지 않는다. 다중의 이와 같은 균질화의 또 다른 사례는 자본 그 자체다. 자본주의야말로 원칙적으로 다양체이다(전적으로 독점적인 자본이란 개념적 난센스다). 하지만 정확히 그러한 다양체로서 자본주의는 그 다양성이 번영할 수 있는 유일한 영역으로서의 보편적 매개물을, 계약이 존중되고 계약 위반이 처벌되는 등의 법적으로 규제되는 시장의 매개를 필요로 한다. (……)

소박한 물음을 던져보자면, (단지 저항으로서가 아닌) '권력을 잡은 다

중'이란 무엇이겠는가? 그것은 어떻게 기능할 것인가? (……)

몰락해가는 현실 사회주의의 마지막 몇 년에도 유사한 배치가 있었다. 즉, 대립적인 장 내부에, (자유주의적 인권 집단으로부터, '자유주의적인' 사업 지향적 집단, 보수적 종교 집단, 좌파적인 노동자의 요구에까지 이르는) 다양한 이데올로기-정치적 경향이 비적대적으로 공존하고 있었다. 이와 같은 다중성은 '그들'에 대한, 즉 당 헤게모니에 대한 반대에서 통일되어 있는 한 잘 기능했다. [그러나] 일단 그들 자신이 권력을 쥐게 되자, 게임은 끝났다. (……) 정보적 '다중'이 기능하기 위해 유지되어야 하는 물질적·법적·제도적 및 여타의 조건들의 복합적 네트워크는 어떤가? 나오미 클라인은 이렇게 쓰고 있다. "권력의 탈중심화는 보건, 교육, 저렴한 주택 및 환경보호를 위한 강력한 국가적·국제적 기준들을 ─ 그리고 안정적이고 공정한 재원 조달을 ─ 포기하는 것을 의미하지 않는다. 하지만 실로 그것은 좌파의 기도문이 '재원을 늘려라'에서 '풀뿌리에게 권력을'로 바뀔 필요가 있다는 것을 의미한다." 이에 우리는 "어떻게?"라는 소박한 물음을 던져야 한다. 이 강력한 기준들과 재원 조달 ─ 요컨대 복지국가의 주요 요인들 ─ 은 어떻게 유지될 수 있는가? '이성의 간지' 특유의 반어법적인 비틀기 같은 것을 통해 하트와 네그리가 그들의 《제국》을 세 가지 요구를 담은 최소한의 적극적 정치 강령으로 끝맺고 있는 것은 놀랄 일이 아니다. 세계시민권(현재의 자본주의 조건들하에서의 노동력의 이동성이 인정되도록), 사회적 임금권(모두에게 보장된 최소 임금), 재전유권(생산의 핵심적 수단들, 특히 새로운 정보 매체의 수단들이 사회적으로 소유되도록). 여기서 아이러니는 단지 이 요구들의 내용(이에 대해, 추상적으로는, 모든 급진적 자유주의자나 사회민주주의자가 동의할 것이다)만이 아니라, 그것들의 바로 그 형식 ─ 권리, 요구 ─ 인데, 이는 예기치 않게도 그 책 전체가 대항해 싸우고 있었던 그 무엇을 그림 속에 되돌려놓는다. 정치적 행위자들은 갑자기 보편적 권리들의 주체들로서 나타나고, 그것들의 실현을 요구한다(법적인 국가권력의 어떤 보편적 형태에 요구하는 것이 아니라면 누구에게 요구하는 것이겠는가?). 요컨대(정신분석적 용어로 말하자면), 법 바깥에 있는 유목적 분열증자가 불가능한 요구를 펴부으면서 주인을 자극하려 하는 히스테리적 주체로 바뀐다.[11]

들뢰즈의 "다중성" 개념을 정치적으로 원용함으로써 성립하는 네그리와 하트의 "다중" 개념은 다양성을 바탕으로 해서 중립적인 공존과 연대를 제시하지만, 다중의 정치적인 공간은 중립적인 균질화를 향해 있으면서 우선 다중적일 수 없는 문제, 예컨대 계급의 문제를 도외시하고 만다는 것이지요. "자본주의야말로 원칙적으로 다양체이다"라고 하는 지제크의 지적은 다양성을 선호하는 오늘날의 지적 유행의 풍토에 대해 신랄하면서도 강력한 비판이 아닐 수 없습니다. 간단하게 말하면, 다중 개념이 기본적으로 다양성을 바탕으로 한다고 할 때, 다중 개념은 궁극적으로 자본주의를 비판하는 것이 아니라 옹호할 수밖에 없다는 것이지요.

무엇보다도 다중이 권력을 장악하게 되면, 다중 개념이 본래 의도한 현실은 여지없이 붕괴되고 만다는 것을 붕괴된 현실 사회주의의 경우를 들어 역설하고 있습니다. 정보사회의 도래에 의거한 "정보 다중의 네트워크"에 의한 권력의 탈중심화도 결국에는 말잔치에 불과하다고 봅니다. 이를 지제크는 정신분석적인 용어를 동원해서 비판하고 있지요. 들뢰즈 사상을 지지하는 많은 사람, 혹은 오늘날 그럴듯한 삶의 양식으로 심지어 광고에까지 등장하는 "유목적 삶"이 있지요. 이는 정확하게 말하면 "유목적 분열증적 삶"입니다. 그런데 지제크는 그 유목적 분열증적 주체란 결국 법 바깥에서 일종의 앙탈을 부리는 '히스테리적 주체'에 불과하다고 질타하고 있습니다.

지제크의 존재론이 없는 것은 아닙니다. 뉴멕시코 대학의 철학 조교수인 에이드리언 존스턴(Adrian Johnston)이 쓴 《지제크의 존재론: 주체성에 대한 초월론적 유물론적 이론(Žižek's Ontology: A Transcendental Materialist Theory of Subjectivity)》(2008)[12]이라는 책도 있습니다. 하지만 지제크의 사상적 관심의 핵심 축은 정치라고 해야 할 것입니다. 이는 지제크가, 그 어떤 철학도 그것이 정치적으로 어떤 함축을 갖는가에 따라 평가해야 한다고 여긴다는 것이겠습니다.

《신체 없는 기관》은 제1부 '들뢰즈', 제2부 '결과들'로 되어 있습니다. 제2부 '결과들'은 들뢰즈의 철학이 과학과 예술, 그리고 정치에서 어떤 결과를 수반하는지를 분석한 내용입니다. 그중에서 특히 제3장인 '정치: 문화혁명을 위한 항변'이 신랄합니다. 앞서 소개된 네그리와 하트에 대한 비판도 이 장에 포함되어 있습니다. 그보다 앞서 이 장에서 지제크는 들뢰즈의 철학이 어떻게 파시즘적인 귀결을 갖는지를 분석합니다. 이를 먼저 살펴봄으로써 지제크가 왜 '기관들 없는 신체'라는 들뢰즈 존재론의 핵심 개념을 뒤집어 '신체 없는 기관'을 책의 제목으로 선택했는지를 생각해보고자 합니다.

지제크는 장 자크 르세르클(Jean-Jacques Lecercle, 2002년에 《들뢰즈와 언어》라는 책을 발간함)이 〈철학의 교육학〉에서, 한 여피족[13]이 지하철에서 들뢰즈와 과타리가 쓴 《철학이란 무엇인가》를 읽고 있는 장면을 보면서 그 여피족의 얼굴에서 곤혹스러운 표정을 본다고 한 대목을 문제 삼습니다. 지제크는 그 여피족에게서 곤혹스러운 표정을 결코 찾을 수 없을 것이라고 말합니다. 여피족은 그 책의 내용을 자신의 자본주의적인 삶을 유리하게 이끄는 데 도움이 될 수 있는 방향으로 마음껏 읽어낸다는 것입니다.

정서의 비인격적 모방에 관해, 의미의 층위 아래에서 일어나는 정서적 강도들의 교통에 관해 읽을 때, "그래, 바로 이렇게 나는 내 광고물들을 디자인하지!"라고 생각하고, 혹은 자기 완결적인 주체성의 한계를 외파시키고 인간을 곧바로 기계와 연결하는 것에 관해 읽을 때, "이걸 읽으니 내 아들이 좋아하는 장난감이 생각나는군. 자동차로 변신하는 액션맨 말이야"라고 생각하고, 혹은 우리를 극한까지 밀어대는 욕망들의 다양에 자기 자신을 열어놓은 채 스스로를 영구히 재창안해야 할 필요성에 관해 읽을 때, "이게 바로 내가 지금 하고 있는 가상섹스 비디오게임의 목적이 아닌가? 그건 더 이상 성적인 육체 접촉을 재생하는 문제가 아니라 기존 현실의 제약들을 외파시키고 전대미문의 새로운 강렬한 양태의 성적 쾌락들을 상상하는 문제인 것이지"라고 생각한다. 실로 들뢰즈에게는 그를 후기 자본주의의 이데올로그라고 부르는 것을 정당화해주는 자질들이 있다.

> (……) 〔손 전체를, 그리고 때로는 팔뚝의 일부를 상대방의 항문 속으로 집어넣는〕 주먹 삽입 행위는 들뢰즈가 '개념의 확장'이라고 부른 것의 전형적 사례이지 않은가? 주먹에 새로운 용도가 부여된다. 삽입이라는 개념은 손과 성적 삽입의 결합으로, 몸 안쪽의 탐색으로 확장된다. 들뢰즈의 타자인 푸코가 주먹 삽입을 행했다는 것은 전혀 놀랍지 않다. (……) 주먹 삽입은 더 이상 생식기를 중심으로 하고 있지 않으며, 단지 표면의 침투에 초점을 맞추며, 남근의 역할은 자율화된 탁월한 부분 대상인 손에 의해 접수된다. 그리고 이른바 변신 로봇이나 애니모프 장난감은 어떤가? 휴머노이드 로봇으로 변신할 수 있는 자동차나 비행기, 인간이나 로봇으로 변신할 수 있는 동물 같은 것 말이다. 이는 들뢰즈적이지 않은가? 여기엔 그 어떤 '은유'도 없다. 요점은 기계 형태나 동물 형태를 포함하고 있는 가면으로서 드러난다는 것이 아니라, 인간의 '기계-되기'나 '동물-되기'로서, 계속적인 변신으로서 드러난다는 것이다.[14]

지제크의 언술 능력과 방식이 어떤 종류의 것인지를 잘 알 수 있습니다. 추상적으로 제시된 철학 개념들이 구체적인 현실에 적용될 때 어떤 방향으로 어떤 영역으로 연결될 수 있는지를 자기 나름의 입장에서 정확하게 짚어내고 있습니다. 그가 쓴 《항상 라캉에 대해 알고 싶었지만 감히 히치콕에게 물어보지 못한 모든 것》[15]이라는 책 제목만 보아도 알 수 있듯이, 들뢰즈가 원용해 마지않는 영화에 관해서도 지제크는 도무지 뒤질 기세가 없지요. 소설이나 각종 문화 현상에 관한 이야기에 있어서도 들뢰즈에게 뒤질 기세가 전혀 없습니다. 그런데 이 인용문을 보아 알 수 있듯이, 지제크는 구체적인 삶의 현장을 뒤적여 묘하게 그 핵심 고리를 잡아내는 데 있어서는 분명 들뢰즈보다 한 수 위입니다. 더욱이 현대 정치사에 관련한 각종 사건들에 관한 박식함에 있어서는 들뢰즈보다 몇 수 위라고 해야 할 것입니다.

지금 인용한 내용을 보면서, '너무 심한 것 아니냐? 고매한 철학 이야기를 너무 속화시켜 오히려 자신이 히스테리적으로 반응하는 것 아니냐?' 하는 식의 반응을 보일 수 있을 것입니다. 특히 평소 들뢰즈의 철학 세계를 숭모하는 사람들은 더욱 그러할 것입니다. 나처럼 들뢰즈의 니체주의적 감각 세계를 옹호하는 입장에서는 이중적인 생각을 하게 됩니다. 지제크의 이러한 해석이 도리어 들뢰즈의 감각론이 구체적인 현실을 이해하는 데 충분히 그 힘을 발휘하는구나 하는 생각이 하나입니다. 다만 지제크의 말대로 들뢰즈의 철학이 후기 자본주의를 선전하는 이데올로그 역할을 한다면, 그 부분만큼은 철저히 검증해서 비판해야 한다는 생각이 다른 하나입니다.

세계 자본주의 체제를 이렇게도 막강하게 끌고 갈 수 있는 저변의 근본 동력이 과연 무엇인가는 철학적 사유를 직업으로 하는 사람치고 염두에 두지 않을 수 없을 것입니다. 그리고 그 길이 잘 보이지는 않지만, 그래서 많은 철학자가 일종의 절충주의 내지 도피주의로 퇴행하긴 했지만, 이에 맞서 최대한 저항하고 세계 자본주의를 뒤집어엎는 혁명을 수행해야 한다는 생각을 저버릴 수도 없을 것입니다. 그러면서 현실적으로 자본주의에 대항하는 대항 세력들의 근본 동력이 어떤 한계를 지니고 있기에 궁극 목표를 실현하지 못하고 있고, 심지어 방기하면서 순응적으로 저항하거나 혹은 히스테리적으로 미쳐버리는 방식으로 저항할 수밖에 없는가 하는 생각을 하지 않을 수 없을 것입니다.

지제크 역시 완전한 전술·전략을 구비하고 있는 것은 아닌 것 같습니다. 다만 그는 오늘날의 자본이 어떤 존재 상태에 이르렀는지를 정확하게 보지 않으면 안 된다고 여깁니다.

그 어느 때보다도 자본이 우리가 당면한 역사적 시기의 '구체적 보편성'이다. 다시 말해서 자본은 어떤 특수한 구성체로 남아 있으면서 사회적 삶의 모든 비경제적 지층뿐만 아니라 모든 대안적 구성체를 과잉 결정한다. 20세기 공산주의 운동은 스스로를 자본주의의 반대자로서 규정하면서 출현했으며 자본주의에 의해 패퇴당했다. 그리고 파시즘은 자본주의의 과잉을 통제하고 일종의 '자본주의 없는 자본주의'를 건설하려는 시도로서 출현했다. 그 때문에 하이데거적인 논조로 자본주의를 '힘에의 의지'와 기술적 지배라는 보다 근본적인 존재론적인 태도의 존재적 성과물들 중 하나로 환원시키는 것 또한 단순한 처사다. 근대적 기술 지배는 자본의 사회적 형태와 풀어낼 수 없이 뒤엉켜 있다. 근대적 기술 지배는 오로지 이 형태 내에서만 발생할 수 있다. 그리고 대안적 사회구성체들이 동일한 존재론적인 태도를 보여주는 한, 이는 단지 다음을 확증할 따름이다. 즉, 그것들이 가장 내밀한 중핵에서 그것들의 구제적 보편성으로서의 자본에 의해 매개된다는 것을 확증할 따름이다. (……) 다양성에 대한 호소, 즉 "고정된 본질을 지닌 근대성이 있는 것이 아니다. 다른 것으로 환원될 수 없는 다양한 근대성들이 있다. 등등"은 근대성의 고정된 '본질'을 인지하지 못하기 때문에 거짓이 아니라, 다양화(증식, multiplication)라는 것이 근대성 개념 그 자체에 내속된 적대에 대한 부인으로서 기능하기 때문에 거짓이다. 다양화의 허위는 그것이 근대성이라는 보편적 개념에서 근대성의 적대를—근대성이 자본주의 체계 속에 삽입되는 방식을—제거한다는 사실에 있다. 즉, 근대성의 적대적인 측면을 한낱 근대성의 역사적 하위 종들 중 하나로 격하시킨다는 데 있다. (……) 성취의 장애물을 제거한다면 성취 자체를 잃게 된다. (혹은 의미를 가지고 말하자면, 무의미의 환원 불가능한 중핵을 제거하면, 의미 그 자체를 잃게 된다)

자본주의에 대한 들뢰즈적 태도의 이와 같은 애매성의 역전된 거울상 혹은 대응물은 파시즘에 대한 들뢰즈의 이론이 지닌 애매성이다. (……)

파시즘에 대한 들뢰즈의 설명은 이렇다. 개인으로서의 주체는 파시즘을 추종하는 것이 자신들의 이해관계에 반한다는 것을 이성적으로는 지각할 수 있지만, 그런데도 바로 그 비인격적인 순수 강도들—'추상적인' 신체적 움직임들, 리비도 투여된 집합적인 율동적 운동들, 그 어떤 특정한 개인에게도 귀속될 수 없는 증오와 열정의 정서들—의 층위에서 파시즘은 그들을 사로잡는다는 것이다. 그리하여 파시즘을 지탱하는 것은 순수한 정서들의 비인격적 층위이지, 표상되고 구성된 현실의 층위가 아니라는 것이다. (……) 파시즘에 대한 투쟁은—(단지) 합리적 비판이라는 층위에서가 아니라—바로 이 비인격적 강도들의 층위에서 이루어져야 한다는 것이다. 파시스트적 리비도 경제를 한층 더 근본적인 경제를 가지고서 침식함으로써 싸워야 한다는 것이다. (……)

하지만 들뢰즈의 접근이 비록 생산적이라 할지라도, 이제 그것을 문제로 삼을 때이며, 그와 더불어 (특히 서구의) 마르크스주의자들과 포스트마르크스주의자들 사이에 유행하는 일반적 경향을 문제 삼아야 할 때이다. 그들은 파시즘의 승리에 대한 (혹은 오늘날에는 좌파의 위기에 대한) 매우 단순한 일군의 단서들에 의존하고 있다. 마치 좌파가 리비도적인 미시 정치의 층위에서 파시즘과 싸우기만 했어도, 혹은 오늘날 좌파가 '계급 본질주의'를 포기하고 다양한 '포스트 정치적' 투쟁들을 온당한 실천 지형으로 받아들이기만 했어도, 그 결과는 전적으로 달랐을 것인 양 말한다. 이는 오히려 오만한 좌파 지식인의 어리석음을 보여주는 대표적인 사례가 아닐 수 없다.

(……) 들뢰즈와 과타리의 파시즘 이론에는 두 가지 문제가 있다. (……) 더 일반적으로 말해서, 이러한 들뢰즈적 접근은 너무나도 추상적이다. 모든 '나쁜' 점은 '파시즘'적인 것으로 선언되며, 그리하여 '파시즘'은 범용 용기로, 만능 주머니로, 생성의 자유로운 흐름에 거스르는 일체의 것에 대한 포괄적인 용어로 고양된다. (……) 〔들뢰즈가 제시하는 여러 종류의 파시즘을 인용한 뒤〕 여기에 이렇게 추가하고 싶다. 그리고 들뢰즈 그 자신의 비합리주의적 생기론의 파시즘을 추가하고 싶다. (초기의 논박에서 바디우는 들뢰즈가 파시즘적인 경향들을 은닉하고 있다고 효과적으로 비판했다!)[16]

너무 길게 인용한 것 같습니다. 우선 근대성을 다양성과 연결해 분석하는 대목이 이채롭습니다. 근대성은 일관된 정합성을 지닌 것이 아니라, 그 속에 이미 스스로를 방해하는 적대적인 요소를 포함하고 있었고, 그 적대적인 요소 때문에 오히려 근대성이 작동할 수 있었다는 논리를 전개하고 있습니다. 그런데 근대성을 다양화의 증식으로만 볼 때, 그러한 자기 적대에 의거한 자기 유지라고 하는 근대성의 근본 성격을 희석시켜버린다는 것입니다. 상당히 그럴듯한 논리인 것 같습니다. 지제크가 자기 부정을 통해 자기 긍정이 가능하다는 헤겔식의 변증법적 논리를 관철시키고 있음을 알 수 있습니다. 그리고 다양성 내지 다양화라고 하는 들뢰즈의 반(反)변증법적 논리 때문에 자본주의의 근대성의 실상을 볼 수 있는 길이 막혀버린다는 것입니다. 그럼으로써 결국 들뢰즈의 다양화 논리는 근본적으로 다양체인 자본에 복무하게 된다는 것입니다.

따라서 나치에 의해 실현된 현실적인 파시즘은 물론이고 자본주의 체제 자체에 들어 있는 파시즘적인 성격에 대한 들뢰즈와 과타리의 분석 역시 애매함을 면치 못한다고 말하고 있습니다. 들뢰즈와 과타리가 파시즘의 문제를 합리 또는 비합리의 문제로 여기지 않고 비인격적인 정서적·리비도적·신체적 문제라고 여기고, 파시즘에 대해 파시즘적인 리비도 경제를 그보다 더욱 심층적인 새로운 리비도 경제로써 투쟁해야 한다고 주장하는데, 자본주의적인 파시즘의 승리라고 하는 현실 상황에 그 주장을 적용하게 되면, 좌파들이 그저 고답적인 계급 본질적인 접근만을 일삼을 뿐 미시 정치경제적인 차원으로 내려가 다양성에 입각한 심층 리비도적인 투쟁을 하지 못했기 때문에 자본주의적인 파시즘이 승리하고 말았다는 결론이 나온다는 것입니다.

그런데 지제크가 보기에는 그러한 분석과 진단은 처음부터 말도 안 된다는 것입니다. 그러면서 사실은 바디우가 잘 밝힌 것처럼, 들뢰즈의 철학에는 근본적으로 파시즘이 숨어들어 있다는 것입니다.

이에 관한 바디우의 이야기는 앞에서 바디우가 들뢰즈에 대해 어떻게 적대 관계를 가질 수밖에 없었는가를 소개하면서 어느 정도 했던 것 같습니다. 그 핵심은 들뢰즈가 인간의 의식과 행동을 포함해 모든 사건을 '전일자(全一者)'를 정점으로 한 서열 관계로 본다는 것입니다. 다시 바디우의 이야기를 생각해봅시다.

이처럼 능동적인 힘의 심급으로서의 외부가 신체를 점령하고 개별자를 선별하면서 그에게 선택 행위에 관한 그 선택을 명령하고 있는 것이다. "사유 안에서 결코 사유될 수 없는 사유인 외부의 사유가 점령하는 것은 바로 이와 같이 정화된 자동 장치이다"(《시네마 2: 시간 - 이미지》, 233)라는 들뢰즈의 말은 이런 의미에서이다.

(……) "사물들은 이렇게 동등한 존재 안에서 동등하지 않게 존재"(《차이와 반복》, 55)하기 때문에, 우리는 "어떤 한 존재가 그 정도에 상관없이 그가 도달할 수 있는 그 끝에 이를 때까지 나아가면서 (……) 과연 자기의 경계들을 극복하고 있는지 그렇지 아니한지"(같은 곳)를 언제나 살펴보아야 한다. 결국 들뢰즈에게 있어서 중요한 것은 "사물들과 존재들을 역능의 관점에서 고려하는 서열"(같은 곳)을 따라서 사유하는 일이다.

(……) 우리는 들뢰즈에게 있어서의 사유의 조건은 이처럼 금욕주의적이라는 사실을 인정해야 한다. 그리고 이 사실은 들뢰즈와 스토아학파 양자 모두가 존재를 전체성으로 고려했다는 공통점 말고도, 금욕주의를 매개로 하여 또 다른 인척 관계를 맺고 있음을 깊이 있게 밝혀주고 있다. 따라서 특이성들의 유목주의를 가리키기 위해 사용된 '아나키(anarchie)'라는 단어가 오해를 불러일으켜서는 안 된다. 왜냐하면 들뢰즈가 분명히 언급하고 있는, '왕위에 오른 아나키'라는 문구에서는 아나키와 더불어 왕위를 고려하는 것이, 더 나아가 아나키보다는 왕위를 먼저 고려하는 것이 매우 중요하기 때문이다.[17]

이쯤 되면 바디우가 들뢰즈의 존재론에서 충분히 파시즘적인 요소를 찾아낼 수밖에 없다고 할 것 같습니다. 물론 바디우의 들뢰즈에 대한 이러한 평가가 과연 온당한가를 제대로 밝혀내려면 바디우가 인용하고 있는 들뢰즈의 텍스트의 맥락을 충분히 재검토하지 않으면 안 될 것입니다. 하지만 바디우의 말대로 유목적인 아나키가 사실은 왕위에 오른 아나키를 염두에 둔 것이라면, 그리고 그 왕위가 알고 보면 전체로서의 전일자에 가장 가까이 가닿아 있는 자의 지위라면, 그래서 그 왕위에 앉은 자가 전일자로부터 전개되는 모든 동등성의 비동등성에 의거한 서열을 거머쥐고 있다면, 더군다나 그 서열이 미시적인 강도들의 차이에 의거한 비동등성의 서열이어서 근본적인 정서와 감정 차원에서부터 장악을 성취하는 것이라면, 그야말로 파시즘적이라고 하지 않을 수 없는 것이지요. 바디우는 들뢰즈의 사유가 극도로 귀족적이라고 비판하기도 하는데, 이와 직결되어 있다고 하겠습니다.

지제크가 이러한 바디우의 들뢰즈 비판을 충분히 염두에 둔 것은 사실인 것 같습니다. 그런데 지제크는 들뢰즈와 과타리의 '친자본주의적 측면'이, 스웨덴의 논객이자 철학자인 알렉산데르 바르드(Alexander Bard, 1961년생)와 미디어 비평가이자 문학·영화 평론가인 얀 쇠데르크비스트(Jan Söderqvist, 1961년생)가 함께 쓴 《네트 사회(The Netocrats)》(2000)에서 온전히 전개된다고 말합니다. 이 책 저자들의 주장을 지제크가 요약한 바에 따르면 이렇습니다. "이제 '네트 사회'가 새롭게 출현하고 있다. 거기에서 권력과 사회적 지위의 척도는 핵심 정보에 대한 접근 여부이다. 화폐와 물질적 소유는 부차적 역할로 격하된다. 지배받는 계급은 더 이상 노동계급이 아니라 소비 계급, 즉 네트 사회 엘리트가 준비하고 조작한 정보를 소비할 수밖에 없는 자들이다. 정보는 항상 순환하고 변하기 때문에 더 이상 안정적이고 장기적인 위계는 없으며 영구히 변화하는 권력관계의 네트워크가 있을 뿐이다. 개인들은 '유목적'이며 '가분자들(可分者, dividuals)'이어서 끊임없이 스스로를 재창안하고 다양한 역할을 채택한다. 사회 그 자체는 더 이상 위계적 전체가 아니라 복합적이고 개방적인 네트워크들의 네트워크이다. 이 네트워크 사회에서 지배자는 정보 엘리트인 네토크라트이다."[18] 그러니까 이 책의 저자들은 들뢰즈와 과타리의 철학을 원용하고 있는 것이지요. 이에 대해 지제크는 이렇게 비판합니다.

새로운 네토크라트 계급의 너무도 많은 특징은 자본주의 체제 내에서만 유지될 수 있다. 바로 여기에 《네트 사회》의 약점이 있다. 이데올로기적 신비화의 기본 논리를 따르면서 이 책은 사실상 정보사회가 기능하는 실질적 조건들인 그 무엇을 '(자본주의적이고 국가주의적인) 과거의 잔재'로 처리해버린다.

핵심적 문제는 자본주의의 문제, '네트 사회'가 자본주의와 관계하는 방식의 문제다. 한편으로 특허권, 저작권 등등이, 즉 정보 그 자체가 시장에서 '지적 재산'으로, 또 하나의 상품으로 제공되고 팔리는 일체의 다양한 양태들이 있다. 다른 한편으로 자본주의를 특징짓는 소유관계 너머에서의 정보 교환 가능성이 있다. 이 내적 적대는, 새로운 네토크라트 계급 내부에서, 자본주의 지지자들(빌 게이츠 같은 유형)과 후자본주의적 유토피아 지지자들 간의 기본적인 긴장에서 실현된다. (······) 핵심은 그 어떤 '중립적' 네트 사회도 없다는 것이다. 그 자체로 후기 자본주의의 일부인 자본주의 편의 네트 사회가 있거나, 아니면 다른 생산양식의 일부인 후자본주의적 네트 사회가 있거나이다. 이 후자본주의적 전망은 그 자체로 애매하다.[19]

자본주의적 조건들을 무시함으로써 오히려 친자본주의적인 태도를 취하게 된다는 비판인 것 같습니다. 바디우와 동일한 되치기 논법이지요. 요컨대 들뢰즈와 과타리의 철학이나 이를 원용한 여러 사회 이론이 자본주의를 비판하되 정면으로 다루지 못하고 우회적으로 회피하듯 함으로써 오히려 자본주의에 정당성을 위한 알리바이를 제공한다는 것이겠습니다.

3. 지제크의 '신체 없는 기관'

이제야 간단하게나마 책 제목으로 돌아와 신경을 써봅니다. 지제크
에게 들뢰즈는 현대의 사상적 통화로서 극복하기 쉽지 않은 강력한
힘으로 다가왔던 모양입니다. 이는 《신체 없는 기관―들뢰즈와 결
과들》이라는 책 제목과 그 부제에서 일단 알 수 있지만, 서문에서 밝
히고 있는 다음의 언명에서 확연히 드러납니다.

> 그렇다면 왜 들뢰즈인가? 최근 10년간 들뢰즈는 현대 철학의 중심적 준
> 거점으로 출현했다. "저항하는 다중", "유목적 주체성", 정신분석에 대
> 한 "반-오이디푸스적" 비판 등의 개념들은 오늘날의 학계에서 공통 통
> 화이다. 들뢰즈가 오늘날의 반-세계주의 좌파 및 자본주의에 대한 이
> 들의 저항을 위한 이론적 근거로 점점 더 많은 기여를 하고 있음은 말
> 할 것도 없이 말이다. 이와 관련해 《신체 없는 기관》은 "시류에 역행한
> 다." 이 책의 출발 전제는 이러한 들뢰즈(펠릭스 과타리와 함께 저술한 책들
> 의 독서에 기초해서 유행하는 들뢰즈 이미지) 이면에 또 다른 들뢰즈가 있다
> 는 것이다. 이 또 다른 들뢰즈는 정신분석과 헤겔에 훨씬 가까운 들뢰
> 즈이며, 이 들뢰즈의 결과들은 훨씬 더 파열적이다.[20]

그런데 지제크의 이 책을 통해, 들뢰즈가 제시하는 존재론적 핵
심 개념인 "기관들 없는 몸"을 뒤집은 "신체 없는 기관", 즉 "몸 없는
기관"이 과연 무엇이며 그것이 어떻게 존재론적 함의를 갖는가를 알
기는 쉽지 않습니다. 그의 복잡하고 미묘한 여러 이야기에서 이를 알

려줄 만하다 싶은 대목을 일종의 알레고리적인 방식으로 읽어내는 수밖에 없습니다. 예컨대 다음의 언명을 생각해봅시다.

> 왕이 손에 홀(笏)을 쥐고 왕관을 쓰고 있으면 그의 말은 왕의 말로 받아들여진다. 그런 표장들은 외적인 것이지, 내 본성의 일부가 아니다. 나는 그것들을 걸친다. 나는 권력을 행사하려고 그것들을 입는다. 그런 것으로서 그것들은 나를 '거세한다.' 그것들은 직접적으로 존재하는 나와 내가 행사하는 기능 사이에 간극을 도입한다(즉, 나는 결코 완전하게 나의 기능의 층위에 있지 않다). 이것이 악명 높은 '상징적 거세'가 의미하는 바이다. (⋯⋯) 우리는 남근을 나의 존재의 생명력과 나의 원기 왕성함 등을 직접적으로 표현하는 기관이 아니라 정확히 말해 왕이나 판사가 표장을 걸치는 것과 동일한 방식으로 내가 걸치는 그러한 표장, 가면으로 생각해야 한다. 남근은 내가 걸치고, 내 신체에 부착되지만 결코 내 신체의 '유기적 일부'가 되지 않는, 즉 비통합적인, 과잉적인 보충으로 영원히 튀어나와 있는 '신체 없는 기관'이다. (⋯⋯)
>
> '상징적 거세'는 다음과 같은 물음에 대한 대답이다. 신체적 심연으로부터 표면 사건으로의 이행을, 즉 의미-효과가 출현하려면 신체적 심연의 수준에서 일어나야만 하는 파열을 어떻게 파악해야 할까? 요컨대 의미의 '유물론적' 발생을 어떻게 설명할 것인가? 물질로부터 그것의 '창발적 속성'으로서의 성신의 출현이라는 이 문제는 들뢰즈가《의미의 논리》에서 고군분투하는 문제이다. 이러한 물음을 던지는 것은 변증법적 유물론의 문제 틀로 진입하는 것이다. (⋯⋯) 오직 변증법적 유물론만이 의미라는 효과, 사건으로서의 의미를 실체론적 환원 없이 그 나름의 특정한 자율성 속에서 사유할 수 있다.[21]

"상징적 거세"라는 개념이 상당히 두드러지게 부각되고 있습니다.

이 개념은 라캉에 의거한 것일 텐데, 지제크가 알기 쉽게 설명하고 있습니다. 사실 지제크는 들뢰즈가 비판해 마지않은 라캉에게 많이 의존하고 있습니다. 사회적인 약호를 비롯한 각종 코드 체계에 의해 나에게 부가된 "그것들은 직접적으로 존재하는 나와 내가 행사하는 기능 사이에 간극을 도입한다"는 것입니다.

여기에서 "직접적으로 존재하는 나"가 "내가 행사하는 기능"에 의해 거세된다는 것인데, 이렇게 되면 마치 "상징적 거세"가 사회관계에 의해 진정한 나의 존재, 즉 하이데거적인 의미의 실존을 거세하는 것을 일컫는 것처럼 됩니다. 그런데 이 "상징적 거세"에서의 "내가 행사하는 기능"을 곧이어 "남근"과 연결해서 설명하면서 그 "남근"이야말로 "과잉적인 보충으로 영원히 튀어나와 있는" "신체 없는 기관"이라고 말하고 있습니다. 그렇다면 "신체 없는 기관"이 "직접적인 나의 존재"를 상징적으로 거세하는 역할을 하는 셈입니다. 그 세밀한 구조적인 내용은 복잡해서 지금 우리로서는 정확하게 이해할 수 없습니다.

그런데 지제크는 "신체적 심연으로부터 표면 사건으로의 이행을, 즉 의미-효과가 출현하려면 신체적 심연의 수준에서 일어나야만 하는 파열"을 어떻게 이해할 것인가에 대한 대답을 요청하면서, 그 대답으로 "상징적 거세"를 제시합니다. 여기에서 말하는 "신체적 심연"은 "직접적으로 존재하는 나"와 암암리에 등치가 되면서 아무래도 들뢰즈가 말하는 "기관들 없는 몸"을 은근히 지칭하는 것이라고 해야 할 것입니다. 그렇다면 들뢰즈가 밝히고자 애쓴 사건이 갖는 의미의 효과는 "상징적 거세", 즉 도무지 몸으로 통합되지 않으려고 하는 "과잉적인 보충으로 영원히 튀어나와 있는 신체 없는 기관"인 "남근"에 의거해서 가능한 것으로 보아야 한다는 것이겠습니다. 이는 지제크가 마치 '들뢰즈 당신이 사건이 갖는 의미의 효과 발생을 제대로

설명하기 위해서는 당신이 싫어하는 라캉적인 정신분석학의 구도를
도입하지 않으면 안 된다'고 주장하는 것처럼 들립니다.

그리고 이를 "의미의 유물론적 발생"을 제대로 해명하려면 "변증
법적 유물론의 문제 틀"을 도입해야만 한다는 것으로 정돈하고 있습
니다. 프로이트·라캉의 정신분석학적인 문제 틀을 도입하는 것이 어
떻게 해서 마르크스·레닌의 변증법적 유물론의 문제 틀을 도입하는
것과 직결되는지 정확하게 이해할 수는 없습니다만, 결론적으로 지
제크가 들뢰즈의 "기관들 없는 몸"이라는 개념을 뒤집어 "신체 없는
기관"이라는 개념을 안출한 것은 바로 이러한 '정신분석학적인 변증
법적 유물론'을 그 나름으로 정립하기 위한 조처였다고 할 것입니다.

그렇다면 유물론적인 입장은 왜 필요하며 또 어떻게 힘을 발휘하
는가, 특히 들뢰즈의 철학에 대해 어떻게 비판적인 성과를 거둘 수
있는가가 문제로 나서게 됩니다.

> 유물론적 해결책은, 사건은 존재의 질서 속으로의 그것 자체의 각인,
> 존재가 결코 일관적인 전체를 형성할 수 없게 만드는 존재의 질서 속의
> 절단/파열 이외에 아무것도 아니라는 것이다. (……) 사건은 존재의 공
> 간에 각인됨으로써 그 공간을 만곡시키는 것이 아니다. 오히려 사건은
> 존재의 공간의 이러한 만곡 이외에 아무것도 아니다. "존재하는 모든
> 것"은 존재의 틈새, 존재의 비-자기 일치, 즉 존재의 질서의 존재론적인
> 비폐쇄이다. 이것이 존재론적 층위에서 뜻하는 바는, 일관성 있는 유일
> 한 존재론(존재의 과학)으로서의 수학(순수 다양체 이론)이라고 하는 바디
> 우의 개념을 궁극적으로 거부해야 한다는 것이다. (……) 이런 다양체
> 개념에 맞서 우리는 일자를 그 내부로부터 분리하는 간극을 궁극적인
> 존재론적인 소여로서 단언해야 한다.[22]

여기에서 "존재가 결코 일관적인 전체를 형성할 수 없게 만드는 존재의 질서 속의 절단/파열"을 강조하는 것은 들뢰즈의 존재론적인 입장을 대표하는 "존재의 일의성"과 이를 나타내는 "거대한 전일 자로서의 잠정성(virtualité comme Un-tout)"을 근본적으로 비판함으로써 존재 자체에서 부정의 위력을 끄집어내고자 하는 것입니다. 그래서 "'존재하는 모든 것'은 존재의 틈새, 존재의 비-자기 일치, 즉 존재의 질서의 존재론적인 비폐쇄이다"라고 말하고, "이런 다양체 개념에 맞서 우리는 일자를 그 내부로부터 분리하는 간극을 궁극적인 존재론적인 소여로서 단언해야 한다"라고 말하는 것입니다.

그런데 이러한 자신의 "유물론적인 해결책"을 위해 심지어 자신이 들뢰즈를 공격하면서 확실한 우군으로 삼았던 바디우의 주장마저 거부해야 한다고 말하고 있습니다. 물론 존재론적인 차원에서의 이야기이기에 맥락이 다르긴 합니다. 바디우가 말한 "일관성 있는 유일한 존재론(존재의 과학)으로서의 수학(순수 다양체 이론)"을 거부하지 않으면 이른바 "상징적 거세"를 일으키는 "남근"에 의거한 사건의 의미 효과에 대한 제대로 된 유물론적인 해결책을 제시할 수 없다는 것입니다. 여기에서 지제크의 존재론을 일별할 수 있는데, 그 핵심은 "사건은 존재의 공간의 이러한 만곡 이외에 아무것도 아니다"라는 언명입니다. 존재에서 사건이 일어나는 것이 아니라, 존재 자체의 근본 구조에 사건화가 이미 아로새겨져 있다는 것입니다.

다만 여전히 이해되지 않고 남는 문제는 "이런 다양체 개념에 맞서 우리는 일자를 그 내부로부터 분리하는 간극을 궁극적인 존재론적인 소여로서 단언해야 한다"라고 했을 때, 그 "다양체"와 "내부로부터 자신을 분리하는 간극을 지닌 일자"가 어떻게 다른가 하는 것입니다. 존재 자체에 간극이 있다면 존재 자체가 처음부터 다양체인 것 아닌가 하는 생각을 하지 않을 수 없기 때문입니다. 그렇다면 지제크가 볼 때 "다양체"는 그 자체에서부터 간극을 지닌 존재를 지칭하는 것이 아니라, 일의적인 전일자여서 그 자체에 간극을 지닐 수 없는 존재가 분화를 일으켜 파생적으로 생겨난 이차적인 것임에 틀림없습니다. 만약 그렇다면 지제크의 이야기를 어느 정도 이해할 수 있을 것입니다.

지제크의 사회철학적 사유의 바탕은 분명 반(反)자본주의입니다. 그런데 자신의 이러한 사유를 뒷받침하기 위해 마르크스·레닌주의의 유물론을 다시 요청합니다. 그리고 그것을 철학적 담론, 특히 지성계를 '호령하는' 것으로 여겨지는 들뢰즈와 푸코 등, 역시 반자본주의적인 사회철학을 공격함으로써 그 나름대로 '담론적 지성'에서의 승리를 노리는 것으로 여겨집니다.

이러한 지제크의 담론 행위를 목도하면서 결국 '담론적 지성계에서의 투쟁'을 거론할 수밖에 없다는 것은 일종의 비극입니다. 지성적인 담론의 전개가 억압적으로 작동하는 거대하고 복잡한 자본주의의 현실을 뒤집는 데 그다지 구체적인 힘을 발휘하지 못하고, 자기 재귀적인 순환을 거듭함으로써 일시적인 '청량제' 같은 역할을 하는 것에 불과하다고 여겨지기 때문입니다.

그래서 지제크의 이러한 '전투적인' 담론적 투쟁을 보면서 오히려 푸코의 '권력-지식 연계론'을 되새기게 됩니다. 반자본주의적 각종 담론을 생산하도록 하면서 한껏 허용하는 현실 사본주의의 심층에서의 보편적·포괄적 권력을 떠올릴 수밖에 없기 때문입니다.

24장

아감벤: 호모 사케르, 생명정치적 주체

1. 들어가는 말

전번 시간에 살핀 바 있는 지제크는 그의《신체 없는 기관》에서 다음과 같은 말을 합니다.

어쩌면 오늘날 호모 사케르의 시대에 우리가 선택할 수 있는 것 가운데 하나는 법 바깥에 있는 영역에서 자기 조직화된 집단들의 흐름을 추구하는 것인지도 모른다.[1]

여기에서 지제크는 우리가 살고 있는 오늘날의 시대를 일컬어 "호모 사케르의 시대"라고 말하고 있습니다. 그런데 "호모 사케르"라는 개념을 현대적으로 되살린 인물이 바로 이탈리아의 사상가 조르조 아감벤(Giorgio Agamben, 1942년생)입니다. 아감벤이 쓴《호모 사케르》의 국역본 뒤표지에 지제크가 쓴 〈'호모 사케르'에 대한 서평〉의 일부가 실려 있습니다. 거기에서 지제크는 "'호모 사케르'라는 개념은, 9·11 이후 제기되었던 인간의 존엄과 자유라는 현대적 개념의 기본적인 요소들을 다시 사고하라는 요청을 이해할 수 있게 해준다"라고 말합니다. 여기에서 우리는 아감벤에 대한 지제크의 애정 어린 옹호를 엿보게 됩니다. 이를 참고하면서 아감벤의《호모 사케르》에 실린 사상을 생각해보기로 합시다.

조르조 아감벤은 최근 몇 년에 걸쳐 세계적인 사상가로 알려지기 시작했습니다. 그의 주저《호모 사케르: 주권 권력과 벌거벗은 생명(Homo Sacer: Il potere sovrano e la nuda vita)》(1995)[2]의 국역본 표지 날개에서는 그에 대해 이렇게 소개합니다.

1942년 로마 태생으로 로마 대학에서 법학을 전공, 프랑스의 철학자 시몬 베유의 정치사상을 주제로 박사 학위를 받았다. 학창 시절 당대 이탈리아 문학계의 '전위'였던 피에르 파올로 파솔리니, 엘사 모란테, 알베르토 모라비아가 주도한 지식인 서클과 교류하였으며, 아비 바르부르크와 발터 베냐민이라는 걸출한 (미학) 사상가들을 사숙했다. 동시에 프랑스 남부 토르에 위치한 시인 르네 샤르의 별장에서 1966년과 1968년 여름에 열린 하이데거의 세미나에 참여하는 등 그의 사유에는 하이데거의 그림자가 짙게 드리워져 있다. 이어 1970년대 후반 이후 자크 데리다, 질 들뢰즈, 장 뤽 낭시, 알랭 바디우 및 안토니오 네그리 등 프랑스의 지식계와 본격적으로 교류하기 시작했다. 9·11 테러 이후 부시 정부가 도입한 외국인 지문 날인 조치에 항의하면서 일체의 미국 방문을 거부하고 있다. 이 '호모 사케르' 연작 시리즈 이외에 20여 권의 저술이 있으며 이탈리아어판 베냐민 전집 편집자로 유명하다.

그런가 하면 온라인 집단 지성 사전인 '위키피디아'에는 이렇게 소개되어 있습니다.

조르조 아감벤은 "예외 상태"와 "호모 사케르"라는 개념을 연구한 저작으로 널리 알려진 이탈리아의 자율주의 철학자(autonomist philosopher)이다. 아감벤은 베네치아의 IUAV 대학, 파리의 철학국제대학, 그리고 스위스의 사스피에 있는 유럽 대학원 등에서 가르치고 있다. 그 전에 그는 이탈리아에 있는 마체라타 대학과 베로나 대학에서 가르쳤다. 또한 그는 미국의 캘리포니아 대학, 버클리 대학, 노스웨스턴 대학, 그리고 독일의 뒤셀도르프에 있는 하인리히 하이네 대학 등에서 방문 교수로서 초청받기도 했다. 아감벤은 2006년 유럽에서 최고의 저술 작업임을 인정하는 '샤를 베이옹 유럽 논설 대상(the Prix Européen de l'Essai Charles Veillon)'을 받기도 했다.

그의 저작 대부분은 영어, 프랑스어, 독일어, 에스파냐어, 포르투
갈어 등으로 번역되어 있다고 합니다. 국내에도 그의 저작이 많이 번
역되어 있는데,《예외 상태》,[3]《세속화 예찬: 정치 미학을 위한 10개의
노트》,[4]《유아기와 역사: 경험의 파괴와 역사의 근원》,[5]《목적 없는 수
단: 정치에 관한 11개의 노트》,[6]《장치란 무엇인가? 장치학을 위한 서
론》,[7]《남겨진 시간》[8] 등이 있습니다. 그리고 알랭 바디우, 다니엘 벤
사이드(Daniel Bensaïd), 웬디 브라운(Wendy Brown), 장 뤽 낭시 등의 글
과 함께 아감벤의 글이 들어 있는《민주주의는 죽었는가: 새로운 논
쟁을 위하여》[9]가 있습니다.

이 중에서 아감벤의 철학 사상을 이해하는 데 가장 중요한 책은
《호모 사케르》와《예외 상태》일 것 같습니다. 오늘은《호모 사케르》
를 중심으로 아감벤의 '생명정치 철학'이라고 요약해서 부를 수 있을
것 같은 그의 존재론에 의거한 정치철학을 살펴보기로 합시다.《예외
상태》는《호모 사케르》에서 이미 많이 지적되고 있는 '예외' 문제를
더욱 치밀하게 연구해서 따로 저술한 책인 것 같습니다. 필자는 아
직 읽지 못했습니다.

2. 접근을 위한 기본적인 사유

철학적인 사유가 제대로 현실성을 갖추려면 당연히 사회·정치에 관
련된 내용을 깊이 있게 접근해서 철학적으로 그 근본적인 원리와 성
격 및 구조를 밝혀야 합니다. 하지만 필자로서는 아직 전혀 자신이
없다고 해도 과언이 아닙니다. 그런데 오늘 다루고자 하는 아감벤의
사상은 사회적·정치적 문제를 특수하게 다룹니다.

그런데 정치라는 것이 무엇인지를 묻게 되면 정확하게 대답하기

가 결코 쉽지 않습니다. 더군다나 정치가 구성될 수 있는 근본적인 구조가 무엇인지를 함께 묻게 되면 대답하기가 더욱 어려워집니다. 정치를 단순히 권력관계라고 말할 수는 없습니다. 이미 살펴본 것처럼, 미셸 푸코는 "권력관계의 미시망"을 제시하면서 그것들이 이른바 "생체 권력"으로서 심지어 세포 하나하나에 기입된다고 했습니다. 이에 따르면, 정치가 기초한 바탕에는 "생체(生體)"라는 문제가 상당히 중요하게 자리하고 있는 셈입니다. 우리는 흔히 정치가 법을 만드는 것이라고 여깁니다. 그래서 의회에서 일하는 사람들을 흔히 '정치인'이라고 합니다. '대통령령'이라는 말에서 알 수 있듯이, 이런 입법으로서의 정치라는 뜻을 생각할지라도 대통령 역시 법을 만들기 때문에 정치인입니다. 현실적으로는 법을 벗어나서는 정치, 즉 권력관계를 의미 있게 운위하는 것이 불가능합니다. 법은 일체의 인간관계, 특히 권력관계를 중심으로 해서 현실적인 모든 인간관계 속으로 깊숙이 파고들어, 심지어 내가 어떤 법을 테두리로 삼아 살고 있는지를 알 수 없도록 합니다.

이렇게 강력한 힘을 가진 법을 만들 수 있는 사회구조적인 바탕은 과연 무엇인가요? 특히 국가라고 하는 그 배후의 힘은 근본적으로 어떻게 성립되는 것인가요? 근대의 계약론자들의 말처럼 계약에 의거한 것인가요? 그렇다면 우리가 언제 계약을 하기라도 한 것인가요? 예컨대 1948년 7월 17일에 대한민국 헌법을 제정할 때, 그런 헌법을 제정하는 데 필요한 국회의원들을 뽑는 선거에 참여했을 뿐, 그렇게 해서 헌법을 만들자고 한 결정에 우리가 참여한 적이 없다는 것은 어떻게 된 것인가요? 현재 우리 대한민국 헌법의 제1조 2항은 "대한민국의 주권은 국민에게 있고, 모든 권력은 국민으로부터 나온다"라고 되어 있습니다. 그런데 이 주권의 정체는 과연 무엇일까요? 혹시 그야말로 하나의 기표적인 표지에 불과한 것은 아닐까요? 흔히

들 우리가 가장 역겨워하는 정치인들의 발언, "……을 국민들이 원합니다"라고 하는 말처럼, 단 한 번도 동의한 적이 없는데도 나를 싸잡아서 그들의 입장을 정당화하는 허울로 삼을 때 성립하는 그 기표적인 표지에 불과한 것은 아닌가 하는 것입니다. 요컨대 주권이라는 것이 어떻게 성립하고 어떻게 작동하며, 그럼으로써 오히려 주권을 지닌 국민들을 어떻게 지배하는가 하는 것을 충분히 의제로 삼을 수 있습니다.

아감벤의 정치사상에서 중핵이 되는 것이 바로 이 '주권'이라는 개념입니다. 특히 "호모 사케르"를 둘러싼 그의 정치사상은 주권이 성립하려면 과연 어떤 사회적 조건이 마련되어야 하는지를 밝히는 것이라고 해도 과언이 아닙니다.

3. 호모 사케르와 주권

아감벤 사상의 핵심 개념인 "호모 사케르"는 바로 이러한 '주권'과 대립적인 위치에 놓여 있습니다. 그에 따르면, 주권은 호모 사케르가 없이는 작동할 수 없습니다. 그리고 주권이 없이는 호모 사케르가 성립할 수 없습니다. 모호한 것 같으면서도 필연적으로 상관되는 이 양자 간의 관계를 역사 전체의 흐름 속에서 파악해내고, 그 바탕에서 오늘날의 전 지구적인 정치 상황을 아울러 조명하고자 하는 것이 아감벤의 강력한 저작인 《호모 사케르》라고 할 수 있습니다. 우선 그는 이 책의 저술 의도를 이렇게 밝히고 있습니다.

이 책의 주인공은 바로 벌거벗은 생명이다. 살해는 가능하되 희생물로 바칠 수는 없는 생명(vita uccidibile e insacrificabile), 즉 호모 사케르(homo sacer)의 생명으로서, 우리는 그것이 현대 정치에서 어떻게 본질적으로 작동하고 있는지를 보여주려고 한다.[10]

아감벤의 이 언명에 따르면, "벌거벗은 생명"이 곧 "호모 사케르"인 셈입니다. 그런데 굵은 글씨로 된 대목이 어렵습니다. 더군다나 그것이 현대 정치에서 본질적으로 작동하는 근본 요인이라는 지적을 염두에 두면 더욱 어려워집니다. 이를 이해하기 위해서는 책을 크게 건너뛰어 '제2장 호모 사케르'로 넘어가야 합니다. 아감벤은 이 개념을 고대 로마법에서 찾아냅니다.

페스투스는 논집 《말의 의미에 대해》의 '성산(聖山)'이라는 항목에서 고대 로마법 속에서 신성함이 최초로 인간의 생명 자체와 결부되고 있는 형상에 대한 기억을 우리에게 전해주고 있다. (……) '호모 사케르란 사람들이 범죄자로 판정한 자를 말한다. 그를 희생물로 바치는 것은 허용하지 않지만 그를 죽이더라도 살인죄로 처벌받지는 않는다.'[11]

고대 로마의 관행에서 보자면, 호모 사케르는 죄로 오염되었기 때문에 희생 제물로 바칠 수 없는 존재이고, 그뿐만 아니라 누가 그 사람을 죽인다고 해서 살인죄가 적용되는 것도 아닌 기이한 존재입니다. 그러고 보니, 호모 사케르란 참으로 묘한 존재의 인물이 아닐 수 없습니다. 그냥 사형을 시키면 될 터인데, 살려주면서 이런 묘한 단서를 붙여놓았다는 것이지요. 이는 일종의 추방이고 유배이며, 달리 말하면 디아스포라입니다.

그런데 아감벤은 이런 기묘한 존재에게서 '신성함'을 찾습니다. '사케르'라는 말이 바로 '신성한'이라는 뜻을 가진 것이니까요. 그러면서 고대의 습속이나 법에서 신성함과 불결함이 이중적으로 양가성(兩價性)을 띠고서 통일되어 있다는 점을 지적하고, 이를 바탕으로 나름의 사상을 펼치는 많은 철학자를 거론하면서 비판합니다. 조르주 바타유, 윌리엄 로버트슨 스미스(William Robertson Smith), 앙리 위베르(Henri Hubert)와 마르셀 모스(Marcel Mauss), 에밀 뒤르켐, 지그문트 프로이트, 클로드 레비스트로스 등의 걸출한 인물들이 제시한 여러 복잡한 설명을 검토한 뒤, 결국에는 이렇게 말합니다.

> 신성함이라는 일반적인 종교적 범주가 지닌 이른바 양가성을 가지고서는 '사케르'라는 용어의 가장 오래된 의미가 가리키고 있는 법적·정치적 현상을 설명할 수 없다. 그와 반대로 정치적인 것과 종교적인 것의 영역 각각에 대한 세심하고 공평한 구획만이 양자가 착종되면서 복잡한 관계를 맺어온 역사를 이해하도록 해줄 것이다. 여하튼 중요한 점은 호모 사케르에서 나타나는 근원적인 법적·정치적 차원은, 과학적 신화소(神話素), 즉 아무것도 설명하지 못할뿐더러 그것 자체가 오히려 설명되어야 할 그 어떤 과학적 신화소에 의해서도 지워지지 않는다는 점이다.[12]

"호모 사케르"에 '신성한'이라는 말이 들어 있다고 해서 "신성함"이라는 종교적인 의미의 양가성만으로는 "호모 사케르"에 스며들어 있는 법적·정치적 차원의 현상을 설명할 수 없다고 말하고 있습니다. '신성함'에 대한 종교적인 양가성은 주로 '신성함'과 '불결함', '신성함'과 '저주받음', '길(吉)함'과 '불길함', 또는 그에 따른 '숭배'와 '공포'가 하나로 결합되어 동전의 양면처럼 작동한다는 것입니다. 요컨대, '신성함'은 그 자체로 모순된 특성들을 갖추고 있어 수수께끼 같은 형상으로 작동하는데, 특히 19세기 말엽에 인류학이 탄생하면서 '신성함'을 둘러싼 여러 개념이 "즉각적인 인식 가능성을 잃어버리고 마치 텅 빈 용어들처럼 모순적인 의미를 잔뜩 떠맡게" 되었다는 것입니다.

하지만 아감벤은 종교적인 영역과 정치적인 영역을 공평하게 구획을 지어야 한다고 역설합니다. 그 이유는 신성함을 둘러싼 종교현상을 인류학적으로 분석하여 과학소(科學素)라고 일컬을 수 있는 근본 개념들을 추출해낸다고 해서 저 로마 시대부터 기묘한 의미를 띠고서 전승되어온 "호모 사케르"의 제대로 된 의미를 해석해낼 수 없고, 오히려 "호모 사케르"에서 "법적·정치적 차원"이 근원적으로 작동한다는 점을 적발해낼 때, 그때 비로소 "호모 사케르"의 의미를 제대로 밝힐 수 있다는 것입니다.

한마디로 아감벤은 "호모 사케르"에 관련된 그동안의 종교학적·인류학적 접근은 "호모 사케르"뿐만 아니라 "사케르", 즉 '신성함'이라는 것이 지닌 근본적 의미, 즉 법적·정치적 의미를 오히려 왜곡하여 덮어왔기 때문에 길을 잘못 들어선 것이라고 합니다. 따라서 법적·정치적 측면에서 "호모 사케르"에 접근함으로써 그 진정한 의미를 밝혀내야 할 뿐만 아니라, 거꾸로 그렇게 "호모 사케르"를 분석함으로써 법적·정치적 영역의 근본적인 현상을 제대로 이해할 수 있는 길이 열린다는 것입니다.

하지만 아감벤은 아무래도 '신성함'이라는 개념에 얽혀 있는 종교적인 함축을 도외시할 수 없음을 인정합니다. 그러나 '신성함'은 근본적으로 종교적인 차원에 머문 현상이 결코 아님을 계속 역설합니다. 이와 관련된 아감벤의 중요한 이야기는 이렇습니다.

> 봉헌은 보통 어떤 대상을 인간의 법에서 신의 법으로, 속세의 것을 신성한 것으로(파울러, 《로마사 논집》, p. 18) 옮겨놓는 반면, 호모 사케르의 경우에는 어떤 사람이 신의 법의 영역으로 들어가지도 못하면서 간단

하게 인간의 법정 밖으로 내쫓긴다. (……) 신성화란 인간의 법과 신의 법, 그리고 종교적인 것의 영역과 세속적인 것의 영역 모두로부터 이중적인 예외의 형태를 취하게 될 것이다. 이러한 이중적 예외가 그리는 위상학적 구조는 이중적 배제의 구조이자 이중적 포섭의 구조로서, 주권적 예외의 구조와 유사한데, 그 유사성은 단순한 유사성의 차원의 것이 아니다. (……) 법이 주권적 예외 상태에 대해 더 이상 자신을 적용하지 않고 그것으로부터 물러남으로써〔오히려〕그 예외 상태에 적용되듯이, 호모 사케르 역시 희생물로 바칠 수 없음의 형태로 신에게 바쳐지며 또한 죽여도 괜찮다는 형태로 공동체에 포함된다. 희생물로 바칠 수는 없지만 죽여도 되는 생명이 바로 신성한 생명이다.[13]

"이중적 배제의 구조이자 이중적 포섭의 구조"라는 말이 핵심입니다. 이는 아감벤의《호모 사케르》라는 책을 읽으면서 반복해서 확인하게 될 정도로 핵심입니다. 누가 다른 누구에게 저지른 행위에 대해 재판을 할 때 그 전제는 그 행위를 한 자뿐만 아니라 그 행위의 대상이 되는 자도 공동체에 포섭된 것이겠지요. 그런데 어떤 행위를 했는데 그 행위가 재판의 대상이 되지 않는다면, 그 행위를 한 자나 그 행위의 대상이 되는 자 모두 예외로서 공동체에서 배제된 것이겠지요. 그러나 사회적으로 보면 그렇게 예외로서 배제해버릴 필요가 있기 때문에 배제해버렸을 것입니다. 배제해버릴 필요가 있다는 점에서, 배제를 수행하는 사회 공동체는 그 배제된 자들을 배제하는 방식으로 다시 끌어들여 포섭하고 있다는 것입니다. 언뜻 보기에는 말도 안 되는 역설 같지만, 대단히 논리적인 분석입니다.

아무튼 신성한 생명인 호모 사케르가 그 대표적인 경우라는 것이지요. 공동체에서 배제하면서 포섭하는 대상이 바로 "호모 사케르"라는 것입니다. 따라서 "호모 사케르"는 근본적으로 "법적·정치적 현상"이라는 것입니다.

중요한 것은 법이 바로 이러한 "이중적 배제의 구조이자 이중적 포섭의 구조"를 띠고 있다는 것입니다. 이는 근원적으로 볼 때, 주권에 의거한 것이 법이고, 따라서 그런 주권과 법에 대해 다시 주권과 법을 적용할 수는 없다는 사실에서 출발합니다. 말하자면 주권과 법 자체는 "주권적인 예외"에 해당된다는 것입니다. 이에 관해서는 '제1장 주권의 논리'에서 충분히 개진된 내용입니다. 되돌아가 그 핵심 대목만 빼내어 살펴봅시다.

> 주권의 구조를 규정하는 예외는 이보다 훨씬 복잡하다. 여기서 외부에 있는 것은 단지 금지나 억류를 통해 포함되는 것이 아니라, 법질서의 효력을 정지시킴으로써, 그러니까 법질서가 예외로부터 물러나고 그 예외를 내버리도록 함으로써 포함된다. 예외가 규칙에서 벗어나는 것이 아니라 오히려 규칙이 스스로의 효력을 정지시킴으로써만 예외를 창출한다. 즉, 예외와의 관계를 유지함으로써만 비로소 자신을 규칙으로 만들 수 있는 것이다. 법 특유의 '효력'이란 바로 외부와의 관계를 유지할 수 있는 이러한 능력에서 비롯된다. 무언가를 배제시킴으로써만 그 무언가를 포함하는 이런 극단적인 형태의 관계를 예외 관계라고 부르도록 하자.[14]

결코 쉽게 이해될 수 있는 대목은 아닙니다. "호모 사케르"는 다른 사람이 그를 죽이더라도 법의 적용을 받지 않는다고 했습니다. 그렇다면 이때 법은 "호모 사케르"라는 예외에 대해 자신의 효력을 중지시킨 것이지요. 그런데 그렇게 자신을 중지시키지 않으면 안 되는 예외가 있어야만 법이 제대로 성립하고, 주권도 제대로 성립한다는 것이 아감벤 나름의 독창적인 통찰입니다. 그래서 이렇게 이야기됩니다.

> 주권적 예외란 (자연과 법 사이의 비식별역으로서) 법 적용의 정지라는 형
> 태로 법이 적용되기 위한 전제 조건을 이룬다.[15]

대대적인 혁명을 통해 사회 전체를 전복시켜 새로운 사회를 만들
고자 할 때, 여기에서 아감벤이 말하는 "주권적 예외"가 얼마나 근본
적인 정치적 구조인가가 드러날 것입니다. 중요한 것은 그런 혁명 이
후의 일입니다. 혁명을 통해 새롭게 구축되어 안정된 형태를 취하고
있는 사회에서도 근본적으로는 그런 "주권적 예외", 즉 "호모 사케
르"가 없이는 주권이 작동할 수 없는 상태가 이미 늘 주권의 바탕으
로서 작동하고 있다는 것이 아감벤의 생각입니다. 이를 설명하기 위
해 아감벤은 발터 베냐민의 생각을 이렇게 소개합니다.

> 발터 베냐민은 제1차세계대전 직후에 이미 여전히 현재성을 갖고 있는
> 말로 이러한 경향(즉, 제헌적 권력의 초법적인 주권적인 예외를 무시하고 헌법 개
> 정 권력으로 축소시키고 헌법을 탄생시킨 권력을 법 이전의 것 혹은 순수하게 사실
> 적인 것으로 간주해버리는 경향)을 비판한 바 있는데, 그는 제헌적 권력과
> 제정된 권력 사이의 관계를 법 제정적 폭력과 법 보존적 폭력의 관계로
> 제시했다. "합법적인 제도 속에 폭력이 잠복해 있다는 점에 대한 지각
> 이 사라지면 사법제도는 몰락하게 된다. (……)"(베냐민, 〈폭력 비판론〉, pp.
> 190~191)[16]

아닌 게 아니라 제헌적 권력은 참으로 묘한 권력입니다. 이 제헌
적 권력은 헌법이 없는 상태에서 맨 처음 일체의 법 이전의 법이자
모든 법의 모법(母法)인 헌법을 만드는 권력입니다. 따라서 그것은 당

연히 폭력적이지 않을 수 없습니다. 철저히 "호모 사케르"와 같은 "예외 상태", 즉 법이 없기에 죽여도 살인죄로 법을 적용할 수 없는 "주권적 예외 상태"에서 작동하는 권력이기 때문입니다. 그리고 혁명은 항상 죽여도 살인이 되지 않는 예외 상태를 극적으로 끌어올리는 것이라고 할 수 있지요. 예컨대 한창 리비아에서 민주주의 혁명이 일어나고 있었을 때 리비아의 독재자인 카다피(Muammar al Qaddafi)를 죽이면 그것이 살인일까요? 프랑스 대혁명 당시 루이 16세를 죽이는 것, 러시아 사회주의 혁명에서 러시아의 차르를 죽이는 것, 그것들은 법적으로 살인이라고 할 수 없습니다. 그렇다면 박정희를 죽인 김재규는요? 어렵습니다. 쿠데타를 통해 집권한 신군부가 김재규를 재판했으니까요. 아감벤이 주장하는 것은 흔히 우리가 신성하다고 여기는 국가의 주권이 바로 이런 예외 상태를 바탕으로 해서 성립한 것이고, 여전히 그런 예외 상태에 놓여 있음으로써만 성립한다는 것입니다. '불길하고 더럽고 위험하고 공포스러운 폭력'이 곧바로 주권이라는 '신성함'의 바탕이 된다는 것입니다. 이에 우리는 아감벤이 왜 '신성함'에 대해 종교적인 접근보다는 법적·정치적 접근이 훨씬 더 근본적이라고 여기는지를 어느 정도 이해하게 됩니다.

그런데 아감벤은 이러한 법과 주권에 관련된 예외 상태의 문제를 아리스토텔레스의 그 유명한 "잠재성"과 "현실성"의 문제 틀을 끌어들여 존재론적으로 이해하고자 합니다.

> "영향 받음도 간단한 문제가 아니다. 한편으로 그것은 상반된 원리에 의한 일종의 소멸을, 다른 한편으로는 현실적인 것 혹은 그와 유사한 것에 의한 잠재적인 것의 보존(구원)을 의미한다. (……)"《영혼론》, 417b, 2-16)

아리스토텔레스는 잠재성의 가장 진정한 본질을 이렇게 기술함으로써 사실상 주권의 패러다임을 서양철학에 남겼다. (……) 주권이란 항상 이중적이다. 왜냐하면 존재가 절대적 현실성(즉, 자신에 고유한 잠재성 이외의 무엇도 전제하지 않는 그런 현실성)을 실현하기 위해 추방령(혹은 내버림)과의 관계 속에서 잠재성으로서 유지되면, 존재 자체가 중지되기 때문이다. 궁극적으로 보자면 순수한 잠재성과 순수한 현실성은 구분되지 않으며, 이러한 비식별역(아리스토텔레스의 《형이상학》에서 그것은 '사유에 대한 사유'의 형상, 즉 오로지 사유할 수 있는 자신의 잠재성만을 실제로 사유하는 그러한 사유에 대응한다)이 바로 주권자이다.[17]

주권이란 순수한 잠재성과 순수한 현실성이 구분되지 않는 데서 성립한다는 것이지요. 존재하는 모든 것은 서로 영향을 주고받음으로써 각자의 잠재성을 현실적인 것으로 바꾸어냅니다. 그런데 그 과정에서 다른 것들의 영향에 의해 자신의 잠재성이 실현되지 않고 엉뚱한 것들만 실현된다면, 본래적인 잠재성은 실현되었다고 할 수 없겠지요. 그러니까 현실적으로 존재하는 모든 것은 그 현실성을 통해 오히려 자신의 잠재성을 한껏 보존한 것이 아니면 안 되는 것이지요. 그러나 그러려면 자신이 아닌 것들을 자신에게서 추방해버려야 하겠지요. 그런데 그렇게 되면 현실적인 존재를 중지할 수밖에 없는 것이지요. 현실성이란 반드시 자신의 본래적인 잠재성 외에 다른 것들을 함께 수반하지 않고서는 성립할 수 없기 때문입니다. 하지만 원리적으로는 그렇게 다른 것들을 추방함으로써만 순수한 자신을 유지할 수 있다는 것입니다. 이를 아감벤은 "존재의 주권"이라고 일컫습니다. 간단히 말하면, 잠재적인 본질에 있어서는 자기 아닌 타자를 배제하지 않으면 안 되고, 동시에 현실성에 있어서는 자기 아닌 타자를 자신 속에 포함시키지 않으면 안 되는 것이 존재라는 이야기입니다. 그래서 존재는 근본적으로 타자에 대한 배제와 그 배제를 통한 타자의 포섭이라는 모순을 관철하지 않을 수 없다는 것이지요.

주권자라는 것도 바로 이같이 이중적인 모순 관계 속에서만 유지된다는 것입니다. 정치에서 볼 때, 추방되면서 동시에 추방됨으로써 포섭되는 "호모 사케르"와 같은 존재가 없이는 주권 혹은 주권자가 성립할 수 없다는 것입니다. 아감벤은 카프카가 쓴 〈법 앞에서〉라는 우화의 내용이 이를 잘 말해주고 있다고 하면서, 그 주인공인 시골 사람에 대해 이렇게 말합니다.

> 열린 문은 오직 시골 사람만을 위한 것으로, 그를 배제시킴으로써 그를 포함시키고 그를 포함시킴으로써 그를 배제한다. 그리고 바로 이것이 모든 법의 정점이자 근원이다. 《소송》에서 사제는 법정의 본질을 "법정은 네게 아무것도 원하지 않아. 네가 오면 널 맞이하고 네가 간다면 가게 내버려 두지"라는 공식으로 요약하고 있는데, 여기서 사제가 말하고 있는 것이 바로 노모스의 본래적인 구조라고 할 수 있다.[18]

노모스(nomos)는 피시스(physis, 자연)와 대비되는 '규범', 즉 법이지요. 문이 열려 있는데 들어갈 수 없는 상황, 시골 사람이 그 문을 통해 들어갈 수 없다는 것은 배제된 상태이고, 시골 사람을 위해 그 문이 열려 있다는 것은 시골 사람이 포함된 상황이지요. 이를 통해 노모스, 즉 법이 작동한다는 것인데, 아감벤은 이때 노모스는 "의미 없는 효력"을 발휘한다고 말하면서 주권적 추방령은 바로 이렇게 "효력은 가지지만 의미는 없는 법의 구조"를 띠고 있다고 말합니다.[19] 말하자면 의미에 관련해서 아무런 근거도 없으면서 효력을 발휘할 수 있는 것이 근본적으로 주권적인 법이라는 것입니다. 아감벤은 우리가 살고 있는 법적·정치적 차원의 영역을 대단히 특이하고 창의적인 논법으로 그 근본 구조를 파헤치고 있습니다. 그 근본 구조가 다름 아니라 "호모 사케르"의 구조인 것입니다.

희생 제의와 형법 모두를 초월해 자신의 고유한 영역으로 일단 되돌아
간 호모 사케르는 주권자의 추방령에 포섭된 생명의 근원적인 형상을
보여주며, 또한 정치적 차원이 최초로 구성되는 기반에 해당하는바 근
원적인 배제에 대한 기억을 보존하고 있다. (……) 주권의 영역은 살인
죄를 저지르지 않고도, 또 희생 제의를 성대히 치르지 않고도 살해가
가능한 영역이며, 신성한 생명, 즉 살해할 수는 있지만 희생물로 바칠
수는 없는 생명이란 바로 이러한 영역 속에 포섭되어 있는 생명을 말
한다.[20]

법적·정치적 차원이 어떻게 해서 "호모 사케르", 즉 "벌거벗은 생
명"을 근원적인 바탕으로 삼아 생겨났는지를 정확하게 정돈해내고
있습니다. 그렇기 때문에 아감벤은 정치란 근본적으로 "생명정치"일
수밖에 없다고 봅니다. 물론 이는 미셸 푸코가 조성한 개념을 그대로
이어받는 대목입니다. 이에 대한 예를 이렇게 들고 있습니다.

유대인 학살에 대해 '홀로코스트'라는 용어로 일종의 희생 제의적 아
우라를 부여하려는 시도는 무책임한 역사 기술적 맹목이라고 말할 수
있다. 나치 치하의 유대인은 새로운 생명정치적 주권의 특권적인 부정
적 준거였으며, 따라서 죽여도 처벌받지 않지만 희생물로 바칠 수는 없
는 생명을 대표한다는 의미에서 호모 사케르의 명백한 사례였다. 따라
서 앞으로 살펴보겠지만 유대인 살해는 사형 집행도 희생 제의도 아니
었으며, 유대인으로서의 조건 전체에 내재되어 있는 '살해 가능성'을 다
만 현실화시킨 것에 불과하다.[21]

'히틀러 총통'이라고 하는 "예외적인 주권자"와 유대인이라고 하는 "예외적인 호모 사케르"의 정면 대립이 동일한 것의 양 측면으로서 실현되었다는 것입니다. 이 아감벤의 설명에는 유대인이라는 존재가 유럽에서 암암리에 오랜 역사를 거쳐 "호모 사케르"로서의 잠재성을 지니고 있었다는 것을 말하고 있다고 하겠습니다. 그런데 중요한 것은 이러한 상황이 오늘날이라고 해서 없어진 것은 결코 아니라는 점을 이렇게 역설합니다.

> 만일 오늘날에는 명백하게 규정된 하나의 호모 사케르의 형상이 더 이상 존재하지 않는다고 말한다면, 그것은 아마도 우리 모두가 잠재적인 호모 사케르들이기 때문일 것이다.[22]

"아마도 우리 모두가 잠재적인 호모 사케르들이기 때문"이라는 문구가 눈에 확 띕니다. 특정한 호모 사케르가 현실적으로 명시되던 시대를 거쳐 호모 사케르가 잠재적으로 은폐되면서 모두를 배제와 포섭의 이중적 동시성을 띤 예외 상태로 가져가는, 이른바 호모 사케르의 보편화가 이루어지고 있다는 것입니다. 아감벤은 오늘날 세계 전체의 여러 국가가 마치 더 이상 흔들림 없어 안정된 구조를 갖춘 것처럼 해서 주권을 행사하지만, 그 틈틈이 온갖 유형으로 "호모 사케르"를 양산해내는 구조들이 작동하고 있다고 봅니다. 그렇지 않고서는 오늘날의 주권적인 영역이 제대로 작동할 수 없다는 것이지요. 그것은 법적·정치적 영역이 근본적으로 철저히 폭력, 특히 "벌거벗은 생명"에 대한 폭력을 바탕으로 해서 유지되고 있다는 것을 폭로하는 것이기도 합니다.

아감벤은 이러한 오늘날의 상황을 특히 '수용소'라는 개념을 통해 접근해서 분석하고자 합니다. 대표적인 수용소로는 나치하에서의 유대인 수용소를 들 수 있겠지만, 아감벤은 수용소를 드러내는 오늘날의 사례들을 이렇게 들고 있습니다.

1991년 이탈리아 경찰이 알바니아 불법 이민자들을 본국으로 송환하기 전에 임시로 수용했던 바리의 축구 경기장, 비시 정권이 유대인들을 독일로 돌려보내기 전에 집결시켜 두었던 장소인 벨디브, 바이마르 정부가 동유럽 출신의 유대인 피난민들을 집결시켜 놓았던 콧부스 질로프의 외국인 집단 수용소, 그리고 프랑스의 국제공항 내에 난민 지위를 인정받기를 희망하는 외국인들을 억류시키는 곳인 '대기 구역' 또한 마찬가지로 수용소에 해당한다.[23]

그러면서 수용소에 대해 이렇게 말합니다.

수용소는 예외 상태 — 주권 권력은 그것에 대한 결정 가능성 바로 그것에 기초한다 — 가 규범적으로 실현되는 구조이다. (……) 주권자는 그의 권력을 특징짓는 추방령의 은밀한 구조를 노출시킴으로써, 이제 예외에 대한 결정의 결과물인 실제 상황을 창출해낸다. 바로 이 때문에 주의 깊게 살펴보면 수용소에서는 법률문제와 사실문제가 더 이상 엄밀하게 구분되지 않으며, 또한 그러한 의미에서 수용소 안에서 벌어지는 일들의 합법성이나 불법성에 관한 모든 질문은 그저 무의미할 뿐이다. 수용소는 법과 사실의 혼합물로서, 그곳에서는 두 용어가 서로 구별되지 않는다.[24]

재일 동포 학자인 서경식 선생님이 쓰신 《디아스포라 기행: 추방당한 자의 시선》[25]이 떠오릅니다. 이 책을 쓴 서경식 선생님은 서승, 서준식이라고 하는 두 형을 둔 분이지요. 그의 두 형은 재일 동포였는데 고국으로 와 사람들을 모아 열심히 공부했다는 이유만으로 박정희 독재 정권 시절 간첩 운운하는 되지도 않는 누명을 쓰고 각각 19년, 그리고 17년씩이나 옥살이를 했던 분들입니다.

서경식 선생님의 이 책은 현실적으로 세상 어디에도 없는 '조선'이라는 나라의 국적을 고집하는 '조선적을 지닌 재일 조선인들'이 겪는 어려움, 즉 어디에도 속하지 않음으로써 가장 강력하게 국가 주권적인 폭력에 시달릴 수밖에 없는 '탈(脫)국적의 삶'에 대한 난감하기 이를 데 없는 기묘한 삶의 방식을 계기로 전 세계적으로 추방된 자들의 삶의 흔적을 찾아 기록한 기행문입니다. 아감벤의《호모 사케르》와 함께 읽었으면 하는 강력한 책입니다. 이 책을 읽으면 아감벤이 말하는 호모 사케르의 수용소가 얼마나 현대의 정치사를 짓누르고 있는가를 실감할 수 있을 것입니다.

4. 마무리

아감벤의 이 책이 주는 울림은 지제크의 책들을 구성하고 있는 복잡스러움으로써는 결코 줄 수 없는 종류의 것입니다. 무엇보다 비감함이 크게 감돌면서 철학적 사유의 실천적인 위력을 한껏 느끼게 합니다. 그 이론적인 정치(精緻)함과 관련 사례와 담론에 대한 철저한 독서의 폭과 적절한 인용 역시 무게를 더합니다. 그런 까닭에 오늘 여러분과 함께 간단하게 살펴보는 것으로 그칠 수 있는 책이 결코 아닙니다. 반드시 여러분이 직접 읽어보시기 바랍니다. 정말 구현하기 힘든 글쓰기, 즉 대단히 구체적이면서도 철학적으로 크게 깊이를 지닌 글쓰기가 어떻게 실현되는가를 몸소 경험할 수 있을 것입니다.

이제 '호모 사케르'라는 개념은 우리의 구체적인 삶을 근본에서부터 조명해주는 핵심 개념으로 자리 잡을 것입니다. 법적·정치적 차원의 삶의 기원을 사상사적·존재론적으로 밝혀냄으로써 흔히들 쉽게 정당화하거나 합법화하고 마는 현실 세계에 대해 언제든지 의문의 눈길을 던질 수 있게 할 것입니다. 그리고 어떤 지점에서부터 싸워나가야 하는 것인가를 가늠하는 데 크게 도움이 될 것입니다.

한 가지 덧붙이자면, 아감벤이 말하는 "주권적 예외 상태" 내지 "호모 사케르적인 예외 상태"라는 개념을 자본주의 체제에 적용할 수 있다는 생각입니다. 말하자면 자본은 주권적인 예외 상태에 해당하고, 인민들의, 특히 노동자 인민들의 생명은 호모 사케르적인 예외 상태에 해당하는 것 아닌가 하는 것입니다.

자본은 개개 인민들의 생명을, 말하자면 "발가벗겨" 놓습니다. 자본은 개개 인민들이 철저히 배타적이고 개별적인 낱낱의 생명을 노출하지 않으면 안 되도록 강압합니다. 그러면서 그 생명을 유지·강화하려면 자본을 통하지 않으면 안 된다고 협박하고 공갈합니다. 하지만 발가벗겨진 생명의 인민들을 자본이 전혀 책임지지 않습니다. 말하자면 자본은 인민들을 배타적인 개별적 생명으로 발가벗겨 배제함으로써 그 배제를 통해 더욱 강력하게 포섭(포획)합니다. 그래서 인민들은 이미 늘 불안과 공포에 시달리면서 주권자로서의 자본을 신성하게 여길 수밖에 없습니다. 자본 역시 노동하는 인민의 그 노동을 신성하다고 말합니다. 하지만 자본이 부여하는 노동의 신성함은 자본의 입장에서 보면 불길하고 더럽기 짝이 없는 것입니다.

아감벤의 "호모 사케르의 구조", 즉 "이중적 배제와 이중적 포섭의 동시적인 구조"를 자본주의 체제에 제대로 적용해서 자본주의 체제의 근본적인 모순을 드러내기 위해서는 더욱 엄격하고 분명한 사유를 전개해야 하겠지만, 일단은 직관적으로 우리 나름으로 그 적용의 구도를 세울 수 있는 것입니다. 아감벤의 정치철학적인 사상을 사회경제적인 차원에 적용하는 일을 더욱 본격적으로 진행시키다 보면 정치사회적인 측면과 사회경제적인 측면을 통일적으로 조감할 수 있는 길이 열릴 것이라고 예감하면서 강의를 마칩니다.

주

1장

1 정성진 엮음, 《21세기 대공황과 마르크스주의》, 천경록 외 옮김(책갈피, 2009) 참조.

2 크리스 하먼, 《좀비 자본주의》, 이정구·최용찬 옮김(책갈피, 2012) 참조.

3 자크 아탈리, 《마르크스 평전》, 이효숙 옮김(예담, 2006) 참조.

4 이 논문은 동일한 제목으로 국역되었습니다. 카를 마르크스, 《데모크리토스와 에피쿠로스 자연철학의 차이》, 고병권 옮김(그린비, 2001) 참조.

5 카를 마르크스, 《헤겔 법철학 비판》, 강유원 옮김(이론과 실천, 2011) 참조.

6 카를 마르크스, 《경제학 - 철학 수고》, 강유원 옮김(이론과 실천, 2007) 참조.

7 카를 마르크스·프리드리히 엥겔스, 《독일 이데올로기》, 김대웅 옮김(두레, 1989) 참조.

8 카를 마르크스, 《철학의 빈곤》, 김문현 옮김(동서문화사, 2008) 참조.

9 카를 마르크스·프리드리히 엥겔스, 《공산당 선언》, 이진우 옮김(책세상, 2002) 참조.

10 카를 마르크스, 《루이 보나파르트의 브뤼메르 18일》, 최형익 옮김(비르투, 2012) 참조.

11 또 다른 국역본으로, 카를 마르크스·프리드리히 엥겔스 공저, 《독일 이데올로기》, 박재희 옮김(청년사, 2007) 참조.

12 자크 아탈리, 《마르크스 평전》, 이효숙 옮김(예담, 2006), 173~174쪽에서 재인용.

13 카를 마르크스·프리드리히 엥겔스, 《마르크스·엥겔스 저작선》, 김재기 편역(거름, 1988), 62쪽.

14 카를 마르크스, 《경제학 - 철학 수고》, 강유원 옮김(이론과 실천, 2007), 137쪽.

15 카를 마르크스, 《경제학 - 철학 수고》, 강유원 옮김(이론과 실천, 2007), 134쪽.

16 카를 마르크스, 《경제학 - 철학 수고》, 강유원 옮김(이론과 실천, 2007), 150쪽.

17 카를 마르크스, 《경제학 - 철학 수고》, 강유원 옮김(이론과 실천, 2007), 185~186쪽.

18 카를 마르크스, 《경제학 - 철학 수고》, 강유원 옮김(이론과 실천, 2007), 186~187쪽.

19 카를 마르크스, 《경제학 - 철학 수고》, 강유원 옮김(이론과 실천, 2007), 192~193쪽.

20 카를 마르크스, 《경제학 - 철학 수고》, 강유원 옮김(이론과 실천, 2007), 197~198쪽.

21 자크 아탈리, 《마르크스 평전》, 이효숙 옮김(예담, 2006), 617쪽.

22 카를 마르크스, 《경제학 - 철학 수고》, 강유원 옮김(이론과 실천, 2007), 198~199쪽.

23 최근에 토마 피케티(Thomas Piketty)의 《21세기 자본》(글항아리, 2014)이 출간되어 전 세계적으로 화제를 몰고 온 바 있습니다. 아직 읽는 중입니다만, 이 책에서 피케티는 마르크스의 한계를 지적하고 있습니다. 예컨대 "마르크스도 지속적인 기술 진보와 꾸준한 생산성 향상이 이뤄질 가능성을 완전히 무시했다. 기술 진보와 생산성 향상은 민간 자본의 축적과 집중화 과정에서 어느 정도는 균형을 잡아주는 힘이다"라든가, "마르크스는 어떤 사회의 민간 자본이 완전히 폐지된 경우 어떻게 그 사회를 정치적으로, 경제적으로 조직할 수 있는가 하는 문제에 대해 별로 깊이 고민하지 않았다. 민간 자본이 폐지된 나라들이 수행했던 비극적인 전체주의 실험이 보여주듯이 실제로 그런 상황이 될 경우 이는 매우 복잡한 문제를 야기한다" 등의 이야기를 합니다. 무조건 마르크스를 추종할 것이 아님을 주장하고 있어 충분히 참고해야 할 내용이라 하겠습니다. 하지만 핵심은 잉여가치의 착취 구조에 있기 때문에 피케티가 이를 얼마나 핵심 사안으로 삼고 있느냐가 중요합니다. 목차를 보아 추정하건대 이를 근본적으로 파헤치는 것 같지는 않습니다. 이를 근본적으로 파헤치게 되면 자본주의 체제를 부정해야 하는데, 피케티가 자본주의 체제를 근본적으로 부정하지는 않기 때문입니다.

24 카를 마르크스, 《자본 I-1》, 강신준 옮김(도서출판 길, 2008), 302쪽.

25 카를 마르크스, 《자본 I-1》, 강신준 옮김(도서출판 길, 2008), 302~303쪽.

26 카를 마르크스·프리드리히 엥겔스, 〈임금노동과 자본〉, 《마르크스·엥겔스 저작선》, 김재기 편역(거름, 1988), 107쪽.

27 카를 마르크스·프리드리히 엥겔스, 〈공산당 선언〉, 《마르크스·엥겔스 저작선》, 김재기 편역(거름, 1988), 62~63쪽.

28 크리스 하먼, 《좀비 자본주의》, 이정구·최용찬 옮김(책갈피, 2012), 114쪽.

2장

1 프리드리히 니체, 《차라투스트라는 이렇게 말했다》, 최승자 옮김(청하, 1997), 329쪽.

2 프리드리히 니체, 《권력에의 의지》, 강수남 옮김(청하, 1998), 109쪽. 'Der Wille zur Macht' 라고 하는 원제에서 'Macht'를 어떻게 번역할 것인가는 늘 문제인 것 같습니다. '권력'이라고 번역할 경우, 이 역어에는 정치적인 의미가 이미 강력하게 덧붙여져 있어 곤란합니다. 그리고 '힘'이라고 번역할 경우, 너무 물리학적인 의미가 강합니다. 그래서 이 책에서는 짐짓 자연적인 힘과 무관하지 않은 인간 근원의 힘이면서도 정치적인 지배/피지배의 연관을 벗어난 느낌을 주는 '위력'으로 번역해봅니다.

3 프리드리히 니체, 《차라투스트라는 이렇게 말했다》, 최승자 옮김(청하, 1997), 65~67쪽.

4 프리드리히 니체, 《차라투스트라는 이렇게 말했다》, 최승자 옮김(청하, 1997), 73쪽.

5 프리드리히 니체, 《차라투스트라는 이렇게 말했다》, 최승자 옮김(청하, 1997), 71쪽.

6 프리드리히 니체, 《차라투스트라는 이렇게 말했다》, 최승자 옮김(청하, 1997), 72~73쪽.

7 프리드리히 니체, 《차라투스트라는 이렇게 말했다》, 최승자 옮김(청하, 1997), 73~74쪽.

8 프리드리히 니체, 《즐거운 지식》, 권영숙 옮김(청하, 1998), 36쪽.

9 프리드리히 니체, 《차라투스트라는 이렇게 말했다》, 최승자 옮김(청하, 1997), 115쪽.

10 프리드리히 니체, 《차라투스트라는 이렇게 말했다》, 최승자 옮김(청하, 1997), 87쪽.

11 프리드리히 니체, 《차라투스트라는 이렇게 말했다》, 최승자 옮김(청하, 1997), 172쪽.

12 프리드리히 니체, 《차라투스트라는 이렇게 말했다》, 최승자 옮김(청하, 1997), 117쪽.

13 프리드리히 니체, 《차라투스트라는 이렇게 말했다》, 최승자 옮김(청하, 1997), 239쪽.

14 프리드리히 니체, 《즐거운 지식》, 권영숙 옮김(청하, 1998), 171~172쪽.

15 프리드리히 니체, 《차라투스트라는 이렇게 말했다》, 최승자 옮김(청하, 1997), 232쪽.

16 프리드리히 니체, 《차라투스트라는 이렇게 말했다》, 최승자 옮김(청하, 1997), 237쪽.

17 프리드리히 니체, 《권력에의 의지》, 강수남 옮김(청하, 1998), 377쪽.

18 프리드리히 니체, 《권력에의 의지》, 강수남 옮김(청하, 1998), 377쪽.

19 프리드리히 니체, 《비극적 사유의 탄생》, 이진우 옮김(문예출판사, 1997), 142쪽; 고병권, 《니체, 천 개의 눈, 천 개의 길》(소명출판사, 2001)을 참조 재인용.

20 프리드리히 니체, 《권력에의 의지》, 강수남 옮김(청하, 1998), 342~343쪽.

21 프리드리히 니체, 《권력에의 의지》, 강수남 옮김(청하, 1998), 606쪽.

22 프리드리히 니체, 《권력에의 의지》, 강수남 옮김(청하, 1998), 376쪽.

23 프리드리히 니체, 《선악을 넘어서》, 김훈 옮김(청하, 1997), 37쪽.

24 프리드리히 니체, 《권력에의 의지》, 강수남 옮김(청하, 1998), 468쪽.

25 프리드리히 니체, 《권력에의 의지》, 강수남 옮김(청하, 1998), 470쪽.

26 프리드리히 니체, 《권력에의 의지》, 강수남 옮김(청하, 1998), 471쪽.

27 프리드리히 니체, 《권력에의 의지》, 강수남 옮김(청하, 1998), 472쪽.

28 프리드리히 니체, 《권력에의 의지》, 강수남 옮김(청하, 1998), 478쪽.

29 프리드리히 니체, 《권력에의 의지》, 강수남 옮김(청하, 1998), 474쪽.

30 프리드리히 니체, 《권력에의 의지》, 강수남 옮김(청하, 1998), 504쪽.

31 프리드리히 니체, 《권력에의 의지》, 강수남 옮김(청하, 1998), 54쪽.

32 프리드리히 니체, 《권력에의 의지》, 강수남 옮김(청하, 1998), 60쪽.

33 프리드리히 니체, 《차라투스트라는 이렇게 말했다》, 최승자 옮김(청하, 1997), 53쪽.

34 프리드리히 니체, 《즐거운 지식》, 권영숙 옮김(청하, 1998), 284쪽(341절).

35 고병권, 《니체, 천 개의 눈, 천 개의 길》(소명출판사, 2001), 180쪽.

36 질 들뢰즈, 《차이와 반복》, 김상환 옮김(민음 사, 2004), 112~113쪽. 번역을 다소 새로 하기 도 했습니다.

37 질 들뢰즈, 《차이와 반복》, 김상환 옮김(민음 사, 2004), 515쪽.

38 프리드리히 니체, 《즐거운 지식》, 권영숙 옮김 (청하, 1998), 252쪽.

39 프리드리히 니체, 《도덕의 계보/이 사람을 보 라》, 김태현 옮김(청하, 1997), 92~93쪽.

3장

1 자크 알랭 밀레 엮음, 《자크 라캉 세미나 11: 정신분석의 네 가지 근본 개념》, 맹정현·이수 련 옮김(새물결, 2008), 60~61쪽 참조.

2 자크 알랭 밀레 엮음, 《자크 라캉 세미나 11: 정신분석의 네 가지 근본 개념》, 맹정현·이수 련 옮김(새물결, 2008), 61쪽.

3 이렇게 말하게 된 것은, 앞에서 인용한 책에 서 라캉이 '시니피앙적인 구조로서의 주체'를 워낙 강조하고 있어 이를 원용하여 내 나름의 직관으로 분석한 것입니다. '시니피앙' 개념에 관해서는 다음에 이 개념을 만든 소쉬르에 관 한 강의를 할 때 소상하게 다룰 것입니다.

4 지그문트 프로이트, 《히스테리 연구》, 김미리 혜 옮김(열린책들, 1997), 35~69쪽 참조.

5 지그문트 프로이트, 《히스테리 연구》, 김미리 혜 옮김(열린책들, 1997), 66~67쪽.

6 지그문트 프로이트, 《히스테리 연구》, 김미리 혜 옮김(열린책들, 1997), 14~32쪽 참조.

7 지그문트 프로이트, 《정신분석 운동》, 박성수 옮김(열린책들, 1997), 139쪽.

8 지그문트 프로이트, 《꿈의 해석(상)》, 김인순 옮김(열린책들, 1997), 173쪽.

9 지그문트 프로이트, 《꿈의 해석(상)》, 김인순 옮김(열린책들, 1997), 197쪽.

10 지그문트 프로이트, 《꿈의 해석(상)》, 김인순 옮김(열린책들, 1997), 365쪽.

11 지그문트 프로이트, 《꿈의 해석(상)》, 김인순 옮김(열린책들, 1997), 197쪽.

12 지그문트 프로이트, 《꿈의 해석(상)》, 김인순 옮김(열린책들, 1997), 207쪽.

13 지그문트 프로이트, 《꿈의 해석(상)》, 김인순 옮김(열린책들, 1997), 252쪽.

14 지그문트 프로이트, 《꿈의 해석(상)》, 김인순 옮김(열린책들, 1997), 246~247쪽.

15 지그문트 프로이트, 《꿈의 해석(상)》, 김인순 옮김(열린책들, 1997), 341쪽.

16 지그문트 프로이트, 박성수 옮김, 《정신분석 운동》(열린책들, 1997), 144~145쪽.

17 지그문트 프로이트, 박성수 옮김, 《정신분석 운동》(열린책들, 1997), 146쪽.

18 '전 성기기'를 '전 오이디푸스 단계'라고 달리 부르기도 하지요. '성기기'는 물론 '오이디푸스 단계'라고 달리 부르는 것이고요.

19 지그문트 프로이트, 박성수 옮김, 《정신분석 운동》(열린책들, 1997), 147쪽.

20 지그문트 프로이트, 박성수 옮김, 《정신분석 운동》(열린책들, 1997), 165쪽.

21 지그문트 프로이트, 박성수 옮김, 《정신분석 운동》(열린책들, 1997), 165쪽.

22 지그문트 프로이트, 《새로운 정신분석 강의》, 임홍빈·홍혜경 옮김(열린책들, 2007).

23 지그문트 프로이트, 《새로운 정신분석 강의》, 임홍빈·홍혜경 옮김(열린책들, 2007), 107쪽.

24 지그문트 프로이트, 《새로운 정신분석 강의》, 임홍빈·홍혜경 옮김(열린책들, 2007), 109쪽.

25 지그문트 프로이트, 《새로운 정신분석 강의》, 임홍빈·홍혜경 옮김(열린책들, 2007), 79쪽.

26 지그문트 프로이트, 《새로운 정신분석 강의》, 임홍빈·홍혜경 옮김(열린책들, 2007), 81쪽.

27 지그문트 프로이트, 《새로운 정신분석 강의》, 임홍빈·홍혜경 옮김(열린책들, 2007), 81쪽.

28 지그문트 프로이트, 《새로운 정신분석 강의》, 임 홍빈·홍혜경 옮김(열린책들, 2007), 82~83쪽.

29 지그문트 프로이트, 《새로운 정신분석 강의》, 임홍빈·홍혜경 옮김(열린책들, 2007), 84쪽.

30 지그문트 프로이트, 《새로운 정신분석 강의》, 임홍빈·홍혜경 옮김(열린책들, 2007), 85쪽.

31 지그문트 프로이트, 《새로운 정신분석 강의》, 임홍빈·홍혜경 옮김(열린책들, 2007), 89쪽.

32 지그문트 프로이트, 《새로운 정신분석 강의》, 임홍빈·홍혜경 옮김(열린책들, 2007), 92쪽.

33 지그문트 프로이트, 《새로운 정신분석 강의》, 임홍빈·홍혜경 옮김(열린책들, 2007), 92쪽.

34 지그문트 프로이트, 《새로운 정신분석 강의》, 임홍빈·홍혜경 옮김(열린책들, 2007), 92~93쪽.

35 지그문트 프로이트, 《새로운 정신분석 강의》, 임홍빈·홍혜경 옮김(열린책들, 2007), 93쪽.

36 지그문트 프로이트,《새로운 정신분석 강의》,
    임홍빈·홍혜경 옮김(열린책들, 2007), 99쪽.
37 지그문트 프로이트,《새로운 정신분석 강의》,
    임홍빈·홍혜경 옮김(열린책들, 2007), 101쪽.
38 지그문트 프로이트,《새로운 정신분석 강의》,
    임홍빈·홍혜경 옮김(열린책들, 2007), 104쪽.
39 지그문트 프로이트,《새로운 정신분석 강의》,
    임홍빈·홍혜경 옮김(열린책들, 2007), 106쪽.
40 지그문트 프로이트,《새로운 정신분석 강의》,
    임홍빈·홍혜경 옮김(열린책들, 2007), 106쪽.
41 지그문트 프로이트,《새로운 정신분석 강의》,
    임홍빈·홍혜경 옮김(열린책들, 2007), 107쪽.
42 지그문트 프로이트,《새로운 정신분석 강의》,
    임홍빈·홍혜경 옮김(열린책들, 2007), 109쪽.

4장

1   에드문트 후설, 칼 슈만 엮음,《순수 현상학과
    현상학적 철학의 이념들: 순수 현상학의 입문
    일반》, 최경호 옮김(문학과 지성사, 1997).
2   Bernhard Waldenfels, *Phänomenologie und
    Marxismus* (Suhrkamp, 1977).
3   모리스 메를로퐁티,《지각의 현상학》, 류의근
    옮김(문학과 지성사, 2002).
4   허버트 스피겔버그,《현상학적 운동 I, II》, 최
    경호 옮김(이론과 실천, 1991 / 1992).
5   Edmund Husserl, "Philosophie als strenge
    Wissenschaft", *Logos I* (Sonderdruck, 2.
    Aufl. hrsg. v. W. Syilasi, Frankfurt a. M.,
    Vittorio Klostermann, 1971), p.340; 에드문
    트 후설,《현상학의 이념: 엄밀한 학으로서의
    철학》, 이영호·이종훈 옮김(서광사, 1988).
6   Edmund Husserl, *Logische Untersuchungen*,
    II/1(Tübingen: Max Niemeyer Verlag,
    1980), p. 19; 에드문트 후설,《현상학의 이념:
    엄밀한 학으로서의 철학》, 이영호·이종훈 옮
    김(서광사, 1988), 341쪽.
7   Edmund Husserl, *Ideen zu einer reinen
    Phänomenologie und phänomenologischen
    Philosophie* (Erstes Buch: Martinus Nijhoff,
    1950), p. 52; 에드문트 후설, 칼 슈만 엮음,
    《순수 현상학과 현상학적 철학의 이념들: 순
    수 현상학의 입문 일반》, 최경호 옮김(문학과
    지성사, 1997).
8   에드문트 후설,《현상학의 이념: 엄밀한 학으
    로서의 철학》, 이영호·이종훈 옮김(서광사,
    1988), 305쪽.
9   에드문트 후설, 칼 슈만 엮음,《순수 현상학과
    현상학적 철학의 이념들: 순수 현상학의 입
    문 일반》, 최경호 옮김(문학과 지성사, 1997),
    52~53쪽.
10 에드문트 후설, 칼 슈만 엮음,《순수 현상학과
    현상학적 철학의 이념들: 순수 현상학의 입문
    일반》, 최경호 옮김(문학과 지성사, 1997), 55
    쪽.
11 에드문트 후설, 칼 슈만 엮음,《순수 현상학과
    현상학적 철학의 이념들: 순수 현상학의 입문
    일반》, 최경호 옮김(문학과 지성사, 1997), 56
    쪽.
12 강은교 시인의 시구 중에 "문을 나서면 길이
    일어선다"라는 것이 있지요.
13 Edmund Husserl, *Die Krisis der europäischen
    Wissenschaften und die transzendentale
    Phänomenologie* (Martinus Nijhoff, 1962),
    p. 140; 에드문트 후설,《유럽 학문의 위기와
    선험적 현상학》, 이종훈 옮김(이론과 실천,
    1993).
14 에드문트 후설, 칼 슈만 엮음,《순수 현상학과
    현상학적 철학의 이념들: 순수 현상학의 입문
    일반》, 최경호 옮김(문학과 지성사, 1997), 57
    쪽.
15 에드문트 후설, 칼 슈만 엮음,《순수 현상학과
    현상학적 철학의 이념들: 순수 현상학의 입문
    일반》, 최경호 옮김(문학과 지성사, 1997), 59쪽.
16 에드문트 후설, 칼 슈만 엮음,《순수 현상학과
    현상학적 철학의 이념들: 순수 현상학의 입문
    일반》, 최경호 옮김(문학과 지성사, 1997), 92쪽.
17 에드문트 후설, 칼 슈만 엮음,《순수 현상학과
    현상학적 철학의 이념들: 순수 현상학의 입
    문 일반》, 최경호 옮김(문학과 지성사, 1997),
    109쪽.
18 에드문트 후설, 칼 슈만 엮음,《순수 현상학과 현
    상학적 철학의 이념들: 순수 현상학의 입문 일
    반》, 최경호 옮김(문학과 지성사, 1997), 59쪽.
19 에드문트 후설, 칼 슈만 엮음,《순수 현상학과
    현상학적 철학의 이념들: 순수 현상학의 입문
    일반》, 최경호 옮김(문학과 지성사, 1997), 68
    쪽.
20 에드문트 후설, 칼 슈만 엮음,《순수 현상학과

현상학적 철학의 이념들: 순수 현상학의 입문 일반》, 최경호 옮김(문학과 지성사, 1997), 74~75쪽.

5장

1 로드니 A. 브룩스, 《로봇 만들기》, 박우석 옮김(바다출판사, 2005). 그가 쓴 《Flesh and machines: how robots will change us》는 국내에 《로봇 만들기》라는 제목으로 번역되었습니다. 오늘날의 로봇공학의 근본원리와 철학적인 정신을 읽을 수 있는 중요한 책입니다. 일독을 권합니다.
2 앙리 베르크손, 《창조적 진화》, 황수영 옮김(아카넷, 2005), 282쪽.
3 앙리 베르크손, 《창조적 진화》, 황수영 옮김(아카넷, 2005), 286쪽.
4 앙리 베르크손, 《창조적 진화》, 황수영 옮김(아카넷, 2005), 306쪽.
5 앙리 베르크손, 《창조적 진화》, 황수영 옮김(아카넷, 2005), 301쪽.
6 앙리 베르크손, 《창조적 진화》, 황수영 옮김(아카넷, 2005), 309쪽.
7 앙리 베르크손, 《창조적 진화》, 황수영 옮김(아카넷, 2005), 310쪽.
8 앙리 베르크손, 《창조적 진화》, 황수영 옮김(아카넷, 2005), 311~312쪽.
9 앙리 베르크손, 《창조적 진화》, 황수영 옮김(아카넷, 2005), 300쪽.
10 앙리 베르크손, 《창조적 진화》, 황수영 옮김(아카넷, 2005), 301~302쪽.
11 앙리 베르크손, 《창조적 진화》, 황수영 옮김(아카넷, 2005), 304쪽.
12 질 들뢰즈, 《주름, 라이프니츠와 바로크》, 이찬웅 옮김(문학과 지성사, 2004).
13 앙리 베르크손, 《의식에 직접 주어진 것들에 관한 시론》, 최화 옮김(아카넷, 2001).
14 앙리 베르크손, 《의식에 직접 주어진 것들에 관한 시론》, 최화 옮김(아카넷, 2001), 130~132쪽.
15 앙리 베르크손, 《의식에 직접 주어진 것들에 관한 시론》, 최화 옮김(아카넷, 2001), 133쪽.
16 앙리 베르크손, 《의식에 직접 주어진 것들에 관한 시론》, 최화 옮김(아카넷, 2001), 162쪽.
17 앙리 베르크손, 《의식에 직접 주어진 것들에 관한 시론》, 최화 옮김(아카넷, 2001), 164쪽.
18 플라톤, 《티마이오스》, 박종현·김영균 옮김(서광사, 2000).
19 한국에서 베르크손 철학에 관한 연구가 활발해진 것은 서울대학교에서 그리스 고전 철학을 가르쳤던 박홍규 선생님 때문입니다. 그는 플라톤을 제대로 이해하려면 베르크손을 연구해서 비교해야 한다고 주장했습니다. 이 대목에서 그가 왜 베르크손을 원용해 플라톤을 읽으려고 했는지 그 의도를 추정해봅니다.
20 앙리 베르크손, 《의식에 직접 주어진 것들에 관한 시론》, 최화 옮김(아카넷, 2001), 173쪽.
21 앙리 베르크손, 《의식에 직접 주어진 것들에 관한 시론》, 최화 옮김(아카넷, 2001), 174쪽.
22 니체가 존재 전체를 힘으로 되어 있다고 한 것을 연상하게 합니다.
23 앙리 베르크손, 《창조적 진화》, 황수영 옮김(아카넷, 2005), 57쪽.
24 앙리 베르크손, 《창조적 진화》, 황수영 옮김(아카넷, 2005), 87쪽.
25 앙리 베르크손, 《창조적 진화》, 황수영 옮김(아카넷, 2005), 371쪽.
26 앙리 베르크손, 《창조적 진화》, 황수영 옮김(아카넷, 2005), 400~401쪽.
27 앙리 베르크손, 《창조적 진화》, 황수영 옮김(아카넷, 2005), 401쪽.
28 앙리 베르크손, 《창조적 진화》, 황수영 옮김(아카넷, 2005), 401~402쪽.
29 이마누엘 칸트, 《판단력 비판》, 백종현 옮김(아카넷, 2009).

6장

1 루트비히 비트겐슈타인, 《논리-철학 논고》, 이영철 옮김(천지, 1991).
2 페르디낭 드 소쉬르, 《일반언어학 강의》, 최승언 옮김(민음사, 1990).
3 자크 알랭 밀레 엮음, 《자크 라캉 세미나 11: 정신분석의 네 가지 근본 개념》, 맹정현·이수련 옮김(새물결, 2008), 75쪽.
4 페르디낭 드 소쉬르, 《일반언어학 강의》, 최승언 옮김(민음사, 1990), 20~21쪽. 이후 인용하는 글은 번역본에서 중요한 개념을 내 나름대

로 고친 부분이 많음을 알려드립니다.

5 페르디낭 드 소쉬르, 《일반언어학 강의》, 최승언 옮김(민음사, 1990), 34쪽.

6 페르디낭 드 소쉬르, 《일반언어학 강의》, 최승언 옮김(민음사, 1990), 26쪽.

7 페르디낭 드 소쉬르, 《일반언어학 강의》, 최승언 옮김(민음사, 1990), 30쪽 참조.

8 페르디낭 드 소쉬르, 《일반언어학 강의》, 최승언 옮김(민음사, 1990), 95쪽.

9 페르디낭 드 소쉬르, 《일반언어학 강의》, 최승언 옮김(민음사, 1990), 96쪽 참조.

10 페르디낭 드 소쉬르, 《일반언어학 강의》, 최승언 옮김(민음사, 1990), 29쪽.

11 페르디낭 드 소쉬르, 《일반언어학 강의》, 최승언 옮김(민음사, 1990), 29쪽.

12 페르디낭 드 소쉬르, 《일반언어학 강의》, 최승언 옮김(민음사, 1990), 30쪽.

13 페르디낭 드 소쉬르, 《일반언어학 강의》, 최승언 옮김(민음사, 1990), 84쪽.

14 플라톤, 《크라튈로스》, 김인곤·이기백 옮김(이제이북스, 2007).

15 페르디낭 드 소쉬르, 《일반언어학 강의》, 최승언 옮김(민음사, 1990), 84쪽.

16 페르디낭 드 소쉬르, 《일반언어학 강의》, 최승언 옮김(민음사, 1990), 125쪽.

17 페르디낭 드 소쉬르, 《일반언어학 강의》, 최승언 옮김(민음사, 1990), 85쪽.

18 페르디낭 드 소쉬르, 《일반언어학 강의》, 최승언 옮김(민음사, 1990), 85쪽.

19 페르디낭 드 소쉬르, 《일반언어학 강의》, 최승언 옮김(민음사, 1990), 88쪽.

20 페르디낭 드 소쉬르, 《일반언어학 강의》, 최승언 옮김(민음사, 1990), 104쪽.

21 페르디낭 드 소쉬르, 《일반언어학 강의》, 최승언 옮김(민음사, 1990), 85쪽.

22 페르디낭 드 소쉬르, 《일반언어학 강의》, 최승언 옮김(민음사, 1990), 87쪽.

23 페르디낭 드 소쉬르, 《일반언어학 강의》, 최승언 옮김(민음사, 1990), 91쪽.

24 페르디낭 드 소쉬르, 《일반언어학 강의》, 최승언 옮김(민음사, 1990), 86쪽.

25 페르디낭 드 소쉬르, 《일반언어학 강의》, 최승언 옮김(민음사, 1990), 102쪽.

26 페르디낭 드 소쉬르, 《일반언어학 강의》, 최승언 옮김(민음사, 1990), 104쪽.

27 페르디낭 드 소쉬르, 《일반언어학 강의》, 최승언 옮김(민음사, 1990), 112쪽.

28 페르디낭 드 소쉬르, 《일반언어학 강의》, 최승언 옮김(민음사, 1990), 105쪽.

29 페르디낭 드 소쉬르, 《일반언어학 강의》, 최승언 옮김(민음사, 1990), 106쪽.

30 페르디낭 드 소쉬르, 《일반언어학 강의》, 최승언 옮김(민음사, 1990), 108쪽.

31 페르디낭 드 소쉬르, 《일반언어학 강의》, 최승언 옮김(민음사, 1990), 109쪽.

32 페르디낭 드 소쉬르, 《일반언어학 강의》, 최승언 옮김(민음사, 1990), 134쪽.

33 페르디낭 드 소쉬르, 《일반언어학 강의》, 최승언 옮김(민음사, 1990), 99쪽.

34 페르디낭 드 소쉬르, 《일반언어학 강의》, 최승언 옮김(민음사, 1990), 138쪽.

35 페르디낭 드 소쉬르, 《일반언어학 강의》, 최승언 옮김(민음사, 1990), 136~138쪽 참조.

36 페르디낭 드 소쉬르, 《일반언어학 강의》, 최승언 옮김(민음사, 1990), 138쪽.

37 페르디낭 드 소쉬르, 《일반언어학 강의》, 최승언 옮김(민음사, 1990), 139쪽.

38 페르디낭 드 소쉬르, 《일반언어학 강의》, 최승언 옮김(민음사, 1990), 131쪽.

39 페르디낭 드 소쉬르, 《일반언어학 강의》, 최승언 옮김(민음사, 1990), 133쪽.

40 페르디낭 드 소쉬르, 《일반언어학 강의》, 최승언 옮김(민음사, 1990), 135쪽.

41 페르디낭 드 소쉬르, 《일반언어학 강의》, 최승언 옮김(민음사, 1990), 141쪽.

42 페르디낭 드 소쉬르, 《일반언어학 강의》, 최승언 옮김(민음사, 1990), 143쪽.

43 페르디낭 드 소쉬르, 《일반언어학 강의》, 최승언 옮김(민음사, 1990), 144쪽.

44 페르디낭 드 소쉬르, 《일반언어학 강의》, 최승언 옮김(민음사, 1990), 146쪽.

45 페르디낭 드 소쉬르, 《일반언어학 강의》, 최승언 옮김(민음사, 1990), 146~147쪽.

46 페르디낭 드 소쉬르, 《일반언어학 강의》, 최승언 옮김(민음사, 1990), 153~154쪽.

7장

1 오늘 강의록은 인터넷에 올라와 있는 전남대

학교 김정기 교수님의 글과 박정일 교수님의
글, 그리고 목포대학교 김학근 교수님, 중앙대
학교 심철호 교수님 등의 글을 참조한 것입니
다. 물론 가장 중요한 문헌은 비트겐슈타인의
《논리 – 철학 논고》와 《철학적 탐구》입니다.

2 루트비히 비트겐슈타인, 《논리 – 철학 논고》,
이영철 옮김(책세상, 2006).

3 수학이 무엇인가에 관해서는 형식주의와
직관주의가 대립하는데, 형식주의의 대표
는 독일 수학자 힐베르트(David Hilbert,
1862~1943)이고, 직관주의의 대표는 네덜란
드 수학자 브라우어였습니다. 이 두 사람
이 한창 크게 싸웠는데, 힐베르트의 형식주의
가 우위를 점하려면 체계 자체의 무모순성이
반드시 필요했지요. 힐베르트 팀은 이에 대해
전력으로 연구를 거듭했는데, 이때 브라우어
르는 자연수를 포함한 체계의 무모순성은 증
명 불가능할 것이라며 헛수고라고 천재적인
직관력으로 이미 언급했습니다. 하지만 증명
은 없었습니다. 브라우어르는 후에 빈 대학
에도 초청되어 하루 강의를 했는데, 이때 참
과 거짓을 증명할 수 없는 공리가 존재한다고
하는 "불완전성 정리"로 유명한 괴델과 비트
겐슈타인이 함께 이 강의를 들었다고 합니다.
비트겐슈타인은 그 강의 이후에도 하루 동안
브라우어르와 함께하며 이러저러한 이야기를
나누었고, 후에 이 만남이 철학의 길을 택하
게 된 계기가 되었다고 합니다.

4 이 책들은 모두 다 한국에서 비트겐슈타인
연구와 번역으로 유명한, 부산대학교 철학과
교수인 이영철 선생이 번역을 해서 출판사 책
세상에서 나와 있습니다.

5 루트비히 비트겐슈타인, 《철학적 탐구》, 이영
철 옮김(책세상, 2006).

6 이 번호는 비트겐슈타인이 자신의 글을 분류
하는 방식입니다.

7 비트겐슈타인의 이 유명한 말은, 그의 후기
사상의 대표작인 《철학적 탐구》 제2부 xi에
서 했던 것입니다. 1960년대에 등장한 개념미
술의 대표적 작가 중 한 사람인 브루스 나우
먼(Bruce Nauman)에 의해 납판 위에 새겨져
미술 작품으로 등장하게 되기도 합니다.

8 루트비히 비트겐슈타인, 《철학적 탐구》, 이영
철 옮김(서광사, 2002), 330쪽 xi. 로마숫자는
비트겐슈타인이 이 책의 제2부에 붙인 내용

분류 기호입니다.

9 본문의 괄호 속의 번호는 비트겐슈타인이 《철
학적 탐구》 원전에서 제1부의 분류 기호로 쓴
것입니다. 루트비히 비트겐슈타인, 《철학적 탐
구》, 이영철 옮김(서광사, 2002), 66쪽 참조.

10 루트비히 비트겐슈타인, 《철학적 탐구》, 이영
철 옮김(서광사, 2002), 27~28쪽 참조.

11 루트비히 비트겐슈타인, 《철학적 탐구》, 이영
철 옮김(서광사, 2002), 31쪽.

12 루트비히 비트겐슈타인, 《철학적 탐구》, 이영
철 옮김(서광사, 2002), 289쪽 xi 참조.

8장

1 Martin Heidegger, *Sein und Zeit* (Tübingen:
Max Niemeyer Verlag, 1972), p. 3; 마르틴
하이데거, 《존재와 시간》, 이기상 옮김(까치,
2007). "Der Begriff des 'Seins' ist vielmehr
der dunkelste." 국역본에서는 "'존재'라는 개
념은 오히려 가장 어두운 개념이다"라고 해서
'불투명한' 대신 '어두운'으로 번역하고 있습
니다. 'dunkel'의 직역은 '어두운'이 맞습니다.
하지만 후설의 명증성과 비교해보면 '불투명
하다'라고 번역하는 것이 좋습니다.

2 Martin Heidegger, *Sein und Zeit* (Tübingen:
Max Niemeyer Verlag, 1972), p. 38; 마르틴
하이데거, 《존재와 시간》, 이기상 옮김(까치,
2007), 61쪽.

3 Martin Heidegger, *Sein und Zeit* (Tübingen:
Max Niemeyer Verlag, 1972), p. 77; 마르틴
하이데거, 《존재와 시간》, 이기상 옮김(까치,
2007), 111~112쪽.

4 Martin Heidegger, *Sein und Zeit* (Tübingen:
Max Niemeyer Verlag, 1972), pp. 142~143;
마르틴 하이데거, 《존재와 시간》, 이기상 옮김
(까치, 2007), 198쪽.

5 Martin Heidegger, *Sein und Zeit* (Tübingen:
Max Niemeyer Verlag, 1972), p. 144; 마르틴
하이데거, 《존재와 시간》, 이기상 옮김(까치,
2007), 200쪽.

6 하이데거는 인간이라는 존재자는 존재론적
으로 다른 존재자들에 비해 탁월하다고 말
합니다. 그것은 자신의 존재에 대해 물음을
던지는 존재자이기 때문입니다. 이러한 존재

자, 즉 자신의 존재에 대해 물음을 던지는 존재자를 현존재(Dasein)라고 합니다. Martin Heidegger, *Sein und Zeit* (Tübingen: Max Niemeyer Verlag, 1972), p. 7; 마르틴 하이데거, 《존재와 시간》, 이기상 옮김(까치, 2007), 22쪽 참조.

7 1979년에 출간된 《존재와 시간》 15판에는 하이데거 자신이 붙여놓은 '*' 표시를 한 주석에서 "존재가 차이로서 (던짐에 의해) 내던져진 것으로서의 현-존재 '안'에 있음를 말한다"라는 말을 하고 있습니다. 마르틴 하이데거, 《존재와 시간》, 이기상 옮김(까치, 2007), 250쪽. "존재는 차이다"라고 요약되는 하이데거의 이 말을 적극적으로 감안하게 되면, 하이데거의 존재론이 특히 '차이'의 근원성을 강조하는 포스트 구조주의자들에게 영향을 미쳤다는 평가가 가능해집니다.

8 Martin Heidegger, *Sein und Zeit* (Tübingen: Max Niemeyer Verlag, 1972), p. 53; 마르틴 하이데거, 《존재와 시간》, 이기상 옮김(까치, 2007), 80쪽.

9 Martin Heidegger, *Sein und Zeit* (Tübingen: Max Niemeyer Verlag, 1972), p. 42; 마르틴 하이데거, 《존재와 시간》, 이기상 옮김(까치, 2007), 67쪽.

10 Martin Heidegger, *Sein und Zeit* (Tübingen: Max Niemeyer Verlag, 1972), p. 43; 마르틴 하이데거, 《존재와 시간》, 이기상 옮김(까치, 2007), 68쪽 참조.

11 41절의 제목 참조.

12 Martin Heidegger, *Sein und Zeit* (Tübingen: Max Niemeyer Verlag, 1972), pp. 191~192; 마르틴 하이데거, 《존재와 시간》, 이기상 옮김(까치, 2007), 260~261쪽 참조.

13 마르틴 하이데거, 《형이상학이란 무엇인가》, 최동희 옮김(서문당, 1981), 57~58쪽.

14 마르틴 하이데거, 《형이상학이란 무엇인가》, 최동희 옮김(서문당, 1981), 67쪽.

15 Martin Heidegger, *Sein und Zeit* (Tübingen: Max Niemeyer Verlag, 1972), p. 193; 마르틴 하이데거, 《존재와 시간》, 이기상 옮김(까치, 2007), 263쪽.

16 마르틴 하이데거, 《형이상학이란 무엇인가》, 최동희 옮김(서문당, 1981), 30쪽.

17 Martin Heidegger, *Sein und Zeit* (Tübingen: Max Niemeyer Verlag, 1972), p. 181; 마르틴 하이데거, 《존재와 시간》, 이기상 옮김(까치, 2007), 247쪽.

18 Martin Heidegger, *Sein und Zeit* (Tübingen: Max Niemeyer Verlag, 1972), p. 182; 마르틴 하이데거, 《존재와 시간》, 이기상 옮김(까치, 2007), 249쪽.

19 마르틴 하이데거, 《형이상학이란 무엇인가》, 최동희 옮김(서문당, 1981), 61쪽.

20 마르틴 하이데거, 《형이상학이란 무엇인가》, 최동희 옮김(서문당, 1981), 59쪽.

21 마르틴 하이데거, 《형이상학이란 무엇인가》, 최동희 옮김(서문당, 1981), 62쪽.

22 마르틴 하이데거, 《형이상학이란 무엇인가》, 최동희 옮김(서문당, 1981), 64쪽.

23 마르틴 하이데거, 《형이상학이란 무엇인가》, 최동희 옮김(서문당, 1981), 71쪽.

24 마르틴 하이데거, 《형이상학이란 무엇인가》, 최동희 옮김(서문당, 1981), 71쪽.

25 마르틴 하이데거, 《형이상학이란 무엇인가》, 최동희 옮김(서문당, 1981), 64쪽.

26 마르틴 하이데거, 《형이상학이란 무엇인가》, 최동희 옮김(서문당, 1981), 73쪽.

27 Martin Heidegger, *Sein und Zeit* (Tübingen: Max Niemeyer Verlag, 1972), pp. 258~259; 마르틴 하이데거, 《존재와 시간》, 이기상 옮김(까치, 2007), 346쪽.

28 Martin Heidegger, *Sein und Zeit* (Tübingen: Max Niemeyer Verlag, 1972), p. 260; 마르틴 하이데거, 《존재와 시간》, 이기상 옮김(까치, 2007), 347쪽.

29 이수정·박찬국, 《하이데거, 그의 생애와 사상》(서울대출판부, 1999), 324~325쪽. 이수정·박찬국 공저의 이 책에서 이러한 말은 하이데거 전집 9권의 111쪽에 나와 있는 것으로 되어 있습니다.

30 이수정·박찬국, 《하이데거, 그의 생애와 사상》(서울대출판부, 1999), 129쪽.

31 이수정·박찬국, 《하이데거, 그의 생애와 사상》(서울대출판부, 1999), 140쪽; Martin Heidegger, *Brief über den Humanismus* (1946), p. 46에서 재인용.

32 Martin Heidegger, "Der Ursprung des Kunstwerkes", *im Holzwege* (Verlag Vittorio Klostermann GmbH, 2003), p. 61. 《예술 작

품의 근원》, 1935년 강의. 국역본은 마르틴 하이데거, 《숲길》, 신상희 옮김(나남, 2008), 108~109쪽.

33 이수정·박찬국, 《하이데거, 그의 생애와 사상》(서울대출판부, 1999), 140쪽.

34 Martin Heidegger, *Sein und Zeit* (Tübingen: Max Niemeyer Verlag, 1972), p. 126; 마르틴 하이데거, 《존재와 시간》, 이기상 옮김(까치, 2007), 176쪽.

9장

1 1912년 12월에 시인 기욤 아폴리네르 (Guillaume Apollinaire, 1880~1918)가 시 〈변두리(Zone)〉를 발표했는데, 거기에서 "태양 잘린 목(Soleil cou coupé)"이라고 읊은 것과 연결되지 않나 싶습니다. 태양을 목에서 잘려나간 머리로 표현하고 있는 것이지요. 절단된 머리가 하늘에서 나뒹군다는 것인데, 이와 뭔가 연결되는 듯합니다.

2 Georges Bataille, *L'Érotisme* (Les Éditions de Minuit, 1957); 조르주 바타유, 《에로티즘》, 조한경 옮김(민음사, 2009).

3 Georges Bataille, *L'Érotisme* (Les Éditions de Minuit, 1957), p. 19; 조르주 바타유, 《에로티즘》, 조한경 옮김(민음사, 2009), 13~14쪽.

4 Georges Bataille, *L'Érotisme* (Les Éditions de Minuit, 1957), p. 22; 조르주 바타유, 《에로티즘》, 조한경 옮김(민음사, 2009), 16쪽.

5 Georges Bataille, *L'Érotisme* (Les Éditions de Minuit, 1957), pp. 22~23; 조르주 바타유, 《에로티즘》, 조한경 옮김(민음사, 2009), 16~17쪽.

6 Georges Bataille, *L'Érotisme* (Les Éditions de Minuit, 1957), p. 24; 조르주 바타유, 《에로티즘》, 조한경 옮김(민음사, 2009), 18쪽.

7 Georges Bataille, *L'Érotisme* (Les Éditions de Minuit, 1957), p. 24; 조르주 바타유, 《에로티즘》, 조한경 옮김(민음사, 2009), 19쪽.

8 Georges Bataille, *L'Érotisme* (Les Éditions de Minuit, 1957), p. 25; 조르주 바타유, 《에로티즘》, 조한경 옮김(민음사, 2009), 19쪽.

9 Georges Bataille, *L'Érotisme* (Les Éditions de Minuit, 1957), p. 26; 조르주 바타유, 《에

로티즘》, 조한경 옮김(민음사, 2009), 20~21쪽.

10 시인 랭보는 "나는 남이다"라는 언명을 통해 "나는 나다"라는 데카르트적인 자아 중심의 근대 철학을 뒤엎은 인물입니다. "별들로 우려낸 바다인 시"를 제시하기도 했던 천재적인 인물이지요. 랭보는 1871년 9월에 폴 베를렌을 만나 파리의 시단에 충격을 줍니다. 그런 뒤, 1871년 12월 말쯤에 파리의 시단에 대해 권태를 느낀 나머지 고향 샤를빌로 되돌아가 홀로 치열한 시적 투쟁을 하면서 시를 더욱 새롭고 완전하게 쓰고자 노력합니다. 이때 쓴 시 중 하나가 1872년 5월에 쓴 〈영원 (L'Eternité)〉이라는 시입니다. 바타유가 인용하고 있는 시가 바로 이 시입니다. 그 첫 연과 마지막 연은 동일한데, 이렇습니다.

그것은 되찾아졌다. Elle est retrouvée.
무엇이? ─ 영원이. Quoi? ─ L'Eternité.
그것은 태양과 함께 C'est la mer allée
간 바다. Avec le soleil.

(⋯⋯)

거기엔 희망도 없고 Là pas d'espérance,
어떤 영광도 없다. Nul orietur
인내를 수반한 지식. Science avec patience
형벌이 확실하다. Le supplice est sûr.

그것은 되찾아졌다. Elle est retrouvée.
무엇이? ─ 영원이. Quoi? ─ L'Eternité.
그것은 태양과 함께 C'est la mer allée
간 바다. Avec le soleil.

11 Georges Bataille, *L'Érotisme* (Les Éditions de Minuit, 1957), p. 32; 조르주 바타유, 《에로티즘》, 조한경 옮김(민음사, 2009), 28쪽.

12 Georges Bataille, *L'Érotisme* (Les Éditions de Minuit, 1957), p. 35; 조르주 바타유, 《에로티즘》, 조한경 옮김(민음사, 2009), 31~32쪽.

13 Georges Bataille, *L'Érotisme* (Les Éditions de Minuit, 1957), p. 37; 조르주 바타유, 《에로티즘》, 조한경 옮김(민음사, 2009), 34쪽.

14 Georges Bataille, *L'Érotisme* (Les Éditions

de Minuit, 1957), p. 42; 조르주 바타유, 《에로티즘》, 조한경 옮김(민음사, 2009), 39쪽.

15 Georges Bataille, *L'Érotisme* (Les Éditions de Minuit, 1957), p. 45; 조르주 바타유, 《에로티즘》, 조한경 옮김(민음사, 2009), 42쪽.

16 Georges Bataille, *L'Érotisme* (Les Éditions de Minuit, 1957), p. 52; 조르주 바타유, 《에로티즘》, 조한경 옮김(민음사, 2009), 51쪽.

17 Georges Bataille, *L'Érotisme* (Les Éditions de Minuit, 1957), p. 17; 조르주 바타유, 《에로티즘》, 조한경 옮김(민음사, 2009), 11쪽.

18 Georges Bataille, *L'Érotisme* (Les Éditions de Minuit, 1957), p. 58; 조르주 바타유, 《에로티즘》, 조한경 옮김(민음사, 2009), 57쪽.

19 Georges Bataille, *L'Érotisme* (Les Éditions de Minuit, 1957), p. 58; 조르주 바타유, 《에로티즘》, 조한경 옮김(민음사, 2009), 58쪽.

20 모든 인간의 성행위가 에로티즘적인 것은 아닙니다. 특히 당연한 것으로 고착된 부부간의 성행위는 에로티즘적인 성격이 매우 약합니다.

21 르네 지라르, 《폭력과 성스러움》, 김진식·박무호 옮김(민음사, 1993), 44쪽.

22 Julia Kristeva, *Pouvoirs de l'horreur: Essai sur l'abjection* (Éditions du Seuil, 1980), p. 9; 쥘리아 크리스테바, 《공포의 권력》, 서민원 옮김(동문선, 2001), 21쪽.

23 Georges Bataille, *L'Érotisme* (Les Éditions de Minuit, 1957), p. 66; 조르주 바타유, 《에로티즘》, 조한경 옮김(민음사, 2009), 66~67쪽.

24 Georges Bataille, *L'Érotisme* (Les Éditions de Minuit, 1957), p. 68; 조르주 바타유, 《에로티즘》, 조한경 옮김(민음사, 2009), 68쪽.

25 Georges Bataille, *L'Érotisme* (Les Éditions de Minuit, 1957), p. 69; 조르주 바타유, 《에로티즘》, 조한경 옮김(민음사, 2009), 69~70쪽.

26 Georges Bataille, *L'Érotisme* (Les Éditions de Minuit, 1957), p. 29; 조르주 바타유, 《에로티즘》, 조한경 옮김(민음사, 2009), 24쪽.

27 Georges Bataille, *L'Érotisme* (Les Éditions de Minuit, 1957), p. 95; 조르주 바타유, 《에로티즘》, 조한경 옮김(민음사, 2009), 96쪽.

28 Georges Bataille, *L'Érotisme* (Les Éditions de Minuit, 1957), p. 104; 조르주 바타유, 《에로티즘》, 조한경 옮김(민음사, 2009), 107쪽.

29 Georges Bataille, *L'Érotisme* (Les Éditions de Minuit, 1957), pp. 110~111; 조르주 바타유, 《에로티즘》, 조한경 옮김(민음사, 2009), 114쪽.

30 Georges Bataille, *L'Érotisme* (Les Éditions de Minuit, 1957), p. 115; 조르주 바타유, 《에로티즘》, 조한경 옮김(민음사, 2009), 119쪽.

31 Georges Bataille, *L'Érotisme* (Les Éditions de Minuit, 1957), p. 116; 조르주 바타유, 《에로티즘》, 조한경 옮김(민음사, 2009), 120쪽.

32 Georges Bataille, *L'Érotisme* (Les Éditions de Minuit, 1957), p. 119; 조르주 바타유, 《에로티즘》, 조한경 옮김(민음사, 2009), 123쪽.

10장

1 헤이젤 로울리, 《보부아르와 사르트르, 천국에서 지옥까지》, 김선형 옮김(해냄출판사, 2006).

2 베르나르 앙리 레비, 《사르트르 평전》, 변광배 옮김(을유문화사, 2009).

3 안니 코엔-솔랄, 《사르트르》, 우종길 옮김(도서출판 창, 1993).

4 신오현, 《자유와 비극—사르트르의 인간존재론》(문학과 지성사, 1979).

5 아서 단토, 《사르트르의 철학》, 신오현 옮김(문학과 지성사, 1992).

6 변광배, 《존재와 무, 자유을 향한 실존적 탐색》(살림, 2005).

7 조광제, 《존재의 충만, 간극의 현존》 1~2(그린비, 2013).

8 장 폴 사르트르, 《존재와 무》 1~2, 손우성 옮김(삼성출판사, 1976).

9 장 폴 사르트르, 《변증법적 이성 비판》, 박정자·변광배·윤정임·장근상 옮김(나남, 2009).

10 장 폴 사르트르, 《방법의 탐구》, 윤정임 옮김(현대미학사, 1995).

11 장 폴 사르트르, 《사르트르의 상상계》, 윤정임 옮김(기파랑에크리, 2010).

12 장 폴 사르트르, 《사르트르의 상상력》, 지영래 옮김(기파랑에크리, 2008).

13 장 폴 사르트르, 《구토》, 방곤 옮김(문예출판

사, 1983 / 1999).

14 장 폴 사르트르, 《말》, 이경석 옮김(홍신문화사, 1993).

15 Jean-Paul Sartre, *L'être et le néant — Essai d'ontologie phénoménologique* (Gallimard, 1943), p. 19; 장 폴 사르트르, 《존재와 무》 1, 손우성 옮김(삼성출판사, 1976), 67쪽.

16 Jean-Paul Sartre, *L'être et le néant — Essai d'ontologie phénoménologique* (Gallimard, 1943), p. 20; 장 폴 사르트르, 《존재와 무》 1, 손우성 옮김(삼성출판사, 1976), 67쪽.

17 Jean-Paul Sartre, *L'être et le néant — Essai d'ontologie phénoménologique* (Gallimard, 1943), p. 173; 장 폴 사르트르, 《존재와 무》 1, 손우성 옮김(삼성출판사, 1976), 273~274쪽.

18 장 폴 사르트르, 《실존주의는 휴머니즘이다》, 박정태 옮김(이학사, 2008). 이 책은 우리나라에 《실존주의는 휴머니즘이다》라는 제목으로 번역되었지만, 사실은 《현존주의는 휴머니즘이다》라고 번역해야 합니다.

19 Jean-Paul Sartre, *L'être et le néant — Essai d'ontologie phénoménologique* (Gallimard, 1943), p. 155; 장 폴 사르트르, 《존재와 무》 1, 손우성 옮김(삼성출판사, 1976), 249쪽.

20 Jean-Paul Sartre, *L'être et le néant — Essai d'ontologie phénoménologique* (Gallimard, 1943), p. 596; 장 폴 사르트르, 《존재와 무》 2, 손우성 옮김(삼성출판사, 1976), 362쪽.

21 Jean-Paul Sartre, *L'être et le néant — Essai d'ontologie phénoménologique* (Gallimard, 1943), p. 110; 장 폴 사르트르, 《존재와 무》 1, 손우성 옮김(삼성출판사, 1976), 185쪽.

22 Jean-Paul Sartre, *L'être et le néant — Essai d'ontologie phénoménologique* (Gallimard, 1943), p. 33; 장 폴 사르트르, 《존재와 무》 1, 손우성 옮김(삼성출판사, 1976), 84쪽.

23 Jean-Paul Sartre, *L'être et le néant — Essai d'ontologie phénoménologique* (Gallimard, 1943), p. 117; 장 폴 사르트르, 《존재와 무》 1, 손우성 옮김(삼성출판사, 1976), 195쪽.

24 Jean-Paul Sartre, *L'être et le néant — Essai d'ontologie phénoménologique* (Gallimard, 1943), pp. 222~223; 장 폴 사르트르, 《존재와 무》 1, 손우성 옮김(삼성출판사, 1976), 345쪽.

25 Jean-Paul Sartre, *L'être et le néant — Essai*

26 Jean-Paul Sartre, *L'être et le néant — Essai d'ontologie phénoménologique* (Gallimard, 1943), p. 662; 장 폴 사르트르, 《존재와 무》 2, 손우성 옮김(삼성출판사, 1976), 458쪽.

26 Jean-Paul Sartre, *L'être et le néant — Essai d'ontologie phénoménologique* (Gallimard, 1943), p. 484; 장 폴 사르트르, 《존재와 무》 2, 손우성 옮김(삼성출판사, 1976), 206쪽.

27 Jean-Paul Sartre, *L'être et le néant — Essai d'ontologie phénoménologique* (Gallimard, 1943), pp. 532~533; 장 폴 사르트르, 《존재와 무》 2, 손우성 옮김(삼성출판사, 1976), 272쪽.

28 Jean-Paul Sartre, *L'être et le néant — Essai d'ontologie phénoménologique* (Gallimard, 1943), p. 675; 장 폴 사르트르, 《존재와 무》 2, 손우성 옮김(삼성출판사, 1976), 474~475쪽.

29 Jean-Paul Sartre, *L'être et le néant — Essai d'ontologie phénoménologique* (Gallimard, 1943), p. 297; 장 폴 사르트르, 《존재와 무》 1, 손우성 옮김(삼성출판사, 1976), 442쪽.

30 Jean-Paul Sartre, *L'être et le néant — Essai d'ontologie phénoménologique* (Gallimard, 1943), p. 307; 장 폴 사르트르, 《존재와 무》 1, 손우성 옮김(삼성출판사, 1976), 456쪽.

31 아서 단토, 《사르트르의 철학》, 신오현 옮김(문학과 지성사, 1992), 143쪽 참조.

32 Jean-Paul Sartre, *L'être et le néant — Essai d'ontologie phénoménologique* (Gallimard, 1943), p. 309; 장 폴 사르트르, 《존재와 무》 1, 손우성 옮김(삼성출판사, 1976), 459쪽.

33 Jean-Paul Sartre, *L'être et le néant — Essai d'ontologie phénoménologique* (Gallimard, 1943), p. 348; 장 폴 사르트르, 《존재와 무》 2, 손우성 옮김(삼성출판사, 1976), 19~20쪽.

34 Jean-Paul Sartre, *L'être et le néant — Essai d'ontologie phénoménologique* (Gallimard, 1943), p. 420; 장 폴 사르트르, 《존재와 무》 2, 손우성 옮김(삼성출판사, 1976), 119쪽.

35 Jean-Paul Sartre, *L'être et le néant — Essai d'ontologie phénoménologique* (Gallimard, 1943), p. 422; 장 폴 사르트르, 《존재와 무》 2, 손우성 옮김(삼성출판사, 1976), 123쪽.

36 Jean-Paul Sartre, *L'être et le néant — Essai d'ontologie phénoménologique* (Gallimard, 1943), p. 426; 장 폴 사르트르, 《존재와 무》 2, 손우성 옮김(삼성출판사, 1976), 128쪽.

37 Jean-Paul Sartre, *L'être et le néant—Essai d'ontologie phénoménologique* (Gallimard, 1943), p. 426; 장 폴 사르트르,《존재와 무》2, 손우성 옮김(삼성출판사, 1976), 128~129쪽.

38 Jean-Paul Sartre, *L'être et le néant—Essai d'ontologie phénoménologique* (Gallimard, 1943), p. 429; 장 폴 사르트르,《존재와 무》2, 손우성 옮김(삼성출판사, 1976), 132~133쪽.

39 Jean-Paul Sartre, *L'être et le néant—Essai d'ontologie phénoménologique* (Gallimard, 1943), p. 429; 장 폴 사르트르,《존재와 무》2, 손우성 옮김(삼성출판사, 1976), 133쪽.

40 Jean-Paul Sartre, *L'être et le néant—Essai d'ontologie phénoménologique* (Gallimard, 1943), p. 431; 장 폴 사르트르,《존재와 무》2, 손우성 옮김(삼성출판사, 1976), 135쪽.

41 Jean-Paul Sartre, *L'être et le néant—Essai d'ontologie phénoménologique* (Gallimard, 1943), p. 606; 장 폴 사르트르,《존재와 무》2, 손우성 옮김(삼성출판사, 1976), 379쪽.

42 Jean-Paul Sartre, *L'être et le néant—Essai d'ontologie phénoménologique* (Gallimard, 1943), p. 607; 장 폴 사르트르,《존재와 무》2, 손우성 옮김(삼성출판사, 1976), 381쪽.

43 Jean-Paul Sartre, *L'être et le néant—Essai d'ontologie phénoménologique* (Gallimard, 1943), p. 612; 장 폴 사르트르,《존재와 무》2, 손우성 옮김(삼성출판사, 1976), 388쪽.

44 Jean-Paul Sartre, *L'être et le néant—Essai d'ontologie phénoménologique* (Gallimard, 1943), p. 653; 장 폴 사르트르,《존재와 무》2, 손우성 옮김(삼성출판사, 1976), 446쪽.

45 장 폴 사르트르,《변증법적 이성 비판》, 박정자·변광배·윤정임·장근상 옮김(나남, 2009).

11장

1 칸트가 뉴턴의 물리학이 인식론적으로 어떻게 가능한지를《순수이성 비판》을 통해서 입증해 보이고자 한 것은 유명하지요. 그런데 메를로퐁티는 과학주의적 사유 방식을 넓게 보아 실증주의적인 것으로 여겨서 철학적으로 거세게 비판합니다. 메를로퐁티는《행동의 구조》를 통해, 칸트가 제시한 정신에 의거한

"형식적 선험(a priori formel)"을 거세게 비판하면서 몸의 지각과 행동에 의거한 "실질적 선험(a priori materiel)" 또는 "운동감각적 선험(a priori sensori-moteur)"을 강력하게 내세웁니다.

2 Maurice Merleau-Ponty, *La structure du comportement* (Paris: Presses Universitaires de France, 1942), p. 5.

3 Maurice Merleau-Ponty, *La structure du comportement* (Paris: Presses Universitaires de France, 1942), p. 8.

4 Maurice Merleau-Ponty, *Phénoménologie de la perception* (Paris: Gallimard, 1945), p. 75.

5 Maurice Merleau-Ponty, *Phénoménologie de la perception* (Paris: Gallimard, 1945), p. 247.

6 Maurice Merleau-Ponty, *Phénoménologie de la perception* (Paris: Gallimard, 1945), p. 158 참조.

7 메를로퐁티가 몸을 굳이 'le corps propre'라고 해서 '나 자신의' 또는 '고유의'라는 뜻을 지닌 'propre'를 덧붙여 수식하는 것은 프랑스 말에서 'le corps'는 죽은 물체를 의미하기 때문입니다. 독일어에서는 죽은 물체는 'Körper'라고 하고 살아 있는 몸은 'Leib'라고 해서, 마치 우리가 '물체' 또는 '몸통'과 '몸'을 구분하듯이 합니다. 그런데 후설의 현상학에서 '몸(Leib)'에 대한 연구가 선행되어 있었고, 이를 알아 이어받는 메를로퐁티로서는 독일어 'Leib'에 걸맞은 용어를 만들어내고자 했습니다. 그래서 'le corps propre'라고 한 것입니다. 그동안 이 용어를 우리말로 번역하는 데 애를 먹었습니다. '고유한 몸' 또는 '나 자신의 몸'이라고 번역하기도 하고, 필자는 '본 몸'이라고 억지를 부리기도 했는데, 그냥 '몸'이라고 하는 것이 가장 무난한 것 같습니다.

8 Maurice Merleau-Ponty, *Phénoménologie de la perception* (Paris: Gallimard, 1945), pp. 67~69.

9 *Dictionnaire des Philosophes*, ed. par Denis Huisman, A~J (PUF, 1993), pp. 445~447 참조.

10 Maurice Merleau-Ponty, *Phénoménologie de la perception* (Paris: Gallimard, 1945), pp. 152~153.

11 Maurice Merleau-Ponty, *Phénoménologie de la perception* (Paris: Gallimard, 1945), p. 157 참조.

12 Maurice Merleau-Ponty, *Phénoménologie de la perception* (Paris: Gallimard, 1945), pp. 157~158.

13 Maurice Merleau-Ponty, *Phénoménologie de la perception* (Paris: Gallimard, 1945), p. 158.

14 Maurice Merleau-Ponty, *Phénoménologie de la perception* (Paris: Gallimard, 1945), p. 160.

15 Maurice Merleau-Ponty, *Phénoménologie de la perception* (Paris: Gallimard, 1945), p. 144.

16 필자도 박사 논문 〈현상학적 신체론: E. 후설에서 M. 메를로퐁티에로의 길〉을 쓰면서 그랬지만, 이를 '신체 도식'으로 번역해 쓰기도 합니다. 하지만 우리말에서 '몸'이 지닌 그 생생한 표현과 맞추어 새기자면 '몸틀'이 적당하다고 여겨집니다. 사실 '몸틀'은 옛 우리말에서 '인형'을 뜻했습니다만, 거의 죽어버린 것이기에, 이에 새로운 의미를 붙여 메를로퐁티의 "le schema corporel"을 번역하기 위한 것으로 가져온 것입니다.

17 Maurice Merleau-Ponty, *Phénoménologie de la perception* (Paris: Gallimard, 1945), p. 114.

18 Maurice Merleau-Ponty, *Phénoménologie de la perception* (Paris: Gallimard, 1945), pp. 237~238.

19 Maurice Merleau-Ponty, *Phénoménologie de la perception* (Paris: Gallimard, 1945), pp. 166~167.

20 Maurice Merleau-Ponty, *Phénoménologie de la perception* (Paris: Gallimard, 1945), p. 168.

21 모리스 메를로퐁티, 《보이는 것과 보이지 않는 것》, 남수인·최의영 옮김(동문선, 2004).

22 Maurice Merleau-Ponty, *Le Visible et l'invisible*, suivi de notes de travail Edited by Claude Lefort (Gallimard, 1964), p. 184.

23 Maurice Merleau-Ponty, *Le Visible et l'invisible*, suivi de notes de travail Edited by Claude Lefort (Gallimard, 1964), p. 193 참조.

24 Maurice Merleau-Ponty, *Le Visible et l'invisible*, suivi de notes de travail Edited by Claude Lefort (Gallimard, 1964), pp. 191~192 참조.

25 Maurice Merleau-Ponty, *Le Visible et l'invisible*, suivi de notes de travail Edited by Claude Lefort (Gallimard, 1964), p. 190 참조.

26 이 대목을 끝내 찾지 못해, 심지어 필자가 메를로퐁티의 철학에 경도된 나머지 내 스스로 안출해낸 문장이 아닌가 하고서 의아해한 적이 있습니다.

12장

1 모리스 블랑쇼, 〈나의 죽음의 순간〉, 우종녀 옮김, 《현대비평과 이론》 14호(1997년 가을/겨울호).

2 Maurice Blanchot, "Literature and the Right to Death", trans. C. Mandel, *The Work of Fire* (Standford: Standford University Press, 1995), p. 300.

3 Maurice Blanchot, *Le Livre à venir* (Gallimard "Folio-Essais," 1959), p. 273/322; 박준상, 《바깥에서―모리스 블랑쇼의 문학과 철학》(인간사랑, 2006), 34쪽에서 재인용. 박준상의 이 책은 블랑쇼 사상의 전반적인 얼개를 이해하는 데 도움이 됩니다.

4 파울 첼란은 루마니아 출신의 독일 시인으로, 시집 《죽음의 푸가》가 있습니다. 파울 첼란, 《죽음의 푸가》, 전영애 옮김(민음사, 2011) 참고.

5 1865부터 쓴 〈에로디아드〉와 〈목신의 오후〉가 유명하고, 1887년에 출간된 《시집(Poésies)》이 있습니다만, 무엇보다 중요한 것은 1869년부터 쓴 것으로 보이는 〈이지튀르〉라는 극시입니다. 스테판 말라르메, 《시집》, 황현산 옮김(문학과 지성사, 2005) 참고.

6 모리스 블랑쇼, 《정치평론 1953~1993》, 고재정 옮김(그린비, 2009).

7 Maurice Blanchot, *L'espace littéraire* (Éditions Gallimard, 1955); 모리스 블랑쇼, 《문학의 공간》, 이달승 옮김(그린비, 2010).

8 http://noelpecout.blog.lemonde.fr/
   files/2009/06/igitur.1245006199.pdf

9 Maurice Blanchot, *L'espace littéraire* (Éditions
   Gallimard, 1955) pp. 13~14; 모리스 블랑쇼,
   《문학의 공간》, 이달승 옮김(그린비, 2010), 14
   쪽.

10 Maurice Blanchot, *L'espace littéraire* (Éditions
   Gallimard, 1955) pp. 14~15; 모리스 블랑쇼,
   《문학의 공간》, 이달승 옮김(그린비, 2010),
   15~16쪽.

11 Maurice Blanchot, *L'espace littéraire* (Éditions
   Gallimard, 1955) p. 16; 모리스 블랑쇼, 《문
   학의 공간》, 이달승 옮김(그린비, 2010), 17쪽.

12 Maurice Blanchot, *L'espace littéraire* (Éditions
   Gallimard, 1955) p. 16; 모리스 블랑쇼, 《문
   학의 공간》, 이달승 옮김(그린비, 2010), 17쪽.

13 Maurice Blanchot, *L'espace littéraire* (Éditions
   Gallimard, 1955) p. 16; 모리스 블랑쇼, 《문
   학의 공간》, 이달승 옮김(그린비, 2010), 17쪽.

14 Maurice Blanchot, *L'espace littéraire* (Éditions
   Gallimard, 1955) p. 115; 모리스 블랑쇼, 《문
   학의 공간》, 이달승 옮김(그린비, 2010), 123
   쪽.

15 Maurice Blanchot, *L'espace littéraire* (Éditions
   Gallimard, 1955) p. 134; 모리스 블랑쇼,
   《문학의 공간》, 이달승 옮김(그린비, 2010),
   145~146쪽.

16 Maurice Blanchot, *L'espace littéraire* (Éditions
   Gallimard, 1955) p. 23; 모리스 블랑쇼, 《문
   학의 공간》, 이달승 옮김(그린비, 2010), 25쪽.

17 Maurice Blanchot, *L'espace littéraire* (Éditions
   Gallimard, 1955) pp. 17~18; 모리스 블랑쇼,
   《문학의 공간》, 이달승 옮김(그린비, 2010),
   18~19쪽.

18 Maurice Blanchot, *L'espace littéraire* (Éditions
   Gallimard, 1955) p. 18; 모리스 블랑쇼, 《문
   학의 공간》, 이달승 옮김(그린비, 2010), 19쪽.

19 Maurice Blanchot, *L'espace littéraire* (Éditions
   Gallimard, 1955) p. 19; 모리스 블랑쇼, 《문
   학의 공간》, 이달승 옮김(그린비, 2010), 21쪽.

20 Maurice Blanchot, *L'espace littéraire* (Éditions
   Gallimard, 1955) p. 20; 모리스 블랑쇼, 《문
   학의 공간》, 이달승 옮김(그린비, 2010), 21쪽.

21 Maurice Blanchot, *L'espace littéraire* (Éditions
   Gallimard, 1955) p. 21; 모리스 블랑쇼, 《문

학의 공간》, 이달승 옮김(그린비, 2010), 22쪽.

22 Maurice Blanchot, *L'espace littéraire* (Éditions
   Gallimard, 1955) p. 21; 모리스 블랑쇼,
   《문학의 공간》, 이달승 옮김(그린비, 2010),
   22~23쪽.

23 Maurice Blanchot, *L'espace littéraire* (Éditions
   Gallimard, 1955) p. 55; 모리스 블랑쇼,
   《문학의 공간》, 이달승 옮김(그린비, 2010),
   58~59쪽.

24 Maurice Blanchot, *L'espace littéraire* (Éditions
   Gallimard, 1955) p. 38; 모리스 블랑쇼, 《문
   학의 공간》, 이달승 옮김(그린비, 2010), 41쪽.

25 Maurice Blanchot, *L'espace littéraire* (Éditions
   Gallimard, 1955) p. 42; 모리스 블랑쇼, 《문
   학의 공간》, 이달승 옮김(그린비, 2010), 45쪽.

26 Maurice Blanchot, *L'espace littéraire* (Éditions
   Gallimard, 1955) p. 24; 모리스 블랑쇼, 《문
   학의 공간》, 이달승 옮김(그린비, 2010), 26쪽.

27 Maurice Blanchot, *L'espace littéraire* (Éditions
   Gallimard, 1955) p. 56; 모리스 블랑쇼, 《문
   학의 공간》, 이달승 옮김(그린비, 2010), 59쪽.

28 Maurice Blanchot, *L'espace littéraire* (Éditions
   Gallimard, 1955) p. 25~26; 모리스 블랑쇼,
   《문학의 공간》, 이달승 옮김(그린비, 2010), 28
   쪽.

29 Maurice Blanchot, *L'espace littéraire* (Éditions
   Gallimard, 1955) p. 27; 모리스 블랑쇼, 《문
   학의 공간》, 이달승 옮김(그린비, 2010), 30쪽.

30 Maurice Blanchot, *L'espace littéraire* (Éditions
   Gallimard, 1955) pp. 27~28; 모리스 블랑쇼,
   《문학의 공간》, 이달승 옮김(그린비, 2010),
   30~31쪽.

31 Maurice Blanchot, *L'espace littéraire* (Éditions
   Gallimard, 1955) pp. 29~30; 모리스 블랑쇼,
   《문학의 공간》, 이달승 옮김(그린비, 2010),
   32~34쪽.

32 Maurice Blanchot, *L'espace littéraire* (Éditions
   Gallimard, 1955) pp. 31; 모리스 블랑쇼, 《문
   학의 공간》, 이달승 옮김(그린비, 2010), 34쪽.

13장

1 국역본은 《존재에서 존재자로》라고 번역되었
   는데, 이는 참으로 난감한 문젯거리라고 할

수밖에 없습니다. 'existence'를 '현존'이라고
번역하지 않고 '존재'라고 번역하게 된 데에
는 뭔가 번역자의 특정한 입장이 있거나 아니
면 잘못된 파악에 의거한 것이라고 할 수밖
에 없습니다. 프랑스어에 'l'être'가 있는데, 이
역시 '존재'라고 번역할 수밖에 없을 터인데,
'existence'와 'l'être'는 구별해주지 않으면 안
되는 존재론의 핵심 개념이기 때문이지요. 한
가지 덧붙일 것은, 지금까지 'existence'를 '실
존'이라고 번역해왔는데, 이는 하이데거의 철
학에 입각한 번역입니다. 일반적으로 혹은 특
히 사르트르의 철학에 입각해서 보면 이는
'현존'이라고 번역해야 마땅합니다. '실존철학'
도 프랑스의 사상적 지형에서는 '현존철학'이
라고 번역하는 것이 맞습니다.

2 Emmanuel Levinas, *Nine Talmudic
Readings*, trans. Annette Aronowicz
(Bloomington: Indiana University Press,
1994), p. 25; "Emmanuel Levinas", https://
en.wikipedia.org/wiki/Emmanuel_
Levinas 재인용.

3 에마뉘엘 레비나스, 《시간과 타자》, 강영안 옮
김(문예출판사, 1996).

4 에마뉘엘 레비나스, 《존재에서 존재자로》, 서
동욱 옮김(민음사, 2003).

5 에마뉘엘 레비나스, 《모리스 블랑쇼에 대하
여》, 김교신 옮김(동문선, 2003).

6 에마뉘엘 레비나스, 《존재와 다르게: 본질의
저편》, 김연숙·박한표 옮김(인간사랑, 2010).

7 에마뉘엘 레비나스, 《윤리와 무한》, 양명수 옮
김(다산글방, 2005).

8 에마뉘엘 레비나스, 《탈출에 관해서》, 김동규
옮김(지만지, 2011).

9 Seán Hand(ed.), *The Levinas Reader*
(Blackwell, 1989).

10 이 글은 본래 1946년 철학 노트인 《데우칼
리온(Deucalion)》에 실려 출판된 것입니
다. Seán Hand(ed.), *The Levinas Reader*
(Blackwell, 1989), p. 29 참조.

11 Seán Hand(ed.), *The Levinas Reader*
(Blackwell, 1989), p. 30; 에마뉘엘 레비나스,
《존재에서 존재자로》, 서동욱 옮김(민음사,
2003), 93쪽.

12 Seán Hand(ed.), *The Levinas Reader*
(Blackwell, 1989), p. 30; 에마뉘엘 레비나스,

《존재에서 존재자로》, 서동욱 옮김(민음사,
2003), 93쪽.

13 Seán Hand(ed.), *The Levinas Reader*
(Blackwell, 1989), p. 35; 에마뉘엘 레비나스,
《존재에서 존재자로》, 서동욱 옮김(민음사,
2003), 105쪽.

14 Seán Hand(ed.), *The Levinas Reader*
(Blackwell, 1989), p. 35; 에마뉘엘 레비나스,
《존재에서 존재자로》, 서동욱 옮김(민음사,
2003), 104~105쪽.

15 Seán Hand(ed.), *The Levinas Reader*
(Blackwell, 1989), p. 35; 에마뉘엘 레비나스,
《존재에서 존재자로》, 서동욱 옮김(민음사,
2003), 106쪽.

16 에마뉘엘 레비나스, 《시간과 타자》, 강영안 옮
김(문예출판사, 1996), 39쪽.

17 레비브륄(Levy-Bruhl, 1857~1939)은 프랑
스의 사회인류학자이자 철학자입니다.

18 Seán Hand(ed.), *The Levinas Reader*
(Blackwell, 1989), p. 32; 에마뉘엘 레비나스,
《존재에서 존재자로》, 서동욱 옮김(민음사,
2003), 97~98쪽.

19 하이데거가 불안과 공포를 구분하면서 공포
를 무시하고 불안을 근본 기분으로 제시한 것
과 대비됩니다.

20 에마뉘엘 레비나스, 《시간과 타자》, 강영안 옮
김(문예출판사, 1996), 42~43쪽.

21 Seán Hand(ed.), *The Levinas Reader*
(Blackwell, 1989), p. 32~33; 에마뉘엘 레비
나스, 《존재에서 존재자로》, 서동욱 옮김(민음
사, 2003), 99~100쪽.

22 신 존재에 관한 레비나스의 입장을 이렇게 특
별히 부각시켜 말하는 까닭은, 한국에서 레비
나스를 선호하는 연구가들이 주로 기독교인
들이고, 그들이 레비나스의 철학을 일종의 신
존재를 근본적으로 밝혀 옹호하는 철학으로
서 활용하고 있다는 필자의 판단 때문입니다.

23 에마뉘엘 레비나스, 《시간과 타자》, 강영안 옮
김(문예출판사, 1996), 46쪽 참조.

24 "사건"이라는 용어에 처음으로 철학적인 무게
를 부가한 철학자는 하이데거이지요. 레비나
스가 하이데거를 비판하지만, 그 나름으로 상
당히 하이데거 철학을 원용하고 있다는 사실
이 여기에서도 드러납니다.

25 에마뉘엘 레비나스, 《시간과 타자》, 강영안 옮

김(문예출판사, 1996), 47~50쪽 참조.

26 에마뉘엘 레비나스, 《시간과 타자》, 강영안 옮김(문예출판사, 1996), 51~55쪽 참조.

27 에마뉘엘 레비나스, 《시간과 타자》, 강영안 옮김(문예출판사, 1996), 65~66쪽.

28 에마뉘엘 레비나스, 《시간과 타자》, 강영안 옮김(문예출판사, 1996), 67쪽.

29 에마뉘엘 레비나스, 《시간과 타자》, 강영안 옮김(문예출판사, 1996), 68쪽.

30 에마뉘엘 레비나스, 《시간과 타자》, 강영안 옮김(문예출판사, 1996), 69쪽.

31 에마뉘엘 레비나스, 《시간과 타자》, 강영안 옮김(문예출판사, 1996), 74쪽.

32 에마뉘엘 레비나스, 《시간과 타자》, 강영안 옮김(문예출판사, 1996), 75쪽.

33 에마뉘엘 레비나스, 《시간과 타자》, 강영안 옮김(문예출판사, 1996), 76~78쪽 참조.

34 에마뉘엘 레비나스, 《시간과 타자》, 강영안 옮김(문예출판사, 1996), 86~87쪽.

35 에마뉘엘 레비나스, 《시간과 타자》, 강영안 옮김(문예출판사, 1996), 88쪽.

36 에마뉘엘 레비나스, 《시간과 타자》, 강영안 옮김(문예출판사, 1996), 85쪽 참조.

37 에마뉘엘 레비나스, 《시간과 타자》, 강영안 옮김(문예출판사, 1996), 98쪽.

38 에마뉘엘 레비나스, 《시간과 타자》, 강영안 옮김(문예출판사, 1996), 91쪽.

39 에마뉘엘 레비나스, 《시간과 타자》, 강영안 옮김(문예출판사, 1996), 93쪽.

40 에마뉘엘 레비나스, 《시간과 타자》, 강영안 옮김(문예출판사, 1996), 83쪽.

41 에마뉘엘 레비나스, 《시간과 타자》, 강영안 옮김(문예출판사, 1996), 101쪽.

42 에마뉘엘 레비나스, 《시간과 타자》, 강영안 옮김(문예출판사, 1996), 137쪽. 강영안의 해설 참조.

43 에마뉘엘 레비나스, 《시간과 타자》, 강영안 옮김(문예출판사, 1996), 25쪽.

44 Emmanuel Levinas, *Difficile Liberté* (Livre de Poche, 2003), p. 270; 에마뉘엘 레비나스, 《시간과 타자》, 강영안 옮김(문예출판사, 1996), 137쪽 강영안의 해설에서 재인용.

45 Emmanuel Levinas, *Difficile Liberté* (Livre de Poche, 2003), p. 20; 에마뉘엘 레비나스, 《시간과 타자》, 강영안 옮김(문예출판사,

1996), 135쪽 강영안의 해설에서 재인용.

46 에마뉘엘 레비나스, 《시간과 타자》, 강영안 옮김(문예출판사, 1996), 109쪽.

47 에마뉘엘 레비나스, 《시간과 타자》, 강영안 옮김(문예출판사, 1996), 109~110쪽.

48 에마뉘엘 레비나스, 《시간과 타자》, 강영안 옮김(문예출판사, 1996), 117쪽.

14장

1 Theodor W. Adorno, *Negative Dialektik* (Suhrkamp Verlag, 1966); 테오도어 아도르노, 《부정 변증법》, 홍승용 옮김(한길사, 2001).

2 예전 신문에 실린 기사 중 아도르노에 관한 간략한 소개가 괜찮아 보여 인용합니다. 《조선일보》 1999년 6월 3일자, 19면 참조.

"아도르노는 20세기 사상가 중에서 가장 음악에 밝은 인물이었다. 프랑크푸르트에서 태어난 그는 어머니가 성악가였던 덕분에 어린 시절 일찍이 소리의 세계를 깨우쳤다.

아도르노는 1920년대 초 프랑크푸르트 대학에서 철학, 사회학, 심리학을 공부하면서 음악학도 파고들었다. 후설에 대한 논문으로 박사 학위를 취득한 뒤에도 작곡과 피아노 연주 수업을 받을 정도였다. 그는 청년 시절부터 음악 평론을 썼고, 12음계 기법을 창시한 현대음악가 쇤베르크를 일생 동안 존경했다.

아도르노는 음악뿐만 아니라 문학, 미술에 대한 소양도 깊었다. 대학 시절 가장 감명 깊게 읽은 책 중에서 루카치의 문예이론서 《소설의 이론》을 꼽을 정도였다. 그만큼 아도르노 사상에서 예술이 차지하는 비중은 남달랐다. 그는 생전에 《신음악의 철학》을 펴냈고, 사후엔 《예술이론》도 나왔다. 소설가 토마스 만은 "음악이 처한 현재 상황에 대해 아도르노보다 더 잘 청중에게 이야기해줄 수 있는 사람은 없을 것"이라고 말했다.

아도르노는 1938년 미국으로 이주, 상업주의와 대중문화가 만개한 그곳에서 '문화산업론'을 구상했다. 자본주의 문화 산업이 내포한 대중 기만이란 정치적 의미를 냉엄하게 지적한 그의 비판은 어린 시절부터 몸에 익힌 고급 예술에 기반을 둔 것이었다.

학자로서 아도르노의 명성은 프랑크푸르트 학파 동료였던 호르크하이머와 함께 쓴《계몽의 변증법》으로 더 높아졌다. 이 책은 나치즘을 통해 타락한 몰골을 드러낸 서구의 이성과 문명을 역사철학적 관점에서 비판한 20세기의 명저이다.

아도르노는 1950년대에 다시 독일로 돌아간 뒤 프랑크푸르트 대학 교수로 강의하면서 《부정 변증법》 출간 등 왕성한 저작 활동을 펼쳤다. 또한 라디오와 텔레비전에도 출연, 자신의 비판철학을 대중적으로 알리는 데 적극적이었다.

그는 '68혁명'이라고 불리는 1960년대 말 서구 학생운동의 폭력 사용을 비판하면서 학생들의 비난을 사기도 했다. 학생들과 심한 논쟁으로 골치가 아팠던 그는 1969년 스위스로 휴가를 떠났다가 심근경색으로 사망했다."

3 테오도어 아도르노·막스 호르크하이머, 《계몽의 변증법》, 김유동 옮김(문학과 지성사, 2001).

4 테오도어 아도르노, 《미니마 모랄리아》, 김유동 옮김(길, 2005).

5 테오도어 아도르노, 《부정 변증법》, 홍승용 옮김(한길사, 2001), 67쪽.

6 테오도어 아도르노, 《부정 변증법》, 홍승용 옮김(한길사, 2001), 69~71쪽.

7 테오도어 아도르노, 《부정 변증법》, 홍승용 옮김(한길사, 2001), 75쪽 참조.

8 테오도어 아도르노, 《부정 변증법》, 홍승용 옮김(한길사, 2001), 286쪽.

9 테오도어 아도르노, 《부정 변증법》, 홍승용 옮김(한길사, 2001), 286쪽.

10 테오도어 아도르노, 《부정 변증법》, 홍승용 옮김(한길사, 2001), 214쪽.

11 테오도어 아도르노, 《부정 변증법》, 홍승용 옮김(한길사, 2001), 215쪽 참조.

12 테오도어 아도르노, 《부정 변증법》, 홍승용 옮김(한길사, 2001), 220쪽.

13 테오도어 아도르노, 《부정 변증법》, 홍승용 옮김(한길사, 2001), 223쪽.

14 테오도어 아도르노, 《부정 변증법》, 홍승용 옮김(한길사, 2001), 238쪽.

15 테오도어 아도르노, 《부정 변증법》, 홍승용 옮김(한길사, 2001), 241쪽.

16 테오도어 아도르노, 《부정 변증법》, 홍승용 옮김(한길사, 2001), 274쪽.

17 테오도어 아도르노, 《부정 변증법》, 홍승용 옮김(한길사, 2001), 274쪽 참조.

15장

1 죄르지 루카치, 《소설의 이론》, 김경식 옮김(문예출판사, 2014).

2 죄르지 루카치, 《역사와 계급의식》, 조만영·박정호 옮김(지식을만드는지식, 2015).

3 에른스트 블로흐, 《희망의 원리》, 박설호 옮김(솔, 1993).

4 발터 베냐민, 《방법으로서의 유토피아》, 조형준 옮김, 아케이드 프로젝트 4(새물결, 2008), 10쪽.

5 이에 관해서는 이규성 선생님의 역작(力作)인 《한국현대철학사론: 세계 상실과 자유의 이념》(이화여자대학교출판부, 2012)을 참고하시기 바랍니다. 열심히 숙독할 필요가 있습니다.

6 에른스트 블로흐, 《희망의 원리》, 박설호 옮김(솔, 1993), 314쪽.

7 발터 베냐민, 《방법으로서의 유토피아》, 조형준 옮김, 아케이드 프로젝트 4(새물결, 2008), 11쪽.

8 이와 관련해서는 앞서 언급한 이규성 선생님의 《한국현대철학사론: 세계 상실과 자유의 이념》(이화여자대학교출판부, 2012)을 숙독할 필요가 있습니다. 다시 말하거니와 워낙 역작(力作)이니만큼 설사 열심히 탐독할 여유가 없다 할지라도 일단 구입해서 만지작거리기라도 해야 할 것입니다.

9 발터 베냐민, 《기술 복제 시대의 예술 작품》, 최성만 옮김, 발터 베냐민 선집 2(도서출판 길, 2008).

10 발터 베냐민, 《역사의 개념에 대하여, 폭력비판을 위하여, 초현실주의 외》, 최성만 옮김, 발터 베냐민 선집 5(도서출판 길, 2009), 330쪽.

11 발터 베냐민, 《역사의 개념에 대하여, 폭력비판을 위하여, 초현실주의 외》, 최성만 옮김, 발터 베냐민 선집 5(도서출판 길, 2009), 331~332쪽.

12 발터 베냐민, 《역사의 개념에 대하여, 폭력비판을 위하여, 초현실주의 외》, 최성만 옮김, 발

터 베냐민 선집 5(도서출판 길, 2009), 333쪽.

13 발터 베냐민, 《역사의 개념에 대하여, 폭력비판을 위하여, 초현실주의 외》, 최성만 옮김, 발터 베냐민 선집 5(도서출판 길, 2009), 347~348쪽.

14 슬라보이 지제크, 《시차적 관점》, 김서영 옮김(마티, 2009).

15 슬라보이 지제크, 《시차적 관점》, 김서영 옮김(마티, 2009), 11~12쪽.

16 발터 베냐민, 《역사의 개념에 대하여, 폭력비판을 위하여, 초현실주의 외》, 최성만 옮김, 발터 베냐민 선집 5(도서출판 길, 2009), 345쪽.

17 발터 베냐민, 《역사의 개념에 대하여, 폭력비판을 위하여, 초현실주의 외》, 최성만 옮김, 발터 베냐민 선집 5(도서출판 길, 2009), 349쪽.

18 발터 베냐민, 《역사의 개념에 대하여, 폭력비판을 위하여, 초현실주의 외》, 최성만 옮김, 발터 베냐민 선집 5(도서출판 길, 2009), 347쪽.

19 발터 베냐민, 《역사의 개념에 대하여, 폭력비판을 위하여, 초현실주의 외》, 최성만 옮김, 발터 베냐민 선집 5(도서출판 길, 2009), 346쪽.

20 발터 베냐민, 《역사의 개념에 대하여, 폭력비판을 위하여, 초현실주의 외》, 최성만 옮김, 발터 베냐민 선집 5(도서출판 길, 2009), 336~337쪽.

21 발터 베냐민, 《역사의 개념에 대하여, 폭력비판을 위하여, 초현실주의 외》, 최성만 옮김, 발터 베냐민 선집 5(도서출판 길, 2009), 336쪽.

22 발터 베냐민, 《역사의 개념에 대하여, 폭력비판을 위하여, 초현실주의 외》, 최성만 옮김, 발터 베냐민 선집 5(도서출판 길, 2009), 337쪽.

23 발터 베냐민, 《역사의 개념에 대하여, 폭력비판을 위하여, 초현실주의 외》, 최성만 옮김, 발터 베냐민 선집 5(도서출판 길, 2009), 340쪽.

24 발터 베냐민, 《역사의 개념에 대하여, 폭력비판을 위하여, 초현실주의 외》, 최성만 옮김, 발터 베냐민 선집 5(도서출판 길, 2009), 368쪽.

25 발터 베냐민, 《역사의 개념에 대하여, 폭력비판을 위하여, 초현실주의 외》, 최성만 옮김, 발터 베냐민 선집 5(도서출판 길, 2009), 331~332쪽.

26 러일전쟁 직후 미국의 필리핀에 대한 지배권과 일본 제국의 대한제국에 대한 지배권을 상호 승인하는 문제를 놓고 1905년 7월 29일 당시 미국 육군 장관 윌리엄 하워드 태프트와 일본 제국 내각총리대신 가쓰라 다로가 도쿄에서 회담한 내용을 담고 있는 대화 기록이다. 이 기록의 내용은 미·일 양국이 모두 극비에 부쳤기 때문에 1924년까지 세상에 알려지지 않았다. 이 기록에는 서명된 조약이나 협정 같은 것은 없었고, 일본·미국 관계를 다룬 대화에 대한 각서(memorandum)만이 있었다.

각서에 따르면, 일본 제국은 필리핀에 대한 미국의 식민지 통치를 인정하며, 미국은 일본 제국이 대한제국을 침략하고 한반도를 '보호령'으로 삼아 통치하는 것을 용인하고 있다. 미국은 러시아와 일제 사이에 포츠머스 조약이 열리기 전에 이미 대한제국의 자치 능력을 부정하고 일제가 한반도 지역을 식민 지배하는 것이 미국의 이익에 들어맞는다는 입장을 보였으며, 가쓰라·태프트 밀약은 이를 재확인한 것에 불과하다. 이 밀약은 대한제국에 대한 일제의 식민 지배와 필리핀에 대한 미국의 식민 지배를 상호 양해한 일종의 신사협정이었고, 이 합의로 대한제국에 대한 미국의 개입을 차단한 일제는 같은 해 11월 대한제국에 을사늑약을 강요했으며, 미국은 이를 사실상 묵인했다.

16장

1 위르겐 하버마스, 《의사소통행위이론 2: 기능주의적 이성 비판을 위하여》, 장춘익 옮김(나남, 2011).

2 위르겐 하버마스, 《의사소통행위이론 2: 기능주의적 이성 비판을 위하여》, 장춘익 옮김(나남, 2011), 194~195쪽.

3 위르겐 하버마스, 《의사소통행위이론 2: 기능주의적 이성 비판을 위하여》, 장춘익 옮김(나남, 2011), 618쪽.

4 위르겐 하버마스, 《의사소통행위이론 2: 기능주의적 이성 비판을 위하여》, 장춘익 옮김(나남, 2011), 224~225쪽.

5 위르겐 하버마스, 《의사소통행위이론 2: 기능주의적 이성 비판을 위하여》, 장춘익 옮김(나남, 2011), 207쪽.

6 위르겐 하버마스, 《의사소통행위이론 2: 기능주의적 이성 비판을 위하여》, 장춘익 옮김(나

남, 2011), 201쪽.

7 위르겐 하버마스, 《의사소통행위이론 2: 기능
주의적 이성 비판을 위하여》, 장춘익 옮김(나
남, 2011), 206쪽.

8 위르겐 하버마스, 《의사소통행위이론 2: 기능
주의적 이성 비판을 위하여》, 장춘익 옮김(나
남, 2011), 214쪽.

9 위르겐 하버마스, 《의사소통행위이론 2: 기능
주의적 이성 비판을 위하여》, 장춘익 옮김(나
남, 2011), 245쪽.

10 위르겐 하버마스, 《의사소통행위이론 2: 기능
주의적 이성 비판을 위하여》, 장춘익 옮김(나
남, 2011), 486쪽.

11 위르겐 하버마스, 《의사소통행위이론 2: 기능
주의적 이성 비판을 위하여》, 장춘익 옮김(나
남, 2011), 262쪽.

12 이 대목에서 마르크스가 말한 토대인 경제 관
계가 상부구조에 속한 국가를 규정한다고 한
것이 떠오릅니다.

13 위르겐 하버마스, 《의사소통행위이론 2: 기능
주의적 이성 비판을 위하여》, 장춘익 옮김(나
남, 2011), 290쪽.

14 위르겐 하버마스, 《의사소통행위이론 2: 기능
주의적 이성 비판을 위하여》, 장춘익 옮김(나
남, 2011), 478쪽.

15 위르겐 하버마스, 《의사소통행위이론 2: 기능
주의적 이성 비판을 위하여》, 장춘익 옮김(나
남, 2011), 490쪽.

16 위르겐 하버마스, 《의사소통행위이론 2: 기능
주의적 이성 비판을 위하여》, 장춘익 옮김(나
남, 2011), 492~493쪽.

17 위르겐 하버마스, 《의사소통행위이론 2: 기능
주의적 이성 비판을 위하여》, 장춘익 옮김(나
남, 2011), 290쪽.

18 위르겐 하버마스, 《의사소통행위이론 2: 기능
주의적 이성 비판을 위하여》, 장춘익 옮김(나
남, 2011), 524~525쪽.

19 위르겐 하버마스, 《의사소통행위이론 2: 기능
주의적 이성 비판을 위하여》, 장춘익 옮김(나
남, 2011), 527쪽.

20 위르겐 하버마스, 《의사소통행위이론 2: 기능
주의적 이성 비판을 위하여》, 장춘익 옮김(나
남, 2011), 546~547쪽.

17장

1 '두산백과사전'에 기록된 라캉에 관한 이야기
입니다. 참고합시다.

"1901년 프랑스 파리에서 출생했다. 고등
사범학교에서 처음에는 철학을 배웠으나 후
에 의학·정신병리학을 배웠다. 1932년 프로
이트의 지도를 받았으며 〈개성에 비추어 본
망상증〉이라는 논문으로 박사 학위를 취득한
후 평생을 정신과 의사 및 정신분석학자로 지
냈다. 국제정신분석학회에서 탈퇴하여 1953
년 프랑스정신분석학회를 창설했다. 1966년
논집 《에크리(Ecrits)》의 간행으로 갑자기 유
명해졌으며, 미셸 푸코 등과 함께 프랑스 구조
주의 철학을 대표하는 한 사람이 되었다. 라
캉은 말년까지 무려 400만 명이 넘는 환자를
상담하고, 언어를 통해 인간의 욕망을 분석하
는 이론을 정립하여 '프로이트의 계승자'라는
평가를 받았다.

그는 인간의 욕망, 또는 무의식이 말을 통
해 나타난다고 주장했다. 즉, "인간은 말하는
것이 아니라 말해진다"라는 것이다. 말이라는
틀 속에 억눌린 인간의 내면세계를 해부한다
고 하여 정신분석학계는 물론 언어학계에 새
바람을 일으켰다. 이것은 환자를 치료하는 수
단에 머무르지 않고 철학의 수준으로 끌어올
려 그의 가장 큰 업적이 되었다. 그의 사후 E.
루디네스코가 쓴 《자크 라캉: 삶의 개요, 철
학 체계의 역사》(파야르 간행)가 방대한 분량
(700면)으로 출간되었다. 이 책의 저자는 라
캉의 학문적인 업적은 인정하나 그가 거칠고
차가운 성격에다 여성 편력이 심했으며 말년
에는 자신의 이론에 집착하여 독선적인 태도
를 보였다고 비판했다. 《르 누벨 옵세르바퇴
르》는 그를 '프랑스 인텔리겐치아의 마지막
거장'이라고 평했다."

2 브루스 핑크, 《에크리 읽기: 문자 그대로의 라
캉》, 김서영 옮김(도서출판 b, 2007).

3 브루스 핑크, 《라캉과 정신의학: 라캉 이론과
임상 분석》, 맹정현 옮김(민음사, 2002).

4 김석, 《에크리: 라캉으로 이끄는 마법의 문자
들》(살림, 2007).

5 김상환·홍준기 엮음, 《라깡의 재탄생》(창비,
2002).

6 숀 호머, 《라캉 읽기》, 김서영 옮김(은행나무,

2006).

7 자크 알랭 밀레 엮음,《자크 라캉 세미나 11: 정신분석의 네 가지 근본 개념》, 맹정현·이수련 옮김(새물결, 2008).

8 딜런 에반스,《라깡 정신분석 사전》, 김종주 외 옮김(인간사랑, 2004).

9 브루스 핑크,《에크리 읽기: 문자 그대로의 라캉》, 김서영 옮김(도서출판 b, 2007), 200쪽.

10 브루스 핑크,《에크리 읽기: 문자 그대로의 라캉》, 김서영 옮김(도서출판 b, 2007), 200쪽.

11 이 대목에서 일찍이 시인 랭보가 1871년 5월 14일 폴 드메니라는 인물에게 보낸 '견자의 편지'에서 "나는 남이다"라는 명제를 제시한 것을 떠올리게 됩니다. '타자에 의한 나'에 관해 가장 명료하게 최초로 정립한 인물은 랭보임에 틀림없습니다.

12 Jacques Lacan, *Écrits* (Éditions du Seuil, 1966), p. 809; 브루스 핑크,《에크리 읽기: 문자 그대로의 라캉》, 김서영 옮김(도서출판 b, 2007), 200~201쪽.

13 Jacques Lacan, *Écrits* (Éditions du Seuil, 1966), p. 809.

14 브루스 핑크,《에크리 읽기: 문자 그대로의 라캉》, 김서영 옮김(도서출판 b, 2007), 202쪽.

15 Jacques Lacan, *Écrits* (Éditions du Seuil, 1966), p. 504.

16 브루스 핑크,《에크리 읽기: 문자 그대로의 라캉》, 김서영 옮김(도서출판 b, 2007), 174쪽.

17 환유는 기표의 의미가 결코 고정될 수 없다는 사실, 즉 완전한 기의에 영원히 도달할 수 없다는 사실을 함축합니다. 이는 홍준기 선생의 글 〈자끄 라깡, 프로이트로의 복귀〉를 포함하고 있는《라깡의 재탄생》(창비, 2002) 92쪽을 참조해서 하는 말입니다.

18 Jacques Lacan, *Écrits* (Éditions du Seuil, 1966), p. 515; 브루스 핑크,《에크리 읽기: 문자 그대로의 라캉》, 김서영 옮김(도서출판 b, 2007), 188쪽.

19 브루스 핑크,《에크리 읽기: 문자 그대로의 라캉》, 김서영 옮김(도서출판 b, 2007), 210~211쪽.

20 브루스 핑크,《에크리 읽기: 문자 그대로의 라캉》, 김서영 옮김(도서출판 b, 2007), 213~214쪽.

21 브루스 핑크,《에크리 읽기: 문자 그대로의 라

캉》, 김서영 옮김(도서출판 b, 2007), 216~217쪽.

22 Jacques Lacan, *Écrits* (Éditions du Seuil, 1966).

23 "대상 a"에 대해 설명하는 이 대목은《라깡의 재탄생》(창비, 2002)의 103쪽에 있는 홍준기 선생의 설명을 거의 그대로 참조한 것입니다.

24 김상환·홍준기 엮음,《라깡의 재탄생》(창비, 2002), 84쪽 참조.

25 김상환·홍준기 엮음,《라깡의 재탄생》(창비, 2002), 124쪽.

26 브루스 핑크,《에크리 읽기: 문자 그대로의 라캉》, 김서영 옮김(도서출판 b, 2007), 221쪽.

27 브루스 핑크,《에크리 읽기: 문자 그대로의 라캉》, 김서영 옮김(도서출판 b, 2007), 222~223쪽.

28 Jacques Lacan, *Écrits* (Éditions du Seuil, 1966), p. 818.

29 Jacques Lacan, *Écrits* (Éditions du Seuil, 1966), p. 812.

30 브루스 핑크,《에크리 읽기: 문자 그대로의 라캉》, 김서영 옮김(도서출판 b, 2007), 227~228쪽.

31 브루스 핑크,《에크리 읽기: 문자 그대로의 라캉》, 김서영 옮김(도서출판 b, 2007), 226쪽.

32 세미나 XV, 1968년 1월 10일.

33 Jacques Lacan, *Écrits* (Éditions du Seuil, 1966), p. 517.

34 브루스 핑크,《에크리 읽기: 문자 그대로의 라캉》, 김서영 옮김(도서출판 b, 2007), 193쪽.

18장

1 미셸 푸코,《감시와 처벌: 감옥의 탄생》, 오생근 옮김(나남출판, 1994).

2 미셸 푸코,《말과 사물》, 이광래 옮김(민음사, 1987).

3 미셸 푸코,《성과 권력》, 박정자 옮김(인간사, 1988).

4 김현,《시칠리아의 암소: 미셸 푸코 연구》(문학과 지성사, 1990).

5 미셸 푸코,《성의 역사 1: 지식의 의지》, 이규현 옮김(나남, 2004); 미셸 푸코,《성의 역사 2: 쾌락의 활용》, 문경자·신은영 옮김(나남,

2004); 미셸 푸코, 《성의 역사 3: 자기에의 배려》, 이혜숙·이영목 옮김(나남, 2004).

6 미셸 푸코, 《광기의 역사》, 김부용 옮김(인간사랑, 1991).

7 콜린 고든 엮음, 《권력과 지식: 미셸 푸코와의 대담》, 홍성민 옮김, (나남, 1992).

8 미셸 푸코, 《지식의 고고학》, 이정우 옮김(민음사, 1992).

9 미셸 푸코, 《담론의 질서》, 이정우 옮김(새길, 1993).

10 미셸 푸코, 《임상의학의 탄생》, 홍성민 옮김 (인간사랑, 1993).

11 미셸 푸코, 《감시와 처벌: 감옥의 탄생》, 오생근 옮김(나남출판, 1994).

12 미셸 푸코, 《비정상인들》, 박정자 옮김(동문선, 2001).

13 미셸 푸코, 《주체의 해석학》, 심세광 옮김(동문선, 2007).

14 미셸 푸코, 《문학의 고고학》, 허경 옮김(인간사랑, 2015).

15 Paul Rabinow(ed.), *The Foucault Reader* (Pantheon Books, 1984).

16 마크 포스터, 《푸코와 마르크스주의: 생산양식 대 정보양식》, 조광제 옮김(민맥, 1989).

17 조광제, 〈미셸 푸코의 권력론〉, 《시대와 철학》, 2권 1호(1991).

18 Paul Rabinow(ed.), *The Foucault Reader* (Pantheon Books, 1984), p. 77. "Nietzsche, Genealogy, History" 참조.

19 Paul Rabinow(ed.), *The Foucault Reader* (Pantheon Books, 1984), p. 83.

20 이에 관해 국내에 번역 출판된 책으로는 크리스 쉴링의 《몸의 사회학》(나남출판)과 브라이언 터너의 《몸과 사회》(몸과 마음)가 있습니다.

21 미셸 푸코, 《감시와 처벌: 감옥의 탄생》, 오생근 옮김(나남출판, 1994), 59~60쪽.

22 질 들뢰즈·펠릭스 과타리, 《안티 오이디푸스: 자본주의와 분열증》, 김재인 옮김(민음사, 2014).

23 미셸 푸코, 《감시와 처벌: 감옥의 탄생》, 오생근 옮김(나남출판, 1994), 52쪽 주 참조.

24 서동욱, 《들뢰즈의 철학》(민음사, 2002), 212쪽 참조. 들뢰즈는 《안티 오이디푸스》제4장 '분열-분석 입문'의 제3절의 '구조주의, 가족주의, 그리고 결핍 숭배'를 다루는 각주 28에서 스피노자를 거론하면서, "기관들 없는 몸은 실체 자체이며, 부분 대상들은 실체의 속성들 또는 궁극적 요소들입니다"라는 말을 합니다. 여기에서 말하는 실체는 스피노자가 말한 '신=실체=자연'을 지칭합니다. ─ 질 들뢰즈·펠릭스 과타리, 《안티 오이디푸스: 자본주의와 분열증》, 김재인 옮김(민음사, 2014), 514~515쪽.

25 미셸 푸코, 《감시와 처벌: 감옥의 탄생》, 오생근 옮김(나남출판, 1994), 54쪽.

26 미셸 푸코, 《감시와 처벌: 감옥의 탄생》, 오생근 옮김(나남출판, 1994), 55~56쪽 참조.

27 미셸 푸코, 《감시와 처벌: 감옥의 탄생》, 오생근 옮김(나남출판, 1994), 57쪽.

28 미셸 푸코, 《감시와 처벌: 감옥의 탄생》, 오생근 옮김(나남출판, 1994), 84쪽.

29 미셸 푸코, 《감시와 처벌: 감옥의 탄생》, 오생근 옮김(나남출판, 1994), 85쪽.

30 미셸 푸코, 《감시와 처벌: 감옥의 탄생》, 오생근 옮김(나남출판, 1994), 67쪽 참조.

31 미셸 푸코, 《감시와 처벌: 감옥의 탄생》, 오생근 옮김(나남출판, 1994), 83쪽.

32 미셸 푸코, 《감시와 처벌: 감옥의 탄생》, 오생근 옮김(나남출판, 1994), 106~107쪽 참조.

33 미셸 푸코, 《감시와 처벌: 감옥의 탄생》, 오생근 옮김(나남출판, 1994), 121쪽 참조.

34 미셸 푸코, 《감시와 처벌: 감옥의 탄생》, 오생근 옮김(나남출판, 1994), 130쪽 참조.

35 미셸 푸코, 《감시와 처벌: 감옥의 탄생》, 오생근 옮김(나남출판, 1994), 132쪽.

36 미셸 푸코, 《감시와 처벌: 감옥의 탄생》, 오생근 옮김(나남출판, 1994), 144쪽.

37 미셸 푸코, 《감시와 처벌: 감옥의 탄생》, 오생근 옮김(나남출판, 1994), 148쪽.

38 미셸 푸코, 《감시와 처벌: 감옥의 탄생》, 오생근 옮김(나남출판, 1994), 150쪽.

39 미셸 푸코, 《감시와 처벌: 감옥의 탄생》, 오생근 옮김(나남출판, 1994), 158쪽.

40 미셸 푸코, 《감시와 처벌: 감옥의 탄생》, 오생근 옮김(나남출판, 1994), 158쪽.

41 미셸 푸코, 《감시와 처벌: 감옥의 탄생》, 오생근 옮김(나남출판, 1994), 176~177쪽 참조.

42 미셸 푸코, 《감시와 처벌: 감옥의 탄생》, 오생근 옮김(나남출판, 1994), 179쪽.

43 미셸 푸코, 《감시와 처벌: 감옥의 탄생》, 오생근 옮김(나남출판, 1994), 192쪽.

44 미셸 푸코, 《감시와 처벌: 감옥의 탄생》, 오생근 옮김(나남출판, 1994), 193쪽.

45 미셸 푸코, 《감시와 처벌: 감옥의 탄생》, 오생근 옮김(나남출판, 1994), 195쪽.

46 미셸 푸코, 《감시와 처벌: 감옥의 탄생》, 오생근 옮김(나남출판, 1994), 206~207쪽.

47 미셸 푸코, 《감시와 처벌: 감옥의 탄생》, 오생근 옮김(나남출판, 1994), 208쪽.

48 미셸 푸코, 《감시와 처벌: 감옥의 탄생》, 오생근 옮김(나남출판, 1994), 211쪽.

49 미셸 푸코, 《감시와 처벌: 감옥의 탄생》, 오생근 옮김(나남출판, 1994), 223쪽.

50 앙리 르페브르, 《현대세계의 일상성》, 박정자 옮김(기파랑, 2005).

51 데이비드 하비, 《포스트모더니티의 조건》, 구동회·박영민 옮김(한울, 2009).

52 이진경, 《근대적 시·공간의 탄생》(그린비, 2010).

53 미셸 푸코, 《감시와 처벌: 감옥의 탄생》, 오생근 옮김(나남출판, 1994), 227쪽.

54 미셸 푸코, 《감시와 처벌: 감옥의 탄생》, 오생근 옮김(나남출판, 1994), 228쪽.

55 미셸 푸코, 《감시와 처벌: 감옥의 탄생》, 오생근 옮김(나남출판, 1994), 241쪽.

56 미셸 푸코, 《감시와 처벌: 감옥의 탄생》, 오생근 옮김(나남출판, 1994), 246~247쪽.

57 미셸 푸코, 《성과 권력》, 박정자 옮김(인간사, 1989), 135~139쪽.

58 Hubert L. Dreyfus and Paul Rabinow, *Michel Foucault: Beyond Structualism and Hermeneutics* (The Havest Press, 1982), p. 209.

19장

1 질 들뢰즈·펠릭스 과타리, 《안티 오이디푸스: 자본주의와 분열증》, 김재인 옮김(민음사, 2014).

2 질 들뢰즈·펠릭스 과타리, 《천 개의 고원》, 김재인 옮김(새물결, 2001).

3 Gilles Deleuze, *Différence et Répétition* (Presses Universitaires de France, 1968); 질 들뢰즈, 《차이와 반복》, 김상환 옮김(민음사, 2004).

4 질 들뢰즈, 《니체와 철학》, 이경신 옮김(민음사, 2001).

5 질 들뢰즈, 《니체, 철학의 주사위》, 신범순·조영복 옮김(인간사랑, 1993).

6 질 들뢰즈, 《차이와 반복》, 김상환 옮김(민음사, 2004), 517쪽.

7 미르체아 엘리아데, 《영원회귀의 신화》, 심재중 옮김(이학사, 2003).

8 질 들뢰즈, 《차이와 반복》, 김상환 옮김(민음사, 2004), 518쪽.

9 "천 갈래로 나 있는 모든 다양체에 대해 단 하나의 똑같은 목소리가 있습니다. 모든 물방울에 대해 단 하나의 똑같은 바다가 있고, 모든 존재자에 대해 존재의 단일한 아우성이 있습니다. 하지만 이를 먼저 각각의 존재자와 각각의 물방울은 각각의 길에서 과잉의 상태에도 달했어야 했고, 다시 말해서 자신의 변동하는 정점 위를 맴돌면서 자신을 전치, 위장, 복귀시키는 바로 그 차이에 도달했어야 했습니다." 질 들뢰즈, 《차이와 반복》, 김상환 옮김(민음사, 2004), 633쪽. 이 책을 마무리하면서 최종적으로 제시하는 문장들에서 존재의 일의성이 주장될 정도로 들뢰즈의 존재론에서 이는 핵심이 됩니다.

10 질 들뢰즈, 《차이와 반복》, 김상환 옮김(민음사, 2004), 109쪽 참조.

11 질 들뢰즈, 《차이와 반복》, 김상환 옮김(민음사, 2004), 112쪽.

12 질 들뢰즈, 《차이와 반복》, 김상환 옮김(민음사, 2004), 112~113쪽. 번역을 다소 새로 했습니다.

13 질 들뢰즈, 《차이와 반복》, 김상환 옮김(민음사, 2004), 515쪽.

14 질 들뢰즈, 《차이와 반복》, 김상환 옮김(민음사, 2004), 113~114쪽.

15 "영원회귀의 먹이가 되고 영원회귀 안에 있는 동일성의 먹이가 되기 위해서는 사물들은 차이로 갈기갈기 찢겨야 하고, 사물들의 동일성은 분해되어야 한다"(515쪽)라는 들뢰즈의 언명은 이러한 우리의 표현을 더욱 여실하게 나타내고 있습니다.

16 질 들뢰즈, 《차이와 반복》, 김상환 옮김(민음사, 2004), 513~514쪽.

17 질 들뢰즈, 《차이와 반복》, 김상환 옮김(민음사, 2004), 514쪽.

18 《니체, 철학의 주사위》(신범순·조영복 옮김, 인간사랑, 1993) 285 - 6쪽 참조.

19 질 들뢰즈, 《차이와 반복》, 김상환 옮김(민음사, 2004), 518쪽.

20 질 들뢰즈, 《차이와 반복》, 김상환 옮김(민음사, 2004), 519쪽.

21 질 들뢰즈, 《차이와 반복》, 김상환 옮김(민음사, 2004), 519쪽.

22 질 들뢰즈, 《차이와 반복》, 김상환 옮김(민음사, 2004), 504~505쪽.

23 질 들뢰즈, 《차이와 반복》, 김상환 옮김(민음사, 2004), 505~506쪽.

24 Gilles Deleuze, *Logique du sens*(LES ÉDITIONS DE MINUIT, 1969); 질 들뢰즈, 《의미의 논리》, 이정우 옮김(한길사, 1999).

25 Gilles Deleuze, *Logique du sens*(LES ÉDITIONS DE MINUIT, 1969), pp. 106~107; 질 들뢰즈, 《의미의 논리》, 이정우 옮김(한길사, 1999), 174~175쪽.

26 Gilles Deleuze, *Logique du sens*(LES ÉDITIONS DE MINUIT, 1969), p. 108; 질 들뢰즈, 《의미의 논리》, 이정우 옮김(한길사, 1999), 173쪽.

27 Gilles Deleuze, *Logique du sens*(LES ÉDITIONS DE MINUIT, 1969), pp. 109~110; 질 들뢰즈, 《의미의 논리》, 이정우 옮김(한길사, 1999), 175쪽.

28 Gilles Deleuze, *Logique du sens*(LES ÉDITIONS DE MINUIT, 1969), p. 114; 질 들뢰즈, 《의미의 논리》, 이정우 옮김(한길사, 1999), 179쪽 참조.

29 Gilles Deleuze and Félix Guattari, *Mille Plateaux: Capitalisme et Schizophrénie 2* (LES ÉDITIONS DE MINUIT, 1980), p. 188; 질 들뢰즈·펠릭스 과타리, 《천 개의 고원》, 김재인 옮김(새물결, 2001), 291쪽.

30 여기에서 그냥 들뢰즈라고 말하고 있지만, 실은 들뢰즈와 과타리입니다. 앞으로도 편의상 들뢰즈로 지칭합니다.

31 "정신분석이 '멈추어서 다시 네 자아를 발견하라'고 말할 때, 우리는 '좀 더 멀리 가보자. 우리는 아직 우리의 기관들 없는 몸을 발견하지 못했습니다. 우리의 자아를 충분히 해체하지 않았다'고 말해야만 합니다. 상기를 망각으로, 해석을 실험으로 대체해라. 너희 자신의 기관들 없는 몸을 찾아라. 그것을 만드는 법을 알아라. 이것이야말로 삶과 죽음의 문제, 젊음과 늙음, 슬픔과 기쁨의 문제입니다. 모든 것은 이것과 관련되어 있습니다."ㅡ질 들뢰즈·펠릭스 과타리, 《천 개의 고원》, 김재인 옮김(새물결, 2001), 290쪽.

32 질 들뢰즈·펠릭스 과타리, 《안티 오이디푸스: 자본주의와 분열증》, 김재인 옮김(민음사, 2014).

33 Gilles Deleuze and Félix Guattari, *L'anti-Oedipe: Capitalisme et Schizophrénie* (LES ÉDITIONS DE MINUIT, 1972), p. 14; 질 들뢰즈·펠릭스 과타리, 《안티 오이디푸스: 자본주의와 분열증》, 김재인 옮김(민음사, 2014), 32쪽.

34 Gilles Deleuze and Félix Guattari, *L'anti-Oedipe: Capitalisme et Schizophrénie* (LES ÉDITIONS DE MINUIT, 1972), p. 15; 질 들뢰즈·펠릭스 과타리, 《안티 오이디푸스: 자본주의와 분열증》, 김재인 옮김(민음사, 2014), 34쪽.

35 Gilles Deleuze and Félix Guattari, *L'anti-Oedipe: Capitalisme et Schizophrénie* (LES ÉDITIONS DE MINUIT, 1972), pp. 15~16; 질 들뢰즈·펠릭스 과타리, 《안티 오이디푸스: 자본주의와 분열증》, 김재인 옮김(민음사, 2014), 35쪽.

36 Gilles Deleuze and Félix Guattari, *L'anti-Oedipe: Capitalisme et Schizophrénie* (LES ÉDITIONS DE MINUIT, 1972), pp. 16; 질 들뢰즈·펠릭스 과타리, 《안티 오이디푸스: 자본주의와 분열증》, 김재인 옮김(민음사, 2014), 27쪽.

37 Gilles Deleuze and Félix Guattari, *L'anti-Oedipe: Capitalisme et Schizophrénie* (LES ÉDITIONS DE MINUIT, 1972), pp. 19; 질 들뢰즈·펠릭스 과타리, 《안티 오이디푸스: 자본주의와 분열증》, 김재인 옮김(민음사, 2014), 40쪽.

38 Gilles Deleuze and Félix Guattari, *L'anti-Oedipe: Capitalisme et Schizophrénie* (LES ÉDITIONS DE MINUIT, 1972), pp. 21; 질 들뢰즈·펠릭스 과타리, 《안티 오이디푸스: 자

본주의와 분열증》, 김재인 옮김(민음사, 2014),
43쪽.

39 Gilles Deleuze and Félix Guattari, *Mille Plateaux: Capitalisme et Schizophrénie 2* (LES ÉDITIONS DE MINUIT, 1980), p. 185; 질 들뢰즈·펠릭스 과타리, 《천 개의 고원》, 김재인 옮김(새물결, 2001), 287쪽.

40 Gilles Deleuze and Félix Guattari, *Mille Plateaux: Capitalisme et Schizophrénie 2* (LES ÉDITIONS DE MINUIT, 1980), p. 190; 질 들뢰즈·펠릭스 과타리, 《천 개의 고원》, 김재인 옮김(새물결, 2001), 294쪽.

41 Gilles Deleuze and Félix Guattari, *Mille Plateaux: Capitalisme et Schizophrénie 2* (LES ÉDITIONS DE MINUIT, 1980), p. 191; 질 들뢰즈·펠릭스 과타리, 《천 개의 고원》, 김재인 옮김(새물결, 2001), 298~299쪽.

42 Gilles Deleuze and Félix Guattari, *Mille Plateaux: Capitalisme et Schizophrénie 2* (LES ÉDITIONS DE MINUIT, 1980), p. 195; 질 들뢰즈·펠릭스 과타리, 《천 개의 고원》, 김재인 옮김(새물결, 2001), 302쪽.

43 Gilles Deleuze and Félix Guattari, *Mille Plateaux: Capitalisme et Schizophrénie 2* (LES ÉDITIONS DE MINUIT, 1980), p. 196; 질 들뢰즈·펠릭스 과타리, 《천 개의 고원》, 김재인 옮김(새물결, 2001), 303쪽.

20장

1 자크 데리다, 《글쓰기와 차이》, 남수인 옮김 (동문선, 2001).
2 자크 데리다, 《목소리와 현상》, 김상록 옮김 (인간사랑, 2006).
3 자크 데리다, 《그라마톨로지》, 김성도 옮김(민 음사, 2010).
4 자크 데리다, 《입장들》, 박성창 편역(솔, 1992).
5 자크 데리다, 《마르크스의 유령들》, 진태원 옮 김(이제이북스, 2007).
6 자크 데리다, 《시네퐁주》, 허정아 옮김(민음 사, 1998).
7 자크 데리다, 《다른 곳》, 김다은·이혜지 옮김 (동문선, 1997).

8 자크 데리다, 《정신에 대해서: 하이데거와 물 음》, 박찬국 옮김(동문선, 2005).
9 자크 데리다, 《시선의 권리》, 신방흔 옮김(아트 북스, 2004).
10 이광래 엮음, 《해체주의란 무엇인가》(교보문 고, 1989).
11 자크 데리다, 《입장들》, 박성창 편역(솔, 1992), 26~27쪽.
12 에드문트 후설·오이겐 핑크, 《데카르트적 성 찰》, 이종훈 옮김(한길사, 2016), 62~63쪽 참 조.
13 Edmund Husserl, *Logische Untersuchungen*, II/1(Tübingen: Max Niemeyer Verlag, 1980), p. 23.
14 Edmund Husserl, *Logische Untersuchungen*, II/1(Tübingen: Max Niemeyer Verlag, 1980), p. 46.
15 Edmund Husserl, *Logische Untersuchungen*, II/1(Tübingen: Max Niemeyer Verlag, 1980), p. 47.
16 Edmund Husserl, *Logische Untersuchungen*, II/1(Tübingen: Max Niemeyer Verlag, 1980), p. 97.
17 Jacques Derrida, *La voix et le phénomène* (Presses Universitaires de France, 1983), pp. 34~35.
18 Jacques Derrida, *La voix et le phénomène* (Presses Universitaires de France, 1983), p. 77
19 Jacques Derrida, *La voix et le phénomène* (Presses Universitaires de France, 1983), p. 91
20 이광래 엮음, 《해체주의란 무엇인가》(교보문 고, 1989), 65쪽 참조.
21 위르겐 하버마스, 《현대성의 철학적 담론》, 이 진우 옮김(문예출판사, 1994), 213쪽.
22 자크 데리다, 《글쓰기와 차이》, 남수인 옮김 (동문선, 2001). 데리다 글쓰기와 차이 중에 서 '차연'.
23 이를 《입장들》을 번역한 박성창과 《목소리와 현상》을 번역한 김상록은 '차이(差移)'라고 번 역하기도 합니다. 그러나 지금은 거의 차연으 로 정착된 것 같습니다.
24 Jacques Derrida, *Marges de la philosophie* (Les Éditions de Minuit, 1972), pp. 13~14.
25 이광래 엮음, 《해체주의란 무엇인가》(교보문 고, 1989), 382쪽 재인용.

26 자크 데리다, 《입장들》, 박성창 편역(솔, 1992), 148쪽.

27 위르겐 하버마스, 《현대성의 철학적 담론》, 이진우 옮김(문예출판사, 1994), 214쪽.

28 위르겐 하버마스, 《현대성의 철학적 담론》, 이진우 옮김(문예출판사, 1994), 215쪽.

29 자크 데리다, 《입장들》, 박성창 편역(솔, 1992), 48쪽 참조.

30 위르겐 하버마스, 《현대성의 철학적 담론》, 이진우 옮김(문예출판사, 1994), 217쪽.

31 자크 데리다, 《입장들》, 박성창 편역(솔, 1992), 49쪽 참조.

32 자크 데리다, 《입장들》, 박성창 편역(솔, 1992), 50쪽 참조.

33 자크 데리다, 《목소리와 현상》, 김상록 옮김(인간사랑, 2006).

34 위르겐 하버마스, 《현대성의 철학적 담론》, 이진우 옮김(문예출판사, 1994), 218쪽.

35 위르겐 하버마스, 《현대성의 철학적 담론》, 이진우 옮김(문예출판사, 1994), 223쪽 각주.

36 위르겐 하버마스, 《현대성의 철학적 담론》, 이진우 옮김(문예출판사, 1994), 221쪽.

21장

1 롤랑 바르트, 《텍스트의 즐거움》, 김희영 옮김(동문선, 2002).

2 롤랑 바르트, 《기호의 제국》, 김주환·한은경 옮김(민음사, 1997); 롤랑 바르트, 《기호의 제국》, 김주환·한은경 옮김(산책자, 2008).

3 롤랑 바르트, 《카메라 루시다》, 조광희·한정식 옮김(열화당, 1998).

4 Roland Barthes, L'aventure sémiologique (Éditions du Seuil, 1985).

5 롤랑 바르트, 《사랑의 단상》, 김희영 옮김(동문선, 2004).

6 롤랑 바르트, 《애도 일기》, 김진영 옮김(이순, 2012).

7 롤랑 바르트, 《텍스트의 즐거움》, 김희영 옮김(동문선, 2002), 38쪽.

8 롤랑 바르트, 《텍스트의 즐거움》, 김희영 옮김(동문선, 2002), 39쪽.

9 롤랑 바르트, 《텍스트의 즐거움》, 김희영 옮김(동문선, 2002), 41쪽.

10 롤랑 바르트, 《텍스트의 즐거움》, 김희영 옮김(동문선, 2002), 41쪽.

11 모리스 블랑쇼, 《문학의 공간》, 이달승 옮김(그린비, 2010), 42쪽.

12 모리스 블랑쇼, 《문학의 공간》, 이달승 옮김(그린비, 2010), 123쪽.

13 롤랑 바르트, 《텍스트의 즐거움》, 김희영 옮김(동문선, 2002), 42쪽.

14 롤랑 바르트, 《텍스트의 즐거움》, 김희영 옮김(동문선, 2002), 42~43쪽.

15 롤랑 바르트, 《텍스트의 즐거움》, 김희영 옮김(동문선, 2002), 44~45쪽.

16 롤랑 바르트, 《S/Z》, 김웅권 옮김(동문선, 2006), 15쪽.

17 롤랑 바르트, 《텍스트의 즐거움》, 김희영 옮김(동문선, 2002), 104~105쪽.

18 롤랑 바르트, 《S/Z》, 김웅권 옮김(동문선, 2006), 28~31쪽 참조.

19 롤랑 바르트, 《S/Z》, 김웅권 옮김(동문선, 2006), 32~33쪽.

20 롤랑 바르트, 《S/Z》, 김웅권 옮김(동문선, 2006), 34쪽.

21 롤랑 바르트, 《텍스트의 즐거움》, 김희영 옮김(동문선, 2002), 42쪽; 롤랑 바르트, 《S/Z》, 김웅권 옮김(동문선, 2006), 15쪽 참조.

22 롤랑 바르트, 《S/Z》, 김웅권 옮김(동문선, 2006), 34~35쪽.

23 롤랑 바르트, 《S/Z》, 김웅권 옮김(동문선, 2006), 18~19쪽.

24 롤랑 바르트, 《S/Z》, 김웅권 옮김(동문선, 2006), 38~40쪽.

25 롤랑 바르트, 《텍스트의 즐거움》, 김희영 옮김(동문선, 2002), 110쪽.

26 롤랑 바르트, 《텍스트의 즐거움》, 김희영 옮김(동문선, 2002), 109쪽.

22장

1 Julia Kristeva, Pouvoirs de l'horreur: Essai sur l'abjection (Éditions du Seuil, 1980); 쥘리아 크리스테바, 《공포의 권력》, 서민원 옮김(동문선, 2001).

2 Julia Kristeva, La Révolution Du Langage Poétique: L'avant-Garde À La Fin Du Xixe

Siècle, Lautréamont Et Mallarmé (Éditions du Seuil, 1974); 쥘리아 크리스테바, 《시적 언어의 혁명》, 김인환 옮김(동문선, 2000).

3 Julia Kristeva, *Au commencement etait l'amour: Psychanalyse et foi* (Hachette, 1985).

4 Julia Kristeva, *Histoires d'amour* (Gallimard, 1985); 쥘리아 크리스테바, 《사랑의 역사》, 김인환 옮김(민음사, 2008).

5 Julia Kristeva, *Soleil Noir: Dépression et mélancolie* (Gallimard, 1989); 쥘리아 크리스테바, 《검은 태양》, 김인환 옮김(동문선, 2004).

6 Julia Kristeva, *Etrangers à nous-mêmes* (Editions Flammarion, 1991).

7 Julia Kristeva, *Les samouraïs* (Gallimard, 1992); 쥘리아 크리스테바, 《무사들》, 홍명희 옮김(솔, 1995).

8 Julia Kristeva, *Les Nouvelles Maladies de l'âme* (Fayard, 1993); 쥘리아 크리스테바, 《새로운 영혼의 병》, 유재명 옮김(시각과 언어, 2001).

9 Julia Kristeva, *Possessions* (Fayard, 1996); 쥘리아 크리스테바, 《포세시옹: 소유라는 악마》, 김인환 옮김(민음사, 1999).

10 Julia Kristeva, *L'avenir d'une révolte* (Calmann-Lévy, 1998).

11 Julia Kristeva, *Le génie féminin, tome 1: Hannah Arendt* (Fayard, 1999).

12 Julia Kristeva, *Pouvoirs et limites de la psychanalyse, tome 1: Sens et non-sens de la révolte* (Livre de Poche, 1999); 쥘리아 크리스테바, 《반항의 의미와 무의미》, 유복렬 옮김(푸른숲, 1998).

13 Julia Kristeva, *Pouvoirs et limites de la psychanalyse, tome 2: La Révolte intime* (Livre de Poche, 2000).

14 Julia Kristeva, *Meurtre à Byzance* (LGF, 2006); 《비잔틴 살인 사건》, 이원복 옮김(소담출판사, 2007).

15 Julia Kristeva, *Cet incroyable besoin de croire* (Bayard Centurion, 2007).

16 Julia Kristeva, *Thérèse mon amour: Sainte Thérèse d'Avila* (Fayard, 2008).

17 Julia Kristeva, *Pouvoirs de l'horreur: Essai sur l'abjection* (Éditions du Seuil, 1980), p. 9; 쥘리아 크리스테바, 《공포의 권력》, 서민원 옮김(동문선, 2001), 21쪽.

18 흔히 '정동(情動)'이라고 번역하기도 하는데, 너무 물리적인 느낌이 들어 그다지 좋은 번역은 아닌 것 같습니다. 그래서 그냥 '감정'이라고 옮깁니다.

19 Julia Kristeva, *Pouvoirs de l'horreur: Essai sur l'abjection* (Éditions du Seuil, 1980), p. 9; 쥘리아 크리스테바, 《공포의 권력》, 서민원 옮김(동문선, 2001), 21쪽.

20 이 대목에서 라캉이 말하는 '대상 a'와 대문자 'A'로 표기되는 타자와의 관계가 중요합니다. 타자 A는 신경증자인 주체가 욕구를 발휘하는 대상입니다. 이때 주체의 욕구는 타자에 대한 요구로 바뀝니다. 그런데 주체는 자신이 타자에게 무엇을 요구하는지 모릅니다. 달리 말하면, 주체는 타자가 자신에게 무엇을 원하는지를 알아 그 타자의 욕망을 충족시키고자 합니다. 문제는 그 타자가 주체에게 무엇을 원하는지 타자 자신도 알 수 없다는 것입니다. 이에 분열된 주체와 마찬가지로 분열된 타자가 성립합니다. 그래서 주체와 타자의 만남은 끝없는 결핍에 불과하게 되고, 이에 주체의 욕망이 생겨납니다. 그 결과 주체가 타자의 욕망을 충족시키고자 하는 시도는 실패합니다. 이를 라캉은 "주체는 타자의 욕망의 기표인 팔루스가 될 수 없다"라고 말합니다. 그래서 아예 타자의 욕망으로부터 분리되는 과정을 겪으면서 등장하는 것이 바로 '대상 a'인 것입니다. 결코 충족될 수 없는 영구적인 결핍으로서의 주체의 욕망을 불러일으키면서 동시에 그 욕망의 대상이 되는 것이 바로 '대상 a'인 것이지요. 이 '대상 a'가 상상계와 상징계를 넘어서는 데서 등장한다는 것은 이것이 실재에 아주 근접해 있다는 것을 말합니다. 그렇기 때문에 궁극적으로 불가능한 실재에의 진입을 노리는 욕망의 대상이 되는 것이지요. 한편, 이 '대상 a'가 상상계와 상징계를 넘어서되 지양적으로 넘어서기 때문에 실재는 상징적인 실재이기도 하고 상상적인 실재이기도 한 것입니다.

21 Julia Kristeva, *Pouvoirs de l'horreur: Essai sur l'abjection* (Éditions du Seuil, 1980), p. 9; 쥘리아 크리스테바, 《공포의 권력》, 서민원 옮김(동문선, 2001), 21~22쪽.

22 Julia Kristeva, *Pouvoirs de l'horreur: Essai*

sur l'abjection (Éditions du Seuil, 1980), pp. 9~10; 쥘리아 크리스테바, 《공포의 권력》, 서민원 옮김(동문선, 2001), 22쪽.

23 Julia Kristeva, *Pouvoirs de l'horreur: Essai sur l'abjection* (Éditions du Seuil, 1980), p. 15; 쥘리아 크리스테바, 《공포의 권력》, 서민원 옮김(동문선, 2001), 30쪽.

24 Julia Kristeva, *La Révolution Du Langage Poétique: L'avant-Garde À La Fin Du Xixe Siècle, Lautréamont Et Mallarmé* (Éditions du Seuil, 1974), pp. 23~24; 쥘리아 크리스테바, 《시적 언어의 혁명》, 김인환 옮김(동문선, 2000), 26~27쪽.

25 크리스테바는 언어를 구성하는 시니피앙스(signifiance), 즉 의미 생성의 과정을 분석하여 근본적인 두 양태를 추출하여 그 나름의 이름을 붙입니다. 하나는 생볼리크(le symbolique)이고, 또 하나는 세미오티크(le sémiotique)입니다. 이에 관해서는 플라톤의 우주생성론을 크리스테바가 말하는 시니피앙스와 견주어 이해할 필요가 있습니다. 크리스테바는 사회조직들이 이미 항상 생볼리크하다고 말합니다. 그러니까 생볼리크는 우주를 만들 때 이미 늘 존재해온 이데아적인 형상들에 해당한다고 할 수 있고, 세미오티크는 우주의 재료 자체가 비록 혼란된 상태이긴 하나 그 속에 이미 갖추고 있는 변별적인 요소들이라고 할 수 있습니다. 그러니까 언어의 의미가 생성되려면 세미오티크가 생볼리크와 변증법적으로 조응하여 결합되지 않으면 안 되는 것입니다. 플라톤에게서 우주의 재료가 되는 게 네시스는 코라라는 공간 속에 있는데, 이 코라의 운동에 따라 게네시스가 일차적으로 분류됩니다. 그러니까 게네시스 속에 미리 마련되어 있는 변별적인 요소들은 코라의 리듬적인 운동에 의거해서 분류되어 나오는 것입니다. 그래서 'chora sémiotique', 즉 '세미오티크한 코라'라는 말을 하는 것입니다. 말하자면 세미오티크는 언어가 의미를 가질 수 있는 변별적인 리듬인 것입니다. 그래서 크리스테바는 순전히 세미오티크한 비발화적인 기표체계로서 음악을 듭니다. 언어에 스며들어 있는 변별적인 리듬 자체가 바로 세미오티크입니다.

26 Julia Kristeva, *Pouvoirs de l'horreur: Essai sur*

l'abjection (Éditions du Seuil, 1980), p. 23; 쥘리아 크리스테바, 《공포의 권력》, 서민원 옮김(동문선, 2001), 41쪽.

27 Julia Kristeva, *Pouvoirs de l'horreur: Essai sur l'abjection* (Éditions du Seuil, 1980), p. 21; 쥘리아 크리스테바, 《공포의 권력》, 서민원 옮김(동문선, 2001), 38쪽.

28 크리스테바는 여기에서 '도착(perversion)'이라는 낱말을 기표적인 발음의 유사성을 이용해 아버지를 뜻하는 'père'와 돌리기를 뜻하는 'version'으로 나눈 뒤, '-'으로 연결함으로써 일종의 언어유희를 하고 있습니다.

29 Julia Kristeva, *Pouvoirs de l'horreur: Essai sur l'abjection* (Éditions du Seuil, 1980), p. 10; 쥘리아 크리스테바, 《공포의 권력》, 서민원 옮김(동문선, 2001), 22쪽.

30 Julia Kristeva, *Pouvoirs de l'horreur: Essai sur l'abjection* (Éditions du Seuil, 1980), p. 19; 쥘리아 크리스테바, 《공포의 권력》, 서민원 옮김(동문선, 2001), 35쪽.

31 Julia Kristeva, *Pouvoirs de l'horreur: Essai sur l'abjection* (Éditions du Seuil, 1980), p. 19; 쥘리아 크리스테바, 《공포의 권력》, 서민원 옮김(동문선, 2001), 36쪽.

32 라캉의 정신분석학에서 희열(jouissance)은 현실적으로 도달할 수 없는 것입니다. 유아가 어머니와의 완전한 성적인 결합을 이룰 때 생겨나는 감각적인 절정을 일컫습니다. 이는 어른으로 성숙한 뒤, 결코 돌아가 도달할 수 없는 상태로서 라캉이 실재라고 일컫는 영역에서의 일입니다. 상상으로서도 불가능하고 상징적인 미세한 작업에 의해서도 결코 도달할 수 없는 실재, 즉 어머니와의 성적인 완전한 합일의 상태에서 오는 감각적인 절정이 바로 희열, 즉 주이상스입니다.

33 Julia Kristeva, *Pouvoirs de l'horreur: Essai sur l'abjection* (Éditions du Seuil, 1980), pp. 10~11; 쥘리아 크리스테바, 《공포의 권력》, 서민원 옮김(동문선, 2001), 23~24쪽.

34 프로이트는 《새로운 정신분석 강의》의 〈심리적 인격의 해부〉라는 글에서 정신의 세 가지 층위, 즉 초자아, 자아, 이드를 제시합니다. 자아는 자신을 대상으로 삼아 마치 타자를 다루듯 할 수 있는 활동의 주체입니다. 초자아는 양심을 내세워 항상 자아를 금욕적으로

감시하고, 처벌을 내세워 위협합니다. 이드는
자아에게 에너지를 공급하는 원천이 되면서
오로지 쾌락만을 충동질합니다. 자아는 초자
아에 의해 옥죄이고 이드에 의해 충동질되면
서 그와 동시에 현실에 의해 거부당하는 상태
에 놓입니다. 프로이트,《새로운 정신분석 강
의》, 임홍빈·홍혜경 옮김(열린책들, 2007) 참
조.

35 Julia Kristeva, *Pouvoirs de l'horreur: Essai sur
l'abjection* (Éditions du Seuil, 1980), p. 13; 쥘
리아 크리스테바,《공포의 권력》, 서민원 옮김
(동문선, 2001), 27쪽.

36 Julia Kristeva, *Pouvoirs de l'horreur: Essai sur
l'abjection* (Éditions du Seuil, 1980), p. 15; 쥘
리아 크리스테바,《공포의 권력》, 서민원 옮김
(동문선, 2001), 29쪽.

37 Julia Kristeva, *Pouvoirs de l'horreur: Essai sur
l'abjection* (Éditions du Seuil, 1980), p. 12; 쥘
리아 크리스테바,《공포의 권력》, 서민원 옮김
(동문선, 2001), 25쪽.

38 Julia Kristeva, *Pouvoirs de l'horreur: Essai sur
l'abjection* (Éditions du Seuil, 1980), p. 25; 쥘
리아 크리스테바,《공포의 권력》, 서민원 옮김
(동문선, 2001), 43쪽.

23장

1 Alain Badiou, *Deleuze — La clameur de l'Être*
(Hachette Littératures, 1997); 알랭 바디우,
《들뢰즈 — 존재의 함성》, 박정태 옮김(이학사,
2001).

2 Slavoj Žižek, *Organs without Bodies: On
Deleuze and Consequences* (TAYLOR &
FRANCIS BOOKS INC., 2004); 슬라보이 지
제크,《신체 없는 기관 — 들뢰즈와 결과들》, 김
지훈·박제철·이성민 옮김(도서출판 b, 2006).

3 알랭 바디우,《들뢰즈 — 존재의 함성》, 박정태
옮김(이학사, 2001), 47쪽.

4 알랭 바디우,《들뢰즈 — 존재의 함성》, 박정태
옮김(이학사, 2001), 47쪽.

5 알랭 바디우,《들뢰즈 — 존재의 함성》, 박정태
옮김(이학사, 2001), 50쪽.

6 알랭 바디우,《들뢰즈 — 존재의 함성》, 박정태
옮김(이학사, 2001), 89쪽.

7 알랭 바디우,《들뢰즈 — 존재의 함성》, 박정태
옮김(이학사, 2001), 212~213쪽.

8 알랭 바디우,《들뢰즈 — 존재의 함성》, 박정태
옮김(이학사, 2001), 214쪽.

9 로널드 애런슨,《사르트르와 카뮈 — 우정과
투쟁》, 변광배·김용석 옮김(연암서가, 2011).

10 안토니오 네그리·마이클 하트,《제국》, 윤수
종 옮김(이학사, 2001).

11 슬라보이 지제크,《신체 없는 기관 — 들뢰즈와
결과들》, 김지훈·박제철·이성민 옮김(도서출
판 b, 2006), 371~380쪽.

12 Adrian Johnston, *Žižek's Ontology:
A Transcendental Materialist Theory of
Subjectivity* (Northwestern University Press,
2008).

13 여피족(yuppies)은 고등교육을 받고 도시 근
교에 살며 전문직에 종사하여 고소득을 올리
는 일군(一群)의 젊은이들로서, 1980년대 젊
은 부자를 상징합니다. 여피란 젊은(young),
도시화(urban), 전문직(professional)의 머리
글자를 딴 'YUP'에서 나온 말입니다(두산백
과 참조).

14 슬라보이 지제크,《신체 없는 기관 — 들뢰즈와
결과들》, 김지훈·박제철·이성민 옮김(도서출
판 b, 2006), 346~347쪽.

15 슬라보이 지제크,《항상 라캉에 대해 알고 싶
었지만 감히 히치콕에게 물어보지 못한 모든
것》, 김소연 옮김(새물결, 2001).

16 슬라보이 지제크,《신체 없는 기관 — 들뢰즈와
결과들》, 김지훈·박제철·이성민 옮김(도서출
판 b, 2006), 350~361쪽.

17 알랭 바디우,《들뢰즈 — 존재의 함성》, 박정태
옮김(이학사, 2001), 52~54쪽.

18 슬라보이 지제크,《신체 없는 기관 — 들뢰즈와
결과들》, 김지훈·박제철·이성민 옮김(도서출
판 b, 2006), 365쪽 참조.

19 슬라보이 지제크,《신체 없는 기관 — 들뢰즈와
결과들》, 김지훈·박제철·이성민 옮김(도서출
판 b, 2006), 365~367쪽.

20 슬라보이 지제크,《신체 없는 기관 — 들뢰즈와
결과들》, 김지훈·박제철·이성민 옮김(도서출
판 b, 2006), 11쪽.

21 슬라보이 지제크,《신체 없는 기관 — 들뢰즈와
결과들》, 김지훈·박제철·이성민 옮김(도서출
판 b, 2006), 172~175쪽. 밑줄은 인용자가 그

었습니다.

22 슬라보이 지제크, 《신체 없는 기관 ― 들뢰즈와 결과들》, 김지훈·박제철·이성민 옮김(도서출판 b, 2006), 210쪽.

24장

1 슬라보이 지제크, 《신체 없는 기관 ― 들뢰즈와 결과들》, 김지훈·박제철·이성민 옮김(도서출판 b, 2006), 378쪽.

2 조르조 아감벤, 《호모 사케르: 주권 권력과 벌거벗은 생명》, 박진우 옮김(새물결, 2008).

3 조르조 아감벤, 《예외 상태》, 김항 옮김(새물결, 2009).

4 조르조 아감벤, 《세속화 예찬: 정치 미학을 위한 10개의 노트》, 김상운 옮김(난장, 2010).

5 조르조 아감벤, 《유아기와 역사: 경험의 파괴와 역사의 근원》, 조효원 옮김(새물결, 2010).

6 조르조 아감벤, 《목적 없는 수단: 정치에 관한 11개의 노트》, 김상운·양창렬 옮김(난장, 2009).

7 조르조 아감벤, 《장치란 무엇인가? 장치학을 위한 서론》, 양창렬 옮김(난장, 2010).

8 조르조 아감벤, 《남겨진 시간》, 강승훈 옮김(코나투스, 2008).

9 조르조 아감벤 외, 《민주주의는 죽었는가: 새로운 논쟁을 위하여》, 김상운·양창렬·홍철기 옮김(난장, 2010).

10 조르조 아감벤, 《호모 사케르: 주권 권력과 벌거벗은 생명》, 박진우 옮김(새물결, 2008), 45~46쪽.

11 조르조 아감벤, 《호모 사케르: 주권 권력과 벌거벗은 생명》, 박진우 옮김(새물결, 2008), 155~156쪽.

12 조르조 아감벤, 《호모 사케르: 주권 권력과 벌거벗은 생명》, 박진우 옮김(새물결, 2008), 170~171쪽.

13 조르조 아감벤, 《호모 사케르: 주권 권력과 벌거벗은 생명》, 박진우 옮김(새물결, 2008), 174~175쪽.

14 조르조 아감벤, 《호모 사케르: 주권 권력과 벌거벗은 생명》, 박진우 옮김(새물결, 2008), 61쪽.

15 조르조 아감벤, 《호모 사케르: 주권 권력과 벌거벗은 생명》, 박진우 옮김(새물결, 2008), 65쪽.

16 조르조 아감벤, 《호모 사케르: 주권 권력과 벌거벗은 생명》, 박진우 옮김(새물결, 2008), 102~103쪽.

17 조르조 아감벤, 《호모 사케르: 주권 권력과 벌거벗은 생명》, 박진우 옮김(새물결, 2008), 113~114쪽.

18 조르조 아감벤, 《호모 사케르: 주권 권력과 벌거벗은 생명》, 박진우 옮김(새물결, 2008), 121쪽.

19 조르조 아감벤, 《호모 사케르: 주권 권력과 벌거벗은 생명》, 박진우 옮김(새물결, 2008), 123쪽 참조.

20 조르조 아감벤, 《호모 사케르: 주권 권력과 벌거벗은 생명》, 박진우 옮김(새물결, 2008), 176~177쪽.

21 조르조 아감벤, 《호모 사케르: 주권 권력과 벌거벗은 생명》, 박진우 옮김(새물결, 2008), 231쪽.

22 조르조 아감벤, 《호모 사케르: 주권 권력과 벌거벗은 생명》, 박진우 옮김(새물결, 2008), 231~232쪽.

23 조르조 아감벤, 《호모 사케르: 주권 권력과 벌거벗은 생명》, 박진우 옮김(새물결, 2008), 328쪽.

24 조르조 아감벤, 《호모 사케르: 주권 권력과 벌거벗은 생명》, 박진우 옮김(새물결, 2008), 321~322쪽.

25 서경식, 《디아스포라 기행: 추방당한 자의 시선》, 김혜신 옮김(돌베개, 2008).

찾아보기